Dieses Buch widme ich
den unbekannten Erfindern und Verbesserern,
die nicht in der Signatur des Herstellers erscheinen,
aber dennoch oft die geistigen Väter
der neuen Modelle waren.

Herbert Heyde

Das Ventil-blasinstrument

Seine Entwicklung
im deutschsprachigen Raum
von den Anfängen bis
zur Gegenwart

Breitkopf & Härtel
Wiesbaden

Breitkopf & Härtel, Wiesbaden 1987
Lizenzausgabe mit Genehmigung des Originalverlages
VEB Deutscher Verlag für Musik
1. Auflage

Lizenznummer 418-515/A 36/87
Printed in the German Democratic Republic
Gesamtherstellung: Offizin Andersen Nexö,
Graphischer Großbetrieb, Leipzig III/18/38
Gestaltung: Lothar Gabler, Leipzig
LSV 8397
ISBN 3-7651-0225-3

Inhalt

Vorwort

Es ist mir ein Bedürfnis, allen denen zu danken, die meine Arbeit durch Rat und Hilfe gefördert haben, voran Frau Dr. Emilie Mende in Küsnacht, die nicht allein das Manuskript sachkundig und bereichernd durcharbeitete, sondern auch durch wohlwollende kritische Stellungnahme zum Gelingen beitrug. Ferner danke ich dem Zentralen Staatsarchiv, Dienststelle Merseburg, der Bibliothek der Technischen Universität Wien, dem Patentamt Berlin (DDR), den Museen u. a. in Brüssel, Stockholm, Edinburgh, Salzburg, New York, München, Nürnberg, Hamburg, Markneukirchen, Halle, Leipzig, Frankfurt (Oder), Wien und Berlin (West), den Sammlungen Bernoulli, Buser, Pizka und Tarr (genaue Bezeichnungen der Museen und Sammlungen s. Sigelliste), dem Evangelischen Zentralarchiv in Berlin (West), dem Generallandesarchiv Karlsruhe, dem Staatsarchiv Weimar, dem VEB Blechblas- und Signalinstrumentenfabrik Markneukirchen, der Firma Gebr. Alexander in Mainz, den Instrumentenbauern bzw. Firmen Martin und Gerhard Peter in Markneukirchen, Edgar Knopf ebenda, Arno Windisch in Dresden, Friedbert Syhre in Leipzig, Helmut Finke in Vlotho-Exter sowie den Kollegen Dr. John Henry van der Meer in Nürnberg, Fritz Thomas in München, Dr. Ignace De Keyser in Brüssel, Dr. Anthony Baines in Oxford, Arnold Myers in Edinburgh, Dr. Robert Eliason in Greenfield Village (Dearborn, Michigan), Ernst W. Buser in Binningen (Schweiz), Prof. Dr. Gerhard Stradner in Wien, Dr. Dieter Krickeberg in Berlin (West), Ernst Gewinner in Markneukirchen, Prof. Bohuslav Čížek in Prag und Prof. Edward H. Tarr in Basel. Schließlich gilt der Dank Fräulein Kerstin Bock, die die Reinzeichnungen ausführte, und meiner Frau für ihre vielfache Mithilfe.

Dr. Herbert Heyde

Abkürzungen

AMZ	Allgemeine Musikalische Zeitung, Leipzig ab 1798/99
d	Innendurchmesser des Mundrohres, kleinster Bezugsdurchmesser für die Weitenmensur
D	Stürzendurchmesser
D_3	Innendurchmesser des Schallstücks an der Stelle, die um den Betrag des Stürzendurchmessers D vom Rohrende entfernt ist
DBP	Deutsches Bundespatent
DRGM	Deutsches Reichs-Gebrauchs-Muster
DRP	Deutsches Reichspatent
Jh.	Jahrhundert
MGG	Musik in Geschichte und Gegenwart, Kassel 1949 ff.
VEB	Volkseigener Betrieb
ZfI	Zeitschrift für Instrumentenbau, Leipzig 1880/81 ff.

Einleitung

Die Ventilblasinstrumente entstanden im Wetterleuchten weltgeschichtlicher Veränderungen. Das Heilige Römische Reich Deutscher Nation hörte auf zu bestehen, als 16 deutsche Fürsten im Juli 1806 den Rheinbund unter dem Protektorat von Napoleon I. gründeten. Die Expansion Napoleons — u. a. die Kontinentalsperre, die Kriege gegen England, Österreich, Preußen, Rußland, die Bildung von Vasallenstaaten, Besetzungen und Annektionen — rief starke Gegenkräfte auf den Plan, die schließlich in den Befreiungskriegen 1813—1814 der napoleonischen Herrschaft das Ende bereiteten. Anstelle des vom Volk erhofften einheitlichen Deutschlands entstand auf dem Wiener Kongreß 1815 der Deutsche Bund, dem das Kaiserreich Österreich, die Königreiche Preußen, Bayern, Sachsen, Hannover und Württemberg, 31 Kleinstaaten sowie die Freien Reichsstädte Frankfurt (Main), Hamburg, Bremen und Lübeck angehörten.

Wirtschaftlich gesehen wurde durch die industrielle Revolution, die, im letzten Drittel des 18. Jahrhunderts von England ausgehend, im ersten Jahrzehnt des 19. Jahrhunderts auch in Deutschland Fuß faßte — Anfänge einer Industrie entstanden in Sachsen und den linksrheinischen Gebieten —, die neue Produktionsweise in ganz Europa stark vorangetrieben. Das Bürgertum, der dritte Stand des 18. Jahrhunderts, entwickelte sich damit zur maßgebenden ökonomischen Kraft und prägte in wachsendem Maße auch das Antlitz von Politik und Kultur, inbegriffen Musik und Instrumentenbau.

Die Erfindung der Ventilinstrumente um 1814 war keine direkte Folge der Entwicklung von Technik, Fabrikwesen und Wissenschaft, denn Rohrverteiler und Ventile waren im Wasserleitungsbau, an den Gebläsen der Hochöfen und bei den Dampfmaschinen seit langem bekannt. Vielmehr lagen die Bedingungen und Tendenzen, die die Einführung der Ventile nahelegten, ja geradezu provozierten, im Bereich der zeitgemäßen Anschauungen und der Entwicklungstendenzen der Musik. Wohl aber wirkten die vorhandenen technischen Einrichtungen auf die Konstruktion der Ventilinstrumente anregend, was Friedrich Blühmel, einer der Ventilerfinder, selbst bestätigte: Als um 1810—1813 in den schlesischen Eisenhüttenwerken neue Gebläse eingeführt wurden, ließ er sich von den Maschinisten in den Gebrauch der Windleitungen und Hähne einführen. Fragt man nach den um und nach 1800 herangereiften Tendenzen und Gedanken im engeren Sinne, so sind es im wesentlichen zwei, die sich hinsichtlich der Blasinstrumente zu »Postulaten« verdichteten: klangliche Homogenität und chromatischer Tonvorrat, der die Voraussetzung für eine vollständige Melodie- und Modulationsfähigkeit ist. Mit den Klappentrompeten und -hörnern waren zwar schon Problemlösungen gefunden worden, die aber nicht befriedigten, da sie das erste Postulat wenig und das zweite nicht ganz zureichend erfüllten.

Das Streben nach dem Natürlichen und Organischen, das in der späten Aufklärung alle Bereiche des Denkens erfaßte und sich mit den Begriffen des Naturgemäßen und Naturgesetzlichen verbunden hatte, bezog sich bei Musikinstrumenten insbesondere auf die klangliche Kontinuität der Tonfolgen, ihre Ausgeglichenheit und Homogenität. So wurden aus dem Tonvorrat der Traversflöte mit den teils gedeckt und schwach, teils stark und offen klingenden Tönen seit etwa 1795 nach und nach die ersteren ausgemerzt, indem man zusätzliche Klappen anbrachte. Natürlich war das nicht der einzige Grund für die Anbringung der Klappen, aber einer der wesentlichen. Durch das Stopfen war das Naturhorn im mittleren und oberen Bereich des Tonumfangs zwar melodiefähig, jedoch fielen die Stopftöne durch eine stark gedämpfte, geradezu stumpfe Färbung von den Naturtönen ab. Für den Hornisten Heinrich Stölzel, den anderen Ventilerfinder, waren die klanglich abfallenden Stopftöne nach seiner eigenen Angabe geradezu der Ausgangspunkt für sein erfinderisches Bestreben.

Bald nach 1800 begann sich in der Musik eine Wende abzuzeichnen, die 1814 – in diesem Jahr hatte Stölzel auch sein erstes Ventilhorn einsatzbereit – mit der Oper *Undine* von E. T. A. Hoffmann einen markanten Punkt besitzt. In ihrer Musik sind erstmals entscheidende Züge der romantischen Tonsprache artikuliert. Die größere modulatorische Beweglichkeit der um 1810–1825 entstandenen Musik zog unmittelbar größere Leistungsanforderungen an die Naturinstrumente nach sich. Der Dresdner Hofopernintendant von Lüttichau schrieb folgerichtig am 30. März 1825 wegen einer Etatserhöhung für die Kapelle an den König: »In Hinsicht der Trompeten ist zu bemerken, daß solche in der neueren Musik in gleiche Thätigkeit mit den übrigen Blaß-Instrumenten gesetzt sind, daher 4. Trompeter durchaus nöthig erscheinen.« (Staatsarchiv Dresden, Loc. 15147, »Das königliche Orchester und dessen Unterhaltung betr.«, Vol. XXII, 1823–1825, Bl. 309). Romantische Musik ist eine Kunst der Übergänge, der Verästelungen, das subjektive Empfinden wird betont und der warme, seelenvolle und großvolumige, kräftige Klang kultiviert. In dieser Hinsicht lagen in den Blechblasinstrumenten große Entwicklungsmöglichkeiten, die nach und nach auch zur Entfaltung kamen, klangliche wie spieltechnische Potenzen.

Die bürgerliche Prägung des Lebens erweiterte die Verwendungsmöglichkeiten der Blechblasinstrumente, indem sie in die Bürgerkapellen, Adjuvantenchöre, Stadtpfeifereien usw. stärker eindrangen. In diesem Zusammenhang mehrten sich im letzten Drittel des 18. Jh. die Anzeichen des Verfalls der privilegierten Trompeter- und Paukerzunft, was schließlich nach 1800 zu deren Auflösung führte. Aus einer Beschwerde der Dresdner Hoftrompeter vom 18. September 1797 an das Hofmarschallamt geht hervor, daß »jetzt in den mehrsten mittleren und kleinen Städten hiesiger Lande Concerte und Bälle mit Trompeten und Pauken gehalten werden« (Staatsarchiv Dresden, Loc. 15134, »Die Hof-Trompeter und Pauker … 1764 sq.«), was der Zunftordnung widersprach. Spezieller Stein des Anstoßes war, daß die Hautboisten der kurfürstlichen Grenadier-, Garde- und Feldregimenter, sogar die »Bürger- und Bauer-Musicanten« zur Trompete griffen, z. B. der Dresdner Stadtmusicus Johann Adam Schmiedel jede Woche in Richters Kaffeegarten ein Konzert mit Trompeten und Pauken abhielt. Der Verfall alter Ordnungen, wie es hier an einem lokalen Beispiel dokumentiert wurde, ist die eine Seite, die Erweiterung und Neuformierung von Brauchtum die andere.

Alle angeführten Faktoren berechtigen, von der Gegenwart aus gesehen, zu der Annahme, daß die Ventilinstrumente um 1814 dankbar aufgenommen wurden und schnell Fuß faßten. Das war aber nicht der Fall. Die traditionellen und konservativen Anschauungen waren in den ersten drei Jahrzehnten des 19. Jh. noch so stark, daß sich die Ventile erst nach 1830 einzubürgern vermochten. Es waren nicht in erster Linie die zu geringen Erfahrungen im Ventilbau und nur zum Teil die technischen Mängel früher Instrumente, die Skepsis oder Ablehnung begründeten. Letzteres wurde von den Zeitgenossen zwar oft als Grund für die Ablehnung angegeben, aber es ist mehr ein Vorwand, hinter dem sich der eigentliche Grund verbirgt, und der ist wohl dieser: Bisher hatten die Metallblasinstrumente mit der Naturtonreihe eine hohe Eigencharakteristik, sie bestand in der klanglichen Gestik der Naturton- bzw. Fanfarenmelodik. Jagdruf, Post- und Militärsignal, die Stimmführung im Hornduo und Trompetensatz verliehen diesen Instrumenten etwas Eigenwilliges und eine Sonderstellung. Dies hatte zu einem bestimmten Brauchtum und zu sozialen Bindungen innerhalb der Gesellschaftsstruktur geführt. Die Einführung der Ventile würde die Gleichschaltung mit den anderen Instrumenten und Verlust dieser Eigenständigkeit bedeutet haben. Die Verteidiger der Naturtonreihe konnten sich auf eine eigene Art der Natürlichkeit berufen, die aber einen anderen Charakter als die Natürlichkeit der Aufklärung besitzt, nämlich einen transzendenten. Die Naturtonreihe ist nach dieser Denkweise ein Ordnungsprinzip kosmischer Dimension. Die grundlegenden Intervalle und damit der Aufbau der Musik können nach jener alten Anschauung durch die Töne nach den Zahlenverhältnissen 1:2:3:4:5 usw. dargestellt werden. Die Zahl war nach alter Ansicht ein Urbild im Geiste des Schöpfers, so daß die gesamte Weltordnung mit ihren nach einfachen Zahlenverhältnissen geordneten Planetenabständen bis hin zu den Aspekten der musica instrumentalis als göttlich galt. Diese Anschauungsweise trat zwar im 18. Jh. in den Hintergrund, wirkte aber als retardierendes, das Neue ablehnendes Moment bis ins 19. Jh. Durch die Einführung der Ventile wurde das alte Weltbild auf dem kleinen Gebiet der Blechblasinstrumente endgültig zerstört. Gewonnen hatte man musikalisch leistungsfähigere und relativ leicht erlernbare Instrumente, die damit eine entscheidende Voraussetzung für einen breiten Spielerkreis boten.

Das erste große Gebiet, auf dem die Möglichkeiten der Ventilinstrumente mit ihrer Chromatik, klanglichen Homogenität, mit ihrem großvolumigen und kräftigen Klang zur Geltung kamen, war die Militärmusik, die zur glanzvollen Außenseite des Militärs gehört. Das wachsende Nationalbewußtsein, das in den ersten beiden Jahrzehnten des 19. Jh. einen großen Auftrieb erhielt, bildete für sie einen guten Nährboden. Ein Index für die starke Entfaltung der Militärmusik ist, daß die Zahl der Militärkapellen in Deutschland bis um 1910 auf etwa 550 anwuchs. Der zweite große Bereich war die mit dem lokalen Brauchtum verwurzelte zivile Blasmusik, die an die Musikbandas, Adjuvantenchöre, Schützen- und Bürgerkapellen der Zeit um 1800 anschloß. In Musikvereinen, Trachtenkapellen, Feuerwehr-, Bergmanns-, Werks- und Eisenbahnerkapellen usw. wurde diese neue »Harmoniemusik« zu einem wesentlichen Faktor der Volkskultur, zumal die nach 1848 erlassenen Vereinsgesetze auch die Gründung ziviler Kapellen erleichterten. In der Blasmusik verband sich im 19. Jh. das Bedürfnis nach Gefühlsausdruck und Unterhaltung mit den militärischen, vaterländischen, aber auch mit den mit dem Wald verknüpften Assoziationen des Blechbläserklangs zu einer Einheit, die dem Geschmack eines großen Teils der Bevölkerung entsprach. Dabei darf nie die den Militarismus verklärende Funktion so mancher Militärmusik vergessen werden. Der dritte große Bereich ist die Opern- und sinfonische Musik, durch den die Ventilinstrumente ihre gegenüber anderen Orchesterinstrumenten gleichwertige Legitimation und eine gewisse Dignität erhielten.

Betrachtet man die internationale Arena, setzten am frühesten, schon vor 1814, die Bemühungen um die Ventilinstrumente in Deutschland ein, speziell in der damaligen preußischen Provinz Schlesien. Zwar hatte 1788 der Ire Charles Clagget zwei Naturinstrumente verschiedener Stimmung durch einen Umstellhahn miteinander verbunden, aber dies war kein brauchbarer Anfang, um ein Instrument chromatisch spielbar zu machen. Außerhalb Deutschlands lassen sich nach dem jetzigen Kenntnisstand erste Aktivitäten 1825 in den USA (Permutations Trumpet von N. Adams), 1826/27 in Frankreich (Trompete und Horn von Antoine und Labbaye), um 1827 in England (der russische Zar schenkte der 2. englischen Leibgarde einen Satz Ventilblasinstrumente) und folglich vor 1827 in Rußland feststellen. Die frühesten erhaltenen russischen Ventilinstrumente (Instrumentensammlung des Instituts für Musik, Theater und Kinematographie in Leningrad, Nr. 1 539, 1 544) entsprechen vollständig dem in Abb. 6 dargestellten Typ mit Stölzels Ventilen, sind also Instrumente, die in Preußen um 1828 entstanden. Sie wurden vermutlich durch den deutschen Militärkapellmeister Dörffel in die St.-Petersburger Gardemusik eingeführt. Rußlands Beitrag zum Ventilinstrumentenbau besteht nach jetziger, nicht ausreichender Übersicht in der Erfindung der Helikone und (nach Schelle 1873, S. 68) der Verkürzungsventile, die später von Adolphe Sax als Pistons ascendents aufgenommen wurden. Neben Deutschland wurde Frankreich zum zweiten Hauptland im Ventilinstrumentenbau. So oft seitdem auch versucht wurde, französische Neuerungen in Deutschland einzuführen, so wenig hatte das nachhaltigen Erfolg; als zu verschieden erwiesen sich im Blechbläserklang Auffassungen und Empfinden. Bedeutende Neuerungen trugen auch England, die USA und Italien bei. Die frühen erhaltenen englischen Instrumente (z. B. eine zweiventilige Trompete von Metzler & Son im Royal Museum of Scotland in Edinburgh) sind ebenfalls den preußischen Modellen im Sinne von Abb. 6 eng verwandt.

Nach der Erfindung der Ventilinstrumente durch Stölzel und Blühmel in der Zeit um 1814 in Preußen lagen weiterführende, eigenständige Ergebnisse 1821 in Sachsen und 1823 in Österreich vor. Nachdem die ersten Impulse von Preußen ausgegangen waren, trat um 1830–1850 Österreich entwicklungsbestimmend in den Vordergrund, indem hier die Weitmensurierung am frühesten angebahnt wurde und sich die sangliche, weiche Klangsprache zuerst artikulierte. Seit etwa 1827 gingen wichtige Impulse von Prag und nach 1842 von Königgrätz aus.

Nach einer Periode anfänglicher Skepsis (1818–1828) erfolgte seit etwa 1830 die allmähliche und seit 1840 die endgültige Einbürgerung der Ventilinstrumente. Dieser Prozeß verlief parallel zu einer starken Akzeleration in der Industrialisierung, z. B. erhöhte sich zwischen 1830 und 1837 in Preußen die Zahl der Dampfmaschinen von 245 auf 423, und 1835 wurde in Deutschland die erste Eisenbahn in Betrieb genommen. Die Erfolge der Industrialisierung halfen Vorurteile gegenüber allem Technischen abzubauen und wirkten sich fördernd auf die Einführung der Ventilinstrumente aus. Die Jahre zwischen 1835 und 1855 waren eine Zeit des Experimentierens und Erprobens auf breiter Ebene. Der Formenreichtum war damals am größten. Um 1880 wurde die Gestalt der gegenwärtigen Instrumente sichtbar; die Drehventile verdrängten die Pumpen- und Mainzer Ventile. Der Formenhaushalt begann sich allmählich zu verringern. In Österreich erfolgten die entscheidenden Schritte zur Weitmensurierung 1829 (Bombardon) und 1843–1848 (Euphonium, Helikon), in Preußen 1833–1835 (Kornette, Tuba). Die Tendenz zur Weitmensurierung, die wesentlich die klanglichen Dimensionen der Weichheit, Wärme und Dunkelheit erweiterte und differenzierte, kam um 1885 zu einem markanten Punkt, wobei zuerst in Böhmen die weitesten Mensuren erreicht wurden. Die bis dahin noch gebrauchten engen Bässe schieden in den folgenden Jahrzehnten allmählich aus. Das Problem der Intonation gewann seit etwa 1900 zunehmend an Bedeutung, der Mensurenreichtum tritt seit etwa 1930 zugunsten der qualitativen Durchgestaltung bewährter Mensurtypen hinsichtlich Intonation, Klangfarbe und Ansprache zurück.

Die Konstituierung ganzer Stimmsätze gehörte bis um 1855 zum Charakteristikum der Entwicklung der Ventilinstrumente. Dahinter stand das Streben nach Homogenität der Klänge bzw. Klangregister. Da aber besonders seit der Mitte des 19. Jh. die Tendenz zur Farbmischung überwog, kam es in Deutschland zu keiner dauernden Einbürgerung ganzer Stimmsätze, vielmehr nach 1855 zur Auflösung der vorhandenen.

Die Tendenzen, die zur Entstehung der Ventilinstrumente führten, waren geographisch nicht begrenzt und legten neue mensurelle und technologische Varianten und Neubildungen nahe. Es verwundert daher nicht, wenn Erfindungen doppelt gemacht wurden oder ähnliche Problemlösungen in ziemlich dichter Folge auftraten. So entstanden z. B. 1835 in Paris, Berlin und Wien weitmensurierte Ventilblässe, wobei hier, wie in anderen Fällen, die Unabhängigkeit der Erfindung ein schwierig zu erforschendes Problem ist und ihre Absolutheit vielmals bezweifelt werden muß.

Heute, nachdem das geschichtliche Panorama überschaubar geworden ist, erscheinen die sich gegenseitig und anderen gemachten Vorwürfe von Wilhelm Wieprecht, Adolphe Sax, Václav František Červený und Giuseppe Pelitti, die eigenen schöpferischen Ideen nur nachgeahmt zu haben, als klein und fast gegenstandslos. Allerdings gehört auch noch heute ein kühler Verstand dazu, deren eifersüchtigen Regungen, oft gemischt mit Geschäftstüchtigkeit und Reklamemacherei, mit objektiver Distanz gegenüberzustehen. Da das Klangideal in Österreich, Preußen, Bayern, Frankreich, Italien gerade im 19. Jh. so unterschiedlich war, konnten sich komplette Übernahmen oft nicht einbürgern. So hervorragend die französischen Saxhörner auch waren, konnten sie, obwohl sie auch in Deutschland hergestellt und durch Preislisten empfohlen wurden, hierzulande wegen ihrer anderen Klangart nicht Fuß fassen. Aber: Die Neuerungen des Auslands wirkten anregend, es wurde geprüft, ob nicht analoge Formen oder Abwandlungen im eigenen Lande verwendbar seien. Bei solchen Umsetzungen kann nicht generell von geistigem Diebstahl gesprochen werden. Eigenschöpferische Anwendung der gleichen Grundidee kann aus dem musikalischen und geistigen Postulat der Zeit abgeleitet werden. Aufgabe der Historie ist allerdings, initiierende und nachgestaltende Leistung zu unterscheiden, und zwar aus dem nüchternen Befund und nicht aus der Selbstanpreisung von Firmen und »Erfindern«.

Initiierende und grundlegende Leistungen traten vor allem bis zur Mitte des 19. Jh. auf. Dazu gehören bis um 1900: Röhrenschiebeventil (Stölzel 1814), Kastenventil (Blühmel um 1814), Alt-, Tenor-, Baßhorn, Signalhorn, Posaune mit Ventilen (Stölzel 1818ff.), Doppelrohrschubventil (Sattler 1821), Wiener Ventil mit liegendem Druckwerk (Kail/Riedl 1823), Posthorn mit Ventilen (Riedl 1823), Drehventil (Blühmel um 1814—1828), Pumpenventil (Stölzel 1827), Bombardon (Riedl 1829), Cornet à pistons (Antoine-Halary 1829), Baßtuba (Wieprecht/Moritz 1835), Bombardone tenore (Pelitti 1835), Périnetventil (Périnet 1839), Euphonium (Sommer 1843), Saxhörner (Sax 1845), Helikon (Rußland vor 1845), Contrabaß (Červený 1845), Wagnertuba (C. W. Moritz 1877), Doppelhorn (Ed. Kruspe 1897), Hoch-B-Trompete (Mahillon 1905).

Nach der Mitte des 19. Jh. nahm die Zahl an prinzipiellen Neuerfindungen rapid ab. Wichtig wurden jetzt Ausgestaltungen, Verfeinerungen, Varianten, Modifikationen. Die Leistungen der Instrumentenbauer, wie Leopold Uhlmann oder V. F. Červený, lagen vor allem auf dem Gebiet der qualitativen Ausformung oder Bildung von Steigerungsformen entsprechend den Bedürfnissen und Möglichkeiten der Zeit. Diese schöpferische Tätigkeit ist nicht geringer zu schätzen als die der intensiven Entwicklungsphase bis zur Mitte des 19. Jh. Bei der Entfaltung des Blechblasinstrumentenbaus im 19. Jh. beobachtet man folgende Regel: Es wird eine Erfindung gemacht, diese wird in anderen Kulturbereichen durch Bildung analoger Modelle »beantwortet«, die den jeweiligen regionalen Klangvorstellungen entsprechen, wobei Weiterentwicklungen eingebunden sein können. Auf diese Weise prägen sich Traditionszusammenhänge bildende lokale und nationale Stile in Mensur und Formgebung aus. Am stärksten war im 19. Jh. das klangliche, mensurelle und formstilistische Gefälle zwischen Österreich und Preußen, während Sachsen mehr eine vermittelnde Rolle spielte. Da die Musikentwicklung im 19. Jh. die weiche und gesangliche Tongebung begünstigte, breiteten sich die österreichischen und böhmischen Mensuren, die der historischen Tendenz gut entsprachen, auch nach Norddeutschland aus. Nach Gründung des preußisch-deutschen Kaiserreiches 1871 waren dagegen administrative Wege eröffnet, um den preußischen Einfluß auf Sachsen und Süddeutschland auszudehnen. So ist ein ständiges Beeinflussen und Überlagern festzustellen; denn auch die in Mainz, Köln, Strasbourg, Dresden, Potsdam usw. entwickelten Modelle breiteten sich aus und überlagerten einander.

In der Frühzeit der Ventilinstrumente wurde in einer Werkstatt »von Grund auf« gebaut, in manchen Werkstätten auch noch in unserem Jahrhundert. In der Mitte des 19. Jh. entstanden Spezialwerkstätten für die Herstellung der Schallstücke, Rohre, Maschinen sowie Zubehör und Mundstücke, von denen auch der Handwerksbetrieb seine Teilerzeugnisse bezog. In dieser Zeit bildeten sich ferner Manufakturen und Fabriken für Musikinstrumente des Massenbedarfs heraus.

Die zahlreichen Erfindungen auf allen Gebieten von Gewerbe und Industrie führten zu einer staatlichen Regelung des Patent- und Privilegienwesens. Nachdem 1815 in Preußen und 1820 in Österreich Patentgesetze erlassen worden waren, wurde in diesen Staaten eine Reihe Erfindungen von Ventilen und Ventilinstrumenten zum Patent angemeldet. Die österreichischen Erfindungsbeschreibungen gelangten später in den Besitz der Technischen Universität Wien, die preußischen verblieben bei den Akten der Technischen Deputation des Ministeriums für Handel und Gewerbe (Zentrales Staatsarchiv, Dienststelle Merseburg, Rep. 120 D, Abt. XIV, Fach 2, Nr. 26; 33; Schriften). Aus der Technischen Deputation ging 1877 das Deutsche Reichspatentamt hervor. Die Blühmels Ventile betreffenden Akten des ehemaligen Deutschen Oberbergamtes in Berlin sind anscheinend nicht erhalten, da entsprechende Nachforschungen zu keinem positiven Ergebnis führten. Viele Zeichnungen, die den preußischen Patenten beigefügt waren, liegen nicht mehr vor. Sie sind wahrscheinlich nach der Aktenlegung makuliert worden. Jedenfalls waren sie um 1880, teilweise schon 1833, nicht mehr vorhanden. Was in Sachsen, Bayern und anderen deutschen Bundesstaaten in die Patentakten an Erfindungen und Verbesserungen betreffs Ventile und Ventilblasinstrumente einfloß, ist, soweit überhaupt noch festzustellen, wenig bedeutend. Die Gültigkeit der Patente erstreckte sich nur auf die jeweiligen Länder, also etwa Preußen, Österreich, Sachsen. Da sich der Patentschutz nur auf die eingereichte und bestätigte Vorrichtung bezog, konnten eigenständige Modifikationen, die andere Hersteller am patentierten Modell vornahmen, patentrechtlich nicht angegriffen werden. So war es ganz legitim, daß in der Zeit von J. Riedls Patentschutz (1835–1845) z. B. auch in Süddeutschland Drehventile gebaut wurden und daß 1843 L. Uhlmann und I. Stowasser in Wien verbesserte Riedlsche Drehventile patentiert erhielten.

Die im Zusammenhang mit Patenten angeführten Zitate stammen aus den jeweiligen Patentakten und Patentschriften. Die Zeichnungen beruhen, wenn nicht anders vermerkt, auf Originalquellen, Patentunterlagen, Instrumenten, Originalzeichnungen. Die verwendete Terminologie entstammt den gleichen Quellen, die Bezeichnungsweise der Ventile folgt der Markneukirchener Tradition, die z. B. in der Firma Martin Peter jun. noch lebendig ist.

Den Grundstock zu vorliegender Veröffentlichung bildet des Verfassers Abhandlung über die Frühgeschichte der Ventile und Ventilinstrumente in Deutschland, die 1978/79 in der Zeitschrift Brass Bulletin Nr. 24–27 erschienen ist. Als obere Grenze war 1833, das Jahr der Patentanmeldung von Wilhelm Wieprechts Pumpenventilen, festgelegt worden. Weiteres Quellenmaterial, neue Einsichten und auch der Aufsatz von Reine Dahlquist über *Some Notes on the Early Valve*, der in The Galpin Society Journal Nr. 33, 1980, herauskam, bewogen mich, die Behandlung des Themas bis zur Gegenwart fortzusetzen. Es ist auf diese Weise ein Gesamtüberblick über Formenbestand und Geschichte der Ventilinstrumente entstanden, der hiermit vorgelegt wird. Das Manuskript wurde im wesentlichen 1983 abgeschlossen.

Der Anfang

1

Röhrenschiebeventil von Stölzel
Kastenventil von Blühmel

Die aktenmäßig faßbare Erfindungsgeschichte beginnt mit einem Brief, den Heinrich Stölzel, »Anhaltisch Fürstlicher Kammermusikus in Pless« in Schlesien, am 6. Dezember 1814 an den König Friedrich Wilhelm III. von Preußen richtete:

»Allerdurchlauchtigster Großmächtiger König
Allergnädigster König und Herr!

Ew. Königl. Majestät mit meinem aller devotesten Schreiben zu behelligen, würde ich mich nie unterfangen haben, wenn es nicht allgemein bekannt wäre, daß Ew. p. p. nützliche Erfindungen huldreichst unterstützten. Es ist mir geglückt, eine dergl. Erfindung zu machen, und ich kann nicht umhin Allerhöchst dieselben davon in Kenntniß zu setzen:

Das Waldhorn, welchem ich mich vorzüglich gewidmet habe, ist bekanntlich in Rücksicht der Ungleichheit seiner Töne und der Unmöglichkeit, sie alle in gleicher Reinheit und Stärke hervorzubringen, sehr mangelhaft, dieses machte mich oft ungeduldig und verleitete mich zu sehr vielen Versuchen derselben abzuhelfen, welches mir zwar anfangs sämtlich mißlungen, mich aber zuletzt auf eine Erfindung führte, welche meine Mühe belohnte, und meine Forderung an das Instrument befriedigte. Mein Waldhorn giebt alle Töne, zwischen den tiefsten und höchsten, ohne die Hand in das Schallstück zu stopfen, mit gleicher Reinheit und Stärke an. Der Mechanismus meiner Erfindung ist höchst einfach, leicht und schnell zu behandeln und jeder, der das Instrument bläßt, kann sich in einigen Tagen mit seiner Anwendung vollkommen vertraut machen. Diese Vorrichtung macht die vielen Einsatz-Bogen entbehrlich und setzt den Künstler in den Stand aus allen Tönen zu blasen, auch hat das Instrument an seinem Ton nichts verloren. Diese Vorrichtung ist auch für die noch weit unvollkommenere Trompete, ja selbst für die Signal-Hörner anwendbar. Da nun die Trompete, deren ganzer Reichtum bis jetzt aus 13. Tönen bestand, und durch meine Erfindung einen Zuwachs von 24. Tönen erhalten, welche eben so schön und rein wie jene 13. erklingen und die Componisten daher für diese Instrumente nicht mehr so eingeschränkt seyn dürfen, sondern in jeden beliebigen Dur und Mol-Ton übergehen können, so glaube ich nicht zu viel zu sagen, wenn ich Ew. p. verspreche, durch diese Instrumente eine Musik herzustellen, worüber die Welt erstaunen soll. Ich unterwerfe mich ieder Prüfung und bin in der Voraussetzung, daß Allerhöchstdieselben dieser guten und für die Musik sehr wichtigen Sache empor helfen werden, in froher Erwartung und wünsche nichts sehnlicher als Ew. pp. meine Instrumente zu Füßen legen zu können, welches mir dann die Hoffnung giebt, daß Ew. pp. die Einrichtung dieser neuen Musik bey den Regimentern mir übertragen und mich nach dem Werth meiner Erfindung belohnen werden. Ich ersterbe pp

Ew. pp

Pless den 6. Decemb. 1814 H. Stoelzel«

Nach diesem Schreiben war Stölzels Ventilhorn bereits 1814 praktisch verwendbar. Dem weitblickenden Erfinder ging es auch um die wirtschaftliche Nutzung seiner Entdekkung. Ein Antwortschreiben des Königs bzw. der Kanzlei ist nicht erhalten. Der König hatte Gutachten anfordern und die Erfindung prüfen lassen und für bewährt befunden.

Die seit 1796 immer häufiger an den König gerichteten Privilegien- und Patentanträge führten am 14. Oktober 1815 im *Publicandum* zur rechtlichen Regelung des Privilegien-Patentwesens in Preußen.

Damit hängt es zusammen, daß Stölzel am 29. Dezember 1815 an den preußischen Finanzminister unter Bezug auf seinen vorigen Antrag und das Publicandum ein Patentgesuch einreichte:

»Ich nehme mir jedoch die Freyheit, mich in dieser Angelegenheit unmittelbar an Ew. Excellenz zu wenden, da meine Erfindung, wie hoch dieselben aus beiliegenden ridimirten Abschriften des mehreren zu ersehen geruhen werden, bereits längst auf allerhöchsten Befehl S^{r}. Majestät des Königs geprüft und auch bewährt befunden worden sind. Ich habe nemlich für das Waldhorn eine Vorrichtung erfunden, die bei aller Einfachheit auf demselben alle Töne vom tiefsten bis zum höchsten in gleicher Stärke, Fülle und Reinheit hervorbringt, deren einige bisher gar nicht, ein großer Theil aber nur durchs Stopfen des Schallstücks mit der Hand und zwar nur dumpf und undeutlich möglich waren. Mein Horn ist kein Klappenhorn und hat also nicht wie dieses an seinem schönen Ton verlohren, auch behält es seine gefällige Form. Ich bitte daher Ew. Excellenz unterthänigst, mir für meine Erfindung ein Patent auf 15. Jahre für sämtliche Preuß. Staaten gnädigst zu verleihen, welches, wie ich hoffe, auch schon deswegen keinen Anstand haben dürfte, da ich meine Instrumente nicht selbst, sondern bey den Instrumentenmachern im Lande verfertigen laßen werde, und diesen dadurch kein Eintrag geschieht ...«

Stölzel sprach noch von der großen Mühe und den beträchtlichen Ausgaben, da er als Musiker im Technischen auf fremde Hilfe angewiesen sei. Die remittierten Abschriften, die Stölzel seinem Gesuch beilegte, sind drei Gutachten über seine Erfindung, die er bereits dem König zu seinem Antrag von 1814 nachgesandt hatte.

Der Obrist und Brigadekommandeur der Gardeinfanterie in Berlin, Alvensleben, schrieb am 21. Dezember 1814 an Stölzel nach Pless, daß der König ihm befohlen habe, sein Horn zu beurteilen, und er bat Stölzel, ihm ein Instrument zur Prüfung zu schicken. Nach einem nicht mehr vorhandenen Brief vom 19. Januar 1815 machte Stölzel einen anderen Vorschlag und sandte das Instrument nicht ab. Daraufhin bat Alvensleben am 13. Februar 1815:

»... die Instrumente dem Königl. General-Major und Commandanten zu Breslau Herrn von Kehsel gefälligst einzusenden, und weil S^r^. Majestät dem Könige daran gelegen sein würde, so bitte ich Sie, diese Sache möglichst zu beeilen.«

Da das Gutachten sowie weitere Unterlagen fehlen, ist nicht bekannt, ob Stölzel das Instrument an Kehsel eingesandt hat. Das zweite Gutachten, ausgestellt am 24. März 1815 von G. B. Bierey, Musikdirektor des Stadttheaters Breslau, lautet:

»Die mir vorgelegte Erfindung zur Vervollkommnung des Waldhorns, von Herrn Cammer Musikus Stoelzel aus Pless, entspricht nicht nur allein vollkommen, in allen Theilen seiner Angabe, sondern ich bezeuge hiermit auch nach meiner Einsicht und der Wahrheit gemäs, daß die Anwendung desselben dem Waldhorn eine bis jetzt noch nicht erreichte Vollkommenheit giebt und dadurch eine noch nicht gekannte Wirkung hervor geht.«

Einen erweiterten Bericht gab Bierey am 27. März 1815 und publizierte ihn in den in Breslau erscheinenden Schlesischen Provinzialblättern (Bd. 61, S. 287), denselben auch in der AMZ (Leipzig 1815, Sp. 309). Wichtig ist darin die Angabe, daß das Horn »zwei Hebel, welche die rechte Hand mit zwei Fingern dirigirt« besitze, also zwei rechtsgriffige Ventile. Da man weiterhin nicht auf das Stopfen verzichtete, sind rechtsgriffige Hörner insgesamt selten (Foto 35). Das dritte Gutachten wurde vom König bei dem Obristen »Lieutnant und Director in Kriegs Ministerio«, von Thiele, angefordert. Thiele schrieb am 19. April 1815 aus Wien an den König:

»Seine Majestät der König, mein Herr, haben aus den, über die Erfindung des Fürstl. Anhaltschen Kammer-Musikus Herrn Stoelzel, zur Vervollkommnung des Waldhorns und der Trompete, von Sachverständigen erstatteten Gutachten mit Beifall ersehen, daß diese Erfindung zweckmäßig ist und Nutzen verspricht und wenn die gegenwärtigen Verhältniße auch nicht gestatten, auf die Anwendung der Vorschläge einzugehen, so laßen S^r^. Majestät dem Herrn Stoelzel doch Ihre Zufriedenheit mit seinen Bemühungen und der bewiesenen Aufmerksamkeit hierdurch zu erkennen geben.«

Von den Begutachtern hatte offenbar nur Bierey das fertige Instrument vorgelegen. Daher schrieb am 1. Februar 1816 das »6. Bureau« des Finanzministeriums an Stölzel, daß ein Patent »nur dann ertheilt werden könne, wenn Sie eine genaue Beschreibung Ihrer Erfindung einreichen und diese entweder durch genaue Zeichnungen, oder durch Modelle, oder aber durch ein Exemplar eines mit der gedachten Vorrichtung versehen Waldhorns selbst, verdeutlichen ...«

Stölzel kam dieser Aufforderung jedoch nicht nach, und zwei Jahre später, am 19. Februar 1818, gab er, in der Oberwallstraße Nr. 71 in Berlin logierend, dem Finanzminister folgende Erklärung für sein Schweigen und erneuerte seinen Antrag:

»Krankheit und andere Umstände haben mich bisher davon abgehalten; seit ungefähr 6 Wochen bin ich jedoch hier in Berlin und habe meine Erfindung dem General Intendanten der Königlichen Schauspiele Herrn Grafen v: Brühl Hochgeboren mit Beifall gehorsamst vorzuzeigen die Ehre gehabt, bin auch jetzt so frey Ew. Excellenz anbei mein Horn mit diesem Mechanismus versehen unterthänigst zu überreichen, indem ich meine ganz unterthänige Bitte wiederhole: mir ein Patent hierüber auf sechs hintereinanderfolgende Jahre gnädigst zu ertheilen.

Schließlich bemerke ich ganz gehorsamst, daß diese Erfindung nicht nur beim Waldhorn sondern bei allen messingnen Blase-Instrumenten anwendbar ist.«

Die »anderen Umstände«, die Stölzel neben Krankheit als Grund für sein langes Zögern anführte, gehen aus einem Protokoll hervor. Um die Erfindungsgeschichte der Ventile von Grund auf zu klären, hatte die Technische Deputation am 16. und 17. März 1818 Stölzel und Blühmel in das Ministerium für Handel und Gewerbe vorladen lassen. Stölzel erschien, während Blühmel bis nach dem 6. April verreist war.

Der »Fabriken Commissions Rath« May von der Technischen Deputation protokollierte: »Uebrigens bemerkte der Herr Stoelzel noch, daß das Waldhorn, welches er früher eingerichtet, nicht sein Eigenthum gewesen sey, sondern dem Fürsten von Pless gehört habe, daher er jenes Horn nicht habe einreichen können, sondern sich erst ein eigenes neues Horn nach jenem habe anfertigen lassen und solches mit seiner Vorrichtung versehen habe, daher auf derselben der 15. Februar 1816 angegeben sey.«

Dieses neue Horn — über das die AMZ 1817, Sp. 814, berichtet hatte — führte Stölzel in verschiedenen deutschen Städten, so in Berlin und Leipzig, aber auch dem Großherzog Carl August von Sachsen-Weimar vor und bot es zum Kauf an

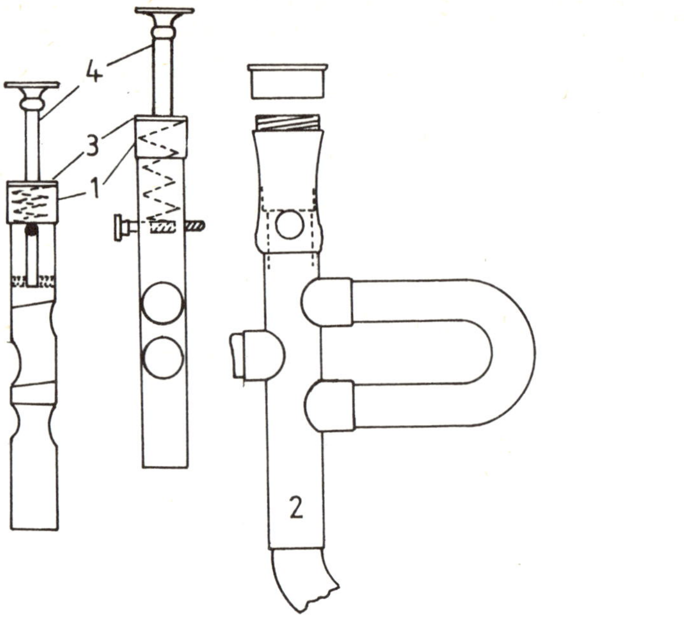

1. Stölzels Röhrenschiebeventil (Stopferventil), ursprüngliches Modell mit Querschraube, die durch Gehäuse und Wechsel verläuft und auf der die Feder des Wechsels rastet. Die Feder ruht also zwischen dem Deckel der aufgelöteten Kapsel (1) und der Schraube. Der »gewölbte« Teil des Gehäuses ist auf die Rohrbüchse (2) aufgesetzt und hat einen entsprechend größeren Innendurchmesser, damit die Kapsel des Wechsels gleiten kann. Links: Federlage bei gedrücktem Wechsel; die Schraube liegt im Schlitz oben. Mitte: Wechsel nicht gedrückt, gegenüber der linken Darstellung um 90° gedreht. Das Gewinde der Schraube ist durch eine rechteckige Aussparung sichtbar. Wird die Schraube herausgezogen, rastet die Feder auf eingelöteten Messingböcken und kann damit nicht herausfallen. Soll die Feder herausgenommen werden, muß der obere Kapseldeckel (3) mit dem Stecher (4) (= Schieberstange) abgelötet werden. Die älteste feststellbare Ausführung einer Trompete von Griesling & Schlott (Foto 54) hat als oberen Verschluß noch keinen Schraubdeckel, sondern einen mit zwei Schrauben angeklemmten Deckel.
Nach Markneukirchen Nr. 85, vgl. Foto 113

(Staatsarchiv Weimar, Hofwesen 9 672, 9 672 a »Übersendung von verbesserten Waldhörnern durch den preussischen Kammermusiker H. Stölzel« 1819).

Daß sich Stölzel Ende 1817 in Berlin ansässig machte, hat den Grund offenbar darin, daß er die Patentierung seiner Erfindung und ihre Einführung besser betreiben und direkten Kontakt zu den Instrumentenmachern finden zu können glaubte. Der Intendant der Königlichen Schauspiele, Graf Brühl, fand es wünschenswert, Stölzels Erfindung allgemeinnützlich zu machen (Brief an den König vom 2. April 1818), und wies ihm vermutlich bereits im April 1818 eine vakante Stelle in der Königlichen Kapelle an.

Ohne daß Zeichnungen oder genaue Beschreibungen vorhanden sind, kann es nach dem Rückschlußverfahren als sicher gelten, daß es sich bei dem von Stölzel zum Patent angemeldeten Ventil um das später weitverbreitete Schubventil handelte. Wieprecht nannte es 1845 Stölzels *Röhren-Schiebe-Ventil*. Aus französischen Quellen ist es als Stölzels Ventiltyp bekannt. Nach sächsischen Quellen aus den Jahren nach 1840 wurde es *Stopferventil*, in Österreich *Stopperventil* (vgl. Schebek 1858, S. 19) genannt und ist in Sachsen in zwei Varianten gebaut worden.

Die ältere und offenbar Stölzelsche Ausführung ist diejenige mit Stift bzw. quer durch das Obergehäuse gehender Schraube zum Abbremsen der Spiralfeder. Die jüngere Ausführung ist vielleicht jene Verbesserung von C. F. Sattler, von der F. Schneider in seinem *Elementarbuch* von 1820 (Sp. 247) spricht.

Stölzels Erfindung wäre ohne Zweifel als Patent anerkannt

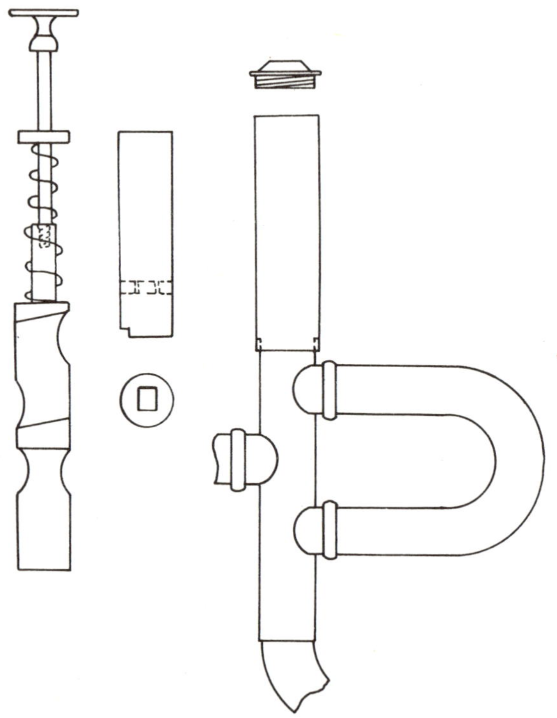

2. Stölzels Röhrenschiebeventil (Stopferventil), jüngeres Modell mit Kapsel. Durch den abschraubbaren Stecher ist das Ventil soweit auseinandernehmbar, daß die Feder ausgewechselt werden kann. In der Mitte die Kapsel mit darunter gezeichnetem Querschnitt. In der quadratischen bzw. rechteckigen Aussparung der eingelöteten Platte der Kapsel gleitet der untere, stärkere Teil des Stechers (Schieberstange). Wird die Kapsel eingebaut, ist die obere, dünnere und runde Schieberstange abzuschrauben. Die Feder befindet sich nach dem Zusammenschrauben zwischen der Platte der Kapsel und der oberen, mit der dünnen Schieberstange fest verbundenen Platte, die bei Betätigung des Ventils in der Kapsel gleitet. Damit die Wechseldurchgänge stets in einer Ebene wie die Rohransätze verbleiben, hat die Kapsel unten eine Aussparung, die in das Ventilgehäuse einrastet und so ein Drehen des Wechsels um die eigene Achse verhindert.
Nach Markneukirchen Nr. 72, Cornet (unsigniert), Sachsen um 1840 (Foto 5)

worden, wenn nicht bereits drei Wochen vor dessen Wiederholungsantrag der Königliche Oberberghauptmann Gerhard das Primat der Stölzelschen Erfindung angefochten hätte. Nachdem Friedrich Blühmel von Stölzels Vorhaben erfahren hatte, bat er von Waldenburg aus seine Dienststelle, seinen Prioritätsanspruch an geeigneter Stelle vorzutragen und glaubhaft zu machen. Der Oberberghauptmann Gerhard schrieb, die Bitte erfüllend, am 29. Januar 1818 an das Handelsministerium:

»Dem Vernehmen nach, hält sich hier ein Musicus, Namens Stetzel aus Schlesien als Privat: Mann auf, oder hat sich als Hornist bey dem Jäger-Corps engagirt, der sich als erster Erfinder einer vorzüglichen Verbeßerung der sogenannten Klapphörner (:Waldhorn und Trompete:) angiebt, und als solcher sich um ein Patent bewirbt. Nach Lage der Acten, und besonders nach einem früheren Berichte des Schlesischen Ober-Berg-Amts, scheint aber außer Zweifel der Berg-Hautboist Blümel zu Waldenburg der wirkliche erste Erfinder jener Verbeßerung zu seyn und hat auch bereits Hörner von seiner Erfindung hieher gesandt. Da nun sehr zu wünschen ist, daß dieser Blümel nicht aller Früchte seiner dreyjährigen, mit Kosten verbundenen Arbeit verlustig gehe; so ist das Berg-Amt zu Waldenburg heute angewiesen worden, alle Beweismittel wodurch derselbe als erster Erfinder legitimiert werden kann, zu sammeln und schleunigst einzureichen. ...«

Gerhard ersuchte das Ministerium, so lange mit der Patenterteilung zu warten, bis die Frage des Primats der Erfindung geklärt sein werde. Ebenfalls mit der Bitte um genaue Prüfung der Priorität wandte sich am 21. Februar 1818 im Interesse Stölzels Graf Brühl an den Königlichen Geheimen Staatsminister von Bülow, und er äußerte dabei auch seine persönliche Meinung über Stölzels Erfindung:

»Die Erfindung dieser Maschine überhaupt, ist eine der wichtigsten, welche vielleicht seit Jahrhunderten zur Verbesserung eines musikalischen Instruments gemacht worden; und halte mich zugleich verpflichtet bemerken zu müssen, daß der Mechanismus bei dem Stoelzelschen Instrumente ohne Zweifel mehr vervollkommnet ist als bei dem des Blümel.«

Blühmel hatte das Patentgesuch für sein »Schiebe-Ventil« am 18. Februar 1818, also einen Tag vor Stölzels Wiederholungsantrag, eingereicht. Eigens zu diesem Zweck von Waldenburg nach Berlin gekommen, sandte er sein Gesuch vom »Bergwerks Bureau im Neuen Münz Gebäude № 9 am Werderschen Markt« ab und schrieb, daß er 1808 von der Violine, auf der er infolge der schweren Grubenarbeit als Bergmann keine Fortschritte hätte machen können, zu Waldhorn und Trompete übergewechselt sei. Die Unvollkommenheit dieser Instrumente habe ihn angeregt, deren Mängel abzustellen. Er führte aus:

»Die mannigfachen Anwendungen der mechanischen Kräfte, die ich während meiner Anwesenheit in Ober-Schlesien zu sehen Gelegenheit hatte, besonders die verschiedenen Windleitungen bei den Gebläsen der hohen und niederen Schmelzöfen, die mich immer auf die Grund-Idee der Ausführung einer Verbesserung an diesen Instrumenten zurück führten, glaubte ich zur Erreichung meines Zweckes benutzen zu können, und suchte deshalb den Umgang mit den Maschinenwärtern, und anderen verständigen Männern zu benutzen, um das Verschließen und Oefnen der Windleitungen zu begreifen, indem ich gleich von der Idée ausging, den Weg, den die Luft durch die Röhre des Instruments nehmen muß, nach bestimmten Dimensionen zu verlängern oder zu verkürzen, um die fehlenden Zwischentöne im Accord zu ergänzen ...

Eine Zusammenstellung der sämmtlichen Tonarten zeigte sehr bald, daß diese durch Anbringung eines ganzen und eines halben Tonbogens, welche in der engsten Verbindung mit dem Instrumente selbst auf und zu geschlossen werden könnten, und den angeblasenen Ton um einen ganzen oder einen halben Ton, oder um anderthalb Töne erniedrigt, zu bewerkstelligen möglich sey. In Waldenburg suchte ich meine Idée durch Versuche auszuführen und erlernte um Kosten zu ersparen zuerst das Löthen, um alle kleine Arbeiten selbst verfertigen zu können; wegen Mangel an Werkzeugen mußte ich indeß sehr bald meine Zuflucht bei den Professionisten selbst nehmen, die aber leider wegen ihrer Unbekanntschaft mit diesem Gegenstande, und der Behandlung bei der Bearbeitung selbst mich zwar in Unkosten setzten, aber dennoch meinem Ziele nicht näher brachten. Die Möglichkeit dieser Ausführung war da, allein die ungeschickte Ausführung des Mechanismus, verursachte einen sehr schweren und langsamen Gang beim Anblasen der Tonleiter, so daß ich mich noch immer außer Stand befand, mein Instrument öffentlich zu produciren. Hiezu kommt noch, daß ich die ersten Versuche auf einer Trompete, auf der alten langen Form construirt, in Ermangelung eines andern disponiblen Instruments zu machen gezwungen war, und daher große Hinderniße darin fand, den Mechanismus nicht außerhalb dem Instrumente zu legen, und daßelbe dadurch in seiner Form zu verunstalten. Im Jahr 1816 kam ich endlich damit zu Stande, indem vermittelst zweier Drucker alle ganzen und halben Töne auf der Trompete angeblasen werden konnten, und nun blieb mir weiter nichts übrig, als den Mechanismus noch mehr zu vereinfachen, und ihn auf einen engern Raum zu beschränken. Dieß war mit den frühern Professionisten, die ich zu meinen Arbeiten benutzte, nicht gelungen, und ich wandte mich deshalb an den Schlosser Meister Richter.

Während dieser Zeit wurden im Waldenburger Revier einige Maschinen nach neuester Art mit Schiebe-Ventilen verkauft, und diese Ventile gaben mir den Aufschluß auch meine Einrichtung zur Abschließung und Oefnung des ganzen und halben Tonbogens einzurichten, und so dem Ganzen die möglichst einfache und vollkommene Einrichtung zu geben, welche meine beiden Instrumente Trompete und Horn gegenwärtig haben und die in der beigefügten Erklärung und Zeichnung näher auseinander gesetzt sind.

Die Zeichnung umfaßt lediglich nur die Erfindung der Verbeßerung, welche bei allen oben erwähnten Instrumenten im Wesentlichen sich gleich bleibt, und woran nur der ganze und halbe Tonbogen nach Maßgabe des Instruments, an welchem diese Erfindung angebracht wird, nach der mehrere und mindere Länge sich ändern.

Wegen Mangel an Zeit ist es unmöglich, eine Trompete und Posaune nach der neuen Form zugleich mit einzureichen, welches aber in einigen Tagen geschehen wird, da diese beiden Instrumente zugleich hier an Ort und Stelle in Arbeit genommen sind, und die alte Trompete den Beweis über die Richtigkeit dieser Versicherung augenscheinlich dargethan hat.

Einem Königl. Hohen Ministerium werde ich nicht ermangeln, die neue Trompete und Posaune sogleich nach deren Vollendung so lange in Verwahrung zu geben, bis an deren Stelle eine richtige Zeichnung entworfen seyn wird.

Als Beweismittel, daß ich wirklich der eigentliche Erfinder dieser Verbesserung bin, lege ich anliegende 9. Atteste zur Hochgeneigten Prüfung und Berücksichtigung meines unterthänigsten Gesuchs in tiefster Ehrerbietung bey.«

Schließlich bittet Blühmel um ein Patent auf zehn Jahre für Preußen zur alleinigen Herstellung von Ventiltrompete, Ventilhorn und Ventilposaune. Blühmel hatte bis 1816 mit Drehventilen experimentiert, was auch in einem Schreiben des Bergamtes vom 3. März 1818 (s. u.) anklingt. Erst durch die in Waldenburg aufgestellten bergmännischen Maschinen mit Schiebeventilen arbeitete er 1817/18 nach deren Vorbild an der Konstruktion von Kastenventilen.

Die Trompete mit zwei und die Posaune mit drei Kastenventilen hatte er im Februar 1818 bei dem Blechblasinstrumentenmacher J. C. Gabler in Arbeit (s. u.). Blühmels Aufenthalt in Berlin hatte einen analogen Sinn wie bei Stölzel: die Überwachung der Arbeit bei Gabler und den schnellen und direkten Kontakt bei seinen Bemühungen um das Patent. Blühmels Gesuch waren Zeichnungen (nicht erhalten) und eine Legende dazu beigegeben. Die Hauptzeichnung war ein Ventilsatz eines Waldhorns mit Halb- und Ganztonventil. Blühmel beschrieb:

»Die Zeichnung stellt blos denjenigen Theil des Instruments dar, welchen bis jetzt das alte Inventions-Stück eingenom̄en hat, um es mit den übrigen Instrumenten abzustimmen. Die Dimensionen sind vom Horn nach wirklicher Größe entnommen, weil dieses wegen seiner größeren Ausdehnung in der Form, leichter übersichtlich ist als bei der Trompete, obschon bei der letzteren diese Einrichtung zuerst vorgenommen wurde.

Das Ganze besteht aus 3. Bogen und 2. Ventil-Kästgen. Der erste Bogen a. vertritt die Stelle des ehemaligen Inventions-Stücks, und wird durch das Schieber-Ventil, wenn dasselbe in der Lage Fig: IV und VI bleibt, vermittelst einer kurzen diagonalen Röhre im Schieber-Ventil Fig: IV mit den Aufschiebe Röhren aa in Verbindung gesetzt. Die lange Röhre b. welche aus dem Ventilkästgen № 2 nach demselben zurück geht, ist der ganze Tonbogen, welcher durch das obere Blech des Schieber-Ventils Fig. VII. auf dem Punct x. luftdicht verschlossen wird.

Die Kurze Röhre c. welche sich am Ventilkästgen № 1. findet, ist der halbe Tonbogen und wird eben so, wie der ganze Tonbogen bei x. verschlossen, wodurch also beide Tonbogen, der ganze b, so wie der halbe c. mit dem sogenannten Inventions-Bogen a. außer Verbindung gesetzt werden können.

Die Ventilkästgen № 1. und № 2. sind sowohl in ihrer äußern Form als der innern Einrichtung nach, einander völlig gleich. Sie bestehen aus dem Kästgen woran sich die Röhren befinden, und aus dem Schieber-Ventil. Dieses ist ein hohler messingener Kasten mit 3 Oefnungen, deren 2. perpentikulair Fig: III, und einer diagonal Fig: IV. durchgeht. Dieses Ventil wird durch eine Spiral-Feder, welche der geringeren Oxÿdation wegen aus gehämmerten Messing gemacht ist, an das Vorder-Blech Fig.: VI. angedrückt. Die beiden runden Schrauben Fig. II. halten die zwischen den Vorderblech befindliche Liederung von Baumwolle fest. Ferner gehört dazu ein Hinterblech, welches mit dem VorderBlech vermittelst zweier langen Schrauben mit versenkten viereckigten Köpfen Fig. II, durch Schraubenmuttern Fig. I. und V. zusammengehalten werden, und damit diese die Bewegung des Schieber-Ventils nicht hindern, ist zu beiden Seiten des letztern ein halb runder Falz Fig: III. IV. VI. eingebogen …

Es ist nicht nöthig, die Direction der Drucker in Form der Ringe anzubringen, es können eben so gut Knöpfe sein, da die Ventile durch die angebrachte Federkraft von selbst zurückspringen, auch lassen sich die Drucker an jedem beliebigen Ort anbringen, je nachdem es einzelnen Personen auf die eine oder die andere Art am bequemsten ist … Derselbe Fall ist es bei der Posaune, nur aber mit dem Unterschiede, daß in der Baß-Tiefe 6 halbe, oder 3 ganze Töne fehlen, und deshalb 3. Ventil-Kästgen, mit ebenso viel Druckern erforderlich sein …«

Die Zeichnung stellt eine nach Blühmels Beschreibung vorgenommene Rekonstruktion seines Kastenventils dar. Der Wechsel ist also ganz aus Messingblech, die Röhrchen im Wechsel wurden extra gearbeitet und danach eingelötet. Nach den Bezeichnungen »Vorderblech« und »Hinterblech« waren Blühmels Ventile — von der Spielhaltung ausgegangen — in der Trompete liegend eingebaut.

Am Schluß seiner »Erklärung der Zeichnung von der Erfindung …« erläuterte Blühmel noch die Griffweise. Seine Trom-

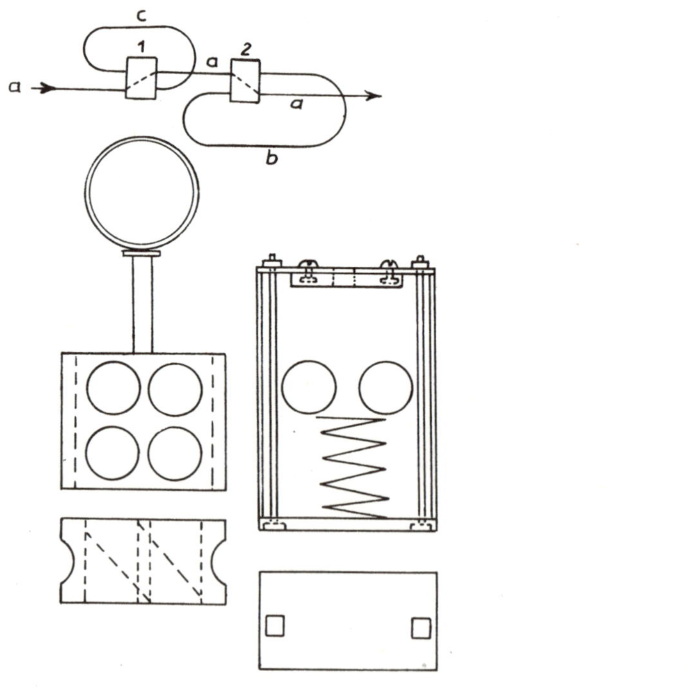

3. Friedrich Blühmels Kastenventil. Rekonstruktion nach der Patentbeschreibung von 1818. Oben: Windverlauf in den Ventilen, von oben gesehen. Die Beschriftung entspricht derjenigen in Blühmels Legende. Links: Wechsel in Frontalsicht, entspricht Figur IV bei Blühmel. Darunter Wechsel von unten gesehen. Rechts: Ventilgehäuse mit durchgehenden Gehäuseschrauben und angeschraubtem Puffer aus Baumwolle. Darunter die Bodenplatte (»Hinterblech«).

Grifftabelle für eine zweiventilige Trompete von F. Blühmel 1818. c^3 = 16. Naturton

Grifftabelle für eine dreiventilige Posaune von F. Blühmel 1818. c^1 = 8. Naturton

pete hatte die Stimmung der traditionellen Langtrompete, so daß die Naturtöne eine Oktave tiefer notiert sind als heute. Das 1. Ventil für den Zeigefinger vertieft um 1 Halbton, das 2. Ventil um 1 Ganzton, bei der Posaune kommt das schon erwähnte Anderthalbtonventil dazu.

Den Umfang der Posaune gab Blühmel mit C—c^1 an und wies darauf hin: »Diese Darstellung war nur für das Baß-Instrument, welches die Stelle einer Baß-Posaune vollkommen vertritt.«

Für das Horn gab er keine besondere Grifftabelle an. Von den »Ersatzgriffen«, die ihm nicht entgangen waren, verzeichnete er die wichtigsten: Auf der Trompete sind e^1 mit Ventil 0 oder 1 + 2, b^1 und d^2 mit 0 oder 2 usw., auf der Posaune es mit 1 oder 1 + 3, cis mit 3 oder1 + 2 + 3, fis mit 1 oder 1 + 2 + 3 usw. greifbar. Er schrieb: »Es können auch mehrere Töne zur Erleichterung bei Passagen auf verschiedene Art genommen werden, welches aber dem Musiker selbst überlassen bleibt.« Bemerkenswert ist, daß er bei der Posaune die Alternative Ventil 1 + 2 oder Ventil 3 nicht verzeichnete. Über den unterschiedlichen Gebrauchswert der einzelnen Griffe und über das Intonationsproblem finden sich keine Angaben.

Als nun Blühmels Patentantrag bei der Technischen Deputation zur Bearbeitung vorlag, trafen auch die vom Oberbergamt Waldenburg angeforderten Akten, Blühmel betreffend, ein; der Oberberghauptmann Gerhard übersandte sie am 3. März 1818 dem Handelsministerium mit folgenden Bemerkungen:

»Die Inventien mit den Schieberröhren, welche ich nebst einigen anderen aus früheren Jahren herrührenden Versuchs-Arbeiten durch d. Hr. Blümel selbst zu übersenden mir die Ehre gebe, sind wirklich aus den Jahren 1811/12, worauf das Rauersche Attest (4) hinweist: doch ist auch diese Vorrichtung ohne Zusicherung des Rauer durch den Poshner-Attest № 5 — abgeändert worden. Auf dieser alten Vorrichtung habe ich Hr. Blümel selbst im Septbr. v. J. blasen hören. Die Berg- und Stadt Gerichte scheinen überhaupt bei Vernehmung der Zeugen auf den Anfang der Erfindung weniger Rücksicht genommen zu haben, indem sie das Attest des Bergmanns Piehl № 9 gerichtlich zu attestiren, nicht einmal für nothwendig erachteten, sie beschränken sich blos auf den Beweis, daß Blümel außer aller Verbindung mit Stoelzel wirklich die Erfindung selbst gemacht habe. D. Hr. Blümel hat übrigens die Absicht, im Fall ihm ein Patent ertheilt würde, die alte Vorrichtung zu benutzen, und die Kasten wegzuwerfen, und dies besonders bey Instrumenten, die mehr als 2. Kasten erfordern, bis dahin aber, daß die Entscheidung dieser Sache erfolgt ist, diese Einrichtung geheim zu halten. Die Blümelschen Aktenstücke lege ich ganz gehorsamst bey.«

Weswegen Blühmel beim Bergamt vorstellig wurde, bleibt im dunkeln. Vermutlich wollte er eine finanzielle Unterstützung für seine Versuche, oder er ließ durch das Bergamt sein Patentgesuch vermitteln. Denn nach dem Publicandum von 1815 sollten die Patente bei der zuständigen Provinzialregierung eingereicht werden. Stölzel hatte sich in Umgehung des vorgeschriebenen Verwaltungsweges direkt an den Finanzminister gewandt.

Das vorstehende Schreiben des Oberberghauptmanns Gerhard ist wegen der Jahresangaben 1811/12, der nebenbei angesprochenen Abänderungen und wegen der Unabhängigkeit von Blühmels und Stölzels Erfindung bemerkenswert. Angesichts der auch von Dritten bzw. Mittelspersonen vorgetragenen Prioritätsforderungen wandte sich das Handelsministerium am 8. März 1818 an das Königliche Stadtgericht

Waldenburg, um Näheres über Blühmel zu erfahren, und an die Königliche Provinzialregierung Breslau, um weitere Auskünfte von dem städtischen Musikdirektor Bierey zu erhalten. Ferner wurde am gleichen Tage der Breslauer Fabrikenkommissarius May beauftragt, bei Stölzel zu erfragen, ob der Ventilmechanismus ursprünglich schon derselbe war wie bei dem Probehorn vom 15. Februar 1816. Ferner sollte er dem Kammermusiker Schneider das Probehorn vorlegen und fragen, ob es mit der ursprünglichen Erfindung übereinstimme. Die Fragen nach der ursprünglichen Gestalt von Stölzels Ventilen zielten darauf ab, eine eventuell gemeinsame Ausgangsbasis aufzudecken. Der Kammermusiker Schneider legte nieder, daß Stölzel schon im Juli 1814 ein vollkommenes chromatisches Horn zustande gebracht und seither keine wesentlichen Veränderungen vorgenommen habe,

»bloß um dem Horn die erforderliche Orchester-Stimmung zu geben, habe er an dem Bügel noch eine Krümmung angebracht, welche sich aus der Vergleichung des Probehornes mit einer der Verhandlung beigefügten Zeichnung deutlich ergiebt, und es sey diese Krümmung an derjenigen Vorrichtung, auf welche das unterm 24. März 1815 ausgestellte Zeugnis des Musikdirektors Bierey zu Breslau lautete, noch nicht angebracht gewesen.«

Am 17. März 1818 gab Stölzel folgendes zu Protokoll: Im Juli 1814 habe er zuerst ein vollchromatisches Horn hergestellt. Das Horn, das dem Urteil Biereys vom 24. März 1815 zugrunde lag, sei im wesentlichen dasselbe gewesen wie das Probehorn von 1816, es hatte nur noch nicht die von Schneider angesprochene Krümmung. Das erste Horn habe dem Fürsten von Pless gehört, und er habe sich ein eigenes bauen und mit dem Datum vom 15. Februar 1816 versehen lassen. Es sind noch drei weitere Gutachten vorhanden — vom 4. und 6. Februar 1818, das dritte ohne Datum —, die von Stölzel selbst, und zwar noch vor seinem letzten Patentantrag, angefordert wurden. Alle drei Breslauer Personen (Kapellmeister Schnabel, J. G. Keller, Hoffmann) bezeugen, daß ihnen Stölzel im Sommer 1814 ein derartiges Horn vorgezeigt bzw. vorgeführt habe.

Die vom Handelsministerium angeforderten Auskünfte sind nicht erhalten. In der Zwischenzeit hatten sich Stölzel und Blühmel verständigt und beantragten am 6. April 1818 ein gemeinsames Patent »unter der Firma: Stölzel & Blümelsche Erfindung«. Dabei versprach Stölzel für die alleinige Nutzung des Patents Blühmel eine einmalige und vollständige Abfindung von 400 Talern. Der gemeinsame Patentantrag, ohne Anrede beim Königlichen Hohen Ministerium für Gewerbe und Handel eingereicht, hat folgenden Wortlaut:

»Einem Königl. Hohen Ministerium für Gewerbe und Handel zeigen wir hierdurch gehorsamst an, daß wir in Verfolg unserer früheren Eingaben vom 19ten und 18ten Februar d. J. uns dahin vereinigt haben, die wegen der Prioritäts Rechte unserer Erfindung am Horn, Trompete und Posaune schwebende Untersuchung aufzuheben, uns beiderseitig jedes Einwandes, von welcher Art er auch seyn möge, zu begeben, und die Ertheilung eines gemeinschaftlichen Patents, unter der Firma Stölzel & Blümelsche Erfindung nachzusuchen. Auf den Grund dieser Vereinigung verspricht der unterzeichnete Stölzel dem p Blümel für die alleinige Benutzung dieses Patents ein Abfindungs-Quantum ein für allemal von = 400 rth Courant, und zwar = 200 rth baar am Tage der Aushändigung des Patents, und = 200 rth nach Ablauf eines Jahres a dato, wogegen der mitunterzeichnete Blümel sich verbindlich macht, keinen weiteren Gebrauch von seiner Erfindung, oder sonstige Ansprüche zu machen.

Durch diese Vereinigung sind also die Ermittlungen, woran die Ertheilung des Patents über die in Rede stehende Erfindung sich bisher accrochirt hat, unnötig geworden.

Ein Königl. Hochlöbliches Ministerium bitten wir daher gehorsamst, das von uns beiden einzeln erbetene Patent nunmehr auf uns beide, als erste Erfinder gemeinschaftlich unter der Firma: Stölzel & Blümelsche Erfindung auf zehn Jahre für die Preußische Monarchie, stelln und hochgeneigtest bald ausfertigen zu lassen, weil dem Vernehmen nach schon mehrere, denen unsere Erfindung unvorsichtigerweise zur Kenntniß gekommen, die Absicht haben, die Erfindung ihres eigenen Interesses wegen bekannt zu machen, wodurch der uns gebürende Vortheil dafür abermals streitig gemacht werden könnte, wie dies leider durch die Bekanntmachung des Staabs-Trompeters Hein geschehen ist.

In tiefster Ehrfurcht beharrend
Eines Königlichen Hohen Ministerii
unterthänigste Diener

Stölzel — Königl. Kammer-Musikus
Bluehmel — Berghautboist«

Nachdem der König dem Staatsminister von Bülow die Entscheidung über die Zuerkennung der Priorität überlassen hatte, erfolgte schließlich am 12. April 1818 die Patenterteilung für Blühmel und Stölzel gemeinsam, und zwar auf zehn Jahre für Preußen. Das Patent wurde erteilt

»auf jene ihnen eigenthümliche Vorrichtung zur Vervollkommnung der Blasinstrumente von Messing, namentl. des Waldhorns, der Trompete und Posaune, ...«

Die Technische Deputation, deren Gutachten über Musikinstrumente von Ingenieuren, damals von dem Landbaumeister Wedding und dem Oberbergrat Schaffrinsky, erstellt wurden, betrachtete die instrumentenbaulichen Neuerungen vom Standpunkt des Ingenieurs und des Publicandums von 1815. Technische Ventile waren damals längst nichts Neues mehr. Zu einer Patentierung kam es 1818 überhaupt nur wegen der Anwendung des Ventilprinzips beim Blasinstrument. Unterschiedliche Ventilarten wurden nicht als patentwürdig betrachtet, da sie alle nach dem gleichen aerodynamischen Prinzip funktionieren. Daher wurde in Preußen nach 1818 kein Gesuch auf Patentierung von Ventilen mehr genehmigt. Die musikalische Seite der verschiedenen Ventilarten blieb stets unberücksichtigt. Die Auseinandersetzungen um die Priorität tangierten 1818 kaum die Frage nach der Spezifik beider Ventilarten. Erst 1828 erhob Stölzel in einem Brief an den Staatsminister von Schuckmann (s. S. 27) Anspruch darauf, alle drei Ventilarten 1814 erfunden zu haben. Wieprechts Aussage von 1845, daß Blühmel und Stölzel »in Schlesien längere Zeit in engem Verhältnisse« (Kalkbrenner, 1882, S. 91) standen, beruht wahrscheinlich auf dem Gerücht, das von einem Mißverständnis in einem der Gutachten über Stölzels Horn ausging. Auf dem gleichen Papier, auf dem der Breslauer Kapellmeister Schnabel am 6. Februar 1818 bestätigte, daß Stölzel »sein neu erfundenes mechanisches Waldhorn im Jahre 1814 wirklich bei mir vorgezeigt« habe, fügten ein Friedrich Lipfel in Breslau und ein J. G. Keller ähnliche Bestätigungen an. Lipfel versicherte, »daß im Winter 1817 der Berghautboist H. Flögel durch mich in die Wohnung des Herrn Stoelzel geschickt worden, und derselbe mir alsdann äußerte, daß er über diese neue Erfindung erstaunt wäre, und diese Vervollkommnung des Waldhorns für unmöglich gehalten wenn er sich nicht selbst daran hätte überzeugen können. Ferner sagte H. Flögel, daß er H. Stoelzel aufgefordert während der Bade Zeit ein Conzert in Altwasser zu geben.« Von späterer Hand ist über den Namen Flögel mit Bleistift »Blühmel« geschrieben worden, was jedoch eine nicht ernst zu nehmende Identifizierung von Flögel und Blühmel darstellt, die letzten Endes bedeuten würde, daß Blühmel gar nicht als Ventilerfinder gelten könne.

Nach diesem Exkurs kann mit Wahrscheinlichkeit gesagt werden, daß Stölzels Anspruch gewiß auf dem Abfindungsvertrag mit Blühmel aus dem Jahre 1818 beruht, was urheberrechtlich aber nicht zu Recht besteht. Das Prioritätsproblem ist nach der jetzigen Quellenlage nicht lösbar. Auch Wieprecht konnte in persönlichen Gesprächen mit Blühmel und Stölzel nicht ermitteln, wer von beiden zuerst auf die Idee des Ventils gekommen war. Und Wieprecht hatte anscheinend an der Klärung dieser Frage großes Interesse. Relativ sicher ist, daß Stölzel schneller, schon im Juli 1814, zu einem vorführungsreifen Ventilinstrument gelangte, Blühmel erst 1816. Der Zeitunterschied ist aber wohl mehr eine Folge des unterschiedlich großen technischen Geschicks als ein Indiz für den Zeitpunkt der Erfindung. Sicher ist, daß Stölzel und Blühmel dem Wesen nach sehr verschiedene Arten von Ventilen erfanden: das Röhrenschiebeventil und das Kastenventil. Die Geschichte kennt viele Beispiele dafür, daß Erfindungen und Entdeckungen gleichzeitig und unabhängig voneinander gemacht wurden, einfach deshalb, weil die historischen Bedingungen dafür auf den jeweiligen Wissensgebieten herangereift waren. So entstanden z. B. 1835 in Paris, Berlin und Wien weitmensurierte Ventilbässe, wobei hier, wie in anderen Fällen, die Unabhängigkeit der Erfindungen ein schwierig zu erforschendes Problem ist und ihre Absolutheit vielfach bezweifelt werden muß. Denn ein Erfinder hat stets Ohr und Blick offen für die fachlichen Bestrebungen seiner Zeitgenossen und vermag, unter Umständen schon aus leisen Andeutungen über die Bestrebungen anderer, Konsequenzen für seine Arbeit zu ziehen. So fragt es sich auch, ob bei Stölzel und Blühmel nicht doch dünne Fäden an Informationen — vielleicht nur vom Hörensagen — im Spiele waren, die heute nur nicht mehr faßbar sind. Solange diese Frage nicht geklärt ist, verdienen Blühmel und Stölzel gleichwertig als Erfinder des Ventilprinzips anerkannt zu werden. Wenn in der Sekundärliteratur Stölzel bisweilen als der eigentliche Erfinder des Ventils genannt wird, so steht dahinter der angesprochene Kontrakt zwischen Blühmel und Stölzel über die einmalige geldliche Abfindung Blühmels oder das angeführte Mißverständnis Flögel—Blühmel. Da Stölzel nur Instrumente mit seinen Ventilen bauen ließ und auch neue Instrumente erfand, trat Blühmels Name in den Hintergrund. Von Waldenburg aus hatte Blühmel zudem keinen direkten Kontakt zu den Berliner Instrumentenmachern, und sein Drehventil von 1828 wurde bald durch das von Kail/Riedl verdrängt. Das Kastenventil fand besonders in Baden Verbreitung, ist aber nach 1833 nur noch selten gebaut worden.

Pumpenventile 1827–1925

2

Kastenschiebeventil von Stölzel 1827
Stecherbüchsenventil von Wieprecht 1833
Spätere Pumpenventile

Nach der Patentierung 1818 beschäftigte sich Stölzel neben der Entwicklung neuer Instrumente auch mit der Weiterentwicklung der Ventile. Aktenmäßig finden die Verbesserungen im Antrag vom 24. August 1827 zur Verlängerung des Patentschutzes auf weitere fünf Jahre ihren Niederschlag. Leider geht aus den Unterlagen nicht hervor, seit wann er an der Umgestaltung der Ventile arbeitete. Die verbesserten Ventile versuchte Stölzel in die Verlängerung des Patentschutzes einzubeziehen. Die Mängel der bisher gebauten Ventile bestanden nach Stölzels Antrag

»hauptsächlich darinnen, dass die hiermit versehenen Instrumente sich etwas schwer blasen liesen, und auch nach einigen Gebrauch unrein in den Tönen wurden, desgleichen ward der Mechanismus nach kurzen Gebrauch wandelbar und zu dem Zweck seiner Bestimmung untauglich ... Die von mir neuerdings vervollkommneten Hörner, Trompeten und Posaunen sind von allen jenen Mängeln völlig frei.«

Technische Daten über die »ganz neue, weit zweckmesigere Vorrichtung« folgen nicht; er hatte seinem Antrag ein Ventil beigelegt:

»Beiliegendes Röhrenventil ist nach der neuen Vervollkommnung, und ob es gleich Ehnliches mit den von Blümel zu den Acten gelegten haben mag, so ist es doch von jenen sehr verschieden, und ich kan erweisen, daß das Blümels gar nicht mit Nutzen angewendet werden kan. Die anliegenden Atteste, deren ich in erforderlichen Fall noch mehrere einsenden kan, werden darthun dass mein Bestreben, hiensichtlich der Veredlung dieser Instrumente, nicht fruchtlos war.«

Im Ablehnungsschreiben der Technischen Deputation vom 10. September 1833 auf Wieprechts Ventilpatentantrag wird Weiteres über Stölzels Ventil gesagt:

»Schon vor 5 Jahren ist ein Patent auf die Methode, zwei rechtwinklig aufeinander gesetzte Bohrungen abzurunden, Ventile hiernach einzurichten, das Verstellen der Leitungen durch die an den rückgehenden [d. h. an Wieprecht zurückgesandten] Blasinstrumenten angebrachten Schiebeventile zu bewerkstelligen, verweigert worden.«

Wieprechts Streben bei seiner Ventilverbesserung ging dahin, jegliche Knickung und Winkelung des Luftgangs zu vermeiden, und so wirft sein Pumpenventil ein Licht auf Stölzels verbessertes Röhrenschiebeventil von 1827. Nach den bisher zitierten Unterlagen handelt es sich bei Stölzels Ventil von 1827 um ein Schiebeventil, ähnlich dem Kastenventil Blühmels, aber mit rechtwinklig aufeinandergesetzten, abgerundeten Bohrungen. Die Ähnlichkeit mit Wieprechts Pumpenventil dagegen muß groß gewesen sein, da 1833 die Ablehnung von Wieprechts Patentantrag durch die Technische Deputation mit direktem Bezug auf das Patent von »vor 5 Jahren« erfolgte. Es kann sich hier nicht um das Drehventil im Patentantrag von 1828 handeln, sondern um die sechs Jahre zurückliegende Stölzelsche Patentangelegenheit. Die Technische Deputation irrte sich allerdings in der Zeitangabe um ein Jahr. Das Umschalten bei Stölzels Ventil erfolgte nach Aussage der Technischen Deputation in der gleichen Art wie bei Wieprechts Ventil. Aber vielleicht ist auch diese Angabe nicht zuverlässig.

Nach den bisherigen Beschreibungen ist zunächst an das Ventil in Zeichung 4a und c zu denken. Durch Wieprechts Angaben von 1845 fällt ein etwas anderes Licht auf Stölzels spätes Ventil. Wieprecht sprach von zwei Ventilverbesserungen Stölzels, dem Röhrenschiebeventil und dem Kastenschiebeventil, und Blühmels Drehventile seien letzteren »ihrer inneren Construction nach aber gleich«, »die Kanalröhren [bewegen] sich kreisförmig«. Auch Fétis (1828, S. 156) berichtete von kreisförmigen Durchgängen in Stölzels (neuem) Ventil. Man darf jedoch Wieprechts Aussagen nicht wörtlich nehmen, denn beim Schiebeventil können die Durchgänge nie in einer Ebene liegen wie beim Drehventil. Von Blühmels

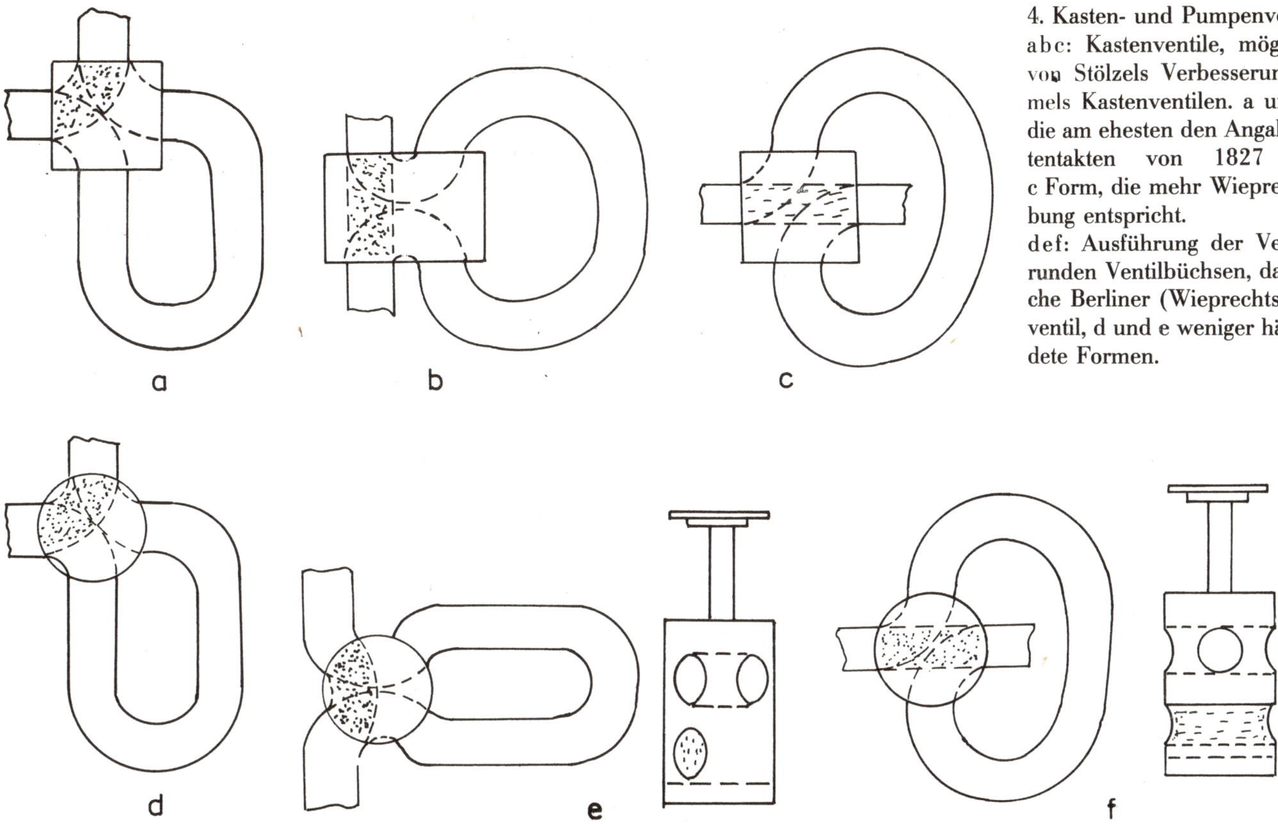

4. Kasten- und Pumpenventile
abc: Kastenventile, mögliche Formen von Stölzels Verbesserungen an Blühmels Kastenventilen. a und b Formen, die am ehesten den Angaben in den Patentakten von 1827 entsprechen, c Form, die mehr Wieprechts Beschreibung entspricht.
def: Ausführung der Ventile abc mit runden Ventilbüchsen, dabei f das übliche Berliner (Wieprechtsche) Pumpenventil, d und e weniger häufig angewendete Formen.

Drehventil ausgehend, hat Stölzels Kastenschiebeventil einen geraden und zwei gebogene Durchgänge. Das führt auf das Ventil in Zeichnung 4b, das auch A. Baines (1976, S. 208) für die Stölzelsche Version hielt. Welches nun tatsächlich Stölzels Kastenschiebeventil war und wie es aussah, läßt sich aus der bisherigen Quellenlage nicht eindeutig beantworten. Die Formen in Zeichnung 4a, b, c gehen letzten Endes auf Blühmels Kastenventil zurück, von dem Stölzel zugegebenermaßen ausging. Die Ausführungen mit zylindrischen Büchsen waren in allen drei Varianten bereits um 1837–1840 bekannt (Abb. 8b, Nr. 607). Form Zeichnung 4e ergibt sich geradezu zwangsweise beim mittleren Ventil aus den Platzverhältnissen. Keines der zylindrischen Pumpenventile setzt mit Notwendigkeit eine kastenförmige Vorform voraus. Nach der Ablehnung seiner Patentgesuche von 1827 und 1828 zog sich Stölzel von den Patentbemühungen zurück. Ohne Patentschutz und ohne selbst Instrumentenmacher zu sein, war keine Aussicht, aus den Erfindungen ökonomischen Nutzen zu ziehen.

Wilhelm Wieprecht (1802–1872, s. Abb. 37) kam 1824 von Leipzig nach Berlin und wurde zunächst königlicher Kammermusiker, 1828 Leiter der Regimentsmusik in der Garde du Corps. Er nahm spätestens 1828 Verbindung mit der Firma Griesling & Schlott auf, die auch für Stölzel Instrumente baute. Wieprecht bekannte: »Ich war täglich in der Fabrik von Griessling und leitete selbst manche Verbesserung der äusseren Construction der Instrumente« (Kalkbrenner 1882, S. 90). Hier ließ er zunächst eine Posaune mit der von ihm geschaffenen Ventilart bauen. 1833 bemühte er sich, die verkleinerte Form dieser um 1828 entwickelten Ventile patentrechtlich schützen zu lassen. Am 12. August 1833 stellte er an den Minister für Handel und Gewerbe den Antrag auf eine zehnjährige Patentierung »der durch meine neue Art von Büchsen-Ventilen gänzlich neu vervollkommneten chromatischen Blech-Instrumente«. Er habe seine Erfindung auch praktisch erprobt und in allen Regimentern der preußischen Armee bekannt gemacht. Er reichte drei Instrumente – eine Posaune, ein Waldhorn und eine Trompete – mit der neuen Ventilart ein und sagte über die Ventile:

»Der Luftgang bewegt sich hier nur in Cirkeln und dadurch ist die eigenthümliche Wirkung des Tons wieder hervorgehoben, zugleich aber auch das Ansprechen und die schnelle und gleichmäßige Verbindung der Töne ganz erreicht ...«

Neben dem Windverlauf kam es Wieprecht auf eine wenig störanfällige Bauweise an. So war er bestrebt,

»zugleich aber auch einem großen Hindernisse beim Gebrauche abzuhelfen, welches darin bestand: daß beim Exerzieren p.p. jene Ventile durch Staub verunreinigt wurden, sie für den Tag unbrauchbar waren, weil sie nur schwer, vermittelst eines Schraubenziehers, geöffnet werden konnten ...«

Die Nachteile der Blühmelschen und Stölzelschen Ventile setzt er in krasses Licht, um — aus taktischen Gründen — die Vorteile der eigenen Erfindung um so mehr herauszustreichen:

»Aber die großen Unvollkommenheiten derselben konnte dem intendierten Zwecke nicht im mindesten entsprechen, hauptsächlich: weil der Luftgang bei diesen Ventilen und den Instrumenten scharfe rechte Winkel durchstreichen mußte, wodurch nicht nur der eigenthümliche Ton des Instruments ganz verloren ging, sondern dasselbe sich auch höchst schwierig blasen ließ, oder, wie man es nennt, sehr schwer und unsicher ansprach, weil jeder Ton mit der Zunge gestoßen werden mußte.«

In seinem Patentantrag von 1833 bezog sich Wieprecht bei den bisherigen Ventilen nur auf die 1818 patentierten Stopfer- und Kastenventile. Stölzels für nicht patentfähig befundene Ventilverbesserung von 1827 nannte er nicht. Es ist aber kaum vorstellbar, daß er damals davon noch nichts gewußt hatte. In seinem wiederholt zitierten Aufsatz von 1845 (Kalkbrenner 1882, S. 90) hob er zwei Vorzüge der Dreh- und »Stölzel'schen Schieberöhrenventile« hervor: Der Vorzug der Drehventile bestehe in der tonlich guten Wirkung der in Kreisbögen verlaufenden Rohre, der der Röhrenventile in der leichten Spielbarkeit. Weiter sagte er: »Um beide Eigenschaften, schönen Ton und leichte Spielart zu verbinden, veränderte ich die Drehbüchsen- in Stecherbüchsenventile ...« (ebd.). Mit diesem Anspruch überging er Stölzels Kasten-Schiebe-Ventil.

Das Gutachten der Technischen Deputation vom 10. September 1833 erkannte Wieprechts Ventil nicht als patentwürdig an; im Ablehnungsschreiben vom 20. September 1833 heißt es:

»Wenn nun auch die Durchführung auf eine andere Weise geschieht [als beim Patent von 1818], nemlich die Luftkanäle in den Ventilen nicht unter rechten Winkeln [wie bei Stölzels Stopferventil], sondern in Kreisbögen geführt sind, so ist demnach das Prinzip dasselbe und die Abänderungen der Ausführung mit bekannten Mitteln erreicht ... Schon vor 5 Jahren ist ein Patent auf die Methode, zwei rechtwinklig aufeinandergesetzte Bohrungen abzurunden ... verweigert worden.«

Obwohl Zeichnungen oder nähere Beschreibungen fehlen, steht es außer Zweifel, daß es sich bei Wieprechts Ventil um das sogenannte Berliner Pumpenventil handelt (S. 23 Zeichnung 4f). Wenn Wieprecht sagt, daß er sich am Drehventil orientiert habe, so hat er recht, denn auch hier — bei Blühmels Drehventil — verläuft die Luft bei Ruhelage ohne jegliche Kröpfung durch das Ventil. Es ist noch wichtig zu erwähnen, daß Wieprecht 1828 mit großen Ventilen anfing, wie sie die eingereichte Posaune hatte, sie aber spätestens 1833 verkleinerte:

»Aber nach weiteren Erfahrungen und Nachforschungen fand ich, daß diese Ventile, vermöge ihrer Größe nicht nur das Instrument schwerer machten, sondern auch die Spielbarkeit derselben nicht genug erleichterten und somit alle damit verbundenen Zwecke nicht vollkommen erfüllten. Nach fünfjährigen Versuchen ist es nun gelungen, alle hier vorstehend aufgeführten Übelstände ganz zu beseitigen: die Ventile halb so klein, viel leichter und deren Spielbarkeit völlig so bequem, wie z.B. bei der Clarinette zu machen; indem sie zugleich, durch dreimaliges Herumdrehen des Deckels sogleich geöffnet und gereinigt werden können.«

Hinter den großen Pumpenventilen verbirgt sich der Gedanke der nicht zu kleinen Kröpfungen der Wechselröhrchen. Auch hier ist ein Berührungspunkt mit Blühmels Drehventil. Die Spielweise wurde jedoch durch die größere Reibung schwerfälliger. Wie der Erfolg der Périnetventile zeigt, müssen sich weder kurze Kröpfungen noch stumpfe Winkel ungünstig auswirken.

Wieprecht und Stölzel gingen vom gleichen Anliegen aus: den Windgang im Ventil kantenlos und in Bögen zu gestalten. Bei Wieprecht stand am Anfang nicht die Kastenform, sondern ein vom Drehventil her inspiriertes großes zylindrisches Ventil. Hinsichtlich des Windgangs ist nach dem genannten Grundsatz Wieprechts Ventil noch etwas günstiger eingerichtet als die Ventilformen, die im Zusammenhang mit der Ventilverbesserung von Stölzel genannt wurden. Die musikalische Qualität eines Ventilinstruments ist aber noch von anderen Faktoren als nur vom Windverlauf im Ventil abhängig. Der Erfolg von Wieprechts Ventil bestand in der runden statt kantigen Anlage.

Das Pumpenventil wurde dank der besonderen Initiative Wieprechts und seinem Einfluß vor allem in Preußen gebaut, aber auch viel in Markneukirchen, dabei hauptsächlich für Militärmusikinstrumente, während es in der Kunstmusik verpönt war. So schrieb der Dresdner Hofposaunist Julius Rühlmann 1851 (Bd. 34, S. 249): »Eine noch unbequemere Art sind 2) die Büchsen- oder Stoßventile, auf welche man wahrscheinlich durch die Dampfwagen gekommen war, denn eben so schwerfällig, wie der Kolben im Cylinder der Locomotive sich auf und nieder bewegt, genau dieselbe Form der Bewegung hatten diese Ventile, die jetzt fast gar nicht mehr gebräuchlich sind ...« Außerhalb von Oper und Konzert war die Zeit der Pumpenventile aber noch längst nicht vorüber.

Der wenig elegante Gang mochte eine wesentliche Triebfeder dafür sein, daß man in den 1840er Jahren in Berlin/Potsdam und in Prag die Pumpenventile mit Druckwerken versah. Aus der Firma C. W. Moritz stammt der erste überlieferte preußische Beleg, eine einfache Hebevorrichtung an einem 1842/43 gefertigten Preußischen Kornett (Foto 97). Die Hebevorrichtung bezog die Herstellerfirma 1880 in ihr Patent über Ventilverbesserungen ein (S. 60 Zeichnung 48c).

Die Zeichnung 5a zeigt eine Kombination von Pumpenven-

a

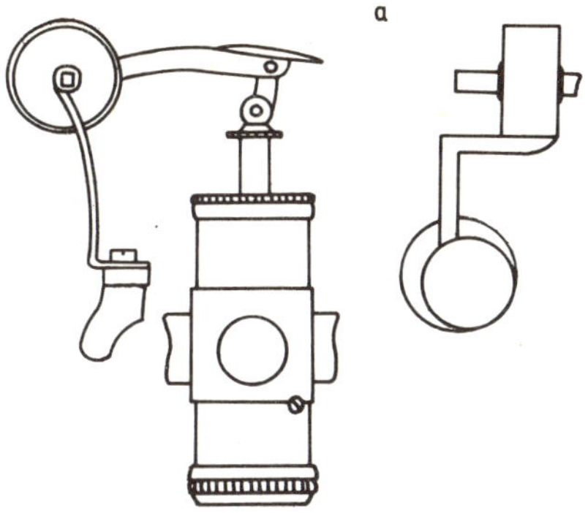

5. a: Pumpenventil mit Druckwerk von August Heiser, Potsdam 1840er–1850er Jahre. Nach Trompete Leningrad Nr. 1359 (um 1845–1850).

b

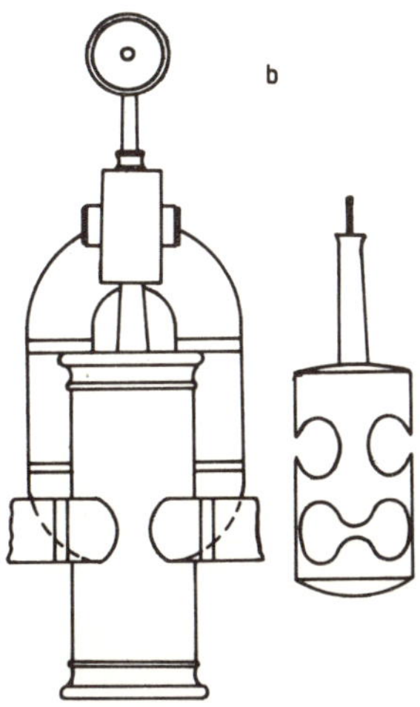

b: Pumpenventil mit Trommeldruckwerk nach Eduard Johann Bauer, Prag 1844. Pause nach der Erfindungsbeschreibung in Bauers Patentantrag.

til und Trommeldruckwerk an einer Trompete von A. Heiser in Potsdam, ob unabhängig von dem österreichischen Patent von Eduard Johann Bauer in Prag entwickelt, ist nicht zu entscheiden. Das Patent von Bauer ist insofern bemerkenswert, als der Windgang – s. S. 23, Zeichnung 4e – von dem in Wieprechts Pumpenventil abweicht. Bauer reichte seine Erfindung am 15. Juni 1844 mit folgenden Worten bei der österreichischen Landesregierung zur Privilegierung ein (nach Manuskript der Technischen Universität Wien):

»Beschreibung
der erfundenen Verbesserung einer einfacheren und zweckmäßigeren, sowie auch dauerhafteren und billiger herzustellenden chromatischen Maschiene zu allen Arten Metallen Blaßinstrumente.

Bei dem laut Zeichnung sig 2/2 und Modell sig 3/3 neu erfundenen chromatischen Maschiene liegen die Futter der drey Ventille horizontal; die Ventille selbst sind mit drey Öffnungen versehen, und durch einen einfachen geraden und starken Höbel /:Stange:/ in Verbindung gesetzet. Durch einen Druk des Fingers auf die Klappe werden die Ventille in der Art in Bewegung gesetzt, daß durch die Verschiebung des Ventills die verschiedenen Töne erzeigt werden. ...

... An der äußeren Seite der Ventillfutter befindet sich eine einfache Schraube, durch deren Entwindung das Futter des Ventills geöffnet wird. Ein etwas stärkerer Druk an der Klappe drükt den Ventill aus dem Futter hienaus, und eine geringe Nachhilfe hebt die Stange aus dem offenen Charnier der Klappe. Auf diese Art kann die Maschiene sehr leicht gereinigt werden.

Durch diese einfache Konstruktion ist diese Maschine insbesondere für das kk Militär zweckdienlich, da selbe nebst dem reinen stärkeren und gleichen Ton hat, und bedeutend billiger als die bestehenden erzeigt werden kann, auch durch selbe die wesentlichen Gebrechen der bis ietzt bestehenden Maschinen durch selbe beseitigt werden, ...

Prag den 15. Juni 1844
Eduard Johann Bauer
Musik-Instrumentenfabrikant
Nro 385«

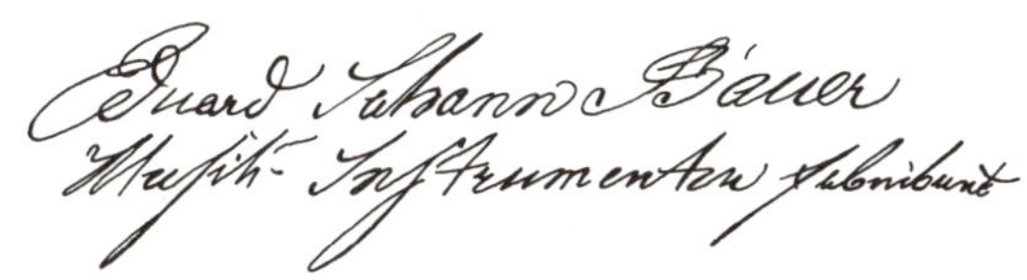

Die durch Punkte gekennzeichneten Auslassungen enthalten eine allgemeine Beschreibung der Wirkungsweise und Vorteile seines Ventils gegenüber dem Doppelrohrschubventil und dem Drehventil. Bauer bemängelt, daß bei den Doppelrohrschubventilen »der Luftstrom in einen scharfen Winkel anstößt, daher der Ton nicht nur an Stärke, sondern auch an der Reinheit bedeutend verliert. ... Auch [werde] durch das Herausspritzen der in der Röhre enthaltenen Flüssigkeit und aus den 6 Ventilen entströmenden Luft, die Brust sehr angestrengt.« Das Drehventil dagegen würde durch die Reibung der Hebelstangen bald unbrauchbar, es sei schwer herzustellen und sein Preis betrage beinahe das Doppelte. Bauers Erfindung, die am 8. Juli 1844 unter Nr. 5025 privilegiert wurde, war, wie auch den verwandten Versuchen (vgl. S. 52), kein Erfolg beschieden. Auch die gewöhnlichen Pumpenventile bürgerten sich in Böhmen nicht ein und die »vereinfachte Hellsche Maschine« ebenfalls nicht, die, wie noch näher darzustellen sein wird, in sich die Vorteile von Pumpenventil und Doppelrohrschubventil vereinen sollte.

Auch in Preußen wurden die Pumpenventile seit 1875 selbst bei den Bässen allmählich von den Drehventilen verdrängt. Wegen ihres niedrigen Preises wurden erstere für preiswerte und qualitätsmäßig zweitrangige Instrumente auch noch nach 1900 verwendet. Hier ein Preisvergleich nach der Preisliste von Ernst Dölling, Markneukirchen 1912. Die Preise in Goldmark verstehen sich ohne Züge und Bögen (Tabelle siehe S. 26).

Um 1920–1925 wurde auch in Markneukirchen die Pumpenventilproduktion eingestellt, die zuletzt hauptsächlich für

	Zylinder-Maschine	Kölner Zylinder-Maschine	Périnet-Maschine	Pumpen-Maschine
Es- und B-Piston, Trompete, Flügelhorn	13,80	33,–	10,50	6,–
Tenorhorn	16,75	39,–	12,–	7,50 Deutsche Pumpen 8,25 Saxhorn-Pumpen
B-Tuba, Helikon, Bombardon	24,75–28,75	56,30–64,50	15,– bis 18,–	10,50–13,50

den Export nach Schweden betrieben worden war. Mit den Saxhorn-Pumpen sind jene Varianten gemeint, die Adolphe Sax 1845 für seine Saxhörner geschaffen hatte. Im Gegensatz zu Wieprechts Pumpen befinden sich bei Sax' Ventilen die Schleifenstutzen nicht im rechten Winkel zum Hauptkanal, sondern im Winkel von 45° und 135°. Der Windverlauf ist dadurch etwas anders. Einen seltenen frühen deutschen Beleg dieser Variante s. Abb. 18, Nr. 1.

Drehventile 1814–1983

3

Im Schreiben vom 12. April 1818 über die Anerkennung der Erfindung als Patent forderte das Handelsministerium Blühmel und Stölzel auf, die ursprüngliche Ventilart, das Drehventil, das nur andeutungsweise im Gespräch war, mit in das Patent einschließen zu lassen:

»Da übrigens die Einrichtung zum Verschließen des Bogens, früher von der jetzigen verschieden gewesen ist, welche Sie, der p. Blümel, durch eine Zeichnung, Sie, der Stölzel, aber durch das Probehorn erläutert haben, beide jedoch dem Vernehmen nach beabsichtigen, zu der ersteren Methode zurückzukehren, die Kasten- und Schiebeventile aber nur für das Horn beizubehalten, so fordere ich Sie auf, schleunig auch eine Zeichnung und Beschreibung dieser Einrichtung, welche die nach Waldenburg gesandten Proben nachweisen, einzureichen, damit sich das Patent auch auf diese Art des Verschlusses erstrecke.«

Aber weder Blühmel noch Stölzel kamen dieser Aufforderung nach. Erst 1828, nachdem Stölzels Verlängerungsantrag abgelehnt worden war, beantragten beide ein neues Patent für die Drehventile. Hinter diesem zehnjährigen Abwarten stand einerseits ein wirtschaftlicher Gedanke: Wäre der Aufforderung gemäß das Drehventil 1818 einbezogen worden, hätten sie von vornherein auf eine evtl. ökonomische Nutzung der Erfindung verzichtet. So aber hatten sie die Hoffnung auf ein neues Patent. Andererseits zeigten die frühen, nach 1818 gebauten Ventilinstrumente Mängel in Intonation und Klang, so daß sich die Notwendigkeit ergab, auf neue bzw. verbesserte Ventile zu sinnen und die Eignung der verschiedenen Ventilarten für die einzelnen Instrumentengattungen zu erproben. Bei den mündlichen Verhandlungen mit der Technischen Deputation hatten Blühmel oder Stölzel – oder beide – geäußert, das Drehventil für Trompete und Posaune zu verwenden, das Schiebeventil dagegen für das Horn. Stölzel war – ähnlich wie 1818 – auch 1828 auf dem Verwaltungsweg wieder schneller als Blühmel und richtete am 27. März 1828 an den Staatsminister von Schuckmann folgendes Schreiben:

»Die beifolgenden Zeichnungen sind nach einigen von mir schon im Jahre 1814 gemachten Vorrichtungen durch welche ich die Vervollkommnung der Metall-Blasinstrumente beabsichtigte und auch schon damals so weit erreicht hatte, daß alle diese den Instrumenten fehlende Töne leicht und sicher damit hervorgebracht werden konnten, nur habe ich selbige nicht ferner in Anwendung gebracht, weil die Schiebe-Ventile, welche ich 1818 und 1827 bei Einem Königlichen Hohen Ministerium eingereicht habe, einen weit kürzeren Druck erfordern und daher weit schneller und leichter in Bewegung gesetzt und jede Passage dadurch hervorgebracht werden kann.

Ich sehe mich jedoch jetzt veranlaßt, dieses noch nachträglich mit dem ehrerbietigsten Bemerken einzureichen, daß meiner Ansicht nach alle diese Vorrichtungen nur als eine und nicht als mehrere Erfindungen zu betrachten seyn können, da alle nur auf die Abschließung der daran befindlichen Bögen berechnet und daher blos nach einem Ziele gerichtet sind. Sollte aber meine Absicht nicht die richtige seyn, so bitte Ein Hohes Ministerium ganz gehorsamst: mir hierauf ein Patent hochgeneigst ertheilen zu wollen.«

Bemerkenswerterweise legte Stölzel dem Minister die Ablehnung nahezu in den Mund. Die beigefügten Zeichnungen stellten nach dem Gutachten des Landbaumeisters Wedding das »Äußere der bisher angewendeten Kasten- und Röhrenschiebeventile und das Innere der neuen verbesserten Ventile, ohne alle weitere Beschreibung« dar. Wedding hätte, wie er selbst schreibt, mit der letzten Zeichnung nichts anzufangen gewußt, wenn nicht Blühmel etwa eine Woche später ein Patentgesuch »für den gleichen Gegenstand, eine vollständige Zeichnung und Beschreibung beigefügt hätte, die auch zur Verdeutlichung der Stölzelschen Verbesserung beiträgt«. Bei Vergleich beider Zeichnungen ergab sich, »daß das conische Drehventil des p. Blühmel auch das des Cammermusicus Stoelzel ist und beide auf einerlei Art und Weise ihre Absicht zu erreichen suchen«.

Dieser paradoxe Sachverhalt wird nur aus dem Abfindungskontrakt von 1818 verständlich. Blühmel hatte sich verpflichtet, für die 400 Taler »keinen weiteren Gebrauch von seiner Erfindung, oder sonstige Ansprüche zu machen«. Stölzel, der

Blühmels Erfindung selbstverständlich kannte, verstand den Kontrakt *sowohl* wirtschaftlich *als auch* das geistige Eigentum betreffend. Einen Urheberschutz gab es seinerzeit noch nicht. Bis 1818 hatte Stölzel immer nur eine Erfindung erwähnt und verteidigt. Wenn er schreibt, daß alle Ventilarten »nur als eine und nicht als mehrere Erfindungen zu betrachten seyn können«, kommt es ihm letztlich auf die Priorität der Ventilerfindung als Ganzes und einschließlich der Drehventile an.

Blühmel war Ende März nach Berlin gekommen, reichte am 5. April 1828 ein regelrechtes Patentgesuch auf sechs Jahre ein und ergänzte es am 9. April durch drei Blatt Zeichnungen in zwei besonderen Rollen und ein fertiges Drehventil (von der Technischen Deputation »messingnes Röhren-Ventil« genannt). Leider sind auch diese Zeichnungen nicht erhalten, und das Patentgesuch enthält nur wenige Andeutungen über die technische Struktur des Ventils. Blühmel hatte nach den Ausführungen in seinem Antrag von 1828 seit 1819 ein Instrument mit Drehventilen in Gebrauch. Auf einer Kunstreise habe er »den chromatischen Instrumenten ihre wohlverdiente — bis hierher sehr zweifelhafte — Anerkennung wieder erworben«. Das ist gewiß übertrieben und in der Absicht auf eine größtmögliche Chance für eine Patenterteilung gesagt. Es ist übrigens ein Grundzug damaliger Patentanträge, die bisher angewandten Erfindungen als mangelhaft hinzustellen und ihre Mängel zu übertreiben, damit die neue Erfindung sich um so mehr hervorhebe. Der Antrag lautet vollständig:

»Berlin, den 5ten April 1828

Hoch und Wohlgeborener Freiherr, Hochzugebiethender
Wirklicher Geheimer Staats Minister,
Gnädiger Herr!

Als das damalige Hohe Ministerium für Handel und Gewerbe mir und dem Königl. Kammer Musikus Stölzel gemeinschaftlich unterm 12ten April 1818 ein Patent auf 10. Jahre für die Erfindung des chromatischen Hornes ertheilte, war ich genöthigt, wegen zu großer Entfernung von meinem Wohnorte Waldenburg, meinen Antheil an diesem Patente dem p. Stölzel gegen eine Abfindungs Summe von 400 rth: allein zu überlassen, und so ist meine ursprüngliche Erfindung der Röhren Ventile — vorzugsweise vor den Stölzelschen Kasten-Ventilen — bis auf den heutigen Tag unverändert in Anwendung geblieben.

Die mancherlei Mängel, die wohl in der Regel fast jede neue Erfindung bei ihrem Entstehen zu begleiten pflegen, und die ich weiter unten näher auseinandergesetzt habe, ließen mich die Klagen ahnden, welche man gegen die chromatischen Instrumente deshalb erheben würde; sie erweckten aber auch zugleich aufs Neue meinen Eifer, durch unausgesetzte, weitere Versuche diesen Mängeln abzuhelfen, und dieser so höchst nützlichen Erfindung eine Vollkommenheit und Brauchbarkeit zu geben, wie sie jeder ausübende Tonkünstler nur immer mit allem Recht verlangen kann.

Meine Bemühungen wurden durch einen glücklichen Erfolg gekrönt und so bin ich jetzt im Besitz einer Vorrichtung, die allen Anforderungen entspricht, und durch die ich auf meinen Kunstreisen, den chromatischen Instrumenten ihre wohlverdiente — bis hieher sehr zweifelhafte — Anerkennung wieder erworben habe.

Zur Begründung des Gesagten füge ich, um nicht ungeziemend weitläufig zu werden, von den vielen in Händen habenden Attesten nur dasjenige unterthänigst bei, welches mir bei einer im hiesigen Opernhause durch die Güte des Herrn Kapellmeister Schneider veranstalteten Versammlung sämmtlicher Militär-Musik-Direktoren ausgefertigt worden ist.

Die Mängel der alten Vorrichtung bestehen:

1., in den vielen rechten Winkeln und kurzen Kröpfungen der Bogen, die in den hohen Tönen Heiserkeit des Instruments verursachen;
2., in einem zu großen Kraft-Aufwande bei der Bewegung;
3., in einer zu starken Reibung und dadurch entstehenden leichten Wandelbarkeit;
4., zeigen sich bei der Röhren-Invention ganz die Wirkungen, wie bei einer Luftpumpe; indem die Röhren beim Hineindrücken die Luft ansaugen, welche durch die Federkraft wieder herausgepreßt werden muß, was sowohl der Bewegung als dem Ton beim Zurücktreten der Luft sehr nachtheilig ist.
5., Werden die im Inneren der Röhren eingelegten Springfedern von der eindringenden Feuchtigkeit leicht zerstört, die durch neue in kurzer Zeit ersetzt werden müssen.
6., Der wesentlichste Uebelstand ist die künstliche Verschließung, die den Bläser bei einer eintretenden Stockung geradezu nöthigt, sein Instrument aus den Händen zu legen, weil eine Instandsetzung des schadhaften Theils während der Musik durchaus unmöglich ist; indem das Oeffnen viel Zeit und Vorsicht erfordert.

Wegen Mangel einer Zeichnung, die ich von meiner chromatischen Vorrichtung nachträglich einzureichen nicht verfehlen werde, bin ich genöthigt, meine Vervollkommnung zur größeren Verständlichkeit in derselben Reihenfolge der oben erwähnten Mängel nahmhaft zu machen, und zwar

ad 1., Sind rechte Winkel und kurze Kröpfungen zur Vermeidung des Windstoßes gänzlich vermieden.
ad 2., Durch die angebrachte, nur den 8ten Theil des Kreises beschreibende Axenbewegung vermittelst eines einfachen (Klinken) Druckers erfordert die Bewegung wenig Kraft.
ad 3., Ueber die Reibung hat ein neunjähriger täglicher Gebrauch hinlänglichen Aufschluß gegeben; denn die quaest: Vorrichtung befindet sich ohne Reparatur noch heute in gutem brauchbaren Zustande, wegen der konischen Form.
ad 4., Ein Ansaugen und Pressen der Luft ist wegen der kreisförmigen Bewegung durchaus unmöglich.
ad 5., Anstatt der Springfedern ist von außen eine gewöhnliche messingene Spiralfeder angebracht, die ein Jeder auf der Stelle nach Belieben anspannen und nachlassen kann.
ad 6., Der gegenwärtige Verschluß ist so äußerst einfach und leicht, daß man binnen wenigen Takten, im Stehen, Gehen oder Reiten die Vorrichtung ohne Mühe öffnen und schließen kann.

Alle diese anerkannt guten Eigenschaften, welche nunmehr eine Umgestaltung der Kavallerie-Instrumente, in Horn-Trompeten in Verbindung mit den Signal-Trompeten unbedenklich ausführbar machen, veranlaßten mich, seine Majestät um eine, — die Ausführung der verschiedenen Anwendungen meiner vervollkommten Vorrichtung auf alle Metall-Instrumente, — ausreichende Unterstützung zu bitten, weil ich bei meiner Armuth die Nachsuchung eines Patents wegen der damit verbundenen Kosten scheute. Durch die in originali anliegende Resolution Seiner Hochwohlgeboren des Herrn General Majors p p von Witzleben, — welcher die Gnade hatte mir zu erlauben, mein Instrument Hochdemselben persönlich produziren zu dürfen, — bin ich mit meinem Gesuche an Ein Hohes Ministerium des Inneren gewiesen worden.

Als Euer Excellenz Untergebener richte ich nunmehr vertrauensvoll an Hochdieselben, meine unterthänige Bitte:

Dieser nützlichen Vervollkommnung Hoch Ihre Theilnahme zu schenken, und mir ein Patent auf die Dauer von sechs Jahren, für die Vervollkommnung der chromatischen Metall-Instrumente, auf die Verbindung des Horns mit der Trompete oder dem Signalhorn, und auf die Umgestaltung des Horns in eine Horn-Trompete, mit Rücksicht auf meine Armuth gebührenfrei, gnädigst ertheilen zu wollen.

In tiefster Verehrung verharre ich als

Euer Hochfreiherrlichen Excellenz
unterthänigst gehorsamer Diener
Friedrich Bluehmel
Berg-Hautboist aus Waldenburg.«

Landbaumeister Wedding und Oberbergrat Schaffrinsky charakterisierten Blühmels Ventile wie folgt: »Conische Drehventile, die mehrfach durchbohrt sind, zur Verbindung von Öffnungen, die unter verschiedenen 2 Winkeln sich abzweigen und verwechselt werden sollen ...« Aus den Beschreibungen ist unschwer das Ventil in Zeichnung 6 zu erkennen, das sich an einem kaum später als 1830 gebauten Horn befindet.

Es sind große Ventile mit drei Durchgängen im Wechsel. Einige Maße nach dem Markneukirchener Horn: Durchmesser des Wechsels oben 42,1 mm, unten 40,8 mm, Höhe des Wechsels 22,4 mm. Gegenüber einem jetzigen Trompetenventil ist es etwa gleich hoch, aber doppelt so breit. Die Abbremsung geschieht durch eine ungepolsterte trapezförmige Erhebung am Wechselboden, die in einer entsprechenden ungepolsterten Aussparung im Ventilgehäuse läuft. Diese begrenzt die Drehung des Wechsels auf ⅛ Kreis ≙ 45° in der

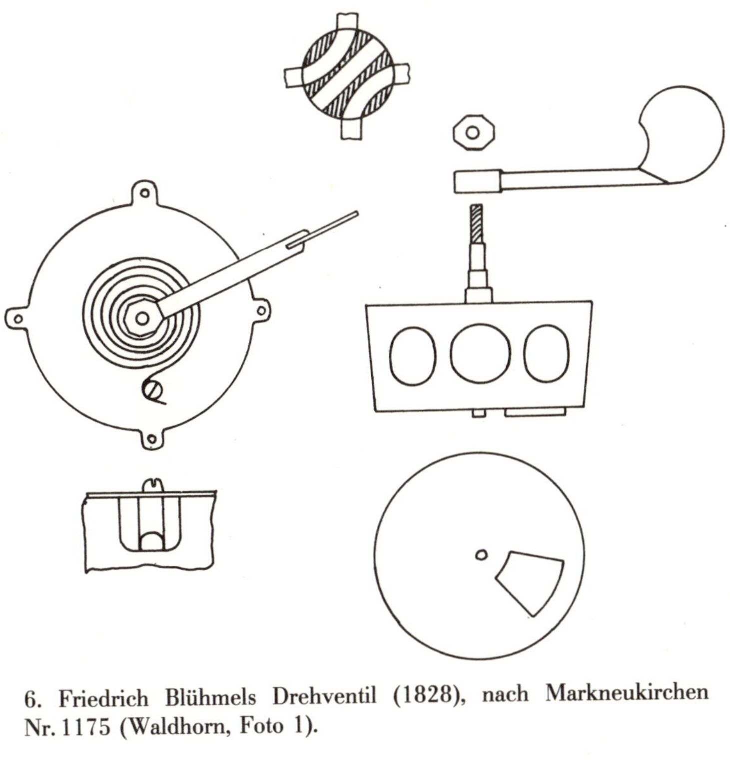

6. Friedrich Blühmels Drehventil (1828), nach Markneukirchen Nr. 1175 (Waldhorn, Foto 1).

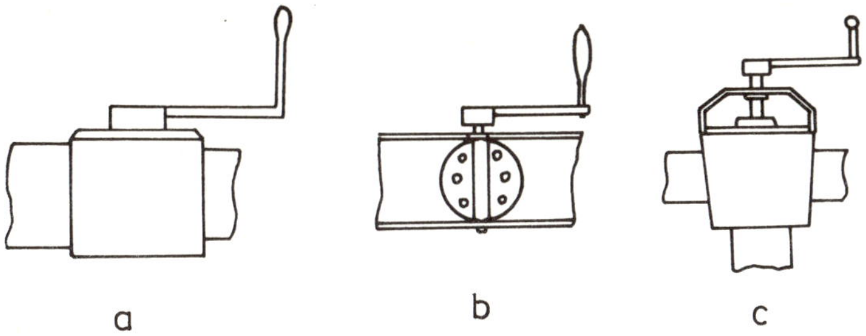

7. Windleitungsventile an schlesischen Hochöfen und Eisenhüttenanlagen um 1810–1840 (nach C.J.B. Karsten, *Handbuch der Eisenhüttenkunde*, Berlin 1816/1841). Anregungen und Ausgangspunkte für Blühmels erstes Ventil (Drehventil 1814–1819): a und b Absperrventile, c konisches Umleitungsventil (Dreiwegehahn).

Art, daß die Wechseldurchgänge mit den Rohrstutzen am Gehäuse genau aufeinandertreffen. Das Überraschende an Blühmels Drehventil sind die drei Wechseldurchgänge. Die Spiralfeder befindet sich außen. Durch Nachziehen kann sie leicht straffer gespannt werden, im umgekehrten Sinne läßt sie sich entspannen. Die konische Form des Wechsels, durch die sich auch die technischen Ventile des Windsystems der schlesischen Hochöfen auszeichneten, besitzen auch die späteren Drehventile. Blühmel hat richtig verstanden und erkannt, daß die Lebensdauer und das sichere luftdichte Schließen des Ventils mit der Konizität des Wechsels zusammenhängen. Was das schnelle Öffnen des Ventils betrifft, liegen die gleichen Verhältnisse wie beim Kastenventil vor. Die Drehventile, die Blühmel an den Anlagen der Eisenverhüttung im Waldenburger Revier kennenlernte, sind in Zeichnung 7 dargestellt.

Ob der Dreiwegehahn schon um 1814 verwendet wurde, ist nicht sicher, aber wahrscheinlich. Die prinzipielle Neuerung gegenüber den Hochofenventilen besteht in den vier statt zwei oder drei Rohrstutzen am Gehäuse, so daß eine Windwegverlängerung eingeschaltet werden kann. Beim Horn auf Foto 1 werden die beiden Ventile mit dem Zeige- und Mittelfinger der linken Hand gegriffen und vertiefen um ½ und 1 Ganzton. Die Spielweise ist ungewohnt, da die Umschaltung nicht so schnell und elegant erfolgt wie bei späteren Drehventilen. Das sind die Nachteile, die Stölzel bewogen hatten (nach Antrag vom 27. März 1828), sich nach 1818 zunächst nicht weiter mit den Drehventilen zu befassen. Denn die Schiebeventile von 1818 und 1827 ließen sich leichter spielen. Das konische Drehventil der angeführten Art ist also das Ventil, das »die Firma: Stölzel & Blühmelsche Erfindung« 1818 nach Aufforderung durch das Ministerium in den Patentschutz mit einbeziehen sollte. Dies ist somit »die alte Vorrichtung«, mit der Blühmel sich bis 1816 beschäftigte und die er in eine Langtrompete eingebaut hatte (Patentantrag vom 18. Februar 1818). Man versteht jetzt, daß sich diese Ventile nicht gut mit der Langtrompetenform verbinden ließen und er 1816 auf eine zweckmäßigere Windungsart übergehen wollte. Die Früchte dieser Überlegung kamen der neuen Version mit Kastenventilen zugute. Wie aus Blühmels Patentantrag von 1828 hervorgeht, hatte er seit 1819 eine Trompete mit Drehventilen in Gebrauch. Er muß also das alte Projekt um 1819 allmählich wieder aufgegriffen haben. Dadurch, daß Stölzel durch den Kontrakt von 1818 auch das Urheberrecht auf die Erfindung der Drehventile erworben zu haben beansprucht, setzte er sich ins Unrecht. Auch Wieprecht hielt übrigens das Drehventil für eine Erfindung Blühmels. (Durch den Nachweis des Horns mit Blühmels Drehventilen sind R. Dahlquists Interpretation von Blühmels und Stölzels Patentanträgen von 1828 als Doppelrohrschubventile mit Hebeldruckwerk sowie die auf seine Interpretation aufbauenden Schlußfolgerungen hinfällig, vgl. Dahlquist 1980, S. 121.)

Hier soll noch auf den unterschiedlichen Quellenwert schriftlicher Dokumente hingewiesen werden. So finden sich in Gerhards Schreiben vom 29. Januar und 3. März 1818 an das Handelsministerium (s. S. 17 und 19) Ausführungen, die auf die Unzuverlässigkeit dieser Quelle hinweisen. Er schreibt einmal von einer dreijährigen Entwicklungsarbeit Blühmels (was, wörtlich genommen, auf Januar 1815 hinweist), andererseits von der Erfindung 1811/12. Einerseits habe Blühmel schon spätestens im Januar 1818 Hörner mit seiner Erfindung nach Berlin gesandt, andererseits läßt sich feststellen, daß Blühmel erst im Februar 1818 bei Gabler Instrumente in Auftrag gab. Schließlich schreibt Gerhard, daß er selbst »die Inventien mit den Schieberöhren neben einigen aus früheren Jahren herrührenden Versuchsarbeiten« überreichen wolle, aber Blühmel im Falle der Patentierung auf die »alte Invention« zurückgreifen werde. Offensichtlich war Gerhard von gutem Willen beseelt, Blühmel zu seinem Recht zu verhelfen, aber ungenügend in die Problematik eingeweiht. Die technischen Unterlagen, die Gerhard in den Händen hatte, waren wohl nur Zeichnungen vom Kastenventil und vielleicht Versuchsobjekte von Drehventilen.

Daß Blühmel und Stölzel gerade 1828 das Drehventil zum Patent anmeldeten, hing in erster Linie mit dem 1828 abgelaufenen zehnjährigen Patentschutz zusammen. Möglich, daß außerdem anderweitige Bemühungen um die Einführung von Drehventilen registriert wurden und daher ein Patentschutz von Stölzel und Blühmel als vorteilhaft empfunden wurde. Vielleicht noch vor Riedls Drehventilpatent von 1835 bauten Schupbach & Guichard in Yverdon (Schweiz) ein fast primitiv zu nennendes Drehventil mit einem einfachen Flügelwechsel. Instrument und Ventil (Foto 69 a b) weichen von den bekannten Formen ab. Mit Blühmels Drehventil hat es nur die Größe gemein. Die massive Büchse mit den vier Rohrstutzen ist gegossen. Der Flügelwechsel hat eine textile Einlage bzw. Füllung, um möglichst luftdicht zu schließen. Der Dreharm des Wechsels wird durch einen Schwenkhebel betätigt und durch eine Blattfeder in die Ausgangsstellung zurückgebracht. Die Begrenzung der Drehbewegung erfolgt durch einen in einer Aussparung am Achsenlager laufenden Zapfen des Schwenkhebels. Grundmängel sind der vom Rohrquerschnitt stark abweichende Windgang im Ventil und die textile Abdichtung des Flügels. Sowohl Blühmels als auch Riedls Drehventile sind in Struktur und Funktionsweise überlegen und dem musikalischen Erfordernis besser angepaßt.

Ebenfalls wie historisch zu spät gekommen und außerdem dem Wiener Drehventil unterlegen nimmt sich das Ventil aus, welches der Cottbuser Nadlermeister Friedrich August Wolff am 8. August 1843 über die Königliche Regierung in Frankfurt (Oder) zum Patent anmeldete. Es handelt sich nach dem Gutachten vom 30. September 1843, ausgestellt von der preußischen Technischen Deputation in Berlin durch Assessor Nottebohm und »Fabriken-Commissions-Rath« Wedding, um ein Drehventil mit drei Wechseldurchgängen; es »wird durch einen mit einer Spiralfeder versehenen Drücker gedreht, wenn es geöffnet werden soll« (Prinzipskizze im Gutachten s. Abb. 40). Es ist im Prinzip Blühmels Drehbüchsenventil, nur mit dem Unterschied, daß der Wechsel zylindrisch statt konisch ist. Folgerichtig schrieben die Gutachter mit Bezug auf den eigentlichen Erfinder:

»Da nun das dreifach durchbohrte Walzenventil des p. Wolff an und für sich längst bekannt ist, dasselbe aber auch, wenn es dicht halten, also anwendbar sein soll, etwas verjüngt, mithin ein konisches Drehventil sein muß, konische Drehventile aber bereits vor 15 Jahren von Blühmel und Stoelzel in Vorschlag gebracht und angewendet worden sind: so können wir nach den bestehenden Grundsätzen bei Patentertheilungen nur die abschlägige Bescheidung des Bittstellers ganz gehorsamst in Antrag stellen.«

Wolff gab sich mit diesem Bescheid in einem Schreiben vom 6. November 1843 an das preußische Finanzministerium nicht zufrieden und wies ausdrücklich auf den zylindrischen Wechsel seines Ventils hin. Am 11. November 1843 ließ der Finanzminister nochmals auf die 1828 von Blühmel und Stölzel eingereichten Erfindungen hinweisen und schreiben:

»Daß Sie diese Ventile cylindrisch construieren wollen, während die früher gebrauchten eine conische Form haben, kann, abgesehen von der Frage, ob diese Abänderung zweckmäßig ist oder nicht, Ihr Patentgesuch nicht begründen, und muß es daher bei dem Inhalt der Verfügung vom 13. vor. Mts. sein Bewenden behalten.«

Damit fand sich Wolff nun doch ab. So ganz Episode, wie es den Anschein hat, blieb Wolffs Drehventil jedoch nicht, denn von Anton Kleps in Wien ist in der Sammlung der Gesellschaft der Musikfreunde Wien unter Nr. 425 (jetzt im Kunsthistorischen Museum) eine Tenorposaune mit derartigen Ventilen erhalten (vgl. Foto 152, 153 a b). Vermutlich gab es eine private Verbindung zwischen Wolff und Kleps, der deswegen das Ventil auch nicht zum Patent anmeldete. Alle Ventile mit drei Durchgängen haben zwar den Vorteil des kurzen Hebeldrucks von nur $1/8$ Kreisbogen, aber den Nachteil größerer Reibung und damit des schweren Drucks sowie der größeren Störanfälligkeit. Die Nachteile waren ausschlaggebend dafür, daß diese Ventile nach 1850 in Vergessenheit gerieten. Eine günstige Verwendungsmöglichkeit der Wechsel mit mehr als zwei Durchgängen spürte der kluge Václav František Červený in Königgrätz auf, indem er sie 1846 als »Tonwechsel-Maschine« zum Umstimmen in andere Stimmungen umfunktionierte (s. S. 63f.).

Eine neue Ära des Drehventils im Instrumentenbau begann am 11. September 1835 in Wien mit Joseph Riedls Antrag auf »Verbesserung sämtlicher Blas-Instrumente mit Maschine«. Theodor Rode (1860, S. 243) nennt 1832 als Erfindungsjahr der »Cylinderdrehventile«. Rode hat sich in der Jahresangabe wohl geirrt. Er schrieb 1860 (ebd., S. 242), daß Blühmels Drehventil in Pest, Prag und Wien verbessert wurde, und bezeichnet als Spiritus rector den Prager Hornvirtuosen Joseph Kail. Ähnlich äußern sich Wieprecht und Karl Nödl, der die Erzählungen seines Vaters und alter Wiener Instrumentenmacher übernahm. Nach der vielleicht etwas anekdotenhaften Schilderung Nödls (Nödl, 1970; vgl. Ausgabe 1971) soll Kail der Gedanke des Drehventils 1827 bei Betrachtung eines Bierhahns gekommen sein. Es wäre müßig, über diese Jahreszahl zu diskutieren, da man sich an die glaubwürdigsten Quellen halten muß. Demnach wurde Anfang 1828 ein Horn mit Blühmels Drehventilen beim Garde-Jäger-Bataillon in Potsdam eingeführt (Rode 1858, S. 12, 24), Riedls Patentantrag aber erst 1835 gestellt. Kails Einschätzung als Spiritus rector durch Rode bezieht sich wohl nur auf Riedls Drehventil und nicht auf die erst Anfang der 1840er Jahre in Wien, Prag und Pest erfolgten weiteren Verbesserungen. Aus Riedls Patentantrag selbst ist über die Geschichte seiner Erfindung nichts zu entnehmen, und er gibt sich den Anschein, daß er nur die Doppelrohrschubventile kenne. Ihm kommt es darauf an, die Überlegenheit seines Drehventils gegenüber dem Wiener Ventil daran zu beweisen, daß es weniger Kanten im Windgang aufweise, wobei er mit Übertreibungen nicht spart. Das Uhlmannsche Ventil, von dem Riedl eine einfache Skizze anführt, wird in trübes Licht gerückt, und seine Nachteile werden stark überzeichnet. In Argumentation und Methode bestehen auffallende Übereinstimmungen mit Wieprechts Patentanträgen. Hier der Wortlaut der Erfindungsbeschreibung vom 25. September 1835 nach der Handschrift im Besitz der Technischen Universität Wien (Anmeldung am 11. September):

»Der bisherige Bau der Maschine bei allen Metall-Blas-Instrumenten war von der Art, daß die durch die gerade Röhre des Instrumentes getriebene Luftsäule auf den sogenannten Wechsel in senkrechter Richtung auffiel, und von da in einem rechten Winkel, also über die scharfe Kante der an den Wechseln abgebrochenen Röhren weiter lief.

Durch den Trieb über scharfe Ecken wird die Luftsäule zum Nachtheile des Tones gebrochen, sie verliert an ihrer Gleichheit, und dadurch an ihrer Stärke; sie erhält eine verkehrte Schwingung; und zur Hervorbringung des Tones ist eine größere Kraftanstrengung erforderlich. Die gegenwärtigen Verbesserungen bezwecken die Aufhebung dieses Übelstandes vorzüglich, indem der Trieb der Luftsäule über scharfe Kanten gänzlich vermieden wird, und vielmehr dieselbe durch das ganze Instrument in krummen Wendungen läuft, wodurch sie nicht gebrochen und daher auch nicht geschwächt wird, denn sie prallt nicht von dem geraden Anfalle zurück, ihre Schwingungen werden nicht unterbrochen. Das Anblasen eines Tones erfordert sonach einen ungleich geringeren Kraftaufwand, und der Blasende hat es mehr in seiner Gewalt, den Ton stärker oder schwächer zu geben.

Nicht nur die geraden Röhren des Instrumentes laufen in Krümmungen aus, sondern auch das Ventil, welches die Stelle der früheren Wechsel vertritt, und in welches die Luft aus den Röhren übergeht, ist so gestaltet, daß durch dasselbe die Luft in einem Bogen läuft, und eben so wieder in die gekrümmten Röhren übergeht. So geht der Luftzug durch alle drey Ventile gleich fortwährend in krummen Wendungen, mit Vermeidung aller scharfen Kanten.«

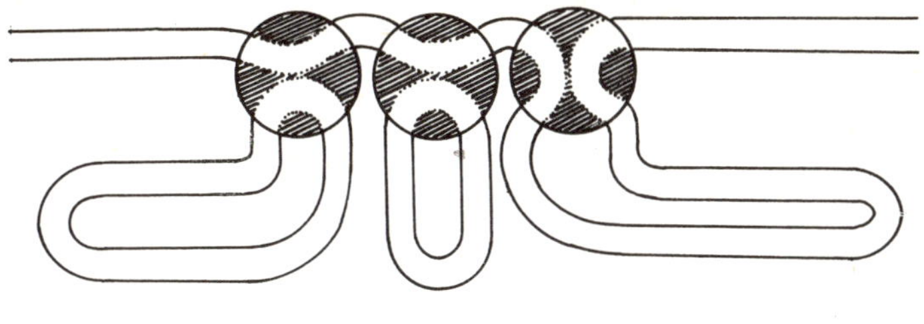

8. Joseph Riedls Drehventil, Wien 1835. Zeichnung B im Patentantrag.

Riedl legte ein Blatt mit drei sehr vereinfachten Prinzipskizzen bei: A) Querschnitt durch eine dreiventilige Maschine bei nicht betätigten Ventilen, B) desgleichen bei eingeschaltetem 3. Ventil (s. Zeichnung 8), C) Skizze einer Wiener Ventilmaschine. Nachdem er die Wirkungsweise der Ventile anhand der Skizzen ausführlich, aber wenigsagend erläutert hatte, stellte er im Vergleich zu Uhlmanns Ventil noch folgendes, von ihm als Verbesserung deklariert, heraus:

»Jeder Wechsel war, wie fig. C zeigt, an einer Stange m und n befestiget, welche durch den Hebel nach außen gezogen wurde, um den Wechsel zu heben. Im gewöhnlichen Zustande des Instrumentes war daher von dem Wechsel bis zum Schlusse der Röhre, durch welche die Stange gieng, ein leerer Raum, durch den die Luftsäule nicht gieng, in welchem sich aber immer Wasser sammelte, weil die Wechsel nicht ganz luftdicht passen gemacht werden konnten. Wurde nun durch den Druck des Hebels der Wechsel bis zum Schlusse der Röhre gehoben, so wurde das in dem leeren Raume befindliche Wasser an den Deckel getrieben und mit Gewalt durch die Öffnung um die Stange herausgespritzt. Dieses verursachte nicht nur die Unreinlichkeit, daß der Blasende dadurch sowohl sich als das Instrument beschmutzte, sondern das Spritzen des Wassers brachte auch ein ganz hörbares Gezische hervor, und verursachte beim Schließen des Wechsels ein starkes Geschaaper, welches das Gehör beleidigte.

Durch dieselbe Öffnung, durch welche das Wasser herausgespritzt, kann auch Wasser, Staub, feiner Sand eindringen, welcher sich in dem erwähnten leeren Raume sammelt, zwischen die Wechsel und die Röhren, in denen diese laufen, ansetzt, und die Reibung vermehrt; daher dieselben gegenseitig bald ausgewetzt werden, und die Maschine innen weniger lufthältig wird. Deßhalb mußten die Maschinen so oft gereiniget werden, und wurden trotz aller Vorsicht und Achtsamkeit ungleich früher unbrauchbar.

Bei der jetzigen Einrichtung der Ventile ist aber das Ansammeln des Wassers und das Ausspritzen desselben unmöglich gemacht, weil nirgends ein leerer Raum dazu vorhanden ist. Denn die Luft geht durch die Röhren und durch das Ventil und treibt das Wasser, das sich allenfalls an die Wände anhängt, höchstens durch das ganze Instrument, bei seinem Korpus heraus; das Wasser kann sonst nirgends aus.

Es kann aber ebensowenig weder Wasser noch Staub oder feiner Sand eindringen; die Maschine bleibt rein, sie reibt sich nicht aus; die Luft kann nirgends anders als durch die Röhren heraus.

Die Maschine, welche selten gereinigt zu werden braucht, (was auch sehr leicht von Jedem, ohne Beihülfe eines Instrumenten-Machers oder Mechanikers geschehen kann,) bleibt so lange gut und brauchbar, als das ganze Instrument überhaupt nur immer zu brauchen ist.«

Solche Ausführungen sind nahezu gegenstandslos und zeugen mehr von einer naiven Taktik des Privilegiengewinns als von nüchterner Beobachtung. Von der genauen technischen Ausführung des Drehventils ist keine Rede; Riedl ergeht sich nur im allgemeinen Ausführungen:

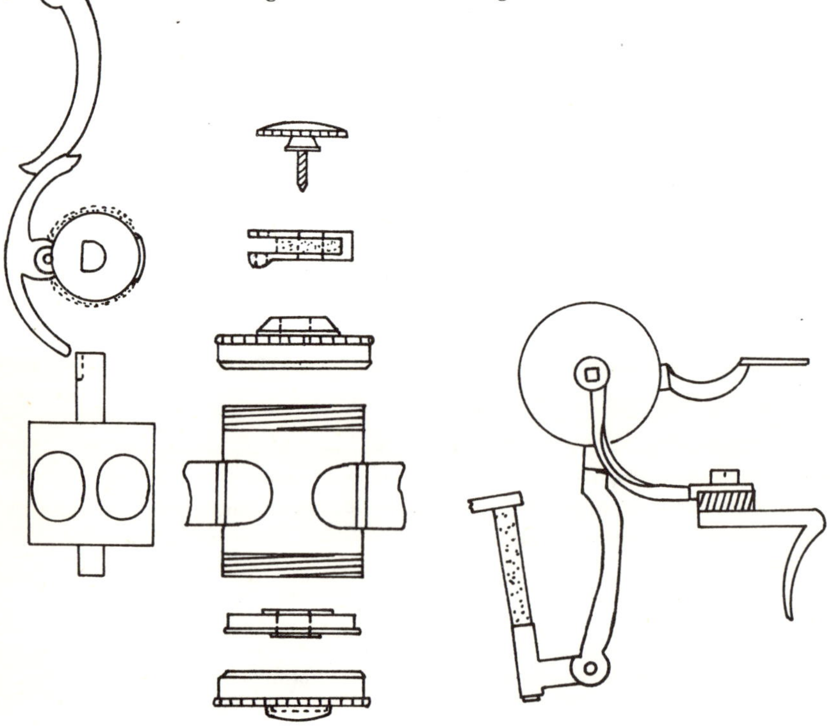

9. Joseph Riedls Drehventil (Patent 1835). Ausführung nach Leipzig Nr. 1696, einem Waldhorn von J. Riedl, Wien 1835–1840. Der gepunktete obere Teil des Kreuzgelenks ist aus Eisen, die übrigen Teile sind aus Messing.

»Obwohl der äußere Mechanismus auf die gegenwärtige Verbesserung keinen wesentlichen Einfluß nimmt, so ist doch durch nunmehrige Verwendung des Ventils anstatt der früheren Wechsel, der bedeutende Vortheil erzielt, daß der Fall des Hebels beinahe um die Hälfte verkürzt ist, wodurch dem Blasenden eine größere Schnelligkeit und Fertigkeit bei dem Gebrauche desselben möglich gemacht wird, weil er den Hebel nicht mehr so tief drücken darf und daher das Ventil sich geschwinder öffnet und schließt; – jetzt kann der Blasende ganz bequem und ohne besondere Anstrengung schnelle Läufe nehmen und Triller schlagen.«

Nach österreichischen Quellen und auch nach Th. Rode (1860c, S. 243) wurden die Drehventile »in Wien gemeinhin die Riedl- auch die Rad-Maschine genannt«. Aus einem Brief J. Riedls vom 14. September 1836 an das Hoftheater in Weimar, dem er seine »Patent-Instrumente« anbot, geht hervor, daß diese auch als »Strauß-Lannersche Maschinen-Instrumente« bezeichnet wurden (Staatsarchiv Weimar, Hofwesen 9671, Bd. 1), da sie zuerst in den Tanzkapellen von Joseph Lanner und Johann Strauß (Vater) verwendet wurden. Riedls »Rad-Maschine« im engeren Sinne ist nach einem erhaltenen Horn aus seiner Werkstatt in Zeichnung 9 dargestellt.

Das Neue gegenüber Blühmels Ventil besteht in einem kleinen zylindrischen Wechsel mit nur zwei Durchgängen. Der Wechsel ist 19,5 mm im Durchmesser, die Büchse hat oben und unten Schraubdeckel und unten bereits den »Sprengdekkel«. Neu erdacht ist auch der Rädchenanschlag, weswegen das Ventil Radmaschine genannt wurde. Das Ventil nutzt die damaligen Erfahrungen, den kleinen Ventilkörper, zu dem auch Wieprecht beim Pumpenventil gelangt war, und das Trommeldruckwerk Uhlmanns. Mag sein, daß Riedl mit der Patentanmeldung bis 1835 wartete, um nicht mit dem fünfjährigen Patentschutz für Uhlmanns Wiener Ventil in Konflikt zu kommen. Wenn Wieprecht 1845 äußerte, daß der Prager Ventilverbesserer (Kail) das Drehventil von Blühmel verkleinerte und mit einer Spiralfederdruckmaschine versah, so ist die Kennzeichnung zwar pauschal, aber im Prinzip richtig. Die zylindrischen Wechsel, die geschlossenen Wechseldurchgänge und der abschraubbare obere Büchsendeckel bewährten sich nicht. Der Rädchenanschlag wurde teilweise bis nach 1900 gebaut, so von Červený in Königgrätz, auch in der Ausführung als »Gummipufferanschlag« mit Gummistückchen anstelle der Korkpolster. Foto 156 und Zeichnung 10i zeigen einen verwandten Anschlag an einem Flügelhorn von Fritz Herold, Aschaffenburg um 1848, ob von Riedls Rädchenanschlag abgeleitet oder unabhängig davon entwickelt, ist schwer zu sagen. Abweichend von Riedl schlagen die sichelförmigen Bögen des Schiebers an den fadenumwickelten Ventilzapfen. Möglich, daß der Erfinder durch die Fadenumwicklung das Ventil gleichzeitig vor dem Eindringen von Staub und dem Entweichen von Luft bewahren wollte.

Die Drehventile mit den dreigliedrigen Flügeln im Sinne

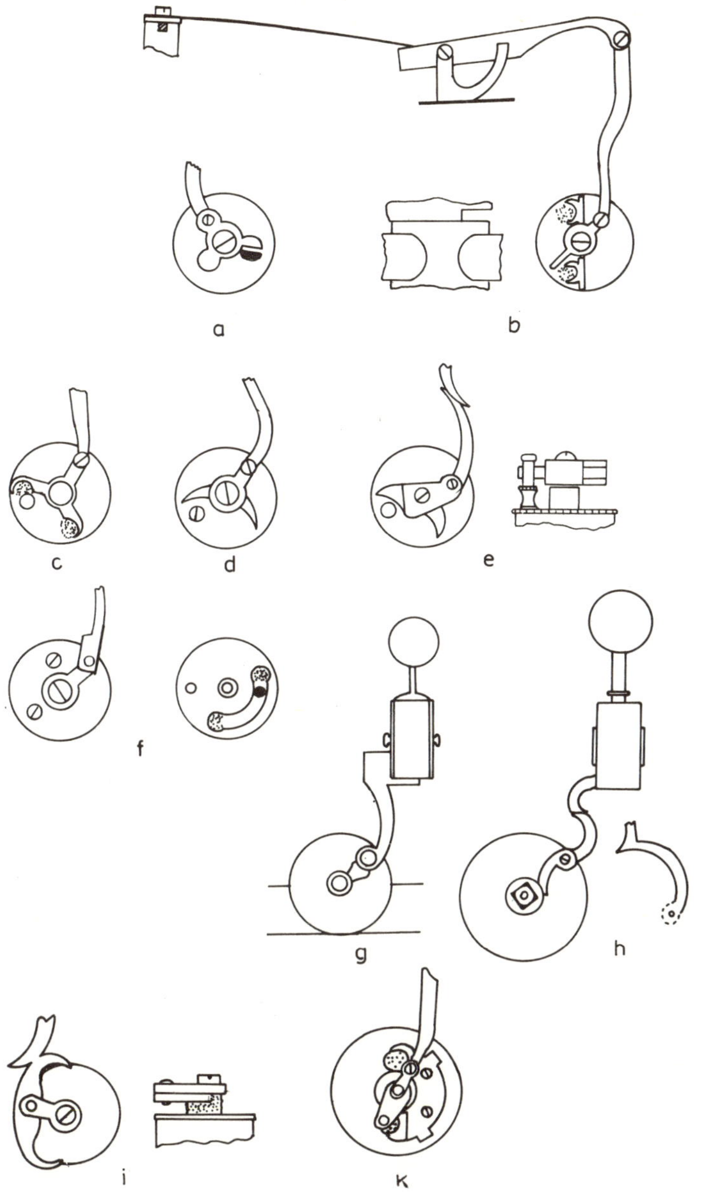

10. Frühe Formen der Anschläge von Drehventilen.

a: Stiftanschlag, Cornet von C. A. Müller, Mainz um 1850.

b: Variante nach Stowassers Drehventil, Trompete mit Alter Neumainzer Maschine von C. A. Müller, Mainz um 1843–44 (Basel 1980.2343. Foto 80). Vorstufe des Hufeisenanschlags, vgl. Zeichnung 13.

c: Stiftanschlag, Waldhorn von C. W. Dürrschmidt, Markneukirchen um 1845 (Basel 1980.2137. Foto 32).

d: Stiftanschlag, Trompete von A. Barth, München um 1840 (Basel 1980.2119. Foto 75).

e: Stiftanschlag, Trompete von E. Paulus, vormals J. Lemcke, Berlin um 1870 (Markneukirchen Nr. 394). Auch von C. W. Moritz um 1850 und J. Rudolph noch um 1875 gebaut. Stift mit Kork umkleidet, Prager Ventilmodell.

f: Drehventile mit Innenanschlag in der Art von F. Hell (1844) und E. J. Bauer (1844). Links nach Waldhorn von M. Saurle, München um 1845–1850 (Basel 1980.2143. Foto 35). Rechts nach Trompete von Joseph Saurle, München um 1850 (München DM Nr. 35712). Der Deckel, der hier nur mit einer Schraube befestigt ist, ist abgenommen. In den Ecken des Schlitzes Korkpolster. Rechts im Schlitz der Führungszapfen des Wechsels.

g, h: Drehventile mit Innenanschlag von F. Hell, Wien 1844 (g), und Eduard Johann Bauer, Prag 1844 (h). Pausen nach den Erfindungsbeschreibungen von Hell und Bauer betr. Euphonium und Pumpenventil mit Druckwerk. Bei h mit mittlerem Schieber.

i: Variante von Riedls Rädchenanschlag, nach Flügelhorn von F. Herold, Aschaffenburg um 1845–1850 (München DM Nr. 30808), vgl. Foto 156. Gepunktet: Fadenumwicklung an der Ventilachse.

k: Hufeisenanschlag, Mitte 19. Jh., an einem unsignierten Instrument (Budapester Privatbesitz).

von Zeichnung 10a (C. A. Müller), 10c (C. W. Dürrschmidt) und 10d (A. Barth) zeigen älteste Formen des Stiftanschlages. Sie entstanden noch vor 1843, vielleicht in Bayern oder Mainz. Der dreigliedrige »Flügel« ist flach, der Stift, an dem der Anschlag erfolgt, kurz. Gegen eine Adaption von Uhlmanns Drehventil aus dem Jahre 1843 sprechen der kurze Ventilhals, den auch Riedls Drehventil hatte und der dem langen eindeutig unterlegen ist, ferner die weniger guten Polsterungen. Es wären nicht schlechtweg Vereinfachungen, sondern Verschlechterungen von Uhlmanns Modell, die von Barth, Müller und Dürrschmidt unabhängig voneinander vorgenommen worden sein müßten, was aber ganz unwahrscheinlich ist. Die flachen Flügel und kurzen Stifte haben den Nachteil, daß die Lager der Wechselzapfen am Flügel kurz sind und folglich die Ventile bald undicht werden und ausschlagen. Wie Wieprecht 1845 schrieb (Kalkbrenner 1882, S. 91), seien für die Instrumente in Sinfonieorchestern und Infanteriekapellen »die Prager Drehbüchsen am empfehlenswertesten«. In neuester Zeit habe er die Erfahrung gemacht, daß sich bei der Militärmusik die Drehventile besonders für die hohen Instrumente eignen, die Pumpenventile mehr für die tiefen. So wurden von etwa 1844 an die Sopran- und Pikkolokornette in Preußen meistens mit Drehventilen ausgestattet. Zeichnung 11 zeigt die Ausführung nach einem Instrument von August Heiser, Potsdam um 1850.

Von Prager Drehventilen muß hier tatsächlich die Rede sein, da derartige Modelle in Prag – von Meistern wie E. J. Bauer und A. H. Rott – geprägt und gebaut wurden. Charakteristika sind der Sprengdeckel mit abstehendem Rand, teilweise mit Arretiernase, der zylindrische Wechsel mit geschlossenen Durchgängen, ferner der Flügel ohne Bärte (lange Korkhalter), die fünfkantig abgerichtete Achse im Flügelbereich, das lange obere Lager und die breite Dachschraube.

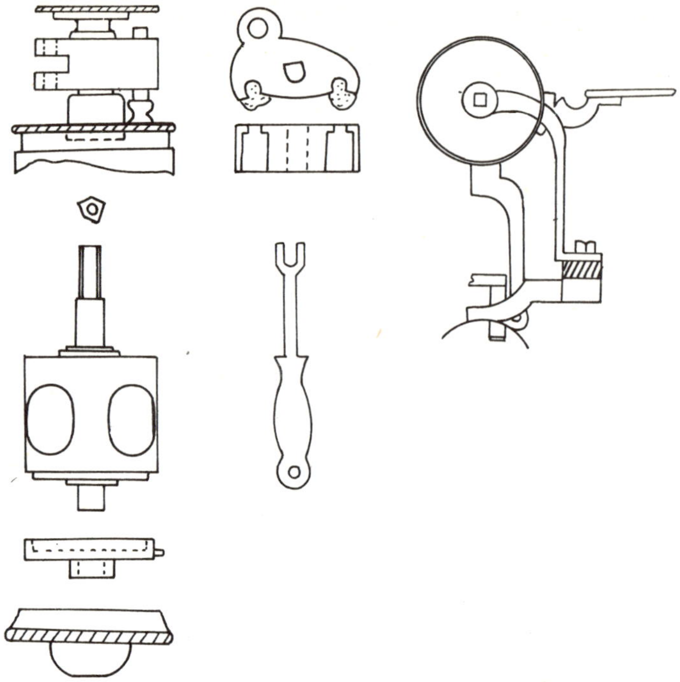

11. Prager Drehbüchsenventil in der Ausführung von August Heiser, Potsdam um 1850 (Preußisches Kornett Eisenach Nr. I 188). Druckwerk mehr an Wiener Vorbilder anschließend. Die Säulchen sind zeitentsprechend in der Mitte noch nicht eingekerbt. Für Preußen bis um 1890–1900 charakteristisches Profil des Drückerarms.

Die Platte unter dem oberen Deckel dient zur Verbreiterung des Achsenlagers. Es ist eine Übergangslösung vor Einbürgerung des langen, auf dem Oberdeckel angebrachten Lagers, das sich nach Uhlmanns Vorbild in den deutschen Staaten erst nach 1850 allgemein einbürgerte.

1843 reichte Leopold Uhlmann bei der österreichischen Landesregierung vier im einzelnen zu besprechende Verbesserungen zur Patentierung ein: ein Mundstück mit abschraubbarem Rand, ein neues technologisches Verfahren zur Herstellung der Schallstücke, Hilfsklappen zur Intonationsverbesserung und ein Drehventil (s. S. 96, 246, 249). Uhlmanns Verdienst für den Ventilbau besteht in der äußerst rationellen Durch- und Umgestaltung bekannter Ventilmaschinen. Seinem Drehventil war größter, bis in unser Jahrhundert anhaltender Erfolg beschieden. Es verdrängte, im Detail abgewandelt, in allen deutschen Staaten die älteren Modelle mit kurzem Oberlager, also Blühmels, Riedls, Stowassers Ventile und deren Ableger. Im Patentantrag vom 26. Juli 1843 schrieb Uhlmann (nach Manuskript der Technischen Universität Wien):

Diese Ventile wurden von zahlreichen preußischen Herstellern nachgeahmt, so von C. W. Moritz und Lemcke in Berlin. Der Prager Stiftanschlag vereint in sich Merkmale von Uhlmanns 1843 patentiertem Modell und dem Anschlag mit flachem Flügel. Er bildete sich um 1843/44 heraus. In deutschen Ländern heimisch geworden, wurde er hier in Abgrenzung vom Wiener Stiftanschlag zu Unrecht als deutscher Stiftanschlag bezeichnet, so auch noch im heutigen Ventilbau. Als wenig erfolgreich erwies sich die anscheinend auf C. W. Moritz zurückgehende und erstmals um 1850 belegte Variante (Althorn von C. W. Moritz München DM Nr. 17 186), anstelle des Flügels den Stift mit Kork zu polstern (vgl. Zeichnung 10 e, S. 33). »Prager Drehbüchsen« mit geschlossenen Wechseldurchgängen baute um 1870–1875 noch E. Paulus in Berlin. Die zylindrischen Wechsel und geschlossenen Wechseldurchgänge rühren von Riedls Modell her und wurden teilweise schon von den Prager Meistern aufgegeben und durch konische Wechsel mit offenen Durchgängen ersetzt. Heisers Trommeldruckwerk folgte mehr dem Wiener als dem Prager Typ, bei dem der senkrechte Hebel gerade, ungeknickt verläuft. Auch Andreas Barths Drehventil (Zeichnung 12) schließt an das Prager Drehventil an. Die Wechsel sind jedoch nach Uhlmannscher Art konisch und haben bereits offene Durchgänge.

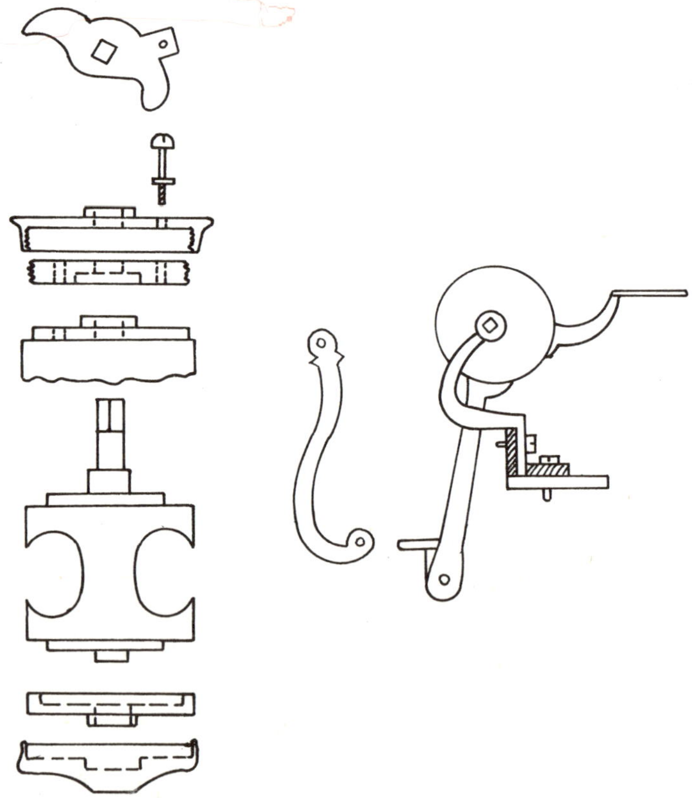

12. Prager Drehventilmodell mit Trommeldruckwerk in der Ausführung von Andreas Barth, München um 1848 (Foto 31, Halle Nr. MS-289). Die Zwischenscheibe unterhalb des oberen Deckels dient zur Verlängerung des Lagers, es ist eine Übergangsform auf dem Weg zum langen Ventilhals. Charakteristisch die fehlenden »Bärte« am Flügel und der hohe Stiftsockel. Druckwerk mehr Prager als Wiener Art.

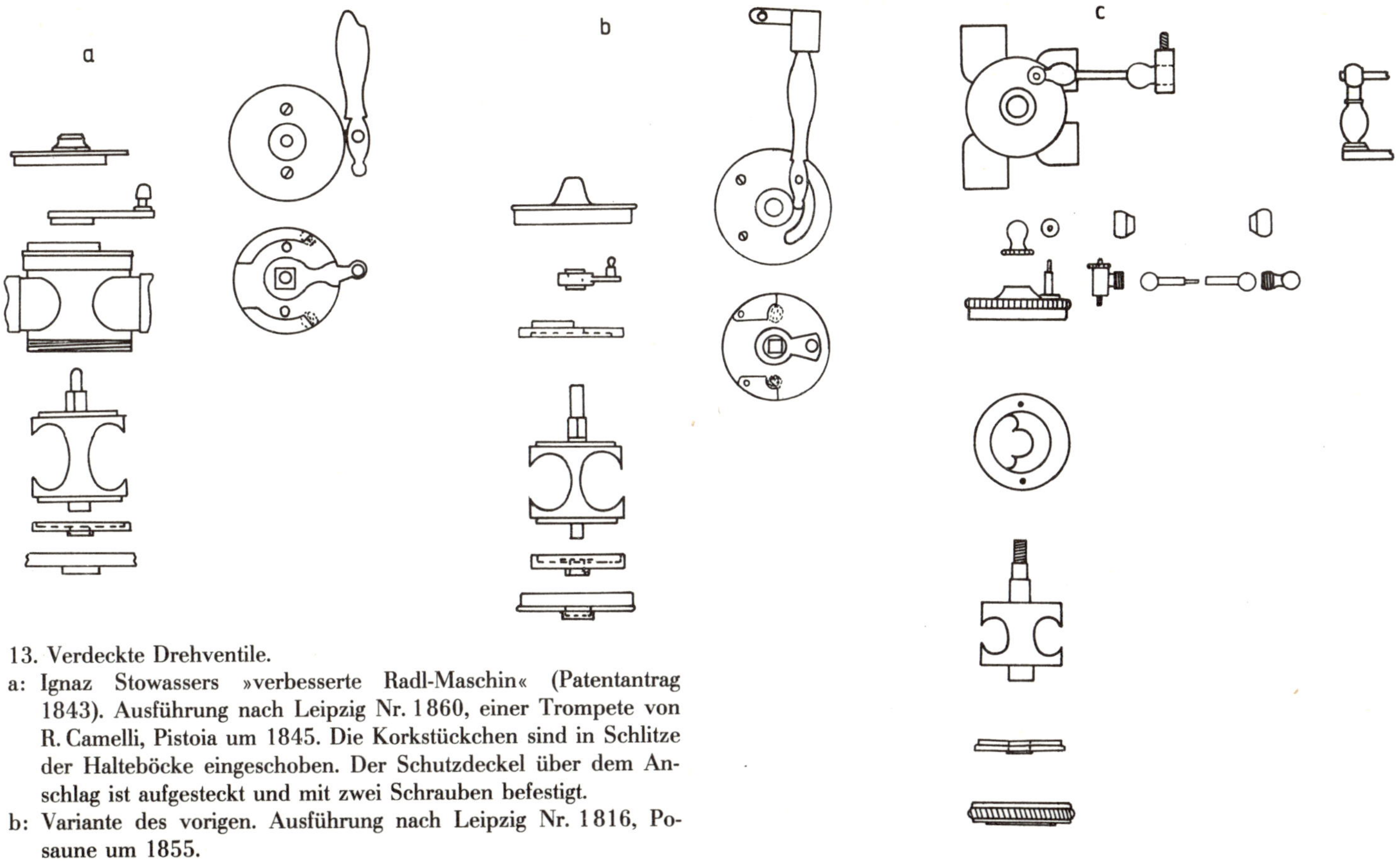

13. Verdeckte Drehventile.
a: Ignaz Stowassers »verbesserte Radl-Maschin« (Patentantrag 1843). Ausführung nach Leipzig Nr. 1860, einer Trompete von R. Camelli, Pistoia um 1845. Die Korkstückchen sind in Schlitze der Halteböcke eingeschoben. Der Schutzdeckel über dem Anschlag ist aufgesteckt und mit zwei Schrauben befestigt.
b: Variante des vorigen. Ausführung nach Leipzig Nr. 1816, Posaune um 1855.
c: Verbesserte Ausführung von b nach Charles Kretzschmann, Strasbourg 1850. Prinzipiell neu ist die Kugelgelenk-Schubstange.

»3^{tens} Sind die Drehventile der Maschine so eingerichtet, daß sie sich in dem geschwindesten Tempo vor- und rückwärts bewegen lassen, welches hauptsächlich durch die Vereinfachung der Zusammensetzung der sogenannten Zugstangen und Drücker bewerkstelligt wird, deren Wesenheit darin besteht, daß die Zugstange und der Drücker jeder nur aus einem Stücke bestehen und der Dreh- und Schiebepunkt der Bewegung senkrecht auf einander wirken, wodurch das bisherige 3. Glied vermieden wird, ferner werden die Ventil Kasten nicht wie bisher eingeschnitten, sondern die Bewegung der Kurbel von außen bewirkt, wodurch die so leichte Verunreinigung und daher Unbrauchbarkeit des Instrumentes vermieden wird.

Neu ist die Zusammensetzung der Drücker und Zugstangen, und die Schliessung des Ventil Kastens.«

Es ist nicht mehr das Trommel-, sondern ein zweihebeliges Druckwerk ohne Kreuzgelenk, das hier beschrieben wird. Die unklare Charakterisierung der Ventilverbesserung meint

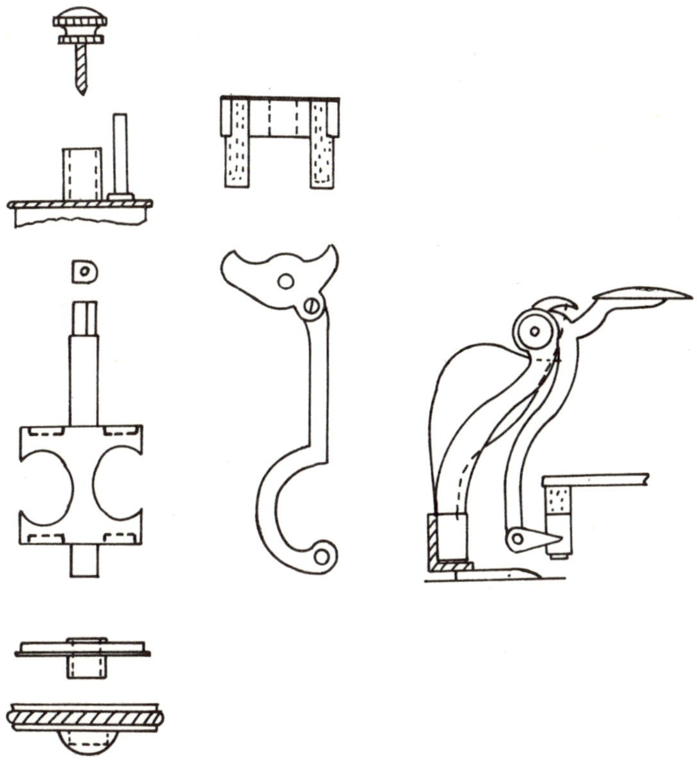

14. Drehventil nach Leopold Uhlmann in Wien im Anschluß an das österreichische Patent von 1843. Druckwerk mit Blattfeder und Nadelfeder für Gegendruck nach der Erfindung von Ernst Ferdinand Geipel 1868. Gezeichnet nach dem Mustermodell von Geipel im Musikinstrumentenmuseum Markneukirchen (Nr. 579). Punktierter Teil des Kreuzgelenks aus Eisen.

nichts anderes als den sog. Wiener Anschlag, der die Bauweise (vgl. Zeichnung 13a), die in Wien durch I. Stowasser propagiert sein mochte, ablösen sollte. Die erwähnte Verunreinigung bei dem Ventilmodell, auf das sich Uhlmann bezieht, entstand durch den Schlitz, in dem die Kurbel läuft.

Uhlmann verbesserte den in Bayern, Sachsen und wohl Prag schon bekannten Flügel, indem er ihm lange Korkhalter, sog. Bärte, gab. So entstand der typische *Wiener Flügel*. In diesem Zusammenhang verlängerte er den Ventilhals, wodurch die Lager nicht so schnell ausschlagen und die Lebensdauer des Ventils erhöht wurde. Der Sprengdeckel hat, wie auch schon bei Riedls Ventil, einen Falz und wird daher auch Falzdeckel genannt. Uhlmanns Drehventil breitete sich unter der Bezeichnung *Wiener Drehventil* dank seiner leichten Gangart und Dauerhaftigkeit rasch aus. Bereits in den 1840er Jahren faßte es in Süddeutschland und Sachsen Fuß (Zeichnung 15), etwas später auch in Preußen.

Es ist jenes Wiener Ventil, das 1851 der Dresdner Hofmusiker Rühlmann so lobte (1851, S. 249). 1860 schrieb der Potsdamer Musikmeister Th. Rode (1860c, S. 243) in gleichem Sinne wie Rühlmann: »Hörner und Trompeten mit solchen Ventilen sind von ungemein leichter Spielart.« In den 1860er–1870er Jahren gingen die preußischen Firmen dazu über, ihre traditionellen Prager Drehventile dem Uhlmannschen Modell im inneren Aufbau anzugleichen, z.B. die Firma C. W. Moritz 1875. Deren Preisliste von 1880 bietet daher noch Instrumente mit »Drehventilen alten Systems« und die gleichen Instrumente mit »Drehventilen neuester Verbesserung« an. Teilweise wurde Uhlmanns Modell vollständig übernommen. Es wurde in Deutschland bis in die 1920er Jahre oft gebaut, danach seltener. Als Druckwerk für Uhlmanns Ventil wurde meist das alte Wiener Trommeldruckwerk, postiert auf der sog. *Wiener Bank*, oder das Spiralfederdruckwerk verwendet. Die Wiener Bank ist ein an den Rohren angelöteter Bügel, auf dem die Druckwerkschiene angeschraubt ist. Demgegenüber sind die Kölner Druckwerke normalerweise auf Ständern befestigt.

Die Bezeichnung *Leipziger Spiralfederdruckwerk* wird bei Ventilherstellern noch jetzt zur Abgrenzung vom *Kölner Spiralfederdruckwerk* gebraucht. Das Leipziger, als Variante des Wiener, geht vermutlich auf Johann Gottlob Schmidt (1777–1849) zurück. Im Gegensatz zum Leipziger Spiralfederdruckwerk mit dem über der Achse laufenden gebogenen Hebel hat das Kölner einen im Prinzip T-förmigen Hebel (vgl. S. 39 Zeichnung 17). Es schließt unmittelbar an Uhlmanns Spiralfederdruckwerk an, auch dessen Schieberform diente als Vorbild. Zeichnung 14 auf S. 35 stellt Uhlmanns Patentventil mit einem Druckwerk kombiniert dar, für das der Markneukirchener Blechblasinstrumentenmacher Ernst Ferdinand Geipel am 19. März 1868 das sächsische Patent Nr. 2372 auf fünf Jahre erhielt, das aber insgesamt wenig gebaut wurde. Dieses Druckwerk arbeitet nach dem Prinzip von Druck und Gegendruck. Die Hauptfeder ist eine Blattfeder, während für den leichten Gegendruck eine dünne Nadelfeder sorgt. Die Gangart ist, nach dem Modell zu urteilen, leicht und geschmeidig, trotzdem hatte das Druckwerk keinen durchschlagenden Erfolg.

Um den Windgang von Ventil zu Ventil zu egalisieren, wur-

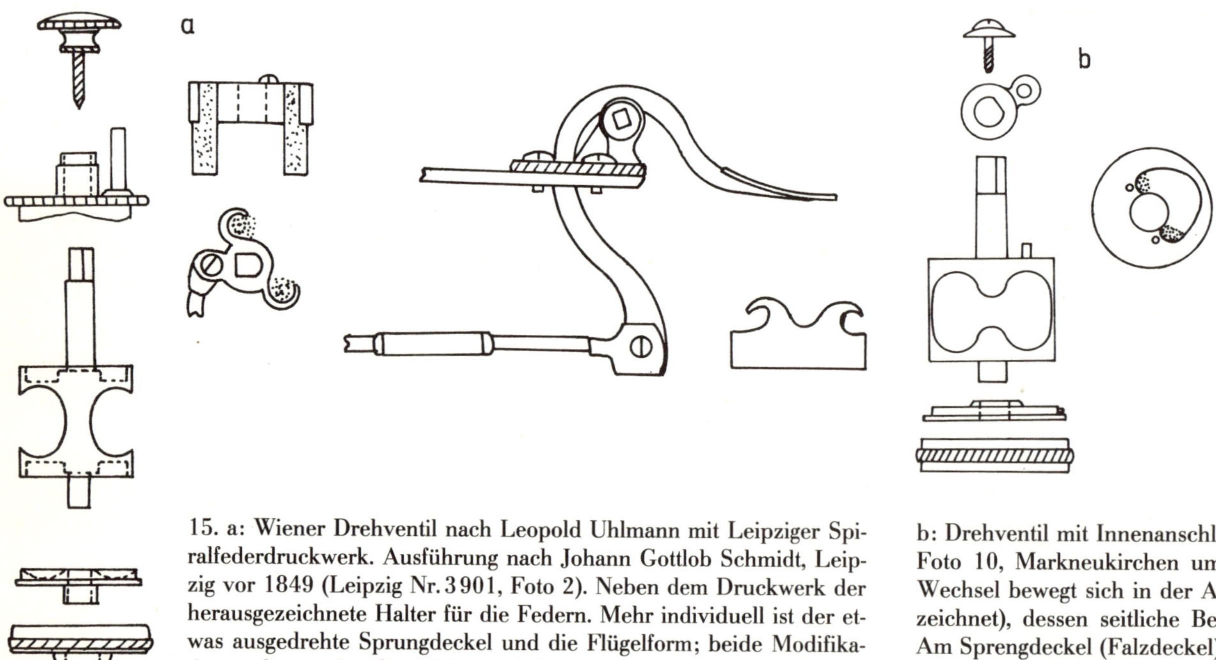

15. a: Wiener Drehventil nach Leopold Uhlmann mit Leipziger Spiralfederdruckwerk. Ausführung nach Johann Gottlob Schmidt, Leipzig vor 1849 (Leipzig Nr. 3901, Foto 2). Neben dem Druckwerk der herausgezeichnete Halter für die Federn. Mehr individuell ist der etwas ausgedrehte Sprungdeckel und die Flügelform; beide Modifikationen dienen der Gewichtsverminderung.

b: Drehventil mit Innenanschlag nach der Trompete mit Tonwechsel Foto 10, Markneukirchen um 1850. Der Zapfen oben seitlich am Wechsel bewegt sich in der Aussparung des Oberdeckels (herausgezeichnet), dessen seitliche Begrenzungen mit Kork gepolstert sind. Am Sprengdeckel (Falzdeckel) befindet sich rechts eine Nase zu dessen genauer Arretierung in der Büchse.

den die Wiener Drehventile manchmal als *Kreuzventile* oder, was nur ein anderer Name ist, als *Dreiecksmaschinen* angelegt (vgl. Abb. 28, Abb. 52, Foto 102). Sie wurden bereits nach 1850 von Leopold Uhlmann in Wien und um 1875 von Wilhelm Riedl in Graslitz bei Waldhörnern verwendet, von 1900 an auch für Cornets à cylindres (s. S. 207). Als Graslitzer Spezialität erfreuten sich die Hörner mit Kreuzventilen bis zum zweiten Weltkrieg einer gewissen Beliebtheit.

Ein bei den kleinen Drehventilen wenigstens bis in die 1870er Jahre fortwirkendes Element der Drehbüchsen von Blühmel war der Innenanschlag (Zeichnung 15b). So günstig der Innenanschlag an sich sein mag, da er vor äußeren Einwirkungen völlig geschützt ist, so problematisch ist bei ihm die Polsterung. Blühmel hatte darauf ganz verzichtet, was aber allzu laute Geräusche nach sich zog. Beim skizzierten Ventil sind die Korkpolster in kleinen Aussparungen festgeklemmt und werden außerdem durch Stiftschrauben festgehalten. Es ist eine Einrichtung, die nicht den Eindruck einer allzu dauerhaften Lösung hinterläßt. Sobald sich schließlich ein Korkstückchen löst, hindert es den Gang des Ventils, so daß es verständlich ist, daß sich dieser Anschlag nicht voll durchsetzen konnte. Auch andere Lösungen der Korkbefestigung — vgl. Foto 155, Abb. 20 unten links, S. 33 Zeichnung 10f—h — oder die Anordnung des Anschlags oben oder unten in der Büchse verhalfen nicht zu ständiger Bewährung des Innenanschlags. Relativ häufig baute man ihn in Prag, Wien und München, aber auch in Karlsruhe, Mainz, Erfurt, Gotha und im alles produzierenden Markneukirchen wurde er hergestellt. Als Eduard Johann Bauer im Juni 1844 seinen Antrag auf Patentierung der Pumpenventile mit Druckwerk einreichte, führte er die in Zeichnung 10h wiedergegebene Ausführung des Drehventils mit Innenanschlag nur deswegen an, um die aufwendige und teure Herstellung des Drehventils zu veranschaulichen. Da Bauer keinen Erfindungsanspruch geltend machte, scheint diese Art des Drehventils in Prag geradezu die übliche gewesen zu sein. Franz Bock und Ferdinand Hell zeigten in ihren gleichfalls 1844 eingereichten Patentanträgen betreffs Euphonium ebenfalls solche Ventile, so daß man schließen kann, daß sie auch in Wien gang und gäbe waren. In den 1860er Jahren war die große Zeit des Innenanschlags schon überschritten, aber hie und da tritt er gelegentlich auch in unserem Jahrhundert noch auf, z. B. bei einfachen Umstellventilen ohne Druckwerk.

Ein im Vergleich zu dem von Uhlmann gleichermaßen zukunftsträchtiges, aber andersgeartetes Drehventilmodell schuf bis 1842 Ignaz Stowasser in Wien. Es hat einen verdeckten Anschlag mit zwei Abbremsböcken für den Dreharm. Am 10. Januar 1843 reichte Stowasser bei der österreichischen Landesregierung einen Privilegiumsantrag mit einer »Beschreibung der Verbesserung der Radl-Maschin-Blasinstrumente« ein. Wortlaut nach dem Manuskript der Technischen Universität Wien:

»Privilegiums Erlangung

1^{tens} Bei diesen bis jetzt mit der Radl-Maschin bestandenen Metal-Blas-Instrumenten, hat man den Druck des Ventills oben auf den Deckel angebracht, welches das Ventill in die Höhe hebt, und während dem Blasen stecken bleibt, durch welches der Bläser oft Mißtöne hervorbringt.

Bei meinen neu verbesserten aber ist der Druck des Ventills an der Seite, welches das Ventill nicht in die Höhe heben kann, sondern selbes muß immer herumgehen, mithin wird nicht stecken bleiben können, weil der Druck die Rundung nimmt.

2^{tens} Sind dieselben Blasinstrumenten oben bei dem Ventille offen, daher hat es zu folge daß der Staub und die Nässe sich hineinlegt, und die Maschine im Gebrauche hemmt.

Bei meinen ist das Ventill oben ganz zu, mithin nicht soleicht zu befürchten, daß das was bei den alten Instrumenten der Fall ist, geschehen kann.

3^{tens} Ist bei den obengesagten Blas-Instrumenten, die Zugstangeln des Spielwerks jedes aus drey Theile zusammengesetzt, bei welchem Gebrauche nicht nur Mißtöne hervorbringen, sondern einer immerwährenden Reparatur unterliegen; daher ist bei meinen Neuerfundenen der Vortheil, daß jedes Zugstangel aus einem einzigen Theil besteht, keinen Mißton macht, und das Spielwerk ohne Hemmung oder Verhinderung des Ganges geht, daher weit dauerhafter und fester als alle die bis jetzt bestehenden Metal-Blas-Instrumenten sind.

Ignaz Stowasser.
Blas Instrumentenmacher.«

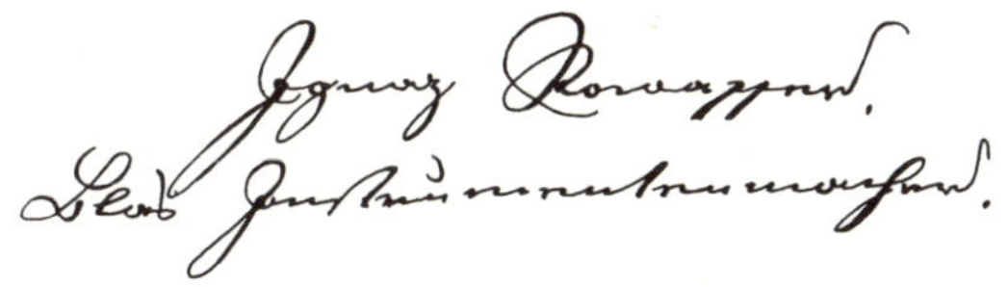

Stowasser beschreibt das Ventil in Zeichnung 13a (S. 35). In gleicher Art wurde es auch von Wenzel Stowasser in Graslitz gebaut (Trompete in der Instrumentenbauschule Kraslice). Das Verdeck, das das Eindringen von Staub in das Ventil verhindern sollte, überschätzte Stowasser. Es wurde später teils ganz geschlossen, teils ganz weggelassen. Beim Pointventil (s. S. 39) lebt es zur Halterung der Lagerschrauben weiter. Auch das Heben des Wechsels war durch den seitlichen, relativ langen Dreharm nicht ganz vermieden. Behaupten konnte sich aber der Anschlag des Dreharms an zwei korkgepolsterten Böcken. Stowasser verstand unter dem dreiteiligen Schieber, den er wienerisch *Zugstangel* nannte, den Riedlschen Schieber mit Kreuzgelenk (s. S. 32 Zeichnung 9). Bei seinem einteiligen Schieber verzichtete er auf das Kreuzgelenk und gab ihm das aus Zeichnung 13a und b (S. 35) zu erkennende Profil. Stowassers Patentantrag wurde am 3. Februar 1843 für die Dauer von drei Jahren genehmigt. Obwohl sein Ventil stark in die Zukunft wirkte, wurde es selbst meistens von den daran anschließenden Formen, die nicht lange auf sich warten ließen, verdrängt. Am längsten wurde es in Italien gebaut, unter der Bezeichnung *Cilindro impernato* von Rampone & Cazzani in Mailand wenigstens bis um 1950. Nach Rode (1860c, S. 242) wurde das Drehventil in Wien, Prag und Pest verbessert. Von den drei Städten bleibt Pest quellenmäßig ein offenes Problem. Hier wirkten im fraglichen Zeitraum János Haueis, János Stark und die Brüder Korn. Auf Riedls Werkstatt weisen die Windungsart des Horns Abb. 9 und der Fakt, daß Nemetz bereits in seiner *Trompetenschule* von 1828 ein Instrument von Riedl abbildete (Abb. 2). Entgegen Stowassers Meinung über das Heben des Wechsels ist bei der Variante Zeichnung 13b (S. 35) der Dreharm sogar kürzer, und seine Kurbel ragt durch einen sichelförmigen Schlitz des Verdecks. Diese Ventilart wurde auch von A. Beyde in Wien und J. Finck in Strasbourg gebaut (Foto 120), kam aber nach 1855 außer Gebrauch. 1850 bezeichnete Ch. Kretzschmann, die Verhältnisse in Strasbourg im Auge, die Ventilvariante Zeichnung 13b als das übliche Drehventil. Im April jenes Jahres reichte er die in Zeichnung 13c dargestellte Verbesserung beim französischen Ministère de l'Agriculture et du Commerce als Patent ein und erhielt es am 1. Mai 1850 unter Nr. 9850 als Brevet sans garantie du Gouvernement auf fünf Jahre erteilt »für die am Mechanismus der Drehventile angebrachten Verbesserungen und Änderungen, welche bei allen Blechblasinstrumenten wie Kornetten, Clairons, Trompeten, Posaunen, Hörnern usw. angewendet werden können«. Kretzschmann kam es besonders auf die Verringerung der Reibung an. Er bildete den gesamten Oberdeckel als Dreharm aus. Der Anschlag erfolgte unterschiedlich, bei einer Version unten am Sprengdekkel, bei der anderen oben; dem Schieber gab er Kugelgelenke (Zeichnung 13c). Den verdeckten Anschlag griff vorübergehend auch C. A. Müller in Mainz auf (S. 33 Zeichnung 10b), verwendete aber einen zweiarmigen Drehhebel.

Eine unmittelbar von Kretzschmanns Ventil ausgehende Entwicklungslinie ist mit dem Elsaß und Köln als Zentren verbunden und hat als hauptsächliche Neuerung die Lagerung des Wechsels auf Schrauben, ein Verfahren, das im Uhrmachergewerbe schon seit langem bekannt war. Durch die Schraubenlager ist das Heben und Senken des Wechsels, das Stowasser durch den seitlichen Anschlag beheben wollte, tatsächlich ausgeschlossen. Da die Schrauben spitze Enden haben (Kirnerschrauben), der Wechsel gewissermaßen an zwei Punkten gelagert ist, sprach man vom *Pointventil*, eine Bezeichnung, die auch für das Altkölner Ventil gebraucht wurde. Das älteste Dokument des Pointventils ist ein zweiventiliges Waldhorn von Charles Kretzschmann, Strasbourg, um 1858–1860 (Foto 33). Die hier vorliegende Ventilvariante wurde wahrscheinlich 1858 von diesem Meister erfunden.

Auf der Wiener Weltausstellung von 1873 stellte Wilhelm Riedl (Graslitz) ein von ihm *Intonationsschlüssel* genanntes Ventil aus, bei dem nur die untere Wechselachse wie beim Pointventil gelagert war, während die obere, konische in einem auswechselbaren Lagerfutter lief. Ganz anders ist der Anschlag: Die Korken sind an den Trommeln des Druckwerks angebracht und schlagen an eine Achse an, die quer durch den Ständer geht. Der Schieber »bewegt sich in zwei conischen Stahlspitzen, welche im Flügel stabil eingeschraubt sind und nach Bedarf mehr oder weniger ausgezogen werden können« (Schelle 1873, S. 70). Ein weiterer Anschlag war am Schieber eingerichtet.

Das eigentliche Pointventil wurde im Rheingebiet weiter verbessert. 1877 modifizierte der wie Kretzschmann in Straßburg tätige Julius Max Bürger die Lagerung dadurch, daß er nach Art der Uhrmacher in die Zapfenenden des Wechsels geschliffene Steine einlegte (DRP 1066 vom 8. August 1877). Ein Werbeprospekt Bürgers (Abb. 17) zeigt die prinzipielle Übereinstimmung mit dem Kölner Modell. Die Darstellung im Prospekt ist insofern etwas vereinfacht, als daß Kurbel und Wechsel aus einem Stück bestehend gezeichnet sind. Nach der Patentschrift ist das nicht der Fall. Bürgers Patentschutz für die »Anwendung geschliffener Steine in den bei Blasinstrumenten vorkommenden sogenannten Cylindermaschinen« erstreckte sich bis 1891. Wann Friedrich Adolf Schmidt (1827–1893), der sich 1848 in Köln etablierte, das Pointventil zu bauen begann, ist fraglich. Nach der Firmenüberlieferung soll er es sogar selbst erfunden haben (Altenburg 1975, S. 98), was sich aber wohl nur auf die werkstattindividuelle Ausprägung von Ventil und Druckwerk (»Original-Kölner Druckwerk«) bezieht. Fakt ist, daß Schmidt Ventile und Druckwerke in bester Qualität und eigenwilliger Weise baute, daß die Kölner Maschine geschätzt war wegen ihrer Zuverlässigkeit und auch von anderen Firmen gebaut wurde. Als die Kölner Firma um 1890 zu einer anderen Art des Drehventils überging, bezeichnete man das Pointventil auch als *Altkölner Ventil*. Es hat ein Trommeldruckwerk mit runden Säulchen und ist auf einem Ständer befestigt (»Original-Kölner Druckwerk«). Der Schieber hat kein Kreuzgelenk. Das Altkölner Trommeldruckwerk war bis um 1925–1930 in Gebrauch. Beim Neukölner Modell trat an die Stelle des Pointventils, das in der Herstellung insgesamt aufwendig und teuer war, das einfachere, ehemals Prager (»deutsche«) Modell mit Stiftanschlag und Flügel ohne Bärte, aber der Zeittendenz folgend mit konischem Wechsel, offenen Wechseldurchgängen und Sprengdeckel ohne hochstehenden Rand.

Hierin kommt der Einfluß der Drehventile mit Wiener Stiftanschlag und Hufeisenanschlag zum Tragen. Das Kölner Spiralfederdruckwerk mit Kreuzgelenk setzte sich seit etwa 1930 durch. Es ist am alten Wiener Spiralfederdruckwerk (Patent Uhlmann 1843) orientiert und einfacher als das Trommeldruckwerk herzustellen. Da verschiedene Maschinenteile für Qualitätsmaschinen geschmiedet wurden, sprach man von »Drahtmaschinen«. Über Preise im Jahre 1912 s. S. 26.

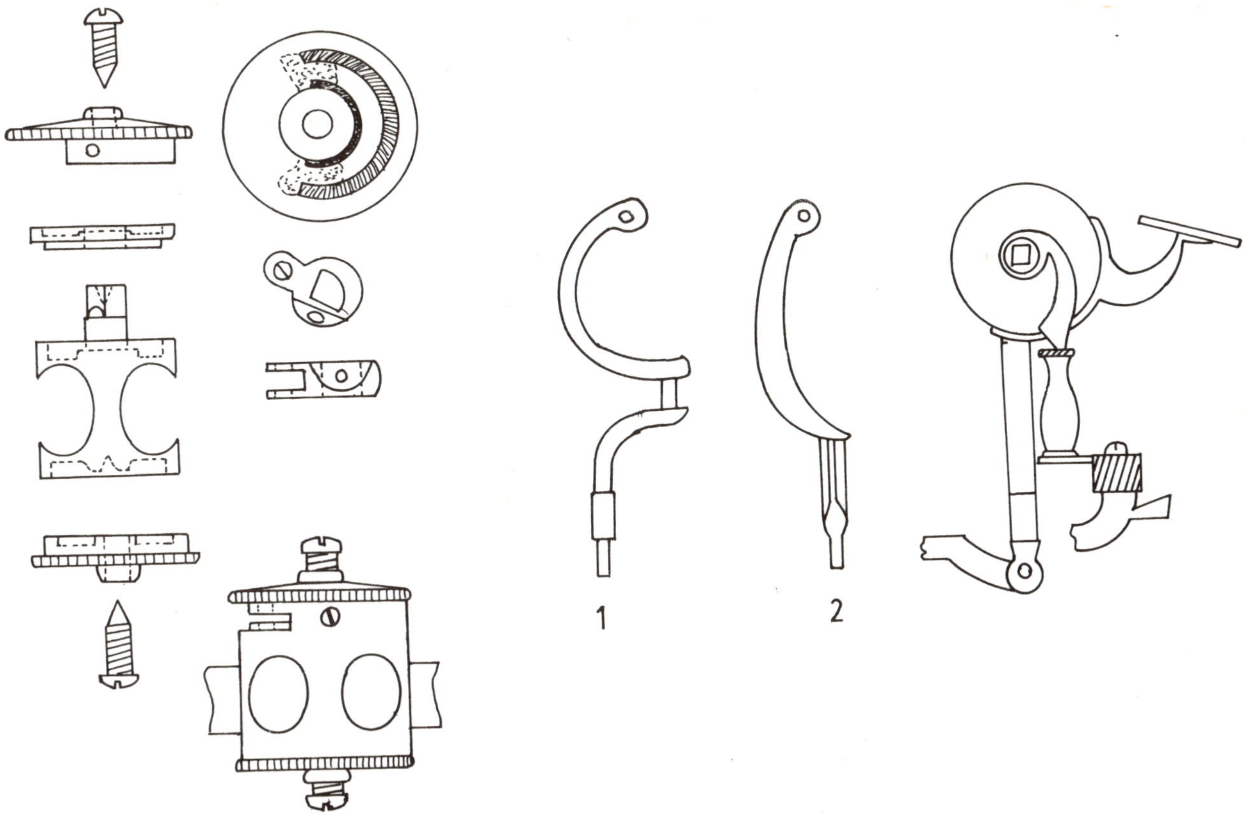

16. Pointventil (Altkölner Modell) nach Friedrich Adolf Schmidt, Köln. Üblich um 1860–1890. Der linke Schieber (1) ist der ältere, der rechte (2) war um 1890–1925 in Gebrauch. Kein Kreuzgelenk. Druckwerk bis um 1925–1930 gebräuchlich. Fingerplättchen spitz (älter) oder oval (jünger). Ventildach bei älteren Formen flach, bei jüngeren wie in der Zeichnung gewölbt.

17. Neukölner Modell. Ventil seit etwa 1890 gebräuchlich, dabei bis um 1920 meist mit dem jüngeren Schieber verwendet (Schieber 2 in Zeichnung 16). Kein Kreuzgelenk. Seit etwa 1930 ist das linke Druckwerk mit Kreuzgelenk üblich. Das rechte Druckwerk ist eine Markneukirchener Variante von 1955/56. Beim Ventil sind Knopf- oder Dachschrauben in Anwendung. Prager Stiftanschlag. Flügel ohne Bärte, Stift mit dem charakteristischen Ballustersockel.

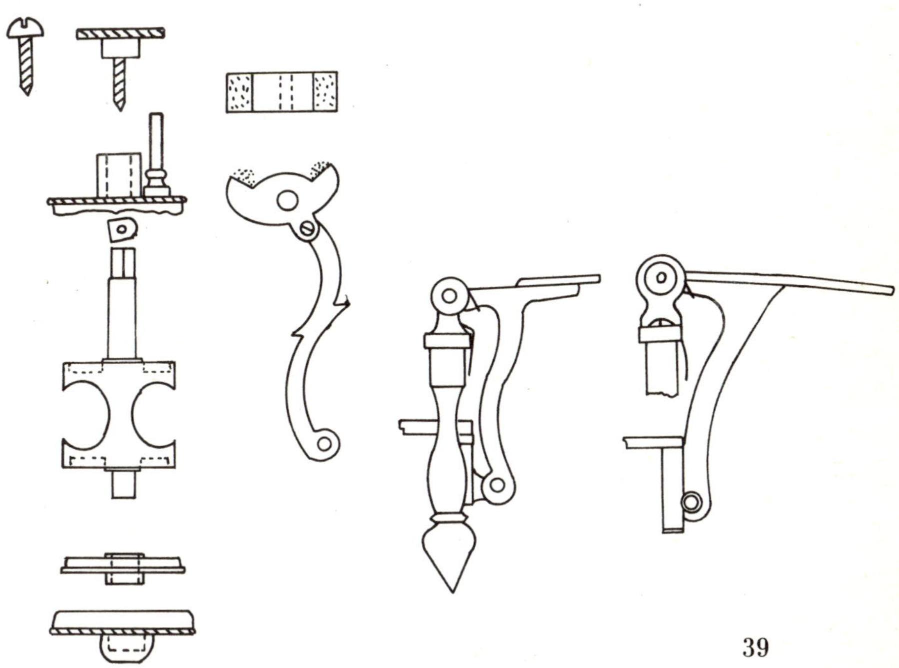

Im Anschluß an das Drehventil von Riedl und Stowasser entstand in den Jahren um 1845 in Sachsen, vielleicht auch in Pest, das Drehventil mit Hufeisenanschlag. Wenn man von Stowassers Modell ausgeht, fällt hier das Verdeck weg, und die beiden Abbremsböcke werden zu einem Bauteil zusammengezogen. Im Prinzip handelt es sich um eine Verbesserung durch Vereinfachung. Andererseits findet man bei Frühbelegen in den geschlossenen Wechseldurchgängen ein Erbteil von Riedls Ventil. Der Hufeisenanschlag, die heute dominierende Anschlagform der Drehventile, läßt sich zuerst an einem Waldhorn von J. G. Kersten, Dresden um 1845, nachweisen (Foto 28).

Zeichnung 10b (S. 33) zeigt eine Vorstufe, gebaut von C. A. Müller in Mainz. Sie bildet das Bindeglied zu Stowassers Ventil. Den Übergang zur jüngeren Bauart mit langem Hals, vertikalem Drehstift auf der Schieberseite und offenen Wechseldurchgängen scheint nach 1850–1855 in wesentlichen Schritten J. A. Heckel in Dresden vollzogen zu haben (Zeich-

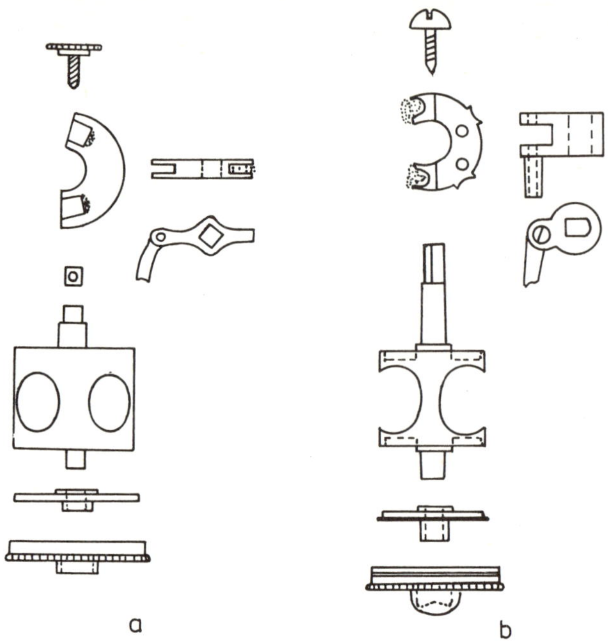

18. Drehventile mit Hufeisenanschlag.
a: Nach Ventilhorn von J. G. Kersten, Dresden um 1845 (Edinburgh Nr. 423.231.13; Foto 28a b). Ursprüngliche Form mit kurzem Ventilhals. Hufeisen angelötet, mit röhrchenförmigen Korkhaltern. Konischer Wechsel mit Durchmessersteigung um 1 sächsischen Punkt = 0,2 mm.
b: Jüngere Form mit langem Ventilhals und vertikalem Anschlagstift auf der Dreharmseite. Ausführung nach einem Waldhorn von Ignaz Hüttl, Leipzig um 1890–1900 (Leipzig Nr. 4598).

nung 18). Diese neue Form, geprägt durch die Auseinandersetzung mit Uhlmanns Drehventil (langer Ventilhals, Anschlagstift, offene Durchgänge), faßte nach 1855 auch außerhalb Sachsens festen Fuß. Beim Posthorn von J. Hoyer, Nürnberg 1861 (Nürnberg MI 344), liegt bereits die jetzige Ausführung der Ventile vor, kombiniert außerdem mit Hekkels Trommeldruckwerk (Zeichnung 45). Das *Schwedische Modell*, eine kleine, sich nach etwa 1870 herausbildende Variante mit flachen Wechselböden, nicht gewölbtem Bodendekkel und oft mit Zierzacken am Hufeisen, wurde vor dem zweiten Weltkrieg meist nur für den Export nach Schweden gebaut. In diesem Ventilmodell leben Gestaltungsmerkmale des ersten Modells des Hufeisenanschlags weiter.

Das Ventilmodell von Isaac Fisce, Worcester (USA) um 1850 (Eliason 1979, S. 37ff.), ist dem von J. G. Kersten eng verwandt und basiert vermutlich auf diesem. Der Hals ist kurz, die Wechselböden sind flach, die Durchgänge geschlossen. Als Folge des vogtländischen Instrumentenexports nach den USA findet man, daß zahlreiche dortige Modelle auf deutschen Vorbildern beruhen. Nachdem der Export nach Amerika in den 1840er Jahren gut angelaufen war, wurden um 1860 die USA sogar der wichtigste Außenhandelspartner der vogtländischen Industrie. An I. Fisces Ventil tritt eine wesentliche Modelleigenschaft von F. Blühmels »conischen Drehbüchsen« wieder auf: die unten geschlossene Büchse und der von oben eingesetzte Wechsel. Infolge der eigenen Schwere schleift sich der Wechsel von oben in die Büchse ein, so daß das Ventil lange Zeit luftdicht schließt. Bei Uhlmanns, Kerstens oder dem Prager Drehventil dagegen kann der Gang des konischen Wechsels durch den Schraubdeckel von unten her mehr oder weniger straff oder locker laufend reguliert werden. 1861 griff die Firma V. F. Červený in Königgrätz, die sich seit 1843 um die Verbesserung des Ventils bemühte, die amerikanische Bauweise auf und verband sie mit einer Variante des Wiener Rädchenanschlags. 1873 schließlich ordnete sie diese »Topfventile« horizontal an und vereinfachte das Druckwerk.

Das Druckwerk, bei dem die Finger direkt auf dem Schieber ruhen, erfand dabei des Firmengründers ältester Sohn Jaroslav, ebenso die besondere Art des Federspanners, der in der patentierten Erfindung mit inbegriffen ist. Červený nannte diese neuen horizontalen Ventile *Walzenventile*. Ähnlich wie bei Blühmels Ventil baute Červený die Wechsel mit starkem konischem Gefälle. Für Červenýs Trompeten beträgt es etwa 0,7 mm, bei den anderen, üblichen kleinen Drehventilen dagegen etwa nur 0,2 mm.

Jede Werkstatt hat ihre gestalterischen Besonderheiten, beispielsweise sind die Graslitzer Drehventile wie die Wiener oft zierlich gebaut und besitzen eine Spitze im Deckelboden, auf der die Achse ruht und mit der der Wechsel nachgestellt werden kann. Vogtländische Ventile dagegen haben keine Spitze im Deckel und oft keinen seitlichen Falz am Sprengdeckel. Die Numerierung erfolgte in Österreich und Böhmen – und

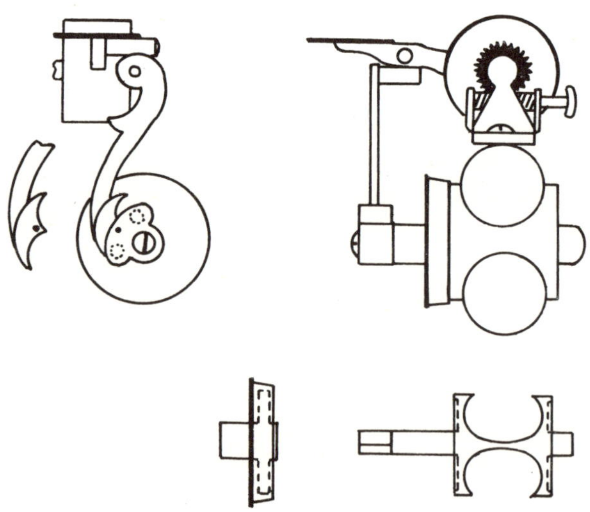

19. Ventilmodell von V. F. Červený, Königgrätz 1873. Der Wechsel wird von oben in die Büchse eingesetzt. Links: Prinzip des Anschlags.

erfolgt traditionsgemäß noch heute in Österreich und der ČSSR – maschinenweise, wobei das 1. Ventil einen Punkt, das 2. Ventil zwei Punkte und das 3. Ventil kein Zusatzzeichen erhält (z. B. 5. 5: 5). In den deutschen Staaten dagegen wurden und werden die einzelnen Ventile durchnumeriert (z. B. 4 5 6).

Eine nur geringe Bedeutung hatten in Deutschland die Drehventile aus England und den USA. Während das Drehventil von Paine mit drei Durchgängen, das 1848 in den USA patentiert und vermutlich von Blühmels Drehventil beeinflußt wurde, in Deutschland fast unbekannt blieb, wurden die Drehventile von Allen und Fisce (beide USA um 1850) in Markneukirchen viel für den Export nach den USA gebaut, daneben auch andere Modelle (vgl. Abb. 15). Die Schnurmechanik (USA 1848, s. S. 60) gewann um 1890–1900 vorübergehend für den deutschen Markt einige Bedeutung, als der Absatz nach den USA zurückgegangen war. Gelegentlich wird sie noch jetzt, teilweise sogar verstärkt wieder hergestellt. Die langen, schmalen Drehventile, deren Wechsel halb so dick, aber doppelt so lang und deren Durchgänge und Rohrstutzen oval sind, sind nach Robert E. Eliason (1970, S. 93) zuerst um 1850 von J. Lathrop Allen in Boston gebaut worden, was aber eine noch nicht quellenmäßig bestätigte Aussage ist. In Deutschland wurden diese Ventile in Markneukirchen etwa in den Jahren von 1860 bis 1890 ausschließlich für den Export hergestellt und als »gequetschte Maschinen« bezeichnet. Nach Curt Sachs (1913, S. 156) wurden sie von Julius Kosleck und Johann Friedrich Wilhelm Wernicke in Berlin erfunden. Weder durch Patentakten noch durch Druckschriften konnte jedoch diese Aussage bestätigt werden. Außerdem ist wegen der Entstehungszeit (Wernicke etablierte sich 1865, und Kosleck war 1850 erst 25 Jahre alt) diese Angabe anzuzweifeln.

Jüngere deutsche Drehventilmodelle

Otto Meyer entwickelte 1916 ein Drehventil mit einer Doppelanschlageinrichtung am Sprengdeckel (DRP 297220 vom 19. August 1916).

Die Feder brachte er als dünne Spiralfeder um einen Stift in der Ventilachse unter. Das kleine Druckwerk ist staubdicht in einer Kapsel verschlossen, die an die Ventile oben angeschraubt ist. Der übliche zweiarmige, aber kleine Drückerhebel treibt das Ventil über eine Schnurrolle zweiseitig an. Der Vorteil von Meyers Ventil, das zwischen etwa 1918 und 1938 Robert Schopper in Leipzig auch als Umschaltventil (Daumenventil) für seine Posaunen verwendete, soll nach der Erfindungsbeschreibung im geringeren Verschleiß, der geräuscharmen Gangart und geringen Störanfälligkeit bestehen. Die Herstellung des Druckwerks ist freilich sehr aufwendig.

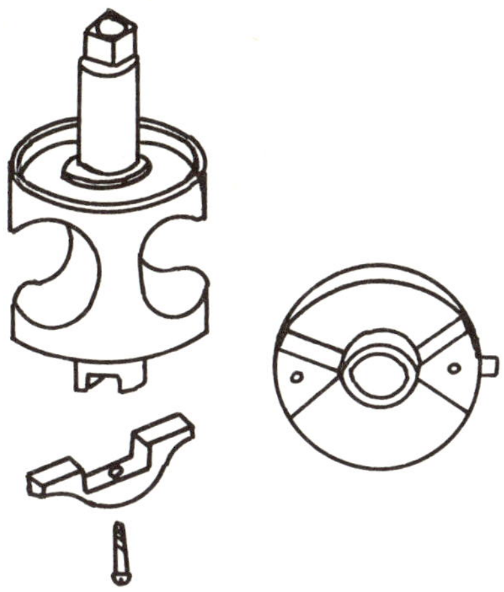

20. Drehventil nach Otto Meyer, Oldenburg 1916. Der Anschlag erfolgt unten am Sprengdeckel. Damit dieser nicht verrutscht, besitzt er eine Arretiernase. Die Feder befindet sich – spiralförmig um einen dünnen Stift gewickelt – oben im Wechselzapfen.

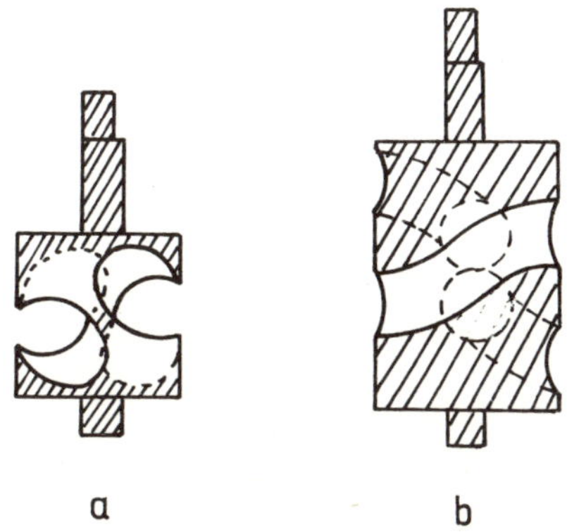

21. a: Wechsel nach Michael Sazinger, Cadolzburg bei Nürnberg 1928. Die Durchgänge kreuzen sich längs und quer zur Achse. Dadurch ist das Ventil klein, und die Durchgänge nähern sich stärker als üblich dem kreisförmigen Querschnitt.
b: Wechsel nach Karl Brunnenberger, Königsberg 1939. Die vier Rohrstutzen für die drei Wechseldurchgänge liegen unterschiedlich hoch. Der Querschnitt der Durchgänge ist kreisförmig.

Michael Sazinger schlug 1928 einen Wechsel vor, bei dem sich die Durchgänge sowohl quer als auch längs zur Achse überkreuzen (DRP 525972 vom 24. Februar 1928). Der Durchmesser des Ventils ist kleiner als üblich, und zwar kleiner als die Doppellichte der Kanäle. Sazingers Bestreben war, durch die Führung der Durchgänge den Luftsäulenquerschnitt kreisförmig zu gestalten, um »leichteres Ansprechen und einen reineren Ton zu erzielen«.

Den Gedanken Sazingers erweiterte 1939 der Königsberger Instrumentenmacher und Händler Karl Brunnenberger (DRP 732913 vom 12. September 1939), indem er einen Wechsel mit drei Durchgängen, deren Höhenlage sich ändert, angab. Alle vier Rohrstutzen der Büchse liegen in verschiedenen

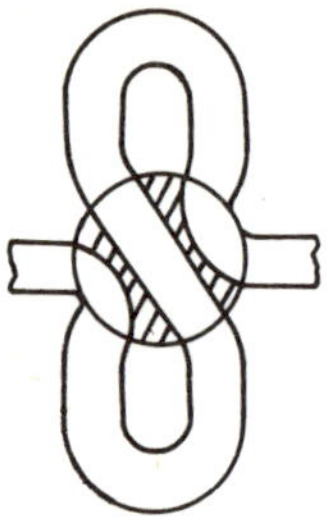

22. Drehventil mit drei Durchgängen und doppelten Ventilzügen nach Hermann Prager-Bauer, Zürich 1894.

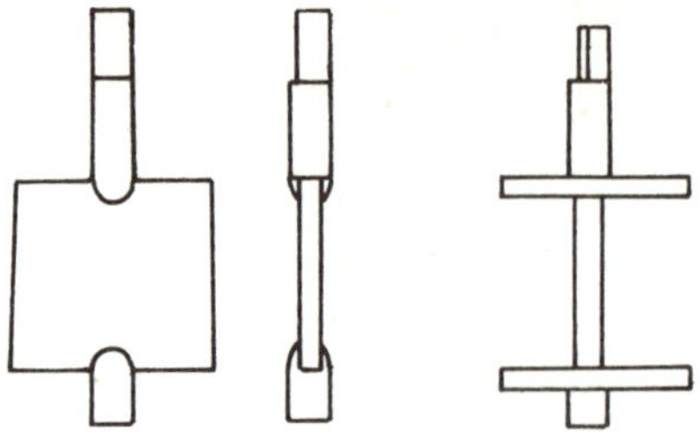

23. Flügelwechsel (vereinfachte Wechsel). Der hauptsächliche Gesichtspunkt der Flügelwechsel ist die leichte Gangart des Ventils.
a: Nach Schuster & Co. Markneukirchen 1895, daneben von der Schmalseite her gesehen.
b: Nach Carl Rinkel, Straßburg 1907.

Ebenen. Der Vorteil des Ventils besteht darin, daß die Durchgänge im Prinzip kreisförmig sind, so daß das Ventil kaum noch Störfaktor der Intonation und Klangfarbe ist.

Den Gedanken des doppelten Ventilzuges, verbunden mit drei Wechseldurchgängen, faßte zuerst Anfang der 1890er Jahre Hermann Prager-Bauer in Zürich (DRP 81 082 vom 30. Januar 1894).

Schleifen und Hauptkanal liegen wie üblich in einer Ebene, die Durchgänge des um eine lichte Weite des Tonrohres dickeren Wechsel ebenfalls. Der Querschnitt der Durchgänge ist kreisförmig.

Eine starke Vereinfachung des Wechsels ließ sich 1907 Carl Rinkel, der 1904/05 Nachfolger der renommierten Firma J. M. Bürger in Straßburg wurde, patentieren (DRP 207 789 vom 31. August 1907). Er setzte den Wechsel aus zwei waagerechten Endscheiben und einer verbindenden senkrechten Platte zusammen.

Die Vorteile der geringeren Reibung, der großen Beweglichkeit und des geringeren Gewichtes waren ihm schwerwiegender als die musikalischen Nachteile dieser Konstruktion.

Einen noch einfacheren Wechsel – ohne Deckplatten – baute 1895 die Firma Schuster & Co. in Markneukirchen (DRGM 48 746 vom 23. November 1895). Das Ventil wurde als *Flügel-Wechsel-Ventil* bezeichnet.

Doppelrohrschubventile
Wiener Ventile

4

Christian Friedrich Sattler (1778–1842) war nach Blühmel und Stölzel der zeitlich nächste unter den Ventilerfindern in Deutschland. Er baute, wohl 1817 durch Stölzels Vorführung des Ventilhorns in Leipzig angeregt, zunächst die Berliner Instrumente nach und fertigte spätestens im Sommer 1819 Stölzelsche Hörner mit drei Ventilen, die »an der Seite angebracht sind, wodurch die den Hornisten zeither gewöhnliche Haltung des Instruments beybehalten werden kann« (AMZ Juni 1819, Sp. 416). Das klingt danach, als ob Stölzels Hörner die Ventile aufrecht in der Mitte hatten. Ein Jahr später berichtete Friedrich Schneider in seinem *Elementarbuch* (1820, S. 91), daß Sattler die Ventilerfindung »noch mehr vervollkommnet, und auch den glücklichen Versuch unternommen, sie bey Trompete und Posaune anzuwenden«. Schließlich erschien in der AMZ vom Juni 1821 die Darstellung von Sattlers Ventiltrompete mit Doppelrohrschubventilen. Die von Schneider erwähnte Verbesserung so zu interpretieren, daß Stölzel die Doppelrohrschubventile erfunden habe (Dahlquist 1980), ist nach der jetzigen Quellenlage nicht möglich. Solange keine entsprechenden Dokumente angeführt werden können, muß Sattler als Erfinder der Doppelrohrschubventile betrachtet werden, da diese zuerst an seiner 1821 in der AMZ abgebildeten Ventiltrompete auftreten. Was die erwähnte Verbesserung der Stölzelschen Ventile durch Sattler betrifft, ist zunächst an die Kapselbauweise (Zeichnung 2) zu denken. Im Leipziger Adreßbuch 1822 annoncierte Sattler: »Signalhörner, Chromatische Ventilhörner, Trompeten und alle Arten von messingnen Blasinstrumenten«.

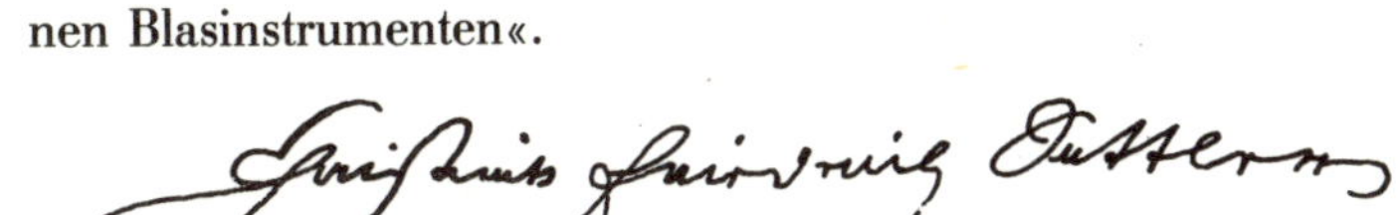

(Unterschrift in einem Brief vom 1. Juni 1826 an den Rat der Stadt Leipzig, in welchem er sich weigert, das Bürgerrecht anzunehmen.)

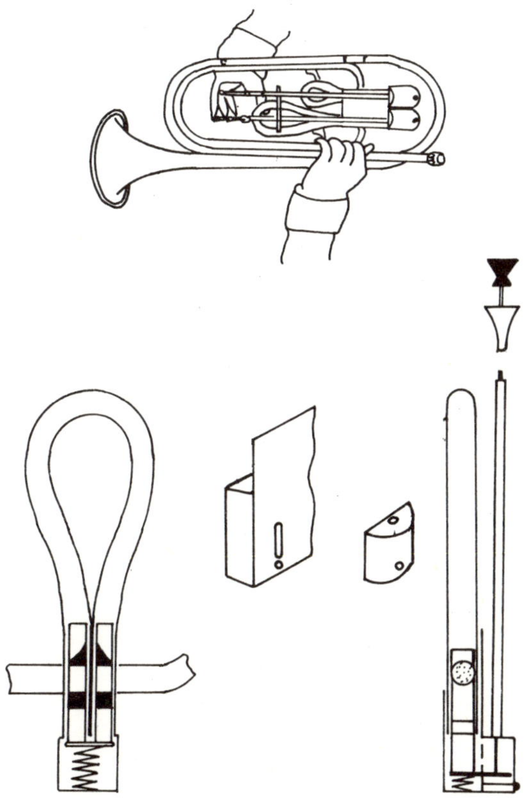

24. Christian Friedrich Sattlers Ventil, Leipzig 1821. Oben Darstellung aus der AMZ vom Juni 1821. Darunter Rekonstruktionsversuch.

Zeichnung 24 zeigt eine Rekonstruktion seines Ventils nach der Darstellung von 1821. Während die Ventile in dieser Form offensichtlich wenig erfolgreich waren, wurde das Trompetenmodell mit den Fingertasten in Längsrichtung des Instruments noch bis in die Mitte des 19. Jh. gebaut (Abb. 18, Nr. 11, Ausführung mit Stopferventilen). Den Übergang von der Satt-

Doppelrohrschubventile, Wiener Ventile

lerschen Bauweise zu der mit Wechselköpfen vollzogen bis 1823 Joseph Kail und Joseph Riedl in Wien. Am 30. September 1823 reichten sie bei der österreichischen Landesregierung folgende Erfindungsbeschreibung ein (nach Manuskript der Technischen Universität Wien):

»Beschreibung
der von Joseph Riedl bgrl. Instrumentenmacher, wohnhaft in der Leopoldstadt Sterngasse N 330, und Jos. Kail Orchester Mitglied der k. k. Hofoper, wohnhaft auf der Wieden N 336 angeblich gemachten neuen Erfindung, welche im Wesentlichen darin besteht, daß durch eine sehr dauerhafte Vorrichtung beim Horn, und der Trompete, der Tonumfang so bereichert werden kann, daß man auf derselben alle diatonisch. und chromatisch. Töne wie auf anderen Blasinstrumenten in Naturtöne, hell und leicht hervorbringen kann, daß diese Maschine auch so verzweifacht werden kann, daß die Skalen von drey Horner oder drey Trompeten, oder auch von zweyen, in einem und demselben Instrumente vereinigt worden, wodurch der Bläser die Naturtöne zweyer ganzer Trompeten zu seinem Gebrauch erhält; daß bei dieser einfachen Maschine nur zwey Klappen nöthig werden, wodurch besonders der Kavallerie Trompeter gewinnt, weil er nur eine Hand für sein Instrument nöthig hat, und die andere zur Dirigirung seines Pferdes ganz frey, und ohne Unterbrechung gebrauchen kann. Daß derselbe sonst zu seinem Dienste: als zu Aufzügen und zu Trompeten Harmonien, in Zukunft nie mehr als Eine Trompete bei sich zu führen nöthig hat, mit welcher er, in jedem Augenblick, ohne das Instrument vom Munde zu nehmen, sein Harmoniestück sowohl, als seine Dienstmärsche blasen kann. Daß jeder geübte Bläser binnen wenigen Stunden die einfache und leichte Behandlung dieser Maschine erlernen kann, daß auch die vielen dumpfen Töne des Horns in hell klingende Naturtöne verwandelt sind ⁒ der inequade Ton, der Klappen Trompete veredelt [und bei] den Posaunen aber das lange Ausziehen des Haupt- [Rohres] erspart wird.«

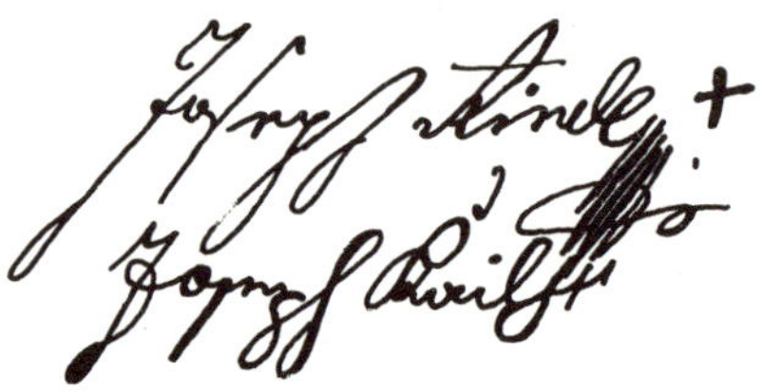

Obwohl die technische Beschreibung fehlt, ist es sicher, daß es sich um das Doppelrohrschubventil mit Wechselköpfen handelt. Hauptzeuge ist die mit »Joseph Riedl« signierte Trompete in der *Allgemeinen Trompeten-Schule* von Andreas Nemetz aus dem Jahre 1828 (s. Abb. 2, Zeichnung 42 a). Es ist undenkbar, daß Kail und Riedl nichts von den Ventilerfindungen in Preußen und Sachsen wußten. Um diese Erfindungen nicht zur Sprache bringen zu müssen, erhoben sie auch keinen Anspruch auf die Priorität der Ventilerfindung; der Geltungsanspruch ihrer Neuerung ist entsprechend gering. Hier ist beiläufig auf einen Irrtum in der Trompetenschule von Franz Kaltenegger von 1849 hinzuweisen, nach dem der Stadtkapellmeister in Kremsier, Johann Leopold Kunerth, die Ventile erfunden habe. Kaltenegger hatte wohl weiter nichts

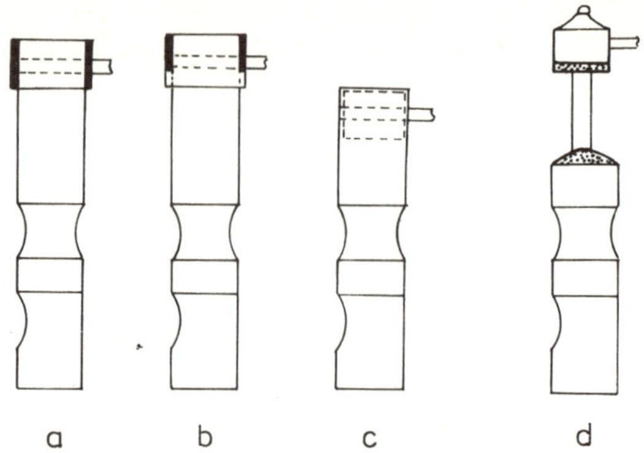

25. Wechsel von Doppelrohrschubventilen.
a: Alte, auf Kail und Riedl zurückgehende Form (1823). Kapselkopf ohne Einzug, Kopfrand schlägt auf Büchse.
b: Jüngere Form. Kapselkopf mit Einzug, im Einzug ein Korkring. Abbremsung bzw. Anschlag geräuschärmer (oft in Bayern).
c: Wechsel des Neumainzer Ventils (um 1833). Kein Kopf. Der Hebel bewegt sich in einem Schlitz der Büchse.
d: Wechsel des Wiener Ventils (L. Uhlmann 1830).

als eine Passage in der Trompetenschule von Nemetz nicht richtig aufgefaßt, in der es heißt, daß der eigentliche Erfinder der von Weidinger geblasenen Klappentrompete Kunerth sei. Ventile wurden zudem in der frühen Zeit bisweilen auch als Klappen bezeichnet.

Kail/Riedls Ventil wurde bald in Süddeutschland, Sachsen und Mainz aufgegriffen, wie auch das sächsische Doppelrohrschubventil weiterhin nicht ohne Wirkung blieb. Wiener und sächsische Ventile wurden außerhalb Österreichs und Sachsens nicht streng kopiert, sondern es flossen die Ansichten und Erfahrungen der Instrumentenbauer der jeweiligen anderen Orte ein. Die bayrischen Ventile – der älteste Beleg ist eine Trompete von M. Saurle aus dem Jahre 1829 – haben, um der Maschine Halt zu verleihen, einfassende Stabilisierungsbleche anstelle des starken Mittelkanals (vgl. Foto 70, 73). Es ist ein Irrtum, diese – und auch Sattlers Ventil – als »Kasten-Schiebe-Ventile« zu interpretieren und deren Erfindung Stölzel zuzuschreiben (so Dahlquist 1980, S. 118). Den ältesten Beleg für die Stabilisierungsbleche liefert das Ventil von Sattler. Auch das alte Mainzer Ventil besaß vorn und hinten über die Büchsen gelegte gerade Bleche.

In Adorf und Markneukirchen verwendete man wie in Wien und Prag oft einen starken Mittelkanal zur Stabilisierung (Foto 62). Die frühen Dresdner Instrumente (J. G. Kersten, J. A. Heckel) besitzen eng beieinanderliegende, verstärkte Rohrschenkel, ähnlich wie die frühesten, also um 1829 gebauten Prager Instrumente auch (Abb. 3), was eine ursprünglich sächsische Gepflogenheit gewesen sein dürfte. Wurden in Prag die Wiener Druckwerke verwendet, so in Dresden die Spiralfederstecher. Die Federstecher wurden nach einer Angebotsliste von Gottfried Kersten aus dem Jahre 1841 von ihm

»Stößel« und die gesamte Druckeinrichtung *Stößelwerk* genannt (Staatsarchiv Weimar, Hofmarschallamt 9671, Heyde 1982 S. 214).

Beim Ventil von Kail/Riedl schlugen die Kopfkanten ungepolstert auf die Büchsenenden, und da bei dieser Gelegenheit Kondenswassertröpfchen ausgespritzt wurden, nannte man diese Ventile im Vogtland und wahrscheinlich auch anderswo *Spritzerventile* (Katalog Markneukirchen 1908, Nr. 70). Die Wechselköpfe haben die Ausführung wie auf Zeichnung 25a. Auch Joseph Riedl sprach in seiner Erfindungsbeschreibung der Drehventile 1835 davon, daß die traditionellen Doppelrohrschubventile Wasser ausspritzen würden (was bei den Drehventilen ganz vermieden sei) und übertreibt fast maßlos, wenn er schreibt: »... das Spritzen des Wassers brachte auch ein ganz hörbares Gezische hervor, und verursachte beim Schließen des Wechsels ein starkes Geschaaper, welches das Gehör beleidigte«. Mit den eingelassenen Wechselköpfen (Zeichnung 25b), die einen Korkring als Dichtung besitzen und anscheinend zuerst in Bayern, vielleicht von M. Saurle, gebaut wurden, sind die Mängel der Spritzerventile weitgehend behoben. Diese Ventile bewährten sich und wurden in Bayern und Sachsen noch bis weit nach der Mitte des 19. Jh. gebaut. Das Hannoversche Trompetenmodell ist mit einem Ventil ausgestattet, das dem sächsischen und dem bayrischen nahesteht.

Zur Verbesserung von Kail/Riedls Ventil beschritt 1830 Leopold Uhlmann, der damals noch bei seinem Vater Tobias Uhlmann »in der Leimgrube Nr. 189« in Wien wohnte und arbeitete, einen anderen Weg. Er brachte zwei Dichtungen aus Kork an, um das Ausspritzen des Wassers zu vermeiden, den

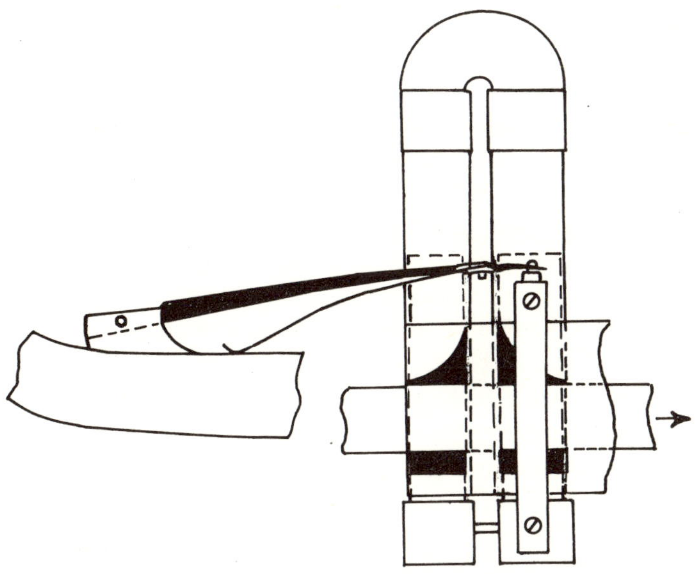

26. Altmainzer Maschine, üblich um 1830–1840. Ausgestattet mit Deckblechen zur Stabilisierung und Klinkenhebeldruckwerk.

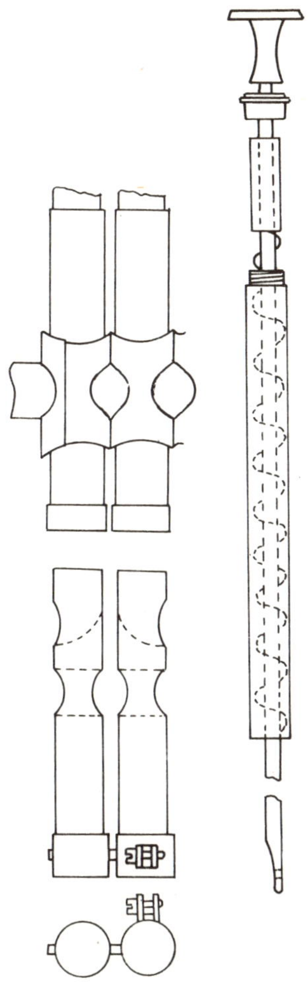

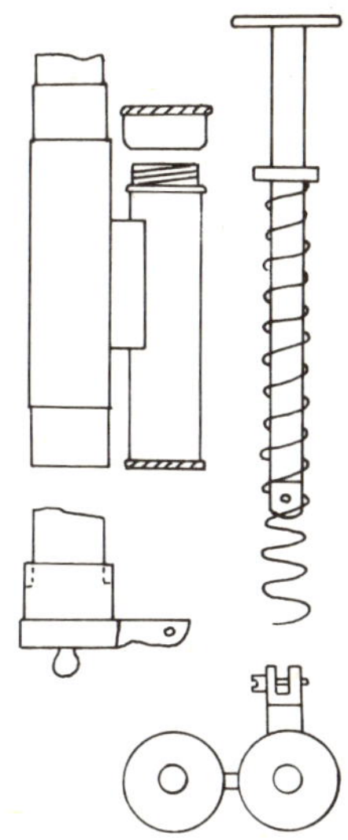

28. Doppelrohrschubventil mit kurzem Spiralfederstecher. Die Büchsen der Federstecher sind am Ventilmantel befestigt. Ventilbüchsen mit Stabilisierungsblech. Nach Markneukirchen Nr. 73, Trompete (Hannoversches Modell) 1844/45.

27. Sächsisches Doppelrohrschubventil (links) mit langem Spiralfederstecher (rechts). Die Federn rasten unten auf der Bodenplatte. Oben befindet sich zwischen Feder und Schraubdeckel ein durchbohrter Hornzylinder. Der Federstecher ist von oben in eine durchlochte Platte eingehängt. Die Wechsel sind herausgenommen gezeichnet. Links unten die Wechselköpfe in Stirnsicht.
Nach Markneukirchen Nr. 939, Baßtrompete von J. A. Heckel, Dresden um 1838, vgl. Foto 94.

Gang geräuschärmer zu machen, die Reibung zu verringern und das hermetische Schließen des Ventils zu verbessern. Am 24. Juni 1830 reichte er bei der Landesregierung eine Erfindungsbeschreibung inklusive Zeichnungen ein und erhielt daraufhin am 12. Juli 1830 unter Nr. 2053 ein fünfjähriges österreichisches Privileg. Seine Erfindung betrifft einen neuen Wechsel und das Trommeldruckwerk.

Die Darstellungen von Horn, Trompete und Posaune sind ungenau gezeichnete, wenig informative Skizzen (Abb. 44). Auf diesen Darstellungen ist zu erkennen: Die Maschine der Posaune ist mit kantigem Ventilkanal gearbeitet, während beim Horn kein eigentlicher, gegenüber den Rohren stärkerer Mittelkanal vorhanden ist. Vermutlich ist das nur eine Ungenauigkeit des Zeichners. Hier der vollständige Text von Uhl-

Doppelrohr-schubventile, Wiener Ventile

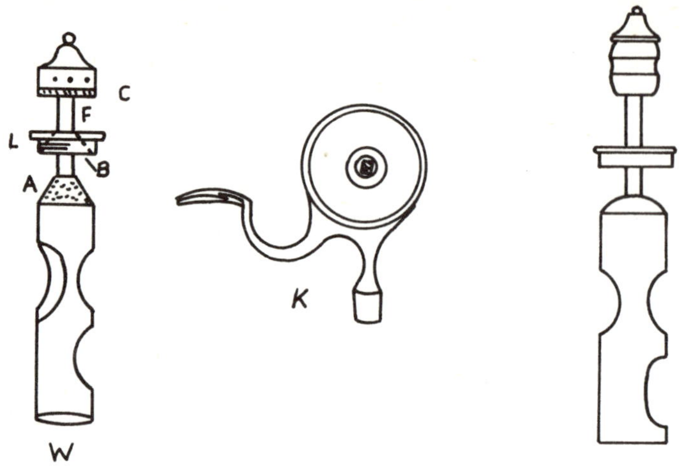

29. Links und Mitte: Wechsel und Trommeldrücker, geringfügig geglättete Pausen nach L. Uhlmanns Erfindungsbeschreibung der »Wiener Maschine«, Wien 1830. Die Buchstabenbezeichnung ist die originale. A und C sind die Dichtungen, B die konische Ausarbeitung im Einschraubdeckel L.
Rechts: Wechsel nach Eduard Johann Bauer, Prag 1844. Nach dessen Erfindungsbeschreibung des Pumpenventildruckwerks.

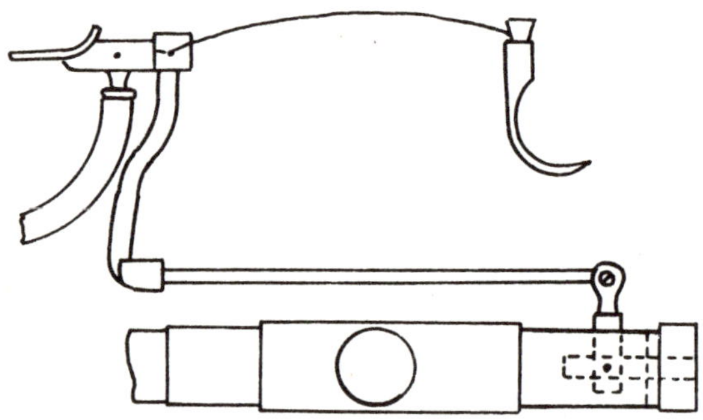

30. Neumainzer Maschine. Gegenüber der Alten Neumainzer Maschine (Zeichnung 31) horizontale Anordnung von Ventilen und Druckwerk.

manns Erfindungsbeschreibung (Manuskript der Technischen Universität Wien):

»Die Beschreibung des Geheimnißes meiner neuen Erfindung und Verbesserung nach beyliegender Zeichnung der Klappen und des dazu nöthigen Mechanismus der Messing Blaß Instrumenten, als Waldhorn, Trompeten und Posaunen.

1tens die bey diesen Instrumenten eingeführten Wechsel W (Zeichnung A. B. C.) an dem offenen Ende der Röhren d. d. mit einem conischen Fendill K und einem flachen Fendille C versehen sind, welche durch einen cylindrischen Stab T mit dem Wechsel Rohre fest verbunden sind. Die Röhren d. d. sind durch kleine nach innen conisch ausgehülte, nach außen flach und in der Mitte mit einem cylindrischen Loche versehenen Deckel verschlossen. Steht der Wechsel so wie die beyden Endpaaren, die Röhren d. d. so schmiegt sich das Fendill C an den Deckel genau an, und beehindert das Entweichen der Luft. Ist aber der Wechsel heraus geschoben, wie die beyden Mittleren Röhren d. d. zeigen, so legt sich das conische Vendill a in die passende Vertiffung in b herein und beehindert dadurch ebenfalls das Entweichen der Luft, so das bey dieser Anwendung, keine Luft durch die Wechsel entweichen kann, und letzteren doch mit sehr großer Leichtigkeit bewegt werden können, indem nun die höchst unbedeutende Reibung der Verbindungsstange f in den Deckel b zu überwinden ist; dadurch ist also eine viel höhere Reinheit des Tones zu erreichen, und das unangenehme Lärmen der Klappen durch die Ventille ganz enthoben [ist].

2tens Sind die bey diesen Instrumenten gebräuchlichen Federn welche das Verschieben der Wechsel bewirken, und selber jedesmahl zum zurückweichen bringen nachdem der Finger den Griff G. verlassen hat, wessentlich verbessert, indem wie Fig: K. Zeigt wie bey einer Uhr zusammengewunden sind, daher eine bedeudende Länge haben können, und noch überdieß in einem kleinen cylindrischen Federgehäuhse (Federgehäus) h befinden wodurch das Beschädigen und zerbrechen der Federn vollkommen beseitiget ist.
Wien den 24 Juny Leopold Uhlmann«

(1830)

(1843)

In der Beschreibung des neuen Wechsels ist das »conische Fendill« die auf dem Wechsel aufsitzende Korkdichtung und das »flache Fendill« die Korkscheibe am Kopf des Wechsels. Der Deckel ist ein außen flach gearbeiteter Einschraubdeckel, der innen konisch eingezogen ist, damit sich die konisch zugeschnittene Korkdichtung genau anlegen kann.

In den deutschen Ländern außerhalb Österreichs wurde das Uhlmannsche Ventil zwar auch gebaut, viel mehr aber die bereits genannten Ableger von Sattlers und Kail/Riedls Ventil, speziell das *Mainzer Ventil*. Bei letzterem lassen sich mehrere Entwicklungsetappen unterscheiden, die wesentlich auf das Wirken von C. A. Müller (1804–1870) zurückgehen. Müller, in Adorf (Sachsen) geboren, ließ sich wohl 1824 in Mainz als Instrumentenmacher nieder, arbeitete in den Werkstätten des Hauses B. Schott's Söhne und stellte seit 1827 Ventilinstrumente her. Diese Jahreszahl ergibt sich aus Anzeigen im Intelligenzblatt der Zeitschrift *Caecilia*. Zuerst baute er noch das Adorfer Modell mit kurzen Klinkendrückern (Foto 55) und Berliner Modelle (Abb. 5). Später bevorzugte er das Doppelrohrschubventil mit Stabilisierungsblechen. Zum besseren Gleiten der Federn auf der Unterlage versah er schon 1835 – nach einer Pariser Erfindung – die Federenden mit Röllchen. Aus Zeichnung 42 b geht hervor, daß C. A. Müller auch Druckwerke in Anlehnung an Kail/Riedls Prinzip von 1823 baute. Wie die Klinkendrücker leiden auch diese Druckwerke an der schwachen Federkraft. Die bei Holzblasinstrumenten übliche Federanordnung ist für Ventilinstrumente ungeeignet. Von 1833/34 an baute Müller horizontal liegende Maschinen mit einem neuen Hebeldruckwerk, bei dem eine starke Blattfeder von oben auf den hinteren Drückerarm einwirkt.

Aus Beischriften zu Markneukirchener Instrumentendarstellungen der Mitte des 19. Jh. geht hervor, daß man dieses neue Modell als *Neumainzer Maschine* bezeichnete. Das weist darauf hin, daß man die Vorgängermaschine schon Mainzer Maschine nannte, eigentlich zu Unrecht, da sie in ähnlicher Form doch schon in Adorf von J. G. Roth sen. gebaut wurde. Da beide Systeme eine Zeitlang nebeneinander bestanden, sprach man von *Altmainzer und Neumainzer Maschine*. Der Zeitpunkt des Auftretens der Neumainzer Maschine kann durch eine Aussage von Gottfried Weber, der wie Müller für B. Schott's Söhne arbeitete und Müller persönlich kannte, etwa auf die Jahre 1833/34 eingegrenzt werden. Er schrieb 1835 (S. 100): »An noch neueren Exemplaren ...« (erst war von 1830 die Rede) und verweist auf entsprechende Abbildungen, vgl. Abb. 5. Eine Übergangsform zwischen Alt- und Neumainzer Maschine wurde laut Beischrift an einem erhaltenen Ventilmodell »Alte Neumainzer Maschine« genannt. Sie ist noch für das aufrechte Trompetenmodell bestimmt, hat aber bereits das Hebeldruckwerk mit Blattfeder. Beide Formen der Neumainzer Maschine haben, wie eine überlieferte Bezeichnung des 19. Jh. lautet, »verdeckte« Ventile; die Wechsel besitzen keine Köpfe, sondern stoßen an die aufgeschraubte gepolsterte Rückwand, die über alle sechs Büchsen geht. Damit verließ Müller die Version mit Wechselköpfen und griff auf die alte Sattlersche Bauweise zurück. Daß Mainzer Ventile z. B. auch mit einem Spiralfederdruckwerk kombiniert wurden, braucht nicht zu verwundern (vgl. Foto 3). Anstelle der Stabilisierungsbleche finden sich bei diesen späten, auch in Leipzig hergestellten Ventilen Stege bzw. Brücken zwischen den Büchsenenden, um den Büchsen Stabilität zu verleihen. Die Brücken sind von der Schutzkapsel verdeckt.

Nach 1870, mit dem Tode Carl August Müllers, wurden die Mainzer Ventile von den Drehventilen verdrängt. Der umfassende Handelskatalog der Firma Paul Stark, Markneukirchen 1893, verzeichnet sie nicht mehr. Nachdem es außerhalb Österreichs fast 100 Jahre ruhig um die Doppelrohrschubventile geworden war, meldete am 19. Juli 1972 Karl Weiß in Heidelberg eine »Schiebemaschine für Blechblasinstrumente« zum Patent an, die dem Prinzip nach fast Sattlers Ventilen von 1821 entspricht. Der Unterschied besteht darin, daß die Ventilmaschine einschließlich Schleifen in einem flachen Kasten

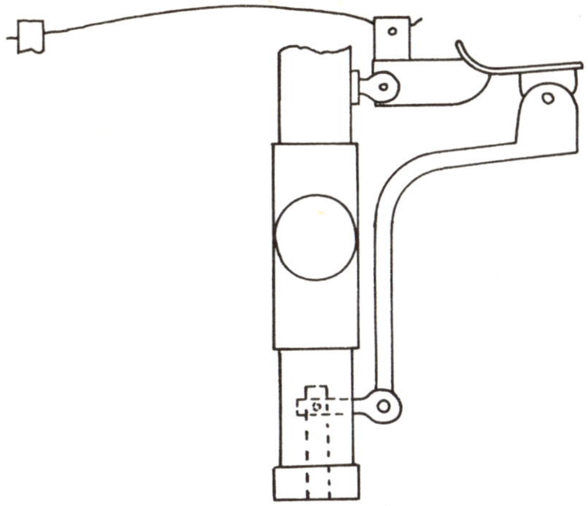

31. Alte Neumainzer Maschine, so die Bezeichnung an dem hier dargestellten Ventilmodell Markneukirchen Nr. 893 (Mitte 19. Jh.). Maschine und Druckwerk stehen aufrecht. Die Büchsenenden sind mit einer gemeinsamen Schlußkappe versehen, also keine äußeren Wechselköpfe. Ventilbüchsen mit Stabilisierungsblechen. Druckwerk mit Blattfeder.

untergebracht ist. In diesen mündet das Mundrohr, und aus dem Kasten geht das Rohr zum Stimmzug. Oben ragen die Fingertasten der Stecher heraus. Die Federn befinden sich wie bei Sattler unter den Wechseln.

Ergänzend sei noch ein Wort zum Aufbau der Wechsel gesagt. Um einen möglichst kantenfreien Windgang zu erreichen, müßte beim unteren Seitenausgang eigentlich ein Rohrknie eingebaut werden, beim oberen Lochpaar ein zylindrisches gerades Röhrchen. Das letztere ist oftmals gemacht worden, das erstere wegen der technischen Schwierigkeiten aber kaum. Anstelle des Knies füllte man den Raum zum oberen Rohrdurchgang mit Kork (Wien, Prag, München), Filz (Markneukirchen) oder Blei (z. B. Regensburg) aus. Bei manchen Ventilen des 19. Jh. fehlt überhaupt eine Einlage (sie kann unter Umständen herausgefallen sein), oder es ist ein gerades oder gebogenes Deckblech zur Windbegrenzung eingelötet. Anstelle des oberen geraden Durchgangsröhrchens, wie es meistens bei österreichischen und böhmischen Ventilen vorliegt, wurden z. B. im Vogtland, teilweise auch in Bayern nur zwei oder vier Begrenzungsbleche eingelötet. Von einem homogenen Windgang kann auch hier keine Rede sein. Wie die Erfahrung den Praktikern zeigte, kommt es immer darauf an, an welchen akustischen Stellen Unebenheiten im Windgang liegen. Die Wechselstange ist manchmal einige Millimeter tief im Rohr eingelötet (Wien), teilweise ganz oben (auch in Prag), in Markneukirchen oft sehr tief.

Weitere Ventilerfindungen

5

Die Instrumentenmodelle mit Stölzels Stopferventilen wurden in Preußen nach 1835–1840 kaum noch gebaut, in Sachsen aber noch bis um 1860–1865. Beim Clavicor (Danays/Guichard 1838), das in Markneukirchen noch um 1895 für den Export hergestellt wurde, sind die Stopferventile bis zuletzt angewendet worden. Stein des Anstoßes waren bei dieser Ventilart schon in den 1820er Jahren die Kanten im Windgang. Historisch zu spät kam 1913 die Erfindung von Erik Schirm in Höchst, der ein Stölzelventil mit kantenfreiem Windgang baute (DRP 274236 vom 3. Mai 1913). Zwei oder drei Rohrstutzen liegen auf einer Seite. Das Problem der Feder ist originell und einfach gelöst.

Die Vorteile von Pumpenventil (einfache Herstellung und geringe Kosten) und Wiener Ventil (elegante Gangart) versuchte 1846 Ferdinand Hell in Wien mit seiner »vereinfachten Hellschen Maschine« zu verbinden. »Vereinfacht« bezieht sich auf das Wiener Ventil, denn statt der zwei Wechsel pro Ventil sah Hell nur einen vor. Am 2. Mai 1846 wurde bei der österreichischen Landesregierung folgendes Protokoll über Hells Erfindung angefertigt (nach Manuskript der Technischen Universität Wien):

»Beschreibung

der von Ferdinand Hell, Musikinstrumenten Fabrikant in Wien angeblich gemachten neuen für alle Blechblasinstrumente anwendbaren Verbesserung von ihm, die vereinfachte Hellsche Maschine genannt, welche im Wesentlichen darin besteht daß:

die bisher übliche Construction der Maschinen für Blechblaß-Instrumente vereinfacht und hiedurch bedeutend verbessert wurde.

Die durch diese Vereinfachung bewirkten Vortheile sind im Wesentlichen folgende:

A Bei der bis jetzt üblichen Construction bestand jeder Wechsel aus 2 Röhren, in denen durch 2 zu gleicher Zeit parallel zu bewegenden Cylindern die Veränderung des Tons bewirkt wurde.

Bei meiner neuen verbesserten Construction hingegen ist zu diesem Zwecke nur Eine Röhre mit Einem beweglichen Cylinder nöthig.

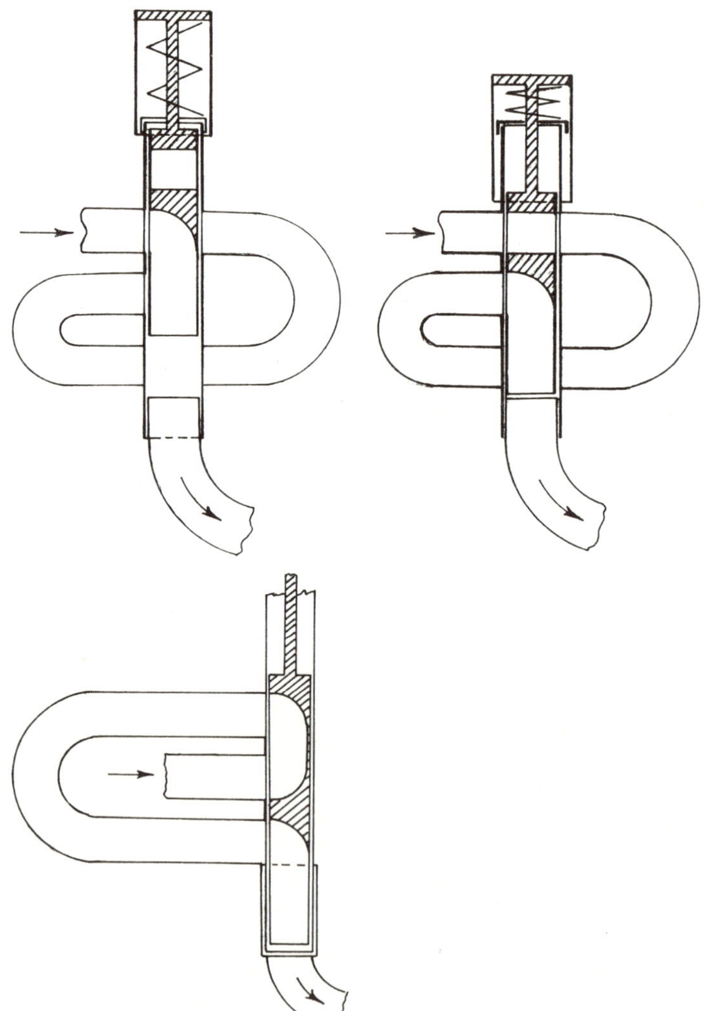

32. Röhrenschiebeventil mit zwei Hubbegrenzungen nach Erik Schirm, Höchst 1913. Oben: Ausführung, bei der zwei Rohrstutzen auf einer Seite liegen. Unten: Ausführung, bei der alle drei Rohrstutzen auf einer Seite liegen; dargestellt ist die eingeschaltete Stufe.

B Bei der alten Construction waren zur Bewirkung einer gleichzeitig parallelen Bewegung 1tes ein Verbindungs-stift zwischen beiden Cylindern und von diesem ausgehend 2tes eine über die ganze Maschine reichende Leitstange nöthig. Diese Verbindungsweise hatte den wesentlichen Nachtheil, daß bei der zu großen Länge der Leitstange die kleinste Verbiegung derselben sogleich einen erschwerten Gang wo nicht gar ein gänzliches Stocken der Maschine und mithin sehr häufige Reparaturen zur Folge hatten. Bei der neuen Construction sind alle diese Überstände gänzlich beseitigt und zwar dadurch, daß:

1^t der Verbindungsstift ganz wegfällt, indem für jeden Wechsel nur Ein Cylinder zu bewegen ist, und

2^t Wird die Leitstange um die ganze Länge des Wechsels verkürzt, da der Angriffspunkt derselben nicht wie früher am oberen sondern am unteren Ende angebracht ist.

Ein eben so wesentlicher weiterer Vortheil ist noch dieser, daß der Druckhebel mit der Leitstange auf eine neue und zweckmäßigere Weise mittelst Scharnir und Schraube verbunden ist, wodurch sowohl ein mehr sicherer Gang als auch die Beseitigung des leider allen Instrumenten älterer Construction eigenen so störenden Geräusches bewirkt wird und zwar in dem Grade, daß jedes so construirte Instrument ohne die mündeste Unannehmlichkeit im Salon verwendet werden kann, weil nur der Ton allein zu hören ist und dieß umsomehr, als so verbesserte Instrument eine bei weitem größere Geleifigkeit möglich macht.

C Jeder mit Blechblaßinstrumenten Umgehende wurde bei der bisher üblichen Constructionsweise durch das Heraussprítzen des Wassers am oberen nicht Luftdicht verschlossenen Ende der Wechsel sehr belästigt. Dieser so unangenehme Umstand fällt bei meiner neuen Verbesserung ganz weg, indem der Kopf der Wechsel durch eine Schraube, welche nur zum Behufe der Reinigung der Maschine zu öffnen nothwendig wird, hermetisch verschlossen ist.

D Noch hatte die alte Construction den Nachtheil, daß die beim Reinigen der Maschine herausgenom̄enen beweglichen Cylinder sehr oft verkehrt wieder hineingesteckt wurden, was zu häufigen Klagen über die Instrumente Veranlassung gab, da die Besitzer die Ursache der dadurch entstandenen Störung nicht auffanden und selbe sohin zur Reparatur überschickten.

Bei der neuen Construction hingegen ist beim Hineinstecken gar kein Verwechseln möglich, indem der bewegliche Cylinder zu beiden Seiten ganz gleich ist.

E Endlich ist der Umstand besonders zu bemerken, daß durch diese Vereinfachung das ganze Instrument eine viel größere Solidität und Dauerhaftigkeit gewiñt, welche Eigenschaft dem Käufer gewiß sehr wünschenswert erscheinen muß.

Ferdinand Hell.«

Obwohl das Ventil selbst eine eigenständige Einrichtung ist, fällt die Ähnlichkeit mit den von Antonio Apparuti in Modena spätestens 1841, vielleicht aber schon um 1835 gebauten Stölzel-Ventilen mit Trommeldruckwerk auf (Instrumente im Museo Civico, Modena). Diese von Apparuti gebauten Ventile hatten wohl einen gewissen Erfolg, so daß es Hell als lohnend erschienen sein mag, ein auf eine ähnliche Lösung hinauslaufendes Ventilmodell aus dem Wiener Ventil abzuleiten. Daß jedoch die »vereinfachte Hellsche Maschine«, die am 26. Mai 1846 unter Nr. 3125 patentrechtlich registriert wurde, keinen erkennbaren Erfolg hatte, mochte vor allem damit zusammen-

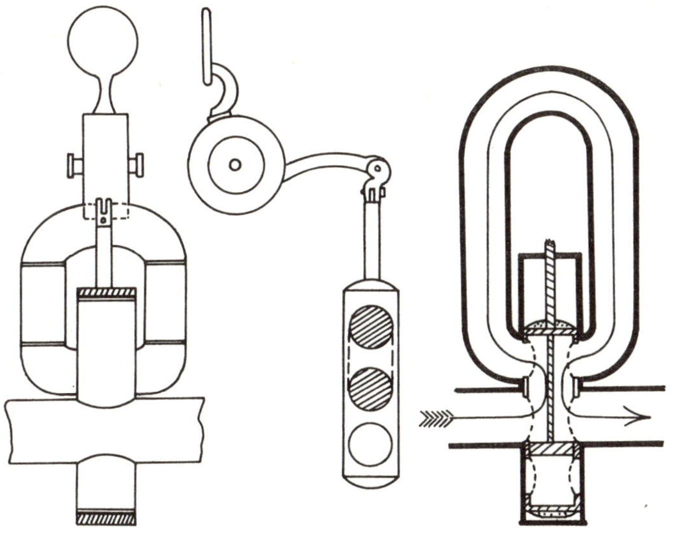

33. »Vereinfachte Hellsche Maschine«, Pausen nach Zeichnungen in Ferdinand Hells Erfindungsbeschreibung, Wien 1846.
a: Sicht von oben mit Trommeldruckwerk. b: Herausgezeichneter Wechsel mit Druckwerk. c: Windverlauf im eingeschalteten Ventil.

hängen, daß die Wiener Ventile bereits eingebürgert waren.

Reichlich ein halbes Jahr später, am 15. Januar 1847, reichte der Kölner Instrumentenbauer L. A. Schröder über die Königliche Regierung in Köln einen Patentantrag ein, der die gleiche Erfindung zum Inhalt hat. Ein Unterschied besteht nur im Aufbau des Wechsels. Unabhängige Erfindung oder Plagiat? Der Anhaltspunkte sind zuwenig, um diese Frage beantworten zu können. Der Fabriken-Kommissions-Rat Brix von der preußischen Technischen Deputation charakterisierte in seinem Gutachten vom 5. März 1847: »Die erwähnten Ventile sind, wie gesagt, cylinderförmig, an zwei entgegengesetzten Seiten muldenartig ausgehölt, so daß zwischen beiden Aushöhlungen, welche den Luftwechsel bedingen, eine dünne Wand stehen geblieben ist. … So wie aber eins der Ventile vermittelst eines kleinen mit einer Taste versehenen Winkelhebels durch den Druck der Finger in das ihn umhüllende Röhrchen so tief wie es angeht hinein geschoben ist, schneidet es der Luft den geraden Weg ab …« Brix fügte eine Prinzipskizze bei (Abb. 41) und lehnte die Patentierung ab.

1910 schließlich trat Otto Tiedt in Hagen, der Erfinder eines erfolgreichen Doppelhorns, mit einem Schubventil hervor, bei dem der Windgang im Wechsel prinzipiell ähnlich ist. Tiedt versuchte die Vorteile von Pumpen- und Périnetventil zu vereinigen (DRP 229890 vom 21. Juli 1910). Statt der wenigstens drei Durchgänge bei vier Rohransätzen, die jedes bisherige Schubventil einschließlich Périnetventil hatte, besitzt sein Wechsel nur zwei Durchgänge, einen horizontal und einen vertikal geführten.

Weitere Ventilerfindungen

Da Ein- und Ausgang auf der gleichen Seite liegen, ist die Anordnung der Ventile hintereinander nicht ohne Probleme. So verwendete man lieber die Périnetventile weiter, denen Tiedts Ventile durch den kleinen Büchsendurchmesser ähnlich sind.

Gänzlich neue Ventilarten legten 1847 Andreas F. Buschann in Wien, 1843 und 1903 Johann Navo bzw. Jacob Löw in Münster und 1906 Albert Pappé in Leipzig vor. Bei dem Ventil von Buschann, der Drechsler und Mechaniker war, dreht sich der Wechsel um die eigene Achse. Dabei lenkt er den Wind in einen kurzen U-Bogen (Ruhestellung des Ventils) oder in einen langen U-Bogen (Ventil eingeschaltet).

Buschann reichte seine Erfindung am 1. Mai 1847 bei der österreichischen Landesregierung ein, um darauf ein Privileg zu erhalten (nach Manuskript der Technischen Universität Wien):

»Beschreibung und Zeichnung

der neu Erfundenen und Verbesserten Tonveränderungs-Druckmaschine welche für alle Gattungen Musikalischer Metal-Blasinstrumente angebracht werden können. Zeichnung A ist die Original Projection einer ganz zusam̄engesetzten Maschine sam̄t 3 Stimmbögen a.b.c. und das Druckwerk mit 3 Druckhebeln d.e.f. B ist ein stück Wechselrohr. C.D.E. sind Durchschnitte von Druckhebeln auf dreyerley Arten.

I Das Blasrohr besteht aus dreÿ Zusammengeschraubten Hülsen g.h. und i. wo in jeder Hülse ein solcher Wechsel B sich mit den Druckhebeln in Verbindung durch die 3 äußeren eingeschliefenen Ringe k.l.m. sich befindet, und bey einem Druck eines Hebels sich der Wechsel B in Horizontaler Drehung um ein Drittheil seines Durchmessers bis auf die Stimmbogenöffnung hin und zurück bewegt.

II n.o. und p. sind 3 Verschraubungen, wodurch mit hinwegnehmung des Druckhebelwerkes die Maschine mit seinen Stimmbögen einzeln auseinander geschraubt werden kann. F ist ein Stück vom Instrumentrohr mit einem Schraubengewind an welchem die Maschine eingesteckt und mit der Schraubenkappe q fest zusam̄en geschraubt wird. Auch kann die Maschine an das Instrument bloß nur so mit einem eingeschliefenen Zapfen zusam̄en gesteckt werden. G. ist das Mundstückrohr mit seiner Schraubenmutter n.

III Die Durchschnittszeichnungen D und E. stellt die Druckhebel — Vorrichtung und Verbindung mit dem Drehwechsel B. vor. Nehmlich, bey D. wird das Wechselrohr B. in Verbindung eines Gliederhebel in Bewegung gesetzt. Und bey Fig:E. wird das Wechselrohr B. mittels gezahnten Hebel gedreht. Mit den Unterschied das die Druckfedern nach der Zeichnung bey D.E.r. und s. entweder von Pakfon, von Stahl, oder sonst noch von einem andern elastischen harten Metal sein können, auch wie die Zeichnung C. zeigt mit einem Federhaus versehen wurden. Jedoch müssen für jedes Druckwerk gleiche Hebelgattung sein, und insbesonders ist die Construction der Tonänderungs-Wechsel B. daß Wesentlichste, welcher sich in dem Blasrohre der Länge nach Horizontal bewegen, zu bemerken. Und das auch die Druckhebeln verschiedenartig in Verbindung mit den Horizontalen Tonänderungs-Wechseln sein können, als wie sie in der Zeichnung sichtbar sind.

Andreas F: Buschann
bürgl. Drechsler-Meister und Mechaniker«

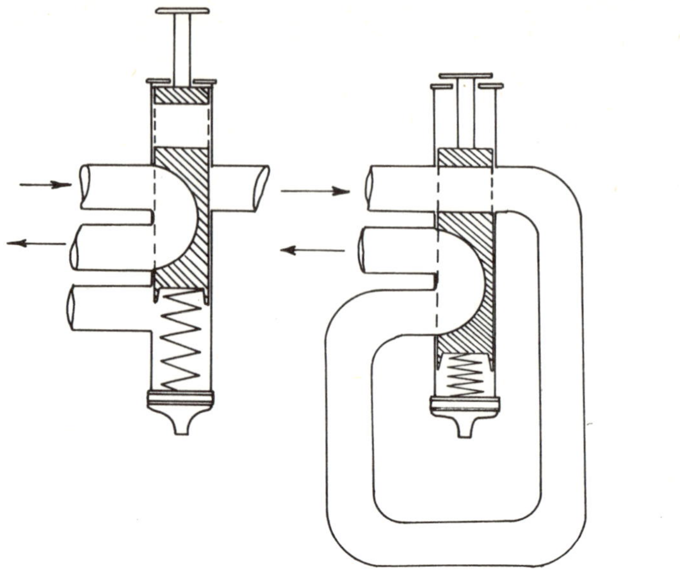

34. Schubventil nach Otto Tiedt, Hagen 1910. Drei Rohrstutzen liegen auf einer Seite, dabei der Ausgang direkt unter dem Eingang.

In einer unwesentlichen Ergänzung vom 21. Mai 1847 wies Buschann auf das geringe Gewicht und die sehr leichte Spielweise hin, was gewiß auch der Fall war. Zu einer Einbürgerung und Verbesserung von Buschanns Erfindung, die am 11. Juni 1847 patentrechtlich geschützt wurde, kam es nicht. Ergänzend sei hier auf Samsons Finger Slides, London 1862, und auf ein ähnliches Ventil hingewiesen, das sich an einer vor 1849 entstandenen Trompete von Charles Pace befindet (Baines 1976, Abb. 39a, c). Der im Prinzip gleiche Wechsel wird hier nicht gedreht, sondern in Längsrichtung verschoben, um den Windweg umzuschalten. Möglich, daß Pace durch Buschanns Ventil angeregt wurde oder auch umgekehrt.

Die Anwendung von Klappen zum Ein- und Ausschalten der Ventilzüge ist eine durch ihre theoretische Einfachheit bestechende Idee. Sie wurde zweimal in die Tat umgesetzt, 1843 und 1903. Anlaß waren in beiden Fällen zwei Eigenheiten der üblichen Ventile, Eigenheiten, die von vielen Bläsern bei schnellen Läufen und Trillern als Nachteile empfunden wurden: der relativ schwere Gang der Ventile und die Tiefe des Tastendruckes. Johann Navo, 1. Waldhornist der Königlich 2. Jägerabteilung des 2. Preußischen Armee-Corps in Greifswald, gab in seinem Patentantrag vom 30. April 1843 für alle Ventile einen Tastentiefgang von wenigstens 6 Pariser Linien an, das sind 13,5 mm. Bei den Wiener Ventilen dagegen weist er auf einen anderen Übelstand hin, nämlich, »daß diese Ventile beim Gebrauch einen Luftdruck äußern, der das sichere

Angeben des folgendes Tones verhindert. Bei dem einfachen Ventil hat man die Luftcompression dadurch vermieden, daß Löcher durch den Kern angebracht sind.« Navo meint, die Wirkung übertreibend, das leise »Plubben« bei Wiener Ventilen und die Löcher in den Wechseln der Pumpenventile. Durch diese Löcher wird in der Tat der Druckausgleich im Ventilgehäuse geschaffen, was bei den engen Büchsen der Wiener Ventile nicht der Fall ist. Navo schlägt nun ein Ventil folgender Art vor:

»Meine mechanische Vorrichtung besteht aus einem prismatischen Kasten, dessen Grundfläche, aus sphärischen Dreiecken besteht, /Fig. 4/ und der durch die 6 Wände p. o. r. k. q. und n. in 6 Kammern getheilt ist, von denen die 5 letzten durchbrochen sind, so daß ein Luftstrom der in die Oeffnung b/: im Boden :/ dringt, den ganzen Kasten durchströmt und zur Oeffnung c wieder herausgeht. Diesen Weg nimmt der Luftstrom, wenn gar kein Oeffnen von Seitenröhren stattfindet. Jede der 6 Kammern hat nun eine Oeffnung in der Zarge des Kastens, deren jede zwei an einen Winkel des Dreiecks liegend durch eine Seitenröhre verbunden sind, also i und h durch die Röhre m, r und s durch die Röhre t und u und v durch die Röhre w. Zu diesen Oeffnungen passen nun genau Klappen, die beim Nichtgebrauch dieselben verschließen und beim Oeffnen das Loch der Mittelwand verdecken. So schließen die beiden durch einen Winkelhebel zu bewegenden Klappen bei h und i die Oeffnungen h′ und i′, und werden beim Niederdrücken das Loch bei k′ in der Binnenwand bedecken. Um den wechselseitigen Verschluß herzustellen, müssen die Wände genaue Radien aus dem Mittelpunkte der Klappenbewegung sein. Ein in die Oeffnung b tretender Luftstrom wird, wenn die Klappen bei h′ und i′ geöffnet sind, den Kasten bei h′ durchströmen, darauf durch h in die Seitenröhre m treten, bei i wiederum in den Kasten zurückkehren und seinen Ausgang durch c nehmen, so daß also der Luftstrom einen um die Röhre m längeren Weg gemacht hat.

Ebenso wird es mit den anderen Klappen und Röhren sich verhalten. Der Sicherheit wegen sind die Klappen verledert, wiewohl sie so sauber gearbeitet werden können, daß ohnedies ein sicherer Schluß erzielt werden kann. Zum Beledern ist nur gutes Kalbsleder tauglich, da jedes andere von der sich setzenden Feuchtigkeit zu schwammig wird. Die Welle zu den Klappen ist konisch gemacht, um einen sicheren Verschluß zu erhalten, der durch das Herandrücken der Welle mittelst einer kleinen Spiralfeder noch mehr gesichert wird. Die Welle selbst muß, um genau zu passen, eingeschmirgelt werden, und ist, da eine kleine eingeschobene Platte die den Austritt der Luft hemmt und heraus genommen werden kann, selbst mit der Klappe herauszunehmen, so daß also Reparaturen an den Klappen mit Leichtigkeit ausgeführt werden können. Der Boden ist auf den Kasten geschraubt und obgleich ein genauerer und absoluter Anschluß durch saubere Arbeit wohl zu erreichen ist, so könnte man sich doch der Sicherheit wegen durch eine feine Zwischenlage von Leder oder Papier gegen jedes Entweichen der Luft sichern. Die mechanische Einrichtung der Winkel-Hebel-Bewegung ist dem Verhältnis des ganzen Instruments angepaßt und glaube ich mit derselben eine Leichtigkeit hervorgebracht zu haben, die die früher erreichte weit hinter sich läßt, wozu noch der sehr geringe Aushub beim Hauptdruckpunkt von 2 pariser Linien kommt, so daß bestimmt die schnellsten Passagen damit auszuführen sein werden. Die Lage der Klappen ist der natürlichen Lage der Finger angemessen, um nicht wie bei den übrigen Einrichtungen durch Auseinanderspreizung der Finger eine gezwungene Haltung der Hand zu bewirken. Was aber den Verschluß anbelangt, so ist es bei der getroffenen Einrichtung, wobei die Feuchtigkeit noch zu Hülfe kömmt, bestimmt möglich, ihn hermetisch herzustellen, und so glaube ich mit derselben nicht allein allen Mängeln abgeholfen, sondern auch im Ganzen eine wesentliche Verbesserung der Blechinstrumente erreicht zu haben …«

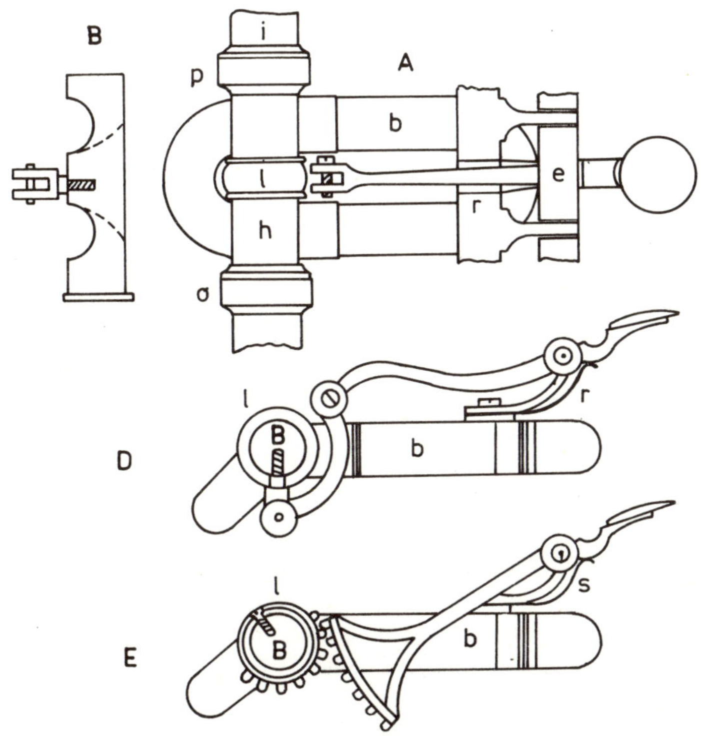

35. Drehventil nach Andreas F. Buschann, Wien 1847. Pausen mit Originalbeschriftung nach der Patentbeschreibung. Als b ist nur das mittlere Ventil herausgezeichnet, so daß die Tonbögen a, c und die Druckwerke d sowie f der Patentbeschreibung hier nicht erscheinen. Auch der Rohranschluß der Maschine mit Flansch und Übermutter (in der Beschreibung mit F und q bezeichnet) ist nicht dargestellt. Der Wechsel B dreht sich in seiner Längsachse; eingeschaltet, leitet er den Wind durch den langen, ausgeschaltet, durch den kleinen Rohrbogen. Das nicht gezeichnete Druckwerk C unterscheidet sich von der Version D nur dadurch, daß es eine Federtrommel üblicher Art besitzt. k und m entsprechen beim 1. und 3. Ventil dem Buchstaben l in der Zeichnung A.

Wenn Navo von sphärischen Dreiecken spricht, so meint er kreisförmig angeordnete Dreiecke. Wie das Druckwerk im einzelnen aussah, läßt sich nicht bestimmen. Vielleicht waren es Federstecher, aber auch die üblichen Arten der Druckwerke sind möglich, erfordern aber eine liegende Anordnung des Klappenkastens.

Die Gutachter der preußischen Technischen Deputation, Oberbergrat Schaffrinsky, Assessor Nettebohm und Prof. Dr. Schubarth, lehnten in ihrem Bericht vom 18. Mai 1843 an den Königlichen Wirklichen Geheimen Staats- und Finanzminister Herrn von Bodelschwingh die Patentierung ab, schlugen aber eine Prämie von 100 Reichstalern vor, die Navo auch er-

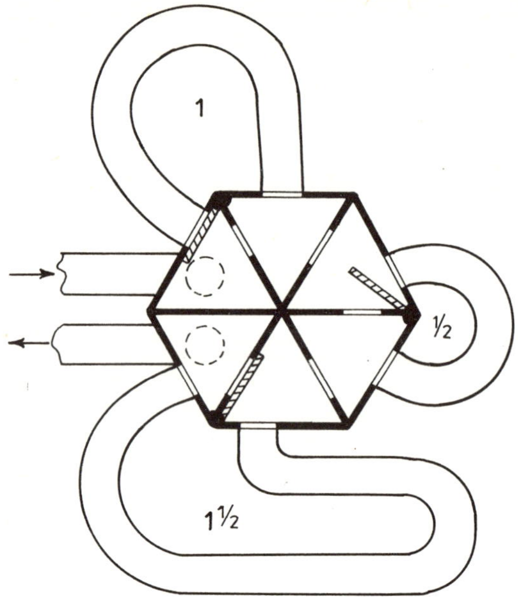

36. Klappenventil nach Johann Navo, Greifswald 1843. Rekonstruktion nach der Erfindungsbeschreibung. Die Klappen sind schraffiert gezeichnet. Beim Ganztonventil befindet sich die Klappe in Ruhestellung, beim Halbtonventil ist sie halb geöffnet dargestellt. Die 3. Klappe ist geschlossen, so daß der Wind durch die lange Schleife geht. Das Eingangsrohr mündet in den Boden unter der 1. Kammer, während das Rohr zum Schallstück vom Boden der 6. Kammer ausgeht. Die Ventilzüge sind an die Seitenwände der Kammern angeschlossen.

hielt. Navo hatte keinen Antrag auf Patentierung gestellt, sondern seine Erfindung nur der Technischen Deputation zur Beurteilung vorlegen wollen. Navos Einreichung wurde aber als Patentangelegenheit behandelt. Die Ablehnung als Patent begründeten die Gutachter wie folgt:

»Diese Einrichtung gewährt den schon angedeuteten Vortheil einer verhältnismäßig geringen Bewegung der Finger als die der früheren Ventil-Einrichtung erforderlich ist, hat aber den Nachtheil, daß sich der Luftzug in scharfen Winkeln und Ecken abbiegen muß, und wird deshalb, wie es scheint, dem Ton Eintrag thun.«

In der Tat ist der zylindrische Querschnitt des Luftstroms in den Ventilzellen ganz aufgehoben, was für Intonation, Ansprache und Klangfarbe nachteilige Folgen haben muß. Dem Schriftverkehr nach war Navo ein bescheidener, nicht auf seinen Vorteil bedachter Mensch, obwohl er, wie sein Abteilungs-Kommandeur Major von Portatius schreibt, Familienvater und ganz mittellos war. Es fehlte ihm, der elf Jahre gedient hatte, sogar das Geld, um nach Berlin zu reisen, dort sein Ventil bei einem Instrumentenmacher in Auftrag geben und die Herstellung überwachen zu können.

Die Sache hatte noch ein Nachspiel. Drei Wochen nach der Ablehnung bat Navo — am 6. Juni 1843 — darum, ihm das eingereichte Modell zurückzusenden. Er fuhr daraufhin für das Prämiengeld nach Berlin, legte dem Instrumentenbauer Carl Wilhelm Moritz das Ventil vor und gab ein Waldhorn in Auftrag. Die Stimmung des neuen Instruments befriedigte, wie zu erwarten, nicht. Navo und Moritz entschlossen sich, »die in den Kasten durch die Ecken bedingten Räume durch kleine eingesetzte Kloben auszufüllen, um ein gleichförmiges Durchströmen der Luft zu erzielen, sowie eine temporäre Ausdehnung des Luftstroms zu verhindern«. Dies schrieb Navo im Herbst, am 20. November 1843, an den Wirklichen Geheimen Oberfinanzrat Beuth und bat um Patentierung des Horns. Auch dieses Mal lehnte die Technische Deputation ab. Damit ging eine weitere Episode in der Geschichte der Ventile zu Ende.

Der Grundgedanke, ein Ventilsystem mit Hilfe leichtgängiger Klappen zu schaffen, war und ist naheliegend, so daß es nicht überrascht, daß dieser Gedanke 1903 durch Jacob Löw in Münster nochmals — und dies vielleicht unabhängig von Navo — Gestalt annahm. Hinsichtlich des Luftgangs ist die Problemlösung von Löw, die in einem länglichen, in mehrere Kammern geteilten Kasten besteht, als günstiger einzuschätzen. Allerdings sind es nun zwei Klappen je Kammer, die durch eine gemeinsame Fingertaste gleichzeitig betätigt werden.

Wie die Zeichnung zeigt, sitzt das Druckwerk, ein kurzhebeliges Spiralfederdruckwerk, direkt auf dem Ventilkasten. Auch Blattfedern sind laut Erfindungsbeschreibung anwendbar (DRP 148905 vom 2. April 1903). Die Klappen bewegen sich um etwa 45°. Für den Fall, daß die Kästchenwände im rechten Winkel zu den Längsseiten stehen, gibt Löw 90° an. Den Vorteil des Ventils sieht er darin, daß »die Auf- und Niederbewegung der Drucktasten auf die Hälfte bis ein Drittel verringert ist, so daß die Töne in rascherer Wechselfolge geblasen werden können«. Versuche an dem auf Foto 107a b wiedergegebenen Flügelhorn, das über die Verbesserungen von 1906 und 1911 verfügt, bestätigten, daß der Tonwechsel tatsächlich leichter geht als bei Drehventilen. Allerdings ist der Geräuschanteil durch das Aufschlagen der Klappen größer als bei Drehventilen, auch größer als bei Holzblasinstrumenten, da sich die Klappen innen im Kasten befinden und so das Aufschlaggeräusch verstärkt wird. Ein anderer Nachteil besteht im nicht homogenen Luftverlauf durch den kantigen Kasteninnenraum, so daß zahlreiche Ursachen für Wirbelbildung der Luft gegeben sind. 1906 meldete Löw eine ergänzende Verbesserung zum Patent an (DRP 183172 vom 30. Mai 1906). Um Klang und Intonation zu optimieren, veränderte er die Zwischenwände im Kasten und die Klappenlage so, »daß die Ventilzüge … einen vollständigen Bogen mit gegeneinander gerichteten Öffnungen bilden«.

Das Problem der scharfen Kanten in den Kästchen bleibt

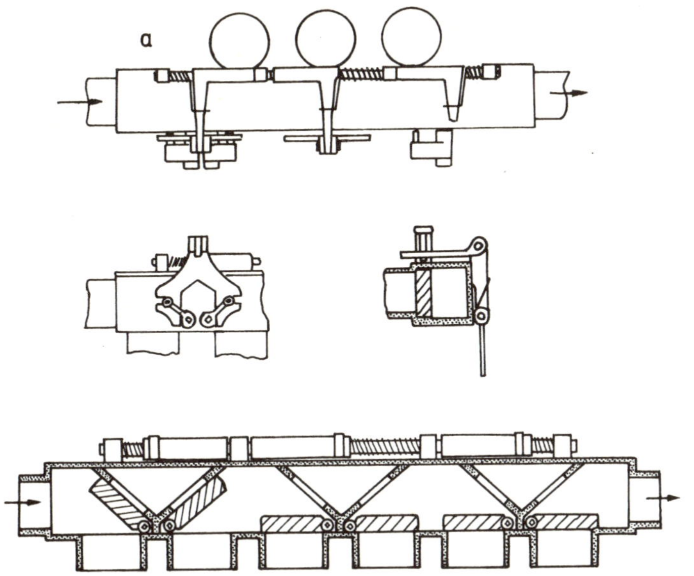

37. Klappenventile.
a: Klappenventil nach Jacob Löw, Münster 1903.
Oben: Druckwerk von oben gesehen, beim linken Ventil vollständig, beim mittleren ohne Dreharme (Flügel), beim rechten nur mit einem Dreharm gezeichnet.
Mitte: links Gabel zur Übertragung des Tastendrucks auf die zwei Dreharme, rechts Querschnitt durch den Klappenkasten mit Druckwerk. Druckwerk in Ruhestellung, so daß die Klappen die Ventilzüge geschlossen halten.
Unten: Längsschnitt durch den Klappenkasten. Links sind die Klappen geöffnet, so daß die Tonluft den Umweg durch die Ventilzüge macht. Die folgenden Klappen halten die Ventilzüge geschlossen, demzufolge geht die Tonluft durch die Kanzellenfenster und den Kasten zum Ausgang.
b: Klappenventil von Jacob Löw. Verbesserungen von 1906 (oben und Mitte) und die verbesserte Klappenform von 1911 (unten). Gegenüber dem Modell von 1903 anderes Druckwerk und andere Klappenanordnung (vgl. Foto 107).

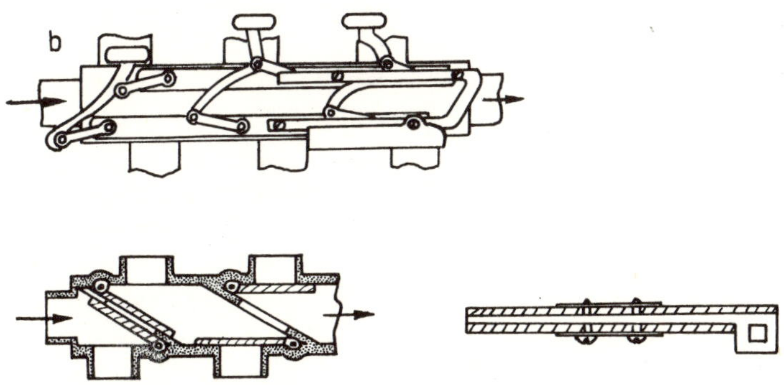

ungelöst. Neu erdacht ist das Druckwerk; es erinnert an Schaffners Mechanik der Flöten und Klarinetten. Die Klappen sind rechteckige Blechlöffel mit Lederpolster. Am 16. Juli 1911 erhielt Löw schließlich ein Patent (DRP 245248) auf eine weitere Verbesserung dieses Ventils. Sie besteht darin, daß die Klappe »nach vorn keilförmig zugeschärft und mit Korkscheiben, deren Schnittflächen mit den Poren gleichlaufen, belegt ist«. Außerdem sind die Ränder zu den Ventilzügen angefräst, so daß die Klappen besser schließen. Das Instrument auf Foto 107 a b ist noch weiter verändert, indem ein Spiralfederdruckwerk und entsprechend andere Flügel verwendet sind und wieder auf ledergepolsterte Klappen zurückgegriffen wurde. Immerhin sind mehrere Instrumente mit Löws Kastenventilen erhalten. Der Grundmangel von Löws Ventilen sind weniger die Klappen als die scharfen Kanten im Gehäuse.

Albert Pappé war vom Bestreben ausgegangen, jegliche Knicke im Luftgang zu vermeiden. »Hierdurch soll eine größere Reinheit der Töne erzielt und das Spiel erleichtert werden« (DRP 189058 vom 28. Februar 1906). Sein Ventil hat etwa die Form einer gekrümmten kleinen Schachtel.

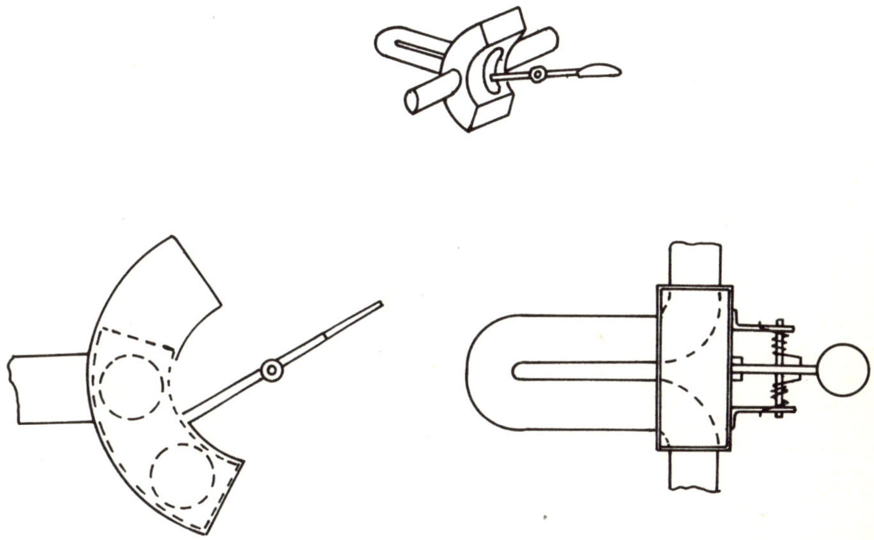

38. Dreh-Schiebeventil nach Albert Pappé, Leipzig 1906. Oben: Ansicht nach einer Ausführung, bei der alle vier Rohrstutzen in einer Ebene liegen. Links: Querschnitt bei ausgeschaltetem Ventil. Rechts: Längsschnitt mit Windleitung bei eingeschaltetem Ventil.

Am Gehäuse liegen in einer Ebene Mund- und Ausgangsrohr sowie der Schleifenausgang. Letzterer ist eine Rohrweite höher postiert oder, je nach Bauart, in einer Ebene mit den anderen Rohren. Im Wechsel befinden sich folglich ein gerades und zwei gekrümmte Durchgangsröhrchen. Man muß zwar Pappé bescheinigen, daß die Windumleitung tatsächlich nur »durch sanfte Krümmungen« erfolgt, wie er im Patentantrag schrieb, aber die Erfindung geht gedanklich nicht über das Pumpenventil hinaus. Zudem ist das Ventil schwierig herzustellen.

1839 erfand Etienne Périnet in Paris das nach ihm benannte Ventil. Das erste Modell von 1839 hatte vier Rohrstutzen in gleicher Höhe, das zweite von 1850 dagegen in unterschiedlicher Höhe, so daß der Winkel zwischen den Stutzen 120° statt 90° beträgt. Dieses erfolgreiche letzte Modell, das in vielen Varianten gebaut wurde und wird, begann sich seit etwa 1940 von den USA und Italien aus stärker auch in anderen Staaten auszubreiten, namentlich bei Trompeten, zumal Hoch-B-Trompeten und den Instrumenten der Luftwaffen-Musikcorps in Hitler-Deutschland. Vor 1940 traf man in Deutschland Périnetventile nur hin und wieder an, am ehesten bei Fanfaren, während sie nach dem zweiten Weltkrieg an Bedeutung gewannen, in der BRD mehr als in der DDR.

Mehrfachventile und Zweihubdrücker

Červený war 1846 der erste, der in einem Drehventil vier statt zwei oder drei Durchgänge in einer Ebene anordnete. Dieses als *Tonwechsel* bekannte Ventil ist entsprechend groß und bedarf $\frac{1}{8}$ Kreisumdrehung ≙ 45°, um die Position zu wechseln (s. S. 63f.). Mehrstöckige Drehventile wurden erst mit den Doppelhörnern (1897) üblich, während sie bei Périnetventilen beim Registre transpositeur (1858), später auch als Umschaltventile bei Doppelhörnern oder bei reinstimmenden Instrumenten Verwendung fanden (Patent Martin 1914, Zeichnung 74, S. 101). In einigen Fällen haben Mehrfachventile in Verbindung mit Zweihubdruck zur Einsparung von Ventilen Anwendung gefunden. Zuerst befaßte sich damit 1913 Erik Schirm in Höchst, der das S. 48 besprochene verbesserte Stölzelsche Ventil auch mit einer entsprechenden Ausführungsvariante versah (DRP 267802 vom 3. Mai 1913).

Zur Begrenzung des mittleren Hubs dient eine 2. Feder, die in einer Hülse ruht. Die mittlere Hubbegrenzung ist also nicht fest, und es gehört Übung dazu, die mittlere Position genau zu treffen. Ventil nicht gedrückt: Wind geht durch das Ventil; Ventil bis Mitte gedrückt: Wind geht durch die obere Schleife; Ventil bis unten gedrückt: Wind geht durch die untere Schleife. Um die sechs chromatischen Zwischenstufen vom 2. zum 3. Naturton auszufüllen, genügen zwei derartige Ventile (′ = mittlere Position):

Ton	Ventil
g^1	0
fis^1	2
f^1	1
e^1	1 + 2
es^1	1 + 2′
d^1	1′ + 2
des^1	1′ + 2′
c^1	0

Wie man sieht, sind das 1. und 2. Ventil wie üblich — in den oberen Schleifen — als Ganz- und Halbtonventil eingerichtet. Die unteren Schleifen sind jeweils einen Halbton tiefer gestimmt, und zwar so, daß Großterz und Quarte (es^1 und d) rein stimmen. Schirm wählte die (untere) Ganztonschleife des 2. Ventils um $\frac{1}{75}$ und die (untere) Großterzschleife des 1. Ventils um $\frac{1}{82}$ der Sollänge der Schleifen zu lang und fand damit einen guten Kompromiß. Schirm bezog in sein Patent auch die Ausführung als Drehventil ein. Es handelt sich dabei um Ventile mit zwei Schleifen und drei Durchgängen, deren mittlerer wie bei Blühmel als runder Kanal durch die Mitte des Wechsels läuft. Derartige Ventile hatte sich bereits 1894 Hermann Prager-Bauer in Zürich patentieren lassen, der sie in Kopplung mit Verkürzungsventilen verwendete. Sie sollten der Intonations- und Klangverbesserung dienen. Schirms Erfindung hatte wegen der Zweihubapplikatur von vornherein kaum Chancen, wohlwollend aufgenommen zu werden.

An Kriegsversehrte und Einarmige dachte Otto Tiedt in Hagen (Westfalen), als er 1919 eine Zweihubmechanik mit ähnlichem Resultat entwarf (DRP 315507 vom 6. März 1919).

Die Wechsel sind hier mit drei Durchgängen ausgestattet, die teilweise schräg durch den Wechsel laufen. Die Büchse hat also sechs Anschlußstutzen, davon vier für die beiden Schleifen. Die Drehung der Wechsel ist für zwei Viertelkreise eingerichtet. Das Druckwerk, das gedanklich an das Spiralfederdruckwerk anschließt, schaltet die Viertel- und Halbkreisdrehung der Wechsel derart ein, daß die Taste zunächst

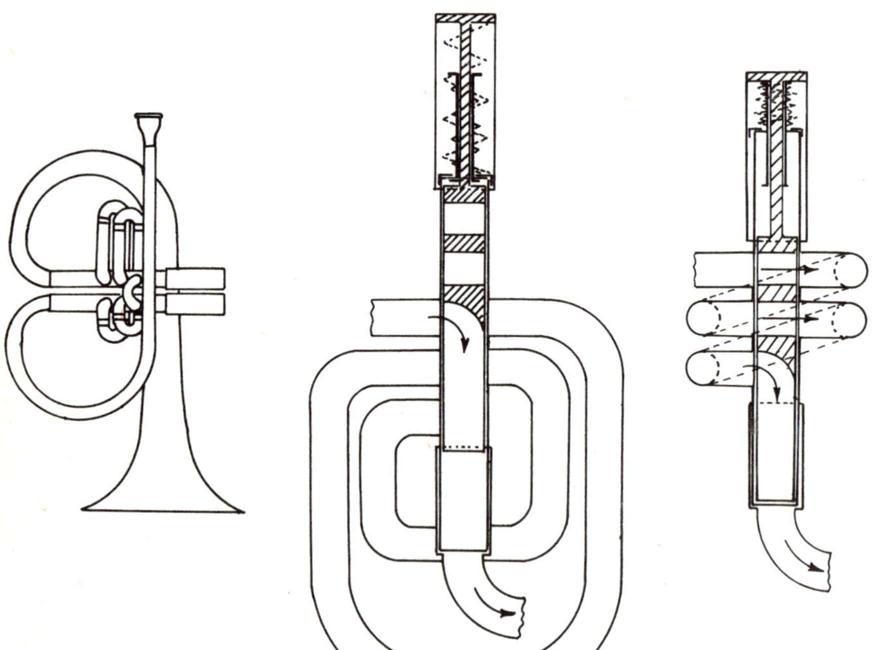

39. Röhrenschiebeventil mit drei Hubbegrenzungen und doppelten Ventilzügen nach Erik Schirm, Höchst 1913. Links: Ansicht eines Cornets. Mitte: Ventil nicht gedrückt. Rechts: Ventil bis unten gedrückt. Der mittlere Hub wird durch den Gegendruck der zweiten Feder begrenzt.

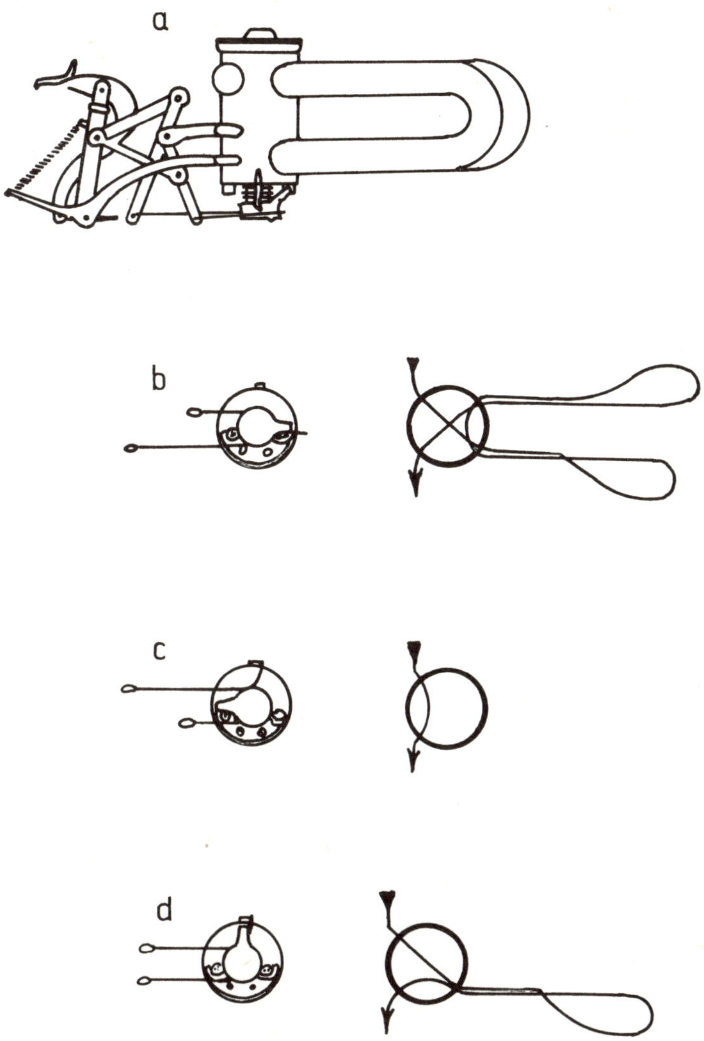

40. Doppelventil mit dreistufigem Druckwerk nach Otto Tiedt, Hagen 1919.
a: Ventil bei eingeschalteter dritter Stufe (Taste nach unten und gleichzeitig nach vorn gedrückt).
b: Stellung des Dreharms und der Windverlauf; es sind beide Ventilzüge eingeschaltet.
c: Dreharmstellung und Windverlauf bei Nichtbetätigung.
d: Mittlere Stellung des Ventils. Um die dritte Stufe richtig zu finden, sind eine Feder und ein Zapfen als kleiner Widerstand angebracht, der bei stärkerem Tastendruck leicht überwunden werden kann, um die dritte Stufe zu erreichen.

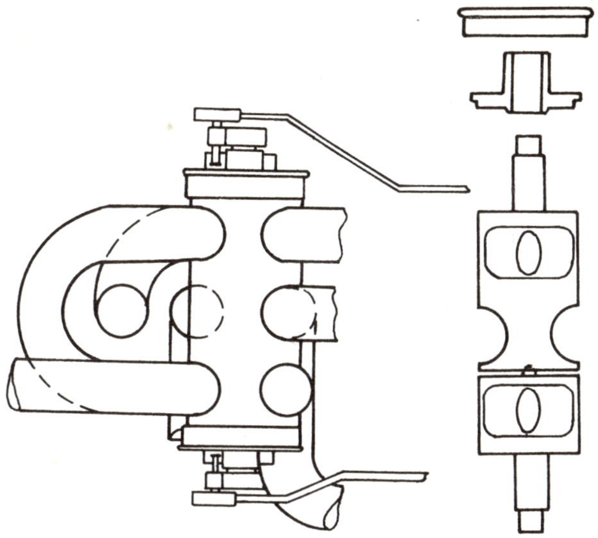

41. Tandemventil für ein Tripelhorn nach Helmut Finke, Vlotho-Exter um 1980.

waagerecht in Richtung Ventil (1. Viertel) und durch weiteren Druck um die Achse des Schwenkhebels bis in die Endstellung (2. Viertel) gedrückt wird. Die mittlere Position muß man im Gefühl haben, da keine Hubbegrenzung besteht. Außerdem kann die Fingertaste wie üblich nach unten gedrückt und damit wie ein einfaches Drehventil betätigt werden. Auf diese Weise können mit einem Drücker drei Ventilschleifen bedient werden. Da die lange Schleife nur in Verbindung mit der kurzen des Doppelventils kombiniert werden kann, sind freilich weiterreichende Applikationsmodifikationen erforderlich, des[1] fehlt allerdings im Tonvorrat.

Speziell als Umschaltventil für Doppelhörner und -tuben ist das *Tandemventil* gedacht, das Helmut Finke in Vlotho-Exter um 1980 entwickelte. Hier liegen zwei Drehwechsel in einem Gehäuse hintereinander bzw. übereinander und werden unabhängig voneinander betätigt. »Dieses Tandemventil erlaubt die Konstruktion von Waldhornmaschinen, auch von Tubamaschinen, in einer sehr platzsparenden Bauweise, da zwei Ventile [Wechsel] in einem Gehäuse untergebracht sind und dadurch nicht nur der Platz für ein komplettes Ventilgehäuse gespart werden kann, sondern auch lange und umständliche Rohrum- und Rückführungen entfallen können. Wir benutzen dieses Ventil bei einer ganzen Reihe unserer Waldhornmodelle, angefangen vom kompensierten Doppelhorn über Diskantdoppel und Tripel bis zum Quatro« (Mitteilung H. Finkes vom Juli 1983). Jeder der beiden Wechsel kann ein- oder mehrstöckig sein, je nach Verwendungszweck. Zwischen den Wechseln befindet sich als beidseitiges Lager eine Kugel.

Druckwerke und Umschaltventile

6

Nach der Reihenfolge ihrer Entstehung waren die ersten Druckwerke die Federstecher (Leipzig 1821). In Wien entstanden dann 1823 die Druckwerke, bei denen eine Druck- in eine Schubbewegung umgewandelt wird. Diese wurden zuerst mit Blattfedern gebaut (Zeichnung 42a—c), dann mit Uhrfedern in Trommeln (Uhlmann 1830) und schließlich seit den 1840er Jahren auch mit Spiralfedern. Es sind Druckwerke, die bei Trompeten eine horizontale Spielhaltung des Instrumentes ermöglichen.

Ein anderer Weg wurde spätestens seit 1827 in Bayern und Sachsen mit den Klinkendrückern beschritten, wobei man in Bayern und in der Schweiz starke Federn und lange Hebel, in Sachsen schwächere Federn und kürzere Hebel bevorzugte (Zeichnung 42d—h, Foto 55, 70ff.). Mit der Zeit erlangten jene Druckwerke, die sich vom alten Wiener Druckwerk ableiteten, die größte Verbreitung unter allen Druckwerktypen. Leichte, schnelle und sichere Gangart war stets die Zieleigenschaft für das Funktionieren der Druckwerke und diente somit als Regulativ ihrer Entwicklung.

Im folgenden sollen die bisher noch nicht betrachteten Druckwerke und deren Verbesserungen behandelt werden, und auch die, welche später bei den Instrumenten nicht vorgestellt werden. Zunächst sei auf die Federstecher als älteste Druckwerke Bezug genommen.

Teils in langer (S. 45, Zeichnung 27), teils in kurzer Form gebaut (S. 45, Zeichnung 28), traten sie auch in Sachsen in den 1850er Jahren in den Hintergrund. In Deutschland baute sie um 1900 wieder Rudolf Sander in Wolfstein (Abbildung eines Kornetts s. ZfI 22, Leipzig 1902/03, S. 470). Nach der Erfindung von F. X. Hüller & Co. aus dem Jahre 1929 bot die Handelsfirma C. A. Wunderlich in Siebenbrunn in ihrem Katalog als Neuheit »deutsche Jazztrompeten« mit Drehventilen und Federstechern an, um die Spielweise der Périnetventile nachzuahmen. In Markneukirchen werden solche Ventile noch heute gebaut. 1950 wurde ein Federstecher von Wilhelm Schorff in Radolfzell am Bodensee (DBP 848592 vom 17. Oktober 1950) entwickelt. Schorff dachte bei seiner Konstruktion besonders an Reiter, Musikmeister und Einarmige. Der Ventilflügel läuft in einer Kapsel und wird durch eine um einen Stift gewickelte Feder zurückgedrückt.

In Frankreich wurde ein Federstechermodell am 14. Oktober 1847 für Belorgey in Paris patentiert und hier auch von Alphonse Sax hergestellt. Wohl von Frankreich ausgehend, wurde es um 1850 in den USA aufgegriffen, als *Piston action* bezeichnet und von Firmen wie Isaak Fisce und Mc Fadden & Beaumont (beide Worchester, Mass.) gebaut. Der große Firmenkatalog von The Wurlitzer Company von 1908 kennt den Federstecher nicht mehr. Gewissermaßen neu erfunden wurde er 1920/21 durch Léon Moeremans in Gent (DRP 353829 vom 27. Mai 1922).

Dabei scheinen in Belgien die Federstecher im 19. Jh. eine fast durchgehende Tradition gehabt zu haben, da man noch um 1900 in Deutschland von *belgischen Pistons* sprach. In England sind die Federstecher auch in J. Köhlers Patent von 1851 (Scheibenventile) und J. Highams Patent eingebunden.

Die Druckwerke, bei denen eine vertikale Druck- in eine horizontale Schubbewegung umgewandelt wird, nahmen 1823 ihren Ausgang von Kail/Riedls Erfindung (vgl. Zeichnung 42a—c), sowohl die Mainzer Druckwerke (Zeichnungen 30 und 31) als auch Uhlmanns Trommeldruckwerk von 1830 und die späteren Spiralfederdruckwerke. Ein vereinfachtes und mit Kapsel verschlossenes Druckwerk reichte am 29. Juli 1840 Franz Stöhr in Prag zum österreichischen Patent ein und erhielt dies am 17. August 1840 auch für fünf Jahre erteilt.

Stöhrs Beschreibung ist nicht sehr deutlich, und da keine Zeichnungen überliefert sind, läßt sich seine Konstruktion im einzelnen vorerst nicht charakterisieren. Hier der Wortlaut

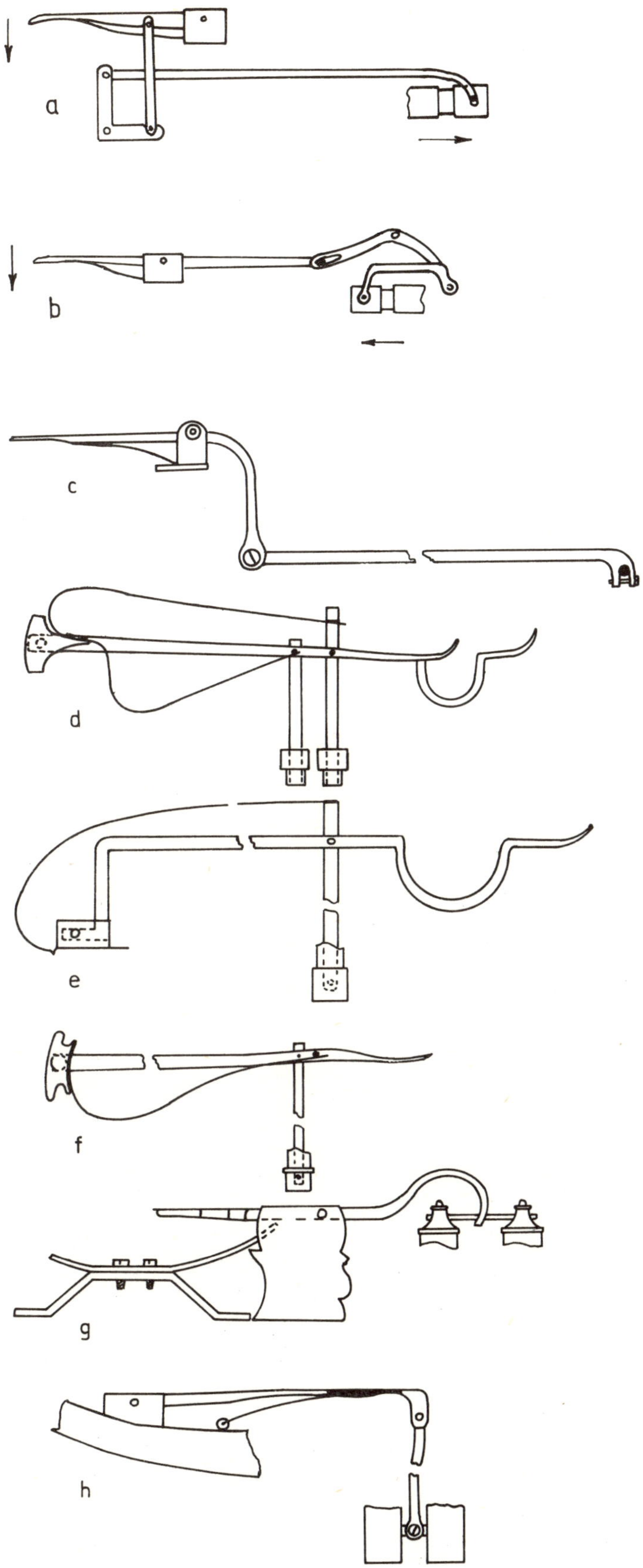

42. Frühe Hebeldruckwerke.

a: Prinzip von Kail und Riedl, Wien 1823ff. Rekonstruktionsversuch nach der Trompetendarstellung in Nemetz' *Allgemeiner Trompeten-Schule*, Wien 1828, S. 13.

b: Prinzip nach dem Waldhorn Berlin Nr. 1314 (Kriegsverlust). Dieses Horn war mit »Schott's Söhne« signiert und ist C. A. Müller zuzuschreiben; Mainz um 1827–1830.

c: Nach einem unsignierten deutschen Pikkolokornett von etwa 1845 (Leningrad Nr. 568).

d–f: Große Klinkenhebel mit starken Federn, um 1828–1840, gebaut z. B. von A. Barth in München (d, e) und Hirsbrunner in Sumiswald (f) (Foto 70–74).

g: Holmbank, um 1830–1840 in Sachsen nachweisbar, vgl. Foto 4.

h: Altmainzer Druckwerk, Prinzip wie bei C. A. Müllers Trompete Hamburg Nr. 1928/370. Späteste Form des Altmainzer Klinkenhebels mit Gleiträllchen an den Federn, noch um 1850 in Gebrauch.

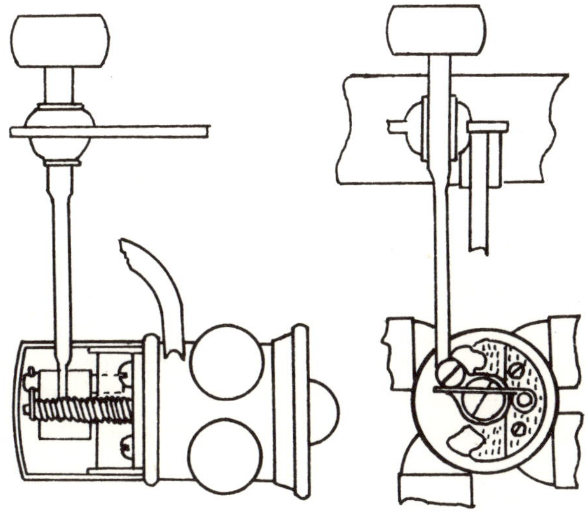

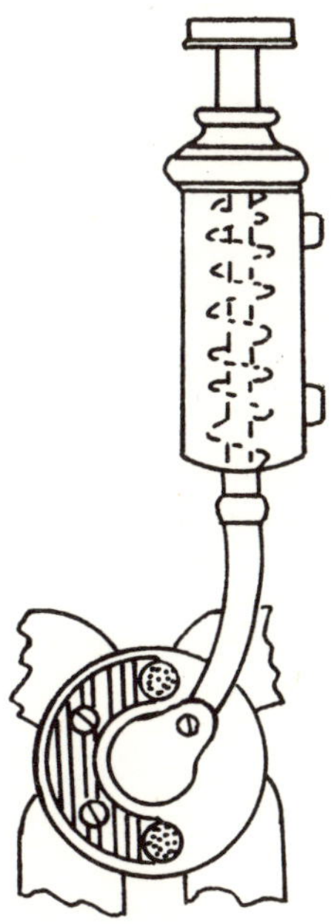

43. Oben: Druckwerk nach Wilhelm Schorff, Radolfzell am Bodensee 1950. Unten: Federstecher, patentierte Ausführung nach Léon Moeremans, Gent um 1921.

von Stöhrs Beschreibung (Manuskript der Technischen Universität Wien):

»Beschreibung

der von Franz Xav. Stöhr Metall-Blas Instrumentenmacher in Prag Nr. 563 gemachten neuen Erfindung: Die Ventille bey den chromatischen Metall-Blas-Instrumenten durch einen senkrechten Druck in eine horizontale drehende Bewegung zu bringen, wodurch der Drükker das Ventill unmittelbar dreht, indem in den Ventill ein gedrehtes Blatt angebracht ist, — demnach die bis itzt angewandten Gestelle, Federhäuser, Winkel und Arme, die der im̄erwährenden Reparatur unterliegen, nicht mehr gebraucht werden. Hiedurch hat die Maschine den wesentlichen Vortheil der höchsten Einfachheit in der Mechanik als auch in der äußeren Gestalt erreicht, und da die drehende Vorrichtung ganz verschloßen ist, so kann weder durch ein Anstoßen etwas verbogen werden noch der mindeste Staub eindringen um die schnelle Bewegung des Ventills zu hem̄en. Endlich lassen sich die Drücker auf ein und demselben Instrumente nach Belieben mit der rechten oder linken Hand greifen, was besonders für die Militaer Music von großen Nutzen seyn dürfte.

Prag am 29ten Juli 1840.

Franz Stöhr
Bürgl. Instrumentmacher
und Beeiteter Schätzer derselben«

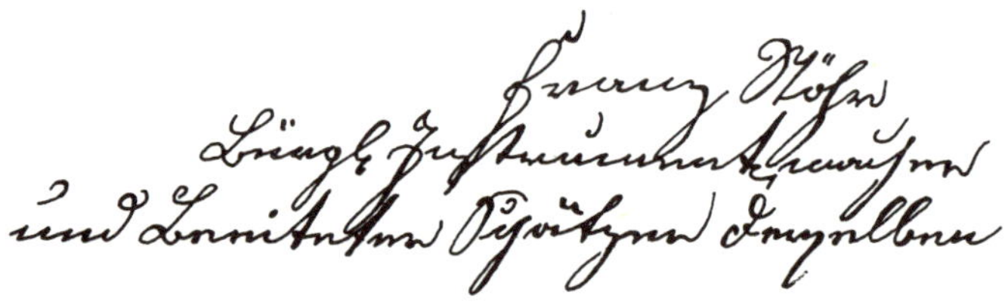

Dem Gedanken, Pumpen- und andere Einkolbenventile mit Druckwerken zu versehen, begegnet man fast ausschließlich in den 1830er—1850er Jahren. Nach den bereits besprochenen Versuchen von Moritz, Heiser, Bauer und Hell ist noch auf die Erfindung von A. Guichard Paris 1835 (Näheres s. S. 226, Ophicléide à pistons), die am Anfang all dieser Versuche stand, und die von Charles Kretzschmann in Strasbourg hinzuweisen, der 1856 ein Périnetventil mit einem Druckwerk versah. Das fünfjährige französische Brevet d'Invention sans garantie du Gouvernement Nr. 28038 vom 23. Juni 1856 erhielt Kretzschmann »für ein Ventilsystem in horizontaler Lage mit vertikalem Drucksystem, das bei allen Blechblasinstrumenten angewendet werden kann«. Im Antrag, der mit »Strasbourg en Juin 1856« datiert ist, schreibt Kretzschmann:

»Diese Ventile unterscheiden sich von den früheren in zwei Hauptpunkten: I⁰. Durch ihre horizontale Lage im Instrument (bzw. quer zu den Röhren des Instrumentes), wie man dies aus den Zeichnungen der beiden Instrumente auf Bildtafel I ersehen kann.

II⁰. Durch ihr Drucksystem. — Da die Ventile sich in horizontaler Lage befinden, muß der vertikale Fingerdruck auf die Druckplätt-

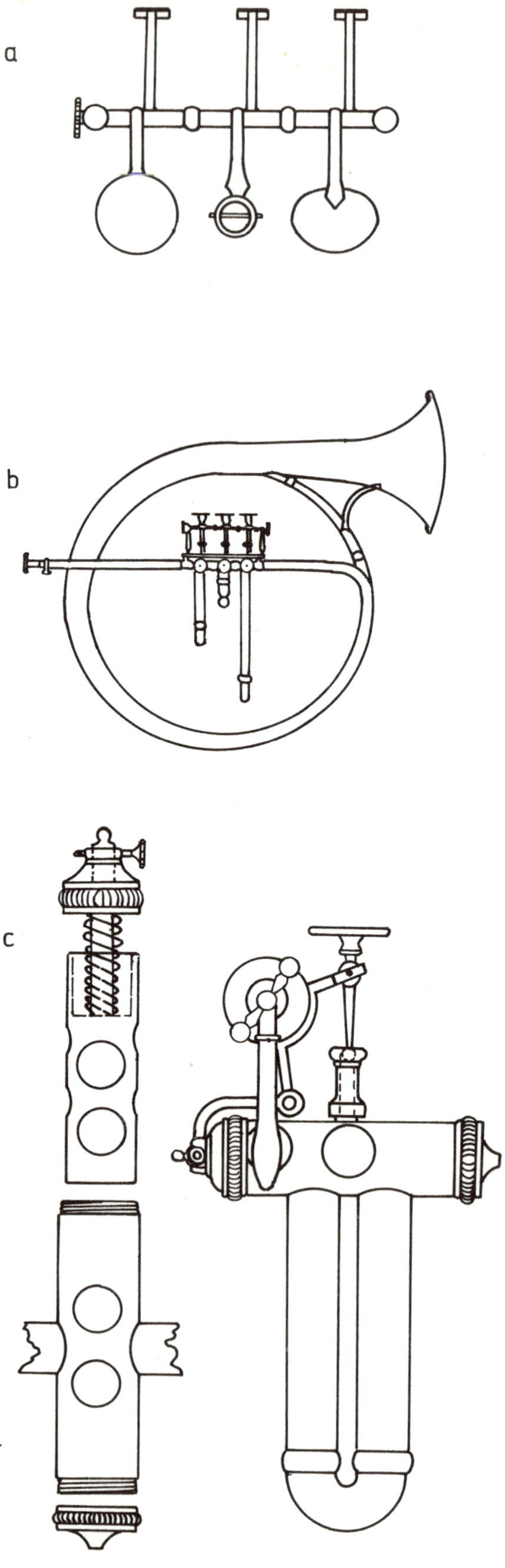

44. Pumpenventil mit Druckwerk (c) nach Charles Kretzschmann, Strasbourg 1856 (Patentantrag).
a: ein einfaches Druckwerk ohne Feder.
b: Anwendung an einem kreisförmigen Signal- ou Flügelhorn en si ♭

chen sich in horizontaler Weise auswirken. Hat das Druckwerk die [üblichen] Tasten, so beschreiben diese beim Abwärtsgehen einen leichten Bogen.«

Kretzschmanns Anliegen, ein liegendes Périnetventil durch ein horizontal wirkendes Hebeldruckwerk zu bedienen, war 1844 durch E. J. Bauer und 1846 durch F. Hell in vergleichbarer Weise gelöst worden. Kretzschmann sah zwei Ausführungen vor: die Feder im Ventil (Périnetventil mit Oberfederung) oder mit Trommeldruckwerk. Die Darstellungen in Zeichnung 44 sind Pausen nach Kretzschmanns Antrag und stellen beide Ausführungen dar. Indem er beim federlosen Druckwerk den Tastenhebel neben dem Druckarm anlötet, folgt Kretzschmann einer alten, besonders in den Rheingegenden heimischen und von etwa 1835 bis 1920 verbreiteten Tradition. Das kreisförmig gewundene Instrument, das er als Ausführungsbeispiel mit federlosem Druckwerk angibt, bezeichnet er als »Un Signal- ou Flügelhorn en si ♭, à clavier à boutons à charniere simple«.

Auf die Anordnung einer Blattfeder bei Holzblasinstrumenten griff Leopold Mitsching in Elberfeld zurück (DRP 139 483 vom 11. März 1902), der sich 1894 etabliert hatte.

Die Rolle, auf der die Blattfeder aufliegt und die zum guten Gleiten der Feder dient, wurde nach Pariser Vorbild bereits spätestens um 1834/35 von C. A. Müller in Mainz an seinen Trompeten verwendet. Den Gedanken der Blattfeder griffen auch Ernst Geipel (Zeichnung 14) und Josef Lorenz in Altona auf (DRP 266 482 vom 22. März 1913). Lorenz lagerte eine Blattfeder mit einem Ende ortsfest an der Druckwerkschiene, mit dem anderen unter der Fingertaste. Die Feder liegt in einem Ausschnitt des entsprechend breit gearbeiteten Druckwerkhebels.

Vergleichsweise sei Roderich Bürgi in Rheinfeldern in der Schweiz genannt, der 1890 die »Uhrfeder« des Trommeldruckwerks in einem extra eingerichteten Oberfach im Ventilgehäuse unterbrachte (DRP 59 043 vom 3. Dezember 1890). Die Ventilbüchse ist um die Breite des Federhauses höher. Das Federproblem lösten Wilhelm und Heinrich Theis in Lenn a. d. Lahn und Elberfeld, indem sie ein Druckwerk mit federgepolsterter Schubstange bauten (DRP 384 941 vom 20. Februar 1923). Außerdem setzten sie anstelle des Flügelscharniers eine Gabelverbindung, wobei die Berührungsstellen mit dem Flügel zur Verminderung der Reibung angespitzt sind.

Einen neuen, aber erfolglosen Weg beschritt 1877 und 1880 C. W. Moritz in Berlin mit vier neuen Druckwerken.

Moritz erhielt für diese von der Firma teilweise schon um 1842 gebauten Druckwerke am 28. Juli 1877 das Patent Nr. 176 und am 6. Mai 1880 das DRP Nr. 11 511. Die Erfindung von 1877 betrifft den Antrieb durch eine Zahnstange und einen mit einem Zahnradsegment versehenen Flügel. Es

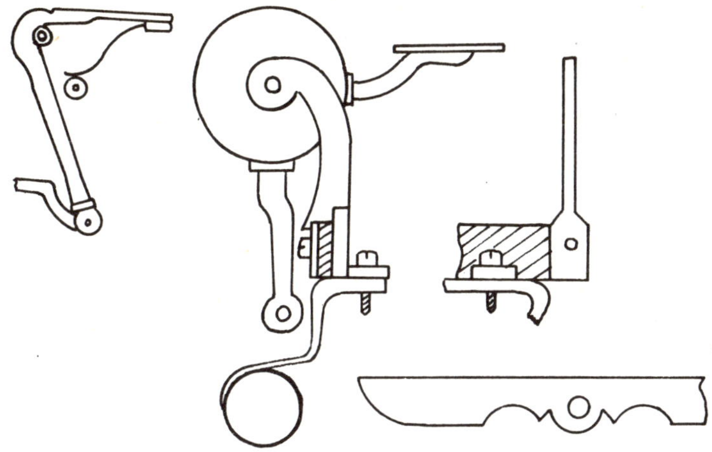

45. Links: Druckwerk nach L. Mitsching, Elberfeld 1902. Die Blattfeder gleitet auf einer Rolle. Rechts: Trommeldruckwerk Modell Heckel, von etwa 1860—1920 üblich. Charakteristisch durch hochkant stehende Druckwerkschiene, schmale Säulchen und Profil der Längsschiene (unten rechts).

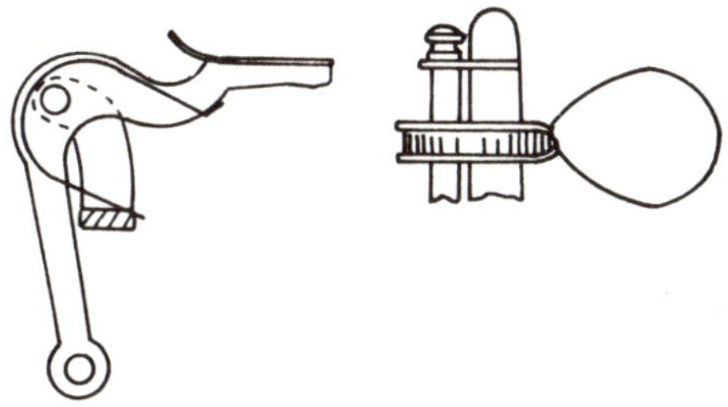

46. Druckwerk nach Josef Lorenz, Altona 1913. Rechts: Sicht von oben.

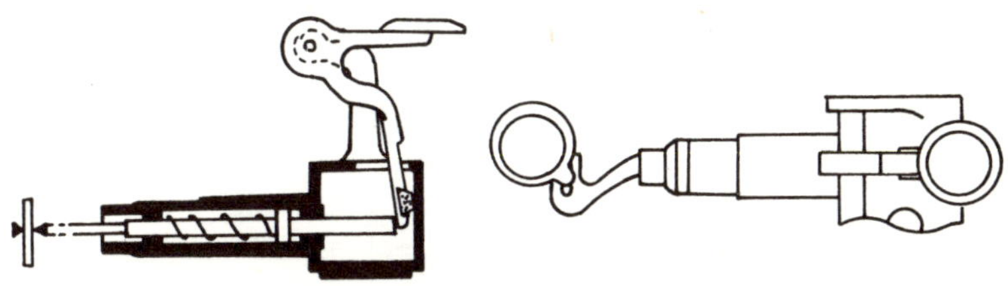

47. Druckwerk nach Wilhelm und Heinrich Theis, Lenn an der Lahn 1923. Links: Die Gabel, die in den Dreharm greift, ist nach innen zu »angespitzt«, um die Reibung auf ein Mindestmaß herabzusetzen. Rechts: Sicht von oben.

ist ein Spiralfederdruckwerk mit Zahnstangenantrieb. 1880 gab Moritz ein Spiralfederdruckwerk ohne Schubstange an. Das vertikale Hebelende ragt in den Schlitz eines länglich gestalteten Flügels. Der Hub wird durch eine Korkfütterung im Flügelschlitz begrenzt. Eine Variante funktioniert umgekehrt: Der Flügel ist mit einem Stift versehen, der in einen Schlitz des Hebelarms greift. Der Kork befindet sich wiederum an den Schlitzenden. Moritz gab als Vorteil an, daß »der Hub der Tasten, welche zum Bewegen der Ventile dienen, ein geringe-

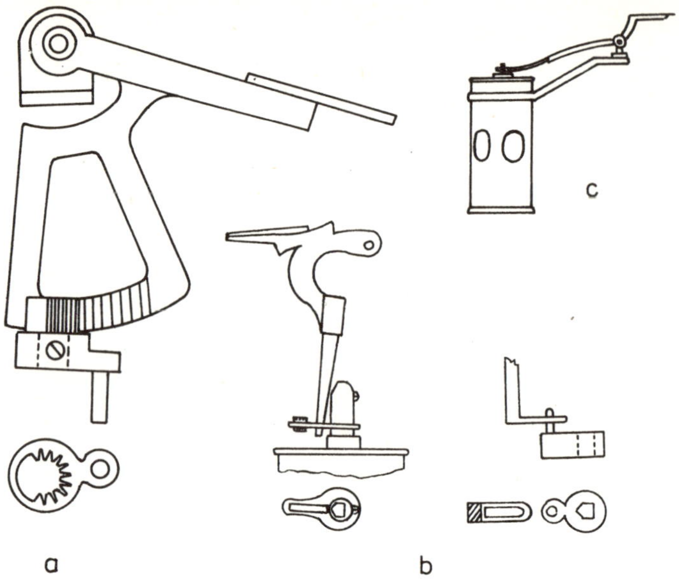

48. Druckwerke der Firma C. W. Moritz, Berlin.
a: Der Dreharm wird durch eine Zahnstange angetrieben; Patent 1877.
b: Druckwerk ohne Schieber (Schubstange) und ohne Scharnier. Der Druckwerkhebel ragt in einen Schlitz des Dreharms (links), oder der mit einem Stift versehene Dreharm ragt in einen Schlitz des mit einem Fuß versehenen Druckwerkhebels (rechts). Patent 1880.
c: Hebewerk für Pumpenventile, um 1842, zum Patent 1880 angemeldet.

rer [ist] als gewöhnlich und daher die Handhabung eine leichtere.« Der größte Vorteil war wohl die Einsparung der Schubstange, aber die alle Vorteile aufhebenden Nachteile sind: die Geräusche und die weniger gute Kraftübertragung wegen der Kreisbewegung des Flügels. Schließlich enthält das Patent von 1880 noch einen spätestens 1842 erfundenen Hubmechanismus für Pumpenventile, s. Zeichnung 48c und Foto 97. Die Lageverhältnisse im Ventil sind gerade umgekehrt wie üblich, also Feder oben, Rohrdurchgänge für Schleifen unten im Wechsel (vgl. auch Th. Rode 1881, S. 228/229).

Die sich in den USA unter der Bezeichnung String action einbürgernde Erfindung wurde 1848 von Thomas Paine in Woonsocket (USA) gemacht, und in Europa zuerst um 1855 von Wenzel Schamal in Prag auf Vorschlag von Joseph Kail in die Tat umgesetzt. »... das Drehen der Cylinder wird mittelst einer Darmsaite leicht und ohne Geräusch bewirkt« (Schebek 1858, S. 29/30). Im Deutschen spricht man meistens von *Seilzugmaschine* oder *Schnurmechanik*.

Ein eigentümliches Druckwerk für Drehventile verwendete M. C. R. Andorff in Markneukirchen, für das er am 26. September 1889 das Deutsche Reichspatent Nr. 51630 erhielt.

Andorffs Erfindung besteht darin, daß die Führungskraft, die auf einen Druckknopf wirkt, durch einen Schraubengang im Kolben und oberer Ventilachse direkt auf den Wechsel übertragen wird. Auf dem Ventilgehäuse befindet sich ein Zylinder, in dem ein Kolben mit Schraubengang im Inneren durch eine Spiralfeder nach oben gedrückt wird. Beim Druck auf die Taste wird durch den Schraubengang die Druck- in Drehbewegung umgewandelt (Drillprinzip). Die Reibungsverluste sind bei dieser Vorrichtung erheblich, so daß eine Bewährung von vornherein unwahrscheinlich sein mußte. Die Spielweise war, nach erhaltenen Instrumenten zu urteilen, schwerfällig (vgl. auch Foto 11).

Obwohl die Druckwerkschubstange mit Kugelgelenk schon 1850 erfunden wurde, setzte sie sich erst nach 1930 durch. Der erste Erfinder war Charles Kretzschmann (1818–1888) in Strasbourg, dessen Vater aus dem Vogtland zugewandert war. Das bereits besprochene französische Drehventilpatent Nr. 9850, das am 1. Mai 1850 für Kretzschmann ausgestellt wurde, enthält die in Zeichnung 13c dargestellte Variante der Schubstange. Kretzschmann schreibt in seinem Antrag vom April 1850:

»Die Verbesserung besteht aus zwei Kugelgelenken, die auf einfachen Scharnieren angebracht sind, wie die Zeichnung veranschaulicht. – Da die frühere Übertragungsweise [der Bewegung] einfacher ist, sich aber auch für meine neuen Ventile verwenden läßt, so werde ich das alte System weiter für die einfacheren Instrumente gebrauchen. – Die neuen Übertragungsbestandteile werden sich weniger schnell abnutzen (vor allem wenn man zur Herstellung zwei verschiedene Metalle verwendet) und ihre Bewegung wird viel gleichmäßiger sein als die der alten.«

Die Verbesserung besteht aus den erwähnten zwei Gelenken mit Pfannen und Kugeln, die, wie die Zeichnung veran-

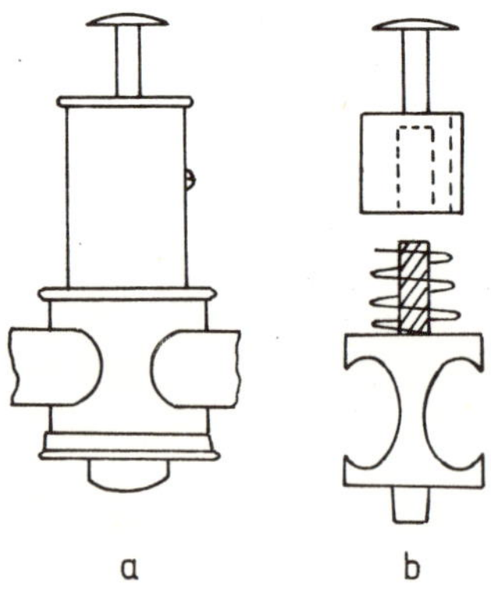

49. Druckwerk nach M. C. R. Andorff, Markneukirchen 1889. Die als Spindel ausgebildete obere Ventilachse und der mit einem entsprechenden Innengewinde versehene Druckzylinder verursachen bei Druck auf die Taste die Drehung des Wechsels. Louis David erfand bereits 1866 in Paris ein ähnliches Druckwerk für Périnetventile.
a: Seitensicht (bei einem erhaltenen Instrument ist die obere Kapsel hyperbolisch geschwungen). Rechts am Gehäuse eine Schraube als Führungsstift für den Druckzylinder.
b: Druckzylinder, Wechsel, Feder.

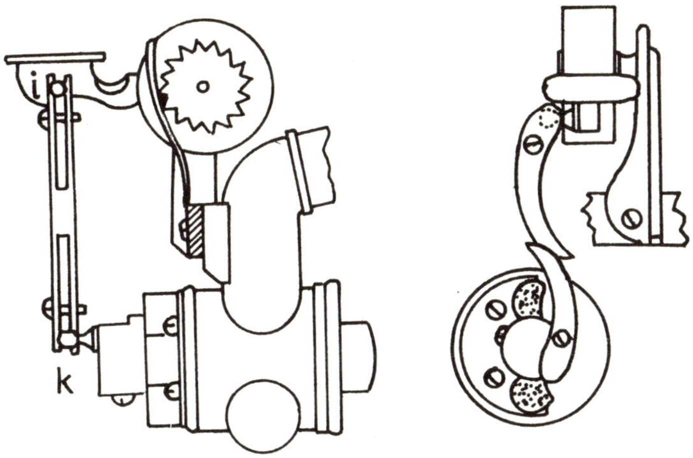

50. Druckwerk mit Kugelgelenken (i, k) an den Schieberenden. Erfunden von Anton Gschwender, Kranzeck bei Sonthofen 1878.

schaulicht, auf zwei einfachen Lagern befestigt sind. Die zweite überlieferte Form stammt von Anton Gschwender in Kranzeck bei Sonthofen (DRP 4773 vom 10. April 1878).

Zur Vereinfachung des Druckwerks sind die Drehventile wie bei Červený waagerecht gelagert, so daß das Kondenswasser nicht in die Ventilzüge gelangen kann. Gschwenders Schubstange »ist wie eine Doppelpincette gebildet, welche die beiden Köpfchen i und k einklemmt. An beiden Enden derselben sind Schalen eingeschliffen, welche mit den Köpfchen ein Kugelgelenk bilden, und durch die beiden Stellschrauben können diese Gelenke so reguliert werden, daß kein todter Gang stattfindet.« Die Kugel des Flügels wird durch einen Schlitz in die Schubstange eingeschoben und lagert in der Kugelpfanne. Wird die Schraube angezogen, kann die Kugel nicht herausgleiten.

Aus dem Jahre 1926 stammt ein System ganz anderer Art von Wilhelm Theis in Lenn an der Lahn (DRP 451920 vom 24. Dezember 1926).

Bei Theis sind die Kugeln an den Enden der Schubstange angebracht. Die hintere Kugel ist in das mit einer zylindrischen Bohrung versehene Dreharmende einfach eingeschoben. Die obere Kugel besitzt einen Führungszapfen, der in den Flügel eingesteckt wird. Dadurch kann die Kugel am Dreharm nicht herausgleiten. Durch diese Schubstange ist der tote Gang, der bei den traditionellen Druckwerken nach langem Gebrauch bedeutend sein kann, vermindert. Die Verkleinerung des toten Ganges ist das Hauptaugenmerk auch der anderen Druckwerke mit Kugelgelenken. Eine Ausführung mit größerem und zukunftsträchtigerem Erfolg erhielt am 3. Oktober 1929 unter der Nr. 544751 Reinhard Voigt in Markneukirchen patentiert.

Bei Voigt befinden sich die Kugeln wieder an Flügel und Dreharm. Durch die Schraubverbindung der Kugelpfannen

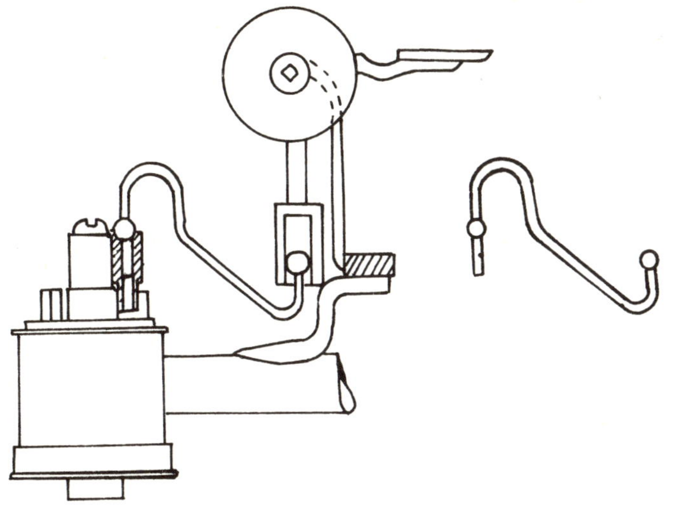

51. Druckwerk mit Kugelgelenkschieber nach Wilhelm Theis, Lenn 1926. Rechts: Schubstange.

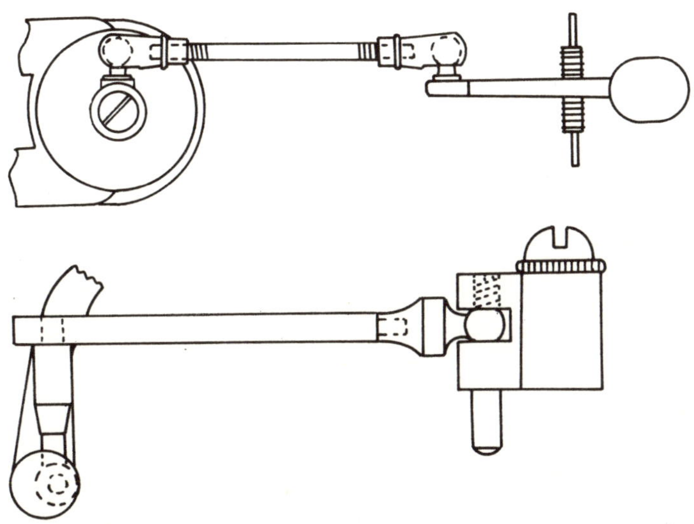

52. Schieber mit Kugelgelenken.
Oben: Druckwerk mit Kugelgelenkschieber nach Reinhard Voigt, Markneukirchen 1929. Die Schubstange trägt die Kugelpfanne. Unten: Druckwerk mit Kugelgelenkschieber nach Ernst Modl, Graslitz 1940. Die Gelenkkugeln befinden sich an der Schubstange. Die Kugeln sind abgeflacht und können bei einer Drehung um 90° aus den Gelenkpfannen herausgezogen werden. Zur Verbindung mit dem Tastenhebel hat der Schieber im rechten Winkel einen Zapfen mit Kugel.

mit der Schubstange ist auch eine Längenregulierung der Schubstange möglich, was 1878 und 1926 noch nicht der Fall war. Der Flügel mit seitlich abstehender Kugel wurde bald in einen Flügel mit nach oben zeigender Kugel geändert. An Voigts System schließen die erfolgreichen und weit verbreiteten Markneukirchener Modelle von Martin Peter sen. (um 1882–1945) und Herbert Fritz Knopf (1894–1969) an.

a

b

c

d

e

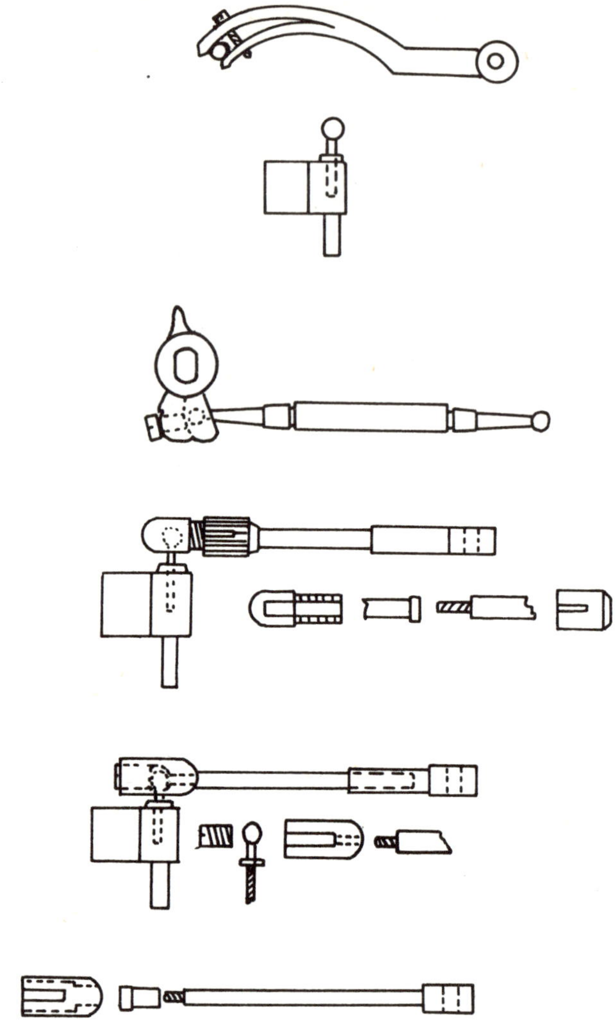

53. Schieber mit Kugelgelenken.
a: Modell der Firma Heckel, Dresden um 1900.
b: Modell Albert David, Bielefeld 1934. Kugeln an den Schieberenden, Pfannenlage geringfügig durch Schraube veränderbar.
c: Modell Martin Peter sen., Markneukirchen, Anfang 1930er Jahre. Das Gelenk besteht aus der Kugel mit Flansch und Gewinde (gleich auch bei Heckel), einer Hülse mit Schlitz und Außengewinde, einer dreimal geschlitzten Hülse mit Innengewinde und einem auf das Schieberende geschraubten Lagerstift mit Ansatz, an dem die Außenhülse die Innenhülse festzieht.
d: Modell Herbert Fritz Knopf, Markneukirchen um 1948. Das Gelenk besteht aus der Kugel mit Flansch und Gewinde wie bei Heckel und Peter, einer am Schieber angeschraubten, geschlitzten Hülse und einer Madenschraube, die die Kugel in der Hülse festhält und mit der die Mechanik eingespielt werden kann.
e: Modell Herbert Fritz Knopf, Ausführung seit 1960. Vom Vorgängermodell durch einen in die Hülse eingesteckten Gewindeansatz für den Schieber, ferner durch einen glatten, starren Schieber unterschieden. Die Verbesserung ergab sich daraus, daß bei der Montierung das Ausrichten der Hülse auf den Schieber oft schwierig war. Durch die neue Vorrichtung können Schieber und Hülse beliebig gedreht werden. Die Zeichnung zeigt nur die Unterschiede zur vorhergehenden Ausführung.

Martin Peter sen., der bei Reinhard Voigt lernte, entwickelte sein Modell Anfang der 1930er Jahre. Als Herbert Fritz Knopf 1948 seine Gelenkverbindung ersann, ging auch die Firma Martin Peter zu diesem Modell über. Seit 1960 wird H. F. Knopfs Variante Zeichnung 53e gebaut. Die Kugel mit Flansch und Gewinde zum Einschrauben in den Flügel trat zuerst an Schubstangen der Firma F. A. Heckel in Dresden auf (Zeichnung 53a), die an Trompeten dieses Herstellers schon um 1900–1910 nachweisbar sind (z. B. München DM Nr. L 107/77). Hinzuweisen ist noch auf das Modell von Albert David, Bielefeld 1934, bei dem die Schieberenden als Kugeln gestaltet sind, und das Modell von Ernst Modl in Graslitz (DRP 730876 vom 4. Oktober 1940).

Bei *Kurzdruckmaschinen*, die Mitte der 1920er Jahre in Markneukirchen aufkamen, beträgt die Verringerung des Tastendrucks infolge des kürzeren senkrechten Hebelarms gegenüber dem Normalmodell etwa 2 mm.

Über die Spann- und Remontiervorrichtung, den *Federspanner* zum Regulieren der Druckwerkfeder, liegt die erste Nachricht 1850 vor, als Červený auf der Londoner Industrieausstellung ein Hochflügelhorn in C (erfunden 1847) und zwei Waldhörner mit Federspannern zeigte. Mit Spannrädchen und Absperrklinke wurden sie etwas später auch von Charles Kretzschmann in Strasbourg gebaut (Foto 33). Die jetzt übliche Ausführung läßt sich seit 1861 kontinuierlich, zunächst an J. A. Heckels Druckwerkmodell, dokumentieren. Die Ausführungen variieren (vgl. Abb. 17, Zeichnung 50). In Wilhelm Theis' Schubstangenpatent von 1926 wird die Feder durch ein Rad, das die Seitenwand der Trommel bildet, gespannt und durch ein anderes, zwischen den Trommeln befindliches Rad arretiert. Beim Druckwerk von Frenzio Orsi in Mailand (DRP 620042 vom 14. Februar 1934), das nur auf zwei Säulchen ruht, hat die durchgehende runde Achse vier längslaufende Schlitze. Max Deibl und Karl Rimmel in Kempten (Allgäu) hüllten ihre Druckfedern in eine gemeinsame Schutzhaube, aus der die Hebel und das Spannrädchen durch Schlitze herausragen, ebenso der Griff der Sperrklinke (DRP 906039 vom 1. Januar 1952). Die vier Lagerböcke sind breit und niedrig. Nach der auf M. Deibl zurückgehenden Erfindung wird »die Feder bei Beteiligung des Drückers von innen her gespannt« und »die gewünschte Spannung der Feder durch Drehen ihres äußeren Endes mit Hilfe eines Spannrades eingestellt«. Bei den traditionellen deutschen Spannrädern wurde die Feder dagegen von außen her gespannt.

Besondere Hubbegrenzungen

Von 1889 datiert der Versuch des Josef Schediwa, Odessa, die Hubbegrenzung des Flügels in das Druckwerk zu verlegen (DRP 48982 vom 3. Januar 1889).

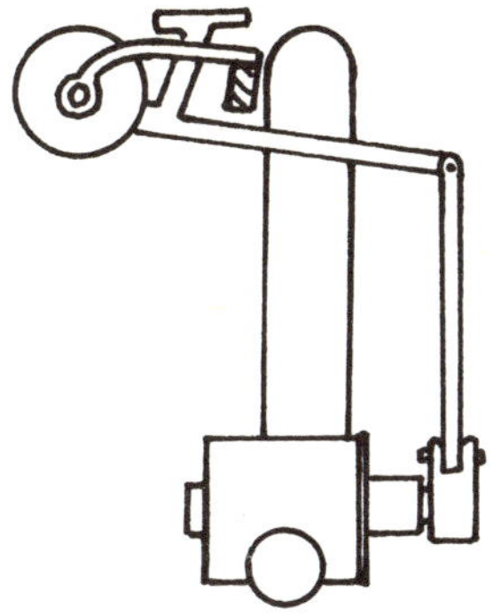

54. Druckwerk für liegende Drehventile nach Josef Köhler, Hagen 1905.

55. Umschaltventil für Posaune nach J. F. S. Alschausky. Gautzsch bei Leipzig 1920. Innerer Aufbau und Anwendung s. Zeichnungen 20 und 93b.

Hier sind Gummipuffer auf einer Schiene angeordnet, an die zwei Nasen des Fingerdrückers von unten und oben anschlagen. Übrigens hat Schediwas Ventilwechsel keine untere Achse. Vielmehr ist der Sprengdeckel mit einem Zapfen versehen, der in eine entsprechende Aussparung des Wechsels hineinragt und so das Lager bildet. Andere Formen der Hubbegrenzung s. Zeichnung 54 (J. Köhler, Bestandteil von dessen Patent von 1905) und 55 (zu Alschauskys patentierter Posaune von 1920 gehörend).

Bei Umschaltventilen lassen sich zwei hauptsächliche Arten unterscheiden: solche, die wie die drei Spielventile behandelt werden, und Stellventile, die kein Druckwerk, sondern nur einen Dreh- oder Schiebegriff besitzen. Von der ersten Art ist das wichtigste das *Quartventil*, das bei Bässen unentbehrlich ist, wenn es gilt, die tiefste Oktave musikalisch zu nutzen. Die frühesten Belege und Modelle sind die Baßtuba von W. Wieprecht (1835), die Tenor-Baß-Posaune von C. F. Sattler (1839) und das Euphonium von F. Sommer (1843). Im Jahre 1845 kam der 34jährige Ignaz Stowasser in Wien auf die wenig glückliche Idee, *drei* Umschaltventile anzubringen, um auf diese Weise alle Aufsteckbögen und Aufsatzstücke entbehrlich zu machen. Stowasser reichte seine Idee am 26. März 1845 bei der Regierung in Wien ein und schrieb:

»Beschreibung

Der von mir Endesgefertigten zur Beseitigung aller Tonbögen und Aufsatzl gemachten neuen Erfindung, welche darin besteht, daß bei allen Metalblasinstrumenten sowohl die von mir mit einem a: h: [= allerhöchsten] Privilegium vom 3. Februar 1843 patentirte Verbeßerung der Radlmaschine, als auch die gewöhnliche Maschine mit geraden Cylindern zugleich angebracht werden, indem durch die Entfernung aller Tonbogen und Aufsatzl jede Tonart geblasen werden kann und die Stimmung sicherer ist.

Auch ist bey meinem Instrumente der Stim̄zug sowohl zur Stimmung, als Ausgießen des Waßers dergestalt konstruiret, daß der größte Theil des Waßers darin sich setzen muß, wodurch dem oftmaligen Wassersprudeln abgeholfen wird.

Ignaz Stowasser«

Obwohl er keine Zeichnung beifügte, ist deutlich, daß es sich um das auf Abb. 11, Nr. 9 und Abb. 18, Nr. 12, dargestellte Instrument handelt. Nur sind an die Stelle der Drehventile die im Vogtland üblichen Stopferventile getreten. Das Mundrohr mündet also nicht sofort in die Umschaltventile, sondern bildet erst noch einen U-Bogen als Stimmzug, durch den auch das Wasser abgegossen wird. Aus den Prospekten ist zu erkennen, daß die drei Wiener Ventile die Stimmung um 1, 2 und 4 Halbtöne vertiefen, so daß eine G-Trompete bis C herabgestimmt werden konnte. Schon der kenntnisreiche Zeitgenosse erkannte den Mangel der Anlage; denn mit der Umschaltung in tiefere Stimmungen müßten auch die Tonbögen proportional ausgezogen werden, wenn es nicht zu ernsten Intonationsstörungen kommen sollte. So fällte auch hier die Geschichte ihr unerbittliches Urteil, indem Stowassers Erfindung, die am 18. April 1845 für fünf Jahre patentiert wurde, nach kurzer Zeit ausstarb. Immerhin wurden aber auch im Vogtland derartige Instrumente gebaut.

Doppelinstrumente sind stets mit Umschaltventil ausgestattet, so auch Hirschbergs Concerthorn von 1873 (Zeichnung 92). Ehe auf die Umschaltventile der Doppelhörner eingegangen wird, sollen der zeitlichen Reihenfolge ihrer Entstehung nach die Stellventile »dazwischengeschaltet« werden. Die grundlegenden Erfindungen stammen von J. B. Dupont (Paris 1818), Ch. J. Sax (Brüssel um 1824), V. F. Červený in Königgrätz und G. Pelitti in Mailand, die beiden letzteren aus dem Jahre 1846. Während die Formen von Dupont und Sax nur bei Cors omnitoniques gebraucht wurden – dabei hauptsächlich in Frankreich –, spielten die anderen beiden Formen auch im deutschen Instrumentenbau eine Rolle. Červený knüpfte an das große Drehventil mit drei Durchgängen an. Er erschien am 18. März 1846 um 10 Uhr vormittags bei der ministeriellen Dienststelle in Wien und reichte folgendes Erfindungsschreiben ein:

»Beschreibung

der von dem gefertigten Blech-Blasinstrumenten Fabrikanten Wenzl Czerweny in Königgrätz neu erfundenen: Tonwechsel-Maschine.

Dieselbe kann bei einem jeden Blech-Blasinstrumente angebracht

Druckwerke und Umschaltventile

werden, und kann dadurch der Grundton des Blasinstrumentes, jenachdem es die Struktur des Instruments oder der Wunsch des Bestellers erheischt ein bis achtmal, ja unendlichmal verwechselt werden und zwar in die Tiefe; daher es einfache bis achtfache und auch mehrfache Tonwechsel-Maschinen geben kann.

Der Hauptkörper dieser Maschiene ist ein flacher Zillinder dessen Umfang sich nach der Zahl der zu wechselnden Töne richtet. Derselbe hat in seiner runden Seite stets doppelt so viele Effnungen plus Zwey, als Tonarten außer dem Instrumentengrundton gewechselt werden sollen.

In diese Öffnungen, und zwar zu zweien ist immer ein Tonzug eingebettet, die auch Einbettung der Tonzüge stets erübrigenden 2 Öffnungen, dienen dazu die durch Trennung der Hauptröhre des Instruments entstandenen zwei Mündungen aufzunehmen, wodurch die Maschine mit dem Instrument zugleich in eine feste Verbindung gebracht wird.

Die einzelnen Tonzüge haben jeder für sich einen eigenen Verlängerungszug, wodurch jeder einzelne Tonzug gestim̄t werden kann.

Der Zillinder ist hohl, durch dessen Mitte läuft eine Spindel, welche beweglich ist und deren Enden über die Flächen des Zillinders hervorragen. An dem hervorragenden Theil der nach außen gekehrten Fläche ist oberhalb dem Deckel ein Zeiger befestiget, und auf dem Deckel welcher eine runde Fläche bildet sind nicht nur die Wechseltöne, sondern auch der Grundton des Instruments mit Buchstaben angedeutet und zwar kreisartig, wie die Stunden auf dem Zifferblatt einer Uhr — und der Zeiger kann von einem Buchstaben zu dem anderen vor- und rückwärts wie der Zeiger einer Uhr geschoben werden, und bleibt mittelst einer Feder über jenem Buchstaben festgehalten, der den zu wechselnden Ton andeutet, an der Spindel selbst im Inneren des Zillinders ist der eigentliche Tonwechseler angebracht resp. befestiget.

Zur besseren Verdeutlichung dient nebenstehende Zeichnung einer mit der F-Trompete in Verbindung gesetzten Tonwechsel-Maschine, welche auf vier Wechseltöne: C. D. S und E eingerichtet ist. Der Zillinder A.A. enthält in der runden Seite zehn Öffnungen 1. 2. 3. 4. 5. 6. 7. 8. 9. 10. in welche vier Tonzüge dann die zwei Mündungen der Hauptröhre der Trompete eingebettet erscheinen, und zwar:

Die Hauptröhreen-Mündung a in die Öffnung 1.
Der Tonzug C in die Öffnungen 2 und 3.
Der Tonzug D in die Öffnungen 4 und 5.
Der Tonzug S in die Öffnungen 6 und 7.
Der Tonzug E in die Öffnungen 8 und 9. und
die Hauptröhren-Mündung b in die Öffnung 10.

Jeder Tonzug hat seine mit Punkten angedeutete Verlängerung in c. d. s. und e.

Auf dem Deckel des Zillinders B. B. sind die Wechseltöne mit C. D. S und E dann der Grundton der Trompete mit F angedeutet/: Lezterer ist auf der Zeichnung vom Tonzeiger bedeckt:/ Der Zeiger C. ist an dem hervorragenden Spindel-Ende D. befestigt.

Die Wechselung der Töne wird auf folgende Art bewerkstelliget: So wie die Zeichnung andeutet steht der Zeiger auf den Grundton F. Will nun der Blasende in D Ton wechseln, so schiebt er den Zeiger über E und S bis auf den Buchstaben D wo derselbe durch die darunter befindliche mit einem Stift versehene und in eine kleine Öffnung im Deckel eindrückende Rastfeder fest bleibt. Mit dem Zeiger dreht sich nun die Spindel im Zillinder und mit der Letzteren, der im Zillinder befindliche an der Spindel befestigte Tonwechsler, und es wird durch diese Drehung der Tonzug D mit den Mündungen der Trompeten-Röhre in Verbindung gesetzt, so zwar, daß der hineingeblasene Luftstrohm durch die Hauptröhren-Mündung a. dann Zillinder-Öffnungen 1 und 4. in den Tonzug D und aus diesem durch die Zillinder-Öffnungen 5 und 10 in die Hauptröhren-Mündung b. übergeht; während die übrigen Tonzüge abgesperrt bleiben.

Die Vorteile welche diese neuerfundene Tonwechsel-Maschine von denen bisher nöthigen Aufsatz-Bögen gewährt, werden in dem Gesuche auseinander gesetzt und sind jedem Kenner von selbst einleuchtend.

Königgrätz den 18ten März 1846. Wenzl Czerweny«

Červený erhielt für seine Tonwechsel-Maschine am 21. April 1846 unter Nr. 4967 ein dreijähriges Erfindungsprivileg zugebilligt. Anwendung fand dieser Tonwechsel wenigstens bei Bässen (Abb. 12) und Trompeten (Abb. 18, Nr. 13). Letztere wurden auch in Markneukirchen hergestellt, erlangten aber keine Verbreitung (Foto 10). Denn eine voll befriedigende Problemlösung war die Tonwechsel-Maschine nicht, sie war aufwendig in der Herstellung und beeinflußte die Stimmung vielfach negativ. Außerdem waren die Ventilzüge der jeweiligen Vertiefung gemäß nachzustellen. Jede Tonwechsel-Maschine mußte dem Instrument »auf den Leib geschneidert« werden. Sollte sie um zwei Stufen vertiefen, mußte der Wechsel drei Durchgänge haben, sollte er, wie bei der in Rede stehenden F-Trompete, um drei Stufen vertiefen, waren vier Durchgänge erforderlich, bei der Vertiefung um vier Stufen fünf Durchgänge usw. Auf dem geschichtlichen Plan sehen wir, daß nach 1865 Červenýs Tonwechsel-Maschine allmählich ausstarb. Wenn J. Hell aus Brünn 1854 auf der Münchner Gewerbeausstellung einen Tonwechsel nach dem Schiebeprinzip zeigte, so dürfte dieses System eher mit dem des Cor omnitonique von Ch. J. Sax (Brüssel um 1824) als mit der Tonwechsel-Maschine von Červený verwandt gewesen sein.

Bis heute ist dagegen der Stellwechsel von Giuseppe Pelitti international in Gebrauch. Da die Lombardei von 1714 bis 1859 zu Österreich gehörte, soll hier auch die Fabrik Pelittis Berücksichtigung finden. Am 26. August 1846 reichte Pelitti bei der österreichischen Regierung in Wien diese Erfindung ein:

»Es handelt sich um eine in neuer Bauart hergestellte Trompete mit lediglich einem einzelnen Stellventil (Robinet) und einem langen Stimmzug (pompa lunga); mit der man in den Tonarten G, Fis, F, E, Es, D, Des, C, H spielen kann, ohne irgendeinen Bogen zu wechseln …«

Es handelt sich also um eine G-Trompete mit einem langen Stimmzug und einem einfachen Stellventil, mit dem die Stimmung um eine Großterz herabgestimmt werden kann. Von der G- bzw. Es-Stimmung aus ist der Stimmzug jeweils um 3 Halbtöne auszuziehen. Wenn die Stimmung gut sein soll, müßten sowohl bei der Tonwechsel-Maschine Červenýs als auch bei Pelittis Trompete die Ventilzüge entsprechend mit ausgezogen bzw. umgerüstet werden. Bei Wieprechts Piangendo-Trompete von 1838 (Abb. 38) wurde die Intonationsge-

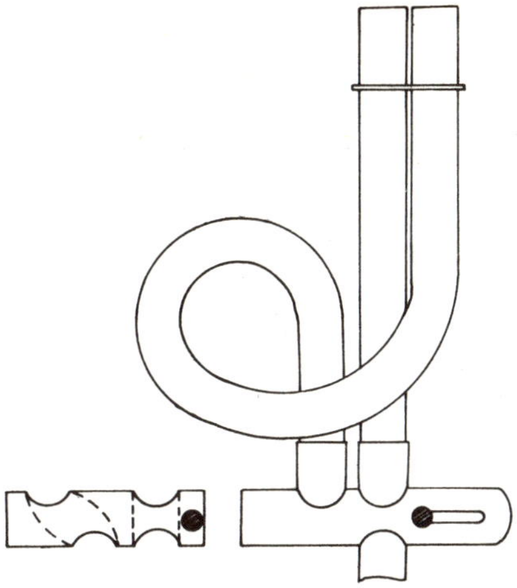

56. Umschalt-Schiebeventil nach E. Lorenz, Braunschweig 1878. Links: Wechsel. Rechts: Ansicht mit zwei Mundrohren mit Längen z. B. für C- und B-Stimmung. Nach der dargestellten Ventilstellung ist das C-Mundrohr eingeschaltet. Das Mundstück ist beim Spielen also auf das kürzere Rohr zu stecken. Gleiches Prinzip wie bereits beim Cor omnitonique von J. B. Dupont, Paris um 1818.

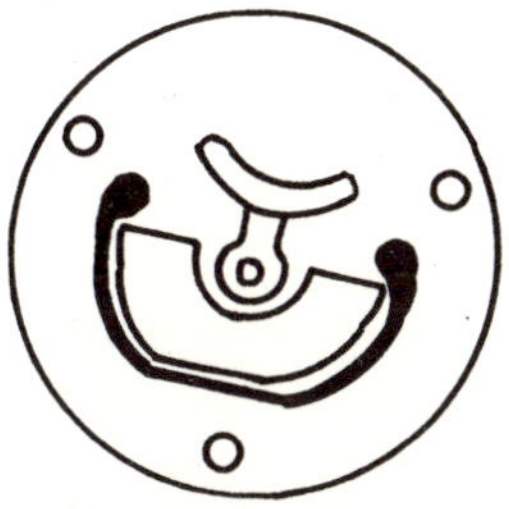

57. Anschlag eines Umschalt-Drehventils bei abgenommener Schutzkapsel. Gebaut wahrscheinlich von Moritz Eschenbach, Dresden um 1890 (Markneukirchen o. Nr.), erfunden vermutlich 1861 von Franz Eschenbach in Markneukirchen. Der Anschlag befindet sich unten. Der »Zeiger« hat im Bild eine Mittelstellung.

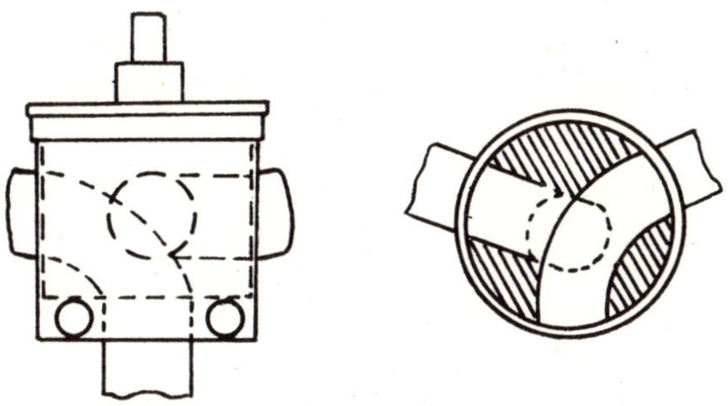

58. Umschalt-Drehventil nach Georg Wendler, Erfurt 1931. Geeignet für Doppelhörner. Der Wechsel läuft auf einem Kugellager (kleine Kreise). Die drei Rohrstutzen befinden sich in der Mitte des Bodens und an zwei Stellen des Mantels. Rechts: Querschnitt, nach dieser Wechselstellung geht der Wind vom linken Seiteneingang zum Bodenausgang bzw. umgekehrt.

nauigkeit technisch überzogen behandelt, bei Stowasser, Červený und bei Pelittis Trompete dagegen mit zu geringer Feinheit. Am 13. November 1846 erhielt Pelitti ein österreichisches Patent auf drei Jahre. Während sich das Trompetenmodell nicht durchsetzte, fand der *Robinetto* (Robinet, Rubinetto) in Frankreich, England und Deutschland unter den Namen *Barillet*, *Switch* und *Stellventil* allgemein Eingang. Unter den 67 abgebildeten Ventilinstrumenten eines Pelitti-Prospekts von 1865–1870 befindet sich bemerkenswerterweise weder die Patenttrompete noch ein Instrument mit einem Robinetto (Abb. 50).

Vermutlich ist durch Pelittis Trompete mit Stellventil und langem Stimmzug ein um 1850–1855 im Vogtland entwickeltes Hornmodell angeregt worden, bei dem die einzelnen Hornstimmungen ebenfalls durch eine Kombination von Stellventilen und Stimmzügen erzielt wurden (Abb. 14). Meist wurden und werden die Stellwechsel vor oder nach der Maschine oder in den Stimmzug eingebaut, um das Instrument 1 oder 2 Halbtöne tiefer zu stimmen, z. B. bei C/B-Flügelhörnern oder F/Es-Trompeten (vgl. Abb. 13). Ein anderes Anwendungsgebiet der Stellventile sind die Naturinstrumente, bei denen sie z. B. in neuerer Zeit bei B/F-Fanfaren oder -Parforcehörnern nützlich sind. 1853 baute Besson Stellventile sogar in Ventilzüge ein, was, außer beim Stopfventil der Waldhörner, in Deutschland nur selten nachgeahmt wurde.

Einen anderen Weg des Umstimmens ging 1878 E. Lorenz in Braunschweig. Er schlug ein einfaches Schiebeventil mit zwei Mundrohren vor (DRP 5212 vom 23. Juli 1878).

Auf getrennte Mundrohre griff der besseren Intonation wegen in den letzten Jahren auch H. Finke bei Doppelhörnern zurück (s. S. 187). Zeichnung 57 zeigt ein Umstellventil, das vermutlich mit zum Gegenstand des sächsischen Patents Nr. 1263 gehörte, das am 13. April 1861 Franz Eschenbach in Markneukirchen erhielt.

Da die entsprechenden sächsischen Kanzleiakten nicht erhalten sind, kann über Eschenbachs »Verbesserung von Blasinstrumenten« nichts Näheres ausgesagt werden. Das Besondere besteht im Anschlag, der auf der Unterseite angebracht ist.

Der Bostoner Hornist Georg Wendler, der durch Einheirat künstlerischer Chef der Firma Kruspe in Erfurt wurde, erhielt am 13. Oktober 1931 das Deutsche Reichspatent Nr. 559300 für ein Ventil nach dem Prinzip des Dreiwegehahns mit zwei horizontalen und einem vertikalen Anschluß.

Der Wechsel gleitet auf einem Kugellager. Das Ventil kam anscheinend nicht zur Anwendung. Unabhängig davon entwickelte 1979 die Firma Gebr. Alexander ein Umschaltventil nach dem gleichen Prinzip und paßte es den Erfordernissen des Tripelhorns an (Foto 46b).

Zur Biographie von Blühmel, Stölzel und Wieprecht

7

Über Blühmels Leben ließ sich über das hinausgehend, was bereits im Zusammenhang mit seinen Ventilpatenten angeführt wurde, nur wenig ermitteln. Friedrich Blühmel war Bergmann im Steinkohlenbergbau zu Waldenburg, hatte das Spiel von Holzblasinstrumenten usw. erlernt, wechselte, da die Grubenarbeit die Fingerfertigkeit beeinträchtigte, 1808 von der Violine zu Waldhorn und Trompete über und war vermutlich erst von dieser Zeit an auch »Berghautboist«. Er starb vor 1845. Blühmel war ein findiger Kopf, der sich auch auf anderen Gebieten des Instrumentenbaus mit Neuerungen beschäftigte. Die Idee, durch Erfindungen zu Geld und Ansehen zu kommen, mochte ihm 1828 als die glücklichste erschienen sein. Denn außer den neuen Ventilen meldete er in jenem Jahr in Berlin noch drei weitere Erfindungen zum Patent an. Am 12. September reichte er, wohnhaft in Berlin, Neuschönhauser Straße 14, einen Patentantrag auf die Erfindung einer Vorrichtung ein, die die Tondauer der Saiteninstrumente verlängern sollte. Eine Woche später, am 20. September 1828, folgte ein analoger Antrag auf eine Vorrichtung, Pauken statt mit vier nur mit einer einzigen Schraube umzustimmen. Blühmel wurde damit zum ersten (oder einem der ersten) Erfinder der Hebelpauke, die im 19. Jh. recht bedeutsam war und die teilweise auch heute noch in Gebrauch ist. Vom 1. Oktober desselben Jahres schließlich ist das dritte Patentgesuch datiert. Blühmel stellt sich mit diesem als der Erfinder der metallenen Zapfenringe bei Holzblasinstrumenten vor. Da aber Instrumentenbauer wie Friedrich August Peuckert in Breslau solche Ringe schon seit geraumer Zeit verwendeten, wurde dieses Patent nicht erteilt. Der Beginn des Gesuchs ist als Selbstzeugnis Blühmels interessant:

»In meiner früheren Zeit erlernte ich Holzblase Instrumente, und nach der Zeit habe ich dergleichen Instrumente repariren müssen, weil man mir an meinem Wohnorte daß Zutrauen schenkte, daß ich Kenntnisse an denen Instrumenten hätte.«

Geldsorgen müssen im Leben Blühmels eine große Rolle gespielt haben. So bittet er in einem unter den Patentakten befindlichen Brief vom 8. April 1818 an den Staatsminister »den wohltätigen Beförderer alles Nützlichen und Guten, um eine Beyhülfe ..., damit ich meine Rückreise nach Schlesien weniger kummervoll in Hinsicht meiner Schulden, anzutreten im Stande bin«. Der Brief hatte Erfolg, denn am 14. April wies der Staatsminister von Bülow die Staatskasse an, Blühmel 100 Taler als Prämie für seine Erfindung »aus dem Fonds für gewerbliche Zwecke pro 1818 gegen Quittung zu zahlen«. Blühmel bekannte in seinem Brief, daß die 400 Taler Abfindung durch Stölzel »Eine sehr unbedeutende Vergütung für meine, mehrere Jahre auf die Erfindung verwandte Mühe und Kosten [seien], welche ich aber wegen der bedürftigen Lage des p. Stoelzel nicht höher habe bewirken können.« Schließlich wagte Blühmel in seinem Patentgesuch vom 5. April 1828 den nunmehrigen Staatsminister von Schuckmann um eine »ausreichende Unterstützung zu bitten, weil ich bei meiner Armuth die Nachsuchung eines Patents wegen der damit verbundenen Kosten scheue«.

Über Stölzels Leben berichtete einiges schon Dauverné (1837, S. 10), der aber in den Zeitangaben nicht ganz exakt ist. 1928 veröffentlichte Friedrich August Drechsel in der ZfI (48, Nr. 13, S. 634f.) Weiteres. Diese Daten hatte Adolf Stölzel, ein Verwandter des Erfinders, der in den 1880er Jahren Familienforschung trieb, dem Museum in Markneukirchen zur Verfügung gestellt. Drechsel, der Gewerbelehrer in Markneukirchen war, fand diese Daten in den Museumsakten. Zusammen mit neu aufgefundenen Lebensdaten ergibt sich nun folgendes Bild von Stölzel, der in den Akten teils Stoelzel, teils Stölzel geschrieben wird. (Bekanntlich kam es zur Vereinheitlichung der Schreibweise der Familiennamen erst nach der Gründung der Standesämter in den 1870er Jahren.)

Heinrich Stölzels Großvater Gottlieb (geb. 1701) war Kammermusikus in Schleiz gewesen, sein Urgroßvater Heinrich (1660–1720) Organist in Grünstädtel im Erzgebirge. Ein anderer Sohn dieses Organisten war der berühmte Komponist und Gothaische Kapellmeister Gottfried Heinrich Stölzel (1690–1749). Der Ventilerfinder Heinrich David Stölzel wurde am 7. September 1777 in Schneeberg in Sachsen als einziger Sohn des Stadtmusikus Christian Heinrich Stölzel geboren. Er starb am 16. Februar 1844 in Berlin, Elisabethstraße 17, an Herzlähmung und hinterließ eine Witwe und vier Kinder. Von Hause aus Musiker, spielte er mit gleicher Vollkommenheit Harfe, Violoncello, Horn und Trompete (Dauverné 1837, S. 10). Seit Anfang des 19. Jh. war Heinrich Stölzel Hautboist in der Kapelle des Fürsten von Pless in Schlesien. Die erste Ehe schloß er am 3. Februar 1806 mit Anna Josepha Graupner, der Tochter des Fürstlichen Amtmanns Karl Ernst Graupner in Lendrin, die zweite Ehe am 13. Juni 1809 mit Johanne Dorothea Friederike, Witwe des Kellerei-Inspektors Johann Bayer. Aus dieser Ehe ging der Maler Moritz Carl Stölzel (geb. am 1. Oktober 1809) hervor. Das Ehepaar hatte zwischen 1818 und 1827 sieben Kinder.

Aus den Patentakten ergibt sich weiter: Blühmel hatte 1818 »wegen der bedürftigen Lage des p. Stoelzel« nicht mehr als 400 Taler Abfindung erwirken können. Bis 1827 änderte sich an Stölzels Wirtschaftslage nicht viel, da Graf Brühl in seinem Empfehlungsschreiben für die Patentverlängerung am 17. Juli 1827 an den Handelsminister schrieb:

»... so glaube ich um so weniger Anstand nehmen zu dürfen, dem Gesuche des p. Stölzel mich bereitwillig zu zeigen, als derselbe, bei seiner notorischen Armuth, durch geneigte Ertheilung dieses Patents vielleicht Gelegenheit erhält, seine ökonomische Lage als Familienvater zu verbessern.«

Und im Verlängerungsantrag schrieb Stölzel über sich selbst, daß er sich »in dürftigen Umständen befind und beinahe alles zugesetzt habe«. Dennoch ließ er sich 1829, also bereits mit 52 Jahren, pensionieren, ein Umstand, der mit seiner Armut nicht recht zusammenzupassen scheint. Die Einschätzung der Zeitgenossen war widersprüchlich, so urteilt Schillings *Enzyklopädie* von 1838 über den Musiker Stölzel: Er »galt in seinen jüngeren Jahren als ausgezeichneter Meister auf seinem Instrumente«, dagegen Ledeburs *Tonkünstler Lexicon Berlin's* von 1861 (s. 578): »Als Waldhornist war er nicht besonders hervorragend ...«

Die Bemühungen von Stölzel gingen weit über die bloße Ventilerfindung hinaus. Seine Bedeutung liegt zusätzlich in der Schaffung eines neuen, melodiefähigen Instrumentariums mit einem neuen instrumentalen Klangideal, während Blühmel sich mehr auf die Ventile beschränkte. Dessen Bemühungen um die Gestaltung neuer Instrumente, wie sie in seinem Patentgesuch von 1828 anklingen, sind nicht konkret faßbar.

Über Wilhelm Wieprecht (1802–1872) wurde Biographisches bereits berichtet (S. 23, Porträt Abb. 37). Ergänzend sei hier zunächst auf die Entwicklung seiner Befugnisse innerhalb der preußischen Militärmusik hingewiesen: 1828 Leiter der Regimentsmusik in der Garde du Corps, 1835 Oberaufsicht über mehrere Kavalleriekapellen, 1838 »Director der gesammten Musikchöre des Gardecorps«, 1843 schließlich der gesamten preußischen Militärmusik. Die letzteren Kompetenzen waren die Grundlage dafür, daß Wieprecht seine persönliche Auffassung durchsetzen und seine Erfindungen in Preußen einführen konnte. Nach Gründung des Deutschen Reiches 1871 wurde das preußische Konzept der Militärmusik auch auf die anderen deutschen Bundesländer ausgedehnt.

Die instrumentenbaulichen Erfindungen und Verbesserungen von Wieprecht erschöpfen sich nicht im Bereich der Ventilinstrumente. Um ein abrundendes Bild von Wieprechts Neuerungen und Zielen zu geben, seien hier seine anderen Erfindungen in chronologischer Folge aufgeführt. 1839 konstruierte er in Verbindung mit dem Berliner Blasinstrumentenmacher Eduard Skorra das *Bathyphon*, eine Kontrabaßklarinette. Wieprecht schwebte ein der Tuba analoger Baß im Klarinettenregister vor. Diesen Gedanken für die Doppelrohrblattinstrumente fortsetzend, entwarf er 1845 den *Sechzehnfüßigen Orgelbaß* (Patentantrag Wieprechts vom 23. Oktober 1845). Er ist ein weit mensuriertes Kontrafagott aus Messing, das in der Mensur Züge der Baßhörner besitzt. Es wird über eine einoktavige Klaviatur mit nur einer Hand gespielt. Wird keine Taste gedrückt, erklingt Es_1 als tiefster Ton. Die Klaviaturtasten geben die Töne E_1–F und, wird die Oktavklappe gedrückt, E–f. Obwohl die Patentierung abgelehnt wurde, baute Wieprecht dieses Instrument zum *Claviatur-Contrafagott* weiter aus (Patentgesuch vom 29. Mai 1856). In der Mensur orientierte er sich nach eigener Aussage hierbei an dem metallenen Kontrafagott von Stehle, das er 1845 kennengelernt hatte. Er wollte es leichter spielbar machen und versah es daher mit einer Klaviatur. Er dachte auch an eine Verwendung im Sinfonieorchester und wollte es hier »in einer kleinen Form liegend auf einem Podium« bauen lassen. In der Militärmusik hatte es die Form, die eine zeitgenössische Abbildung zeigt (Sachs, *Handbuch der Musikinstrumentenkunde*, 1930, S. 330). Das Claviatur-Contrafagott wurde von C. W. Moritz gebaut, der auch das preußische Patent Nr. 13043 vom 24. Oktober 1856 mit Wieprecht gemeinsam erhielt.

Es ist unschwer zu erkennen, daß es Wieprecht auch hinsichtlich der Holzblasinstrumente auf ein starkes und großvolumiges Baßfundament im Orchester ankam. Er half damit die grundlegende Tendenz des 19. Jh. zu einem starken Baßfundament in die Tat umzusetzen. Gleichzeitig sind alle seine Neuentwicklungen auf einen großvolumigen Klang orientiert, wodurch in der Endkonsequenz das Hell-Dunkel-Gefälle der Klangfarben zwischen Sopran und Baß vergrößert wurde.

Die ersten Hersteller und die Ausbreitung des Ventilinstrumentenbaus

8

Blühmel hatte in Waldenburg bei den Instrumentenmachern kein förderndes Interesse finden können; sie gaben nur einige Hilfestellung. Anfang Februar 1818 kam er nach Berlin, trat mit dem Hofinstrumentenmacher J. C. Gabler in Verbindung und ließ in dessen Werkstatt am Haakschen Markt 9 (im gleichen Hause wohnte auch der Posaunenvirtuose Belcke) ein Horn und eine Trompete bauen; eine Posaune wurde in Angriff genommen. Blühmel wurde Kostgänger bei Gabler. Sie vereinbarten, daß bei Bewährung der Erfindung Blühmel 200 Reichstaler als Entschädigung erhalte. Wie recht hatten Stölzel und Blühmel in ihrem gemeinsamen Patentantrag, in dem sie um Beschleunigung der Bearbeitung baten, da schon andere die Erfindung für sich ausbeuten wollten! Nicht einmal eine Woche verging, als am 17. April 1818 J. C. Gabler in einer Eingabe an den Staatsminister gegen die Patenterteilung protestierte, da er sich betrogen fühlte. Er habe doch für Blühmel die Instrumente »mit Kästchen« gebaut und müsse fürchten, daß andere Instrumentenbauer seine Modelle nachbauten. Kurzum, er witterte ein Geschäft und verlangte sein Recht auf alleinige Herstellung von Ventilinstrumenten, das er sich erworben zu haben glaubte:

»... Der Blühmel versteht nemlich von dem eigentlichen Blase-Instrumentenmacher-Gewerbe gar nichts, und hat deshalb, nachdem er die gedachte Verbesserung ausgedacht, mit mir mündlich verabredet, daß er mich von dieser Erfindung vollständig unterrichten wolle, wogegen ich unter seiner Anleitung dergleichen Instrumente anfertigen wollte; ich versprach ihm dagegen, ihm für die Dauer der Anfertigung dieser Probe Instrumente freie Kost, und wenn die Sache in der Folge Beifall habe, eine gratification von 200 rth. Er hat zwei Monat lang bei mir gegessen und getrunken und es sind nach seiner Anleitung von meinen Gehülfen sehr schöne Instrumente, nemlich ein Waldhorn und eine Trompete auf meine Kosten, indem ich Material, Werkzeuge und Arbeitslohn dafür bezahlt habe, angefertigt. Die Trompete hat er widerrechtlich mitgenommen und nicht zurückgegeben.

Eine Probe-Posaune sollte auch angefertigt werden. Der Blümel hat es aber hernach seinem Interesse angemessen gefunden, mit dem Mechanicus Stenzel eine neue Verbindung einzugehen, und da nun die Probe-Instrumente durch mich und meine Leute angefertigt sind, nach diesen Mustern durch andere Personen dergleichen anfertigen zu lassen; ja ich muß sogar befürchten, daß er mir zu diesem Behuf meinen Werkmeister abtrünnig macht.«

Blühmels Verhältnis zu Stölzel (Gabler kennt ihn als »Stenzel«, unter diesem Namen ist er auch im Berliner Adreßbuch 1819 angeführt) hat Gabler nicht richtig durchschaut. Er dachte, Stölzel wolle für Blühmel an seiner Statt die Instrumente weiter bauen. Blühmels Verhalten ist formal nicht ganz korrekt gewesen. Aber was sollte er in seiner Lage tun? Einerseits konnte ihm sein Erfindungsanspruch durch Stölzel verlorengehen, andererseits hätte ihm Gabler die 200 Reichstaler nicht bezahlt, wenn er von Stölzels Liierung mit anderen Instrumentenmachern erfahren hätte. Gabler glaubte das Recht auf den Bau der Ventilinstrumente zu haben und forderte, daß Blühmel das »mir weggenommene Instrument und Bogen zurückgibt und mir noch die Vorrichtungen von der Posaune demonstrirt«. Er machte sich erbötig, »meinem oben erwähnten Versprechen noch fernerhin nachzukommen«. Schließlich nannte er einen Barbier Lenz und seinen Werkmeister Bode als Zeugen für seine »factischen Verträge« mit Blühmel. Kurz vor Abfassung dieses Briefes, wohl am 15. oder 16. April 1818, war Blühmel wieder nach Waldenburg zurückgereist. Das Ministerium des Innern beschied Gablers Eingabe als abschlägig, da sie eine privatrechtliche Angelegenheit sei und nicht in die Kompetenz des Ministeriums falle.

Joseph Caspar Gabler wurde 1770 in Berlin als Sohn des Jacob Anton Gabler, Unteroffizier beim Regiment des Prinzen Heinrich von Preußen, geboren. Er heiratete in erster Ehe am 2. April 1802 in Berlin die Kanonierstochter Christiane Louise Royal und in zweiter Ehe am 10. November 1808 als Königlicher Instrumentenmacher die Färbermeisterstochter Susanne Friederike Henkel. Er starb am 6. Juli 1818 in Berlin an Brustwassersucht und hinterließ außer der Witwe ein minderjähriges Kind. Als Nachfolger von August Friedrich Krause (gest. 1806) war Gabler Hofinstrumentenmacher. Er baute 1815 in Preußen die ersten Klappenhörner nach englischen Vorlagen, und zwar wie diese aus Kupfer. Die Firma bestand noch bis nach 1838 unter der Bezeichnung »J. Gabler's sel. Erben, Königl. Hof-Blase-Instrumentenmacher« und wurde vom Werkmeister H. Haupt geleitet. Außer einer Tuba aus der Zeit nach 1845 (im Berliner Musikinstrumentenmuseum Nr. 1 420, Kriegsverlust) ist an Ventilinstrumenten bis jetzt nur die Trompete auf Foto 57 bekannt geworden. Gablers Werkmeister Bode, der 1818 maßgeblich am Bau von Blühmels Kastenventil beteiligt gewesen war, hatte sich anscheinend nicht etabliert, sein Nachfolger Haupt aber erscheint in der Signatur der oben erwähnten Tuba.

Auch Stölzel war zunächst auf fremde Hilfe angewiesen, baute aber wenigstens von 1818/19 an die Ventile selbst, nicht aber die Instrumente. In einem Brief an den Großherzog Carl August von Weimar, der nach einer Vorführung des Ventilhorns 1818 in Weimar durch Stölzel zwei Hörner bestellt hatte, schrieb Stölzel: Die lange Verzögerung des Liefertermins käme dadurch, »daß niemand die Instrumente nach meinen Wünschen machen wollte« (Staatsarchiv Weimar, Hofwesen 9672, 9672a »Übersendung von verbesserten Waldhörnern durch den preussischen Kammermusiker H. Stölzel 1819«). Die Weimarische Hoftheaterintendanz sandte am 31. März 1819 die gelieferten Instrumente wieder an Stölzel zurück, da inzwischen andere Hörner angeschafft worden waren. Wie aus seinem Verlängerungsantrag vom 24. August 1827 hervorgeht, baute Stölzel auch damals noch die Ventile selbst. Er möchte einer fünfjährigen Patentverlängerung »um so mehr entgegen sehen, da ich die Instrumente von den Instrumentenmachern entnehme, und nur die mechanischen Vorrichtungen dazu selbst anfertige, welche ohnehin keine Gegenstände sind, die von den Instrumentenmachern hergestellt werden können, da sie die geübte Hand eines Mechanikus erfordern, und also kein Mensch dadurch beeinträchtigt werden würde«. Aus seinem Verhältnis zu Blühmel ist verständlich, daß Stölzel nur seine Stopferventile baute und nicht Blühmels Kastenventile, schrieb er doch im Verlängerungsantrag von 1827 weiter: »... und ich kan erweisen, daß das Blühmels [Blühmels Ventil] gar nicht mit Nutzen angewendet werden kan.« Ob Stölzel von Haus aus Mechaniker war, bleibt offen. Wenn nicht, ist er es durch den Ventilbau geworden.

Ein Brief des Hofinstrumentenmachers Johann Gottfried Moritz vom 13. November 1820 an den preußischen Finanzminister von Bülow bestätigt Stölzels Aussage vom Ventilbau. Moritz hatte bis dato für den Hoftheaterintendanten Graf Brühl (d.h. für die Hofkapelle) »chromatische Waldhörner angefertigt, welche nach einliegenden Zeugnissen/die ich gnädigst zurück zu senden erbitte/allen Beifall gefunden haben«. Er fährt fort:

»Es kommen mehrere Anfragen nach chromatischen Instrumenten bei mir, allein d Herr Erfinder dieser Vorrichtung scheint mir nicht immer dieselben anfertigen zu wollen, weshalb ich meine Kundschaft verlieren würde, wenn ich nicht auch chromatische Instrumente liefern könnte. Ich erlaube mir daher die ganz unterthänigste Frage, ob, wenn der pp: Stölzel während der Dauer seines Patents mir die chromatischen Vorrichtungen zu liefern verweigern sollte, ich nicht ermächtigt sei, sie mir selbst anzufertigen, so viel ich für meine Kunden bedarf.«

Moritz' Antrag wurde am 22. November 1820 mit Hinweis auf das Patentgesetz abgelehnt. Der Nachbau sei nur mit Stölzels »Aufforderung oder Bewilligung« erlaubt. Daß es sogleich oder in den Folgejahren zu einer entsprechenden Abmachung kam, ist zu vermuten. Immerhin war bis zum zweiten Weltkrieg ein Horn aus der Zeit zwischen 1824 und 1833 erhalten geblieben (Berlin Nr. 987, Zeichnung 80, s. S. 109).

Johann Gottfried Moritz (1777–1840) stammte aus Delitzsch, war zunächst Instrumentenmacher in Leipzig, dann in Dresden und übersiedelte 1808 nach Berlin. Er baute eine dem Neuen aufgeschlossene Firma auf, die sich allmählich zur bedeutendsten in ganz Preußen entwickelte und ihren glanzvollen Namen bis zur Ausbombung im zweiten Weltkrieg behielt. Die Firma C. W. Moritz ist nach seinem Sohn und Nachfolger Carl Wilhelm Moritz (1811–1855) benannt und hieß so von 1840 bis zu ihrem Erlöschen 1955. Nach 1855 folgten in der Geschäftsleitung Wilhelm (1837–1872) und Albert Moritz (1839–1879), anschließend die Brüder Willy (1873–1932) und Camillo Moritz (1877–1946) sowie des letzteren Sohn Camillo Moritz (1906–1968).

In der Zeit der Schutzfrist wurden für Stölzel die Alt-, Tenor- und Baßtrompeten (-hörner) usw. von der Firma Griesling & Schlott gebaut, von 1827/28 an die neuen Windungsarten wohl auch von J. G. Moritz, die anderen Modelle schon früher. Von den beiden Kollaboranten Johann Conrad Griesling (1771–1835) und Balthasar Melchior Schlott (1773 bis nach 1841) war der letztere Blechblasinstrumentenmacher; sie schlossen sich 1801 in Berlin zu einer gemeinsamen Firma zusammen, die Holz- und Blechblasinstrumente baute. Als man sich 1808 in Schwerin anschickte, für die Militärmusik neue Instrumente anzuschaffen, hielt man nach einer Umfrage Griesling und Schlott für die besten und geeignetsten deutschen Instrumentenmacher (Staatsarchiv Schwerin, Großherzogliches Kabinett I, Vol. 933, Bd. V, 3876). An Ventilinstrumenten sind nach jetzigem Überblick von Griesling & Schlott eine Trompete im Musée du Conservatoire Paris (Foto 54) und zwei Trompeten in den Museen Leningrad (Nr. 2 182) und Poznań (MNP-I D 52) erhalten. Letztere haben Wiener

Ventile und sind eng an Wiener Vorbilder angelehnt oder evtl. sogar in Wien gebaut und von Griesling & Schlott nur gehandelt worden.

Am 12. April 1828 war Stölzels Schutzfrist abgelaufen, und die freie Konkurrenz bemächtigte sich auch in Preußen der Ventile, Tenorhörner usw. Auch wenn Stölzel in einem »Preis-Courant« von 1828 verkündete (Abb. 1b), daß alle von ihm verfertigten Instrumente »von jetzt an mit meinem Patentstempel versehen werden, wodurch ich mich zugleich für die Echtheit derselben verbürge«, konnte er das freie Verfügen über seine Erfindungen nicht verhindern. Obwohl die Musiker in Berlin zunächst »der Erfindung im höchsten Grade abhold« waren, wie Wieprecht 1845 schrieb (Kalkbrenner 1882, S. 90), so bürgerten sich die Ventilinstrumente zunehmend ein. Treffend und wesentlich ist, was Stölzel im Verlängerungsantrag vom August 1827 über die langsame Einbürgerung schreibt. Die Ventilinstrumente würden deswegen so langsam Fuß fassen, weil

»die meisten Musiker diese Kunst [Spiel von Blasinstrumenten] auf den gewöhnlichen Instrumenten erlernt, und [sich] so daran gewöhnt haben, daß sie eine fernere Übung, die die Behandlung des, an den chromatischen, von mir erfundenen Instrumenten befindlichen Mechanismus erfordert, nicht unterwerfen wollten. Auch alle früher vorhandenen Musikstücke für diese Vervollkomneten Instrumente nicht gesetzt sind, desgleichen die Compenesten bisher noch zuwenig mit denen Vorzügen, und den Nutzanwendungen derselben bekant waren um zweckmesig dafür setzen zu können. Es sind daher Jahre vergangen bevor der Nutzen und die gute Würkung, welche durch diese Erfindung in der Musik hervor gebracht werden kan, allgemein eingesehen worden ist, und in diesen Jahren ist auch das Patent für mich von wönig Nutzen gewesen. Der Beweiß davon liegt schon darinnen, daß ich bei aller nur möglichen Einschränkung, ich kann in Wahrheit versichern, mich in dürftigen Umständen befind und beinahe alles zugesetzt habe.«

An anderer Stelle des Antrags schreibt er, die Ventile haben »erst jetzt [1827] allgemeinen Beifall erregt, und werden schon hier und da mehr in Anwendung gebracht«. Auf folgender Anzeige, die die Firma J. Gabler's sel. Erben in der Berliner *Spenerschen Zeitung* Nr. 97 vom 26. April 1838 veröffentlichte, ist die Reserviertheit gegenüber den Ventilinstrumenten in Berlin noch Ende der 1830er Jahre zu spüren:

»Einem musicalischen Publico zeigen wir ergebenst an, daß wir in unserer Fabrik die Ventil-Trompete so weit vervollkommnet haben, daß mit einer einzigen Maschine alle Töne von G bis zum tiefen B rein und sicher ansprechen. Außerdem ist dieses Instrument sehr dauerhaft gearbeitet, und die Urtheile der meisten Sachkenner haben sich über seine vermehrte Brauchbarkeit bereits günstig ausgesprochen. Instrumente dieser Art sind in unserer Fabrik zu den billigsten Preisen jeder Zeit zu haben.«

In einem Subscriptum bescheinigen vier Musiker, darunter der »Königliche Kammermusikus und Musik-Director im Kaiser Alexander Grenadier Regiment« F. Schick und der Königliche Kammermusikus Bagaus, »daß oben besagtes Instrument bedeutende Vorzüge vor den frühen Ventil-Trompeten hat, und allen Anforderungen, welche man an dasselbe zu machen berechtigt ist, entspricht.«

Außer den genannten Firmen sind für das 19. Jh. an Berliner Ventilinstrumentenbauern vor allem noch zu nennen: Carl Friedrich Zetsche, der 1823–1838 nachweisbar ist, und dessen Söhne bis um 1900 die Firma betrieben, C. F. Lindenberg, dessen Firma schon 1832 bestand und der um 1860 als Hersteller von Tuben, Tenorhörnern und Posaunen bekannt war, Pinkert, der um die Mitte des 19. Jh. sehr gute Trompeten und Cornets à pistons baute, Julius Lemcke, der sich 1847 etablierte und dessen Firma wohl schon vor 1873 von Edmund Paulus übernommen wurde, dem auch in Markneukirchen eine Blechblasinstrumentenfabrik gehörte, schließlich der Trompetenmacher J. Fritz Glass, dessen Werkstatt nach 1887 sein Sohn Hermann Glass übernahm.

Außerhalb Berlins bildeten sich in Preußen nach Ablauf des Privilegiums 1828 Pflanzstätten in Potsdam, Breslau und später in Köln. In Potsdam arbeiteten zunächst Eduard Thiele (bis um 1855 tätig) und August Heiser (bis nach 1860). Th. Rode bezeichnete Heiser neben Gabler und Moritz als besten Instrumentenmacher, dessen Instrumente »einen europäischen Ruf« hätten (Rode 1860a, S. 242). Heiser etablierte sich 1824; die Werkstatt »Am Kanal« übernahm nach seinem Tode Ferdinand Sydow, danach Ernst Sydow und 1923 Louis Fischer, bis sie um 1944 ausgebombt wurde. Nicht unbedeutend war auch die Firma Joseph Seiffert (gegründet 1853, vgl. Foto 61), die nach 1892 als »J. Seiffert & Sohn« weiter bestand. In Breslau fertigte als erster Johann Schöngart, der Nachfolger des aus Sachsen zugewanderten Carl Benjamin Flemming, Ventilinstrumente. Auch Schöngarts Instrumente sind an sächsischen Vorbildern orientiert.

In Frankfurt (Oder) begründete im Jahre 1868 Julius Altrichter ein Großunternehmen, das seit etwa 1885 in Inseraten und Signaturen der Firma als größte Musikinstrumentenfabrik in Deutschland bezeichnet wurde. Sie hatte bis um 1918 als Lieferant für die Harmoniemusik- und Militärkapellen in West- und Ostpreußen, Pommern und Posen große Bedeutung. Die Firma bestand bis um 1935 und repräsentierte in Stil und Formenbestand der Instrumente den preußischen Blechblasinstrumentenbau, wobei die Erzeugnisse der Berliner und Potsdamer Firmen als Vorbild dienten.

In Köln baute zuerst L. A. Schröder (tätig bis 1848) Ventilinstrumente – ein Kornett mit Doppelrohrschubventilen befindet sich im Museum des Staatlichen Instituts für Musikforschung in Berlin (West). Von 1848 an arbeitete in Köln Friedrich Adolf Schmidt, der durch gute neue Modelle und hervorragende Bauweise großen Einfluß auf den deutschen Ventilinstrumentenbau ausübte. Über seinen Sohn Leopold

August Schmidt und die Nachfolger Josef, Wilhelm und Friedrich Wilhelm Monke wirkt die Tradition bis in die Gegenwart fort.

In Erfurt, einer preußischen Enklave in Thüringen, bestand seit 1833 die Werkstatt von Carl Zielsdorf, die besonders seit der Übernahme 1864 durch Eduard Kruspe (1831–1919) eine bedeutende Firma des Ventilinstrumentenbaus wurde. Die wichtigste Entwicklungsetappe begann 1893 mit der Übernahme durch den Sohn Fritz Kruspe, der auch 1896 die Quartposaune nach Müller, 1897 das Doppelhorn nach Gumbert und 1928 Ventilinstrumente mit erhöhenden und vertiefenden Ventilen nach System Koch baute. Die Werkstatt besteht unter der Firmenbezeichnung Ed. Kruspe noch heute.

Im Königreich Hannover ist bis jetzt als ältester Ventilinstrumentenbauer Johann Heinrich Zetsche (1787–1857) nachzuweisen, der ein besonderes Trompetenmodell und 1841 das Fagotthorn erfand und vielleicht mit Carl Friedrich Zetsche (Berlin) verwandt war.

In Hamburg waren in der Mitte des 19. Jahrhunderts Th. Piering und C. A. Prager tätig, in Stettin C. H. Grimm.

Da der Patentschutz nur für Preußen bestand und das Prinzip des Ventilinstruments durch Zeitungen und Stölzels Vorführungen schon 1817/18 öffentlich bekannt gemacht worden war, setzten bald außerhalb Preußens Bemühungen um die Ventilinstrumente ein, teils mit eigenständigem Ergebnis, teils als Nachgestaltungen. Auf Sattler in Leipzig (1821) und Kail/Riedl (Prag, Wien 1823) wurde schon hingewiesen.

Für Wien sind mehrere Persönlichkeiten zu nennen, die für die gesamte Entwicklung der Ventilinstrumente von großer Bedeutung waren, neben Joseph Kail, Joseph Felix und Wenzel Riedl vor allem Ignaz Stowasser (seit 1838), Ferdinand Hell und Leopold Uhlmann (um 1785–1850). W. Riedl fertigte um 1829 die Bombardons. Stowasser und Uhlmann machten sich vor allem um die Weiterentwicklung der Ventile verdient. Gingen die ersten Impulse im Ventilinstrumentenbau von Preußen aus, so übte etwa 1830–1850 Österreich den entscheidenden Einfluß auf die anderen deutschsprachigen Staaten und Italien aus, in Fragen von Mensur und Klang noch bis um 1890 (z. B. durch L. Uhlmann d. J., Foto 77). Für Wien seien außerdem noch genannt: Anton Kleps, der ein Schüler von J. Riedl war und 1826 eine Werkstatt eröffnete, Franz Bock (in Neulerchenfeld bei Wien), August Beyde (1789–1869) und Daniel Fuchs. Aus J. Riedls Schule ging auch Ignaz Lorenz hervor, der sich 1827 in Linz niederließ.

Der Blechblasinstrumentenbau in Tirol wurde im 19. Jh. hauptsächlich durch böhmische und Wiener Modelle bestimmt, aber auch aus München, Mailand und Verona wurden Instrumente bezogen. In Innsbruck steht am Beginn der Ventilinstrumentenherstellung Johann Groß, der neben seiner 1833 eröffneten Handlung eine Werkstatt unterhielt. Aus dieser lösten sich 1844 der aus Böhmen stammende Franz Leibelt (1814–1856), 1850 Anton Brambach (Foto 117) und 1875 der ebenfalls aus Böhmen zugewanderte Anton Tutz als selbständige Meister ab. Erwähnt sei auch Anton Breinl aus Graslitz, der sich 1857 in Innsbruck etablierte. In Graz eröffnete 1874 Adolf Stowasser die erste Werkstatt für Ventilinstrumentenbau.

Der Wiener Ventilinstrumentenbau breitete sich aus nach Ungarn – in Pest arbeiteten in der Mitte des 19. Jh. die Brüder Korn, János Haueis und János Stark – und Süddeutschland und beeinflußte den der Lombardei und Venetiens, die bis 1859 bzw. 1866 zu Österreich gehörten und wo sich u. a. die leistungsstarken Firmen Giuseppe Pelitti (Mailand, 1835–1894) und J. Meinlschmidt (Verona seit 1830) befanden. G. Pelitti war eine Großfirma im Range von C. W. Moritz (Berlin) und V. F. Červený (Königgrätz) und ist auch in der erfinderischen Regsamkeit mit diesen zu vergleichen.

Der Ventilinstrumentenbau in Böhmen, aber auch in Mähren und der Slowakei ist mit dem österreichischen aufs engste verwandt. Prag war im 19. Jh. eines der bedeutendsten Zentren des Ventilinstrumentenbaus, angefangen mit den Werkstätten von Franz Joseph Stöhr (um 1780–um 1867), August Wolf, der 1828 die Gewerbekonzession erhielt, Eduard Johann Bauer (1811 ?–1871), der sich 1836 etablierte und einer der besten böhmischen Hornbauer überhaupt war, und Wenzel Schamal (Václav Šamal), der sich 1842 etablierte. Den Neuerungen aufgeschlossen war auch August Hinrich (Jindřich) Rott (Firmengründung 1832), dessen Werkstatt noch in unserem Jahrhundert bedeutend war. Als fruchtbarer Neuerer hat der Hornist Joseph (Josef) Kail Bedeutendes geleistet. Nach Bohuslav Čížek (1981) war Kail ein Hornschüler des Prager Konservatoriums, wurde 1819 Mitglied des Theaterorchesters in Pest, 1823 der Wiener Hofoper und Ende 1825/Anfang 1826 Lehrer für Trompete und Posaune am Prager Konservatorium. Hier führte er sogleich das Spiel auf Ventilinstrumenten ein. Kail war Anreger der 1823 und 1835 von Joseph Riedl in Wien gebauten neuen Ventilmodelle. In Prag beauftragte er verschiedene Instrumentenmacher: Franz Stöhr (vgl. Abb. 3), der spätestens 1829 mit der Herstellung von Ventilinstrumenten begann, Wenzel Schamal, der 1855 auf Kails Rat die in den USA entwickelte Schnurmechanik baute, und August Hinrich Rott, der Feinstimmzüge nach Kails Angaben fertigte.

Graslitz war der böhmische Gegenpol zu Markneukirchen. Bereits 1847 gab es in Graslitz 46 Blasinstrumentenbauer und insgesamt 78 Gehilfen. Bedeutend war die 1824 gegründete Firma von Wenzel Stowasser (1803–nach 1860), die seit 1877 »Wenzel Stowasser's Söhne« firmierte und bis 1945 bestand. Die Söhne gründeten Filialbetriebe in Verona, Budapest, Warschau und Graz (1874, noch heute in Betrieb).

Wichtige Firmen waren ferner Gustav Bohland (gegr. 1850), F. X. Hüller (gegr. 1882) und die Großfirma Bohland & Fuchs (seit etwa 1870) sowie Anton Konrad Hüttl (gegr. 1877). Letztere bezeichnete sich 1913 in einem Inserat sogar als »Modernst eingerichtete, größte und leistungsfähigste Fabrik Österreich-Ungarns und Deutschlands«. Für das mährische Brünn seien Martin Tomaschik (2. Hälfte 19. Jh.) und Josef Lidl (gegr. 1892) genannt.

Václav František Červený (1819–1896) in Königgrätz/Hradec Králové (Böhmen) prägte seit den 1840er Jahren das mitteleuropäische Instrumentarium mit. Červenýs Erfolg beruhte auf der schönen, weichen und sanglichen Tongebung seiner Instrumente, für die das 19. Jh. besonders empfänglich war. Im österreich-tschechisch-deutschen Kulturbereich war er seit der Mitte des 19. Jh. der führende Kopf. Allein 1870–1873 stattete er 66 deutsche Militärkapellen aus (Paul 1874, S. 92). Besonders Červenýs Bombardon, Contrabaß, Baryton und die sog. Kaiserinstrumente wurden aufgegriffen. In Erfindungsreichtum, geschäftlicher Wendigkeit und in seiner Tätigkeit als militärmusikalischer Organisator ist er mit Adolphe Sax vergleichbar. Er, der zu den Großen im Instrumentenbau zu zählen ist, ging aus der Schule von Johann Adam Bauer in Prag hervor und etablierte sich 1842 (vgl. ZfI 16, 1895/96, S. 333ff.; Schafhäutl in AMZ 17, 1882, Sp. 841ff. Schafhäutls Angaben sind jedoch ungenau. MGG, Supplement 1, Sp. 1410f.). Seine beiden Söhne Jaroslav (1851–1928) und Stanislav (1854–1911) setzten die Firma unter dem Namen V. F. Červený & Söhne (Synové) fort, die um 1933 an K. Šámal überging, 1945 volkseigen und schließlich ein Betrieb des Kombinats Amati in Luby (Schönbach) wurde. Červenýs Fabrik nahm nach 1850 einen großen Aufschwung. Bei einem Jahresausstoß von etwa 3000 Instrumenten waren um 1880 bereits über 100 Arbeiter beschäftigt, 1891 waren es 120 (ZfI 1891, S. 63). Das Unternehmen gehörte damals zu den Großfirmen dieses Genres und war seinerzeit nur mit Betrieben wie Bohland & Fuchs in Graslitz, C. W. Moritz in Berlin, der Sächsischen Musikinstrumenten-Manufaktur in Markneukirchen und Adolphe Sax in Paris zu vergleichen.

In Baden begründete Friedrich Wilhelm Schuster, der sich 1823 als Bürger in Karlsruhe eintragen ließ und sich auch als Komponist bezeichnete (s. Signatur der Baßtrompete Berlin Nr. 3104, Foto 93ab), den Ventilinstrumentenbau, zunächst nach Berliner Vorbild. Er wurde 1798 in Neukirch als Sohn des Instrumentenmachers Christoph Schuster geboren, heiratete am 29. April 1824 Elisabeth Castorph in Zöhling, wurde am 3. Januar 1825 badischer Hofinstrumentenmacher und starb am 21. Mai 1873 in Karlsruhe. Nach F. J. Fétis (1828, S. 153ff.) hatte der Karlsruher Hofhornist Christoph Schuncke (geb. 1796) in Berlin die Ventilinstrumente kennengelernt und bewog nach seiner Rückkehr den Instrumentenmacher Schuster, derartige Instrumente nachzubauen. Diese Überlieferung ist gewiß richtig, denn in Schusters Antrag auf den Hoftitel, eingereicht am 15. Dezember 1824 (Generallandesarchiv Karlsruhe, Oberhofmarschallamt, G. L. 54, Nr. 63), bescheinigte Schuncke schon im Herbst 1824 Schusters Können als Instrumentenmacher. Aus dem Antrag geht hervor, daß in Baden bisher kein Blechblasinstrumentenmacher ansässig war und die Instrumente aus Strasbourg, Franken oder Sachsen bezogen wurden. Über Schuncke gelangten 1826/27 Schusters Ventilinstrumente nach Paris. Für die Exposition universelle in Paris 1827 bauten Labbaye ein etwas modifiziertes Schustersches Horn mit zwei Stölzelschen Ventilen (Zeichnung in *Revue Musicale* Bd. 2, 1828, nach S. 158) und Antoine eine Trompete mit drei Kastenventilen. Fétis spricht nur von der Stölzelschen Ventilerfindung, auch dies ein Zeichen, wie nachteilig sich für Blühmel der Abfindungsvertrag von 1818 auswirkte. Schuster baute somit Hörner mit Stölzels Stopfventilen und Trompeten mit Kastenventilen (Exemplare in Brüssel, Berlin und Nürnberg, vgl. Foto 93). Nach 1833 fertigte er auch Pumpenventile (Horn in Bethlehem, USA) und nach 1843 Drehventile, zunächst nach österreichisch-böhmischem Vorbild (Foto 128).

In Württemberg ist vorerst Carl Binder in Stuttgart in den 1840er Jahren der früheste Zeuge für den Ventilinstrumentenbau, bald gefolgt von C. F. Stahlecker. Foto 95 dokumentiert die enge Verwandtschaft zur Bauweise in Baden und Bayern.

In Bayern sind die ältesten Belege für das Ventilinstrument zwei 1829 und 1832 datierte Trompeten von Michael Saurle (1772–1845) in München (Foto 70). Der zweite Münchner Ventilinstrumentenbauer nach Saurle war Andreas Barth, der sich 1833 etablierte und 1840 ein Kontrabombardon mit Ventilen baute. Von 1839 ist aus seiner Werkstatt eine zweiventilige Baßtrompete im Deutschen Museum in München erhalten. Weiter zu erwähnen sind die Firmen Georg Saurle (1799–1859) und Joseph Saurle. Letztere wurde 1850 von Michael Saurle jun. (1801–1862) fortgesetzt und bestand bis 1872. Bei aller Verwandtschaft mit dem österreichischen Instrumentenbau ist die Eigenständigkeit der bayrischen Instrumente des 19. Jh., zumal die der Firmen Saurle und Barth, unverkennbar. An Münchnern sind schließlich zu nennen: Anton Betzenhammer (gegr. 1868), August Bopp (gegr. 1869) und dessen Nachfolger Anton Schöpf (1861–1931) und für die Gegenwart Hermann Ganter. Ansonsten war für die ältere Entwicklung der Ventilinstrumente in Ingolstadt die 1852 gegründete Firma Ferdinand Stegmaier (fortgesetzt 1892–1967 von Otto Schmelz und dessen Söhnen) von Bedeutung, ferner G. Michael Pfaff (1823–1893), der sich spätestens 1851 in Kaiserslautern etablierte, schließlich Joseph Schneider in Regensburg und Augsburg (tätig bis 1850). Als sich seit 1945 in Waldkraiburg, Nauheim und Geretsried in Bayern böhmische

Instrumentenmacher niederließen, wurden böhmische Herstellungstraditionen mit übernommen. Carl Sanner scheint in Würzburg der erste Ventilinstrumentenbauer gewesen zu sein. Er wurde 1815 in Weidenberg (Oberfranken) geboren, heiratete 1842 in Würzburg und starb hier am 28. November 1872. Zur frühen Generation gehört auch Ammon in Biebrich, der 1853 ein Ventilhorn an die Hofkapelle Sondershausen lieferte.

In Mainz baute seit 1827 Carl August Müller (1804–1871) Ventilinstrumente. Aus Adorf stammend, war er dort wahrscheinlich Schüler von Johann Gottlieb Roth sen. Der Glanz der Firma hielt sich auch unter dem Nachfolger des Gründers, Max Enders. Nach 1866 trat die Firma Alexander hervor, die sich seit etwa 1890 als Großunternehmen durch zahlreiche Weiterentwicklungen und gute Qualität der Instrumente einen hervorragenden Namen im Ventilinstrumentenbau gemacht hat (Duttenhöfer 1982). L. Haspel in Ansbach, einer ehemaligen preußischen Enklave in Bayern, orientierte sich anscheinend am Mainzer Instrumentenbau.

In Sachsen wurden die ersten Ventilinstrumente spätestens 1819 von Christian Friedrich Sattler (1778–1842) in Leipzig gebaut. Von den späteren Blechblasinstrumentenmachern dieser Stadt seien folgende genannt: Johann Gottlob Schmidt (1777–1849), Friedrich Schmidt (1807–1870), Christoph Gottlieb Penzel (1817–1879) sowie Robert Schopper (1859–1938) und für die Gegenwart Friedbert Syhre. Der bedeutendste, weil erfindungsreichste Leipziger war Christian Friedrich Sattler (1819 Waldhorn, 1821 Doppelrohrschubventile, 1839 Tenor-Baß-Posaune mit Umschaltventil). Wegen guter Qualität ihrer Instrumente traten Johann Christoph Gottlieb Penzel (Posaunen), Friedrich Schmidt (Trompeten), Christian Friedrich Schlott (1830–1900) und Robert Schopper hervor. Während Oscar Ullmann (1875–1938) hauptsächlich in vogtländischer Weise fertigte und das Militär belieferte, baute der aus Graslitz gebürtige Ignaz Hüttl (Geschäftsgründung 1878) der Leipziger Tradition gemäß.

In Dresden besteht eine Tradition, die mit Johann Gottfried Kersten (1786–1861) und Carl Gottlob Eschenbach (1790–1868) sowie Johann Adam Heckel (1809–1866) begann und über Friedrich Alwin Heckel (geb. 1845), Friedrich Moses (gest. 1880, Nachfolger von Kersten), Friedrich, Moritz und August Eschenbach (1821–1898), Gustav Adolph Wagner (1865–1941, 1904 Nachfolger von Moritz Eschenbach) und Arno Windisch (geb. 1921) bis zur Gegenwart reicht. Kersten hatte wahrscheinlich bei Sattler in Leipzig gelernt, sich spätestens 1823 in Dresden seßhaft gemacht und schon in den 1830er Jahren Ventiltrompeten an die sächsische Hofkapelle geliefert. Wie S. 85f. angeführt, versorgten diese Kapelle in der Mitte und 2. Hälfte des 19. Jh. vor allem Carl August Eschenbach, Friedrich Alwin Heckel und Friedrich Moses.

Im Vogtland war Adorf neben Markneukirchen eine frühe Heimstatt des Ventilinstrumentenbaus. Hier etablierte sich um 1819 Johann Gottlieb Roth sen., von dem eine der ältesten sächsischen Trompeten (Foto 55) erhalten ist. Über Johann Gottlieb Roth jun. und dessen Sohn Eduard Roth bestand die Roth-Werkstatt bis in die Zeit des zweiten Weltkrieges. Daneben wichtig waren auch die Werkstätten von Robert Piering (gegr. 1882) und Gustav Ullmann (gegr. 1872). Um 1945 erlosch der Blechblasinstrumentenbau in Adorf. Noch um 1871 gab es 14 Blechblasinstrumentenbauer in Adorf, in Breitenfeld 35, in Untersachsenberg 11, in Wohlhausen 12, die meist aber für die Markneukirchener Handelshäuser arbeiteten.

In Markneukirchen setzte der Ventilinstrumentenbau um 1825–1830 ein und erlangte schon bald große Bedeutung. An großen deutschen Firmen, die sich seit 1840 herausbildeten, sind neben C. W. Moritz in Berlin und Gebr. Alexander in Mainz vor allem Markneukirchener und Klingenthaler Firmen zu nennen, die sich als Fabriken oder als Handels- und Verlagshäuser etablierten. Letztere arbeiteten auf der Basis des Prinzips der hausindustriellen Lohnwirtschaft. Für Material und Absatz sorgend, band der Fabrik-Verleger zahlreiche einzeln und selbständig Arbeitende zu einem Unternehmen zusammen. Zum Vergleich: 1820 gab es in Markneukirchen 16 Blechblasinstrumentenmacher, 1840 bereits 49, 1871 waren es 249. Die umliegenden Orte, wie Adorf, Erlbach, Zwota usw., mitgerechnet, wurden 457 Blechblasinstrumentenmacher im Jahre 1871 gezählt. Die Qualität der Instrumente war in der Mitte des 19. Jh. nicht immer die beste, spricht doch Th. Rode sogar von »Voigtlender- oder Klempnerarbeit« (Rode 1860a, S. 29). An größeren Betrieben bestanden in der 2. Hälfte des 19. Jh./um 1900 in Markneukirchen: M. C. R. Andorff (gegr. 1897 durch Kauf der Firma Pfretzschner; ab 1902 hieß die Firma Pfretzschner & Martin, ab 1925 Max B. Martin; 1952 in Philippsburg [Baden] neu eröffnet), Schuster & Söhne (gegr. 1851, 1881 bis 1945 Sächsische Musikinstrumentenmanufaktur Schuster & Co.), Ernst Dölling (gegr. 1850, speziell Schallstücke, Maschinen), August Heinel jun. (gegr. 1861), Abdon W. Eschenbach & Söhne (gegr. 1845), Franz Otto (gegr. 1860), Heinrich Moritz Schuster (gegr. 1871). Die im Jahre 1900 registrierten großen Markneukirchener Handelshäuser und Fabrik-Verleger waren: Albin Bauer jun. (gegr. 1851), Christian Heberlein jun. (gegr. 1861), Paul Herrnsdorf (gegr. 1871), Wilhelm Herwig (gegr. 1890), Bruno Klemm jun. (gegr. 1855), W. H. Otto (gegr. 1854), Edmund Paulus (gegr. 1880), C. A. Schuster (gegr. 1830) und Gebr. Schuster (gegr. 1854). Kleinere Fabrik-Verleger waren: Aug. Clem. Glier, Ludwig Heberlein (gegr. 1852), Hitzeroth & Schatz (gegr. 1855), C. G. Kessler (gegr. 1822), Ferdinand Kessler (gegr. 1840), G. & A. Klemm (gegr. 1797), Carl Gottlob Schuster (gegr. 1824), Gebr. Voigt (gegr. 1856),

Erste Hersteller und Ausbreitung

W. E. Voigt jun. (gegr. 1856), August Wolfram & Co. (gegr. 1855) und Zimmermann & Co. (gegr. 1896). Für die Verlegerfirma Michael Schuster jun. (1817—um 1890) stellte um 1850 Eduard Spranger Bombardons her.

An Klingenthaler Fabrikanten seien genannt: F. W. Doerfel & Steinfelser (gegr. 1886, als Handelshaus 1837), Gebr. Glass (gegr. 1846). Bedeutende Handlungsunternehmungen in Klingenthal waren: C. G. Herold (gegr. 1793, um 1900 noch tätig), Ferdinand Glier & Sohn (um 1900 schon erloschen). Beide Firmen waren für den Ventilinstrumentenbau Mitte des 19. Jh. bedeutend. Um 1900 gab es an Fabrik-Verlegern in Klingenthal noch C. W. Meisel sen. (gegr. 1735), H. Lindemann (gegr. 1877) und Otto Liebmann (gegr. 1879).

Im Vogtland wurden, ähnlich wie im benachbarten böhmischen Zentrum Graslitz, alle Modelle und Systeme hergestellt, französische, solche aus den USA, preußische, bayrische, Mainzer usw. 1871 betrug die Jahresproduktion etwa 20 000 Blechblasinstrumente, das war ungefähr die Hälfte der damaligen deutschen Gesamtproduktion. Um 1860 wurden die USA vorübergehend das wichtigste Absatzgebiet. Obwohl starken Veränderungen unterworfen, ist Markneukirchen ein bedeutendes Zentrum des Ventilinstrumentenbaus geblieben. Aus den Fabriken von Ernst Hess Nachf. (1945—1953 Sächsische Musikinstrumentenfabrik) in Klingenthal und Max B. Martin in Markneukirchen ging 1953 der VEB Blechblas- und Signalinstrumenten-Fabrik hervor. Er führt drei Warenzeichen mit den Inschriften »Meister Hans Hoyer«, »B & S« und »Weltklang«. Andere Firmen, wie Johannes Scherzer (Nachfolger von Kurth Knoth), Wolfram Savatski und Walter Mönnig, gingen in den VEB Sinfonia ein; ihre Namen erscheinen aber in der Signatur der Meisterinstrumente dieses Betriebs. Jetzt noch bestehende, handwerklich arbeitende Privatfirmen sind: Hermann Heinel, August Knopf, Herbert Fritz Knopf, Gottwald Lederer, Martin Peter, Hermann Schmidt, Helmut Voigt, Horst Voigt, Kurt Wunderlich, im angrenzenden Erlbach Karl Mönnig und Erhard Todt sowie Joachim Pfretzschner in Siebenbrunn.

In den sächsisch-thüringischen Herzogtümern, wo z. B. in Schmalkalden, Naumburg, Obermehler und Oberneubrunn im 17. und 18. Jh. Trompeten und Posaunen gebaut wurden, sind als älteste Hersteller von Ventilinstrumenten Carl Rühlmann (1809—1855) in Rudolstadt, C. Lips in Gotha (seit etwa 1832) und Wilhelm Beck (1820—1866) in Weimar zu nennen. Sowohl von Lips als auch von Beck, der auf der Industrieausstellung 1854 in München eine Tenortuba ausgestellt hatte, sind einige Ventilinstrumente aus der Mitte des 19. Jh. erhalten, die teils preußischen, teils albertinisch-sächsischen und teils Mainzer Vorbildern folgen. Lips fertigte z. B. auch weite Sattler-Posaunen mit Wiener Ventilen und Beck Preußische Kornette mit Prager Drehbüchsen. 1872 etablierte sich Julius Rudolph in Gotha (Foto 142), der wohl die Werkstatt von Lips fortsetzte, Gothaischer Hofinstrumentenmacher wurde, sich aber auch als Händler aller Instrumentenarten betätigte, die er mit seinem Stempel versah. 1888 verlegte C. F. Schmidt, der Hofinstrumentenmacher des Großherzogs von Weimar war und seit 1900 in der Geschichte des Doppelhorns eine Rolle spielt, sein Zweiggeschäft von Friedrichroda nach Weimar und vereinigte es wohl schließlich 1899 mit seinem Hauptgeschäft in Berlin, das dort wenigstens schon seit 1880 bestanden hatte.

In der Schweiz ist das älteste, noch in der Gegenwart bestehende Unternehmen das der Familie Hirsbrunner in Sumiswald (Kanton Bern). Wohl schon in den 1760er Jahren als Holzblasinstrumentenbauer tätig, gingen spätere Generationen auch zum Blechblasinstrumentenbau über. 1830 stellte die Firma Gebr. Hirsbrunner in Bern auf der Industrieausstellung auch Blechblasinstrumente aus, ein Johann Ulrich Hirsbrunner auf der Berner Gewerbeausstellung 1848 auch eine Ventiltrompete. 1847 eröffneten zwei Brüder Hirsbrunner in Grünen eine Werkstatt für Blechblasinstrumentenbau. Aus den Jahren um 1835 ist bereits eine zweiventilige Trompete erhalten (Fotos 72 und 74), die nach bayrischem Vorbild gearbeitet ist.

Von großer Bedeutung war im 19. Jh. der Instrumentenbau in Strasbourg/Straßburg mit seiner historisch bedingten, teils französischen, teils deutschen Ausrichtung. Von Strasbourg kamen nicht nur die Kugelgelenkstange (Ch. Kretzschmann 1850) und das Pointventil (J. M. Bürger 1877), sondern hier entstanden auch eigenständige Instrumentenmodelle, an deren Bildung die Firmen J. Finck, Ch. Finck, Chrétien Roth und Ch. Kretzschmann (1818—1888) Anteil hatten. Der Strasbourger Ventilinstrumentenbau strahlte besonders auf den in Baden aus.

Die Einführung der Ventilinstrumente

9

Wenngleich Blühmel 1828 in seinem Patentantrag für das Drehventil davon sprach, daß er Kunstreisen unternommen habe, scheint der tüchtigere Werber für die Ventilinstrumente Stölzel gewesen zu sein. Er hatte schon vor seiner Anstellung bei der Königlichen Kapelle in Berlin, 1817/18, sein Horn in verschiedenen Städten vorgeführt. Allerdings lassen sich bis jetzt nur Weimar und Leipzig (hier spielte er am 27. November 1817 im Gewandhaus) dokumentieren. Nach seiner Anstellung in Berlin, die im Frühjahr 1818 erfolgte, nahmen sich der neuen Ventilinstrumente auch seine Kollegen an, namentlich der Hornist Andreas Schuncke (geb. 1780) und der Posaunist Friedrich Belcke (1795 bis nach 1870). Fördernd setzte sich auch A. Sundelin, Stölzels Kollege am Pult der Klarinetten, ein, der in seiner 1828 gedruckten *Instrumentirung für sämmtliche Militär-Musik-Chöre* Stölzels Instrumentarium vollständig berücksichtigte und empfahl. Belcke führte den Tenortrompetenbaß 1821 in Berlin, Leipzig und später in Dresden vor. Die AMZ, Leipzig 1821, Sp. 122, schrieb:

»Den 20sten trug Hr. Kammermusikus Fr. Belcke ein Potpourri für den vom Hrn. Kammermusikus Stölzel erfundenen chromatischen Tenortrompetenbass von seiner Composition und ein Thema und Variationen für die Bassposaune, componiert von A. Neithardt vor. Das erste Instrument ist mit einer ähnlichen mechanischen Vorrichtung, wie der neue Trompetenbass versehen, und geht von Tenor H bis Bass G (vielleicht noch tiefer), steht um eine Tertie höher, als der von den Verfertigern derselben, den Hofinstrumentenmachern Griessling und Schlott, auch verfertigte chromatische Trompetenbass, von dem die musikalische Zeitung vor Kurzem Nachricht gab, und ersetzt und übertrifft in Fülle des Tons die Tenorposaune. Die natürliche Stimmung ist G dur; durch den Gebrauch der Ventile lassen sich die Tonarten sogleich verwechseln; der Ton ist mehr Hornartig, in der Tenorhöhe sanft und angenehm, im Basse stärker. Hr. Belke erwarb sich durch den von Fleiss zeigenden Vortrag, so wie der Erfinder und die Verfertiger für ihre angewandte Mühe lebhaften Dank.«

Im Gewandhauskonzert am 27. November 1823 spielte Belcke nochmals das »Chromatische Tenorhorn«, wie jetzt der Tenortrompetenbaß genannt wurde, und setzte sich auch weiterhin dafür ein, so 1829 in Berlin mit einer *Concertante für chromatisches Tenorhorn* und zwölf andere Blasinstrumente (AMZ 1829, Sp. 130). – Im März 1819 und Januar 1821 gab Andreas Schuncke in Leipzig ein Konzert (AMZ 1819, Sp. 253; 1821, Sp. 122), in dem u. a. ein *Concertino* von Friedrich Schneider für Ventilhorn und drei Naturhörner aufgeführt wurde. A. Schuncke blies später das Moritzsche Horn auf Foto 27, das sich bis zur Übergabe an das Berliner Museum 1973 im Familienbesitz der Schunckes befand. Christoph Schuncke (geb. 1791), der Bruder des Vorigen, hatte eine Hornistenstelle in Karlsruhe inne und bewog, wie bereits dargestellt, den dort ansässigen Wilhelm Schuster, Ventilinstrumente zu bauen. C. Schuncke regte 1826(?) durch ein Konzert im Salon des Klavierfabrikanten Henri Pape in Paris Bau (Labbaye) und Spiel (Meifred) des Ventilhorns in Paris an. Ein dritter Bruder, Johann Gottlob Schuncke (geb. 1790), der Hofmusiker und Kapellmeister in Stockholm war, erhielt schon im Juni 1836 und 1842 drei Baßtuben von J. G. Moritz geliefert. Am 1. November 1836 ging eine weitere an den Musikdirektor Appelberg nach Stockholm. Diese sehr frühe Einbürgerung der Tuba in Schweden begründete eine feste Tradition, denn die schwedischen Tubamodelle sind noch zu Anfang des 20. Jh. relativ eng an den alten, schmal gewundenen preußischen Tuben angelehnt. Am 15. April 1836 wurde die 1835 erfundene Tuba für den Berliner Generalmusikdirektor Gaspare Spontini und damit erstmals für ein Opernorchester geliefert. 1838 versandte Moritz nach dem genannten Auslieferungsbuch eine Tuba an den Großfürsten von Rußland, 1843 eine nach Paris (1844 schrieb Berlioz in seiner Instrumentationslehre ungenau, daß die Tuba in Frankreich »seit einigen Jahren« eingeführt sei), ansonsten waren die Besteller meist die Militärkapellen. Auch die beiden Tuben aus Neusilber, die Moritz am 15. April 1836 zugleich mit der für

Spontini an den preußischen König lieferte und die zwei Tuben, die ein Jahr später im Auftrag des Prinzen Albrecht von Preußen gefertigt wurden, waren wohl für Militärkapellen bestimmt (s. S. 256). — In Wien blies 1826 Carl Eduard Lewy das »Wiener chromatische Horn« (AMZ 1826, Sp. 461).

Auch wenn schon seit 1827 Ventiltrompeten an der Pariser Oper geblasen wurden, waren die Ventilinstrumente in Deutschland bis um 1835 meist nur in den Händen von Militärmusikern und reisenden Virtuosen zu finden. Im Januar 1830 lieferte Gottfried Kersten an die Dresdner Hofkapelle noch zwei Maschinentrompeten, das waren nach der Dresdner Terminologie keine Ventil-, sondern noch Inventionstrompeten, ausgestattet mit Einsteckbögen für die Stimmungen G, F, E, Es, D, C und B sowie zwei Aufsteckbögen, die die C- in H- und die tiefe B- in A-Stimmung vertiefen, sowie je drei kleine Aufsteckstücke zum Stimmen. Zu einer allgemeinen Einbürgerung im deutschen Opern- und Sinfonieorchester sowie in den zivilen Blasmusikkapellen kam es erst seit 1835. In Weimar erfolgte 1836 eine entsprechende »Revision des Musikkammer-Inventariums« (Staatsarchiv Weimar, A 9679). Im Zuge der Neuanschaffungen gingen im gleichen Jahr in Weimar Angebote von Ventilinstrumenten der Firmen von Joseph Felix Riedl in Wien und 1841 von Gottfried Kersten in Dresden ein, der dreiventilige G-Trompeten mit Stimmbögen bis Tief-A-Stimmung offerierte, Instrumente, die inzwischen auch in der Dresdner Hofkapelle eingeführt worden waren (Heyde 1928, S. 214), vgl. Foto 8. Als erster Ventilhornist wurde 1839 Joseph Rudolf Lewy aus Wien angestellt (AMZ 1839, Sp. 908).

Frühe Bollwerke der Einführung der Ventilinstrumente waren das Konservatorium in Prag und das Gewandhaus in Leipzig. In Prag machte sich vor allem der Direktor Friedrich Dionys Weber verdient, der 1831 (?) hier eine *Schule für Tasten-Trompete und Quartette für Waldhörner* herausgab und 1826 Joseph Kail als Lehrer berief. Kail war offenbar der erste, der etatmäßig das Spiel von Ventilinstrumenten unterrichtete. Aus der Schule Webers gingen auch Andreas Nemetz (Nemeč), der mehrere Instrumentalschulen verfaßte und Kapellmeister beim »Prinz-Hessen-Homburgschen Linienregiment Nr. 19« war, sowie Johann Wenzeslaus Kalliwoda (1801—1866) hervor.

Von Kalliwoda spielte der Leipziger Gewandhaushornist Carl Gottlieb Steglich am 30. Januar 1834 das *Concertino für das chromatische Horn*. Im Gewandhaus zu Leipzig traten seit der Vorführung des Ventilhorns durch Stölzel 1817 in regelmäßigen Abständen Bläser mit Ventilinstrumenten auf. Neben dem erwähnten Auftritt Belckes 1821 ist noch sein Konzert am 27. November 1823 hervorzuheben, in welchem er ein *Concertino für chromatisches Tenorhorn* von Carl Heinrich Meyer blies. Meyer war Gewandhausmusiker (geb. 1784, seit 1814 Violaspieler) und nach Friedrich Schneider wohl der erste, der über bloße Bearbeitungen hinausgehend, speziell für ein Ventilinstrument komponiert hat. Später, am 14. März 1833, wurde sein *Concert für Ventilhorn* aufgeführt.

Die ersten starken Impulse zur Einführung der Ventilinstrumente in die Opernorchester kamen aus Paris, wo bereits am 29. Juni 1827 Labbayes dreiventilige »Berliner Trompete« mit Kastenventilen in Hyppolyte André Jean-Baptiste Chélards Oper *Macbeth* von den Instrumentalisten Dauverné, Legros und Bérnard geblasen wurde (Fétis 1828, S. 161). Im Sommer 1828 fand die erste deutsche Aufführung in München statt, es folgten Stuttgart und 1840 Dresden. *Guillaume Tell* von Rossini (Paris 1829) und *Robert le diable* von Meyerbeer (Paris 1831) wurden in Deutschland ebenfalls aufgeführt, während die Ouverturen von Berlioz *Les frances-juges* (1826) und *Waverley* (1827/28), in denen ebenfalls schon die Ventiltrompete vorgeschrieben ist, ohne Resonanz blieben.

Richard Wagner war der erste deutsche Komponist von überragendem Format, der die Ventilinstrumente ins Opernorchester einbezog. In der 1837 in Magdeburg aufgeführten Ouverture *Rule Britannia* schrieb er noch »2 Trombe a sciace in D« (Klappentrompeten) und «2 Trombe ordin: in D« vor, und die hier verlangte »Ophicleide« als Baß der Posaunen schien auch noch das Klappeninstrument gewesen zu sein. Eindeutig erscheinen Ventilinstrumente zuerst im *Rienzi* (Dresden 1842), gemischt aber noch mit Naturinstrumenten unter Beibehaltung des Serpents: 2 »Ventilhörner« in G bis B basso + 2 »Naturhörner«, 6 »Ventiltrompeten« in As bis D + 6 »Naturtrompeten«, dazu eine »Ophikleide«, bei der Bühnenmusik sogar 4 Ophikleiden, worunter jetzt wohl die Ventilbässe der Dresdner Militärmusik zu verstehen sind, die später durch Tuben ersetzt wurden (s. S. 226f.). Im *Fliegenden Holländer* (1843) und im *Tannhäuser* (1845) nimmt die Bedeutung der Ventilinstrumente zu; im *Lohengrin* (1848) sind schließlich die Naturinstrumente ganz verdrängt. Die Tuba wird namentlich erstmals im *Tannhäuser* verlangt, denn die Tubastimme der *Faust-Ouverture* (1840) kam erst bei der Umarbeitung 1855 hinzu. Von Belang ist, daß schon um 1845 in der Praxis die verschiedenen Bezeichnungen der Ventilbässe nicht scharf auseinandergehalten wurden, was z. B. Aussagen von Kastner (1848) oder Wagner bezeugen. So schrieb Wagner in seiner Eingabe vom 1. März 1846 *Die Königliche Kapelle betreffend* über die Dresdner Verhältnisse: »In den größeren Opern zumal der neueren Zeit ist fast durchgehends ein Instrument eingeführt worden, die ›Baßtuba‹ oder ›Ophycleide‹ genannt, welches, da es sich früher selten vorfand, so oft es in den Aufführungen der Kapelle erfordert wurde, von einem Musiker der in Dresden befindlichen Musikcorps geblasen worden ist.«

Die Bezeichnungen in den Partituren folgten der instrumentenbaulichen Wandlung vom Klappen- zum Ventilinstrument nicht immer. Erst hatten die Baßhörner oder »Bassflügelhörner genannt Bombardone« (*Caecilia* 2, 1825, Intelligenzblatt) und Ophikleiden nur Klappen, von 1829 bzw. 1835 an spaltete sich eine Variante mit Ventilen ab, ohne einen eigenen Namen zu erhalten. So war es auch mit den Posthörnern mit Aufsteckbogen und Klappen (ebenda), die dann teilweise mit Ventilen ausgestattet wurden. Wenn Felix Mendelssohn Bartholdy in der *Ouverture für Harmoniemusik* (um 1830) oder im *Trauermarsch* (1836) je ein Corno basso vorschreibt, kann bei der ersten Aufführung unter Umständen schon ein Ventilbaßhorn verwendet worden sein. Als der gleiche Komponist die Ouverture *Ein Sommernachtstraum* (1826) samt der Ophikleidenstimme in die gleichnamige Schauspielmusik übernahm (1843), wurde bei ihrer Aufführung im Neuen Palais in Potsdam ohne Zweifel schon eine Tuba oder ein anderer Ventilbaß verwendet. Um diese Zeit waren in Berlin und Potsdam die Klappenbässe schon längst gegen Ventilbässe ausgetauscht. In Preußen und Sachsen war die Situation im Hinblick auf die Ophikleide anders als in Frankreich.

Ein verwandtes Problem liegt bei der Baßtrompete vor, die als Natur- oder Klappentrompete bzw. als Stölzels Trompetenbaß in F/Es der Tuba- und Waldhornlage stand. Mit der Verdrängung der Trompetenbässe durch Tenorhorn, Euphonium oder Tuba übernahmen diese Instrumente mancherorts die Bezeichnung Baßtrompete (vgl. Schubert 1883, S. 27f.). Als Richard Wagner 1853/54 im *Rheingold* erstmals eine Baßtrompete vorschrieb, hatte er offenbar noch die tiefe Trompete im Sinne, die Adolph Bernhard Marx (1847, S. 99) auch noch so verstand. Und bei den Teil- und Voraufführungen des *Ring des Nibelungen* 1866 in München nahm Wagner eine dreiventilige hohe Baßtrompete in C (8-Fuß-Lage) mit einem B- und einem A-Bogen, die von der Firma C. W. Moritz geliefert wurde (Moritz, *Zur Hundertjahrfeier* 1908). Auch in Dresden verwendete man erst ein ähnliches Instrument (Oscar Franz in ZfI 1884, Nr. 4, S. 46), schaffte aber 1888 von Heckel sogar eine neue Baßtrompete in Es mit D- und C-Bogen an.

Um auf die 1840er Jahre zurückzukommen, so war die gemischte Besetzung von Ventil- und Naturinstrumenten typisch für die Jahre bis um 1848. So schrieb Hector Berlioz am 4. Januar 1844 im Feuilleton des *Journal des debats* über die Hofkapelle Hannover: »Die Hörner sind nicht ausgezeichnet, gehen aber an; die Posaunen sind solid, die einfachen Trompeten ziemlich gut, eine Ventiltrompete aber höchst vortrefflich. Der Künstler, welcher dieses Instrument spielt, heißt wie sein Rival in Weimar Sackse, ich weiß nicht, welchem von beiden ich die Palme geben soll. ... Die Ophicléide fehlt, die Tuba der Militärmusik kann sie gut ersetzen.«

Von den beiden erwähnten Musikern war F. Sachse Königlich Hannoveranischer Stabstrompeter und Mitglied des dortigen Hoforchesters, Ernst Sachse dagegen Großherzoglich Weimaranischer Kammermusiker. Über ersteren schrieb ein Kritiker nach dem Gewandhauskonzert am 12. Nov. 1842 (AMZ 44, S. 950): »Wir haben noch nie einen so schönen, besonders weichen und elastischen Trompetenton, noch nie eine gleiche, wirklich erstaunende Fertigkeit auf dem so schwierigen Instrument gehört.« Gerade der hier hervorgehobene weiche und elastische Klang, der den Konservativen ein Dorn im Auge war, erwies sich als zukunftsweisend. Manche belebten diesen Klang durch ein Vibrato, in Wien kultivierte man ihn zu einer ruhigen, vibratolosen Tongebung, dem heute noch sprichwörtlichen »Wiener Ton« weiter.

Der zögernde Anlauf bei der Einbürgerung der Ventilinstrumente in Sinfonie und Oper wird verständlich, wenn man das gegnerische, konservative Lager beleuchtet, zu dessen größten Autoritäten der Berliner Professor für Komposition Adolf Bernhard Marx (1795–1866) gehörte. Naturtrompete und -horn seien die eigentlichen und naturgegebenen Formen von Trompete und Horn. »Die Trompete ist das Heldeninstrument und ist einfach, wie der Heldenkarakter«, so etwa postuliert er (1847, S. 96). Durch Ventile würden Horn und Trompete ihres eigenen Charakters und ihrer Eigentümlichkeit beraubt, mehr noch: »Das Horn büsst an Vollklang und Rundung ein und neigt sich der etwas beklemmteren Weise der Stopftöne zu; die Trompete besonders verliert die metallische Klarheit und siegreich durchdringende Macht ihres Klanges und wird unedel gepresst, auch sogar unkräftiger und dünner ...« (1847, S. 95), und weiter: »Die Ventilisierung hat nun richtig den Tonbesitz erweitert; aber die neuen Töne sind zum Theil unrein, der karakteristische farbreiche Klang ist durchweg getrübt und verunreinigt, die Schallkraft durchweg gebrochen« (1855, S. 126). In diesen Worten spiegelt sich nicht nur unrichtige Beobachtung, sondern eine aus dem Bekenntnis für das Traditionelle gespeiste Aversion.

Zu den frühen Propagandisten der Ventiltrompete gehörte der österreichische Kavalleriekapellmeister Karl Chlum, der am 27. März 1827 im Abschlußkonzert des Prager Konservatoriums die *Variationen für die neu erfundene chromatische Trompete* seines Lehrers Joseph Kail blies. Nachdem 1835 Joseph Lanner und Johann Strauß in Wien die Ventiltrompete in ihre Orchester aufgenommen hatten, wurden sie und etwas später die Cornets à pistons auch andernorts in der Tanzmusik heimisch.

Einen Eindruck von der Bedeutung einzelner Instrumentenarten um 1850–1855, namentlich in Süddeutschland, Bayern und Österreich, vermögen die auf der Münchner Industrieausstellung 1854 gezeigten Blechblasinstrumente zu geben: 33 Flügelhörner, 31 Trompeten, 21 Waldhörner, 15 Cornets à pistons, 14 Bombardons, 11 Euphoniums, 8 Posaunen, 5 Signalhörner, 3 Contrabässe, 2 Baßtuben, 2 Helikone, 1 Tenortuba, 1 Baroxyton, 1 Phonikon.

Einführung der Ventilinstrumente

Zur relativ schnellen Regenerierung des Instrumentariums in den Kapellen trug die Einführung der Pariser Stimmung bei (Stimmtonkonferenz Paris 1858: $a^1 = 435$ Hz). Demzufolge wurden viele Instrumente ausrangiert, was mit dazu führte, daß frühe Ventilinstrumente heute fast schon zu den Raritäten in den Museen gehören. Z. B. wurde 1862 in Berlin erwogen, alle preußischen Militärkapellen auf die Pariser Stimmung umzustellen, was zu Neuanschaffungen im Werte von 40 000 bis 50 000 Talern geführt hätte (Zentrales Staatsarchiv Merseburg, Hausarchiv Rep. 106 III, F IV, Nr. 34, »Acta betr. die Kosten der Einrichtung einer gleichmäßigen Orchesterstimmung«, 1862). Aus finanziellen Gründen entschloß man sich, nur das Blasinstrumentarium der Königlichen Kapelle zu erneuern, dessen Kosten sich auf 4 000 Taler beliefen. Unter anderem wurden neu angeschafft: von Moritz 13 Waldhörner, (23 andere Instrumente baute diese Firma um), von Pinkert 4 Trompeten und 2 Cornets à pistons (außerdem mußten 5 Trompeten und ein Cornet à pistons modernisiert werden), von C. F. Lindenberg neben 8 Posaunen ein Tenorhorn und eine Baßtuba. Schließlich lieferte auch J. Lemcke eine Trompete und reparierte ein Piston. Die anderen deutschen Hoforchester und schließlich auch die Militärmusikkapellen schlossen sich zum großen Teil bis um 1900 dieser Umstellung auf den Pariser Kammerton an, z. B. die Dresdner Hofkapelle 1862 und die Meininger 1874, die preußischen Militärkapellen in den 1890er Jahren.

Wie die folgende Zusammenstellung beleuchtet, wurden die Ventilinstrumente zuerst in der Militärmusik heimisch, an der auch die zivile Blasmusik ihre Besetzung orientierte.

Preußische Jägermusik, bis 1837 speziell beim Garde-Jäger-Bataillon Potsdam. Die Ventilinstrumente wurden vom Musikdirektor dieses Bataillons, Gottfried Rode (1797–1857), eingeführt:

um 1825/26 Waldhörner in F mit 2 Stölzelschen Ventilen
1828 Waldhorn mit Blühmelschen Drehbüchsenventilen anstelle der Instrumente von 1825
1828 Ventiltrompeten in F
1828 Althorn
1830 Ventilhörner in B alto und vorübergehend B basso
1831 Bombardon mit Wiener Ventilen zur Verstärkung der Ophikleide
1832 Posaune mit Wiener Ventilen
1832 Trompete in hoch B mit Wiener Ventilen anstelle einer der 3 im Jahre 1828 eingeführten F-Trompeten
nach 1835 Baßtuba
1837 alle Instrumente dreiventilig; dabei 3 Waldhörner in B alto oder As, 6–7 Waldhörner in F oder Es
1837 oder etwas früher Tenorhorn
1838ff. Tenortuba, Baritonbaß/Euphonium/Baryton
1842 oder später Pikkolokornett in Es zur Melodieführung mit oder anstelle der Soprankornette
1847 3 Soprankornette in C, später B, anstelle der Klappenhörner
1847 Altkornett anstelle des Althorns
1847 wurden anstelle der Kornette in Greifswald und anscheinend auch andernorts Flügelhörner besetzt. Nach G. Rodes Tod 1857 führte Wieprecht auch im Garde-Jäger-Bataillon Potsdam Kornette (1 Pikkolo in Es, 2 Soprane in B, 2 Alte in Es), 2 Tenorhörner, 1 Baritonbaß und 2 Tuben ein und reduzierte den Bestand an Hörnern auf 3 Waldhörner in Es.
1859 schlug Theodor Rode (1860a, S. 85) im Rahmen seiner Umbesetzung der preußischen Jägerkapellen nach österreichischem Vorbild folgende neuen Instrumente vor und setzte den Vorschlag teilweise durch: 2 Flügelhörner in C mit B-Bogen (anstelle der Klappenhörner), Altflügelhorn in F mit Es-Bogen, Tenorflügelhorn in C mit B-Bogen, 2 hohe B-Trompeten mit Wiener Ventilen, Baßposaune mit Wiener Ventilen, 2 Bombardons (oder Tuben). Als Kern der Jägerbesetzung betrachtete Th. Rode die Waldhörner und empfahl 3 in B oder A und 6–7 in F oder Es.

In Wieprechts *Normal-Instrumental-Tableau der Königlich-Preußischen Armee-Musik* (1860) besteht die Waldhornmusik der Jäger- und Pionier-Bataillone nur aus folgenden Ventilinstrumenten: 1 Kornettino (Pikkolo), 4 Soprankornette, 2 Altkornette, 2 Tenorhörner, 2 Baritonhörner, 2 Baßtuben, 3 Trompeten, 4 Waldhörner.

Preußische Infanteriemusik:

um 1825 Ventilwaldhörner in C mit Stimmbogen
1828 Althorn anstelle der Altposaune
1828 Trompeten mit Ventilen nach Blühmel, später durch Trompeten mit Wiener Ventilen ersetzt
1832 Bombardon mit Wiener Ventilen, teilweise Ventilposaune
1835 Tuba, zuerst beim 2. Garde-Infanterie-Regiment zu Fuß in Berlin
1838 Kornette und Tenorhörner. Im 8. Infanterieregiment in Berlin durch Musikdirektor J. G. Piefke nach einiger Zeit wieder entfernt und durch österreichische Flügelhörner und später Euphoniums ersetzt
1842 Pikkolokornett in Es zur Melodieführung mit und anstelle von Soprankornetten
1876 Pikkolokornett in hoch As, nicht allgemein eingeführt

Nach Wieprechts *Normal-Instrumental-Tableau* (1860) hatte die vollständig besetzte Janitscharenmusik der Garde-Infanterie-Regimenter folgende Ventilinstrumente besetzt: 2 Soprankornette, 2 Altkornette, 2 Tenorhörner, 1 Baritontuba, 4 Baßtuben, 4 Trompeten, 4 Waldhörner. Dazu kamen die Holzblasinstrumente und Schlagwerk sowie ein Halbmond, das waren zusammen 47 Musiker.

Der preußische Militärmusikdirektor Theodor Rode (1960a, S. 72) schlug folgende andere Instrumente für die preußische Infanteriemusik zum Austausch vor: Trompeten mit Wiener Ventilen und Stimmbogen, 2 Flügelhörner in C mit B-Bogen anstelle der Kornette, 2 Euphoniums in C mit B-Bogen anstelle der Tenorhörner, 2 Bombardons und 1 Tuba anstelle des bisherigen Tubenfundaments.

1858 spielte Gottfried Piefke beim Leibgrenadierregiment Nr. 8 in Berlin mit einer Besetzung, die die österreichischen Instrumente berücksichtigte. Neben den Holzblasinstrumenten und 3 Schlagzeugen hatte er besetzt: 6 Trompeten, 2 Flügelhörner, 3 Euphoniums, 4 Waldhörner, 2 Tenorhörner, 2 Baßposaunen und 3 Tuben.

Preußische Kavalleriemusik:

Laut Allerhöchster preußischer Kabinettsorder vom 21. März 1825 ist in der Besetzungsliste der Gardekavallerie erstmals eine chromatische, d.h. hier wahrscheinlich eine Ventiltrompete, vertreten: 2 Primtrompeten, 1 Sekundtrompete, 2 erste und 2 zweite Prinzipaltrompeten, 1 chromatische Trompete, 1 hohe E-, 1 F- und 1 G-Trompete, 1 Alt-, 1 Tenor- und 2 Baßposaunen.

1828/29 Neueinrichtung durch Wieprecht unter Verwendung folgender Ventilinstrumente, zunächst beim Garde-Dragoner-Regiment in Berlin, beim 1. Kürassier-Regiment in Breslau und 1829 beim Regiment Garde du Corps in Potsdam: 1 Trompete in B alto mit 2 Ventilen, 1 Alttrompete in Es mit 3 Ventilen (wobei hier Althörner bzw. Mischformen zwischen Althörnern und Trompeten gemeint sind, vgl. Foto 12), 2 Tenorhörner in B mit 3 Ventilen, 1 Tenorbaßhorn in B mit 3 Ventilen, 4 Trompeten in Es mit 2 Ventilen. Dazu 2 Klappenhörner und 2 Zug-Baßposaunen. Abweichend hiervon spricht Sundelin (1828, S. 38) anstelle des Tenorbaßhorns von Corno Basso (vermutlich als Trompetenbaß zu verstehen), wobei dieses die herkömmliche Baßposaune und die Tenorhörner die Tenorposaunen ersetzen.

1833 Soprankornett in B anstelle der B-Trompete »wegen ihrer harten Klangfarbe« (Wieprecht)
Altkornett in Es anstelle der Alttrompete

1836 Baßtuba anstelle der Baßposaune, zuerst beim Garde-Dragoner-Regiment Berlin (Juni) und Garde-Ulanen-Regiment Potsdam (Oktober)

1842 Pikkolokornett in Es (auch Pikkolo genannt)

Preußische Signalhornmusik (in Gebrauch bei den Füsilierbataillonen der Infanterie):

Bis 1837 nur mit Natursignalhörnern mit Aufsteckbogen für verschiedene Stimmungen ausgestattet. 1837 und in den folgenden Jahren durch Wieprecht in dieser Weise besetzt: 2 Soprankornette, 2 Altkornette, 2 Tenorhörner, 1 Baritontuba, 2 Baßtuben, seit 1842 Pikkolokornett in Es. Diese Besetzung sanktionierte Wieprecht im *Normal-Instrumental-Tableau* (1860).

Wieprecht strebte einen Schichtenaufbau in der Militärmusik an: Die kleinste Besetzung hat die Kavallerie, bei Jäger- und Pioniereinheiten ist sie durch Waldhörner vermehrt, bei der Infanteriemusik kommen die Holzblasinstrumente hinzu. Th. Rode dagegen bemühte sich um eine Militärmusik mehr nach österreichischem Vorbild, bei der gleichzeitig die preußische Tradition stärker berücksichtigt ist. Nach Rode müßte die Kavalleriemusik durch Trompeten, die Jägermusik durch Waldhörner und die Infanteriemusik durch Holzblasinstrumente, besonders Klarinetten, geprägt sein. Obwohl Wieprechts Prinzip den Sieg davontrug, konnte die Aufnahme der Flügelhörner nicht aufgehalten werden.

Österreichische Kavalleriebesetzung (nach Fahrbach 1846):

1 Messingklarinette in G, 2 Trompetinas in A und G, 2 Flügelhörner in A, 1 kleines Flügelhorn in A, 2 Baßflügelhörner in A, 8 Trompeten in D, 2 Trompeten in C und E, 2 Baßtrompeten in A, 4 Hörner in D und G, 3 Posaunen, 1 Bombardino (Euphonium), 4 Bombardons.

Nach 1850 erfolgte im Zuge der reorganisierenden Tätigkeit des 1850 zum Armee-Kapellmeister ernannten Andreas Leonhardt (1800–1866) in Österreich der Übergang zur As-Es-Stimmung. Leonhardt ist der Verfasser der am 8. April 1851 verabschiedeten Zirkularverordnung über die *Systematisierung der Militär-Musikbanden*, mit der eine Vereinheitlichung in der Besetzung erreicht werden sollte. Leonhardts Bestrebungen in Österreich sind denen von Wieprecht in Preußen vergleichbar.

Österreichische Harmoniemusik um 1860 (nach Rode 1860a, S. 20f.):

7 Flügelhörner in B, 2 Altflügelhörner in Es, 7 Waldhörner in Es, 3 Euphoniums in B, 3 Trompeten in Es, 2 Baßtrompeten in B, 4 Posaunen, 4 Bombardons und 2 Blechklarinetten.

Österreichische Infanteriemusik um 1885:

4 Hörner in Es, 4 Flügelhörner, 2 Baßflügelhörner in B, 2 Euphoniums in B, 10 Trompeten in Es, 2 Trompeten in B alto, 3 F-Bässe (Bombardons), 3 Tuben oder Helikone in Es, C oder B, kleine und große Trommel, 11 Klarinetten in As, Es, B, kleine und große Flöte.

In Süddeutschland und Bayern orientierte man sich an der

österreichischen Militärmusik. 1829 wurden Ventiltrompeten im Landwehrregiment und 1832 im Bayrischen Infanterie-Leibregiment, jeweils München, eingeführt. Das letztere erhielt 1837 auch eine »Baßtuba« bzw. ein Bombardon sowie ein Waldhorn.

Bayrische Regimentsmusik (Saro 1883):
Außer Holzblasinstrumenten und Schlagwerk: 2 Waldhörner in B, 2 Waldhörner in Es, 1 Piston in B, 3 Trompeten in Es, 2 Baßtrompeten in B, 1 Althorn in B (entspricht in Preußen dem Tenorhorn), 1 Flügelhorn, 3 Posaunen, 1 Bariton, Ventilbässe.

Bayrische Kavalleriemusik um 1900 (ZfI 22, 1901, S. 97):
2 Flügelhörner, 1 Piston in Es (Cornettino, Ottavino), 2 Pistons in C/B, 3 Trompeten in F/Es, 4 Baßtrompeten, Althorn in C/B, Tenorhorn in F, 3 Posaunen, Baryton in F, Bombardon in C/B (Kontra), Pauken.

Badische Militärmusik (Saro 1883):
Neben Holzblasinstrumenten und Schlagzeug waren besetzt: 4 Waldhörner, 1 Altkornett in Es, Ventilbässe, 1 Piston piccolo in Es, 2 Cornets in B, 2 Tenorhörner in B, 1 Bariton, 4 Trompeten, 3 Posaunen.

Hannoversche Kavalleriemusik um 1865:
4 Trompeten in B alto, 4 Trompeten in Es, 2 Klappenhörner in C, 2 Althörner, 2 Tenorhörner, 1 Tenortuba, 2 Tuben.

Sächsische Schützenmusik bis 1828:
4 Naturhörner in A alto, D/E, C, 1 Trompete in D, 2 Signalhörner in D und A, 2 Baßtrompeten in A, 3 Posaunen.
1828 wurde das 4. Horn als Ventilinstrument besetzt
1830–1835 Ventiltrompeten in D oder E, später Tenorhorn in A (meist erst in den 1840er Jahren)
1833 Baßhorn mit Ventilen
1845 Tuba anstelle von Baßhorn mit Ventilen.
Besetzung Ende der 1840er Jahre (Nefe 1896, S. 365f.): 2–3 Klappenhörner in D und A (auch H), 2–3 Ventiltrompeten in D oder E mit Stopferventilen, 2–3 Naturwaldhörner in D mit Stimmbogen, 2 Waldhörner in E und A mit Stopferventilen, 1 Tenorhorn in A, 2 Zug-Tenorposaunen in B oder H, Tuba in E, D oder H mit 3 Pumpenventilen.

Sächsische Kavalleriebesetzung (führte wie die bayrische seit wenigstens 1860):
Cornets à pistons (»Pistons«) in hoch Es (»Pikkolo«), C oder B anstelle der Preußischen Kornette, ferner Trompetina, Hochflügelhorn und Alttrompete (»hohe Trompete«) in As, A und B. Seit dem 3. Drittel des 19. Jh. bis um 1940 Besetzung mit sog. Feldtrompeten mit Périnetventilen (Sopran, Alt, Tenor, Baß).

Sächsische Regimentsmusik (nach der Neuregelung von 1867, wobei man sich nach preußischem Vorbild an der B-Es-Stimmung orientierte):
4 Ventilhörner, 4 Ventiltrompeten, 2 Flügelhörner, 2 Tenorhörner, 3 Posaunen, 2 Tuben, 1 Baßhorn mit Klappen, 2 Flöten, 2 Klarinetten in Es, 12 Klarinetten in B, 2 Oboen, 2 Fagotte, kleine und große Trommel.

Deutsche Jägermusik:
1936 erfolgte in Hitler-Deutschland die Einführung der »neuen Jägermusik«: 2 Kornetti in Es, 2 Kornette in B, 6 Flügelhörner, 6 Trompeten in B und Es (alle diese Instrumente in Kreisform) sowie 8 Waldhörner, 3 Tenorhörner, 3 Baritons, 3 Ventilposaunen, 5 Helikone in Es und B, wobei die nach den Trompeten genannten fünf Instrumententypen in Lurenform gebaut wurden.

Hatte sich die Gründung der Heiligen Allianz 1815 mit ihren restaurativen Zielen und der Unterdrückung freiheitlicher Bestrebungen hemmend auf die Neugründung ziviler Musikvereine ausgewirkt, trat nach 1848 eine Lockerung ein. Z. B. erleichterte das am 16. November 1852 erlassene österreichische Vereinsgesetz die Gründung ziviler Vereine, bis schließlich 1867 die Versammlungsfreiheit eingeführt wurde.

Einen Einschnitt in der Entwicklung der Blasmusik bildete das Beliebtwerden der Freiluft- und Gartenkonzerte seit etwa 1835, bekannt waren besonders die von Wieprecht veranstalteten Konzerte im Hofjäger- und Blumengarten in Berlin. Im Mai 1838 fand das erste Massen-Freiluftkonzert mit 1 000 Blasinstrumenten und 200 Trommeln aus Anlaß des Besuchs des Zaren Nikolaus I. statt. Am 27. Mai 1843 fand in Graz der »Große militärische Zapfenstreich« aller in der steirischen Landeshauptstadt stationierten Regimentskapellen unter Andreas Leonhardt statt. Waren hier 200 Musiker und 70 Tamboure angetreten, dirigierte Leonhardt zum Dreikaisertreffen 1853 in Olmütz 1 200 Musiker. 1860 nahm im Zuge der Heeresvermehrung auch die Zahl der Militärkapellen zu. Vor dem ersten Weltkrieg gab es in Deutschland etwa 550 Militärkapellen, während die Anzahl der Reichswehrkapellen 1918 auf 140 zurückging und nach 1933 wieder zunahm. Aus dem Jahre 1884 stammt folgende Statistik über die etatmäßigen Musikchöre (nach Kalkbrenner 1884, S. 193): Deutschland 360, Österreich (mit Böhmen und Ungarn) 103, Rußland 282, Frankreich 197, England 175, Spanien 94, Italien 81, USA 46. Die zahlreichen zivilen Blaskapellen, die nicht etatmäßig unterhalten wurden, sind in dieser Aufstellung nicht mit enthalten.

Zahl und Vertiefungsfolge der Ventile

10

Blühmel sah das 3. Ventil in seinem Patentantrag von 1818 nur für die Posaune vor. Friedrich Schneider berichtete dann bereits im Juni 1819 in der AMZ (Sp. 416), daß Sattler in Leipzig Stölzelsche Waldhörner mit drei Ventilen herstelle. Vor 1827 fertigte Schuster in Karlsruhe Trompeten mit drei Kastenventilen und schloß damit wohl an ein Berliner Vorbild an. Auch die Instrumente von Kail/Riedl, die in Nemetz' Trompeten- und Hornschule von 1828 und 1829 abgebildet sind, haben drei Ventile. In Mainz baute zuerst Carl August Müller 1830 für den 1. Trompeter des in Mainz stationierten K. K. Österreichischen Regiments Langenau ein Instrument mit drei Ventilen. Wenn Gottfried Weber (1835, S. 103f.) sagte, bis 1830 sei das 3. Ventil unbekannt gewesen, so ist das aus einer engen Mainzer Sicht gesehen. Die zweiventiligen Instrumente waren aber bis um 1835 in der Mehrzahl. Um 1833 bahnte sich eine Wende an, und um 1850 wurden zweiventilige Instrumente nur noch selten gebaut, zweiventilige Posthörner aber noch nach 1871.

Hinsichtlich der Ventilfolge gibt es für das 1. und 2. Ventil zwei Traditionen: 2, 1 Halbton (zuerst bei Stölzel) und 1, 2 Halbtöne (zuerst bei Blühmel). In Preußen und Österreich dominierte die 1. Variante, im Vogtland, in Mainz und Süddeutschland zunächst die 2. Variante. C. A. Müller in Mainz ging nach 1835 zu der noch jetzt herrschenden Folge 2, 1 Halbton über. In Markneukirchen erfolgte der Übergang zu dieser Einrichtung zögernd um 1840–1845, gefördert durch Wiener und Dresdner Einfluß. Bis um 1835 vertieft bei Schuster (Karlsruhe) das 1. Ventil teils um 1, teils um 2 Halbtöne. In Süddeutschland hat sich der Brauch, das Halbtonventil an die erste Stelle zu setzen, teilweise bis ins 20. Jh. gehalten. Das Versandhaus Meinel & Herold in Klingenthal bat noch im Hauptkatalog Nr. 39 von etwa 1935, bei Bestellung von Lieferungen nach Bayern und Süddeutschland anzugeben, »ob der ½ Ton auf erstes oder zweites Ventil gewünscht wird« (S. 29).

Das 3. Ventil ist meistens zur Vertiefung um 1½ Ganzton eingerichtet. G. Weber begründete 1835 (S. 87ff.) diese Vertiefung mit der zu hohen Intonation der Kleinterz bei Kombination von Ventil 1 + 2. Das 3. Ventil sollte die exakte kleine Terz $^6/_5$ anstelle der zu hohen mit Ventil 1 + 2 erzeugen. Eine preußische Tradition begründeten nach 1833 die preußischen Kornette, bei denen das 3. Ventil oft um 2 Ganztöne vertieft. Der Brauch hat sich bei den tiefsten Instrumenten am längsten gehalten. In der Art sind auch die Tenorhörner auf Kruspes Preisliste von etwa 1870 ausgestattet. Im vogtländischen Instrumentenbau spielte das 2 Ganztöne vertiefende 3. Ventil seit etwa 1835–1840 eine besondere Rolle. Nach dem Katalog von P. Stark, Markneukirchen 1893, wurden Tenorhörner, Barytons und Tuben auf Wunsch mit 3. Ventil zur Vertiefung um 3 oder 4 Halbtöne geliefert. Ist ein 4. Ventil vorhanden, ist es meistens ein Quartventil. Diese Folge – 2, 1, 4, 5 Halbtöne – hält auch Emil Teuchert, der Dresdner Hofoperntubist, in seinem Buch für die vorteilhafteste (1911, S. 119). Bei den F-Wagnertuben findet sich diese Variante teilweise bis in die Gegenwart. Im Vogtland wurden für den Export nach Schweden noch in den 1930er–1940er Jahren Tenorhörner und Tuben mit einem 2 Ganztöne vertiefenden 3. Ventil geliefert. Nachdem 1885 in Paris das Cornet à pistons nach dem System von Arban & Bouvet publik wurde, bei dem das 3. Ventil um 2 Ganztöne vertieft, nahm 1889 der Fabrikant V. F. Červený in Königgrätz dazu Stellung. Er zeigte, daß auch in Böhmen und Süddeutschland das 3. Ventil zur Vertiefung von 2 Ganztönen schon lange vorher bekannt war. Er sagte in einer Druckschrift (zitiert nach C. Pierre 1890, S. 158, Übersetzung):

»Diese Ventilanordnung ist keineswegs neu. Schon 1838 hat Professor Kail am Konservatorium in Prag den Gebrauch von Trompeten, Posaunen und Tuben mit dem 3. Ventil zu 2 Ganztönen eingeführt. Der selige Johann Pavlis, Direktor der Militärmusikschule, besaß,

Zahl und Vertiefungsfolge der Ventile

als er 1853 im Orchester des Deutschen Theaters in Prag Posaune blies, damals ein Instrument mit 5 Ventilen, von denen eins 2 Ganztöne hatte.

Später faßte die Idee vor allem in Bayern und im Großherzogtum Baden Fuß, und man trifft seit dieser Zeit hier und da in diesem Gebiet, und manchmal auch in Preußen, Instrumente mit 4, von denen das 3. Ventil 2 Ganztöne hat.«

Nach allen erreichbaren Quellen war das um 2 Ganztöne vertiefende 3. Ventil am stärksten 1855–1890 verbreitet. Der Vorteil für die Intonation liegt auf der Hand: Der Intonationsfehler beim Kombinieren der Ventile ist bei d und des geringer. Die Nachteile: Das e kann nur mit Ventil 1 + 2 gespielt werden und ist daher stets etwas zu hoch, die Applikatur (besonders e—es) ist etwas unbequemer. Eine rein preußische Tradition ist mit Wieprecht/Moritz' fünfventiligen Tuben verbunden. Dabei kommt die Folge ½, 1 Ganzton sowohl für Ventil 1, 2 als auch 3, 4 bald außer Gebrauch zugunsten 1, ½ Ganzton. So sind auch die Kruspeschen Tuben um 1870 und später noch die schwedischen Tuben eingerichtet. Ohne Bedeutung ist die Vertiefungsfolge Ganzton, Halbton, Ganzton geblieben (Waldhorn Berlin Nr. 4366, Foto 29), ebenso die einfache Hebelkopplung zwischen 2. und 3. Ventil, so daß bei Betätigung des 3. Ventils das mittlere mit eingeschaltet wird (gleiches Instrument). Das 4. Ventil ist bei insgesamt vier Ventilen üblicher Anlage meistens Quartventil und vor 1835 wohl zuerst bei österreichischen Bombardons in Gebrauch. Nicht selten war die Einrichtung des 3. Ventils für 2 Ganztöne, die spätestens 1840 schon üblich war (vgl. Foto 136, 138). Für sie trat auch Červený ein.

1835 schufen Wieprecht und Moritz mit der fünfventiligen Tuba ein System, von dem auch heutige verschiedene fünf- und sechsventilige Tuben profitiert haben: Für Grund- und Quartstimmung gibt es eigene Halb- und Ganztonventile. Zur Erzielung einer guten Stimmung in der tiefsten Oktave spielt bei den Tuben unseres Jahrhunderts das um einen ¾ Ganzton vertiefende Ventil zur Kompensation eine Rolle (s. Tuben). Sechsventilige Tuben waren um 1845 bereits bekannt, auch Franz Stöhr in Prag baute solche, und 1845 soll der genannte Pavlis sogar auf einer sechsventiligen Posaune geblasen haben (Červený 1867, S. 14).

Eine feste Zuordnung der Ventile zur linken oder rechten Hand bildete sich bei Hörnern schneller als bei Trompeten heraus, da das Stopfen des Horns seit langem normalerweise mit der rechten Hand ausgeführt wurde. Dennoch sind rechtsgriffige Hörner auch noch nach der Mitte des 19. Jh. gebaut worden (Foto 35 und S. 111). Klappentrompeten waren fast mehr links- als rechtsgriffig, worin die alte Tradition zum Tragen kommt, die Naturtrompete mit der rechten Hand zu halten, denn bei linksgriffigen Klappen wird das Instrument rechtshändig gehalten. Von den Klappentrompeten ging die Haltungs- und Spielweise auf die Ventiltrompeten und ihre Verwandten über (Abb. 2 und 3). Linksgriffige Ventiltrompeten, Flügelhörner und Bässe hielten sich besonders lange in Bayern, wo sie um 1870 noch nicht ausgestorben waren. Überhaupt neigte man im 2. Viertel des 19. Jh. in der österreichisch-süddeutschen Region zu linksgriffigen Trompeten, die neben rechtsgriffigen Exemplaren z. B. von Leopold Uhlmann und August Beyde (Wien), Andreas Barth (München, Foto 75) oder Ferdinand Stegmaier (Ingolstadt) gebaut wurden. Dennoch schien auch in Bayern in der Mitte des 19. Jh. die Rechtsgriffigkeit zu überwiegen, haben doch Rechtshänder in der rechten Hand mehr »Fingerspitzengefühl« und mehr Geschick. In Preußen, Sachsen und Mainz wurden schon in der Frühzeit der Ventile die Trompeten, Kornette, Tenorhörner usw. rechtsgriffig eingerichtet. Manche deutsche Trompeten aus der Zeit bis zur Mitte des 19. Jh., die mit der Hauptwindung vertikal gehalten wurden, konnten mit der linken oder rechten Hand gegriffen werden (Fotos 70, 72, 74).

Klang, Mensur und äußere Form

11

Historische Tendenzen

Die Mensuren der Ventilinstrumente bieten einen bis jetzt noch kaum übersehbaren Reichtum. Die Mensur ist ein feines Reagens der herstellerindividuellen Klangvorstellungen, in denen sich die klangliche Zeittendenz wie ein Lichtstrahl im Wasser bricht. Sie ist ein Reagens auch von Landschaft, Menschenschlag, Mentalität und wird mitbestimmt von den musikalischen Zwecken, denen das Instrument dienen soll.

Was bei einem Gesamtüberblick als kontinuierliche Entwicklung erscheint, besteht aus vielen, sich zeitlich überlagernden einzelnen Schritten, die als neue Varianten und Modelle auftreten. Ein elementarer Mechanismus ist dabei: Ein Musiker oder Instrumentenbauer bringt eine Neuerung auf, andere übernehmen sie; sie bürgert sich ein oder verschwindet wieder. Die Vorbildwirkung von Bläserautoritäten spielt stets eine große Rolle, was sich nach dem zweiten Weltkrieg auch an der starken Ausbreitung der Périnetventile zeigt. Weiterhin war die Tendenz wirksam, die Ventiltrompeten wegen ihrer im Vergleich zu den Naturtrompeten kürzeren Rohrlänge etwas weiter zu mensurieren (Schubert 1865, S. 115), um die gleiche Klangfarbe zu bewahren. Schließlich wurde die Mensurweite auch zur Kompensation von kleinen Besetzungen verwendet. Hatten z. B. die Musikcorps um 1900 in Sachsen einen Etat von 48 Musikern, kam er nach 1918 infolge der Begrenzung der Reichswehr auf eine Stärke von 24—28 Musiker. Um den Verlust an Klangvolumen auszugleichen, wurden die Instrumente weiter mensuriert. Als in den Luftwaffen-Musikcorps der Hitler-Wehrmacht 1938—1940 die Besetzung durch ein Saxophonregister, As-, Alt-, Baß-, Kontrabaßklarinette sowie Englischhorn aufgestockt wurde, war als Ausgleich ein engmensuriertes »Blechregister« erforderlich, das durch neu entworfene Posaunen, Tenor- und Baritontuben enger Mensur erreicht wurde.

Bei aller Vielschichtigkeit der Mensurgestaltung und ihrer Hintergründe läßt sich im Ventilzeitalter folgender Bogen der Klangentwicklung feststellen. Die Erweiterung des Instrumentariums in der Militärmusik, insbesondere die Einbeziehung der Baßinstrumente, Serpente, Baßhörner, Baßposaunen, setzte in Deutschland um 1805 ein. Bis um 1885 entfaltete sich in allen Musikbereichen die Tendenz zu großvolumigen, warmen, dunklen und weichen Klängen, besonders bei Instrumenten der tiefen und mittleren Lage. Das bedeutete eine ständige Zunahme der Mensurweite. Mit Červenýs Kaiserinstrumenten (1882—1884) ist in der Weitenzunahme eine Grenze erreicht, die später nur noch z. T. deutlich überboten wurde. Indem im 19. Jh. die Weitenmensur zunahm, wurden gleichzeitig die älteren, engeren Modelle abgestoßen. Andererseits gewannen — vor allem nach dem ersten Weltkrieg — hellere Klangfarben in der hohen und mittleren Lage wieder größere Bedeutung, so daß sich die Klangpalette weiter differenzierte. Die Hoch-B-Trompeten und Diskanthörner sind Indizien dafür, daß die Tendenz zur klanglichen Differenzierung auch in der Gegenwart weiter fortwirkt.

Um 1860—1880 wurde der pastose, satte und runde Klang zur Norm. Die Mensurerweiterung hatte zur Folge, daß bei verschiedenen Instrumenten der 1. Naturton verwertbar wurde. Der Münchner Physiker Karl Schafhäutl nannte 1854 diese weiten Instrumente *Ganzinstrumente* und die, deren 1. Naturton nicht anspricht, *Halbinstrumente*. Aus damaliger Sicht waren die Ganzinstrumente die modernen Tonwerkzeuge, wie Tuba und Euphonium. Durch das 4. Ventil wurde der Oktavraum zwischen 1. und 2. Naturton ausgefüllt, so daß ein Ganzinstrument von 8 Fuß Länge (z. B. Baroxyton) genauso tief blasen kann wie ein Halbinstrument von doppelter Länge (enges Bombardon). Die alten Gattungen waren, pauschal gesehen, Halbinstrumente. Während auf einer Naturtrompete diatonische Tonfolgen erst etwa vom c^2 an möglich sind, sind sie auf Ventiltrompeten bereits mehr als eine Oktave tiefer spielbar. Daher entstand der schon seit etwa 1830 zu dokumentierende Hang zu kurzen, hoch gestimmten Instrumenten wie B-Trompeten und B-Hörnern. Hermann Eichborn bezeichnete diesen technischen Sachverhalt 1889 als *Oktavierungsprinzip* und meinte, es trete um 1860 auf. Dieses Datum ist aber zu spät angesetzt. Ein Einschnitt besteht um 1860 jedoch insofern, als seither das B-Horn auch in die sinfonische Musik Einzug hielt. Da die Mensurerweiterung bei hohen Instrumenten nur schwach, bei tiefen aber stark in Erscheinung tritt, bildeten sich starke klangliche Hell-Dunkel-Gefälle heraus. Vergleicht man z. B. einen vierteiligen Satz Barockposaunen mit einem analogen Satz Posaunen von Sattler oder Ventilinstrumenten, ist die stärkere Spreizung in der klanglichen Hell-Dunkel-Dimension allein nach der Schallstückweite augenscheinlich. Mit der Mensurerweiterung korrespondiert die Tendenz, den zylindrischen Rohranteil zugunsten des konischen zu verkleinern oder gar aufzugeben.

Für Österreich und Süddeutschland gilt bereits für die Mitte des 19. Jh., was Schafhäutl (1854, S. 171) sagt: »Bei den neuen Instrumenten ist beinahe der größte Theil des Instruments stark konisch.« Seit den 1830er Jahren wurde selbst das preußische Instrumentarium von österreichischen und böhmischen Instrumenten unterwandert, von Flügelhorn, Bombardon, Euphonium, Baryton, Contrabaß. Um 1880 gewann das konische Mundrohr auch in Preußen immer mehr an Bedeutung.

Das bis in die Gegenwart im deutschen Sprachgebiet, hauptsächlich aber im ehemaligen Gebiet von Preußen und Sachsen, gültige Konzept der Ventilbässe, Barytons, Tenor- und Althörner wurde entscheidend von Václav František Červený (1819—1898) geprägt. Der endgültige Durchbruch erfolgte um 1875, nachdem sich Preußen dem österreichisch-böhmischen Einfluß geöffnet hatte. Červenýs Erfolg beruhte auf der sanglichen und weichen, glanzvollen Tongebung sowie auf der guten Qualität seiner Instrumente. Durch ihn kam die Weitmensurierung endgültig zur Anerkennung. Die starke Gegensätzlichkeit zwischen österreichischer und preußischer Klangkonzeption war durch ein russisches Element in der Militärmusik Preußens verstärkt worden. Nach 1813 war die preußische Signalhornmusik nach russischem Prinzip eingerichtet worden (Kalkbrenner 1882, S. 37), und sie verwendete meistens die einfachen, verschieden hoch gestimmten, schlaufenförmigen Signalhörner mit konischen Schallstücken (s. Mende 1978, Abb. S. 53). Grundlage ist die russische Hornmusik, die sich der geraden, oben abgebogenen, rein konischen und metallenen *Jagdhörner* (ochotnitschije rogi) bediente. Als Wieprecht und Moritz, die weitmensurierten russisch-preußischen Signalhörner zum Vorbild nehmend, die Kornette und Tuben bauten und einführten, wurde das Unternehmen von der gleichen Woge des Klangideals getragen, die auch die russische Hornmusik in Deutschland trug. Das erlahmende Interesse an den dunklen, großvolumigen und leicht stumpfen Klängen führte nach 1860 zu einer Existenzkrise der Preußischen Kornette und Tuben, die teils ihre Angleichung an die österreichisch-böhmischen Flügelhörner und Bombardons, teils ihr Aussterben nach sich zog. In Rußland und Schweden hielt sich das Klangideal, das durch Instrumente mit weiten Mundrohren und stumpfen Schallstücken vertreten wird, wesentlich länger als in Preußen. Es waren nicht die stumpfen Schallstücke schlechthin, die Wieprechts und Moritz' Klangideal zu Fall brachten, sondern ihre Kombination mit weiten Mundrohren. Červený baute u. a. auch ähnliche Schallstücke wie die Berliner und Potsdamer Firmen, aber die übrige Mensur war anders, der Gesamtklang farbiger, weicher und edler. Gegenüber dem preußischen schweifte das sog. *Königgrätzer Schallstück* (Foto 100), das wegen der guten Stimmung der Instrumente noch in unserem Jahrhundert gebräuchlich war, im Bereich des Kranzes stärker aus. Mit den Preußischen Kornetten und Tuben wurde das Klangkonzept eines kleinen Bereiches der preußischen Militärmusik, der Signalhornmusik, auf die gesamte Militärmusik ausgedehnt. Das geschah durch die Rechtsbefugnisse Wieprechts im preußischen Militärwesen und auf Grund der Tatsache, daß dem preußischen Klangideal das Markant-Großvolumige wesenseigen war. Wie aus Schriften Th. Rodes hervorgeht (1858, 1860), die nicht frei von Aversion sind, empfand man Wieprechts Vorgehen nicht selten als Überspitzung des preußischen Klangideals. Dem muß auch aus heutiger Sicht zugestimmt werden. Die Geschichte gab dem Kreis um Gottfried und Theodor Rode hinsichtlich des rein Klanglichen gegenüber Wieprecht den Vorzug. Damit ist nichts gegen die organisatorischen Verdienste Wieprechts um das Militärmusikwesen gesagt, das er zu hohem musikalischem Niveau und beispielgebenden Leistungen zu führen vermochte. Als C. W. Moritz, die preußische Firma Nr. 1, in den 1860er—1870er Jahren auch böhmische Instrumente nachahmte, war das zunächst eine Frage der Existenz der Firma. Denn Červený bezeichnete sich mit gewissem Recht als »Lieferant der deutschen, russischen und österreichischen Armee zu Königgretz in Böhmen« (Signatur auf Kornetten von 1876, Leningrad Nr. 11—14). Andererseits ahmte Červený auch aus Konkurrenzgründen preußische Modelle nach und versuchte sie zu veredeln. Diese Modelle wurden dann teilweise wiederum von deutschen Firmen nachgebaut. Beispielsweise ist das vom VEB Blechblas- und Signalinstrumenten-Fabrik Markneukirchen noch in unseren Tagen gebaute Helikon (Bahnert/Herzberg/Schramm 1958, Abb. S. 176) ein Modell im Anschluß an Červený, das er aus einer Umbildung von Moritz' Modell Abb. 21 gewonnen hatte. Nachgebaut wurden stets nur die besten Modelle und solche, die auf dem Markt absetzbar waren. Durch die die Landesgrenzen überschreitenden Marktbeziehungen in der Art, wie sie zwischen C. W. Moritz und V. F. Červený z. B. bestanden, ergibt sich zwangsläufig eine immer stärkere Annäherung der Modelle. Sie führt schließlich mit zu einer Nivellierung der regionalen Klangideale. Ein wertvoller kultureller Schatz geht damit verloren.

Im großen geschichtlichen Zusammenhang gesehen, trat im 19. Jh. das sinnliche, auf das Gefühl orientierte Klangverständnis in den Vordergrund. Dies und die volle Chromatik gaben der Blechblasmusik gegenüber dem 18. Jh. eine neue Grundlage. Der geistige Wesenskern, der im Klang von Trompeten und Hörnern liegt, ist das Strahlende (Trompetenklang) und die Wärme (Hörnerklang). Es bestehen klangliche und gestaltbezogene Assoziationen zum Sonnenstrahl (Trompete — gerade) und zur Sonnenwärme (Horn — gebogen). Daher ist es ganz folgerichtig, wenn auf frühen Kulturstufen dem Trompeten- und Hörnerklang magische Kräfte in Krieg, Brauchtum und Jagd beigemessen wurden, denn in diesem Klang ist nach alter Anschauung die Kraft der einst göttlich verehrten Sonne sublimiert. Im 19. Jh. zeigt sich der alte Wesenskern von einer neuen, das subjektive Empfinden ansprechenden, ästhetischen Seite. Den Bedingungen der aufgeklärten Neuzeit gemäß und in emotionale Gewandung gehüllt, tritt der alte Bezug zur Sonne im Rahmen der sinfonischen und Opernmusik am klarsten im strahlend-glühenden Trompetenklang und in weihevollen, erhabenen, warm und weich klingenden Hornpartien in Erscheinung. Eindrucksvolle Beispiele finden sich im Werk von Richard Wagner und Anton Bruckner. Passagen mit Jagd- und Militäranklang dagegen wirken oft illustrativ, auch soziale Aspekte assoziierend, und stehen einer tiefempfundenen Schönheit ferner.

Landschaftliche Besonderheiten in Klang und Mensur

Die folgenden Charakterisierungen gehen von den Verhältnissen des 19. Jh. aus, als die regionalen Klangstile am stärksten ausgeprägt waren. Die Angleichung der landschaftlichen Klangstile begann schon in den 1870er Jahren, nach dem zweiten Weltkrieg trat die regionale Spezifik mehr in den Hintergrund, und in der Gegenwart scheint sie teilweise fast aufgehoben zu sein.

In Preußen tendierte man zu einem markanten, hart-großvolumigen, manchmal bis ins Grobe gehenden Klang. Das Mundrohr ist weit und zylindrisch, das Stürzenende im Durchmesser relativ klein. Da die Schallstücke der Trompeten oft eng sind, ist der Klang hell und durch das weite Mundrohr markant. Bei allen vom Signalhorn ausgehenden oder mit ihm verwandten Instrumenten, wie Kornetten und Tuben, besteht eine Neigung zum konischen Schallstück, wodurch der Klang zwar großvolumig und weich, aber trocken, manchmal sogar glanzlos wird. In Rheinpreußen (Köln) trafen in der Mensur brandenburgische (Berliner, Potsdamer) und südwestliche Einflüsse (Mainz, Strasbourg) zusammen.

In Süddeutschland liebte man, ähnlich wie in Österreich, weniger markante, dafür dem Sanglichen zugeneigte und weich-großvolumige Klänge. Der Rohranfang war hier viel enger als in Preußen, bei Bässen die Durchmesser-Erweiterung am Stürzenende aber groß. Bei Trompeten und Hörnern wurde wie um 1800 das Stürzenende relativ kegelförmig und weit gehalten (Foto 93).

Das Baßschallstück ist in Süddeutschland noch im 2. Drittel des 19. Jh. schlank und blüht zum Ende des Jahrhunderts zu stark auf, so daß der Stürzendurchmesser groß ist (Foto 132). In Österreich und Böhmen herrschten ähnliche Verhältnisse wie in Süddeutschland. Der Rohranfang ist eng und hat ein starkes Gefälle zum insgesamt weiten Schallstückende, so daß der Klang weich und sanglich ist. Der zylindrische Rohranteil, soweit vorhanden, ist meistens kleiner als bei preußischen Instrumenten. Červený (1867, S. 15) brachte die Vorzüge der österreichischen Ventilinstrumente auf folgende Formel: »Schmelz, Fülle und Weichheit des Tones«.

Sachsen nimmt im Klangstil eine Mittelstellung zwischen Preußen und Österreich ein, wobei man eine bestimmte markante Art bevorzugt. Das Volumen ist bei Sopranen oft klein oder mittelgroß (Trompeten, Flügelhörner) und mit zartem Einschlag, bei Bässen oft groß. Die Trompetenschallstücke erweitern sich erst kurz vor dem Stürzenende stark (Foto 87, 88). Das Hell-Dunkel-Gefälle der Klangfarben zwischen Sopran und Baß ist groß. Ähnlich wie bei den Formmerkmalen — nur nicht so stark — überlagern sich in Sachsen die regionalen Mensurkonzeptionen. Die Grenze zwischen dem weichen südlichen und herben nördlichen Klangstil verlief in der Höhe Mainz—Dresden quer durch Deutschland. Da Markneukirchen auf dieser Grenze liegt, verwundert es nicht, daß hier der mensurelle Synkretismus eine große Rolle spielte. Der französische Klangstil ist gegenüber dem deutschen vergleichsweise zurückhaltender, meistens kleinvolumiger und hat jene unverwechselbare leicht näselnde Komponente. Er ist edel in seiner Zurückhaltung, der deutsche edel in seiner blühenden Art.

Seit den 1920er Jahren ist eine Annäherung der regionalen Klangstile unüberhörbar begleitet von einer gewissen Angleichung der Mensuren. Das ist mit einer Reduzierung der Klangpalette und dem Abbau der regionalen klanglichen Individualität verbunden. Bis zum Anfang des 20. Jh., mancherorts auch noch später, waren die Orchester im Instrumenten- wie Musikerbestand oftmals von einheimischen Verhältnissen bestimmt. Nur in dieser Einheit aber konnten sich regionale Klangstile voll entfalten, was z. B. in Dresden der Fall war. Betrachtet man die Instrumentenanschaffungen für die sächsische Hofkapelle in der 2. Hälfte des 19. Jh., so ist der größte Teil der Instrumente aus sächsischen Werkstätten bezogen worden (folgendes Verzeichnis hauptsächlich nach: Staatsarchiv Dresden, Ministerium für Volksbildung 14483/1): Kersten baute 1852 und 1853 je ein Paar Waldhörner; 1856 lieferte Carl August Eschenbach, der im gleichen Jahr sächsischer Hofinstrumentenmacher wurde, »2 neue Waldhörner, jedes mit 3 Maschinen und 3 Ventilen«, 1870 2 A-Hörner, 1873 und 1886 je ein Horn mit Zylinderventilen; ferner 1870 Friedrich Moses in Dresden 3 Hörner und 1876 »ein neues Cil. Vent. Horn in B. m. A. As. G. F. E. Aufs.«; 1883 Friedrich Alwin Heckel ein Horn. Ein paar ältere Wiener Hörner wurden 1859 ausrangiert. Bei den Trompeten und Posaunen ergibt sich ein ähnliches Bild, wobei zwischen 1880 und 1890 besonders F. A. Heckel viele Instrumente lieferte. Daher ist es verständlich, wenn der Kammermusiker Schuch in einem Gutachten, die Ernennung Heckels zum Hofinstrumentenmacher 1889 betreffend, schreibt: »Unsere vorzüglichen Orchester-Klang-Wirkungen beruhen zum großen Teil auf der Güte der Instrumente der Blechbläser, deren Mehrzahl derselben ist von Heckel geliefert.« (Staatsarchiv Dresden, Loc. 24 n 19, Vol. X, Ao. 1886–1889, S. 278 ff.).

Mensurgestaltung

Das Spiel in unterschiedlicher Besetzung, verschiedenen Funktionen und Stimmlagen und je nach Aufgabe (Oper, Militär, Posaunenchor usw.), erfordert eine geeignete Mensurierung, um den am besten geeigneten Klang erzeugen zu können. Daher baute der Instrumentenmacher eine Instrumentenart oft in mehreren Mensuren. Die großen Firmen stellten z. B. die Alt- und Tenorhörner wenigstens in drei Weiten her (eng, mittel, weit), meist korrespondierend mit Trompetenform (eng), Tubaform (mittel), ovaler Form (weit). Diese Hauptmensuren wurden verschiedentlich nochmals unterteilt, z. B. ganz enge, enge und mittelweite Trompetenformen. Rudolf Sander in Wolfstein (Rheinpfalz), der in den 1890er Jahren Instrumente von »ganz hoch B Cornett bis zum Subkontra C Baß« (Gesamtlänge 9,5 m, Stürzendurchmesser 105 cm) baute, stellte Kornette, Trompeten, Wald-, Flügel- und Althörner in drei Mensurkonzeptionen her, C- und B-Tuben in je fünf und die Posaunen in je sieben Konzeptionen (ZfI 18, 1903, S. 471). Da jeder Instrumentenmacher meist eigene Mensuren hat, steht demjenigen, der ein Ensemble aufbaut, eine Fülle unterschiedlicher Mensuren zu Gebote.

Die Grundprinzipien der Mensurgestaltung sind die gleichen wie bei den Naturinstrumenten. Die Weiten- und Längenmensur sind nicht willkürlich zusammengestellt, sondern nach Klangvorstellungen auf der Grundlage von Tradition, Erfahrung und meist proportionaler Abstimmung konzipiert. Die Monochordlehre war im 19. Jh. noch wesentliche theoretische Grundlage für den Blasinstrumentenmacher. So entwickelten auch Wieprecht und Moritz ihre fünfventilige Tuba 1835 auf monochordischer Grundlage durch Saitenteilung. Erst in unserem Jahrhundert dringt das naturwissenschaftliche Denken in den Blechblasinstrumentenbau immer stärker ein und bestimmt mit, wie ein Instrument gebaut wird. Im 19. Jh. sind teilweise noch altehrwürdige proportionale Abstimmungen in Gebrauch; in unserem Jahrhundert auch noch einfache Zahlenverhältnisse. Der Instrumentenmacher dachte – und denkt auch heute noch zum guten Teil – raumharmonisch, im 19. und 20. Jh. dabei besonders strömungstechnisch-harmonisch.

Im Ventilzeitalter traten als neue Probleme die Lage von Maschine und Stützen sowie die Mensur der Maschine hinzu. Die Erfahrung, daß die Lage von Ventilen und Stützen Klang und Ansprache beeinflussen kann, wurde schon früh gemacht (s. S. 106). Daher schwankt die Lage der Stützen und Ventile von Modell zu Modell. So liegt bei sächsischen F-Waldhörnern des 19. Jh. die Maschine meist bei $^{8}/_{15}$, beim Kölner Modell zwischen $^{3}/_{10}$ und $^{1}/_{3}$, beim Mainzer Waldhorn in F oft bei $^{3}/_{5}$, beim Potsdamer Tenorhornmodell bei $^{2}/_{7}$ der Gesamtlänge (teils mit, teils ohne Mundstück gerechnet). In den verschiedenen Ventillagen kommen unterschiedliche Anschauungen über die Wirkung der Ventile zum Ausdruck. Hier die Meinung des Münchner Physikers Karl Schafhäutl (1854, S. 180):

»Je tiefer man die Maschine in die Hornröhre einsetzt, desto geringer wird im Ganzen der Einfluß, den die Maschine auf die Reinheit der Scala ausübt, da bei konischen Röhren meistens auch die Röhren und die Cylinder weiter werden. Die Reinheit der Scala des Maschinenhorns hängt deßhalb größtentheils davon ab, daß die Maschine an den rechten Platz gesetzt und daß jede Röhre die erforderliche Weite erhalte.«

Wenigstens der erste Teil des Zitats kann heute nur als bedingt richtig oder in gewissen Grenzen durch Hornmodelle wie das Kölner Modell widerlegt gelten. Es kommt weniger auf die allgemeine Lage der Maschine an, sondern darauf, daß die Schwingungsknoten möglichst nicht mit inegalen Stellen im Innern der Maschine zusammenfallen. Die große Zeit des Experimentierens mit der Ventillage ging etwa um 1900 zu Ende, wenngleich das Problem als ganzes nach wie vor besteht und bei jungen Typen (Diskant-, Doppel- und Tripelhörner) immer noch aktuell ist. Österreichische und süddeutsche Instrumente haben die Maschine oft relativ nahe zum Mundstück, während sie bei französischen Instrumenten meistens tief liegt, manchmal auch in der Mitte des Rohres (Červený 1867, S. 6).

Konische Mundrohre gab es bei Langtrompeten schon im 18. Jh., z. B. baute Johann Joseph Schmied in Pfaffendorf

(Schlesien) um 1780 solche. Griesling & Schlott fertigten bereits in den 1820er Jahren Tenortrompeten mit konischem Mundrohr (Foto 54). Ein recht früher Beleg, bei Trompeten die Mundrohre leicht konisch oder parabolisch zu gestalten und sie mit einer langen äußeren Zwinge einzufassen, wie es heute allgemein üblich ist, ist auch eine um 1836 von Johann Adam Heckel gebaute D-Trompete (Foto 8). Aber noch um 1910 baute man Trompeten ohne Verengung im Mundrohr.

Die Praxis, den Durchmesser des zylindrischen Rohrs in seinen einzelnen Segmenten abzustufen, beispielsweise bei Trompeten den Unterbügel um 0,1–0,3 mm weiter zu mensurieren, war vor der Ventilära allgemein bekannt und wurde viel angewendet. Es gibt auf diesem Feld viele individuelle Mensurierungen. Eine größere und allgemeine Bedeutung erhielt im 19. Jh. besonders in Österreich die steigende Zylindermensur, der stufenweise Durchmesserzuwachs, der schon im 17. Jh., zumal bei Posaunen, eine Rolle spielte. In der Geschichte der Ventilinstrumente findet sich die Durchmesserstufung hauptsächlich bei der Maschinen- und Teleskopmensur. Das Problem der gestuften Maschinenmensur besteht besonders bei Instrumenten mit starker konischer Steigung vor und nach der Maschine, wie Barytons und Tuben. Durch die zylindrische Mensurierung der Maschine wird der Konus unterbrochen, was den Klang verändert und die Akustik beeinträchtigen kann. Da die Ventilschleifen ausziehbar sein müssen, ist ein konsequent durchgehender Konus nicht möglich, aber immerhin bestimmte Kompromißlösungen. Der erste, der mit diesem Problem zu einem Ergebnis kam, war Alphonse Sax, der Bruder des berühmten Adolphe Sax. Er erhielt im Jahre 1848 in Belgien zwei Patente mit folgendem Inhalt: 1. Die Ventilschleifen sind konisch, dazu haben die Périnetventile passend gewählte Übergangsröhrchen (Patent 4363 vom 3. Mai 1848). 2. Die konischen Ventilschleifen befinden sich an Ventilen, deren Büchsendurchmesser sich von Ventil 1 bis 3 stufenweise vergrößert (Patent 4410 vom 8. Juli 1848).

Obwohl Sax der Ventilzüge wegen zylindrische Rohrschenkel in Kauf nahm, bürgerten sich seine Erfindungen nicht ein. Das Prinzip der gestuften Ventildurchmesser wurde zwei Jahrzehnte später in Paris aufgegriffen bzw. neu propagiert, worauf die Firma Dupont 1872 das französische Patent Nr. 95572 erhielt. Červenýs Kaiserbaryton (1882) besitzt ebenfalls diese Durchmesserstufung, und seither wurde sie für die besseren Instrumente auch in Deutschland angewendet, oft aber nur auf das 3. Ventil beschränkt, also Ventil 1 und 2 in gleicher Weite, Ventil 3 etwas weiter mensuriert. Von den Barytons und Tuben ausgehend, griff das Prinzip auch auf die Trompeten über. So ist bei der Heckel-Trompete der 3. Ventilzug um 0,1 mm weiter als die Ventilzüge 1 und 2. So allgemein bekannt in der Anwendung war der Stufenkonus in der Maschine aber nicht, denn Ferdinand Moser im österreichischen Wels glaubte ihn 1926 erfunden zu haben (DRP 456598 vom 17. November 1926). Das Rohr vor und nach den Ventilen konisch zunehmend, sollen sich nach der Patentschrift eine chromatisch reine Stimmung und eine leichte Ansprache einstellen. Moser wollte mit seiner Mensur sogar die unreine Intonation beim Einschalten der Ventile vermeiden, was aber nicht sein kann.

Bei der *Teleskopmensur* ist die steigende Durchmesserstufung auf das gesamte Rohr vor dem Schallstück bezogen und streng normiert. Als Erfinder gilt Gustav Gnädig in Berlin, der 1908 eine derartige Mensur in Verbindung mit einem Zuginstrument, das für die hohe Barockmusik gedacht war, zum Patent anmeldete (DRP 209711 vom 10. Januar 1908). Das Prinzip besteht in zylindrischen Rohrabschnitten, deren Durchmesser von Abschnitt zu Abschnitt um die doppelte Wandstärke zunehmen. Gnädigs Argumentation war folgende: »Die heutigen Blechblasinstrumente besitzen 2 Arten von Mensuren: eine zylindrische und eine konische; erstere spannt die Luftsäule zu stark, letztere zu schwach an. Durch die neue Mensurierung soll die Blasfähigkeit erleichtert werden.« Sein Instrument ist eine S-förmige Zugtrompete mit Gleitstange für den Zug. Die Rohrdurchmesser für die einzelnen zylindrischen Rohrteile sind so bemessen, daß das vorhergehende Rohrsegment im folgenden gleitet bzw. »daß jeder Zug mit dem einen Ende über, mit dem anderen in dem anschließenden Rohre teleskopartig derart geführt wird, daß die Durchmesser der zylindrischen Rohrstücke vom Mundstück an bis zu der dem Trichter am nächsten liegenden Gleitstelle zunehmen«. Das zugrunde liegende Prinzip der »steigenden« Zylinderdurchmesser, der schrittweisen Zunahme des zylindrischen Rohrdurchmessers, wird seit Jahrhunderten im Trompeten- und Posaunenbau praktiziert. Neu sind die strenge Folge des Durchmesserzuwachses und die relativ kurzen zylindrischen Rohrabschnitte, so daß man von Fall zu Fall auch von einem Stufenkonus sprechen kann. Bis um 1930 fanden die Bemühungen um die Verbesserung der Teleskopmensur in Patentanträgen ihren Niederschlag. Gnädigs Instrumente, von denen sich ein »Clarin« und ein »Prinzipal«, gebaut von F. A. Schmidt jun. in Berlin, in München befinden (DM 43792, 43796), befriedigten in der Intonation nicht, und die chromatischen Töne sprachen schwer an. Paul Suchy sah den Grund in den zu langen zylindrischen Rohrteilen und schlug ein Instrument vor, bei dem die zylindrischen Rohre Gnädigs mehrfach – und zwar bei einem geraden Zugteil dreifach – teleskopartig unterteilt und der Bug von Oberbügel und Unterbügel konisch mensuriert war (DRP 258819 vom 24. Oktober 1912). Nach Suchy ist durch das lange zylindrische Rohr »die Luftsäule zu stark angespannt und zu dieser starken Anspannung demzufolge der Bläser die Lunge entsprechend mit mehr Kraft in Anspruch nehmen muß«. 1919 meldete Suchy ein Patent für eine verbesserte Zugtrompete an, bei der auch der Konus des Schallstücks vor der Stürze aus teleskopisch gefügten zylindrischen Rohrabschnitten besteht (DRP 328723 vom 17. Januar 1920), s. S. 193, Zeichnung 88a. 1920 übertrug Suchy die Teleskopmensur auch auf die Posaune, indem durch einen blinden Nebenzug das innen gleitende Rohr mitgeführt wurde (DRP 328724 vom 27. Februar 1920), ferner auf die Trompete und andere Ventilinstrumente (DRP 337267 vom 28. Oktober 1920), s. S. 193, Zeichnung 88b. Die teleskopischen Instrumente wurden von F. A. Schmidt jun. in Berlin hergestellt und waren im Deutschen Reich bis 1935 für Suchy patentrechtlich geschützt. Das musikalische Ergebnis mochte nicht ganz befriedigen, so daß man von der strengen Anwendung der Mensur allmählich abging. Wie dem um 1935 herausgegebenen Hauptkatalog Nr. 59 der Firma Herfeld & Comp. in Neuenrade in Westfalen (Harmonikafabrik und Versandhaus für alle Musikinstrumente) zu entnehmen ist, wurden die dort verzeichneten Teleskopinstrumente in herkömmlicher Gestalt gebaut und die konischen Teile belassen. Dadurch beschränkt sich die teleskopische Mensur nur auf den zylindrischen Rohrteil und auf einen konischen Stimmzug, bei dem die Schenkelmensuren im teleskopischen Verhältnis stehen. Damit ist gegenüber traditionellen Instrumenten der Unterschied gering, denn durch das Streben, den konischen Rohrteil so groß wie möglich zu bemessen, worum sich die Instrumentenbauer seit etwa 1880–1890 bemühten, gelangt man etwa bei Barytons zum gleichen Ergebnis. Die Teleskopmensur versuchte in Böhmen die Firma A. K. Hüttl in Kraslice 1921 dadurch zu verbessern, daß sie in genauen Rohranteilen der teleskopisch gebauten Instrumente den Schlüssel zum Erfolg sah: Wenigstens $\frac{3}{10}$ des Rohrs sollten teleskopisch und $\frac{7}{10}$ konisch-hyperbolisch verlaufen (also Anstoß und Schallstück), wobei die Maschine zu dem einen oder anderen Hauptteil zu zählen sei (DRP 364649 vom 28. Juli 1921). In einem Zusatzpatent änderte die Firma das Anteilverhältnis zu $\frac{1}{4} + \frac{3}{4}$ um (DRP 364650 vom 22. November 1921). Hüttl wollte aus der Erfahrung erkannt haben, »daß die Instrumente bedeutend leichter ansprechen, eine bessere Klangfarbe geben und größeren Tonumfang gewähren, wenn die bisher bekannten Luftwegausbildungen ... kombiniert werden«. Als die beiden bekannten »Luftwegausbildungen« bezeichnete er die traditionelle »konische« und die rein teleskopische. Hüttl erhielt, den Gedanken der Teleskopmensur aufgreifend, sogar ein Patent für den mit Zapfen und Schaft ausgebildeten U-Stimmzug, wodurch die Bildung von Luftsäcken vermieden würde (DRP 364775 vom 27. Juli 1921). Die Luft durchläuft dann nur Stufen zu einem weiteren Rohrdurchmesser. Derartige Stimmzüge waren jedoch das ganze 19. Jh. hindurch schon in Anwendung. Wie man sieht, führte auch in der Blechblasinstrumentenfabrik A. K. Hüttl der Weg wieder zurück zu den alten Erfahrungswerten.

Paul Suchy, der vom Gedanken der Teleskopmensur am meisten beseelt war, verfeinerte sie in den 1920er Jahren weiter und gelangte nach seinen Vorstellungen schließlich zu einer Art Idealmensur für alle Blech- und Holzblasinstrumente (DRP 525246 vom 1. Januar 1930). Die Durchmesserfolge der zylindrischen Rohrsegmente, meinte Suchy, müsse so sein, daß sich ein exponentieller Verlauf ergäbe. Für den 8. Naturton, dessen Schwingungsknoten bei einer B-Trompete von 136 cm Gesamtlänge etwa 8 cm nach Rohrbeginn und 8 cm vor Rohrende liegen, müßte das Durchmesserverhältnis an diesen beiden Stellen 1:4 betragen. Die Durchmesser richten sich dabei nach den Amplituden des tiefsten und höchsten erreichbaren Überblastons. Als Anteilverhältnis sieht Suchy $\frac{2}{3}$ teleskopischen Verlauf + $\frac{1}{3}$ Schallstück vor, im Trompetenbeispiel also 91 + 45 cm. Die beste Annäherung an den rein exponentiellen Verlauf würde sich theoretisch bei einer Wandungsstärke gleich 0 ergeben. Im Praktischen kommt es darauf an, »wie man die Wandstärken der aufeinanderfolgenden Abschnitte abstuft, da davon die genaue Regelung der Amplituden und die Bildung der Knoten mit dem richtigen Abstand voneinander abhängt«. »Wird einmal von Amplitude zu Amplitude und Knoten zu Knoten der oszillierenden Luft sofort Gleichgewicht untereinander hergestellt, so müssen die Instrumente leicht ansprechen und genau stimmen. ... Es kommt also auf eine feine Abstufung der Wandstärken an, wobei die Wandstärke des 1. Segments am größten und die des Schallstücks am schwächsten ist. Die Quellen für unreinen

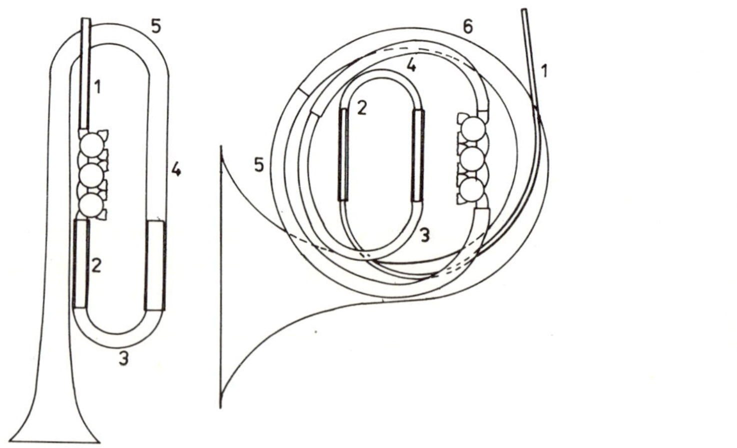

59. Teleskopmensur bei Trompete und Horn nach Paul Suchy, Berlin 1930. Der teleskopische Rohrverlauf erstreckt sich bei Trompete (fünf zylindrische Rohrteile) wie Horn (sechs zylindrische Rohrteile) auf $\frac{2}{3}$, das Schallstück auf $\frac{1}{3}$ der Gesamtlänge. Teleskopischer Teil: der Durchmesser des jeweils folgenden zylindrischen Rohrabschnitts = Durchmesser des vorhergehenden Rohrabschnitts + doppelte Wandstärke. Die Wandstärke wird von Rohrteil zu Rohrteil kleiner, im Mundrohr ist sie also am stärksten.

11

Klang und schlechte Intonation und Ansprache sind hier bis auf das Mindestmaß heruntergedrückt.« Klanglich sollen derartig gebaute Instrumente, sowohl Blech- wie Holzblasinstrumente, dem Streicherklang nähergerückt sein und ein großes Verschmelzungsvermögen mit diesem haben. Die Windungsart der Trompeten, Hörner usw. ist die übliche. Eine B-Trompete besteht aus fünf Abschnitten, ein Waldhorn aus sechs.

In Suchys Argumentation verbinden sich akustische Elemente mit solchen der auf Proportionen beruhenden traditionellen Konstruktionsweise. So harmonisch die räumliche Anlage der Mensur ist, führte sie dennoch zu keinem überzeugenden Ergebnis. Das lange zylindrische Mundrohr des Waldhorns mußte von Anfang an Skepsis erregen.

Äußere Form

Form und Windungsart der Instrumente stehen in einem feinen Verhältnis zur Längenmensur und zu formkünstlerischen Gesetzen. Da sich bei konischen Rohren die Durchmesser ändern, ist die Länge der Rohrabschnitte wichtig für Klang, Ansprache und Intonation. So entstand eine Vielzahl von Gliederungsarten. Die äußere Formgebung ist von spezifischen formbildenden Gesetzen mitbestimmt. Alle weich klingenden Instrumente drängen seit alters zur Rundung, die markant und hell klingenden zur gestreckten Form. Jede Ventilart formt dabei in eigener Weise die Windungsarten mit. Von allen Ventilarten greifen die Kastenventile am stärksten in die Windungsart der Naturinstrumente ein, von denen man ausgegangen war.

Während im Klavier-, Orgel- und Harfenbau der formkünstlerische Zeitstil seine Spuren hinterließ, finden sich bei Blechblasinstrumenten so gut wie nur an Zwingen, Stützen und Stürzenkränzen dekorative Merkmale. Die Rohrwindung wird hauptsächlich durch funktionelle Aspekte bestimmt. Trotz des schwach vertretenen oder gar fehlenden Dekors haben die Windungsformen einen ästhetischen Wert. Einmal gefundene günstige Formen oder Windungsarten sind langlebig. So ist der bereits bei den ersten Euphoniums 1843/44 in Österreich aufgekommene Brauch, die Züge des 3. und 4. Ventils nach oben zu legen, bis heute zu beobachten, und das nicht nur bei Euphoniums und österreichischen Instrumenten (s. S. 90, Zeichnungen 62 a–x).

In Markneukirchen formte zwischen etwa 1840 und 1865 der Zeichner und Musiker Wilhelm Petzold eine Reihe bis in unser Jahrhundert wirkende Windungsarten mit. Petzold war später Stadtmusikdirektor in Markneukirchen und zeichnete für die vogtländischen Firmen nicht nur Grifftabellen und Prospekte, sondern auch neue Instrumentenmodelle, wobei der Auftraggeber und Firmeninhaber teilweise allgemeine Vorgaben machte und den Entwurf korrigierte. In welchem Maße die speziellen Windungsarten vogtländischer Modelle der Handelshäuser und Firmen C. G. Herold, C. F. Glier & Sohn, Reichel, H. Scherzer usw. auf Petzold zurückgehen, ist im einzelnen noch zu klären. Folgender Brief der Firma C. F. Glier & Sohn in Klingenthal von 1842 an W. Petzold gibt

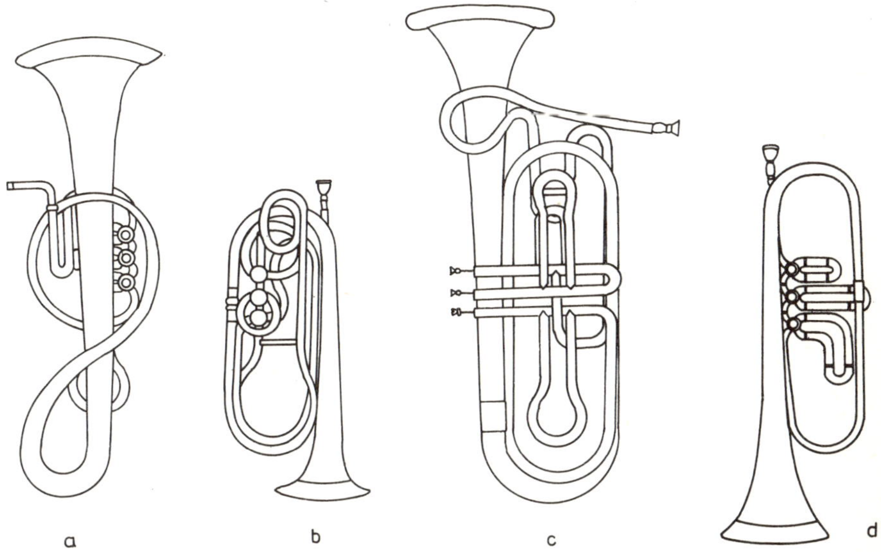

60. Pausen nach Zeichnungen von Wilhelm Petzold, Markneukirchen um 1850.
Originale Unterschriften in Anführungszeichen:
a: »Tenorhorn in B«.
b: »Tenor Baß in B. Das Tenorhorn hat gleiche Form, nur etwas engere Röhren und Schallstück.« Das 3. Ventil vertieft nach der Zeichnung um eine Großterz.
c: »Baßsignalhorn in Es von Aug. Jacob. 3. Ventil vertieft um $1\frac{1}{2}$«.
d: »Signalhorn in B« (Rühlmann 1851). Die Signalhörner waren sächsische Formen der Flügelhörner.

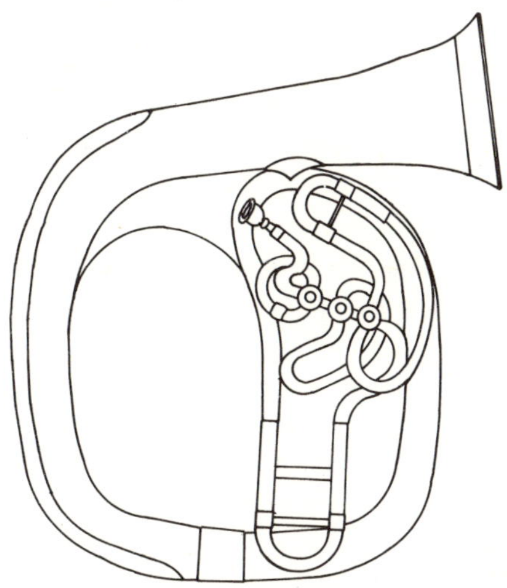

61. Helikon, Markneukirchener Modell. Zeichnung von Wilhelm Petzold, Markneukirchen um 1865.

Einblick in die Entstehung einer neuen Form (Original im Musikinstrumentenmuseum Markneukirchen). Der Brief ist ohne Anrede:

»Zeichnungen über
1 Inventions drei ventilliches Horn, alle Bogen in Zug gehend (nicht zum Aufsetzen) nebst billigsten Preis und Adresse wer solche Hörner gut liefernd. Der Form von diesen Horn soll groß seyn. Im Fall dergl. Hörner von Ventillen verschieden gemacht werden, so bitten auch darüber um Zeichnungen
2 einige Zeichnungen von Halbmonden oder Schellbäum
Bis nächsten Mittwoch zu liefern
Klingenthal des 22 May 1842 C.F.Glier Sohn«

Mit diesem Schreiben erhält Petzold von der renommierten Klingenthaler Firma den Auftrag, Entwurfszeichnungen von einem dreiventiligen Waldhorn mit großem Windungsdurchmesser und Einsteckbogen anzufertigen, gegebenenfalls in mehreren Ausführungen, ferner auch von Schellenbäumen. Gleichzeitig wird Petzold beauftragt, einen geeigneten Instrumentenmacher ausfindig zu machen, der die Hörner wohlfeil herstellen würde.

Nachdem Petzolds Zeichnungen — im Sinne der Zeichnungen 60 a—d und 61 sowie der Abb. 13—15 — vom Auftraggeber genehmigt bzw. korrigiert waren, erhielt sie der Instrumentenmacher, der danach unter Beachtung der Regeln seiner Handwerkskunst Instrumente baute. Am 19. November 1841 hatte Petzold an Glier 35 Instrumentenmuster geliefert. Die Entwurfszeichnungen für verschiedene Firmen, z. B. Reichelt und Herold, weichen, der Eigenständigkeit der Firmen Rechnung tragend, voneinander ab, ausgenommen die Standardmodelle.

Bei der Formgebung der Modelle schlossen die Gestalter meist an die Natur- oder Klappeninstrumente an, an die Berliner Signaltrompete, die schmalwindige österreichische Naturtrompete, die Inventionstrompeten, an das Klappenhorn und die Ophikleide (s. S. 108 Zeichnung 79). Sind die Ausgangsformen zuerst noch mehr oder weniger deutlich erkennbar, verwischt sich nach Jahrzehnten der Zusammenhang. So sind alle Bässe, die an die Ophikleide anschließen, zunächst schmal gewunden — wozu selbst die frühe preußische Tuba zu zählen ist. Dagegen sind die Trompeten, die an die Berliner Signaltrompete anschließen, sehr breit, die frühen österreichischen und süddeutschen zweiventiligen Trompeten dagegen lang und schmal gewunden.

In gestalterischer Hinsicht impulsgebende Zentren waren die Werkstätten in Berlin und Wien, desgleichen Prag, ferner München, Mainz, Köln und Dresden. Wenn sich neue Instrumentenmodelle durchsetzten und ausbreiteten, wurden sie meist frei nachgeahmt. Dabei wanderten nicht nur die Konzeptionen über Stadt- und Staatsgrenzen, sondern auch Detailstrukturen und Formbesonderheiten. Von Berlin aus verlief die Ausbreitung seit etwa 1820 südwärts (Markneukirchen,

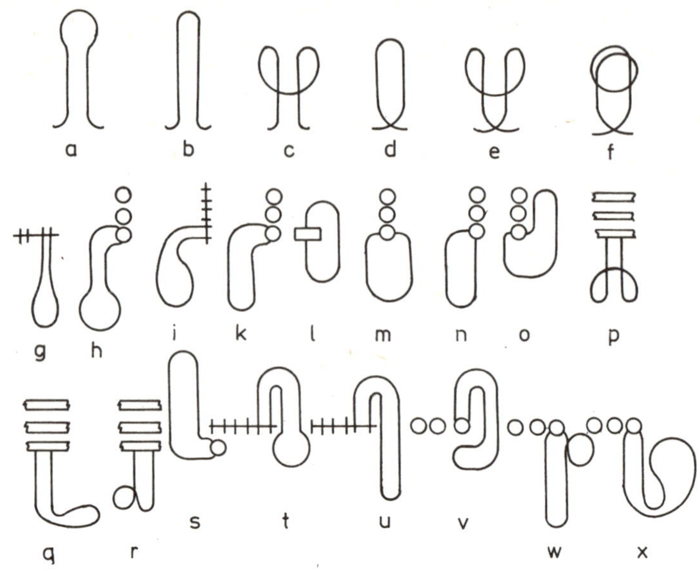

62. Windungsarten von Unterbügeln (Stimmzügen) und Ventilzügen.
a—f: Bis um 1865 verbreitete Unterbügelwindungen, die sich aus der Windungsart der Berliner Signaltrompete (a) ableiten (vgl. S. 108 Zeichnung 79 b).
g—x: Zwischen 1821 und etwa 1850 entstandene Ventilzugwindungen des 3. Ventils oder des 2. Ventils bei zweiventiligen Instrumenten.
g: Sattlers Trompete, Leipzig 1821
h: Sachsen (Tenöre, Bässe), Bayern (besonders Trompeten), Wien (Bombardon).
i: Riedl, Wien 1820er Jahre (Trompete), anschließend in Mainz, Hannover, Preußen, Sachsen.
k: Seit 1835 verbreitete und noch jetzt gültige Standardform.
l: Kastenventil.
m: Wieprechts Pumpenventil.
n: Preußisches Kornett (seit 1833).
o: C. W. Moritz, Berlin (Tenöre, seit 1840er Jahre).
p: Frühe Berliner Ventilhörner.
q: Sachsen.
r: Sächsische Variante zu w.
s: Wien (Bässe, Euphoniums, tubaförmige Tenöre), seit etwa 1840 (Hell 1844), seither über Böhmen—Mähren (Červený) in alle deutschen Staaten eindringend (Vogtland, Berlin 1875).
t: Sachsen, 1840er Jahre (Waldhörner).
u: Sachsen, Böhmen, seit den 1840er Jahren (Waldhörner).
v: Mainz, Frankreich (Waldhörner).
w: Waldhörner von Riedl u. a., Wien seit 1835.
x: Aus i abgeleitet, noch jetzt bei Waldhörnern üblich, in der 2. Hälfte 19. Jh. meistens nur in Sachsen.

Karlsruhe, Mainz), nachhaltig aber auch nordwärts (Stockholm, Kopenhagen). Um 1829 setzte die von Wien und Prag ausgehende Ausbreitungswelle ein. Sie verlief nord- und westwärts (Berlin, München, Strasbourg, Mainz) und südwärts (Pest, Italien). Der starke Einfluß auf Italien und die Rückwirkung auf Österreich erfolgten vor dem Hintergrund der politischen Vorherrschaft Österreichs in Italiens Norden, die erst

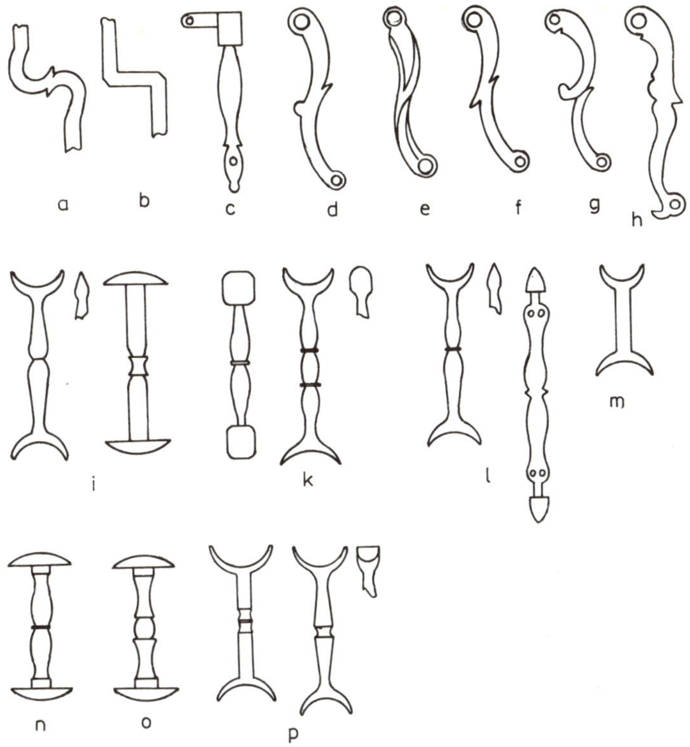

63. Zu den regionalen Stilmerkmalen der Schieber (Schubstangen, österreichisch »Zugstangeln«, a—h) und Stützen (i—p). Kleine Auswahl von Formen, a—c, e, h: nur im 19. Jh.
a: Böhmen.
b: Vogtland.
c, d: Österreich.
e: Österreich, Dresden.
f: Berlin, Vogtland.
g: Markneukirchen (Ende 19. Jh.).
h: Berlin, Potsdam, Frankfurt (Oder).
i: Wien (Österreich, Böhmen).
k: Preußen (Berlin).
l: Köln.
m: Bayern, Vogtland (Mitte 19. Jh.).
n: Dresden.
o: Vogtland.
p: Mainz.

um 1860 zu Ende ging. Über Prag und Graslitz erhielt der vogtländische Instrumentenbau auch in stilistischer Hinsicht eine starke österreichisch-böhmische Komponente. Da die Mentalität der Süddeutschen und der Österreicher verwandt ist, faßten österreichische Formen- und Mensurmerkmale in Süddeutschland und Bayern besonders nachhaltig Fuß. Eine Einflußwelle eigener Art ging nach der Mitte des 19. Jh. von der Firma Červený in Königgrätz aus. Sie ergriff um 1870 auch Berlin und überlagerte die preußische Mensur im österreichischen Sinne. Als C. W. Moritz 1875 zu österreichisch beeinflußten Drehventilen überging, flossen eine ganze Reihe auch kleiner Gestaltungsdetails in die Berliner Instrumentenbauweise ein. Von der geographischen Lage her verwundert es nicht, daß im Vogtland mit Markneukirchen als Zentrum viele Einflüsse zusammenströmten. Wichtige Einflüsse kamen hier von

Leipzig:
Die ersten Markneukirchener Blasinstrumentenbauer, Eschenbachs, hatten in Leipzig gelernt. In der Ventilära ging dieser Einfluß zurück.

Berlin:
Von hier übernahm man, von etwa 1828 an, die wichtigsten Modelle.

Dresden:
Seit etwa 1836 durch Kersten und Heckel.

Wien—Prag—Graslitz—Königgrätz:
Von etwa 1829 an bedeutender Einfluß.

Bayern:
Wirkte besonders um die Mitte des 19. Jh. auf dem Gebiet der Alt- und Tenorhörner.

Mainz:
Durch die erfolgreichen Modelle von C. A. Müller.

64. Die wichtigsten Formen der in Deutschland gebräuchlichen Schallstückränder (19./20. Jh., nach Firmenprospekten).
a: Kranz (Sächsischer Rand), wenn schmaler Neusilberkranz, dann Olympiarand, wenn hoher Neusilberkranz, dann Heckel-Rand genannt.
b: Französischer Rand.
c: Mainzer Rand.
d: Nürnberger Rand (bis Mitte 19. Jh. in Süddeutschland und Bayern teilweise noch verwendet).
e: Kranz mit Hohlrinne, im 19. Jh. gelegentlich in Böhmen gebaut.

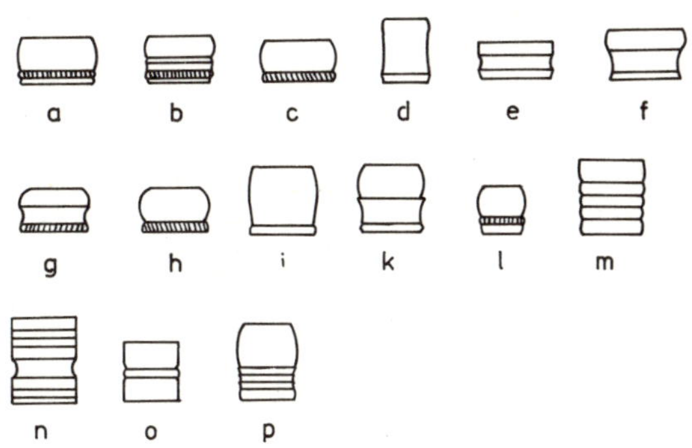

65. Oberzwingenformen, hauptsächlich 19. und 1. Drittel des 20. Jh. a, b, e: Berlin (Moritz, Griesling & Schlott), c: Potsdam (Heiser). d: Köln (Schmidt). f—h, l: Dresden, Leipzig, Markneukirchen. i: Dresden (Heckel), Markneukirchen. k: Markneukirchen (Pfretzschner, Max B. Martin). m, p: Wien. n, o: München (Saurle, Barth).

Frankreich mit Strasbourg:
Die großen Absatzerfolge der Pariser Firmen regten zur Nachahmung an. 1836/37 hielt sich beispielsweise der Markneukirchener Instrumentenmacher Franz Kämpffe zu einem Arbeitsurlaub in Paris auf.
USA:
Die Absatzmärkte in den USA verpflichteten auch zur Produktion von amerikanischen Modellen (etwa von 1845 an).

Trotz eines Pluralismus von vogtländischen Gestaltungsformen gibt es auch regionale stilistische Konstanten.

Eine zwischen Deutschland und Frankreich vermittelnde Stellung nahm Strasbourg (Alsace) ein, das als Straßburg (Elsaß) vor 1681 und von 1871 bis 1918 zu Deutschland gehörte. Bei Strasbourger Ventilinstrumenten überwiegt teils das deutsche, teils das französische Element. Hier, und vor allem im benachbarten Baden, waren seit der Mitte des 19. Jh. bis zum ersten Weltkrieg die runden Flügel- und Althörner sowie die Alte und Tenöre mit kleiner ovaler Korpuswindung beliebt. Sogar die Bässe hatten bisweilen ein kurz, manchmal auch kreisförmig gewundenes Korpus. Aber auch in Österreich, Böhmen, Bayern und selbst in Sachsen waren zwischen etwa 1845 und 1945 runde Formen verbreitet. Die Instrumente in Form eines Notenschlüssels oder einer Acht, die um 1840–1855 zu einer schnellen Blüte kamen, sind Beispiele dafür (Foto 14, 117). Auch das Kuhlohorn, Červenýs Baroxyton (1853) und das kurze bayrische Trompetenmodell können dazu gerechnet werden (Foto 76).

Selbst Wieprecht setzte sich für die runden Formen ein, die aber in Preußen nicht Fuß fassen konnten. Im *Entwurf einer neuen Regiments-Hornisten-Infanterie-Musik* von 1860 schrieb er: »Insofern den neu zu formierenden Infanterie-Regimentern nun eine Horn- (Hornisten-) Musik zugedacht ist, muß auch streng dabei stehen geblieben und derselben so wenig als möglich in Trompetenform gebogene Instrumente gegeben werden. Die Cornetts- und Tenorhörner müssen also bei dieser Horninfanterieblechmusik die Kreisform des Waldhorns bilden.« Und weiter: »Durch die Kreisbiegungen der Instrumente würde endlich ein Mal der leider total versunkenen Hornmusik wieder Rechnung getragen. In dieser Gestalt erscheint sie eben sowohl in ihren äußeren Prospect, als auch in der Klangwirkung durchaus neu und eigenthümlich, und würde sich von allen anderen Militärgattungen charakteristisch scheiden. Keine Armee der Welt hätte etwas Aehnliches aufzuweisen.« (Rode 1860a, S. 22f.). Zum Glück wurde aus dieser Neuformierung der Infanteriemusik nichts. Bereits 1857, als im Garde-Jäger-Bataillon Potsdam »Waldhörner« mit nach oben gerichteten Schallstücken und Tenorhornmundstücken eingeführt wurden, lag das anscheinend ganz im Sinne von Wieprechts Ideenwelt.

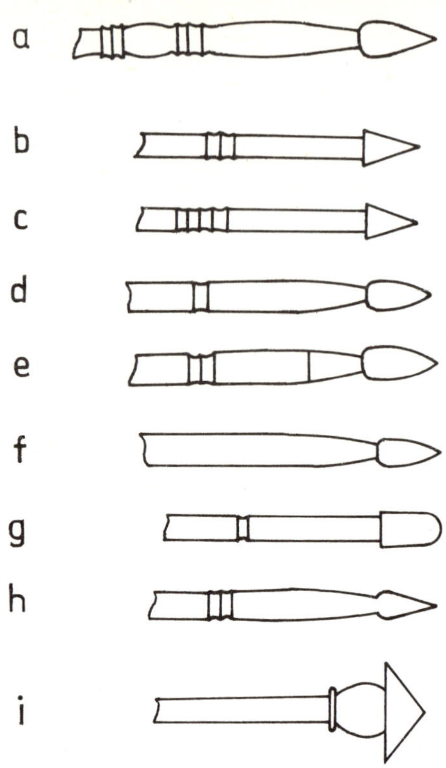

66. Stützenformen der vogtländischen Werkstätten 1983 (Auswahl) a: Erhardt Todt. b: VEB Blechblas- und Signalinstrumenten-Fabrik, Johannes Scherzer. c: Hermann Schmidt. d: Hans Hoyer. e: Willenberg. f: Martin Peter. g: Walter Mönnig. h: Gottwald Lederer. i: Kurt Wunderlich (Jazztrompeten).

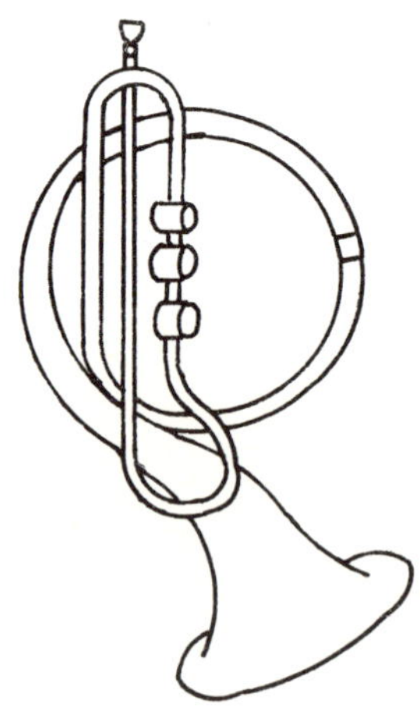

67. »Piston B. As.« Originale Unterschrift in einer Handzeichnung von Wilhelm Petzold, Markneukirchen um 1855. Der Deutlichkeit halber wurden die Ventilzüge weggelassen.

Eigenständige Windungsformen hatten die Armeeposaunen von Červený (1867, Abb. 24c) und die Posaunen, Tenorhörner und Baßflügelhörner im Sinne von Abb. 51. Letztere Form wurde um 1900 z. B. in der Musikkapelle St. Ruprecht ob Murau (Steiermark) neben kreisförmig gewundenen Flügelhörnern geblasen (Brixel/Suppan 1981, Abb. 80).

Im faschistischen Deutschland (1933—1945) griff man verstärkt auf ungewöhnliche Formen zurück und machte sich z. B. den Formgestus der Lure dienstbar: In der 1936 neu formierten Jägermusik wurden Kornette und Trompeten in Kreisform sowie Wald- und Tenorhörner, Baritons, Ventilposaunen, Tuben und Helikone in Lurenform eingeführt. In gewisser Weise neu waren die oval gewundenen Tenor- und Baritontuben mit nach vorn gerichteter Stürze, die 1940 in Musikcorps der Luftwaffe zum Einsatz kamen.

Überblickt man den gesamten Formenhaushalt der Ventilinstrumente, so bestand zwischen etwa 1840 und 1870 die größte Formenfülle. In den folgenden drei Jahrzehnten begann ein Ausleseprozeß, der in unserem Jahrhundert bei den »klassischen« Ventilinstrumenten immer mehr fortschreitet. Vielfalt herrscht hauptsächlich in der jeweiligen Zeit des Erprobens. Bei Doppelhörnern lag sie in der 1. Hälfte unseres Jahrhunderts, besonders bis um 1930, bei Hoch-B-Trompeten scheint sie bald zum Abschluß zu kommen.

Um die reine Stimmung

12

Bekanntlich sind die bei Kombination mehrerer Ventile geblasenen Töne zu hoch, da sich bei reiner Stimmung die Schleifenlänge proportional zur Gesamtlänge verändern muß. Von der Monochordlehre ausgehend, die dem traditionellen Blasinstrumentenbau zum Ausgangspunkt diente, nahm man die Halbtonschleife mit $\frac{1}{15}$, die Ganztonschleife mit $\frac{1}{8}$ und die Anderthalbtonschleife mit $\frac{1}{5}$ der Gesamtlänge als theoretischen Ausgangspunkt. Die theoretische Schleifenlänge für das Quartintervall ist $\frac{1}{3}$ Gesamtlänge. Da $\frac{1}{8} + \frac{1}{5} = \frac{39}{120}$ ergibt, sind die Züge von Ventil 1 + 3 zusammengenommen um $\frac{1}{120}$ der Gesamtlänge zu kurz, da die rein stimmende Quartschleife $\frac{40}{120}$ der Gesamtlänge ist. Bei einer B-Trompete beträgt die Diskrepanz 11 mm, bei einem F-Horn 30–31 mm. In Cent gerechnet ist der »Kombinationston« gegenüber der reinen Quarte (498 Cent) um 15 Cent zu hoch. Es ist Sache von Meister und Musiker einen Kompromiß in der Einstimmung der Schleife zu finden, etwa die Ganztonschleife etwas länger zu nehmen als $\frac{1}{8}$ der Gesamtlänge. Der Halbton wird meist bei $\frac{1}{16}$ Gesamtlänge $\hat{=}$ 105 Cent genommen, der aber bei einstimmigem Spiel, bei dem man den engen pythagoräischen Halbton von 90 Cent bevorzugt, zu groß ist. Beim Zusammenspiel dagegen ist der diatonische Halbton von $\frac{1}{15}$ Gesamtlänge = 112 Cent am besten. Bei frühen Ventilinstrumenten findet man oft, daß bei Festlegung der Ventilzuglängen vom einstimmigen Spiel ausgegangen wurde, so daß der Intonationsfehler der Ventile zu groß war. Von der zweiventiligen Entwicklungsphase der Instrumente abgesehen, betrifft das vor allem den Zeitraum zwischen 1835 und 1880. Heute intoniert man den Halbton meist mit etwa 105 Cent und den Ganzton mit 208–225 Cent, also sehr weit. Inzwischen – in manchen Werkstätten schon seit Jahrzehnten – geht man bei der Berechnung der Ventilzuglängen meist nicht mehr von den Rohr-, sondern von den Wellenlängen und den temperierten Intervallen aus und kommt damit auf mathematisch bessere Kompromißlängen. Dabei ist stets zu berücksichtigen, daß die Ventilzüge ausziehbar sind und so der Musiker in gewissen Grenzen die Möglichkeit besitzt, die Stimmung selbst zu regulieren. Jeder Bläser weiß um die Problematik des zu hohen fis, g, des^1, d^1, um nur die wichtigsten Töne auf der Trompete zu nennen. Auch wenn der Kompromiß noch so gut gewählt ist, bleiben Unreinheiten. Dazu kommt die Intonationsbeeinflussung durch die Lautstärke: Laut angeblasene Töne sprechen tiefer, leise höher an als ein mittellaut geblasener Ton. In der Praxis wurden und werden die Intonationsmängel mehr oder weniger gut zunächst durch Ansatzkorrektur ausgeglichen.

Seit den 1830er Jahren wurde eine Reihe von technischen Vorrichtungen erdacht, die außerdem zur Anwendung kamen oder kommen: Zusatzventile mit spezifischen Schleifenlängen, Korrekturklappen, Intonationszüge, automatisch sich einschaltende Zusatzventile, Kompensationsventile, besondere Ventilschaltungen und spezielle Ventilgruppierungen.

Nur der Kuriosität halber sei erwähnt, daß die Holzblasinstrumentenbaufirma Wilhelm Heckel in Biebrich 1902 mit großem Eklat ankündigen ließ, das Problem der unreinen Stimmung der Ventilinstrumente durch einen Einsatz im Mundrohr endgültig gelöst zu haben (ZfI 22, 1902/03, S. 4, und Deutsche Militär Musiker Zeitung Nr. 45). Wie Anton Alexander in Mainz, der Mitinhaber der bekannten Firma Gebr. Alexander, darauf mit Recht schrieb (ZfI 23, 1903/04, S. 995), »beweist dies nicht nur seine [Heckels] Unkenntnis auf diesem Gebiet, sondern auch eine vollständige Verkennung der Ursachen, die diese Fehler zeitigen«. Alexander empfahl in diesem Zusammenhang das 4. Ventil (Quartventil), das aber von den Musikern nicht besonders gemocht wurde, da es die Ansprache etwas erschweren, den Preis erhöhen und das Instrument schwerer machen würde.

Die frühesten praktischen Ergebnisse der Bemühungen um eine gute Intonation lagen bereits um 1835 vor. Der Publizist,

Jurist und Akustiker Gottfried Weber (1835, S. 87–91) plädierte für das 3. Ventil nicht deswegen, um den Tonvorrat zu komplettieren, sondern aus Stimmungsgründen. Das 3. Ventil sah er für eine rein stimmende kleine Terz vor anstelle der zu hoch intonierenden mit Ventil 1 + 2. Die Fortsetzung dieses Gedankens führte auf das 4. Ventil mit einer reinen Quarte anstelle der zu hohen Quarte, die bei Gebrauch von Ventil 1 + 3 entsteht. Bis in die 1890er Jahre war in Deutschland bei Trompeten das 4. Ventil wenig bekannt. Als 1898/99 R. Schopper in Leipzig auf Vorschlag des Meininger Hoftrompeters Fleischer das 4. Ventil (Quartventil) anbrachte, ging dies als »Trompetenverbesserung« durch die Zeitungen (z. B. ZfI 19, 1899, S. 636). Aber schon 1851 hatte J. Rühlmann (Bd. 34, S. 249) das Quartventil aus Stimmungsgründen für wünschenswert gehalten.

1835 schufen W. Wieprecht und J. G. Moritz mit ihrer fünfventiligen Tuba einen bis in die Gegenwart zukunftsweisenden Typ, bei dem zwei Stimmungen in einem Instrument vereinigt sind. Ventil 5 schaltet in die Quartstimmung um, wobei Ventil 1 und 2 die Ausgangs- und Ventil 3 und 4 die Quartstimmung um je 1 Ganz- und Halbton vertiefen. Die noch fehlenden Intervalle Großterz, große Sexte und Septime sind durch Kombinationen gut zu erreichen. Für die Moritzsche F-Tuba (um 1841) des Musikhistoriska Museet Stockholm gibt B. Holcomb (1983, S. 39) folgende Genauigkeit an, die viele moderne Tuben nicht erreichen, allerdings in der Griffweise ohne Ges_1:

	Ventil	Abweichung in Cent
E	2	−4
Es	1	−4
D	1 + 2	+3
Des	1 + 2 + 4	−10
C	5	0
H_1	4 + 5	−4
B_1	3 + 5	−4
A_1	3 + 4 + 5	+3
As_1	1 + 2 + 3 + 5	−7
G_1	1 + 2 + 3 + 4 + 5	+4

In der geschichtlichen Abfolge kommt der nächste Beitrag zur Intonationsverbesserung 1838, und zwar wiederum von Wieprecht. Er reichte am 3. September 1838 einem »Königlichen Ministerio« in Berlin eine zweiventilige Trompete mit zwei neuen Erfindungen ein, die er für zehn Jahre patentrechtlich geschützt zu erhalten wünschte. Er nannte sie »Zug-Maschine zum piangendo« und »Ventil-Bogen-Stellschrauben-Maschine«. Es handelt sich bei der zuerst genannten Erfindung um einen mit Fingerdruck zu betätigenden Stimmzug (Abb. 38). Das Piangendo, die »klagende Tongebung«, war für Wieprecht nur einer der zwei Anwendungsbereiche seiner Neuerung. Ihm kam es mehr auf die Stimmungsverbesserung an. Zunächst aus der Beschreibung der Technischen Deputation vom 15. Oktober 1838:

»An der schon bekannten mit Ventilen vorgerüsteten Trompete oder dem Horn sind ein oder zwei gebogene Röhren angebracht, welche sich auf ähnliche Weise wie bei den Posaunen hineinschieben und herausziehen laßen. Während dies Verschieben bei der Posaune nur durch die Hand bewirkt wird, geschieht es hier durch einen Druck auf einen Hebel oder auf einen mit einer gewundenen Feder vorgerichteten Stecher. Hierdurch wird es möglich, ein Hinüberziehen des Tones, piangendo, zu bewirken.«

Wieprecht hatte, wie er im Antrag vom 3. September 1838 schreibt, folgendes im Auge:

»Der piangendo-Bogen ist auf einer sehr genauen Berechnung, im Verhältnisse zu den Ventil-Bogen, gegründet; der Druck auf die Krücke bewirkt, nach Umständen, einen halben Ton Verlängerung, so daß im Mitgebrauch der Ventile die chromatische Scala hinauf und zurückgezogen werden kann. Eben so leicht wird, durch Festhalten der Krücke im Niederdruck, das Instrument um einen halben Ton tiefer gestimmt, während das Executieren, ohne die mindeste Fingerveränderung, ganz dasselbe bleibt. Nicht minder aber sind durch den piangendo-Bogen, die Töne gis und es in der unteren 8^{ve} hervorgebracht, welche früher nur mit einem dritten Ventile verrichtbar waren; ...«

Wieprecht gibt dann noch folgenden praktischen Hinweis:

»... daß der piangendo-Bogen /: ohne alle Ventile :/ auf einer Post-Trompete angebracht, es dem Postillon leicht macht, nicht nur die abschreckenden Mißtöne zu verhindern, sondern auch auf seiner einfachen Trompete von jedem natürlichen Ton einen halben Ton zurückzuschreiten und mithin in der 8^{ve}, worin er sein Stückchen bläst, die ganze chromatische Scala zu gewinnen, während er selbst durch die Leichtigkeit im Exmittiren und das reine Angeben der Töne ermuntert wird, sich auf seiner Trompete zu üben und in der That eine Annehmlichkeit hervorgebracht wird, die nur eine allgemeine Anerkennung finden kann.«

Das Zusammenspiel von Ventilen und Piangendo-Bogen als Kompensationsventil erforderte einige Übung, und so bürgerte sich damals diese kluge Erfindung nicht ein und kam in Vergessenheit, nur in Prag fand sie ein Echo (s. u.).

In der Patentschrift vom 27. Oktober 1838 geht Wieprecht noch auf eine andere Problemlösung ein. Diese besteht in Fingerzügen (Abb. 38, Figur III), die aber von völlig anderer Art sind als die späteren Finger Slides von Samson (London 1862). Wieprecht führte in der Patentschrift aus:

»Durch die Erfindung des piangendo würde sich ein chromatisches Blech-Instrument ohne Ventile dadurch herstellen lassen, wenn man zwei spielbare Züge in Anwendung brächte und zwar so, daß der eine Zug doppelt wie Fig. III einen ganzen Ton und der zweite einfach, ... einen halben Ton sich verlängerte; beide Züge hinausgedrückt bilden sodann $1\frac{1}{2}$ Ton Verlängerung und die chromatische Vollkommenheit eines zweiventiligen Instruments ist erreicht. Da die Grundidee der Erfindung chromatischer Blech-Instrumente aus den

Posaunen entsprang, so hat der Mangel der Volubilität mit Sicherheit des Spiels an diesen Instrumenten Veranlassung gegeben zu den vielen Grübeleien, wodurch diese Mängel gehoben werden könnten. Doch vergebens. Nur durch die Erfindung des piangendo's sind sie beseitigt. Denn dadurch behält jedes Instrument bei jedem Wechsel der Tonart dieselbe Form und in allen Tonarten seinen natürlichen Klang.«

Wieprechts Idee ist zwar großartig und führt in der Praxis zu einer sauberen Intonation, aber gleichzeitig zu einer Spielweise, die ungewohnt und unbequemer ist als der Gebrauch der Ventile. Es gibt keine Hinweise, ob Wieprechts Fingerzüge überhaupt je zum praktischen Einsatz kamen. Ob es heute, da das Intonationsproblem einen viel größeren Stellenwert besitzt als vor rund hundertfünfzig Jahren, nicht lohnend wäre, Wieprechts Idee aufzugreifen und praktisch zu erproben, zumal Glissandi möglich sind?

Die andere Erfindung Wieprechts betrifft eine Gewindestange zur Feinstimmung der Ventilzüge. Wieprecht schreibt in der Patentschrift:

»Durch die zweite Erfindung der Ventil-Bogen-Stellschrauben-Maschine wird es möglich, ein chromatisches Ventil-Blechinstrument in allen Tonarten Scalarein zu stimmen; denn so wie ein Instrument durch Aufsetze-Bogen sich verlängert, müssen auch die Ventil-Bogen sich ausdehnen. Bisjetzt wurden diese Bogen von den Bläsern gewaltsam herausgezogen und längere hineingeschoben, so, daß der Bläser fast zu jedem Aufsetz-Bogen noch zwei andere Ventil-Einsetzbogen nöthig hatte, um in allen Stimmungen eine reine Scala zu erlangen. Diese Veränderungen erforderten nicht allein viel Zeit und Mühe, sondern waren auch immer sehr unsicher, wogegen jetzt durch die Schrauben-Vorrichtung mit leichter Mühe und während des Blasens das Instrument Scala rein gestimmt werden kann.

Die Aufsetz-Bogen sind mit denselben, auf den Ventilbögen eingravierten Zahlen versehn, und schon so berechnet, daß dadurch die Scala auf jeder Stimmung rein ist. Auch kann dieses Instrument ohne den Gebrauch eines neuen Einsetz-Ventil-Bogens bis tief B zurückgestimmt werden, und folglich ist ein und dasselbe Exemplar von Instrument zu allen Bogen brauchbar.
Berlin den 26^{t} Sept.: 1838 W. Wieprecht«

Die Gewindestangen an den Ventilzügen erwiesen sich als überflüssig, wurden aber später verschiedentlich an den Kluppenzügen angebracht. Wieprechts Neuerung ist übertechnisiert und damit im Gebrauch zu umständlich. Außerdem ist sie im Verhältnis zum Nutzen recht kostenaufwendig. Die Technische Deputation bewertete Wieprechts Erfindungen als neu und erteilte ihm am 27. Oktober 1838 unter Nr. 10803 ein fünfjähriges Patent für das Gebiet der preußischen Monarchie. Wieprecht hatte, wie er im Antrag schrieb, vorher den König um Erlaubnis gebeten, den pekuniären Erlös dem Berliner Bürgerhospital St. Nikolaus überweisen zu dürfen, falls das Patent erteilt würde. Dies ist eine anerkennenswerte menschliche Geste, ganz gleich, welchen taktischen Hintergrund sie bei dem strebsamen Wieprecht hatte, der an jenem 3. Oktober 1838 in seiner Wohnung in der Kraußenstraße 36 am Döhnhofplatz den Antrag unterschrieb mit »ganz gehorsamster Diener W. Wieprecht/Königlicher Kammermusikus, Director der gesamten Musik des Garde-Corps und akademischer Künstler«. Später, 1845, erwähnte er noch (Kalkbrenner 1882, S. 92), daß er die Ausführung des Piangendo dem Mechaniker Dörffel verdanke.

Feinstimmzüge an den Ventilzügen, nach dem gleichen Prinzip wie bei Wieprecht mit Zahnstangen arbeitend, brachte um 1838 auch Ellard in Dublin an (zweiventiliges Horn in Edinburgh, University Collection of Historic Musical Instruments). Wohl ähnliche Feinstimmzüge baute seit 1855 auch Johann Heinrich Rott in Prag nach Angaben von Joseph Kail (*Lumir* V, 1, Prag 1855, S. 382). Wie aus einer 1874 gedruckten Preisliste der Firma A. H. Rott's Sohn hervorgeht, wurden diese von Kail »erfundenen« Vorrichtungen damals nur in jener Firma gebaut, wahrscheinlich aber nur von wenigen Kunden verlangt.

Ohne daß nähere Angaben vorliegen, ist es so gut wie sicher, daß sechsventilige Tuben, die nach Kalkbrenner (1882) schon 1845 bekannt waren, mit den fünf Ventilen der Patenttuba plus Kompensationsventil ausgerüstet gewesen sind. Als dann 1846 Červený das Schallhorn-Phonikon mit einem fünfventiligen System für Vertiefung um 1, 5 (linke Hand) und 2, 1, 3 Halbtöne (rechte Hand) erdacht hatte, war ein wichtiger Eckpfeiler für die weitere Entwicklung geschaffen. Hier diente das 1. Ventil als Kompensationsventil und das 2. Ventil als Umschaltventil in die Quartstimmung.

Die Praxis, zur Stimmungskorrektur, Verbesserung des Trillerns und Bindens an Ventilinstrumenten Klappen anzubringen, geht auf L. Uhlmann in Wien zurück, während sie in Frankreich schon um 1835 bei der Ophicléide à pistons von Courtois bekannt war. Im Patentantrag vom 26. Juli 1843 schrieb Uhlmann (nach Manuskript im Besitz der Technischen Hochschule in Wien):

»2^{tens} Sind die Instrumente außer den Maschinen noch mit Hülfsklappen versehen, wodurch es möglich wird, dem ganzen Umfange des Instrumentes nach allen Tönen der chromatischen Tonleiter hervorzubringen.

Neu ist die gleichzeitige Anwendung der Maschin und Klappen an einem und demselben Instrumente.«

Bald darauf wurde die Erfindung in England, den USA und 1859 von Adolphe Sax (Paris) aufgegriffen (vgl. R. Eliason 1976), während sie in Deutschland kaum genutzt wurde (Foto 103). Erst seit etwa 1965 wird bei besseren Trompeten fast regelmäßig eine Intonationsklappe für h^2, c^3 ... angebracht.

Möglicherweise meinte Červený auch nur die Cornets à pistons mit Klappe, als er 1867 (S. 15) schrieb, daß die Ventilinstrumente mit Klappen in der bayrischen Militärmusik »vor Decennien nichts Neues mehr« waren.

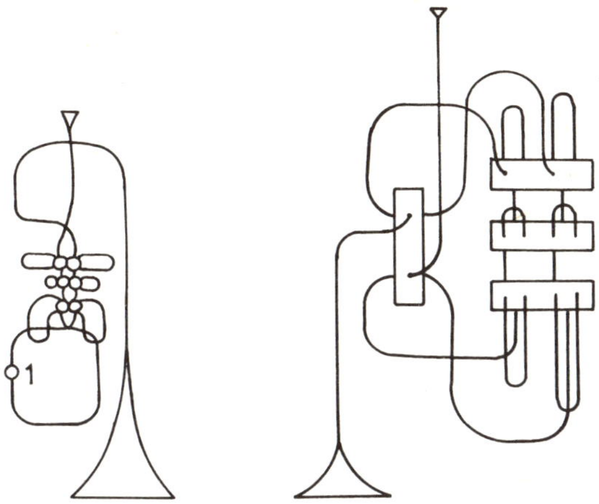

68. Links: Prinzip einer Ventiltrompete mit Tonfalle nach Anton Leitner, Wien 1942/1953. Die Tonfalle (1) in der halben Rohrlänge schaltet die ungeradzahligen Naturtöne aus. Zweistöckige Drehventile mit halben Tonzuglängen. — Rechts: Blasinstrument mit Transponier-Register nach J. H. Prillwitz, Berlin 1860. Windverlauf in einem Cornet à pistons mit drei Doppel-Périnet-Ventilen und einem doppelten Umschaltventil, s. Abb. 42 a.

Um hier die Anwendung von Klappen bzw. Tonlöchern bei Ventilblasinstrumenten vollständig zu dokumentieren, sei eine Erfindung genannt, die zwar nicht direkt die Intonation verbessern, sondern eine gute Treffsicherheit hoher Naturtöne ermöglichen soll. Bekanntlich liegen die hohen Naturtöne eng beieinander, so daß die Gefahr des »Abrutschens« in den Nachbarton groß ist. An die seit den 1920er Jahren auch experimentell bestätigte Tatsache anschließend, daß durch Öffnungen, die im Tonrohr im Abstand von Schwingungslängen angebracht werden, die entsprechenden Töne ausgefiltert werden können, versuchte 1942 der Wiener Diplomingenieur Anton Leitner eine Nutzanwendung im Instrumentenbau. Er brachte in der halben Länge des Tonrohrs ein mit einer Klappe verschlossenes Loch an, an einer Stelle also, an der die ungeraden Naturtöne Schwingungsknoten besitzen. Öffnet man die Klappe, so werden alle ungeraden Naturtöne wegen des Druckausgleichs infolge der Kommunizierung mit der Außenluft an ihrer Entstehung gehindert. Diese von Leitner als »Tonfalle« bezeichnete Anordnung kann in der hohen Lage besonders bei Naturtrompeten und Waldhörnern angewendet werden, was bei den um 1959 für die Aufführung von Barockmusik in Gebrauch gekommenen Clarinen von Helmut Finke und Otto Steinkopf mit Erfolg praktiziert wird. Bei Verwendung von Aufsteckbögen oder Ventilen sind entsprechend mehr Löcher erforderlich. Oder — wenn es bei einer Tonfalle bleiben soll — muß die Rohrverlängerung zu gleichen Teilen vor und nach dem Loch erfolgen, so daß die Tonfalle stets in der Mitte des Tonrohrs liegt. Um dies bei Ventilinstrumenten zu erreichen, wurden Doppelventile verwendet mit jeweils der halben Ventilzuglänge. Die Tonfalle befindet sich dann zwischen dem ersten und dem zweiten Maschinenstrang. Anstelle der einfachen Klappe sah Leitner auch ein beiderseitig geschlossenes Röhrchen als zweiten Luftraum vor. Obwohl schon 1942 angemeldet, wurde die Patenterteilung erst am 18. Juni 1953 als DBP Nr. 884 905 bekanntgegeben.

Nach 1850 wurden besonders in Frankreich Versuche zur Stimmungskorrektur unternommen. 1853 brachte Gustav Besson in den Schleifen Drehventile (Barillets) an. Wenn man ihren Handgriff drehte, wurde eine kleine Zusatzschleife eingeschaltet. Die Korrektion mittels zusätzlicher Ventile (zuerst Sax 1843, Courtois und Ritter 1856) sei ebenfalls erwähnt. Ausgehend von der Erfahrung, daß die Tonarten mit 3—6 Kreuz- und 5—6 B-Vorzeichen in Intonation und Griffweise schwerer zu spielen sind als C-, B-, As-, G-, F-, Es- und D-Dur und die entsprechenden Molltonarten, wurden seit 1858 in Frankreich mehrere Vorschläge gemacht, um diese Schwierigkeiten zu lösen. Diese Erfindungen kreisten um den Gedanken eines Doppelinstruments mit unabhängigen oder kompensierenden Stimmsträngen. Durch Umschalten in die andere Stimmung sollte das Transponieren und Spielen in »schwierigen« Tonarten erleichtert oder gar umgangen werden. Derartige Instrumente waren, nach französischem Sprachgebrauch, mit einem *Registre transpositeur* ausgestattet. Bei Lichte betrachtet, haben diese Instrumente den gleichen Aufbau bzw. Windverlauf wie die Doppelhörner, besitzen also Doppelventile und ein entsprechendes Umschaltventil. Der Unterschied besteht in der anderen musikalischen Zwecksetzung, wonach bei kleineren Instrumenten wie Cornets à pistons der zweite Stimmstrang um einen Halbton und nur bei Bässen um eine Quarte vertieft. Wenn wir der recht ausführlichen Darstellung C. Pierres (1890, S. 284) folgen, hatte Girardin 1852 als erster die Idee vom Registre transpositeur, und 1858 wurde das erste französische Patent für G. Besson erteilt. Besson baute 1858—1860 Ventilposaunen in Saxhornform mit abhängigen Stimmsträngen (Abb. bei Pierre 1890, S. 93). Letztere arbeiteten mit einem dreistöckigen Umschaltventil, das in die Schleifen eingeschaltet ist, wie es auch bei Tiedts Doppelhorn von 1909 der Fall ist (s. S. 184 f.). M. Fontaine-Besson erhielt um 1887 und 1888 ein Cornet à pistons mit längsliegendem Umschaltventil patentiert. Das Cornetmodell nach Arban-Bouvet (1885) folgt dem gleichen Grundprinzip, während das *Cornet à transposition instantanée* von Lecomte et Cie. (1885) mit zwei getrennt liegenden, durch einen Hebel miteinander gekoppelten Umschaltventilen arbeitet. Alle diese Bemühungen, das Transponieren und die Griffweise zu erleichtern, finden wir, wie bereits erwähnt, hauptsächlich in Frankreich. In Deutschland läßt sich das Registre transpositeur nur einmal als Neuerung nachweisen, als am 25. März 1860 der Berliner Kaufmann J. H. Prillwitz das preußische Patent Nr. 291 060 für die »Verbesserungen in den musikalischen Instrumenten mit Ventilen (pistons) oder mit Cylindern« erhielt. Beantragt hatte er das Patent am 28. Januar 1860. Prillwitz war ein Patentagent, der zwischen 1848 und 1877 in Preußen 128 Patente für chemische, technische und physikalische Erfindungen der verschiedensten Art erteilt erhielt. Obwohl sich Prillwitz als der Erfinder der Instrumentenverbesserungen bezeichnet, sind unschwer Girardin und Besson als Väter der Idee zu erkennen. Da deren Erfindung nur für Frankreich patentrechtlich geschützt war, konnte Prillwitz es wagen, die Erfindung, geringfügig modifiziert, unter seinem Namen als Einführungspatent für Preußen schützen zu lassen, um ökonomischen Nutzen daraus zu ziehen. Hinsichtlich des Nutzens verrechnete sich Prillwitz aber, denn die Transpositionsinstrumente bürgerten sich in Deutschland nicht ein. Der Luftgang ist nach Prillwitz, der die Erfindung am Beispiel eines französischen Cornets mit Doppel-Périnetventilen darstellt, in Zeichnung 68 (rechts) wiedergegeben.

Das *Transponier-Register*, so die Bezeichnung bei Prillwitz, liegt quer zu den drei Hauptventilen, eine Anordnung, die M. Fontaine-Bessons Cornet von etwa 1887 entspricht. Bei Prillwitz liegt ein in die Zukunft weisender Gedanke insofern vor, da er auch an Tripelventile dachte. Die musikalische Zwecksetzung ist bei Prillwitz' Patent die gleiche wie bei den französischen Instrumenten. Bei den Ventilbaßhörnern sieht Prillwitz den Vorteil des Transponier-Registers in der Verbesserung der Stimmung in der tiefen Lage, besonders zwischen C und G.

Folgenreich war die Erfindung der Kompensationsventile 1874 durch den englischen Akustiker David Blaikley, die dann in Frankreich und Belgien abgewandelt wurden, 1884 ferner durch Daniel und Sudre, Arban und Bouvet 1885–1888, durch Mahillon 1886. Völlig reine Stimmung ermöglichen auch die Kompensationsventile nicht.

Das Prinzip des Intonationszuges wurde bereits 1907 für Wenzel Josef Schunda in Budapest patentiert (DRP 200 177 vom 10. September 1907). Durch Druck auf einen Tastenhebel wird die Schleife des 3. Ventils ausgezogen, beim Loslassen gleitet sie in die Ausgangsstellung zurück, es sei denn, daß sich eine Sperrklinke einschaltet. In Frankreich sind derartige Vorrichtungen wohl schon in den 1880er Jahren gebaut worden (Baines 1976, S. 219). In Deutschland waren die Intonationszüge bis zum zweiten Weltkrieg so gut wie unbekannt. Man blies die schwierigen Trompetenstellen, z. B. in *Carmen* oder *Rienzi*, mit Ansatzkorrektur. Erst später griff man den Gedanken des Korrekturhebels auf.

Den Hauptstimmzug durch eine Vorrichtung zum Intonationsausgleich während des Spiels leicht bedienbar zu machen, unternahm zuerst wohl 1843 ein Prager Meister, wahrscheinlich Wenzel Schamal (Zeichnung 69 d, vgl. Čižek 1981). Den Bedingungen der Trompete angepaßt, baute 1878 Charles Mahillon in Brüssel eine vergleichbare Vorrichtung, wobei der Hebel mit dem linken Zeigefinger betätigt werden mußte.

Siegfried Ritterbach in München richtete 1950 ebenfalls den Stimmzug als Intonationszug ein und baute eine übertechnisierte Vorrichtung (DBP 893 000 vom 19. Dezember 1950). Er ging gedanklich von der Zugposaune aus, bei der jeder Intonationsmangel durch den Zug ausgeglichen wird. Die Mechanik hat drei Bedienungshebel. Der untere betätigt den gesamten Mechanikschlitten, der in einer Schwalbenschwanzführung horizontal gleitet und durch Kugelschnapper bzw. Raster auf einige Punkte eingestellt werden kann, die mit einer bestimmten Zugstellung korrespondieren. Ein Rasterpunkt z. B. ist für lautes Spiel geeignet, ein anderer für mittelstarkes Spiel. Der Stimmzug ist dann etwas eingezogen. Drückt man mit dem Daumen der linken Hand auf den linken oberen Hebel, so verklemmt sich die Kurvennase an der Spindel, und der Stimmzug wird nach außen geschoben. Drückt man noch mehr, so wird der Mechanikschlitten um einen oder mehrere Rasterpunkte nach vorn gerückt. Betätigt man mit dem Ringfinger den anderen Hebel, so geschieht das gleiche in entgegengesetzte Richtung. Die gedanklich wichtigen Aspekte der Mechanik sind der aus der Technik bekannte Exzenterhebel mit den Kurvennasen zum Verklemmen, die Gleitstange unten, die über die Führungsbuchse für die Schubstange fest mit dem Mechanikschlitten verbunden ist, schließlich die Kugelschnappereinrichtung. Ritterbachs Vorrichtung war kein Erfolg beschieden.

Auf die Idee Schundas von 1907 läuft der Intonationszug von Friedbert Syhre in Leipzig hinaus, der am 13. Februar 1967 zum Patent angemeldet wurde (DBP 1 547 574).

Im Gegensatz zu Schunda ist Syhres Hebel ein einfacher, mit dem Daumen zu bedienender einarmiger Druckhebel mit einer Federbuchse. Beim Loslassen gleitet der Schleifenbügel in die Ausgangsstellung zurück. Zur Einstellung des Hubs dient eine drehbare Mutter. Der Bogen ist nach dem Angriffspunkt des Hebels nochmals ausziehbar, um das Kondenswasser entfernen zu können (bei einem Modell auch mit Wasserklappe). Er kann auch zusätzlich mit der Hand ausgezogen werden, um das kleine f zu erreichen, das in *Carmen* und *Salome* von der Trompete verlangt wird. Dank seiner einfachen Handhabung beginnt sich der Hebel einzubürgern. Nach brieflicher Mitteilung (13. September 1981) von Arno Windisch, der 1954 Nachfolger der Heckel-Werkstatt in Dresden wurde, baute er auf Bestellung der Königlichen Oper in Kopenhagen bereits 1963 Trompeten mit Intonationszügen, die er auf dem Foto einer vor 1954 entstandenen Heckeltrompete abgebildet fand (Foto 85).

1899 ließ Richard Lange aus Kiew im Deutschen Reich einen Mechanismus patentieren, mit dem »ein viertes Ventil

a

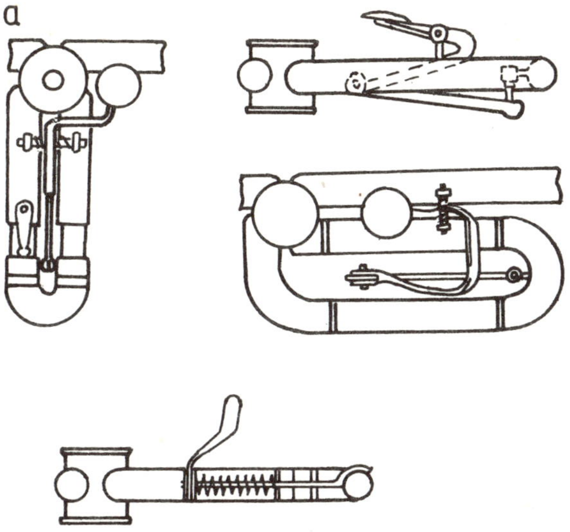

69. Intonationszüge.

a: Nach Josef Schunda, Budapest 1907. Ausführungsbeispiele nach der Patentschrift. Links: mit drehbarem Sperrhebel, der den Ventilzug in der ausgezogenen Stellung festhält. Bei den anderen Ausführungen ohne Sperrhebel. Rechts: Seitensicht und Sicht von oben bei einer zweihebeligen Ausführung für Bedienung durch Tastendruck. Unten: Seitensicht einer einhebeligen Ausführung mit Spiral-Druckfeder.

b: Nach Siegfried Ritterbach, München 1950. Drückt man mit dem Daumen leicht auf den linken Hebel, wird der Stimmzug ausgezogen, drückt man stärker, wird der Mechanikschlitten einen oder mehrere Rasterpunkte weitergeschoben und damit der Stimmzug noch weiter ausgezogen. Betätigt man den rechten Hebel mit dem Ringfinger, wird der Stimmzug eingezogen. Unten: Mechanikschlitten als Querschnitt und in Sicht von oben.

c: Nach Friedbert Syhre, Leipzig 1967. Durch Tastendruck wird der Ventilzug ausgezogen.

d: Nach einer Tenorposaune in B in der Instrumentensammlung des Konservatoriums Prag (Nr. 72). Unsignierte Prager Arbeit mit Kail/Riedlschen Ventilen (nicht mit gezeichnet). Gebaut wahrscheinlich 1842 von Wenzel Schamal (Václav Šámal).

b

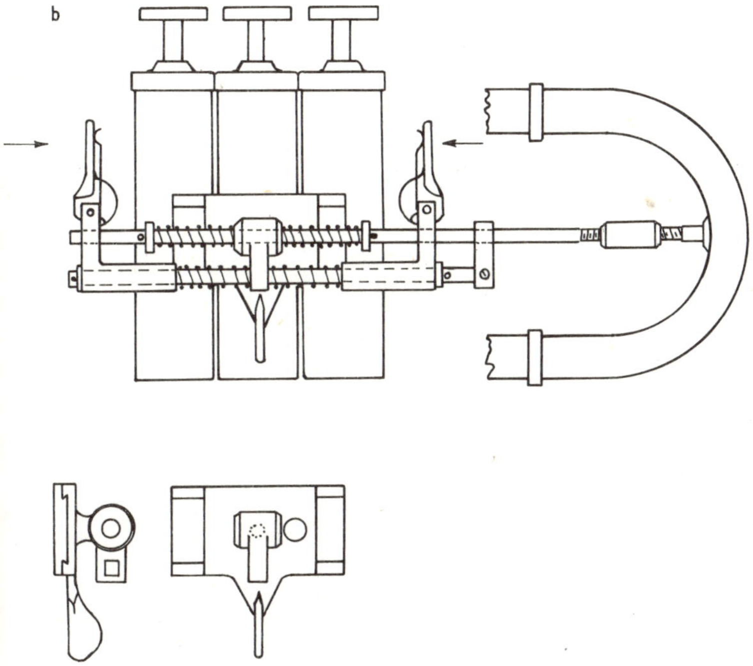

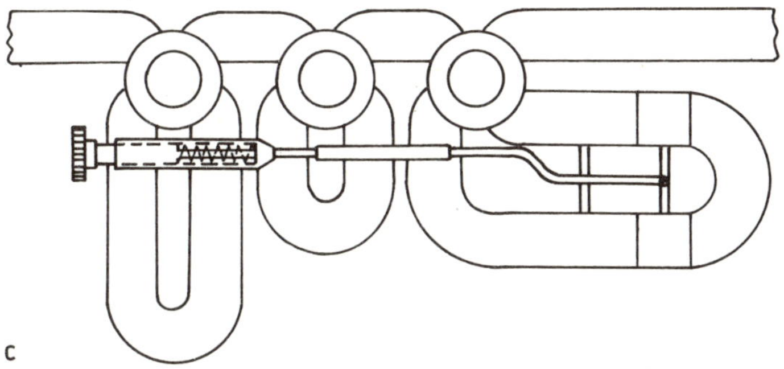

c

d

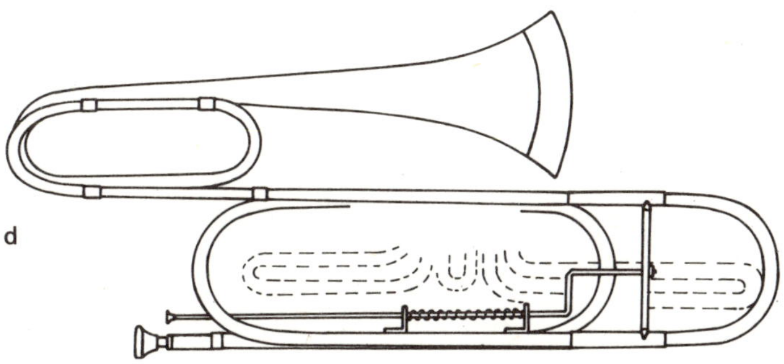

selbstthätig geöffnet wird, wenn das erste und das dritte Ventil gleichzeitig geöffnet werden« (DRP 110451 vom 24. März 1899). Lange gibt zunächst eine Ausführung mit Kette und Zugstange an und in einem Zusatzpatent des gleichen Jahres zwei weitere Ausführungsbeispiele dieses Konjunktionshebels ohne Kette (das dritte s. Zeichnung 70).

Die Federn von Ventil 1 und 3 bringen auch das 4. Ventil in die Ausgangsstellung zurück, während in der ersten Ausführung eine Rückholfeder in einer Trommel auf der Anderthalbtonschleife befestigt war. Stimmungskorrektur ist nur bei solchen Tönen gegeben, bei denen in der Applikatur die

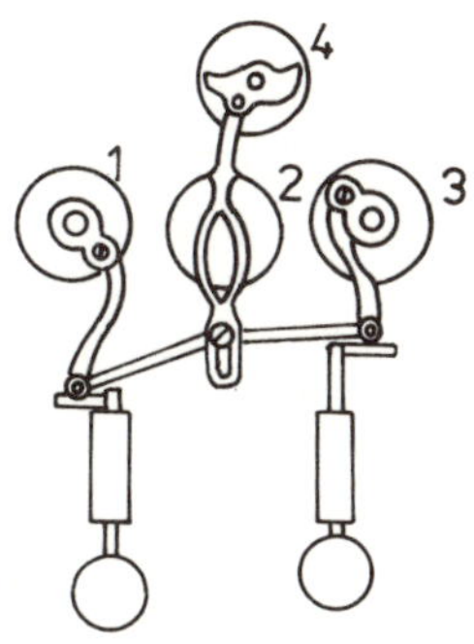

70. Korrektionsventil nach Richard Lange, Kiew 1899. Bei Kombination von Ventil 1 und 3 – und nur bei dieser Kombination – wird das 4. Ventil eingeschaltet. In der Darstellung ist nur Ventil 3 gedrückt.

Kombination von Ventil 1 + 3 vorliegt oder enthalten ist, nicht aber bei Kombination von Ventil 2 + 3 oder 1 + 2. Die technische Unvollkommenheit dieser Vorrichtung beseitigte 1907 Kurt Kottek in Wien, indem er für jede Griffkombination ein Korrektionsventil anbrachte, das sind für eine dreiventilige Maschine vier Korrektionsventile (Patentanmeldung in Österreich am 15. Januar 1907; DRP 212540 vom 16. Dezember 1908). Kottek verzichtete auf das Ventil für die Kombination 1 + 2, da sie »rein« durch das 3. Ventil ersetzt werden kann.

Er berechnete die Zusatzlängen der Korrektionsventile mit $\frac{1}{40}$ (Kombination 1 + 3), $\frac{1}{75}$ (Kombination 2 + 3), $\frac{1}{100}$ der kombinierten Ventilzuglängen (Kombination 1 + 2 + 3).

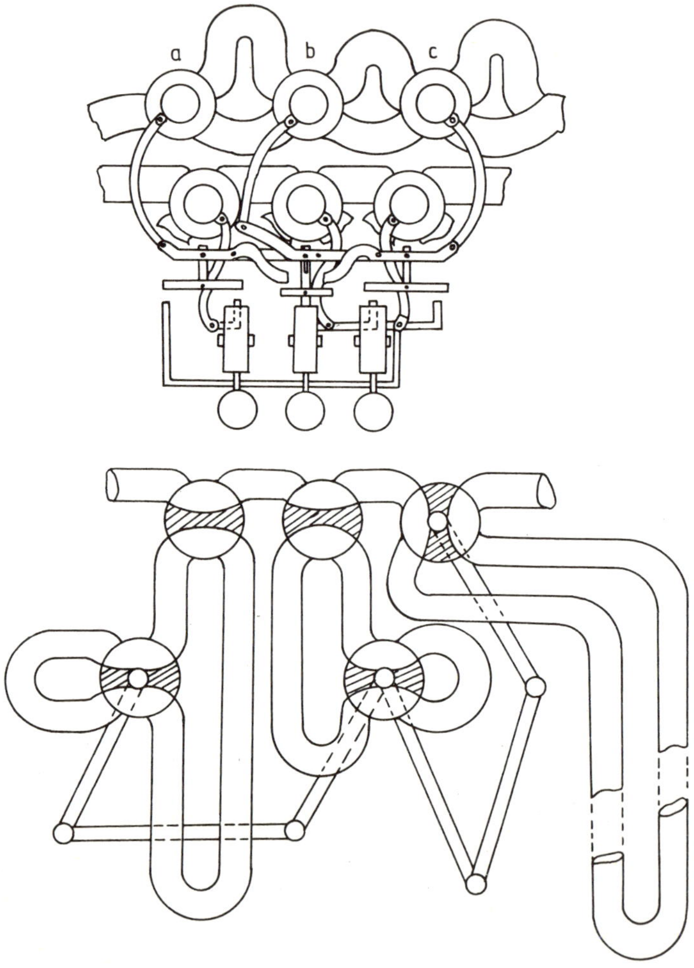

71. Maschinen mit Korrektionsventilen (I). Oben: Mit drei Korrektionsventilen nach Kurt Kottek, Wien 1907. Oberhalb der Hauptventile die Korrektionsventile a, b, c. Wenn Drücker 1 + 3 betätigt, dann linkes, wenn 2 + 3, dann rechtes Korrektionsventil eingeschaltet, und wenn 1 + 2 + 3 betätigt, dann treten alle drei Korrektionsventile in Tätigkeit. — Unten: Mit zwei Korrektionsventilen nach Julius Heubach, Heidenau 1921. Mit dem 3. Ventil werden automatisch beide Korrektionsventile mit eingeschaltet. Vorteil: Gute Intonation bei Tönen mit Ventil 2 + 3, 1 + 3, 1 + 2 + 3. Nachteil: Das 3. Ventil geht schwer.

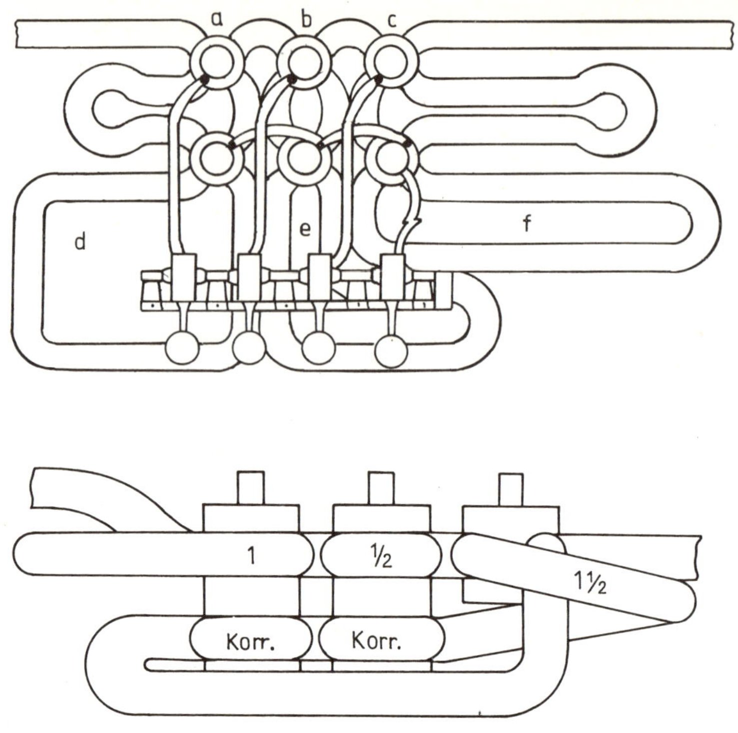

72. Maschinen mit Korrektionsventilen (II). Oben: Mechanismus nach Friedrich Rösch, Heidelberg 1927. a, b, c sind die üblichen Ventile zur Vertiefung um 2, 1 und 3 Halbtöne. Die Schleifen d, e, f werden bei Betätigung des 4. Drückers hinzugeschaltet. Es ergeben sich bei Druck auf 1 + 4, 2 + 4 und 3 + 4 Vertiefungen um 4, 5 und 6 Halbtöne. Auf diese Weise ist das Instrument reinstimmend. Es liegt das Kompensationsprinzip zugrunde. — Unten: Mechanismus nach Peter Hirsbrunner, Sumiswald 1968. Die Korrektionsschleifen befinden sich im »unteren Stock« der Doppelventile 1 und 2.

1903 hatte auch die Firma Gebr. Alexander im Anschluß an Lange ein mit Ventil 1 gekoppeltes Kompensationsventil entwickelt (DRGM 192307 vom 10. Januar 1903). Julius Heubach in Heidenau bei Dresden versuchte den Nachteil von Kotteks Erfindung, die komplizierte Mechanik, zu beheben und kam 1921 auf ein einfaches System (DRP 368379 vom 18. Juni 1921). Er baute die Korrektionsventile direkt in die Schleifen der Hauptventile ein. Zu einer wirtschaftlichen Nutzung der Erfindung kam es erst von 1930 an bei Hörnern durch die Firma C. A. Wunderlich in Siebenbrunn, für die am 16. September 1930 das Modell als DRGM 1137060 eingetragen wurde.

Einen anderen Weg beschritt Friedrich Rösch in Heidelberg (DRP 450954 vom 29. September 1927). Rösch ging von den üblichen drei Ventilen aus, die man in der gewohnten Weise greifen kann, einzeln und kombiniert. Zusätzlich legte er in jede Schleife ein weiteres Ventil mit einer Schleife, die zusammen mit der jeweiligen Hauptschleife eine Großterz, eine Quarte und verminderte Quarte rein angibt. Um diese

Töne spielen zu können, muß man zu Ventil 1, 2 oder 3 einen 4. Hebel drücken. Der 4. Hebel betätigt alle drei Nebenventile gleichzeitig. Drückt man z. B. 2 + 4, so erklingt eine Quarte, wobei Nebenventil 1 + 3 blind mitgehen. Die reine Stimmung ist hier durch drei Zusatzventile und teilweise veränderte Applikatur erkauft.

Die Einschaltung der kompensierenden Zusatzschleife kann im Vergleich zu den Ausführungen von Lange, Kottek und Rösch dadurch vereinfacht werden, indem für Ventil 1 und 2 doppelstöckige Ventile angebracht werden. Dies unternahm Peter Hirsbrunner in Sumiswald (Schweiz) und meldete auf diese Erfindung am 17. Oktober 1968 das deutsche Bundespatent 1 803 681 an. Er schloß darin auch entsprechend aufgebaute vierventilige Maschinen ein. Erfolgreiche Nutzanwendung erfuhren die Kompensationsventile von Hirsbrunner bei den Euphoniums und Tuben.

Das alte Prinzip der englischen und französischen Kompensationsventile und die Erfindung der Doppelventile oder solcher mit drei oder vier Durchgängen in einer Ebene griff 1912 Erik Schirm in Berlin-Halensee auf. Er erhielt am 30. Mai 1912 das Patent DRP 256 368 für ein Prinzip der Ventilkombinationen.

Die Schleifen münden nicht wie sonst üblich in das gleiche Ventil zurück, sondern können auch in andere Ventile einmünden. Es ergeben sich dadurch mehrere Kombinationsmöglichkeiten unterschiedlicher Schleifenlängen. Von den acht verschiedenen Einzellängen der Schleifen in Beispiel 1 und 3 können sechs frei festgelegt werden. Im 2. Beispiel sind alle sieben einstellbaren Rohrlängen frei wählbar. Schirms Prinzip läßt sich auch mit Pumpen- und Périnetventilen verwirklichen. Teilweise ist jedoch eine andere Applikatur erforderlich als bei den üblichen Ventilinstrumenten. Die Wechselumdrehung beträgt bei den dreigeteilten Ventilen $\frac{1}{6}$, bei den viergeteilten $\frac{1}{8}$ Vollkreis. Ob angeregt durch Schirms Gedanken oder unabhängig davon, bemühte sich Max B. Martin in Markneukirchen, die reine Stimmung mit Mehrfachventilen zu erreichen. Er arbeitete zuerst mit verkürzenden Périnetventilen und schlug 1914 ein System mit abweichender Applikatur vor (DRP 291690 vom 31. März 1914).

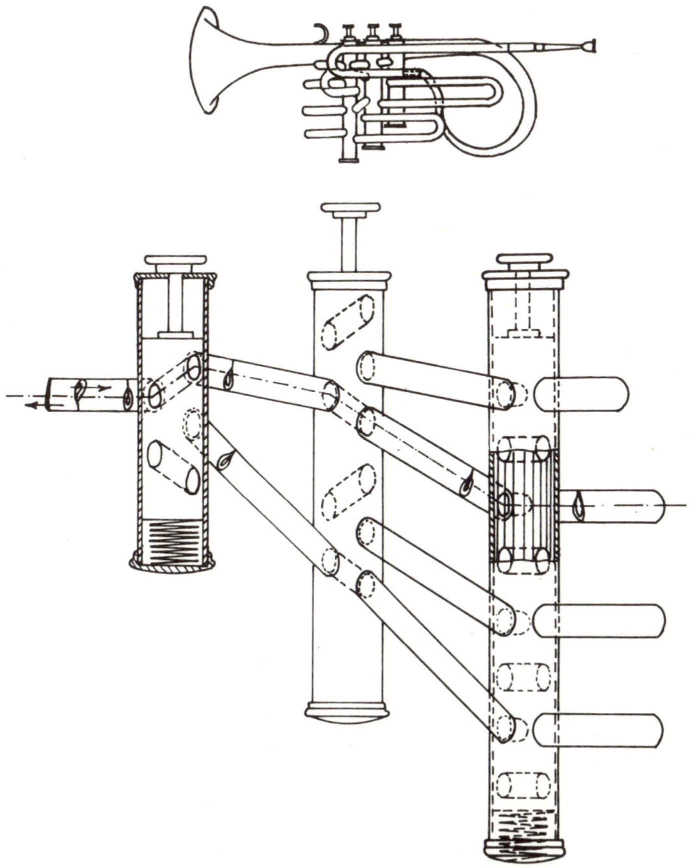

74. Kompensationsventile (Périnetventile) nach Max B. Martin, Markneukirchen 1914. Oben: Ein erfindungsgemäßes Cornet. Unten: Windverlauf (Punkt-Strich-Linie) bei betätigtem Ventil 1 + 3. Hin- und Rückweg des Windes liegen in einer Höhe, wobei der Hinweg über zwei kurze und der Rückweg über zwei lange Bügel erfolgt. Die Applikatur weicht von der üblichen ab.

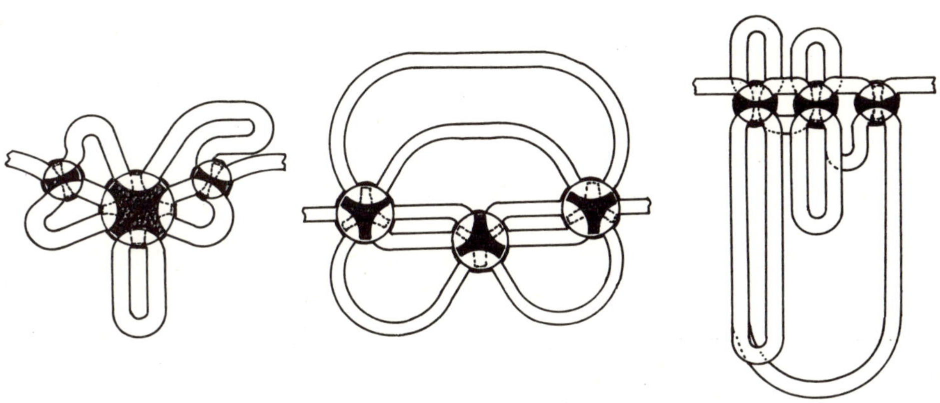

73. Ventilsysteme nach Erik Schirm, Berlin 1912, zur Ermöglichung reiner Stimmung. Durch verschiedene Kopplungen der Ein- und Ausgänge sowie Verwendung der Drei- und Vierwegeventile läßt sich eine größere Anzahl einstellbarer Schleifenlängen erreichen, als es bei der üblichen Bauart der Ventilmaschinen möglich ist. Im mittleren Beispiel bestehen sieben unabhängige Kombinationsmöglichkeiten.

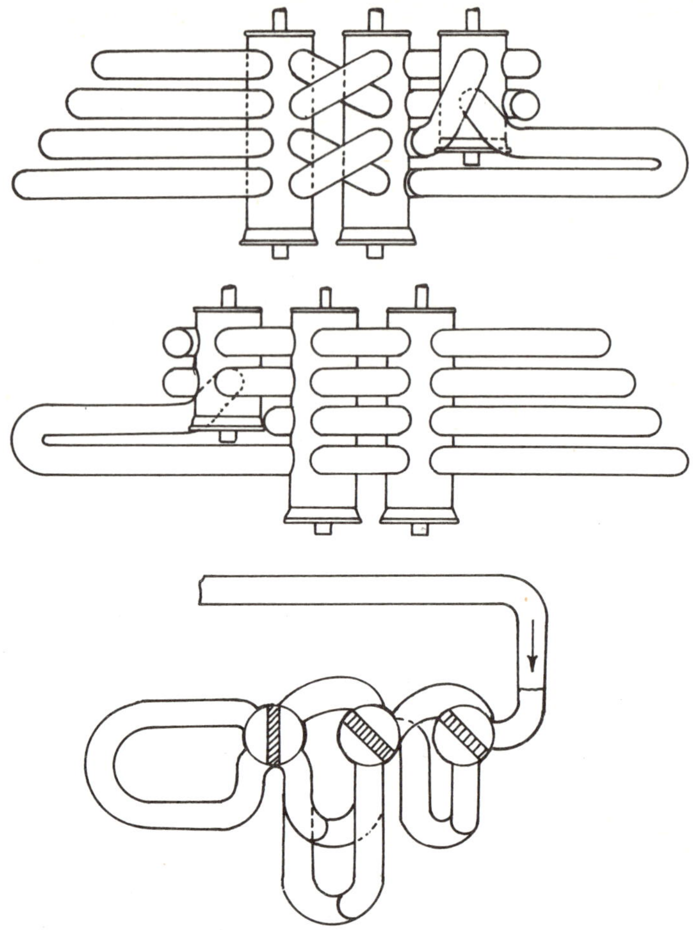

75. Kompensationsventile (Drehventile) nach Max B. Martin, Markneukirchen 1925.
Oben und Mitte: Vorder- und Rückansicht. Das Mundrohr mündet in das zweistöckige Ventil, hier liegt auch der Ausgang zum Schallstück. Unten: Querschnitt in der Ebene der obersten Ventilstockwerke; rechts oben das Mundrohr. Die Applikatur ist wie bei üblichen Ventilinstrumenten, die Gangart der Ventile aber schwerer, und die Herstellungskosten sind größer.

Applikatur:	f	mit	0
	fis	mit	3
	g	mit	2
	gis	mit	2 + 3
	a	mit	1
	b	mit	1 + 3
	h	mit	1 + 2
	c^1	mit	1 + 2 + 3

Am 3. Ventil befinden sich vier Halbtonbogen. Wird Ventil 3 gedrückt, so werden sämtliche daran befindlichen Halbtonbogen abgeschaltet. Da bei Nichtbetätigung von Ventil 1 + 2 + 3 der Wind in die unterste Schleife von Ventil 3 gelangt, so wird der unterste Halbtonbogen ausgeschaltet. Wird 1 + 3 gedrückt, so geht der Wind über zwei kurze Zwischenstücke nach Ventil 2 und 3, über ein längeres Zwischenstück zu Ventil 2, ein kürzeres zu Ventil 1 und zum Ausgang. Martin konnte bei der so ganz anderen Applikatur nicht auf Erfolg rechnen. Er sann in den Folgejahren darüber nach, wie man die eingebürgerte Applikatur beibehalten könne. Seine gedankenreich konstruierten Ventile ließ er 1925 wieder durch ein Patent schützen (DRP 434890 vom 17. September 1925, s. Foto 47). Grundgedanke ist auch hier, daß ein Ventil mehrere Schleifen hat und bei Ventilkombination die längenmäßig passenden Schleifen eingeschaltet werden.

Ventil 1 hat vier verschieden lange Ganztonschleifen, die je nach Kombination in Funktion treten, und zwischen Ventil 2 und 3 befinden sich zwei verschieden lange Halbtonschleifen. Das Mundrohr mündet in das Anderthalbtonventil (Doppelventil). Wenn z.B. Ventil 1 + 3 gedrückt werden, geht die Luft in Ventil 3/II (d.h. Ventil 3, Stockwerk II), dann über ein Zwischenstück nach 2/II, von hier auf kürzestem Weg zu 1/II und die angehängte Ganztonschleife des II. Stockwerks, dann zurück in Ventil 2/I, da heraus über die Anderthalbtonschleife von Ventil 3/I, dann aus dem Ventil in Richtung Stürze. Bei Ventil 1 + 2: Eingang Ventil 3/II, Durchgang zu Ventil 2/IV, über kleine Halbtonschleife zu 3/III, Ganztonschleife 3/III, Übergang zu 2/III, Übergang zu 3/I, Ausgang. Bei Ventil 2 + 3: 3/II, über Anderthalbtonschleife nach 2/II, über große Halbtonschleife nach 1/I, Übergang zu 2/I, über Anderthalbtonschleife nach 1/III, Ausgang. Bei aller Reinheit der Töne ist der Nachteil offensichtlich: die schwergängigen vierstöckigen Ventile, die teure Herstellung.

Die Stimmungsverbesserung war der Hauptzweck auch jener Ventilkombinationen, die Hermann Prager-Bauer in Zürich 1894 und Jacob Koch in Mörfelden (Hessen) 1928 vorschlugen. Prager-Bauer projektierte sechs Ventile, drei übliche Verlängerungsventile und dazu drei Verkürzungsventile (DRP 81082 vom 30. Januar 1894). Die Töne zwischen den Naturtönen können durch Vertiefung oder Erhöhung erzeugt werden. Da die Schleifen unterschiedlich eingestimmt werden können, ist bei Benutzung aller Ventile ein ziemlich reines Spiel gegeben. Das erhöhende Halbtonventil kann z. B. so gestimmt werden, daß sich ein reines cis^1 ergibt (bei c^1 als 2. Naturton), während es bei Kombination der üblichen Verlängerungsventile zu hoch ist. Nach dem Patent sah Prager-Bauer Ventile mit Doppelschleifen in einer Ebene vor, also Drehwechsel mit drei Durchgängen, dessen mittlerer zylindrisch war, die Luft also keine Verengungen zu durchlaufen hatte (s. Zeichnung 22). Zwischen 1920 und 1939 entwickelte er gemeinsam mit der Firma August Knopf in Markneukirchen aus dem gleichen Grundgedanken heraus Hörner mit sechs bis sieben voneinander abhängigen, um 1 Halbton vertiefenden und erhöhenden Drehventilen. Diese gedankenreich konstruierten, stimmungsmäßig guten Hörner waren jedoch schwierig zu bedienen und bewährten sich deshalb nicht.

Von einem ähnlichen Gedanken wie Prager-Bauer ging Jacob Koch bei seinem »Blechblasinstrument mit Drehventilen« aus (DRP 512678 vom 18. April 1928). Er schaltete sechs einfache Drehventile in einem Tonbogen hintereinander. Die ersten fünf Ventile geben in Ruhestellung den Durchgang frei, das sechste dagegen nicht. Im Vergleich zum Klappenhorn wird die Verkürzung der Luftsäule nicht durch Öffnen geschlossener Tonlöcher erreicht, sondern durch Abschalten der Rohrsegmente mittels Ventilen. Die Verkürzungsventile 1–5 entsprechen den geschlossenen Klappen, das Verlängerungsventil 6 der offenen Klappe bei Klappenhörnern. Eine Erfindung, die in die Zeit um 1820–1835 gehört und damals hätte zukunftsträchtig werden können.

Aus den Jahren um 1890 datiert die reinstimmende Trompete des Dresdner königl. Oberbibliothekars Paul Emil Richter, (s. Foto 7). Die F-Trompete besitzt vier Périnetventile: Ventil 1 vertieft um 2 Halbtöne, Ventil 2 erhöht um 1 Halbton, Ventil 3 erhöht um 2 Halbtöne, Ventil 4 vertieft um 3 Halbtöne. Bei C-Stimmung ergibt sich die vom üblichen Schema völlig abweichende Applikatur:

c^1	mit	0
cis^1	mit	2
d^1	mit	3
es^1	mit	2 + 3
e^1	mit	4
f^1	mit	1
fis^1	mit	1 + 2
g^1	mit	0

Applikatur bei C-Stimmung:

h	mit	6
c^1	mit	0
cis^1	mit	5
d^1	mit	4
es^1	mit	3
e^1	mit	2
f^1	mit	1
fis^1	mit	6
g^1	mit	0

usw.

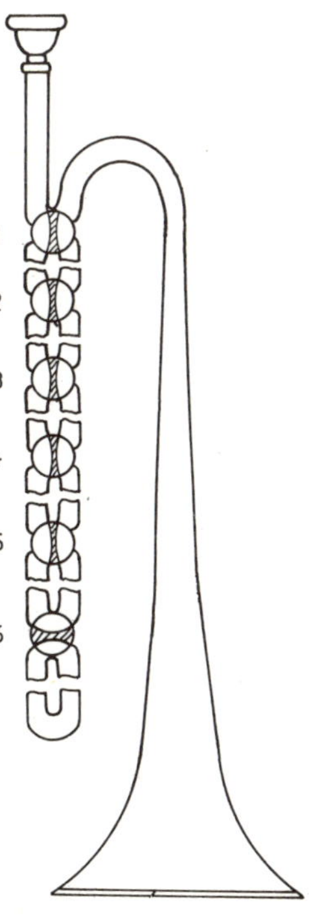

76. Prinzip eines Ventilinstruments nach Jacob Koch, Mörfelden 1928. Die angegebene Ventilstellung ist die bei Ruhestellung. Die fünf oberen Ventile wirken wie die geschlossenen Klappen und das untere Ventil wie die offene Klappe eines Klappenhorns.

77. Reinstimmendes Waldhorn nach Otto Tiedt, Hagen 1930. Ventil 1, 2 und 3 vertiefen um Ganzton, Halbton und Großterz. Das Daumenventil schaltet in die untere Oktave um. Die beiden hinteren Ventile vertiefen um $1\frac{1}{4}$ und 6 Halbtöne. Die Grundstimmung ist hoch F.

Fast gleichzeitig mit Richters Trompete entstand 1892 eine mit sechs Verkürzungsventilen ausgestattete reinstimmende E-Trompete der Markneukirchener Firma Heinrich Moritz Schuster (Foto 9, ZfI 12, S. 488).

Otto Tiedt in Hagen konstruierte ein Instrument mit sechs einfachen Verlängerungsventilen, deren Schleifen die relativen Längen von 1, 1,52, 2, 4,13, 6,66 und 12,43 haben, wobei 1 der Länge der Halbtonschleife entspricht (DRP 528853 vom 11. April 1930). Es sind Ventilzuglängen, die in ihrer Kombination eine reine Stimmung ergeben, nur die hohe C-Stimmung ist nicht rein darstellbar, wenn man von der Grundstimmung hoch F (Diskanthornstimmung) ausgeht, die der Erfinder als günstigste angibt. Die Griffe sind so angeordnet, daß sie der traditionellen Griffweise entgegenkommen: Der Zeigefinger greift den Ganzton (2), der Mittelfinger den Halbton (1), der Daumen schaltet in die tiefere Oktave (12,43), also in die übliche F-Hornstimmung um. Der Ringfinger drückt die korrigierte Großterz (4,13). Die hinteren beiden Tasten sind für $1\frac{1}{4}$ (1,52) und 6 Halbtöne (6,66, Tritonus, cis^1). Während das übliche dreiventilige Horn nur sieben Längenveränderungen zuläßt, erlaubt das vorliegende achtzehn. Die gute Stimmung eines derartigen Instruments geht ebenfalls auf Kosten der gewohnten Applikatur.

Die Beschäftigung des Musikwissenschaftlers Martin Vogel in Bad Godesberg mit dem Problem der reinen Stimmung

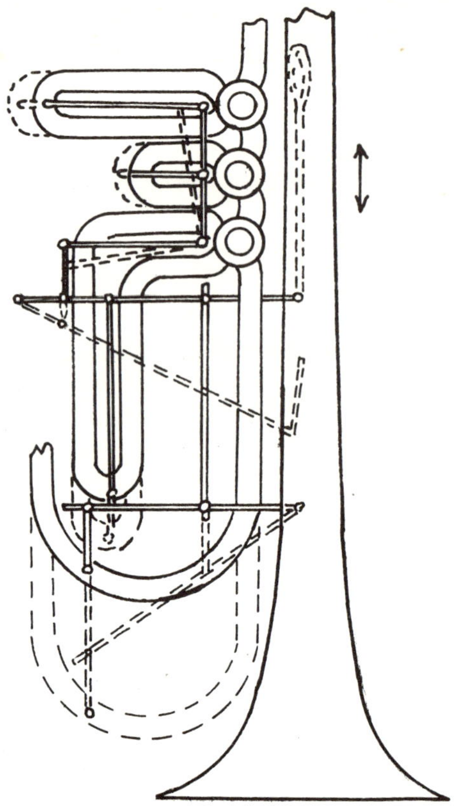

78. Mechanismus der reinstimmenden Trompete nach Martin Vogel, Godesberg 1960/61. Eine der beiden Ausführungsvarianten des Hebelsystems. Ausgestattet mit einem Umstimmhebel, der die Ventilzüge und den Hauptstimmzug im Verhältnis 1:2:4:18 auszieht, in welchem Verhältnis die genannten Zuglängen auch untereinander stehen. Die Strichelungen zeigen den Zustand des Instruments bei betätigtem Umstimmhebel.

brachte 1958 die Erfindung rein stimmender enharmonischer Ventilinstrumente mit sich (DBP 1072870, ausgegeben am 28. Juli 1960). Vogel ging von seiner Erkenntnis aus, »daß Ventile nur dann kombinierbar sind, wenn ihre Längen zueinander in den Proportionen einer arithmetischen Teilungsreihe, wie z. B. $\frac{1}{x}$, $\frac{2}{x}$, $\frac{3}{x}$, $\frac{4}{x}$ ... $\frac{n}{x}$, stehen, wobei x einen bestimmten Bruchteil der Länge der Hauptröhre bedeutet«. Das führt zu einer völlig neuen Applikatur. In einem von Vogel angegebenen Beispiel eines vierventiligen Instruments betragen die Schleifenlängen $\frac{1}{24}$, $\frac{2}{24}$, $\frac{4}{24}$, $\frac{8}{24}$ der Gesamtlänge. Sie entsprechen demnach annähernd einem sehr großen Viertel-, Halb- und Ganzton sowie einer reinen Quarte. Der Nenner kann je nach Disposition geändert werden. Die abweichenden Ventiltonhöhen und die Ausstattung mit beispielsweise sechs Ventilen, die 63 Kombinationsmöglichkeiten ergeben, führt jeden Bläser zu einem grifftechnischen Neuanfang.

Im Anschluß an diese Erfindung entwickelte Vogel einen Umstimmhebel, mit dem die Ventillängen und der Stimmzug nach den Proportionen des Strahlensatzes ausgezogen oder eingeschoben werden können. Durch Betätigung des Hebels ist schon in Verbindung mit drei Ventilen ein reines Spiel bei üblicher Griffweise möglich. Es ist dabei folgendes zu berücksichtigen: »Sollen nun die Ventilzüge eines Blasinstruments an einem gemeinsamen Umstimmhebel angeschlossen werden, sind die Anschlußstellen so zu wählen, daß ihre Abstände vom Hebelpunkt in den gleichen Proportionen stehen, in denen auch die Ventilzuglängen zueinander stehen« (Vogel 1961, S. 72). Der Umstimmhebel kann entweder nur die Ventilzüge oder gleichzeitig auch den Hauptstimmzug beeinflussen. Im letzteren Fall kann das Instrument mit Hebeldruck tiefer gestimmt werden, ohne daß sich die Stimmung in sich verschiebt.

Im Prinzip können alle Ventilinstrumente mit einem solchen Umstimmhebel ausgestattet werden. Vogels Instrumente werden von der Firma Gebr. Alexander hergestellt.

In jüngster Zeit meldete sich Bruce Holcomb mit einigen Vorschlägen zu Wort (Holcomb 1983). Er propagiert hohe Instrumente, wie Trompeten und Flügelhörner, mit vier Venti-

Wiener Tuba

	Ventil	Abweichungen in Cent
E	2	−4
Es	1	−4
D	1 + 2	+3
Des	2 + 3 + 5	−1
C	6	0
H_1	5 + 6	−4
B_1	4 + 6	−4
A_1	4 + 5 + 6	+3
As_1	2 + 3 + 4 + 6	+2
G_1	1 + 2 + 4 + 5 + 6	+10
Ges_1	1 + 2 + 3 + 4 + 5 + 6	0

Gronitz

Griffe	Abweichungen in Cent
2	−4
1	−4
1 + 2	+3
3	+3
4	0
2 + 3 + 5	0
2 + 4 + 5	+8
3 + 4	−6
3 + 4 + 5	−5
1 + 2 + 3 + 4	0
1 + 2 + 3 + 4 + 5	+12

len, wobei Ventil 3 um 3,12 und Ventil 4 um 3,33 Halbtöne vertiefen sollen. Auf diese Weise ist mit Ventil 1 + 4 eine »gute« Quarte und mit Ventil 3 + 4 ein »guter« Tritonus zu spielen. Die Quarte weicht nur um −4 Cent und der Tritonus um +4 Cent ab. Durchschnittlichen Amateurtubisten empfiehlt er die drei- bis vierventiligen Kompensationstuben mit Doppelventilen, weil sich die beste Intonation durch die Ventilschaltung von selbst ergibt. Die Berufsmusiker dagegen sind stärker mit dem Problem der Feinstufigkeit der Intervalle konfrontiert. Wie manch andere meint er, daß in Zukunft im Orchester die unbedingte Orientierung auf die temperierte Stimmung zugunsten der reinstimmenden Terzen und Septimen aufgegeben werden wird. Für die jetzige Situation und für eine eventuelle 72stufige Temperatur sind unter den von ihm untersuchten Tubenmodellen eine sechsventilige Wiener Tuba und die fünfventilige Tuba von Werner Gronitz in Hamburg die besten. Die Wiener Tuba folgt dem Prinzip von Wieprecht und Moritz (s. S. 104, 233) hat aber ein zusätzliches, um 188 Cent vertiefendes Ventil, das an 3. Stelle steht. Gronitz' fünfventilige Tuba hat kein Quartventil, sondern vertieft um Ganzton, Halbton, hohe Großterz, reine Großterz und um einen sehr kleinen Ganzton (156 Cent) zur Kompensation. Bei F-Stimmung sind die Griffe und Intonationsungenauigkeiten gegenüber der temperierten Stimmung aus der Tabelle (S. 104) zu ersehen.

Holcomb geht von der Wellenlänge und der gleichschwebenden Temperatur aus und berechnet die stimmungsmäßigen Abweichungen, die sich bei den verschiedenen Ventilkombinationen ergeben. Auf diese Weise lassen sich die brauchbarsten Stimmungskompromisse finden.

In den 1920er Jahren machte die Mikrotonmusik durch den mexikanischen Komponisten Julián Carillo (1875–1965) und den tschechischen Komponisten Alois Hába (1893–1973) Fortschritte. Carillo ließ u. a. ein Horn und eine Trompete für Vierteltonmusik bauen, und 1931 stellte Friedrich Alwin Heckel in Dresden für Alois Hába eine Vierteltontrompete mit 4 Ventilen fertig. Wohl schon etwas früher entwickelte Josef Schediwa in Odessa ein Viertelton-Kornett in B (Prag Nr. 537 E). Jüngere Bemühungen stammen von der Firma Max & Heinrich Thein (s. Foto 91).

Die neuen Instrumente

13

Es war die Zeit der Freiheitskriege, als sich auch in der Bläsermusik eine Wende vorzubereiten und bereits abzuzeichnen begann. Signalhornklang, weit mensurierte Inventionstrompeten, Klappenhörner haben fast Symbolcharakter für diese Zeit, in der ein Drängen nach einem dunklen und starken Baßfundament und melodischer Beweglichkeit spürbar wird. Stölzels Brief vom 6. Dezember 1814 an König Friedrich Wilhelm III. ist mitgetragen von der Idee einer neuen Musik, »worüber die Welt erstaunen soll«. Er sprach damals erst von der Übertragung der Ventile auf Waldhorn, Trompete und Signalhorn. Sein Wunsch war, mit der »Einrichtung dieser neuen Musik bey den Regimentern« betraut zu werden. Stölzel begriff in den nächsten Jahren, daß in dieser Idee viel mehr enthalten war als nur das Übertragen der Ventile auf die genannten drei Instrumentenarten. Das Blasensemble, das in einer Umbildung begriffen war, mußte wieder eine in sich geschlossene Einheit werden. Wie man den Schriften W. Wieprechts und den Umschichtungen in der Besetzung entnehmen kann, wurden die neu erfundenen Instrumente, wie Klappenhörner, Englische Baßhörner, Ophikleiden usw., einzeln in das Ensemble eingeführt. Dadurch kam es zu Disproportionen im Klanggefüge (Wieprecht 1845; Kalkbrenner 1882, S. 82).

Stölzel schuf nach 1818 einen vierstimmigen Chor weit mensurierter Trompeten, zunächst wohl in besonderem Hinblick auf die Kavalleriemusik. Spätestens 1820 war der *Trompetenbaß* fertig, und am 20. Januar 1821 führte der Posaunist Friedrich August Belcke, Stölzels Kollege in der Hofkapelle in Berlin, den *Tenortrompetenbaß* vor (AMZ 1821, Sp. 122). Bei seiner Vorstellung 1823 in Leipzig hatte er bereits seinen später üblichen Namen »Tenorhorn« (AMZ 1824, Sp. 490). Der Trompetenbaß dagegen stand in G, später meist in F oder Es, das Tenorhorn, wie noch jetzt im allgemeinen, in B. Im Verlängerungsantrag von 1827 bekundete Stölzel, daß er die Alt-, Tenor- und Baßtrompeten — erst später Tenorhörner usw. genannt — erfunden habe. Nachdem er darauf verwiesen hatte, daß die von ihm neuerdings durch seine Kastenschiebeventile verbesserten Hörner, Trompeten und Posaunen ohne Mängel seien, fuhr er weiter fort:

»So sind es auch die chromatischen Alt, Tenor, und Baß-Trompeten, welche ich erst einige Jahre nach her [seit 1818], als ich schon in dem Besitz des Patents war, hergestellt, und gleichsam erst erfunden habe. Da nun diese Vorrichtung sowie alle diese Instrumente jetzt durch mich so sehr veredelt worden sind, daß sie alle jene Vortheile nun in völliger Sicherheit und ohne Anstrengung gewehren, wodurch nun erst die eigentliche Nutzbarkeit dieser Erfindung so hervor getreten ist, daß sie allgemein ein gesehen werden kan, so haben diese Instrumente auch erst ietzt allgemeinen Beifall erregt, und werden schon hier und da mehr in Anwendung gebracht.«

An anderer Stelle dieses Antrags führt er im Zusammenhang mit den von ihm erfundenen Kastenschiebeventilen aus:

»Ich habe mich daher unablässig damit beschäftigt diesen Mängeln abzuhelfen, und habe nicht nur eine ganz neue, weit zweckmesigere Vorrichtung verfertigt, sondern auch denen dazu erforderlichen Instrumenten einen anderen Bau und eine bessere Einrichtung gegeben, die Vorrichtung von Zeit zu Zeit an selbigen versetzt bis ich endlich die richtige Mensur, und den Standpunkt heraus gefunden habe, wo sie nun nicht mehr nachtheilig auf das Instrument würken kan.«

Der letzte Passus gibt den Schlüssel zum Verständnis von Abb. 8a aus dem Instrumentenverzeichnis der Handelsfirma C. G. Herold in Klingenthal (Sachsen). Sie zeigt offenbar die zwei verschiedenen Windungsarten der Stölzelschen Instrumente (Alt-, Tenor-, Baßhorn). Die eine Serie (No. 708 und No. 714) ist mit Stölzels Stopferventilen versehen und in der Windungsart etwas den Hörnern verwandt. Es sind die bis 1827 von Stölzel sowie Griesling & Schlott gebauten Instrumente. Die andere Serie (Abb. 8a, oben rechts) stellt die neuen trompetenähnlichen Windungsarten mit den neuen

Pumpenventilen dar. Stölzel erkannte, daß die Lage der Maschine im Instrument für Intonation und Klang wichtig sein kann, und er sah darin einen Grund für den Mangel der bisherigen Instrumente. Die vergleichende metrische Untersuchung der im Prospekt dargestellten Instrumente zeigt, daß Stölzel die Maschine bei den neuen Instrumenten von 1827 näher zum Mundstück legte, und zwar von etwa $\frac{2}{3}$ bei den alten nach ca. $\frac{3}{8}$ bis $\frac{2}{5}$ der Rohrlänge bei den neuen Instrumenten. Im Verlaufe des 19. Jh. blieb die Maschine bei Berliner Tenorhörnern meistens in dieser Lage. Gleichzeitig ging damit eine tiefgreifende Mensurveränderung konform: Der zylindrische Rohranteil wurde kürzer, die Mensur weiter, besonders im Schallstück, der Klang weicher und dunkler. Der zylindrische Rohranteil muß nicht streng der Ventillage proportional sein, ist es aber meistens. Mit dieser mensurellen Veränderung steht die Namensänderung im Zusammenhang: Ursprünglich erfolgte die Namensbildung mit »trompete«, z. B. Tenortrompete, später überwiegen die Bezeichnungen mit »horn«, z. B. Tenorhorn. Gemeinsame Merkmale beider früher Windungsarten sind die Ventilfolge (1, $\frac{1}{2}$, $1\frac{1}{2}$-Ton) und das Einmünden des Mundrohrs von unten in die Maschine. Diese Merkmale sind bis in das 20. Jh. für die Berliner Tenorhörner charakteristisch. Beide Windungsarten haben unterschiedliche stilistische Merkmale. Sie weisen darauf hin, daß Stölzel zur Ausführung zwei verschiedene Instrumentenmacher hatte. Die neuen Formen von 1827 haben einen schmalen, eingezogenen U-Stimmzug und einen besonderen Verlauf des Anderthalbtonzuges. Letzterem Merkmal begegnet man auch bei Instrumenten von J. G. Moritz.

Stölzel hatte um 1825–1827 wahrscheinlich enger mit Moritz zusammengearbeitet. Da Wieprecht um 1828 bei Griesling & Schlott ein und aus ging, mit ihnen kleine Verbesserungen an den Instrumenten vornahm, andererseits aber Stölzels neue Ventile beim Patentantrag 1833 überging bzw. angeblich nicht kannte, ist ein weiterer Anhaltspunkt dafür gegeben, daß Stölzel nicht mehr mit Griesling & Schlott zusammenarbeitete. Wie Wieprecht berichtete, setzte sich Stölzel nach der Patenterteilung 1818 mit Griesling & Schlott in Verbindung. »Von diesen wurden nun von allen Gattungen Blech-Instrumente mit Ventilen gebaut, die aber leider sehr mangelhaft im Ton waren und anfänglich wenig Anklang finden konnten« (nach Kalkbrenner 1882, S. 89). Auch die AMZ läßt erahnen, daß der Trompetenbaß und Tenortrompetenbaß von Griesling & Schlott gebaut wurden (AMZ 1821, Sp. 122).

In seinem *Preis-Courant sämmtlicher von mir erfundenen chromatischen Metall-Blase-Instrumente* von 1828 (Abb. 1 a) ist bemerkenswerterweise das Tenorbaßhorn, ein weiter Tenor in B (Bariton), den Wieprecht 1828–1830 in die Kavalleriemusik einführte (Kalkbrenner 1882, S. 22) und der nach der Idee vermutlich bereits im Tenortrompetenbaß (1820) lebendig war, nicht verzeichnet. Derartige Instrumente bauten vermutlich weiterhin nur Griesling & Schlott, während die in der Preisliste angeführten anscheinend von J. G. Moritz und der Firma Gabler gebaut wurden. Hier treten auch in Stölzels eigener Terminologie die Tenöre und Bässe mit Doppelbezeichnungen auf. Im Zuge der Weitmensurierung rücken die Bezeichnungen mit »trompete« in den Hintergrund. Das *Chromatische Signalhorn* in Stölzels Preisliste ist offenbar ein mit Ventilen versehenes preußisches Infanteriesignalhorn, das seinerzeit meist ein konisches Schallstück hatte. Stölzels Tenor- und Baßtrompeten, Tenor- und Baßhörner sind wirkliche, im Verhältnis zur Tuba sehr eng, gegenüber der Posaune etwas weiter mensurierte Tenöre und Bässe. Darauf weisen neben Abb. 8 a + b auch die Klangeigenschaften hin, die in der Rezension von 1821 über den Tenortrompetenbaß genannt werden: »… und ersetzt und übertrifft in Fülle des Tons die Tenorposaune«, »der Ton ist mehr Hornartig, in der Tenorhöhe sanft und angenehm, im Basse stärker« (AMZ 1821, Sp. 122). Stölzels Baßtrompete bzw. Ventilbaßhorn sprach wegen der für Bässe engen Mensur in der Tiefe schwer an, und man bevorzugte daher die Mittellage (Sundelin 1828, S. 42). Die Bezeichnung Baßhorn, gleichzeitig Bezeichnung für Instrumente mit Klappen, ging verschiedentlich auf die österreichischen Bombardons über, die weiter waren und mit ihrem größeren Tonvolumen in den 1830er/1840er Jahren Stölzels Baßhörner in Trompetenform verdrängten.

Stölzel schrieb im Verlängerungsantrag 1827, daß in dieser Zeit das Interesse an den Ventilinstrumenten größer geworden sei. Auch Wieprecht, Th. Rode und in gewisser Weise auch Sundelin bestätigen das. Aber bereits 1830 setzte eine schwache »Überflutung« des preußischen und sächsischen Marktes mit österreichischen Ventilinstrumenten ein. In den Großstädten befanden sich Wiener Handelsstände. In Berlin war es die Firma G. Eduard Müller, die eine Niederlage an Wiener »Patent-Maschinen-Instrumenten« innehatte und als Vertreter der Firma J. Riedl (Wien) auch die »Strauss-Lannerschen Maschinen Trompeten« nach Berlin brachte. Über Müller sandte J. Riedl Werbeprospekte an die Orchester, z. B. am 14. September 1836 an die Hofkapelle nach Weimar (Staatsarchiv Weimar, Hofwesen A 9671). In Leipzig gab es in den 1820er/1840er Jahren während der Messe einen Wiener Handelsstand für Musikinstrumente. Die österreichischen Instrumente entsprachen mit ihrem weichen Klang gut dem Zeitbedürfnis der Jahre um 1830–1840, so daß die Stölzelschen Instrumente, hauptsächlich die Bässe, ins Hintertreffen kamen.

Im Hinblick auf die damalige Einschätzung der neugeschaffenen Instrumente sind die Schlußpassagen in Blühmels Patentantrag von 1828 wichtig: Die Drehventile »machen nunmehr eine Umgestaltung der Kavallerie-Instrumente, in

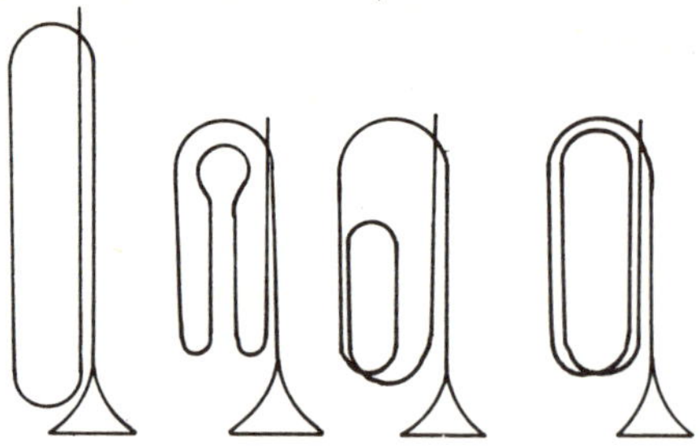

79. Natur-, Inventions- und Klappentrompeten als Anknüpfungsformen für Ventilinstrumente.
a: Langtrompete, Ausgangspunkt für Blühmels erste Trompete.
b: Berliner Signaltrompete. Ausgangspunkt für Berliner Ventiltrompeten, Tenor- und Baßhörner.
c: Inventionstrompetenmodell, oft in Sachsen gebaut. Hieran anschließend sächsische und Mainzer Trompeten sowie Tenormodelle.
d: Österreichische und süddeutsche Klappentrompete. Daran österreichische, badische und bayrische Ventil- und Baßtrompeten anschließend.

Horn-Trompeten in Verbindung mit den Signal-Trompeten unbedenklich ausführbar«. Den Patentantrag auf sechs Jahre stellte er »für die Vervollkommnung der chromatischen Metallinstrumente, auf die Verbindung des Horns mit der Trompete oder dem Signalhorn, und auf die Umgestaltung des Horns in eine Horn-Trompete ...« Mit den Horntrompeten meinte er offenbar jene Instrumente von Stölzel, die von ihrem Klang her Mischformen sind. Ein Hornmerkmal der frühen Stölzelschen Instrumente liegt sogar in ihrer Windungsart. Wahrscheinlich hatte Blühmel eigene, aber noch nicht genau artikulierte Vorstellungen einer Verschmelzung von Horn und Trompete.

Windungsart und äußere Anlage für Ventilinstrumente werden mitbestimmt durch den Typ der Ventile und Druckwerke. So bilden die Instrumente mit Stölzels Ventilen, Doppelrohrschubventilen oder Pumpenventilen formstilistisch jeweils eigene Gruppen. Mit der historischen Ablösung der Ventiltypen lösen sich auch die Stilkreise der Windungsarten ab. Auf die Ära der Instrumente mit Stopferventilen (1820–1840, in Sachsen bis nach 1860) folgte in Preußen die mit Pumpenventilen (1833 bis etwa 1910), gefolgt von der mit Drehventilen (allmählich seit etwa 1845). In Sachsen, Bayern und Mainz, wo die Pumpenventile zunächst nicht heimisch wurden, bestand bis um 1875 eine durchgehende Tradition von Doppelrohrschubventilen Wiener, sächsischer, bayrischer und Mainzer Art.

Die frühen Ventilinstrumente knüpfen stets an Windungsarten der traditionellen Naturinstrumente an: an Langtrompete (Blühmel), Berliner Signaltrompete (Gabler, Moritz), breitgewundene Inventionstrompete mit seitlichem Stimmzug (C. A. Müller), zweiwindige Trompeten und Baßtrompeten (Schuster, J. G. Kersten, J. Riedl), Inventionswaldhörner.

Auch die Bässe wurden zunächst in Trompetenform gebaut, wegen des Gewichts bzw. der unbequemen Handhabung später aber in Tubaform.

Waldhörner

14

Einfache Ventilhörner

Die Hauptstimmungen im 19. Jh. waren F (G, D, C) und — besonders in der Militärmusik — Es, seltener B und A. Im 20. Jh. sind die Hauptstimmungen F und B alto.

Als sich in den 1880er Jahren der bereits erwähnte Adolf Stölzel im Rahmen einer Familienforschung bemühte, Heinrich Stölzels Horn von 1814 oder ein anderes frühes Instrument seines Vorfahren ausfindig zu machen, blieben seine Bemühungen ohne Ergebnis. Auch von Griesling & Schlotts Hörnern ist anscheinend keines erhalten geblieben. Erst das Horn mit Stölzel-Ventilen Berlin Nr. 978, gebaut zwischen 1824 und 1833 von J. G. Moritz, gibt eine Vorstellung von Hörnern der 1820er Jahre.

Bei Stölzels Horn von 1814—1819 waren die Ventile wohl im Zentrum des Kreisbogens angeordnet, denn nach AMZ 1819 (Sp. 416) brachte C. F. Sattler drei Ventile seitlich an, so daß das Instrument in Naturhorn-Haltung gespielt werden konnte. Die ersten Hörner mit Blühmels Drehbüchsenventilen von 1828 waren dagegen wohl nicht anders als die höchstens zwei bis drei Jahre jüngere sächsische Ausführung auf Foto 1, 26 (Markneukirchen Nr. 1175). Dieses unsignierte G-Horn basiert auf dem Inventionshorn-Modell mit festem Mundrohr. Die Drehbüchsen liegen hier an den Stellen, wo sich beim Inventionshorn die Zapfen der Einsteckbogen befinden. Der Stimmzug sitzt oberhalb der Ventile, die Maschine ist also nicht abziehbar. Die Entstehung in Sachsen, wohl Markneukirchen, geht aus den Maßen hervor, deren wichtigste sind: kleinster innerer Rohrdurchmesser = $4\frac{1}{2}$ sächsische Linien = 8,85 mm, der Innendurchmesser des zylindrischen Rohrs beträgt = $6\frac{1}{6}$ Linien = 12,2 mm, Stürzendurchmesser = 1 Fuß = 283 mm. Gesamtlänge ohne Mundstück = 3150 mm, wobei etwa $\frac{1}{6}$ des Rohres zylindrisch verläuft. Die gleiche Windungsart, allerdings ausgestattet mit Pumpenventilen, die über lange Stecher bedient werden, bildet F. Zamminer (1855, S. 324) ab, vgl. Abb. 16. Die Pumpen sind noch groß und nicht exakt gezeichnet. Wahrscheinlich handelt es sich um ein zwischen 1828 und 1833 in Berlin gebautes Instrument.

Die Erfindung der Pumpenventile führte um 1833—1835 zu einem neuen, wohl von J. G. Moritz geschaffenen Modell (s. Foto 27). Seine Windungsart schließt an das Inventionshorn-Modell mit festem Mundrohr und auswechselbaren Bögen an. Wie bei den meisten Moritzschen Instrumenten dieser Ära mündet das Mundrohr von unten in die Maschine. Bei dem auf Foto 27 dargestellten Instrument Berlin Nr. 5194 ist der kleinste Durchmesser d = 7,8 mm und der Stürzendurchmesser = 290 mm. Eine jüngere dreiventilige Variante mit gerade verlaufenden Ventilzügen und abziehbarer Maschine entstand noch vor 1840 in der Werkstatt von J. G. Moritz, s. Foto 29 (Berlin Nr. 4366). Dieses Modell erhielt schließlich Drehventile und ein Mundrohr, das in das erste Ventil einmündet. Die 1876 überarbeitete Form zeigt Abb. 23a. Dieses

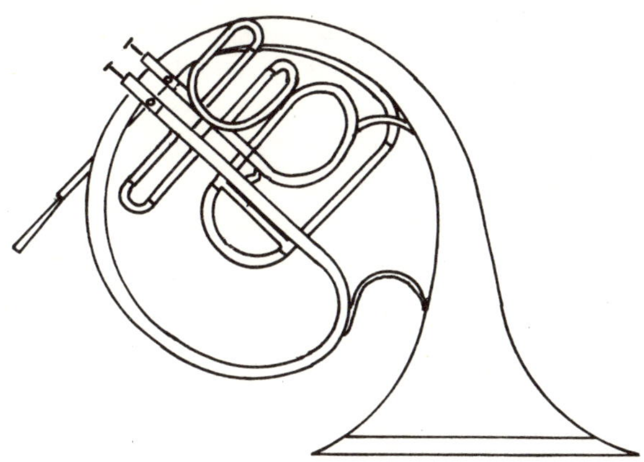

80. Waldhorn von Johann Gottfried Moritz, Berlin 1824—1833 (Berlin Nr. 978, Kriegsverlust). Pause nach Fotovorlage.

Modell wurde neben anderen — und zeitentsprechend abgewandelt — bis in die letzte Zeit des Bestehens der Firma C. W. Moritz gebaut. Die charakteristischen geraden Ventilzüge übernahmen auch andere preußische Firmen, z. B. Julius Altrichter in Frankfurt (Oder).

In Sachsen bildete sich in den 1820er—1830er Jahren ein eigenständiges, durch die Anlage der Doppelrohrschubventile und Federstecher mitbestimmtes Modell heraus, dessen früheste bekannt gewordene Variante J. G. Kerstens Horn auf Foto 30 verkörpert. Die Windungsart ist möglicherweise erstmals von J. G. Kersten (Dresden) verwendet worden oder geht gar noch auf C. F. Sattler (Leipzig) zurück, von dem bis jetzt noch kein erhaltenes Ventilhorn bekannt wurde. Sattler baute, wie bereits erwähnt, spätestens schon 1819 im Anschluß an Stölzels Modell Hörner, deren Ventile »an der Seite angebracht sind, wodurch die den Hornisten zeither gewöhnliche Haltung des Instruments beybehalten werden kann« (AMZ 1819, Sp. 416). Beim sächsischen Modell im Sinne von J. G. Kersten, J. G. Schmidt (Leipzig) und H. Oertel (Foto 28, 2, 3) liegt bis um 1870 die Maschine im Stimmbogen des zugrunde liegenden Inventionshorn-Modells. Es wurde mit festem Mundrohr oder Aufsteckbogen gebaut. Die Maschine war stets abziehbar und blieb es am sächsischen Horn teilweise bis um 1900, so daß das Instrument auch als Inventionshorn einzurichten war. Die Ventile selbst befinden sich in der unteren Hälfte des Kreisbogens, weswegen stets lange Ventilschieber erforderlich sind. Die Maschine ist bei $^{8}/_{15}$ der Gesamtlänge angebracht, das Mundrohr mündet von hinten in die Maschine. Der Stimmzug liegt bei J. G. Kersten nach, bei Leipziger Hörnern vor der Maschine, frühe Formen haben keinen Stimmzug, wenn man nicht den abziehbaren Mechaniksatz, der dazu dienen kann, als solchen rechnet. Rohrteilfolge: Aufsteckbogen, zylindrisches Zwischenstück, Mechaniksatz mit/ohne Stimmzug, konischer Anstoß, Schallstück. Hauptmensuren eines F-Horns von Kersten, Dresden um 1845—1850 (Leipzig Nr. 1694): kleinster Rohrdurchmesser = 7,5 mm, Schleifendurchmesser innen = 10,8 mm, D_3 = d × 4½, Stürzendurchmesser um 290 mm. Bei einem F-Horn von H. Oertel (Foto 3): kleinster Durchmesser d = 7,2 mm, Schleifendurchmesser innen = 11,1 mm, D_3 = d × 5½ (sehr weit), Stürzendurchmesser um 284 mm.

Um 1875—1880 entstand das *Modell Gumbert* auf Anregung von Friedrich Adolph Gumbert, der 1864—1899 erster Solohornist des Gewandhausorchesters in Leipzig war. Das Modell wurde zuerst wohl von J. C. Penzel in Leipzig hergestellt. Während die bis dahin üblichen sächsischen Hörner in ihrer verhaltenen Tongebung etwa der Musik von Carl Maria von Weber und Robert Schumann entsprachen, orientierte das neue Modell auf einen großen, pastosen Klang. Es wurde mit Aufsteckbogen und insgesamt sieben Rohrteilen gebaut: Aufsteckbogen, konisches Zwischenstück, Stimmzug, zylindrisches Zwischenstück, Maschine, Anstoß, Schallstück. Die Maschine sitzt entgegen dem alten Modell und den Raumbedingungen der Zylindermaschine mehr gemäß oben im Kreisbogen und ist fest eingebaut. Das Schallstück mit französischem Rand hat einen um 1 Zoll größeren Durchmesser. Die Hauptmensuren nach dem auf Foto 40 dargestellten Horn von Oskar Ullmann, Leipzig um 1910, sind die folgenden: der kleinste Durchmesser beträgt = 7,9 mm, der Stürzendurchmesser = 308—309 mm. Ein vogtländisches zweiventiliges Modell mit »eingezogenem« Stimmzug, der den in Markneukirchen vielgebauten Berliner Trompetenmodellen analog ist, zeigt Foto 32.

Mainzer Modell. Das ursprüngliche Hornmodell von C. A. Müller, das mit Altmainzer Maschine von 1827 bis um 1840 gebaut wurde, ist auf Abb. 5 dargestellt. Nach 1835 setzte sich die Ausführung mit Neumainzer Maschine durch (Abb. 18). Müller schloß an das Inventionshorn-Modell von Türrschmidt an, das vielleicht schon in Adorf zum Ventilhorn umgestaltet worden war. Die Firma Gebr. Alexander entwikkelte eigenständige Modelle, einige jüngere Beispiele s. Abb. 33a.

Kölner Modell. Das von Friedrich Adolph Schmidt seit etwa 1850 geprägte Kölner Modell war bis um 1890 mit Altkölner Maschine ausgestattet (Foto 39), später mit der Neukölner Maschine. Es hat sechs Rohrteile in der Folge: Mundrohr, Maschine, zylindrisches Zwischenstück, Stimmzug, Anstoß, Schallstück. Hauptmensuren des im Foto dargestellten Horns von Schmidt, Köln um 1880: kleinster Durchmesser d = 7,6 mm, Stürzendurchmesser = 278—279 mm, Durchmessererweiterung bis D_3 = d × 5, zylindrischer Rohrdurchmesser innen = 11,3 mm. Bei manchen Varianten anderer Firmen ist die Mensur bisweilen wesentlich weiter. Altrichter in Frankfurt (Oder) z. B. bemaß den kleinsten Durchmesser mit 8,6 mm und den Stürzendurchmesser mit 308 mm. Der zylindrische Rohranteil beträgt beim Kölner Modell etwa ¼ bis ⅓ der Gesamtlänge, die Ventile liegen bei ⅓ dieser Länge oder etwas darunter.

Wiener Hörner. In Wien baute frühestens 1823 J. F. Riedl Waldhörner mit Doppelrohrschubventilen (Foto 34), seit 1835 auch mit Drehventilen (Abb. 9). Die an Riedls Modell orientierten Hörner haben den Ventilkanal etwa in der Mitte des Kreisbogens. Das ist ein leicht erkennbares Merkmal geblieben. Ein anderer, ebenfalls von Riedl gebauter Typ ging 1830 von Uhlmann aus (Abb. 44). Der Ventilkanal liegt hier tief unten im Kreisbogen, so daß lange Ventilschieber erforderlich sind (vgl. Foto 37). Beide Grundtypen wurden und werden teils mit, teils ohne Aufsteckbogen gebaut, jedoch mit unterschiedlicher Windungsart von Stimmzug und Ventilzügen. In Verbindung mit Wiener Doppelrohrschubventilen sind die Ventilzüge nicht selten über den Ventilkanal zurückgebogen (Abb. 11, Nr. 1, Abb. 18, Nr. 2, Foto 34). Die F-Hörner mit Aufsteckbogen können leicht auf B-Stimmung umgerüstet werden, indem man die Ventilzüge gegen kürzere austauscht und den Aufsteckbogen durch einen Stift ersetzt. Während außerhalb Österreichs nach der Mitte des 19. Jh. neue Hornmodelle die alten verdrängten, wurde das Wiener F-Horn weiter gebaut und kann sich — sogar mit Uhlmannschen Doppelrohrschubventilen — in Wien neben anderen Modellen, etwa Doppelhörnern, bis heute behaupten. Der Grund liegt in einer Einheit von Mentalität und der musikalischen Eigentümlichkeit des Wiener Horns — Biegsamkeit des Tons, das leichte klangliche und lautstärkemäßige Reagieren, der geschmeidige Klang. Bei wohl keinem anderen Ventilhorn-Modell ist der Naturhornklang so sehr erhalten geblieben. Abb. 8 (Nr. 627), Abb. 11 (Nr. 1, 12) und Abb. 18 (Nr. 2, 3) zeigen in Sachsen nachgeahmte Wiener Hornmodelle und Foto 38 ein seit 1979 von Hermann Ganter in München gebautes Wiener Horn (Modell Stiegler-Pizka) der auf Uhlmann zurückgehenden Richtung. In identischer Windungsart wurde es auch von der 1935 aufgelösten Produktivgenossenschaft der Wiener Musikinstrumentenmacher gebaut (Foto 37). Vom Modell Leopold Uhlmanns (II) unterscheidet es sich nur in der Windung des 3. Ventilzuges. Es ist nicht mit ein-, sondern mit aufzusteckenden Ventilzügen (wie oft im 19. Jh. in Österreich und Bayern) gearbeitet.

Foto 31 und 35 zeigen in der Windungsart von Ventilzügen, allgemeinem Rohrverlauf und Schallstückmensur charakteristische frühe *bayrische Ventilhörner* der bedeutendsten Münchner Firmen. Bei aller Eigenständigkeit liegen Einflüsse durch Berliner (Rohrverlauf bei Barth) und Prag/Wiener Modelle (Drehventile) vor. Charakteristisch ist die Einmündung des Mundrohres in das 3. Ventil. Rechtsgriffige Waldhörner (Foto 35), zu denen auch Stölzels Horn von 1815 gehörte, bürgerten sich allgemein auch in Bayern nicht ein. Ansonsten schloß man sich in Süddeutschland und Bayern oft den österreichischen Hornmodellen an.

Die frühen Prager Hörner der Jahre um 1829 (Abb. 3), gebaut mit Aufsteckbögen, trifft man in variierter und modifizierter Form in Böhmen noch das gesamte 19. Jahrhundert hindurch an. Besonders geschätzt waren die Hörner von Eduard Johann Bauer (1811—1871; Foto 41). Da in Böhmen mehr als anderswo rechtsgriffig gespielt wurde, bat die Firma V. F. Červený & Sohn in der *Preis-Liste in österreichischer Kronenwährung* noch um 1898 ihre Kunden: »Man beliebe stets vorschreiben [vorzuschreiben], mit welcher Hand das Waldhorn gespielt werden soll.« Damals baute diese Firma fünf verschiedene Modelle in jeweils enger, mittlerer und weiter Mensur und dekorierte die teureren Instrumente mit neugotischen Schmuckelementen (Foto 42).

1853 entwickelte Červený sein weitmensuriertes, die Erfahrungen mit den Cornonen nutzendes Modell mit Drehventilen, das bereits auf der Münchner Industrieausstellung 1854 Aufsehen erregte. Dank ihres großen, blühenden und damit in der Gunst der Zeit stehenden Klanges und der guten Stimmung machten Červenýs Hörner auch in Deutschland Schule.

Hoch-B-Hörner wurden bereits 1830 in die preußische Jägermusik eingeführt und setzten sich um 1860 stärker durch. Das hohe C-Horn wurde indes selten gebraucht, und man verstand bei der Vorschrift »Horn in C« generell die Stimmung in C basso. C-Hörner in C alto baute z. B. Leopold Uhlmann in Wien.

Diskanthörner

Außer den bisher behandelten Horngrößen mit den Hauptstimmungen Es, F und B gab es auch noch Hörner in höherer Lage. Am wichtigsten unter diesen war das Posthorn, auf das S. 208 f. näher eingegangen wird und aus dem sich das Cornet à pistons abzweigte. Daneben gab es kleine Inventionshörner im Sinne von Abb. 6, Nr. 53, die später auch mit Ventilen versehen wurden, und schließlich in Tonlage und Weitenmensur Zwischengrößen in Es/F alto. Es existierten somit schon in der 1. Hälfte des 19. Jh. jene kleinen Ventilhörner, die seit den 1970er Jahren aufs neue in das Blickfeld gerückt sind.

Zuerst soll auf die Zwischengrößen, die Diskanthörner in Es und F alto von Červený und Heidrich, eingegangen werden. Als Červený um 1850—1854 ein Hoch-Es-Horn herstellte, war er vom gleichen Gedanken wie beim Baroxyton ausgegangen (Zamminer 1855, S. 314), nämlich, ein weitmensuriertes Waldhorn mit Umschaltventil zu bauen, welches das B-alto-Horn ersetzen sollte. Statt der Grundlänge von 4353 mm ging er von 2176 mm für die Stimmung in Es alto aus, die sehr hohe Lagen, auch der Barockmusik, zu erklimmen gestattete. 1873 baute Červený ein Diskanthorn in F mit fast normalgroßem Stürzendurchmesser und nannte es *Cor alto* oder *Primhorn*. Man nahm dieses Horn z. B. zur Ausführung des »Siegfriedrufes«, aber auch für Barockmusik.

In Deutschland folgte 1882 mit einem ähnlichen Instrument E. G. Heidrich (gest. um 1904) in Breslau auf Vorschlag des Musikschriftstellers und Komponisten Hermann Eichborn. Eichborn, der ein fleißiger Komponist von Salonmusik war — sein letztes Opus (Nr. 82) *Trompeter blas! Nur ein Spaß* erschien 1912 —, wollte seine Theorie des Oktavierungsprinzips exemplifizieren. Ihm ging es um ein über dem normalen F-Horn stehendes Instrument mit leichter Ansprache in der Höhe und 4. Ventil, mit dem der Verlust an Tonumfang in der Tiefe teilweise ausgeglichen werden sollte. Wie er 1889 (S. 38 ff.) anführte, kannte er Červenýs Primhorn nicht, und so wurde die Erfindung doppelt gemacht. Červenýs Horn hat zur Erweiterung des Tiefenumfangs ebenfalls vier Ventile, ist anders gewunden und enger mensuriert, was Eichborn als Vorzug gegenüber Heidrichs Horn wertete. Immerhin mensurierte Heidrich sein Horn fast wie ein weites der Normalstimmung (8,8 mm engster Durchmesser, 12,8 mm Maschinenweite, 287 mm Stürzendurchmesser), die Maschine jedoch ist mit 12,8 mm (innen) extrem weit.

Heidrich, der eine 1867 gegründete und renommierte Werkstatt führte, begründete die Konstruktion des Horns mit Umschaltventil in der Patentschrift DRP 23683 vom 9. Dezember 1882 (seit 1883 auch in England patentiert) damit, daß die hochgelegenen, über c^3 hinausgehenden Partien selbst guten Bläsern oft nicht korrekt gelangen, und schrieb: »Das bisher für ein Sopranwaldhorn ausgegebene Cornet à pistons hat nichts dem Waldhorn ähnliches in seiner Klangfärbung, leitet vielmehr seinen Ursprung von dem Posthorn oder dem Signalhorn her, deren Charakter es auch entspricht.« Zur Zeit Heidrichs war, bewußtseinsgeschichtlich gesehen, der jetzt immer noch allgemein gültige Stand erreicht, daß nur das tiefe Ventilhorn Inbegriff des eigentlichen Waldhorns sei. Aufschlußreich ist, daß bis dahin Cornets à pistons und Posthörner als legitime Glieder der Hornfamilie galten. Über die Anlage seines Sopranhorns führte Heidrich aus: »Zur Wahrung des Waldhorntones wurden die geringeren Rohrlängen durch bedeutend größere Weite ausgeglichen. Um aber selbst die außergewöhnlich tiefen Lagen eines gewöhnlichen Waldhorns auch auf dem Sopran-Waldhorn sicher hervorbringen zu können, d.h. die Lücke von g bis c der kleinen Oktave auszufüllen, ist das besondere Ventil IV angebracht, welches den Ton des Sopran-Waldhorns um eine Quart herabstimmt, ...«

Das 4. Ventil ist mit dem Druckwerk durch eine Drahtsaite verbunden. Es kann insgesamt abgezogen und durch den üblichen Einsteckbogen ohne Ventil ersetzt werden. Bei einem im Deutschen Museum München erhaltenen Instrument, wohl von 1887, ist das Quartventil fest eingebaut und die Verbindungssaite vermieden (Foto 49). Auch W. Keller in München und Mahillon in Brüssel bauten Ende des 19. Jh. Hoch-F-Waldhörner. Die Firma Gebr. Alexander brachte schließlich 1906 und 1927 je ein eigenes Modell in hoch G mit F-Bogen für Händels *Judas Maccabäus* heraus.

In den 1960er Jahren kamen Diskanthörner häufiger in Gebrauch, jetzt mehr unter dem Gesichtspunkt der Risikoverminderung bei Rundfunksendungen und der Aufführung von Barockmusik. Man legte nun die Diskanthörner meist als Doppelhörner in B/hoch F oder C/hoch F, B/hoch G, sogar F/hoch F an. Wegweisend für das Diskant-Doppelhorn war das *Modell Allegri*, das die Firma Kalison in Mailand 1955 auf den Markt brachte. Seither wurde auf diesem Gebiet viel experimentiert, u.a. im VEB Blechblas- und Signalinstrumentenfabrik (um 1965), von Gebr. Alexander, Manfred Fensterer, Helmut Finke und Theo Westhof (1978). Hinzuweisen ist auch auf die bis Frühjahr 1983 entwickelten Diskant-Doppelhörner in B/hoch F von Finke, die getrennte Mundrohre besitzen, was sich auf Stimmung und Ansprache günstig auswirken soll (Foto 52). Im VEB Blechblas- und Signalinstrumentenfabrik, Markneukirchen, knüpfte man an das bereits vor dem zweiten Weltkrieg in der Firma Ernst Hess Nachf. (Werkmeister Andreas Grönlein) gebaute *Bachhorn* in F alto an. Es wurde jetzt größer gewunden und im Zuschnitt modifiziert. Im Nachgang der Entwicklung der »Hoyer-Hörner« (1961) entstand um 1965 im Produktionsbereich Herbert Fischbach jenes Betriebes auch ein Doppelhorn in B/hoch F, an dessen Entwicklung der Leipziger Hornist Günter Opitz beteiligt war.

Die Richtung der kleinen posthornartigen Ventilhörner, die nach Heidrich als Sopranhörner zur Ausführung extrem hoher Lagen verwendet wurden, erhält seit 1970 neuen Auftrieb. Es sind heute meist Trompeter, die zu diesen kleinen Hörnern greifen, um damit die Clarin-Hornmusik des 18. Jh. aufzuführen. Der erste war Edward H. Tarr in Basel, der 1970 ein »Sopranhorn« aus dem Ende des 19. Jh. von Meinl & Lauber in Geretsried nachbauen ließ und darauf 1971 in Trier bei einer Aufführung von Bachs h-Moll-Messe blies (briefliche Mitteilung 1982; *International Trumpet Guild Newsletter* III.2, 1977, S. 6). Das Original in Londoner Privatbesitz (Abb. s. *The Galpin Society. An Exhibition of European Musical Instruments, Edinburgh International Festival 1968*, Nr. 344) ist im Prinzip ein kreisförmig gewundenes rechtsgriffiges Cornet à cylindres in B mit vier Ventilen und A-Stellventil) und kann als Sopranhorn im Sinne des 19. Jh. angesprochen werden. Das Instrument ist wohl ein US-amerikanisches Modell, das möglicherweise in Markneukirchen für den Export hergestellt wurde. Bald nach 1970 baute die Firma Meinl & Lauber eine Ausführung mit Périntventilen für Klaus E. Rehm. Tarr ließ die Mensur modifizieren und das Instrument auch von der Firma Adolf Egger in Basel bauen. Rainer Egger stellt heute Instrumente mit einer Maschine von Yamaha (Japan) her.

1977 entwickelte Hans Gillhaus in Freiburg ein *Clarinhorn* in B mit vier rechtsgriffigen Drehventilen nach Vorgaben des Trompeters Franz Xaver Streitwieser, der es zuerst 1978 in einer Aufführung des *Weihnachtsoratoriums* in Freiburg praktisch erprobte. Gillhaus/Streitwiesers Instrument, das auch Pikkolohorn genannt wird, hat ein Cornet- oder Trompetenmundstück, eine Art Flügelhornschallstück und erinnert an die Ventilposthörner der Handelsfirma Hans Rölz und die Ventil-Fürst-Pless-Hörner von Schuster & Co. aus den ersten vier Jahrzehnten unseres Jahrhunderts. Auch die Firma Ed. Kruspe baute ähnliche kleine Hörner in B, die bei Harmoniekapellen der Post und des Forstwesens beliebt waren.

Foto
1

Drehventil nach
Friedrich Blühmel.
Waldhorn, Sachsen
1828–1831.
Markneukirchen
Nr. 1175

Fotos
2, 3

Waldhorn in F von Johann Gottlob Schmidt, Leipzig zwischen 1843 und 1849. Sächsisches Modell mit abziehbarer Maschine, Stimmzug, Aufsteckbogen, Wiener Drehventilen und Leipziger Spiralfederdruckwerk (Zeichnung 15a).
Leipzig Nr. 3 901

Waldhorn in F von Hermann Ludwig Oertel, Leipzig um 1865. Abziehbare Ventilmaschine mit Neumainzer Ventilen und Leipziger Spiralfederdruckwerk. Stimmzug.
Leipzig Nr. 4 599

Trompete in G, wahrscheinlich Sachsen um 1835. Windungsart nach der älteren sächsischen Inventionstrompete. Wiener Ventile mit Klinkendruckwerk, im Vogtland Holmbank genannt.
Markneukirchen Nr. 69

Foto
4

Fotos
5, 6

Cornet à pistons in B, wohl Markneukirchen um 1840. Pariser Modell mit Stölzelschen Stopferventilen (s. Zeichnung 2) für Vertiefung um 1, 2 und 3 Halbtöne. In Mensur und Anlage sehr ähnlich der zweiventiligen Trompete auf Foto 58. Rohrgliederung = $\frac{5}{8}$ zylindrisches Rohr + $\frac{3}{8}$ Schallstück. Innendurchmesser d des zylindrischen Rohres = 11,3 mm, Erweiterung bis D_3 auf d × 3, Stürzendurchmesser = 128 mm. Aufsteckstift nicht erhalten.
Markneukirchen Nr. 72

Trompete in B von Carl Sanner, Würzburg um 1842. Mit vogtländischen und Mainzer Merkmalen. Rohrgliederung = $\frac{3}{5}$ zylindrisches Rohr + $\frac{2}{5}$ Schallstück. Innendurchmesser d des zylindrischen Rohres = 10,4 mm (= 5 Mainzer Linien), Erweiterung bis D_3 auf d × $2\frac{1}{2}$, Stürzendurchmesser = 107 mm. Es ist somit ein eng mensuriertes Modell. Altmainzer Druckwerk.
Markneukirchen Nr. 1 003

Trompete in F, Dresden oder Markneukirchen um 1895. Modell P. E. Richter. Rein stimmende Trompete mit Périnetventilen, von denen Ventil 1 und 4 um 2 und 3 Halbtöne vertiefen, Ventil 2 und 3 dagegen um 1 und 2 Halbtöne erhöhen. Linke Seite s. Foto 90.
Markneukirchen Nr. 968

Trompete in D von Johann Adam Heckel, Dresden wohl 1836 oder kurz danach. Die Windungsart ist von einer in Sachsen gebräuchlichen Form der Inventionstrompete abgeleitet, die Heckel ebenfalls noch baute. Gleiche Ventile und gleiches Druckwerk wie bei der Baßtrompete auf Foto 94. Das Mundrohr hat bereits eine lange Zwinge und ist innen gegen Ende schon etwas konisch mensuriert. Kleinster Durchmesser = 10,8 mm (d), in Maschine und Stimmbogen = 11,1 mm, Erweiterung bis D_3 auf d × 2⅓, Stürzendurchmesser = 130—132 mm. Rohrgliederung = ¾ zylindrisches Rohr (mit Mundrohr) + ¼ Schallstück, wobei der Stimmbogen zwei bis drei Fingerbreit ausgezogen ist. Stilistisch bemerkenswert sind die eng gewundenen Ventilzüge und die gefeilten Stützen, die bereits die später bekannte Dresdner Fasson besitzen.
Markneukirchen Nr. 114

Foto
9

Trompete in E, Markneukirchen 1892. Modell (Erfinder und Hersteller) Heinrich Moritz Schuster. Rein stimmende Trompete mit sechs Verkürzungsventilen. Aufgesteckt ist ein Mundstück mit abschraubbarem Rand, der mit Leder eingefaßt ist, signiert von der Firma des Grossisten, Saiten- und Saiteninstrumenten-Fabrikanten Carl Gottlob Schuster jun., Markneukirchen 1920er Jahre. Durch Einschalten von Ventil 6 (hinten links), 5, 4...1 wird das Rohr um je einen Halbtonschritt verkürzt.
Markneukirchen Nr. 1 257

Trompete in F mit Tonwechsel für die Stimmungen E, Es und D. Unsignierte Markneukirchener Arbeit um 1850. Wohl weitgehend eine Nachgestaltung eines Instruments der Firma V. F. Červený, wobei der französische Stürzenrand, das Neumainzer Druckwerk und das auf Zeichnung 15b wiedergegebene Drehventil mit Innenanschlag zur Anwendung gekommen sind. Rohrgliederung = $\frac{2}{3}$ zylindrisches Rohr + $\frac{1}{3}$ Schallstück. Innendurchmesser d des zylindrischen Rohrs = 11,2 mm, Erweiterung bis D_3 auf d × $2\frac{1}{4}$, Stürzendurchmesser = 120 mm.
Markneukirchen Nr. 584

Trompete in B der Firma M. C. R. Andorff, Markneukirchen 1889. Ausgestattet mit Zylinderventilen und patentiertem Drill-Druckwerk (Zeichnung 49). Rohrwindung nach einem Potsdamer Modell. Rohrgliederung am Schema $\frac{1}{2}$ zylindrisch + $\frac{1}{2}$ Schallstück orientiert. Innendurchmesser d des zylindrischen Rohres = 11,15 mm, Erweiterung bis D_3 auf d × $2\frac{1}{4}$, Stürzendurchmesser = 120 mm.
Markneukirchen Nr. 1 035

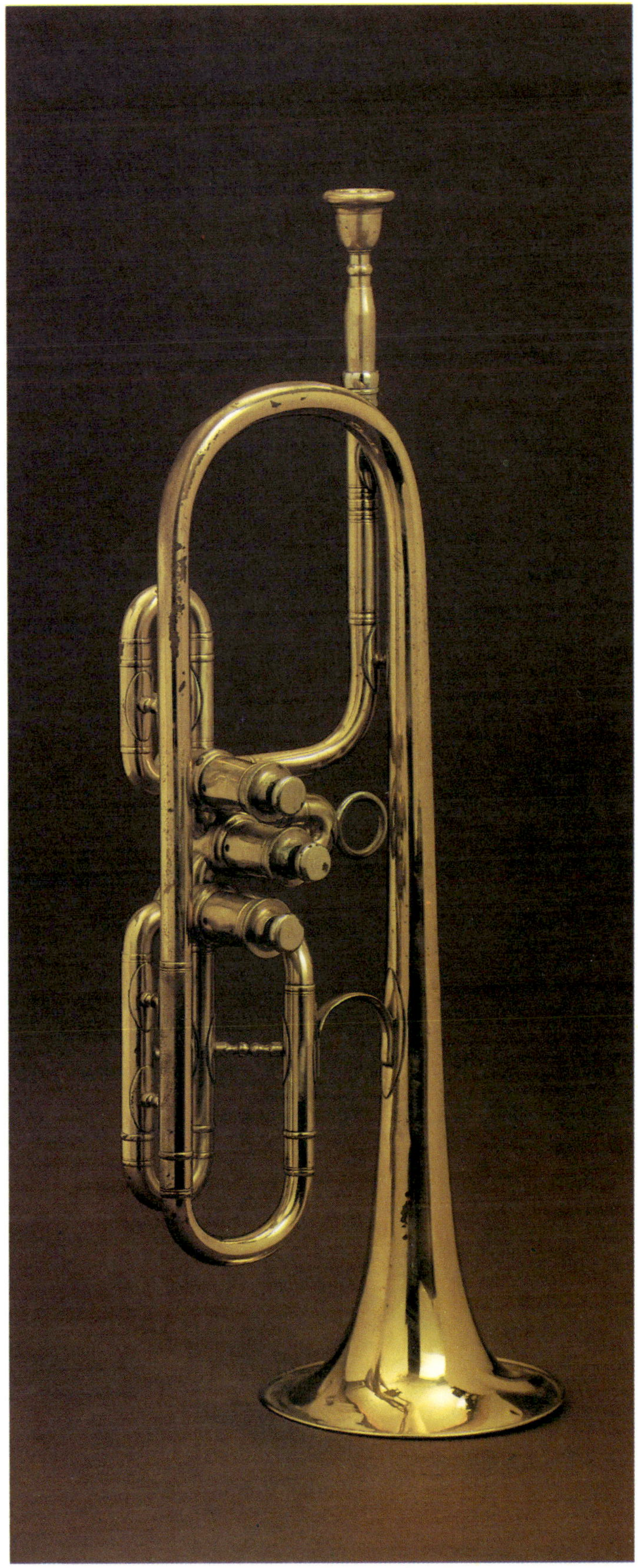

Fotos
10, 11

Fotos
12, 13

Weite Trompete oder Althorn in G, unsigniert. Markneukirchen um 1860. Rohrgliederung = $\frac{2}{3}$ zylindrisches Rohr + $\frac{1}{3}$ Schallstück. Gemessen: Durchmesser d im Mundrohr = 11,3 mm, in der Maschine = 11,5 mm, Erweiterung bis D_3 auf $d \times 3$, Stürzendurchmesser = 129 mm.
Markneukirchen Nr.75

Baßtrompete bzw. enges (Solo-) Tenorhorn von Ernst R. Voigt, Markneukirchen um 1880. In Windungsart und Mensur dem preußischen Tenorhorn verwandt. Sächsisches Modell mit Pumpenventilen für Vertiefung um 2, 1 und 4 Halbtöne. Der 3. Ventilzug verläuft wie bei Instrumenten von C. W. Moritz.
E. H. Tarr

Baßflügelhorn in C von Joseph Schneider, Augsburg um 1848. Achtförmiges Modell ohne Stimmzug. Doppelrohrschubventile mit eingezogenen Wechselköpfen und Trommeldruckwerk.
Leipzig Nr. 1753

Foto
14

Foto
15

Flügelhorn in C, unsigniert. Markneukirchen um 1860. Mainzer Modell mit Maschine und Stützen nach Mainzer Vorbild. Für die Schieber wurde Draht mit rundem Querschnitt verwendet. Rohrgliederung = 1/5 zylindrisch (Mundrohr und Maschine) + 4/5 Anstoß mit Schallstück. Durchmesser d des zylindrischen Rohres = 10,8 mm, Erweiterung bis D_3 auf d × 4 1/6, Stürzendurchmesser = 147 mm.
Markneukirchen Nr. 216

Preußisches Soprankornett in D, unsigniert. Markneukirchen nach 1843. Das Instrument zeigt die Anlage des ursprünglichen Preußischen Kornetts mit Kluppenzug. Bemerkenswert die weite, an die Russischen Hörner erinnernde Schallstückmensur.
Markneukirchen Nr. 76

Cornet-piccolo in Es, unsigniert, nach der Überlieferung von August Heinel, Markneukirchen um 1860. Das Instrument, das nur etwa 20 cm hoch ist, ist in der Art der frühen Berliner Trompete mit Stölzels Stopferventilen gearbeitet, die Mensur ist nur insgesamt enger. Rohrgliederung = 3/5 zylindrisch + 2/5 Schallstück. Durchmesser des zylindrischen Rohres = 9 mm (d) im Mundrohr, 9,6 mm in Stimmzug und Maschine, Erweiterung bis D_3 auf d × 2 2/3, Stürzendurchmesser = 112 mm. Rohrlänge = 958 mm.
Markneukirchen Nr. 147

Fotos 18, 19

Fotos 20, 21

Tripelhorn in F/B/hoch F mit kombinierten Stimmsträngen (Kompensationshorn). System Engelbert Schmid, München 1980. Ventile und Mensur sind nach den gleichen Grundsätzen gestaltet wie beim Doppelhorn Foto 21. Engster Durchmesser im Mundrohr innen 7,5 mm, Maschinenweite in dem Hoch-F-Teil 11,0 mm, im F/B-Teil 11,9 mm, Stürzendurchmesser 310 mm.
E. Schmid

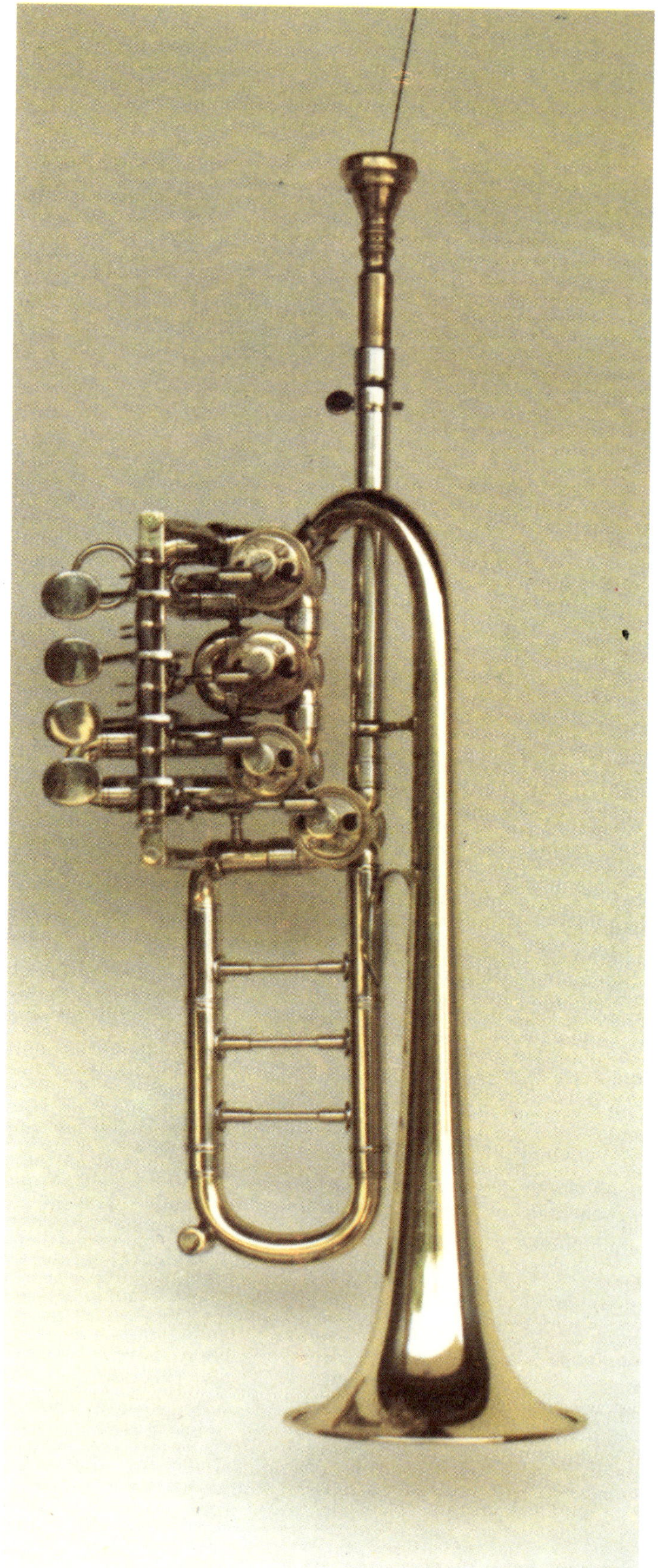

Sopraninotrompete in hoch B/A von Helmut Finke, Vlotho-Exter 1982. Um ein möglichst langes Mundrohr zu erhalten, mündet es in das 4. Ventil, das um eine Quarte bzw. Quinte vertieft. Abgebildet ist die Einrichtung mit Quintbogen. Die A-Stimmung entsteht beim Auszug des Kluppenzuges. Die Einrichtung dieser Trompete verfolgt den Zweck, auch den Tonumfang der Hoch-D-Trompete zu erzielen, der zur Ausführung der in D stehenden Partien des 18. Jh. erforderlich ist.
Firma Helmut Finke

Ventil-Baßposaune in F, unsigniert, um 1850–1860. Nach der Überlieferung von Ernst Ferdinand Geipel in Markneukirchen gebaut, der 1842 Mitglied der Markneukirchener Instrumentenmacher-Gesellschaft wurde. Drei Ventile alten Wiener Systems mit Trommeldruckwerk. Ein recht weit mensuriertes Modell mit Stimmzug im Unterbügel und »stumpfem« Schallstück. Durchmesser im fallenden Rohr = 14,25 mm, Stürzendurchmesser = 205 mm.
Markneukirchen Nr. 224

Doppelhorn in F/B mit unabhängigen Stimmsträngen (Volldoppelhorn). System Engelbert Schmid, München 1980 (Deutsches Bundespatent Nr. 2918247, angemeldet 1980). Mit Drehventilen nach Abb. 53 und mit einem Mensurverlauf, der von der Technischen Bundesanstalt Braunschweig berechnet wurde und einen optimalen Stimmungskompromiß ermöglicht. Engster Durchmesser im Mundrohr 7,5 mm, Maschinenweite 11,9 mm, Stürzendurchmesser 310 mm.
E. Schmid

Fotos
22, 23

Althorn in Waldhornform in Es von Berthold Messing, Wurzen um 1920. Ausgestattet mit originalem Trichtermundstück, Neukölner Maschine und Mainzer Stürzenrand. Als Alt-Trompete bei der berittenen Artillerie der Reichswehr verwendet. Innendurchmesser des zylindrischen Rohres und Maschinenweite = 12 mm, Stürzendurchmesser = 236 mm. Rohrgliederung = $\frac{1}{2}$ zylindrisch + $\frac{1}{2}$ Schallstück. Auch als F-Stimmung einzurichten.
Leipzig Nr. 4486

Cornet (Piston) in B mit A-Stimmbogen von Oskar Ullmann, Leipzig um 1920. Kölner Modell mit Neukölner Ventilen und Altkölner Druckwerk. Engster Durchmesser d im Mundrohr = 10,6 mm, Maschinenweite = 11,2 mm, im Stimmzug 11,5 mm; $D_3 = d \times 2\frac{1}{2}$. Stürzendurchmesser = 130 mm. (Foto 22).
Leipzig Nr. 4643

Posthorn in Es (hohe Stimmung) wahrscheinlich von der Firma C. W. Moritz, Berlin spätestens um 1880. Ein vom preußischen Postministerium an den Postillon Max Gang verliehenes Ehrenposthorn. Die seit 1866 gebaute Ausführung. Erweiterung im Mundrohr von 10,9 auf 11,9 mm (zugleich Maschinenweite), Stürzendurchmesser 111 mm. Rohrgliederung = $\frac{1}{6}$ Mundrohr + $\frac{3}{5}$ zylindrisches Rohr + $\frac{7}{30}$ Schallstück.
Leipzig Nr. 1707

Foto
24

Foto
25

Umschaltventil einer Tenor-Baß-Posaune der sächsischen Hofinstrumentenfabrik Johann Adam Heckel, Dresden um 1860.
Leipzig Nr. 4 345

Fotos
26, 27
28a, b

Waldhorn in G, unsigniert, Sachsen 1828–1831. »Conische Drehventile« nach F. Blühmel (vgl. Zeichnung 6 und Foto 1).
Markneukirchen Nr. 1 175

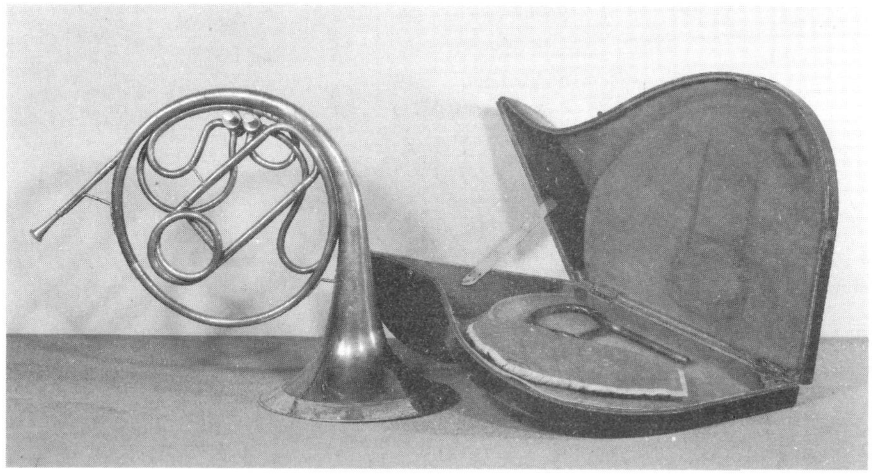

Waldhorn in F von Johann Gottfried Moritz, Berlin 1835–1840.
Modell mit Pumpenventilen.
Berlin Nr. 5 194

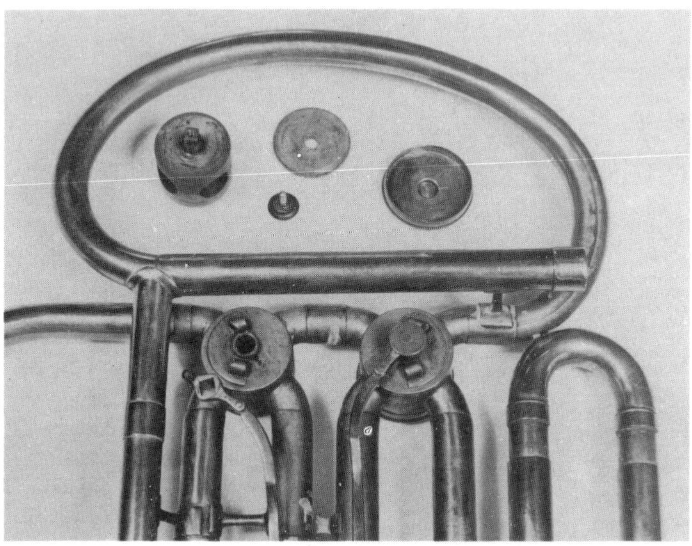

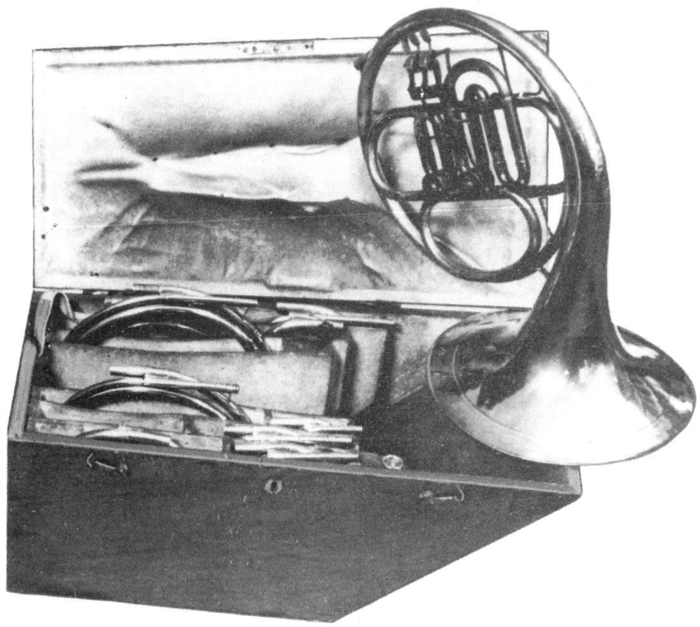

Waldhorn von Johann Gottfried Kersten, Dresden um 1845. Drehventile mit der ursprünglichen Form des Hufeisenanschlags (Zeichnung 18) und Trommeldruckwerk, das Kersten »mechanisches Walzen Druckwerk« nannte. Abziehbare Maschine, kein Stimmzug. Ausgestattet mit Aufsteckstift für Stimmung B alto und Aufsteckbögen für Stimmungen A, As, G, F, E, Es, D, Des, C und B basso, wobei B basso = C-Bogen + Zwischenstück.
Detail: Ventilmaschine. Älteste Form des Hufeisenanschlags.
Edinburgh Nr. 423.231.13, G 204

Fotos 29, 30 31

Waldhorn von Johann Gottfried Kersten, Dresden um 1833–1838. Abziehbare Ventilmaschine mit Doppelrohrschubventilen und langen Spiralfederstechern. Kein Stimmzug.
Stockholm Nr. 410

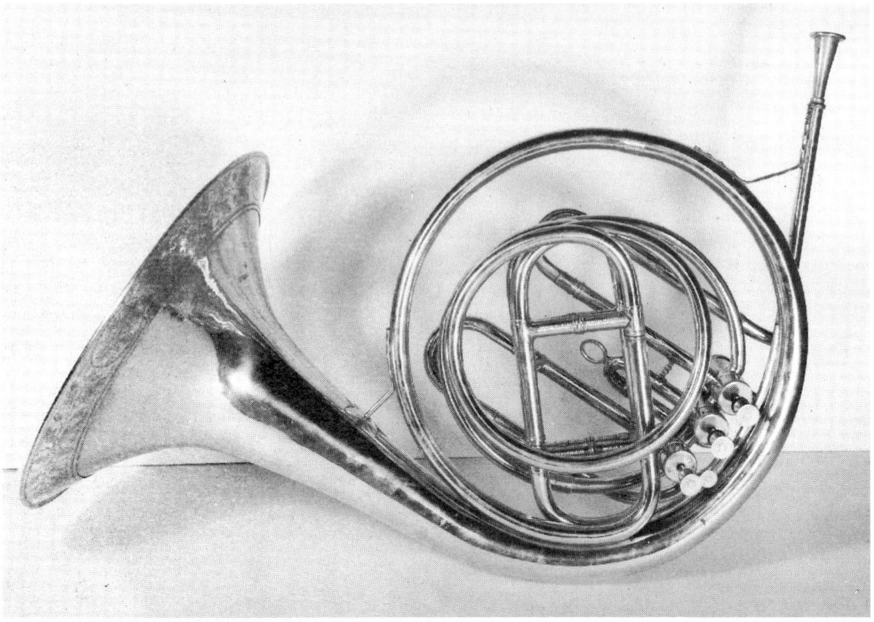

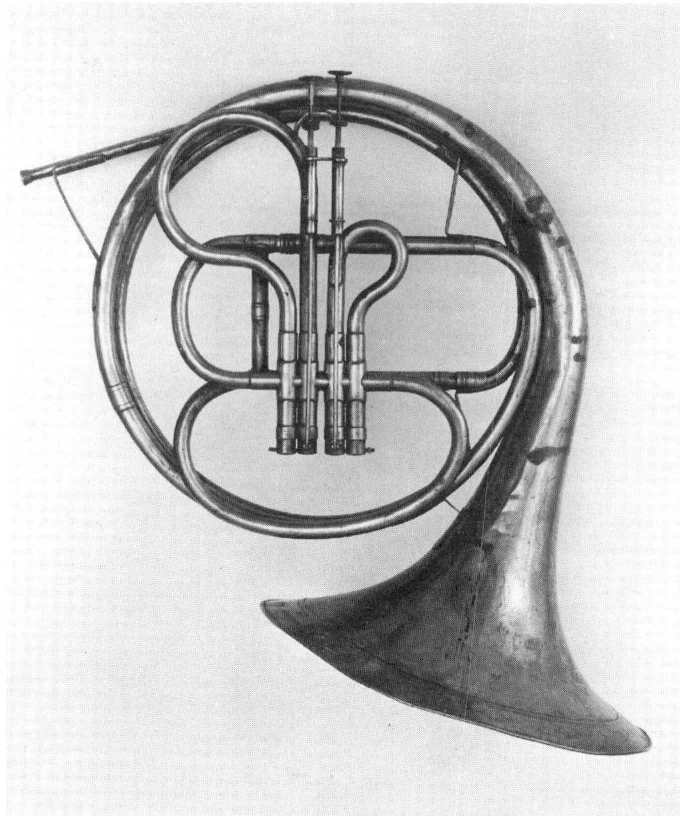

Waldhorn in F von Johann Gottfried Moritz, Berlin 1835–1840. Modell mit Pumpenventilen und abziehbarer Mechanik (Foto 29).
Berlin Nr. 4 366

Waldhorn von Andreas Barth, München um 1848. An Berliner Windungsart orientiert. Prager Drehventile, um Ganz- und Halbton vertiefend, mit Stiftanschlag und Trommeldruckwerk, Aufbau s. Zeichnung 12.
Halle MS-289

Fotos 32, 33, 34, 35

Waldhorn von C. W. Dürrschmidt, Markneukirchen um 1855. Drehventile mit Stiftanschlag und flachem Flügel (S. 33 Zeichnung 10). Trommeldruckwerk.
Basel 1980.2 137

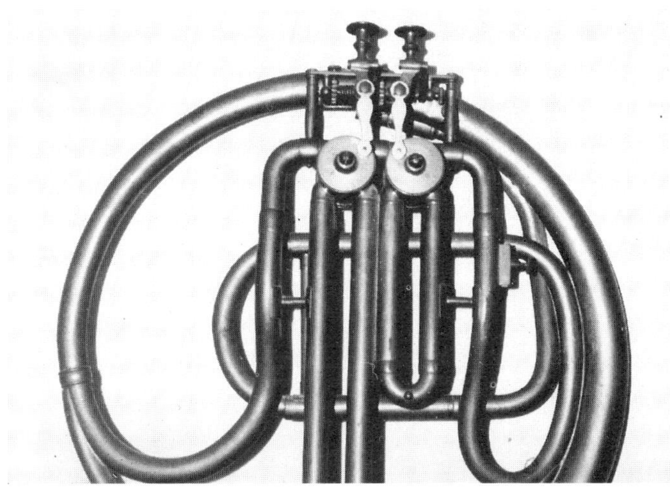

Waldhorn von Charles Kretzschmann, Strasbourg um 1858–1860. Drehventile, deren Wechsel auf Schraubenspitzen gelagert sind; offenes Schraubenfederdruckwerk mit Federspanner.
Basel 1980.2 144

Waldhorn mit Aufsteckbogen von Joseph Felix Riedl, Wien 1835–1840. Maschine nach L. Uhlmann, werkstatteigene Windungsart.
H. Pizka

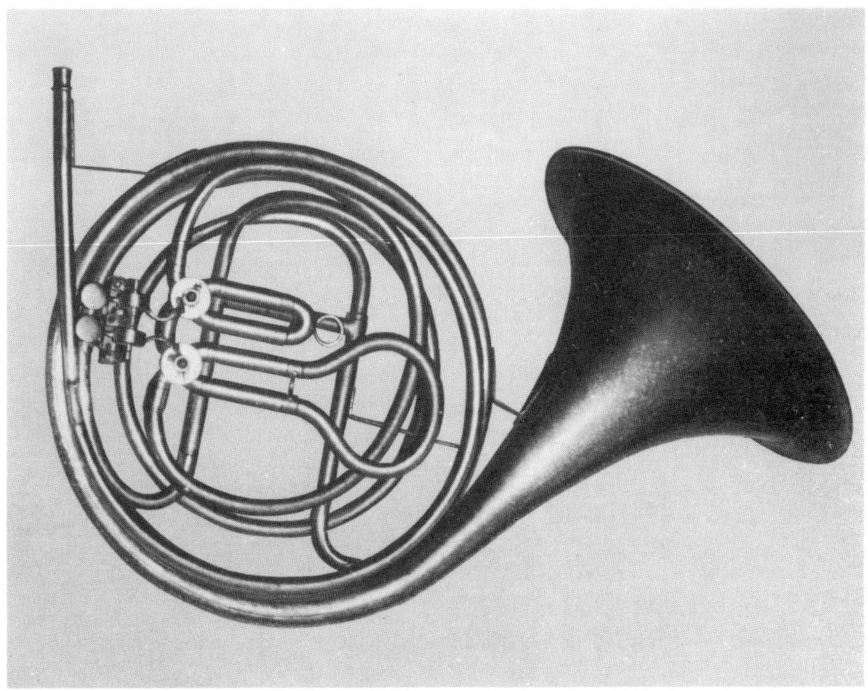

Waldhorn von Michael Saurle, München um 1845–1848. An das süddeutsche Inventionshorn mit festem Mundrohr anschließend. Drehventile mit Innenanschlag und rechtsgriffig.
Basel 1980.2 143

Fotos
36, 37
38

Waldhorn mit Aufsteckbogen und Kreuzventilen von Leopold Uhlmann d.J., Wien um 1885. Wiener Drehventile. Reich graviertes Solistenmodell.
H. Pizka

Waldhorn mit Aufsteckbogen (D-Stimmung) der Produktivgenossenschaft der Wiener Musikinstrumentenmacher, Wien um 1930. Mit 4. Ventil als Quartventil (Foto 37).
H. Pizka

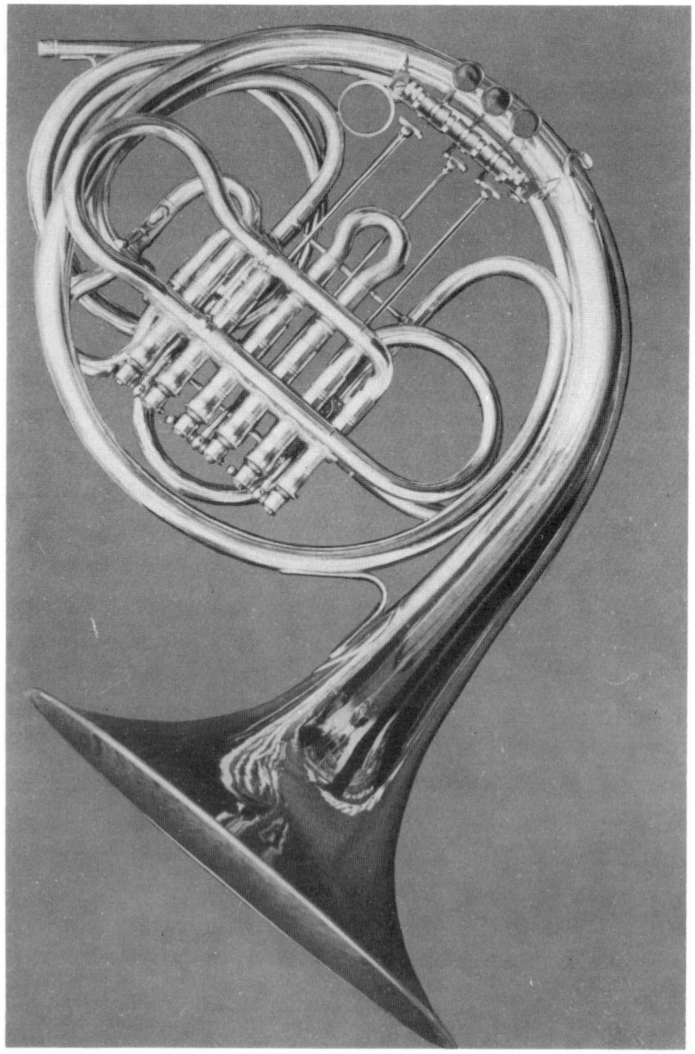

Waldhorn in F von Hermann Ganter, München 1981. Wiener Modell Stiegler—Pizka, seit 1979 gebaut. An ein Modell der Produktivgenossenschaft der Wiener Musikinstrumentenmacher anschließend (Anfang 20. Jh.). Ventile nach L. Uhlmann.
H. Pizka

Fotos
39, 40
41, 42

Waldhorn in F von Friedrich Adolf Schmidt, Köln um 1880. Kölner Modell mit Pointventilen und Altkölner Druckwerk.
Leipzig Nr. 1 694

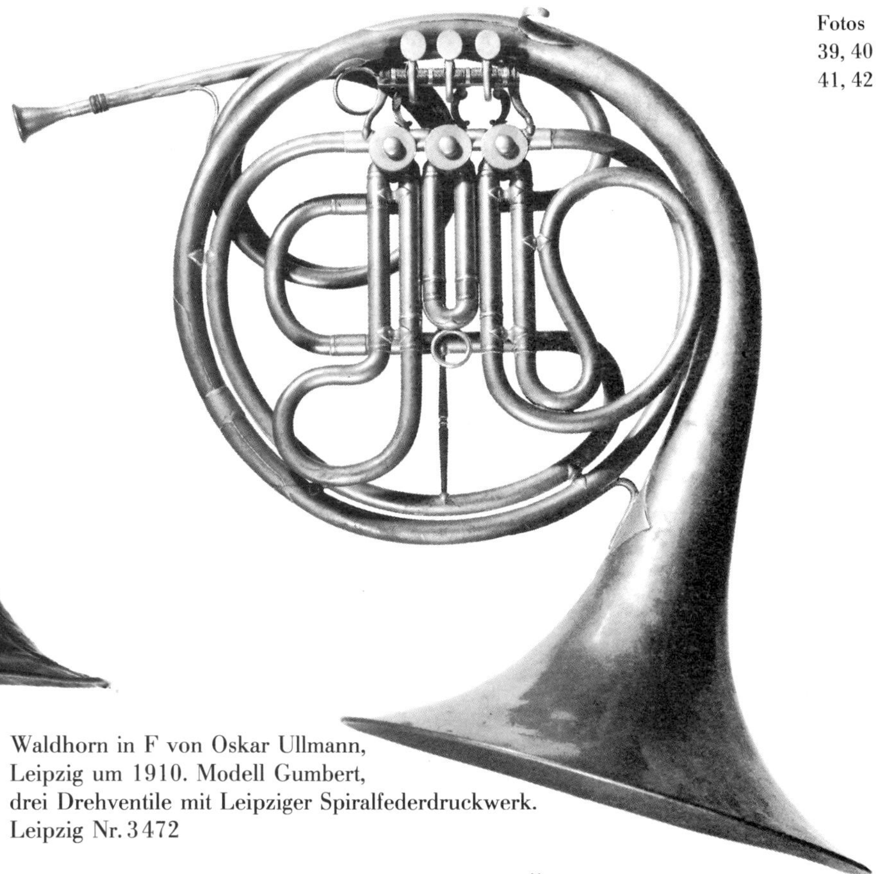

Waldhorn in F von Oskar Ullmann, Leipzig um 1910. Modell Gumbert, drei Drehventile mit Leipziger Spiralfederdruckwerk.
Leipzig Nr. 3 472

Waldhorn mit Aufsteckbogen von Eduard Johann Bauer, Prag um 1850–1860. Standardmodell Bauers mit Wiener (Uhlmannscher) Maschine.
H. Pizka

Waldhorn mit Aufsteckbogen (fehlt) der Firma V. F. Červený, Königgrätz um 1890. Wiener (Uhlmannsche) Maschine. Weite Mensur.
Basel Nr. 1980.2 508

Fotos
43, 44
45

Doppelhorn in F/B der Firma August Knopf (Inhaber Edgar Knopf), Markneukirchen 1981. Modell Herbert Fritz Knopf, Stimmstränge unabhängig.
Firma August Knopf

Doppelhorn in F/B der Firma August Knopf (Inhaber Edgar Knopf), Markneukirchen 1981. Modell August Knopf, Kompensationshorn, kombiniert mit Stopfventil.
Firma August Knopf

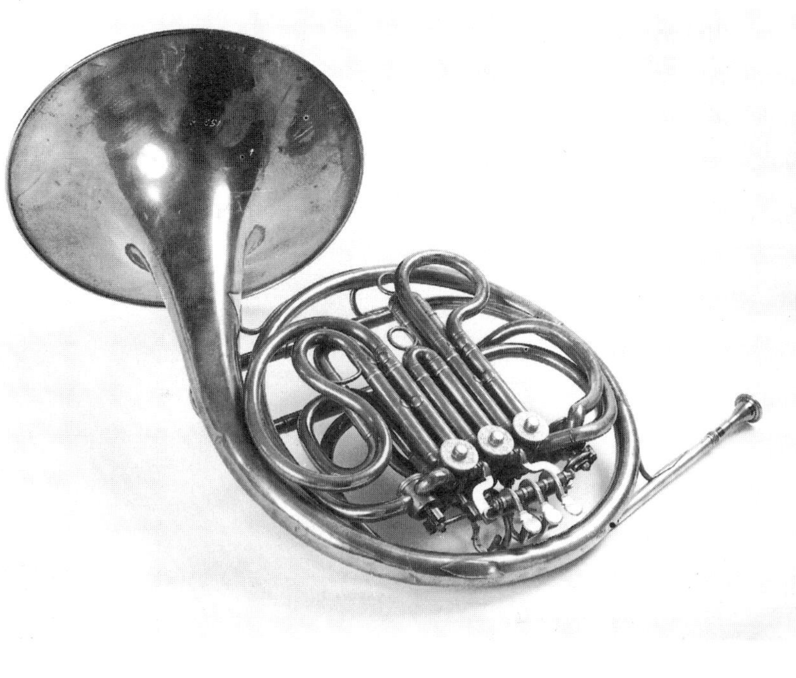

Doppelhorn F/B, unsigniert, um 1900. Stimmstränge unabhängig. Mit durch eine Stange gekoppelten Umschaltventilen, zweistöckigen Drehventilen und Spiralfederdruckwerk. System Friedrich Butti 1899.
München DM Nr. 15265

Tripelhorn in F/B/hoch F der Firma Gebr. Alexander, Mainz. Patentanmeldung 1979, Entwicklungsstand des Jahres 1983. Die Stimmstränge sind unabhängig. Maschinenweite innen 12,1 mm, Stürzendurchmesser 310 mm. Die Mensuren sind die der bewährten Alexander-Modelle. Das Besondere des Modells besteht in einem Doppelumschaltventil, das aus zwei Dreiwegehähnen gebildet ist, die durch eine gemeinsame Achse gekoppelt sind. Ein Rohrstutzen liegt in der Achsenrichtung des Wechsels, die drei anderen für die Stimmstränge F/B/hoch F quer dazu (Abb. 54). Die Firma Alexander stellte sich das Ziel, das Tripelhorn zu vereinfachen und die Ansprache des F-Horns dadurch zu verbessern, daß statt bisher vier Durchgänge durch das Umschaltventil jetzt nur noch zwei Durchgänge notwendig sind.
Firma Gebr. Alexander

Fotos 46a, b 47

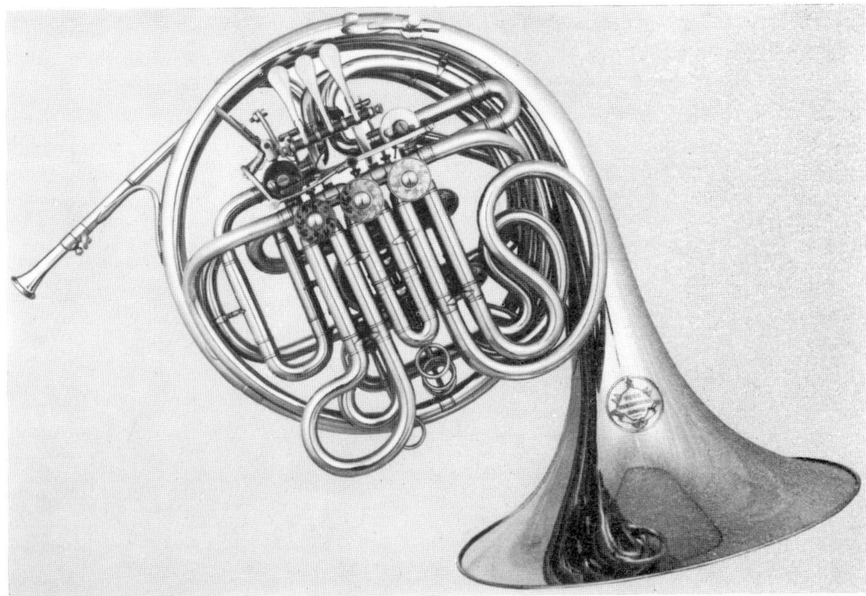

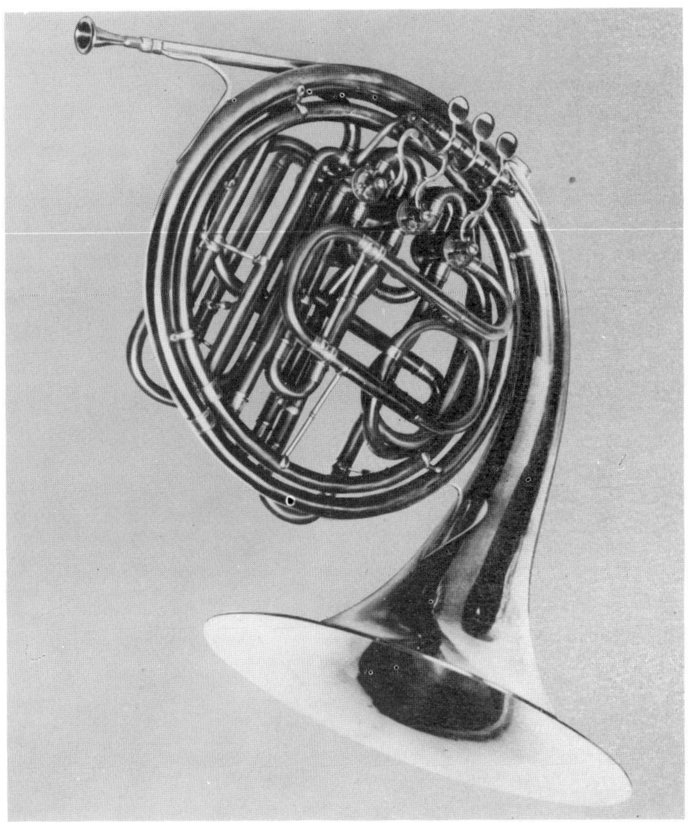

Waldhorn in F der Firma Max B. Martin, Markneukirchen 1925 bis 1928. Reinstimmendes Modell nach DRP von 1925. Mehrstöckige Drehventile, s. Zeichnung 75.
München DM Nr. 62 297

Fotos
48, 49
50, 51

Fotos
52
53

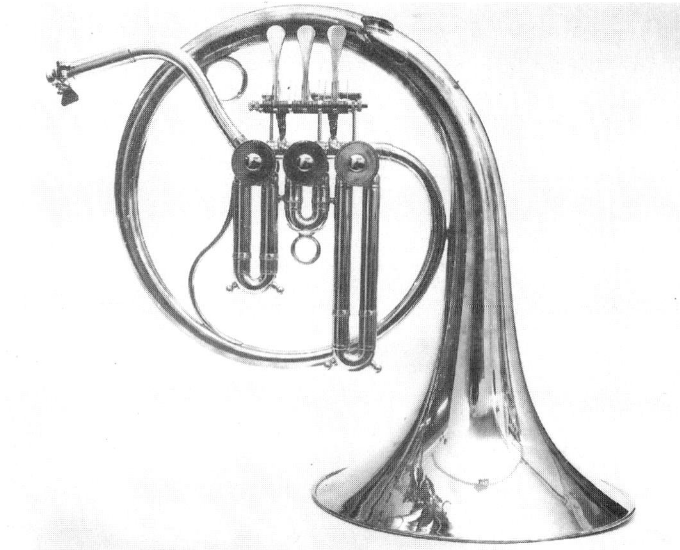

Diskanthorn (Pikkolohorn) in hoch B von Max & Heinrich Thein, Bremen 1981. Das Horn in der Länge der Normal-B-Trompete wurde 1981 für die auf dem tiefen Horn nicht oder sehr schwer ausführbaren hohen Partien in den Werken von J. S. Bach u. a. entwikkelt. Extreme Höhen, c^3, d^3, sind noch erreichbar. Maschinenweite innen 11,8 mm, Stürzendurchmesser 240 mm. Das Mundrohr ist zylindrisch.
Firma Max & Heinrich Thein

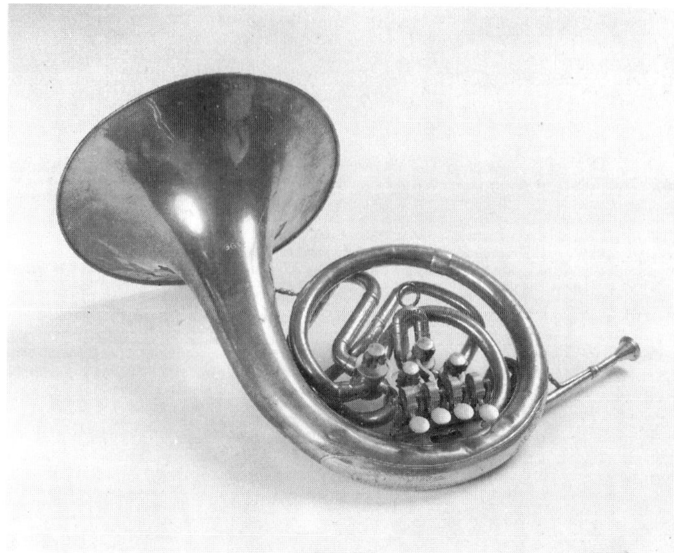

Sopranwaldhorn in F von E. G. Heidrich, Breslau 1887. Im Vergleich zu dem Patentinstrument von 1882 in der Anlage des 4. Ventils vereinfacht.
München DM Nr. 25 990

Diskantdoppelhorn in hoch B/hoch F von Friedbert Syhre, Leipzig. Modell 1978/79. Als »Bachhorn« gebaut.
Kompensationssystem. (Foto 51).
Firma Friedbert Syhre

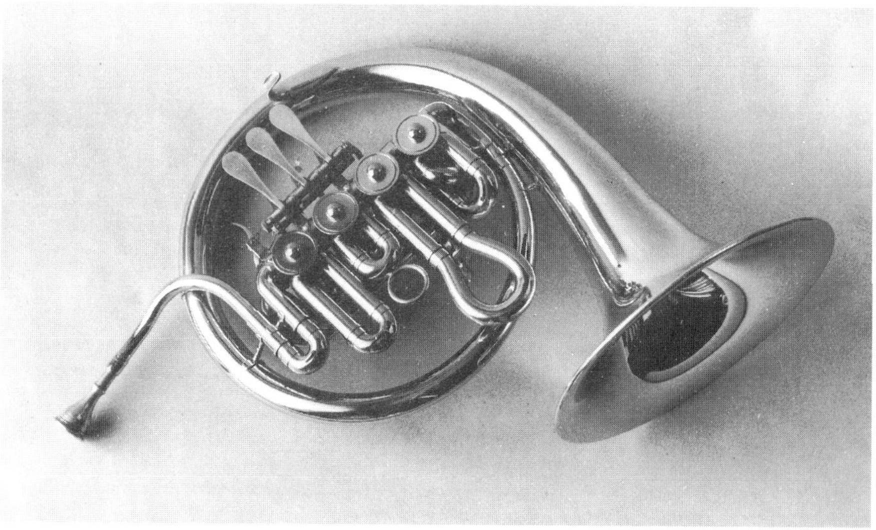

Clarinhorn in hoch D (altissimo) von Friedbert Syhre, Leipzig 1982. Das kleine Horn ist gedacht für Werke, die nach Meinung einiger Interpreten bisher auf dem traditionellen Horn eine Oktave zu tief geblasen worden seien. Das 4. Ventil vertieft um $2\frac{1}{2}$ bzw. 3 Ganztöne. Die Klappe erleichtert die Intonation besonders von d^3.
Firma Friedbert und Frank Syhre

Diskant-Doppelhorn Nr. 62 in B + A (+Stopf + H) + C/hoch F von Helmut Finke, Vlotho-Exter 1982. Getrennte Mundrohre für beide Hornseiten, um Stimmung und Ansprache zu verbessern. Das zusätzliche C-Ventil gibt dem Spieler die Möglichkeit, die C-Dur-Reihe als Naturtöne zu blasen. Finke baut seit Anfang 1982 die Ventile aus gewichtsparendem Fiberglas mit Achsen aus rostfreiem Stahl.
Firma Helmut Finke

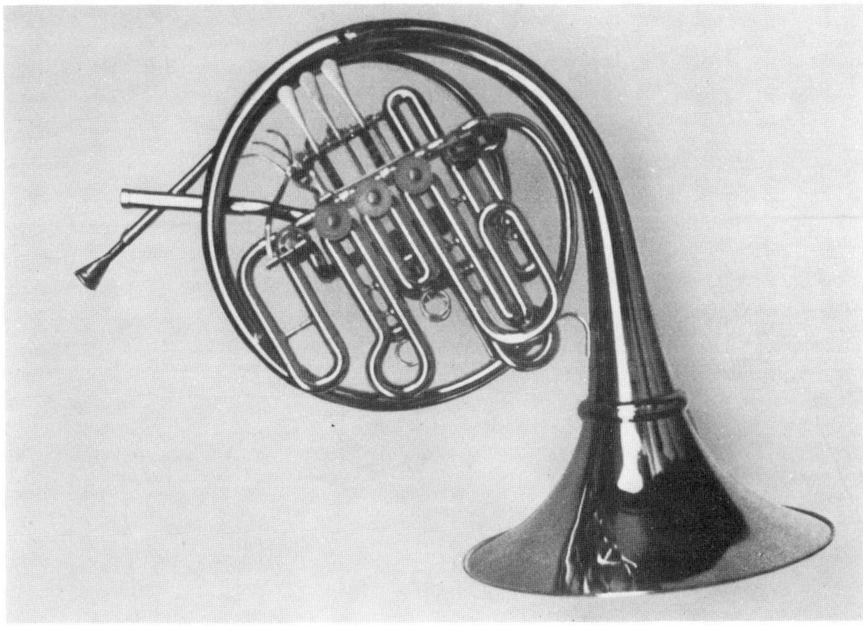

Doppel-Wagnertuba in B/tief F der Gebr. Alexander, Mainz 1982. Anstelle der in einer Reihe angebrachten Ventile wurden hier die Ventile im Viereck angeordnet. Diese heute nur von den Gebr. Alexander gebaute Anordnung soll für die B-Tuba ein möglichst langes konisches Rohr ermöglichen. Die Rückführung zum Umschaltventil beansprucht hier wenig Platz, und außerdem konnte so ein weiterer Stimmzug angebracht werden. Bei der üblichen Ventilanordnung in Reihe muß man vom Ausgang des Ventilstocks mit einem den Gesamtkonus verkürzenden zylindrischen Rohr zurück zum Umschaltventil. Ansonsten wurde das bewährte Korpus der Firma verwendet. Maschine innen = 14,5 mm, Stürzendurchmesser = 270 mm. Am Mundrohr ist ein Stimmstift zum Ausziehen.
Firma Gebr. Alexander

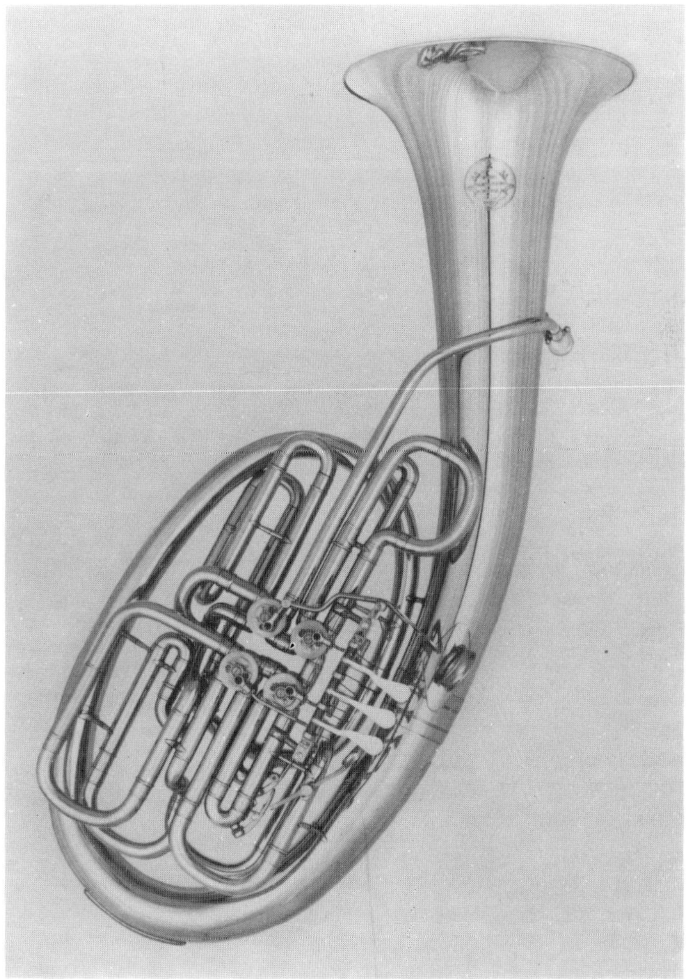

Fotos
54a, 55
54b

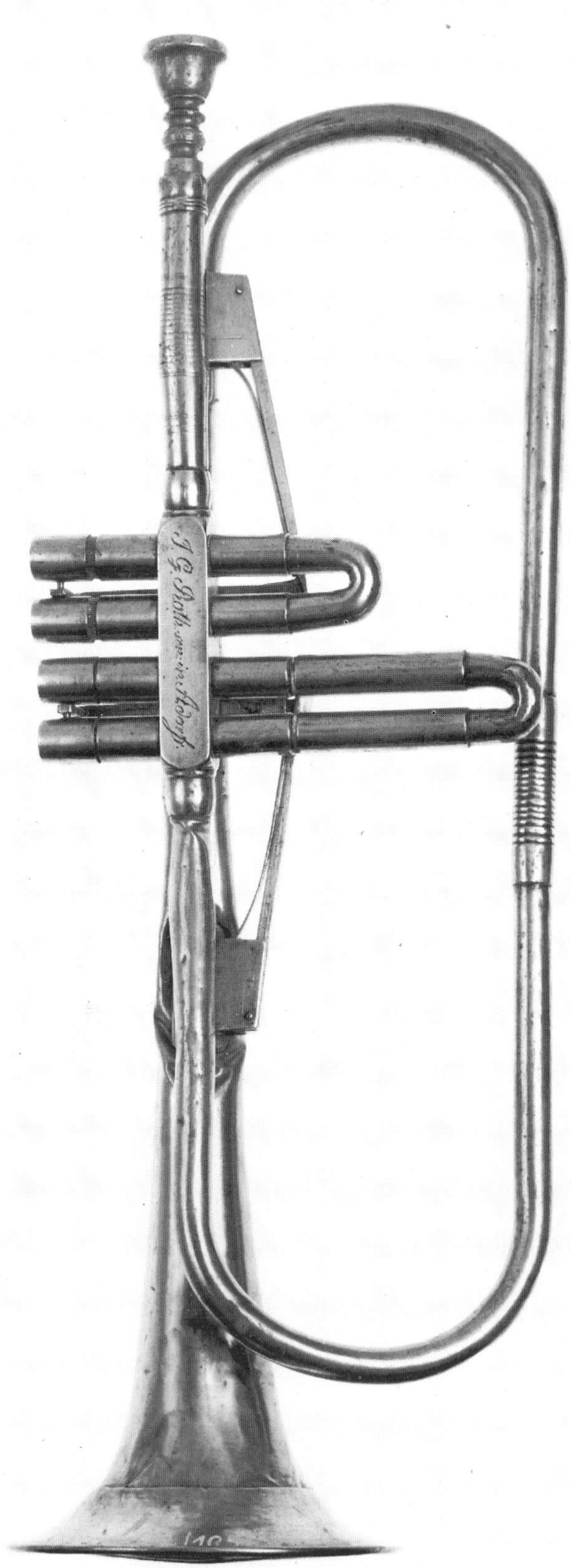

Tenortrompete in C der Firma Griesling & Schlott, Berlin, wahrscheinlich 1826 (wohl die von Giuseppe Spontini von Berlin nach Paris gesandte Trompete). Sie hat die ursprüngliche Form von Stölzels Ventilen mit Deckeln, die mit je zwei Schrauben befestigt sind. Leicht konisches Mundrohr, Maschinenweite innen 11 mm, Stürzendurchmesser 129 mm, Rohrlänge 2 160 mm, davon Schallstück 516 mm. Das Instrument war Teil eines Stimmsatzes (vgl. Abb. 1 a) und hat keine »klassische« Trompetenmensur. (Foto 54 a, b).
Paris, Musée du Conservatoire National Supérieur de Musique Nr. 1 404

Trompete in B von Johann Gottlieb Roth, Adorf um 1825–1833. Aufrecht zu haltendes vogtländisches Modell mit Klinkenhebeln.
München, Bayrisches Nationalmuseum

Trompete in D, unsigniert, um 1830. Kastenventile nach Blühmel. Stürze erneuert.
Brüssel Nr. 1310

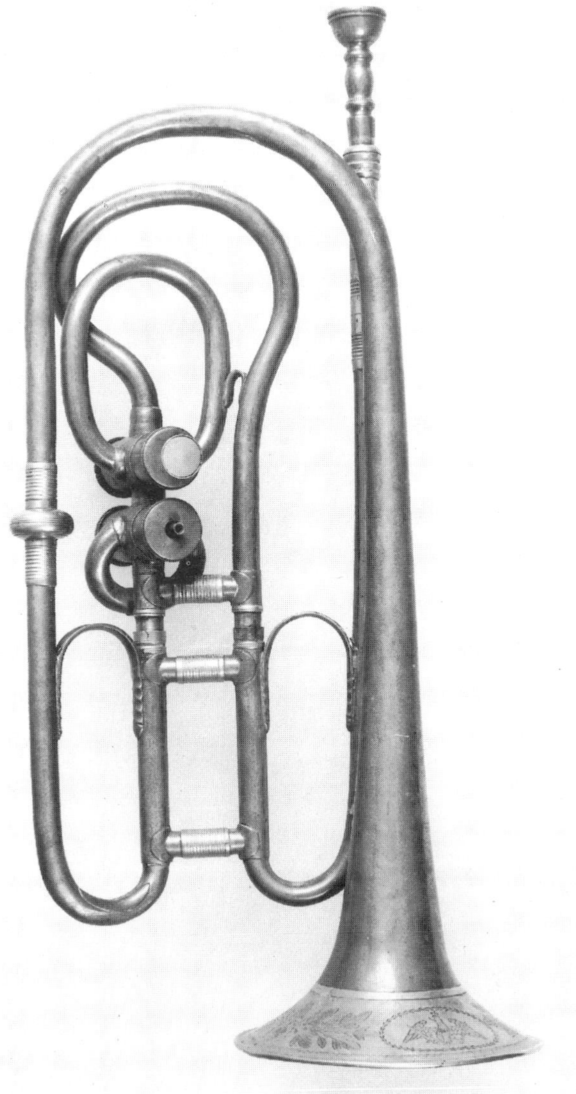

Trompete in Es mit abziehbarer Ventilmaschine, Firma J. Gabler, Berlin 1833–1838. Windungsart nach der Berliner Signaltrompete. Pumpenventile.
Nürnberg MIR 134

Trompete in C, unsigniert, um 1838. Nach der Überlieferung in Dresden gebaut, daher wohl von J. A. Heckel oder C. M. Eschenbach. An das Berliner Modell mit Stölzelschen Stopferventilen anschließend. Markneukirchen Nr. 1431

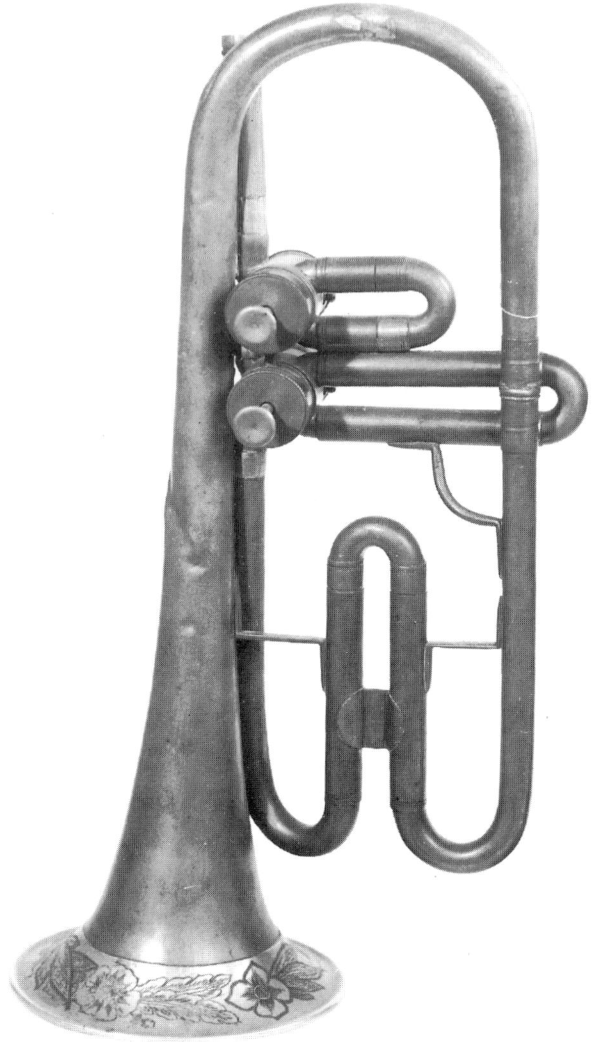

Trompete in B, unsigniert, Markneukirchen 1836–1842. Berliner Modell mit zwei Pumpenventilen (vgl. S. 193). Markneukirchen Nr. 77

Fotos 60, 61

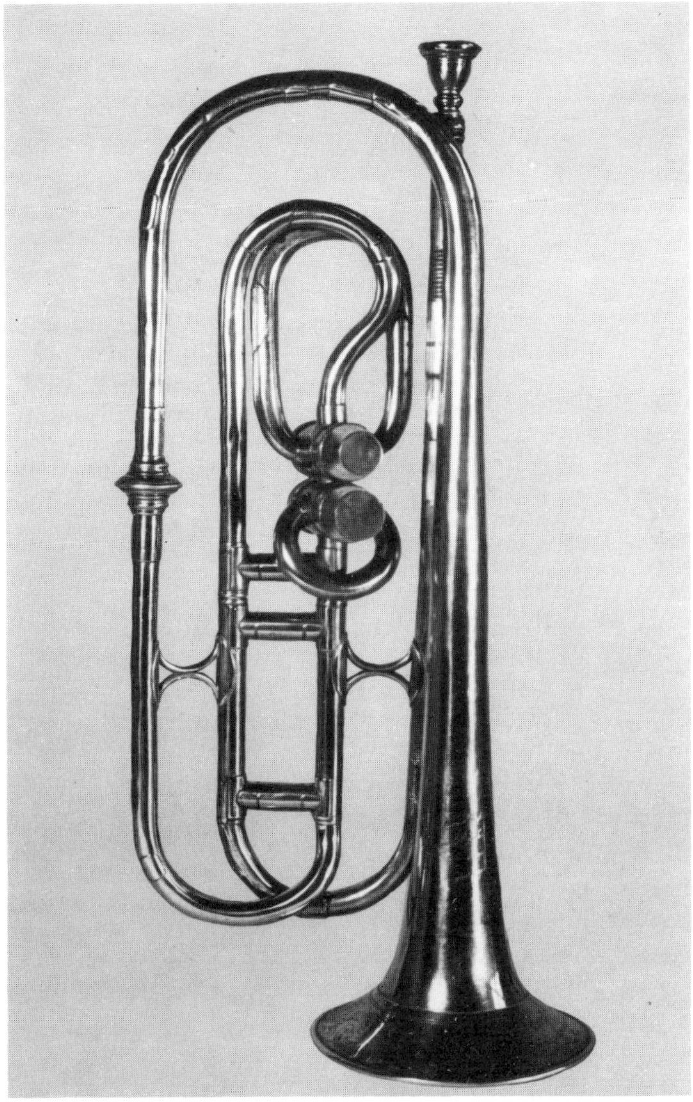

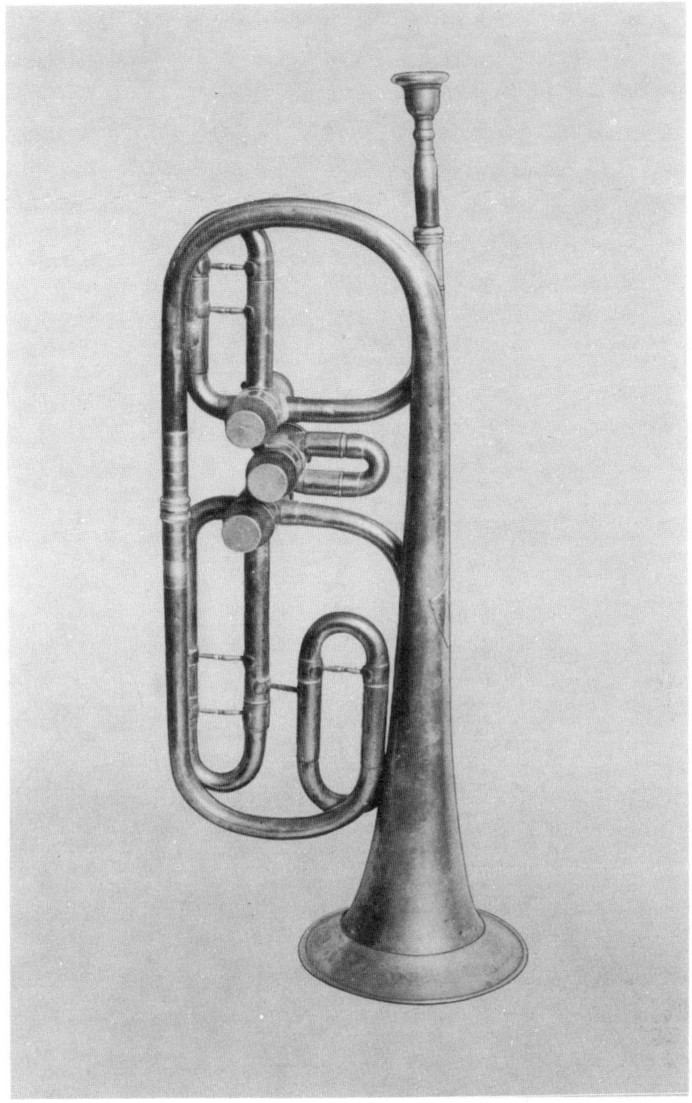

Trompete in Es mit abziehbarer Ventilmaschine der Firma C. W. Moritz, Berlin 1857. Berliner Modell mit Pumpenventilen. Der Knauf ist ein Relikt der Berliner Signaltrompete (Kavallerie).
Berlin Nr. 4436

Trompete in As von Joseph Seiffert, Potsdam um 1875, Potsdamer Modell mit Berliner Pumpenventilen.
Berlin Nr. 4122

Fotos
62, 63
64, 65

Trompete (in F) von Franz Stöhr, Prag um 1860. Ein für Österreich und Böhmen charakteristisches schmales Modell. Maschine nach Leopold Uhlmann (1830). Zur Ausrüstung gehörten noch Aufsteckbögen für tiefere Stimmungen. Der Ventilkanal hat einen tönnchenförmigen Querschnitt. Stürzendurchmesser 128 mm.
Prag 212 E

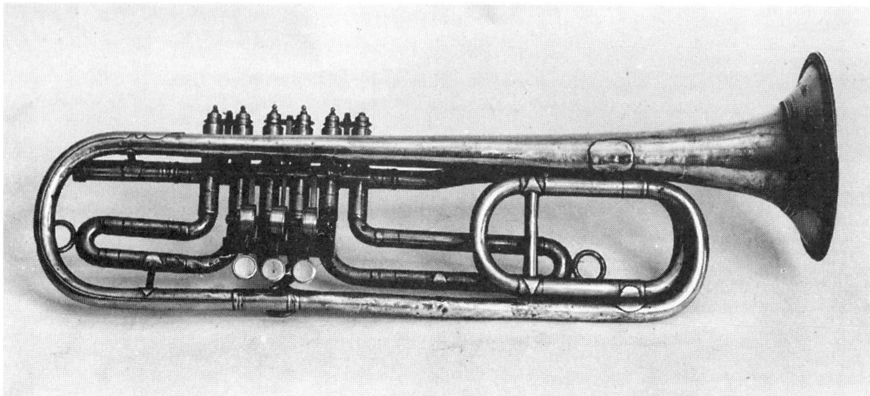

Trompete in G von Oswald Meisel, Liegnitz in Schlesien um 1880. Mit dem Berliner Tenorhorn korrespondierende Windungsart. Drehventile mit Federspanner am Trommeldruckwerk.
Privatbesitz

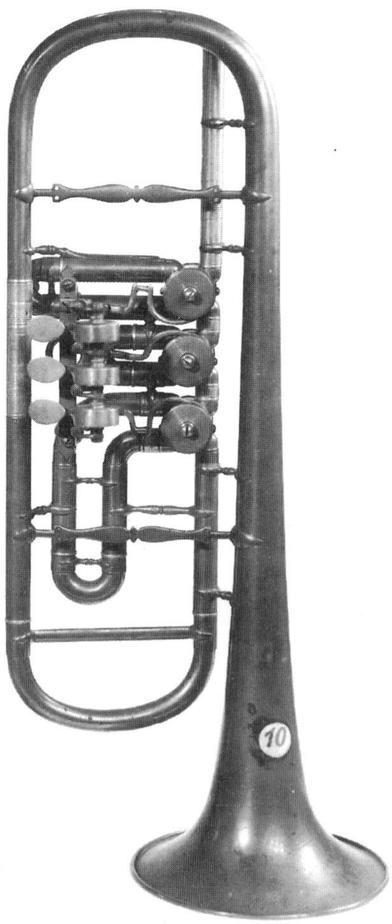

Weite Trompete oder Althorn in G, im Vergleich zur Normalform der Trompete in gedrungener Bauweise (s. Foto 12).
Markneukirchen Nr. 75

Trompete in B von Karl Weller, Markneukirchen 1898. Altkölner Modell mit Pointventilen (Foto 65).
Markneukirchen Nr. 1 005

Fotos
66, 67

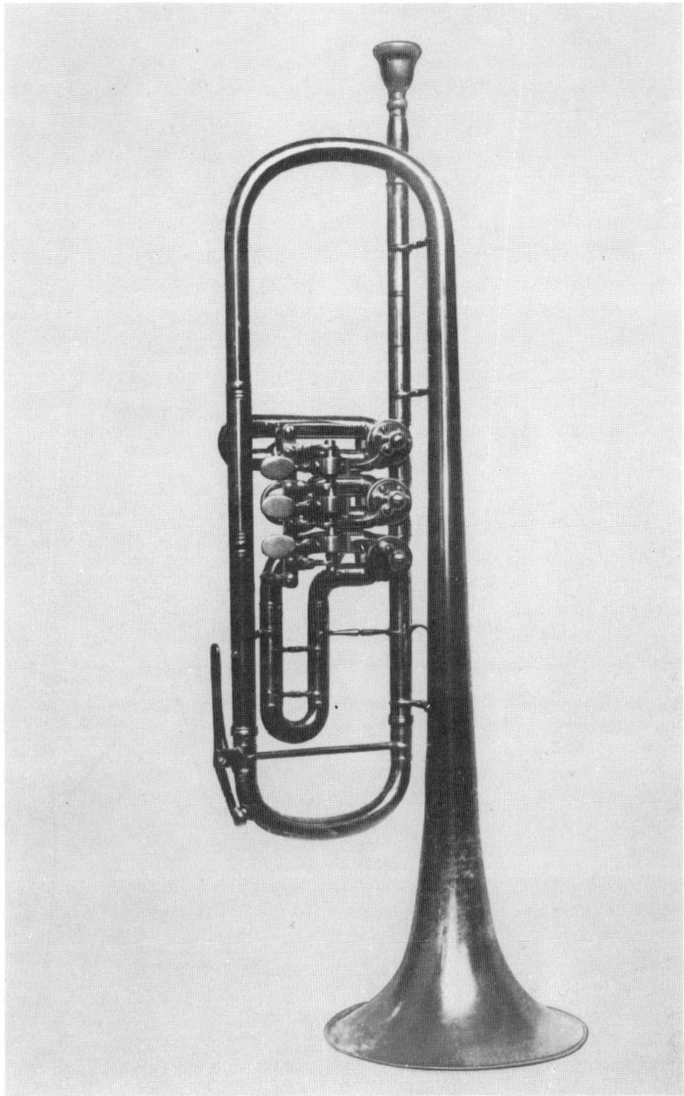

Trompete in B von Hermann Glass, Berlin nach 1887, etwa 1895. Mit »Prager Drehbüchsen« bzw. »deutschem« Flügelanschlag. Im Mundrohr engster Durchmesser 10 mm (über etwa 5 cm gehend), im Halbtonzug 10,8 mm, im Ganzton-, Anderthalbton- und fallenden Stimmzug 10,95 mm, im steigenden Stimmzugteil 11,4 mm, Stürzendurchmesser 128 mm.
Frankfurt (Oder) Nr. 313

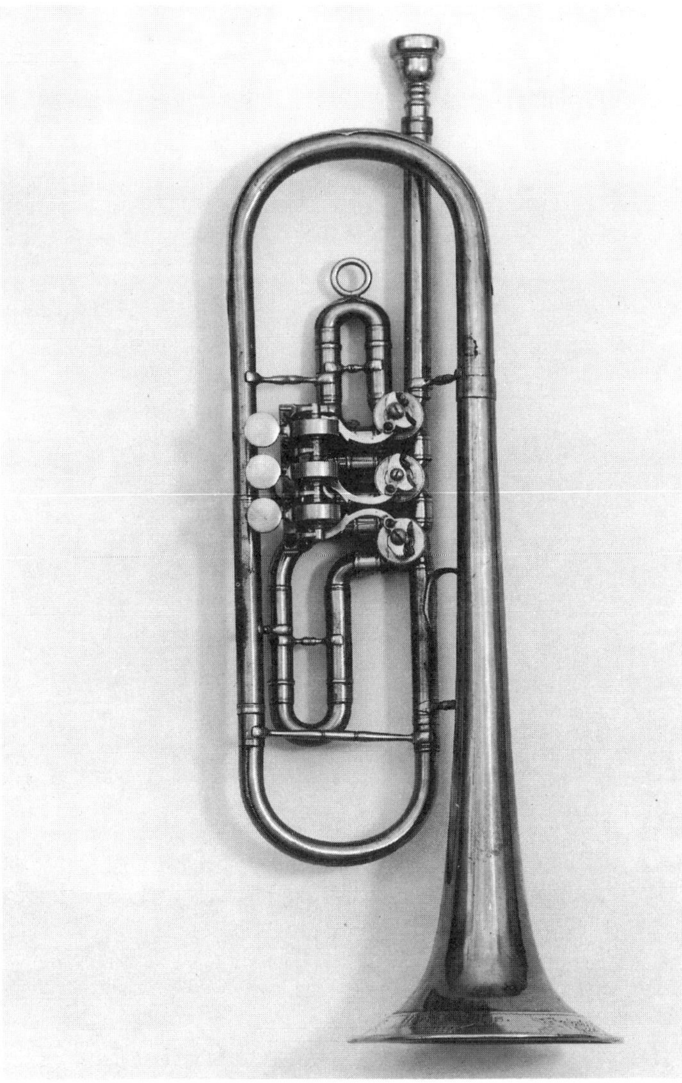

Trompete in B von Josef Monke, Köln um 1925. Neukölner Modell mit Trommeldruckwerk.
Firma Josef Monke

Fotos
68
69 a, b

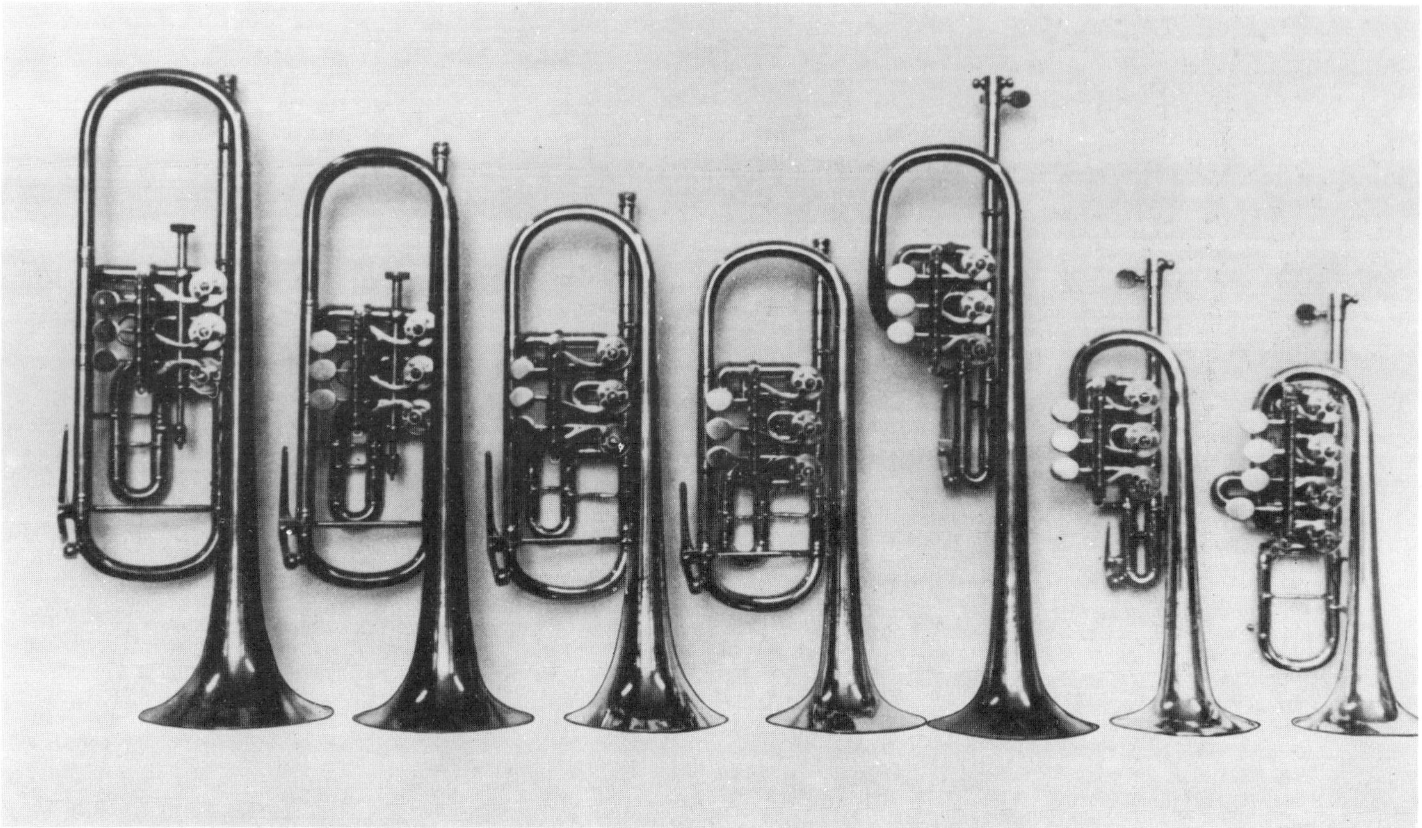

Trompeten der Firma Josef Monke, Köln um 1980. Stimmungen von links nach rechts: B, C, hoch D, hoch Es, hoch F, hoch B, mit drei Ventilen und hoch B mit vier Ventilen. Drehventile mit Hufeisenanschlag und Kölner Spiralfederdruckwerk. B- und C-Trompete mit Intonationszug für das 3. Ventil. Der Tradition des Kölner Modells folgend, ist der 1. Ventilzug gerade und das Schallstück mit französischem Rand ausgestattet.
Firma Josef Monke

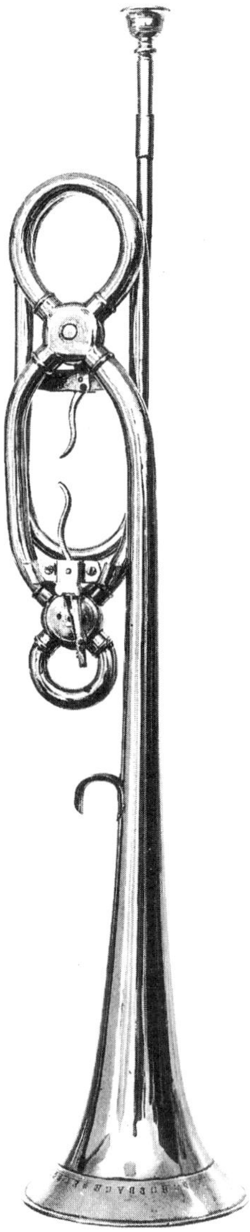

Trompete in D von Schupbach & Guichard, Yverdon (Schweiz) um 1830.
Bad Säckingen Nr. 14 104

Detail vom Drehventil der Trompete von Foto 69: geöffnetes Ventil, so daß der Flügelwechsel sichtbar ist.

Fotos
70, 71 a, b

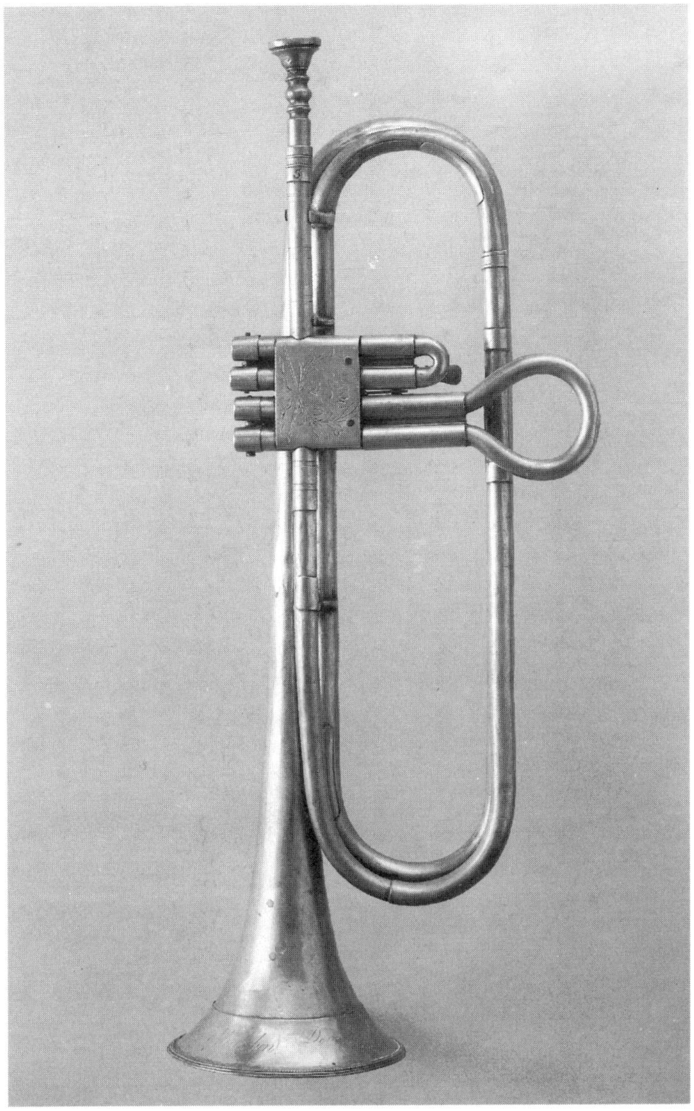

Trompete von Michael Saurle, München 1829. Besitzerinschrift: »Dem K. Landwehr Jäger Bataillon gehörig«. Altes (erstes) bayrisches Modell. Ursprünglich Druckwerk wie bei der Trompete von Barth (Foto 73). Später durch Trommeldrücker ersetzt.
New York Nr. 89.4

Naturtrompete von Anton und Ignaz Kerner, Wien 1806, mit einer um 1830 in Österreich oder Bayern eingebauten Ventilmaschine.
Heimatmuseum Bad Tölz, Nr. 8200/869

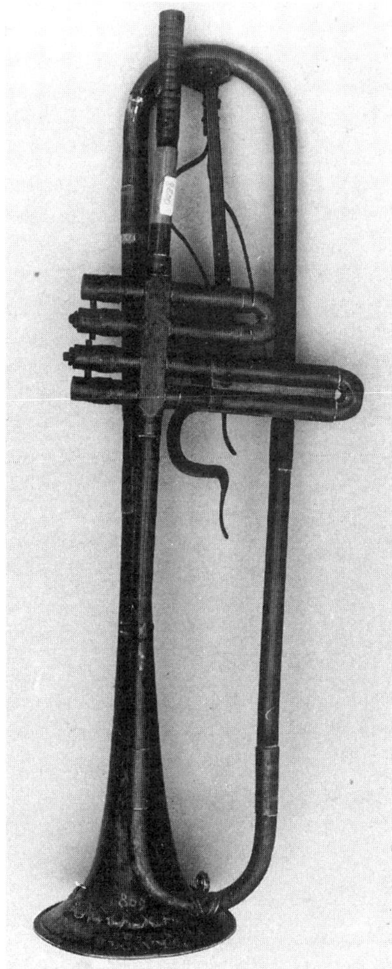

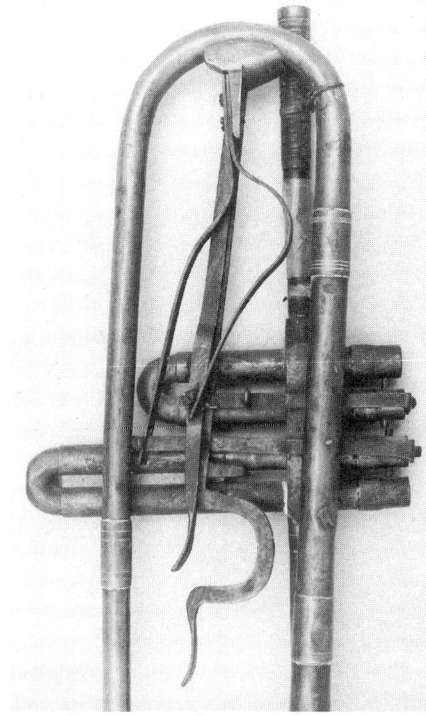

Fotos 72, 73 74

Trompete in B von Hirsbrunner, Sumiswald (Schweiz) um 1835. Wiener Ventile alten Typs mit Klinkendrückern, querliegender Stimmzug.
Nürnberg MIR Nr. 132

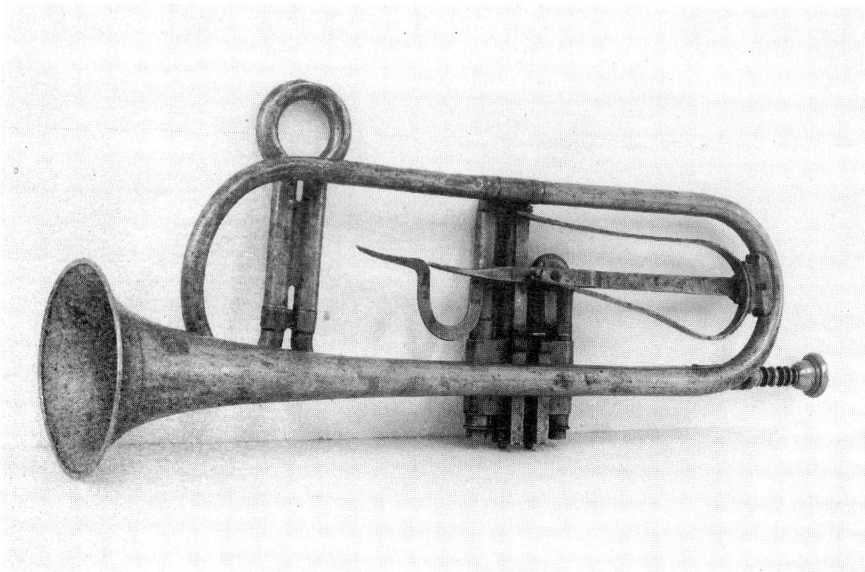

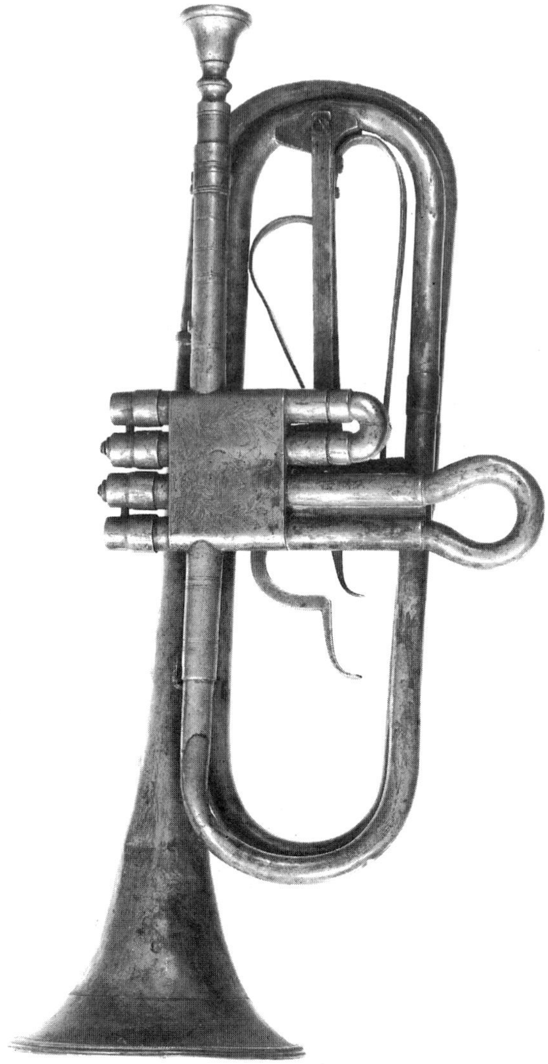

Trompete in F von Andreas Barth, München 1834. Altes (erstes) bayrisches Modell.
Nürnberg MIR Nr. 131

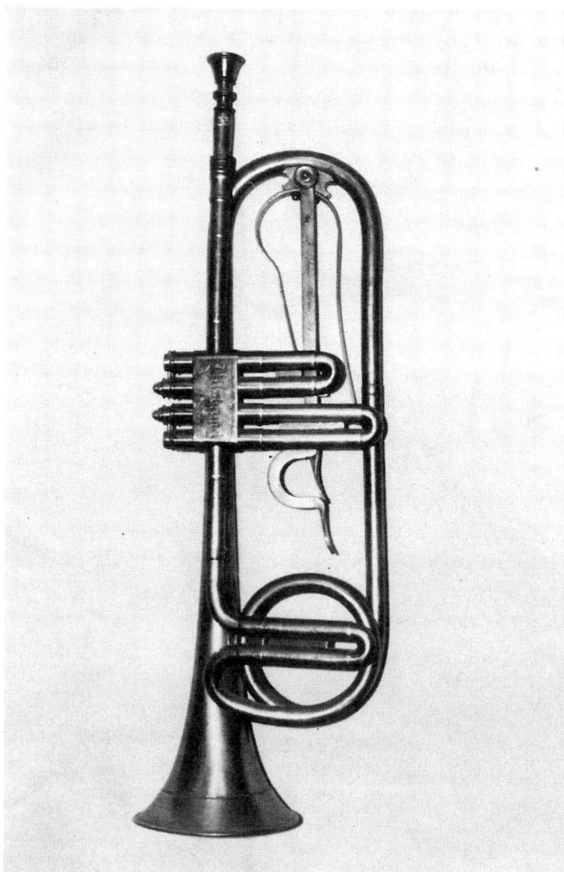

Trompete in B von Hirsbrunner, Sumiswald (Schweiz) um 1835. Wiener Ventile alten Typs mit Klinkendrückern.
Basel 1980.2 069.

Fotos
75, 76

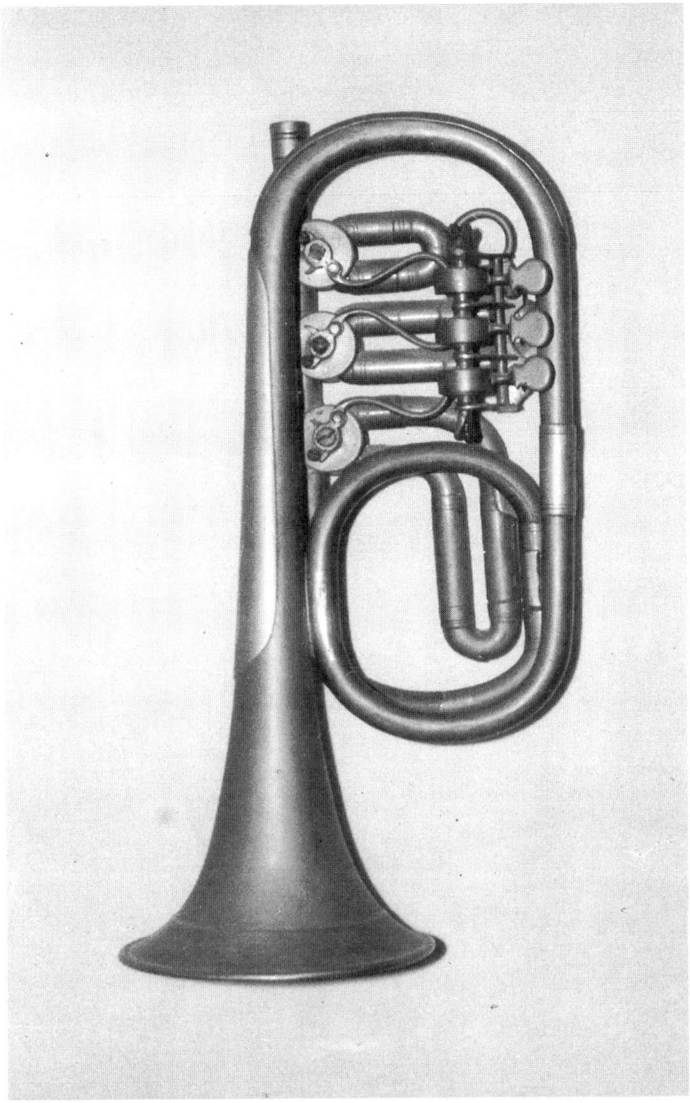

Trompete von Andreas Barth, München um 1840. Kurzes, damals modernes bayrisches Modell. Drehventile für Vertiefung um 1, 2 und 3 Halbtöne. Linksgriffig.
Basel 1980.2 119

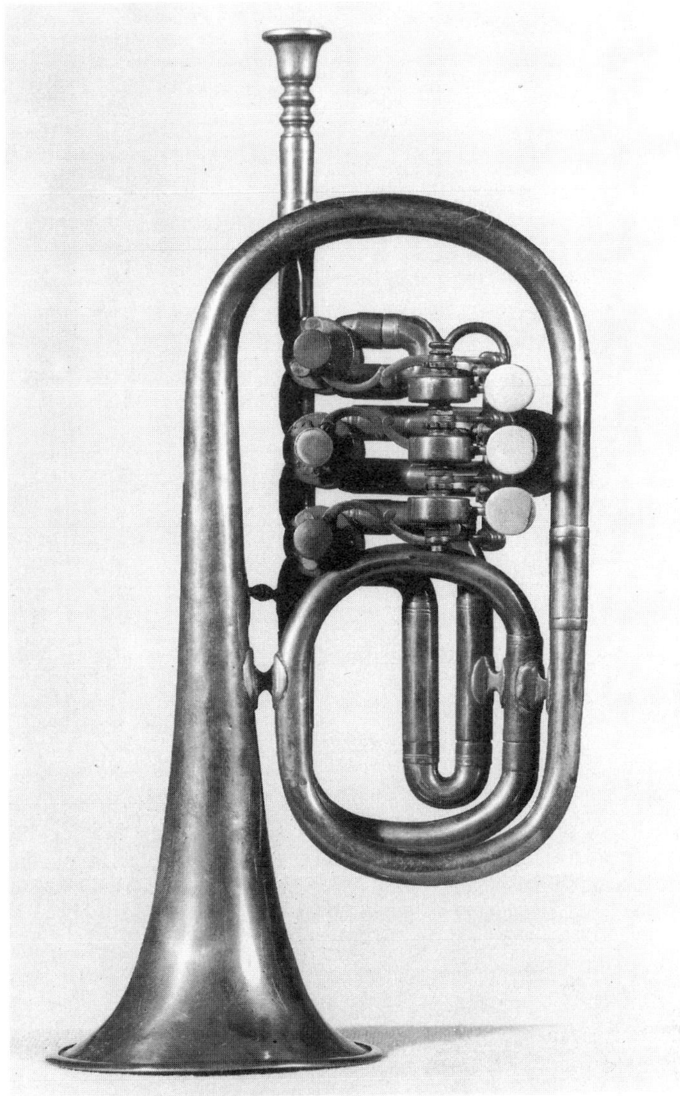

Trompete in C alto, unsigniert, Süddeutschland/Bayern um 1870. Kurzes bayrisches Modell. Linksgriffig.
Nürnberg MJR Nr. 139

Fotos
77, 78, 79

Fotos
80, 81 a
81 b

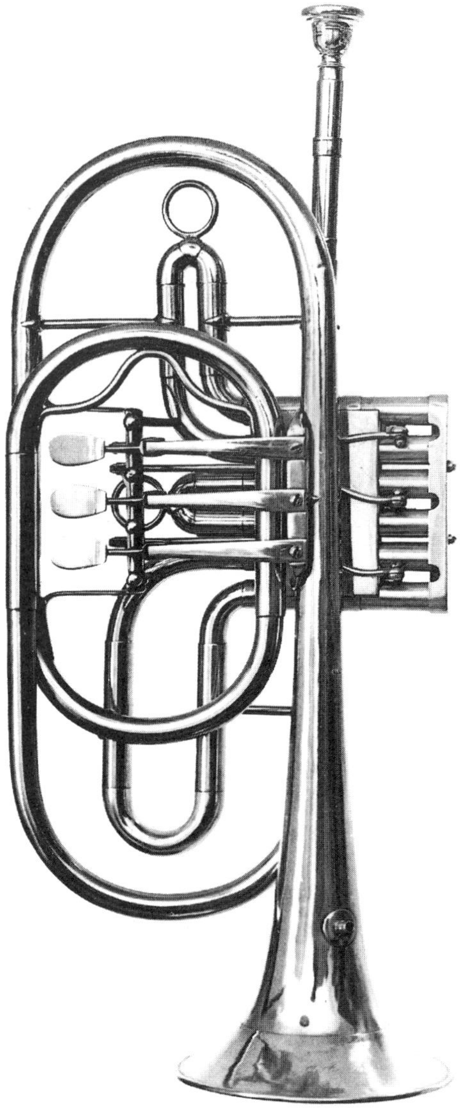

Trompete in B von Leopold Uhlmann & Sohn, Wien um 1885–1890. Auf dem Modell von 1840 beruhend, in allen Details und in der Mensur die damals klassische Wiener B-Trompete. Drehventile mit Wiener Anschlag.
Basel 1980.2830.

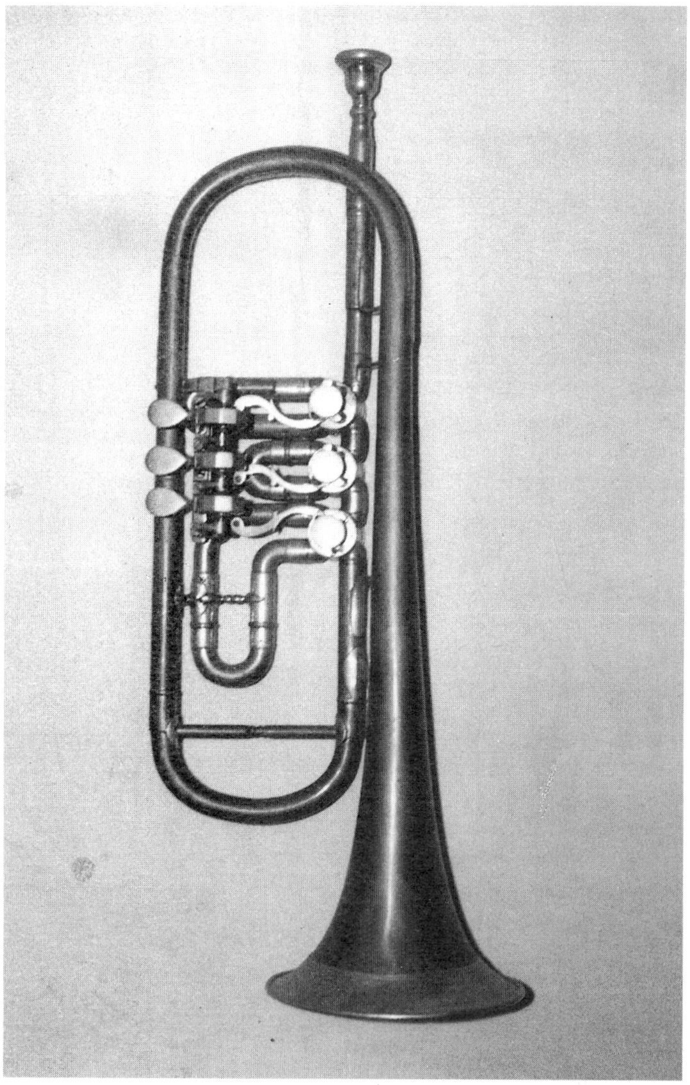

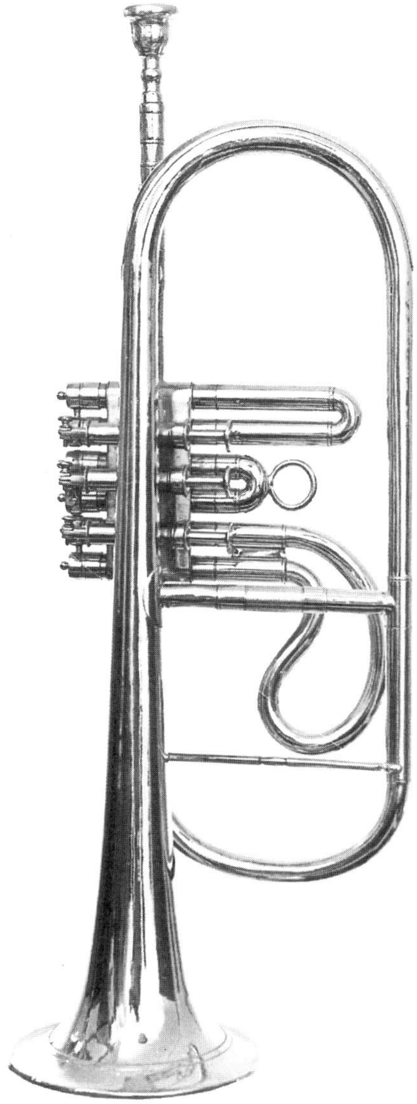

Trompete in G von Carl August Müller, Mainz um 1840. Neumainzer Modell mit Doppelrohrventilen.
Bad Säckingen Nr. 14402

Trompete in B, unsigniert, um 1845. Hannoversches Modell mit Doppelrohrventilen und kurzen Spiralfederstechern.
Bad Säckingen Nr. 14403

Trompete der Firma J. Finck, Strasbourg um 1850. Strasbourger Modell mit querliegendem Stimmzug. Grundstimmung B mit Aufsteckbögen für G, F, E, Es. Drei Drehventile (siehe Detail) in der Art von Zeichnung 13b.
Bad Säckingen Nr. 34 101

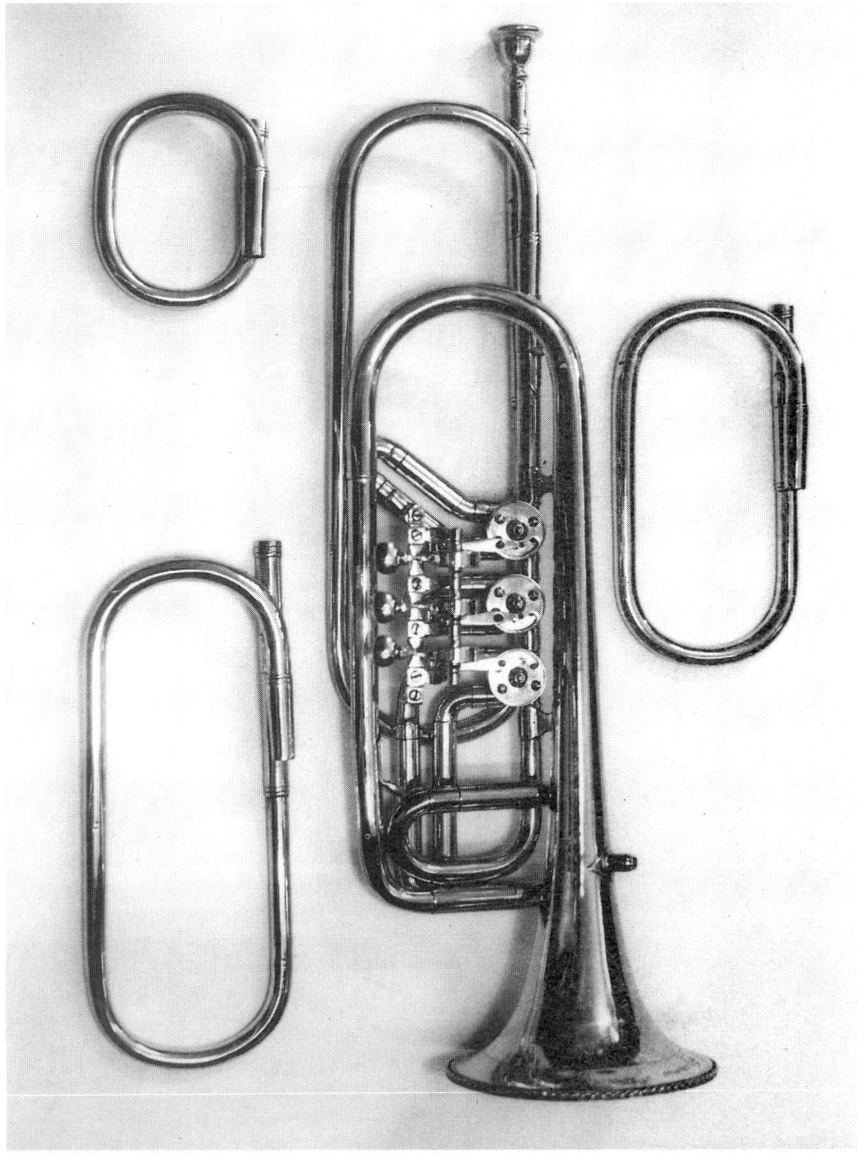

Trompete von Carl August Müller, Mainz um 1840. Drehventile in Verbindung mit Altmainzer Druckwerk (Foto 80).
Basel 1980.2 343.

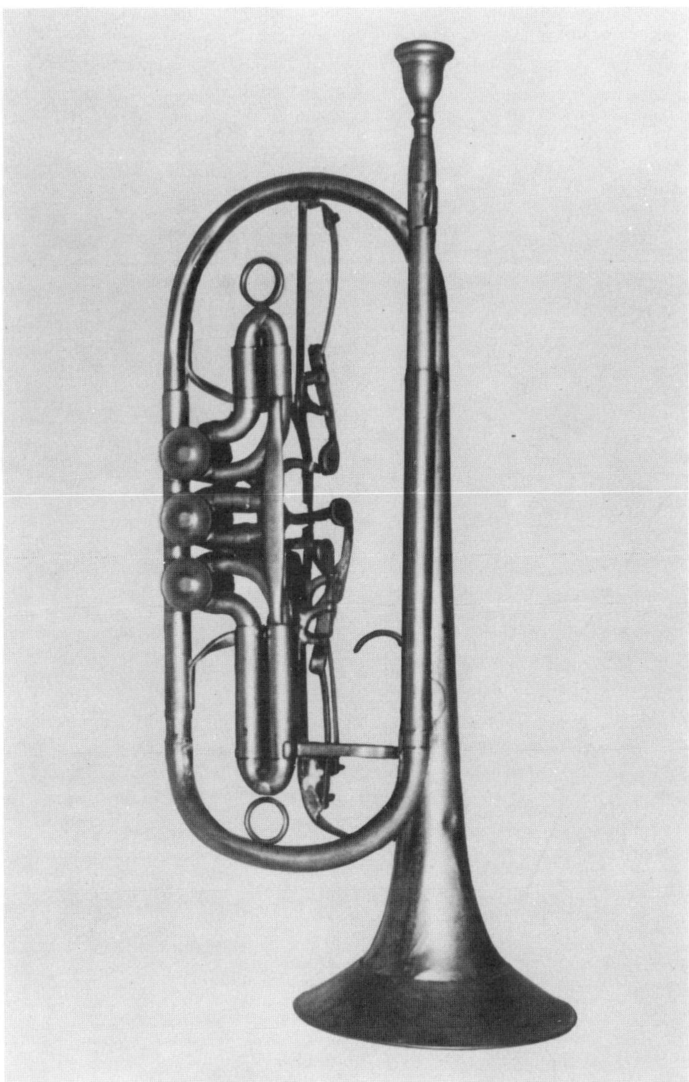

Fotos
82, 83, 84

Trompete in C alto, Markneukirchen um 1835–1840. Wiener Modell. Wiener Ventile, um Halb- und Ganzton vertiefend, mit aufzusteckenden Ventilzügen, Aufschraubdeckeln und angeschraubten Fingerdrückern.
Markneukirchen Nr. 70

Trompete in F, Markneukirchen um 1855–1860. Modell mit Berliner, Wiener und vogtländischen Merkmalen.
Leipzig Nr. 1857

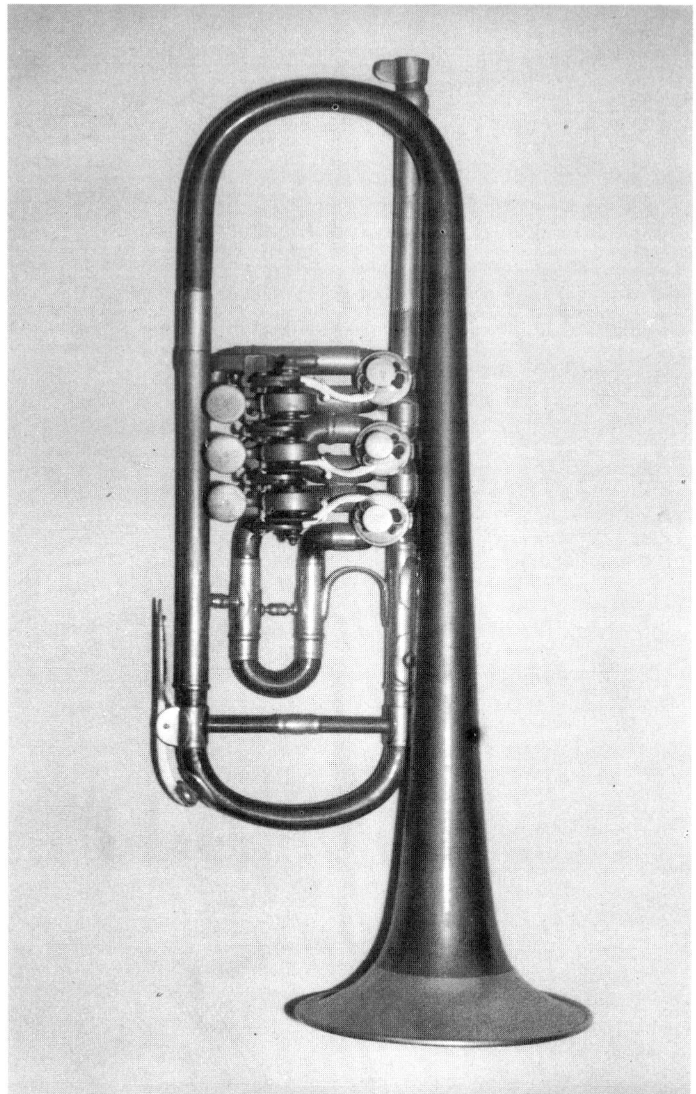

Trompete in B von Friedrich Alwin Heckel, Dresden um 1890. Frühe Form des Heckelmodells, bei dem der Einfluß der Wiener Trompete noch stark ist (vgl. Foto 77).
Basel 1980.2670

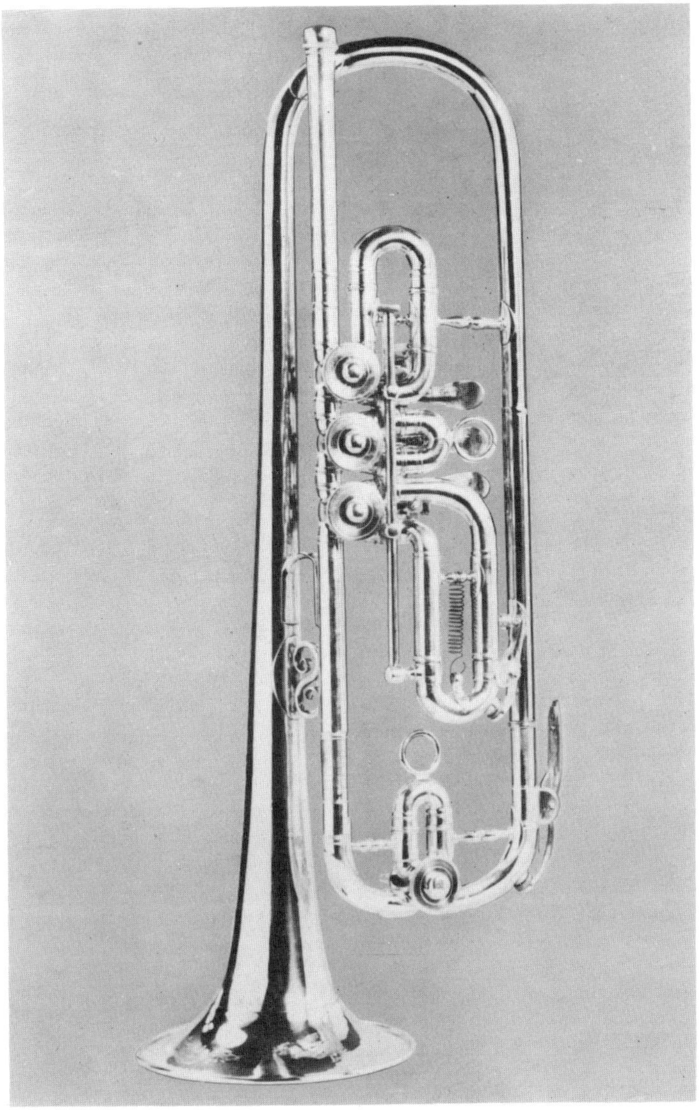

Trompete in B der Firma F. A. Heckel (Ära Theodor Alwin Heckel), Dresden vor 1954. Modell Heckel mit A-Stellventil im Stimmzug und Intonationszug mit Zugfeder (Foto 85).
Nach einem Foto, das die Firma John Hartwig in Kopenhagen 1962 A. Windisch in Dresden zustellte, um danach für die Königliche Oper in Kopenhagen Trompeten mit Intonationszügen bauen zu lassen.
Firma Arno Windisch

Trompete in B von Gustav A. Wagner, Dresden um 1930. Modell Heckel. Ventile mit Hufeisenanschlag, Leipziger Spiralfederdruckwerk.
Leipzig Nr. 4487

Trompete in F der Firma Friedrich Moses, Dresden 1895/96. Dresdner Modell mit dem Mundrohr oberhalb des Oberbügels und den 1895 von Schuster & Co. erfundenen vereinfachten Wechseln (Zeichnung 23). Das Modell bildete sich in den 1850er Jahren heraus.
Markneukirchen Nr. 969

Fotos
88, 89

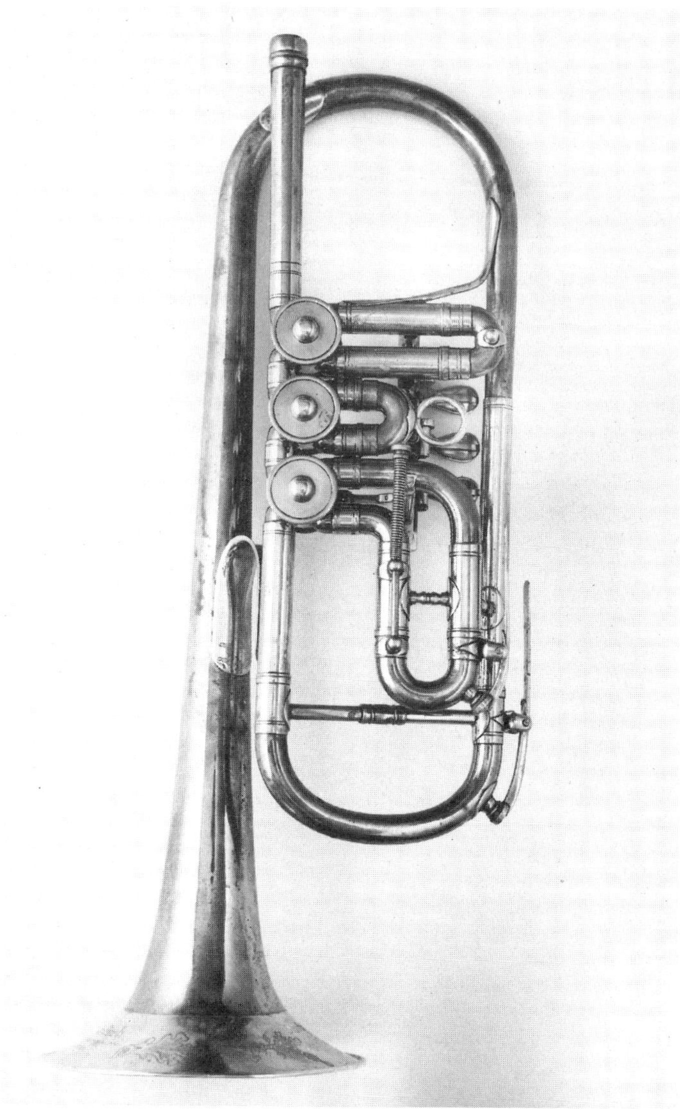

Trompete in C von Arno Windisch, Dresden 1963. An das Modell Heckel anschließend. Intonationszug mit Druckfeder. Der kurze Hebel des Intonationszuges ergibt sich aus der in Dresden gelehrten Haltung der Trompete mit vier Fingern vor dem Haltebügel.
Haupt

Trompete in B von Martin Peter jun. (Firma Martin Peter), Markneukirchen 1981. Modell mit Elementen der Kölner und Heckeltrompete (Schallstück der Heckeltrompete), Kölner Druckwerk mit Kugelgelenken. Intonationszug oben am 1. und 3. Ventil angeschraubt.
Firma Martin Peter

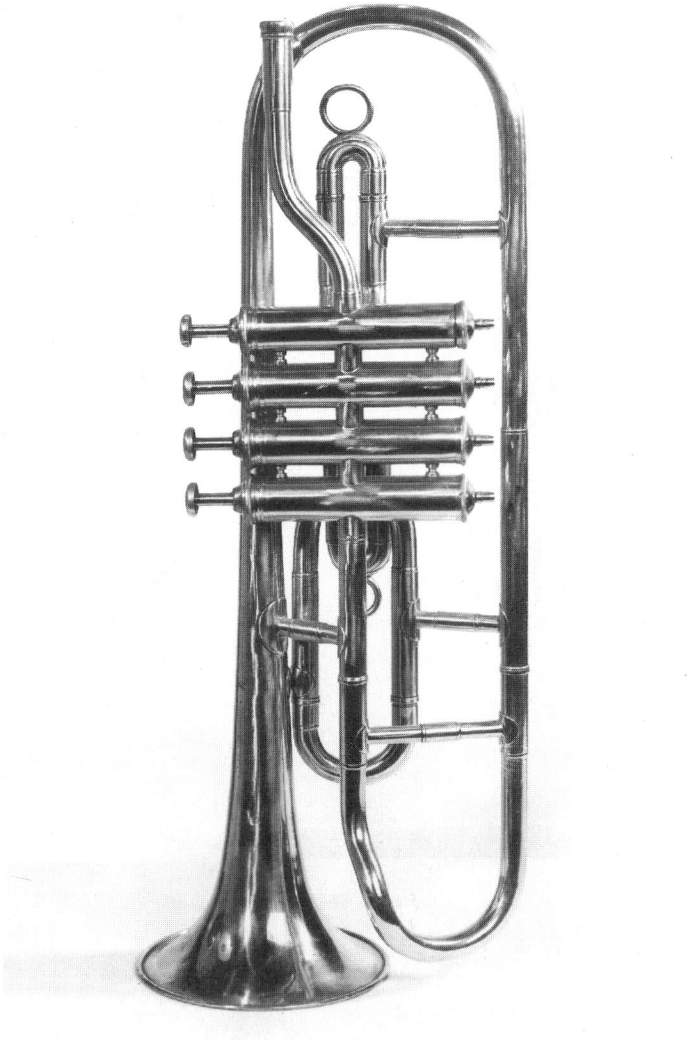

Trompete in F, Dresden oder Markneukirchen um 1895. Modell P. E. Richter. Rein stimmende Trompete mit Périnetventilen, von denen das 1. und 4. Ventil um 2 und 3 Halbtöne vertiefen, das 2. und 3. Ventil um 1 und 2 Halbtöne erhöhen (vgl. Foto 7).
Markneukirchen Nr. 968

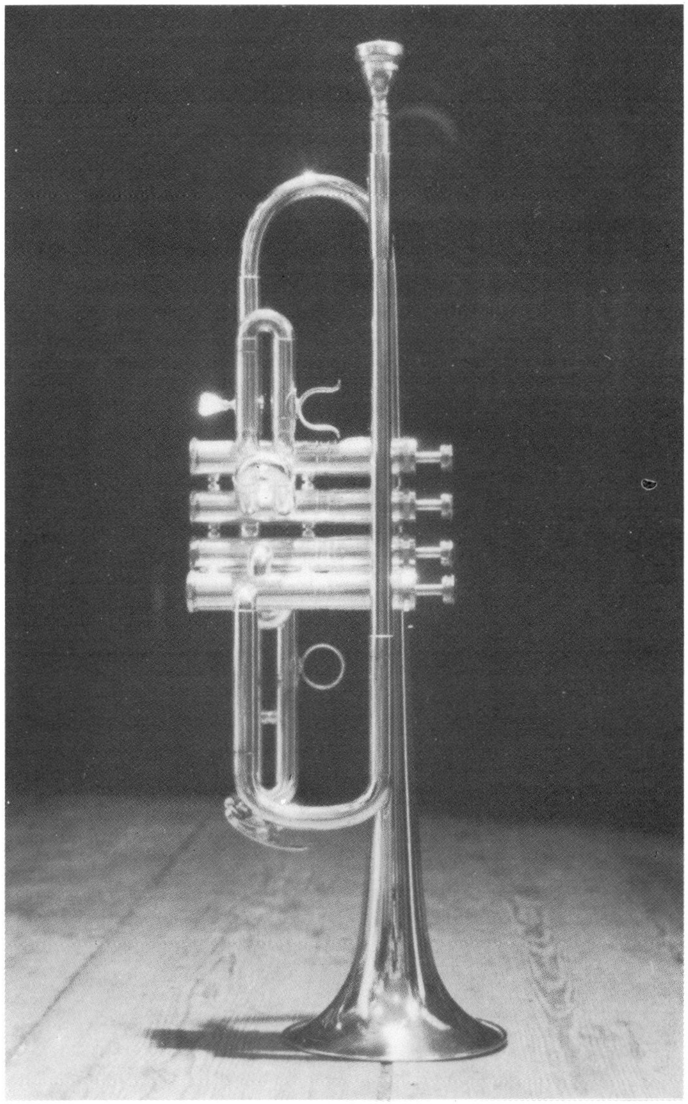

Trompete in B mit Périnetventilen von Max & Heinrich Thein, Bremen 1974. Das 4. Ventil vertieft um ¼ Ton und dient zur Stimmungsverbesserung der mit Ventil 1, 2 und 3 bzw. 1 und 3 gegriffenen Töne, die stets zu hoch sind. Außerdem erlaubt es die Aufführung von Vierteltonmusik, mit der in den letzten Jahren auch auf dem Gebiet der Blechblasmusik experimentiert wurde, vor allem von dem Bandleader Don Ellis (USA), der selbst eine Viertelton-Trompete blies und eine Schule der Vierteltonmusik herausgab (Don Ellis, *Quarter tones*, Plainville 1975). Maschinenweite innen 11,5 mm, Stürzendurchmesser 125—135 mm nach Wahl. Die Stimmeinrichtung wird nach Wunsch auch am Schallstück geliefert (sliding bell-system). Die Ventile sind aus Monel (Edelstahl).
Firma Max & Heinrich Thein

Fotos 92, 93a 94, 93b

Trompete in hoch B/A von Max & Heinrich Thein, Bremen 1982. Entwickelt 1982 auf Anregung des Trompeters Edward H. Tarr. Durch die gestreckte Form befinden sich die Ventile im gleichen Abstand vom Bläser wie bei der normalen B-Trompete. Die Maschinenweite innen ist mit 11,5 mm für die hohe Trompete sehr groß. Stürzendurchmesser 96 mm.
Firma Max & Heinrich Thein

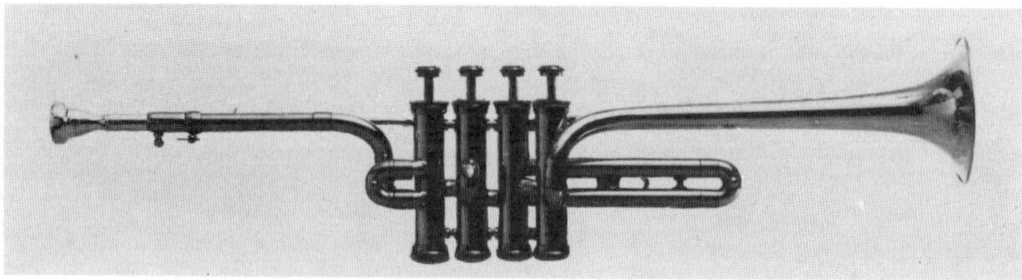

Baßtrompete in D (hohe Stimmung) von Johann Adam Heckel, Dresden kurz nach 1836. Sächsisches Modell mit »Spritzerventilen« (Wechselköpfe Zeichnung 25a) und langen Spiralfederstechern.
Markneukirchen Nr. 939

Baßtrompete in B von Wilhelm Schuster, Signatur »W. Schuster. Hofinstr:/et. Comp:/in Carlsruhe«. Nach 1824. Die Ventile vertiefen um 1, 2 und 3 Halbtöne. Detail: Ein Ventil geöffnet. (Fotos 93a, b)
Berlin Nr. 3 104

Fotos
95, 96

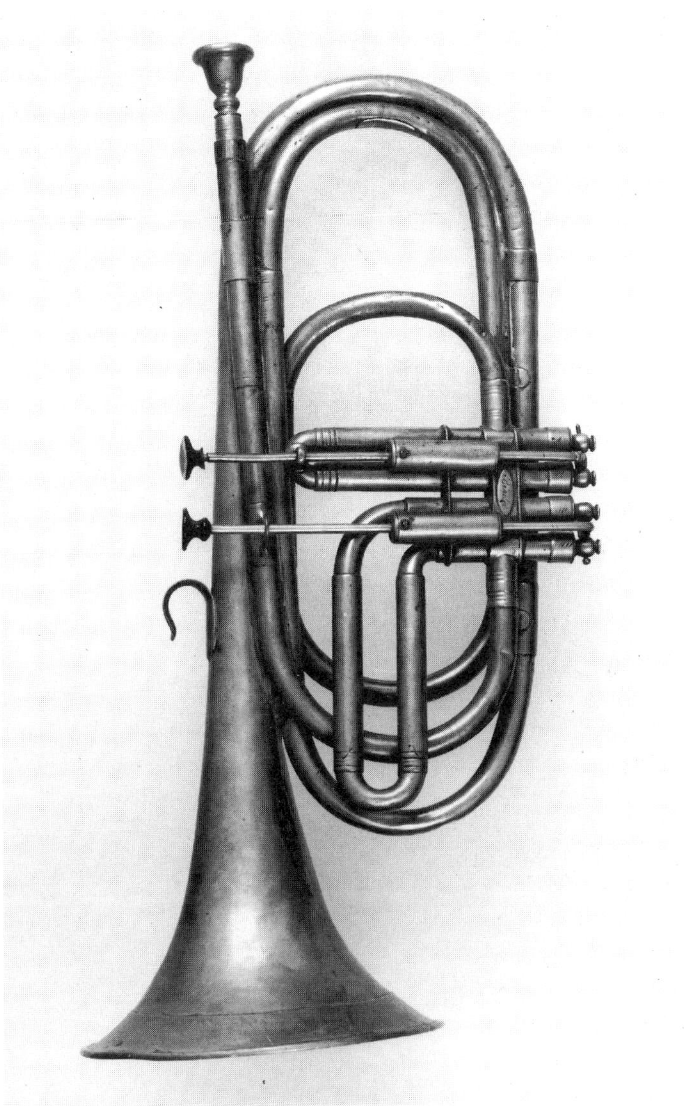

Baßtrompete in C von Carl Binder, Stuttgart um 1845. Süddeutsches Modell. Wiener Ventile mit Aufschraubdeckeln und kurzen Spiralfederstechern.
Nürnberg MI Nr. 381

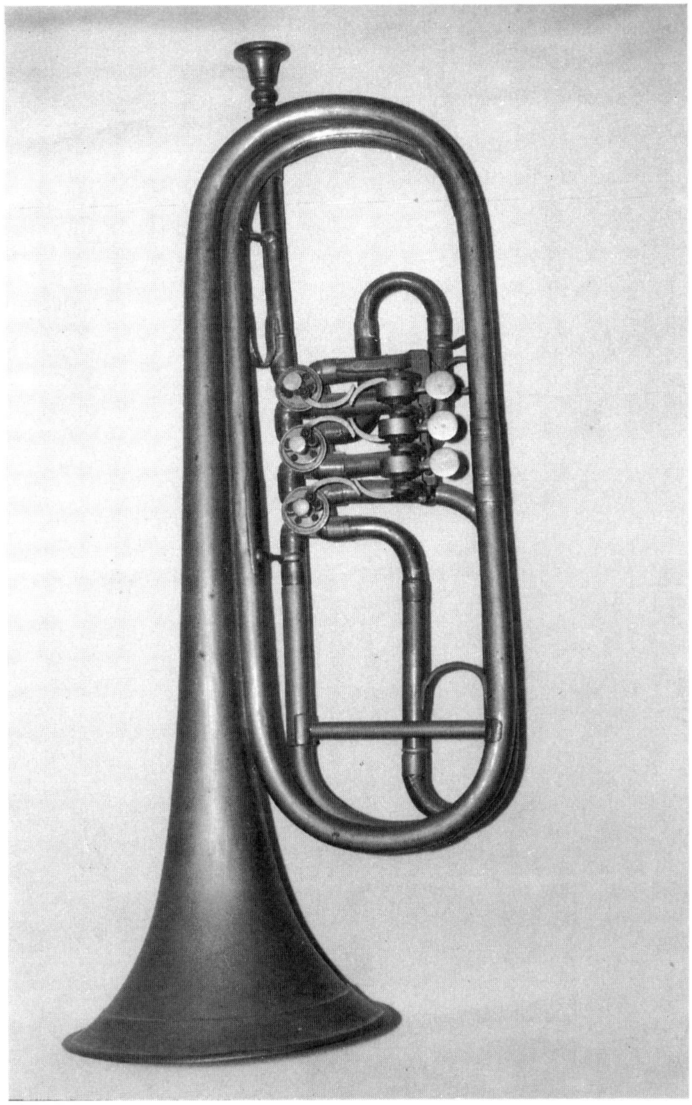

Baßtrompete von Georg Saurle, München um 1870. Ventile mit Hufeisenanschlag und Trommeldruckwerk in gleicher Ausführung wie bei der Heckeltrompete. In Schallstückfasson und Stützen die bayrische Tradition fortsetzend.
Basel 1980.2 125

Fotos
97, 98

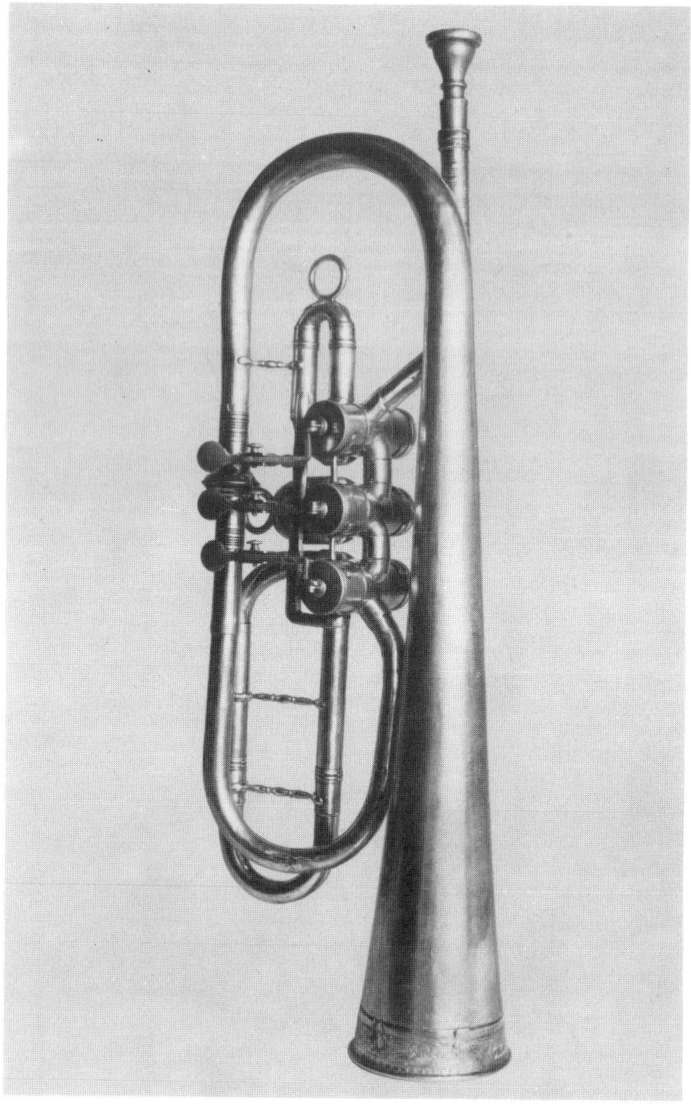

Preußisches Soprankornett in C von Carl Wilhelm Moritz, Berlin 1842/43. Pumpenventile mit Hebeldruckwerk und Spiralzugfeder unter dem Deckel des Ventilgehäuses. Das 3. Ventil vertieft um 2 Ganztöne. Die ursprüngliche Windungsart des Preußischen Kornetts.
Berlin Nr. 3096

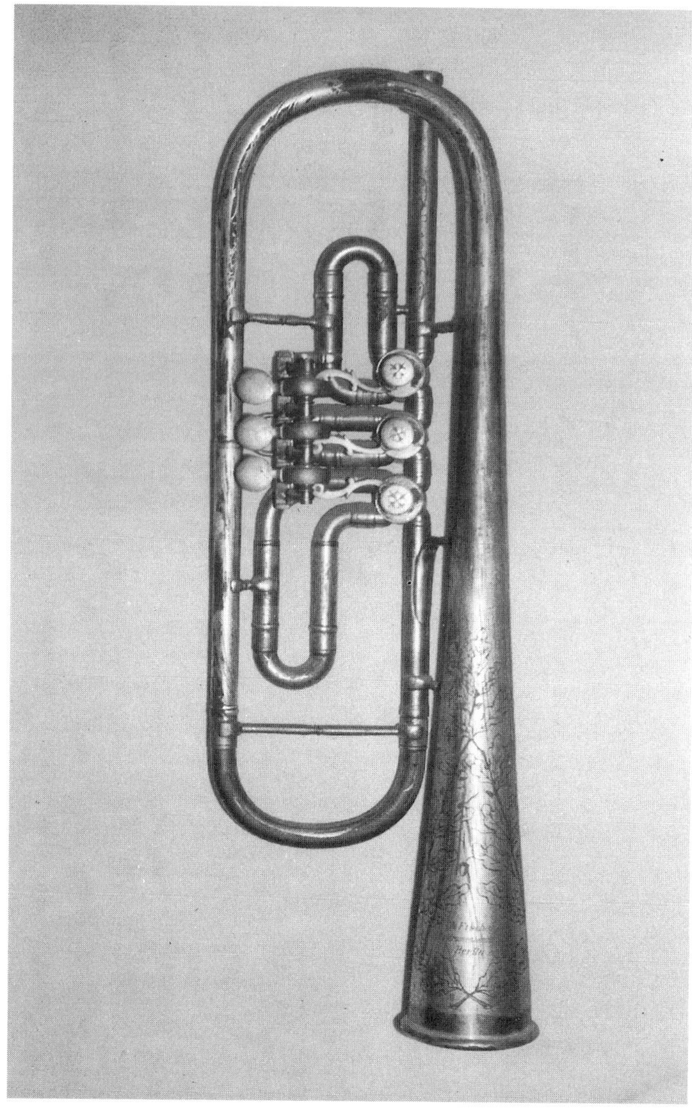

Preußisches Kornett von W. Fischer, Berlin um 1900. Späte Form des Preußischen Kornetts, die die Windungsart der B-Trompete angenommen hat. Silber.
Basel 1980.2060

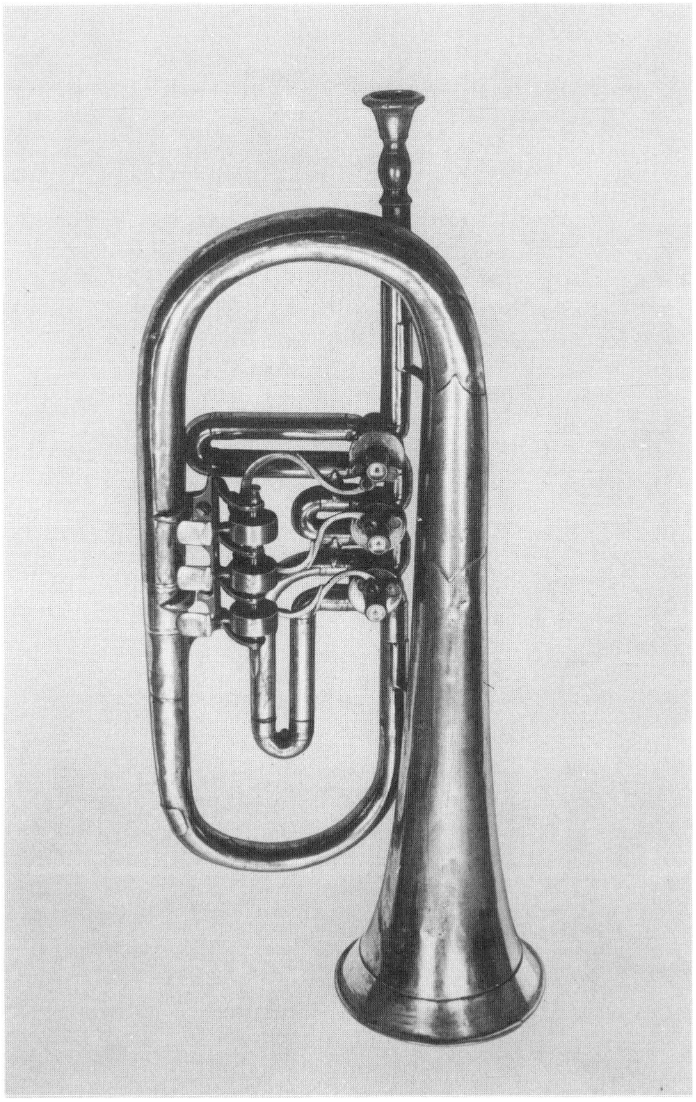

Preußisches Soprankornett (Pikkolo) von Wilhelm Beck, Weimar um 1855. In Windungsart und Schallstückmensur ist das preußische Klischee bereits verlassen. Durchmesser des zylindrischen Rohres innen 11 mm, Stürzendurchmesser = 100 mm.
Gotha Nr. 4238

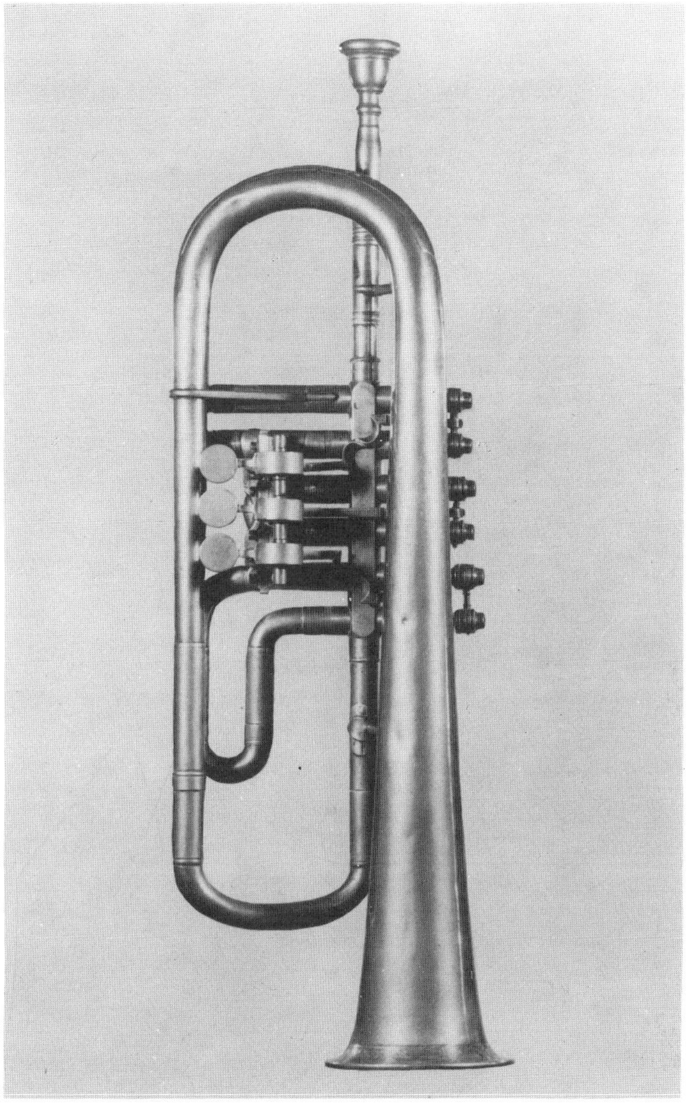

Kornett in C, in Sachsen und Böhmen auch Flügelhorn genannt, unsigniert, Markneukirchen um 1880. Mischform mit »Königgrätzer Schallstück« und Wiener Ventilen.
Halle MS-273

Cornet à cylindres in B von Carl August Müller, Mainz um 1850. In der äußeren Anlage dem Neumainzer Trompetenmodell entsprechend. Einsatzbögen für As und C.
Oxford, Bate Collection

Cornet à cylindres in B der Hofinstrumentenfabrik F. Schediwy, Ludwigsburg, Niederlage Stuttgart, nach 1900. Das im Jahre 1900 entwickelte Modell mit Kreuzventilen.
Frankfurt (Oder) Nr. 296

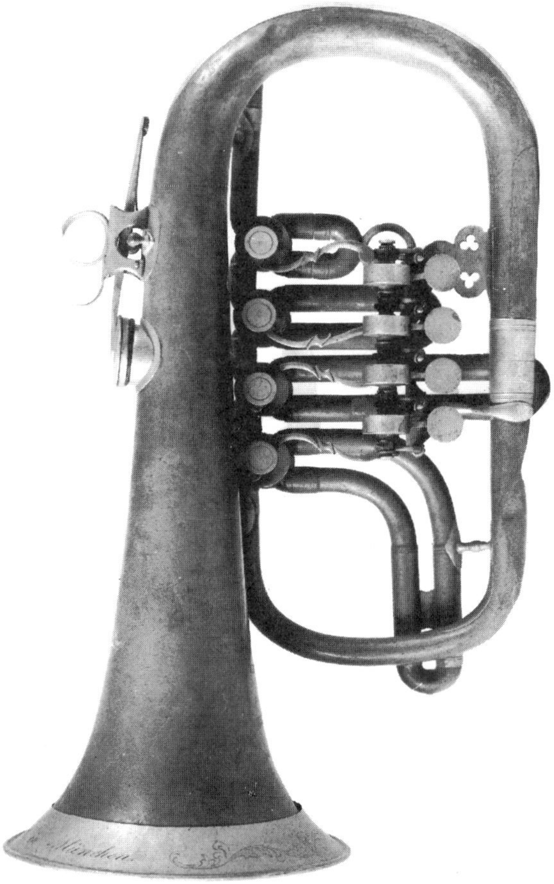

Linksgriffiges Flügelhorn in C von Andreas Barth, München 1863. Vier Drehventile (1, 2, 3 und 4 Halbtöne vertiefend) und Intonations- bzw. Trillerklappe.
Nürnberg MI Nr. 317

Fotos 103, 104 105

Echocornet (Cornet à pistons) in B der Instrumentenfabrik August Heinel Jr., Markneukirchen um 1900. An das Modell von F.A. Schmidt anschließend (1859). Außer den Hauptventilen besitzt das Instrument ein liegendes Périnetventil (auf dem Foto verdeckt) zum Einschalten des Echobogens und ein Stell-Drehventil zum Umschalten in die A-Stimmung. Engster Durchmesser im Aufsteckstift 9,5 mm, weitere Durchmesserstufen 11,1 und 11,5 mm, Maschinenweite 11,6 mm, Stürzendurchmesser = 122 mm.
Frankfurt (Oder) Nr. 240

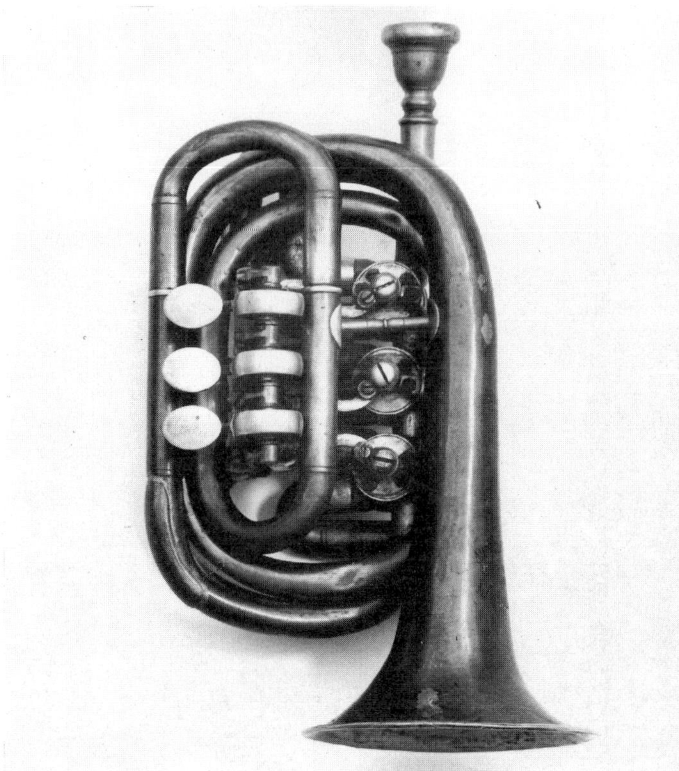

Taschencornet in B der Musikinstrumentenmanufaktur Aug. Clemens Glier, Markneukirchen um 1900. Nach dem Modell von Paul Pfretzschner (1893). Rohrgliederung = $\frac{2}{5}$ zylindrisches Rohr + $\frac{3}{5}$ Anstoß mit Schallstück. Innendurchmesser d des zylindrischen Rohres = 10,8 mm, Erweiterung bis D_3 auf $d \times 2\frac{1}{4}$, Stürzendurchmesser = 94 mm.
Frankfurt (Oder) Nr. 252

Fotos
106, 107a
107b

Althorn in Es der Hofinstrumentenfabrik Julius Altrichter, Frankfurt (Oder) nach 1883. Ein an den trompetenförmigen Berliner Tenorbaß anschließendes weites Althorn.
Frankfurt (Oder) Nr. 944

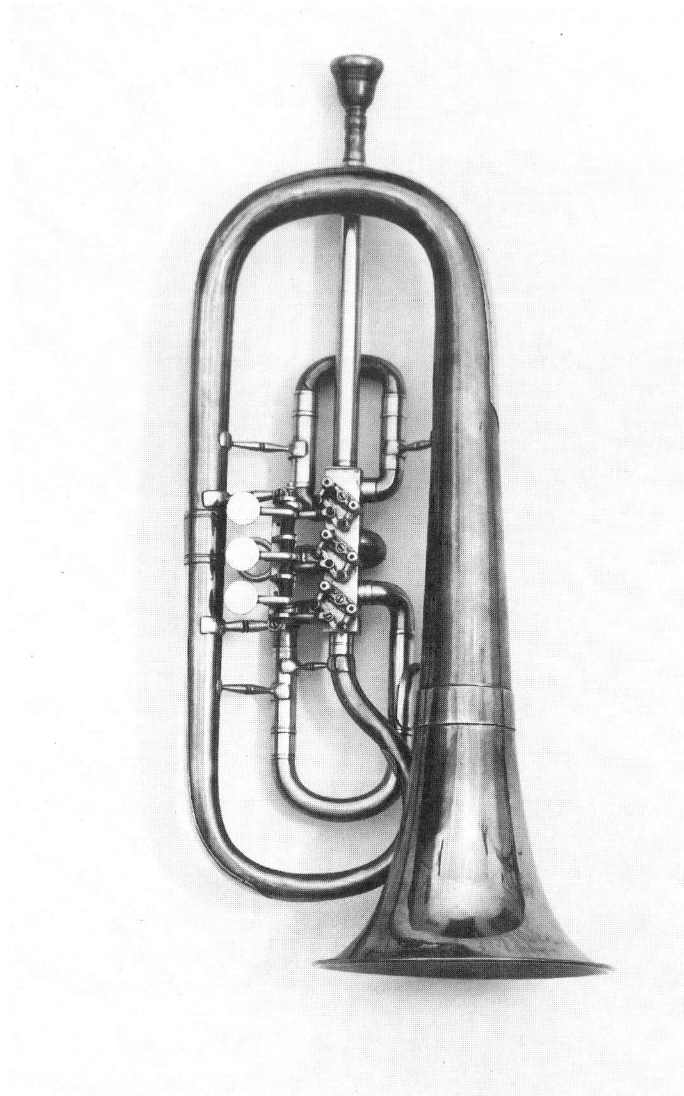

Flügelhorn in B von Jacob Löw, Münster um 1915. Ausgestattet mit Klappenventilen und Spiralfederdruckwerk.
Frankfurt (Oder) Nr. 298

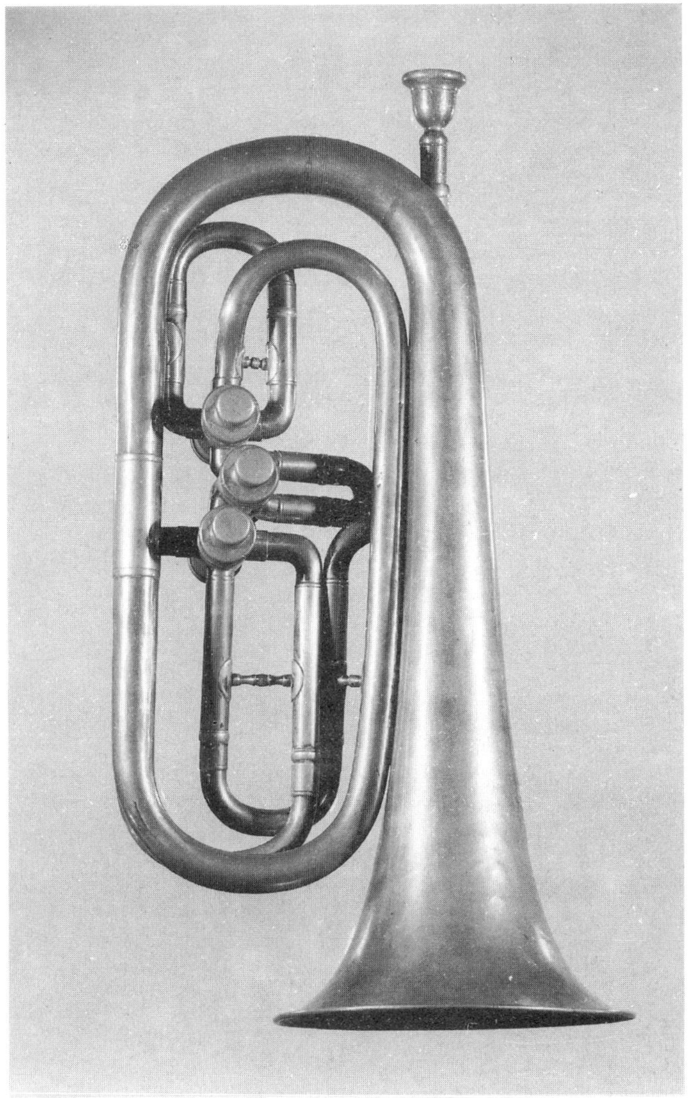

Althorn in Es, unsigniert. Markneukirchen um 1885, vermutlich Sächsische Musikinstrumenten-Manufaktur Schuster & Co. Auf ein Berliner Modell zurückgehend. Durchmesser d im Mundrohr = 11,95 mm, in Stimmzug und Maschine = 12,1 mm, Erweiterung bis D_3 auf d × 4, Stürzendurchmesser = 144—148 mm. Maschine bei ⅖ der Rohrlänge.
Frankfurt (Oder) Nr. 297

Althorn in F der Firma Schuster & Co., Markneukirchen um 1885, auch als Kornett bezeichnet. Geprägt durch österreichische (Mensur), Berliner und Potsdamer (Anlage) sowie Markneukirchener Merkmale (Detailausführung). Pumpenventile.
Halle MS-275

Althorn (Tenorhorn) in C hoher Stimmung, unsigniert, Markneukirchen um 1845–1850. Bayrisches Modell. In Bayern seinerzeit auch Baßtrompete genannt.
Markneukirchen Nr. 81

Althorn in Es, Händlersignatur: »Louis Dölling jr./Markneukirchen. Sa.« Markneukirchen um 1925–1930. Windungsart um 1855 entworfen von W. Petzold für Heinrich Scherzer in Markneukirchen. Auf der Entwurfszeichnung enger mensuriert und als »Es Cornet« bezeichnet.
Leipzig Nr. 3580

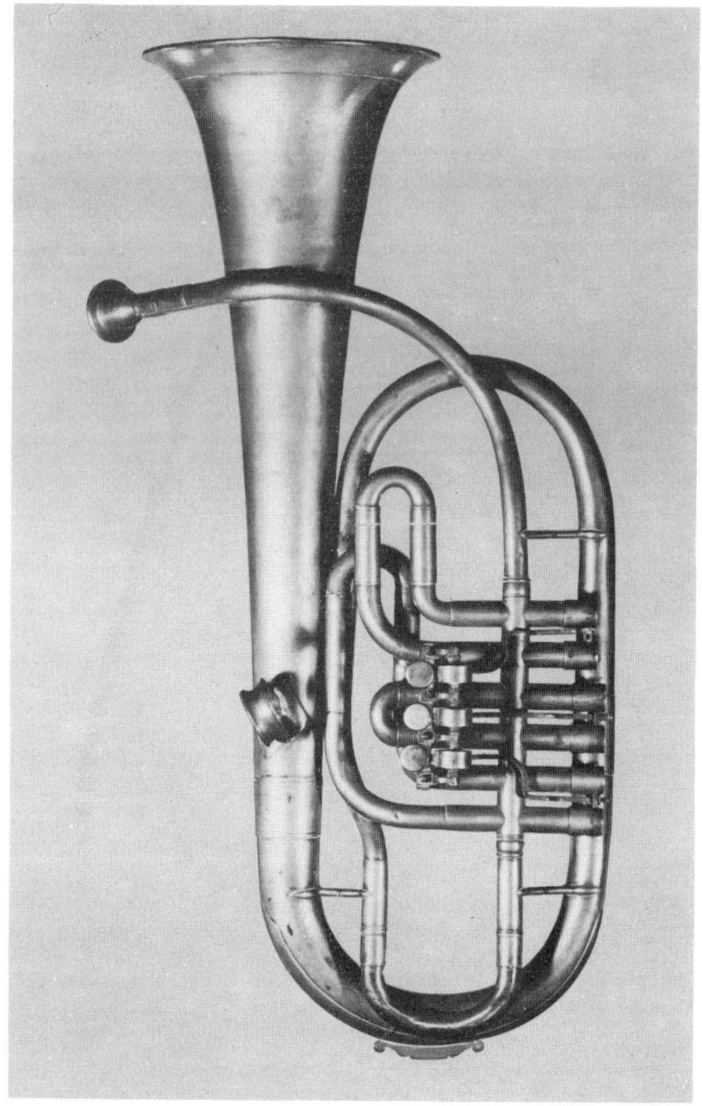

Althorn (Alttuba) in Es, signiert mit dem Stempel der Innung Markneukirchener Instrumentenmacher. Markneukirchen um 1855. Weites sächsisches Modell mit einem Stürzendurchmesser von 157 mm.
Halle MS-274

Ventilophikleide in Es alto (Ophicléide à pistons), unsigniert, Markneukirchen um 1855. In Markneukirchen (auch) als »Clavicor« bezeichnet. Nach französischem Vorbild gearbeitet, wobei die untere Rohrwindung der des österreichisch-böhmisch-sächsischen Bombardons nachgestaltet ist (vgl. Abb. 11 a).
Markneukirchen Nr. 85

Althorn in Es von Josef Glassl, Graslitz um 1895. In Mensur und Anordnung der Maschine an eine Form des Pelittone (1846) anschließend (vgl. Abb. 48). Weites Althorn mit einem Stürzendurchmesser von 173 mm und einer Maschinenweite von 11,4 mm.
Leipzig Nr. 4708

Tenorhorn in B von Robert Schopper, Leipzig um 1914. Sächsisches Modell.
Leipzig Nr. 4085

Tenorhorn in B, unsigniert, Sachsen um 1925, Potsdamer Modell.
Leipzig Nr. 3594

Fotos
113
114, 115, 116

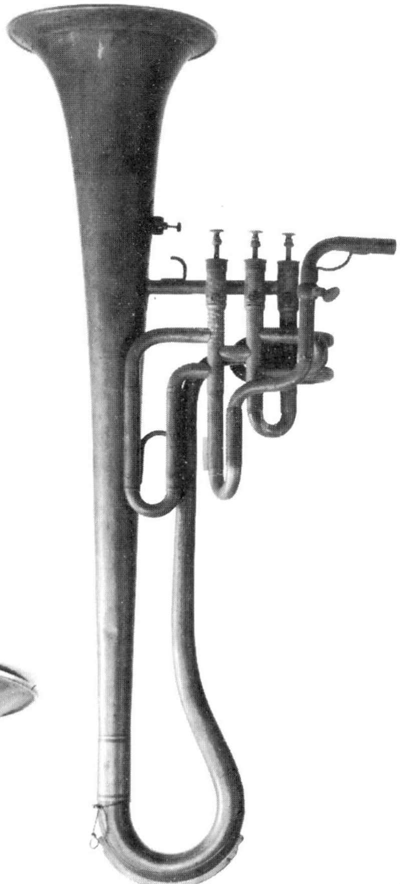

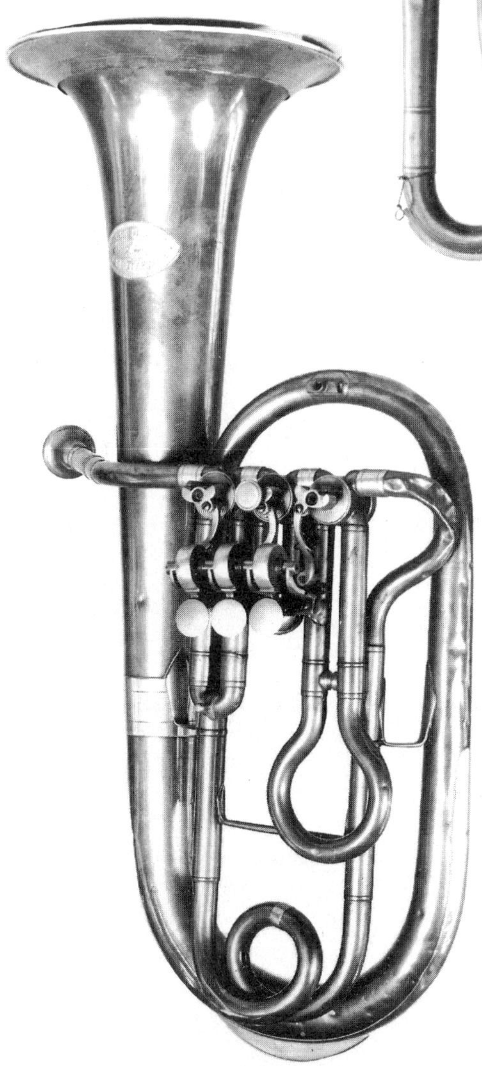

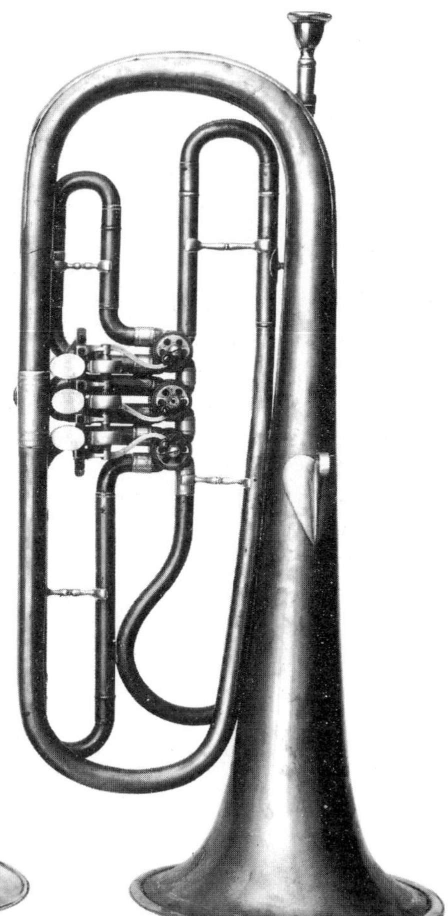

Fotos
117, 118, 119

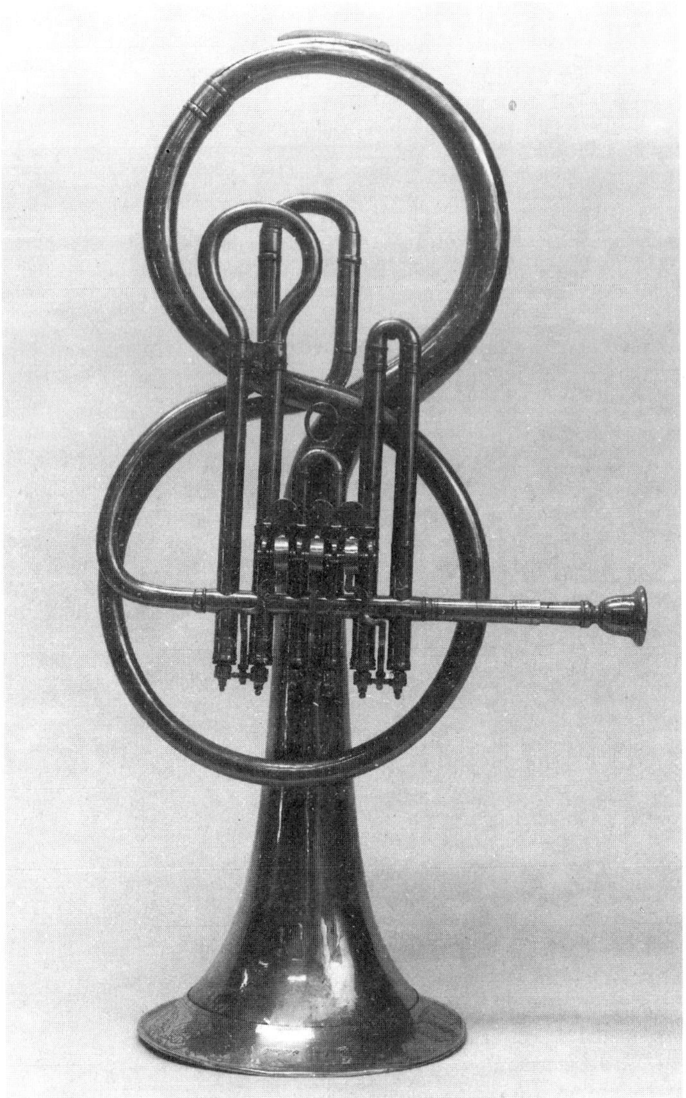

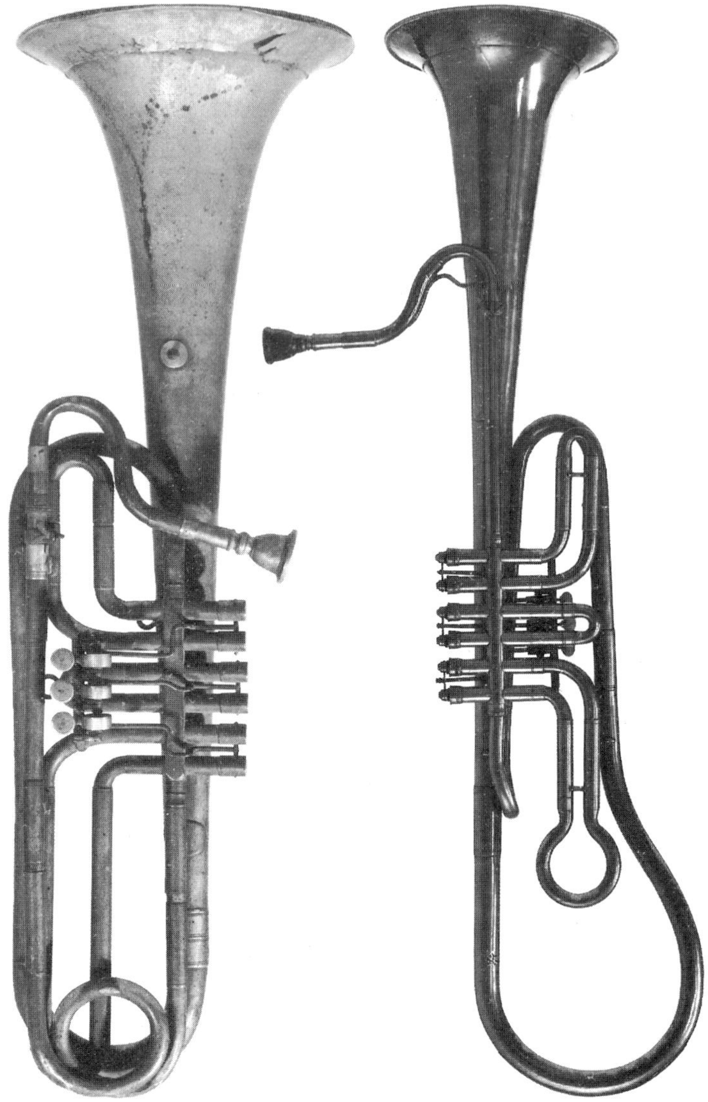

Baßflügelhorn der Firma Groß & Brambach, Innsbruck um 1850, hergestellt wohl von Anton Brambach. Nach den Museumsunterlagen als Trombone bezeichnet, demnach wohl als Ersatz für die Posaune verwendet. Zylindrischer Rohranteil etwa $\frac{2}{7}$. Stürzendurchmesser = 200–204 mm.
Innsbruck Nr. 225

Tenorhorn (Bombardon in Tenorlage) in B von Carl Gottlob Schuster, Markneukirchen um 1845–1850. Süddeutsches Modell mit drehbarem Aufsteckbogen.
Nürnberg MI Nr. 327

Tenorhorn (Bombardino) in B, unsigniert, wahrscheinlich Markneukirchen um 1840–1845. Ähnliches Modell wie auf einer *Tabelle für Tenor-Bombardon in B* von Wilhelm Petzold, Markneukirchen um 1845.
Hamburg Nr. 1928/375

Fotos
120 a, b, 121

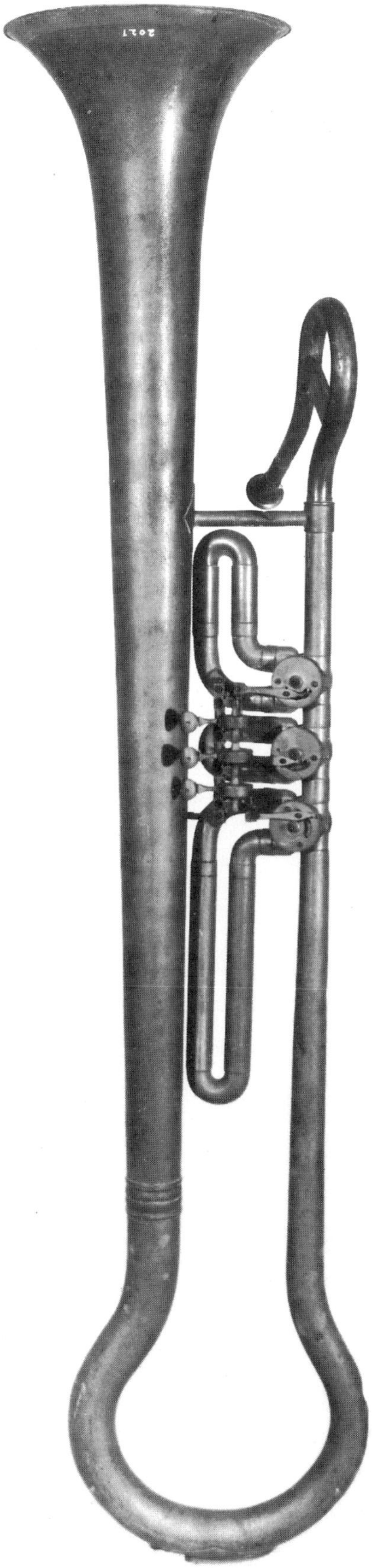

»Bombardon in Tenorlage« der Firma J. Finck, Strasbourg um 1850.
Eigenständiges Modell mit drehbarem Aufsteckbogen.
Detail: Zylinderventile, siehe auch Zeichnung 13 a.
Brüssel Nr. 2 021

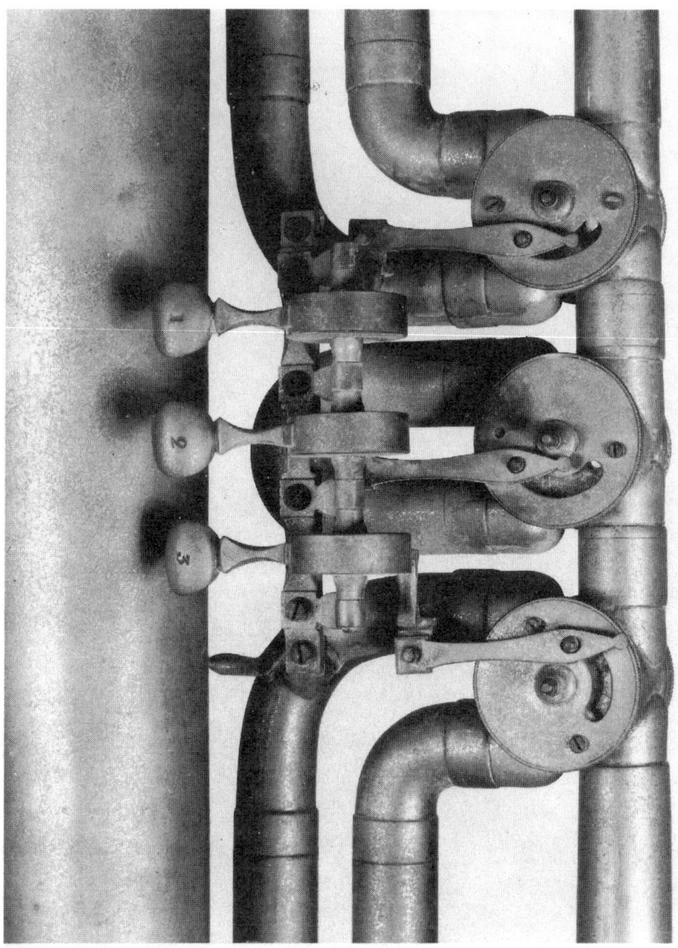

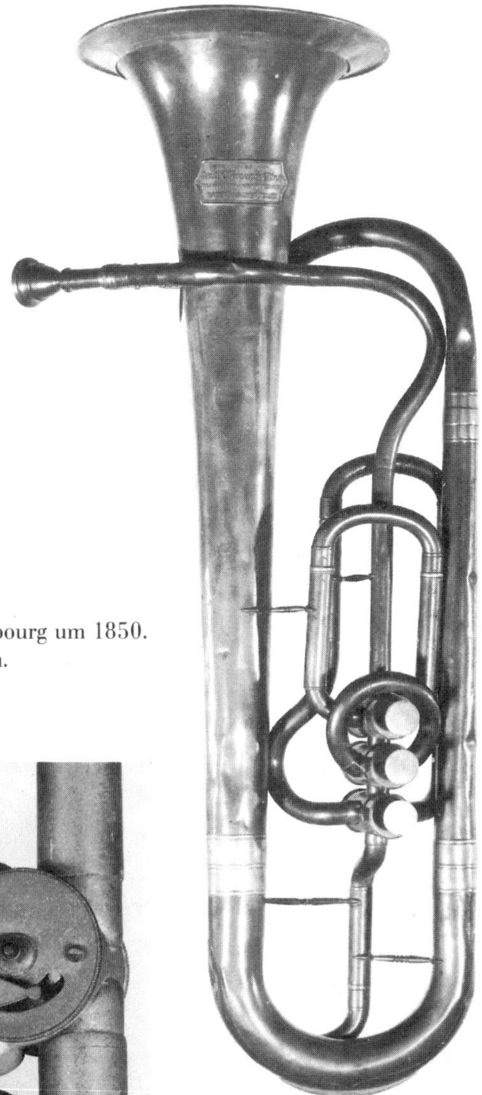

Tenorhorn in C, wahrscheinlich von A. C. Glier, Markneukirchen um 1875. Nachfahre der sächsischen Tenortuba. Leicht konisches Mundrohr, d = 12,5 mm, Maschine = 12,8 mm, D = 197 mm, D_3 = d × $4\frac{2}{3}$. Höhe = 645 mm.
Privatbesitz.

Fotos
122, 123
124

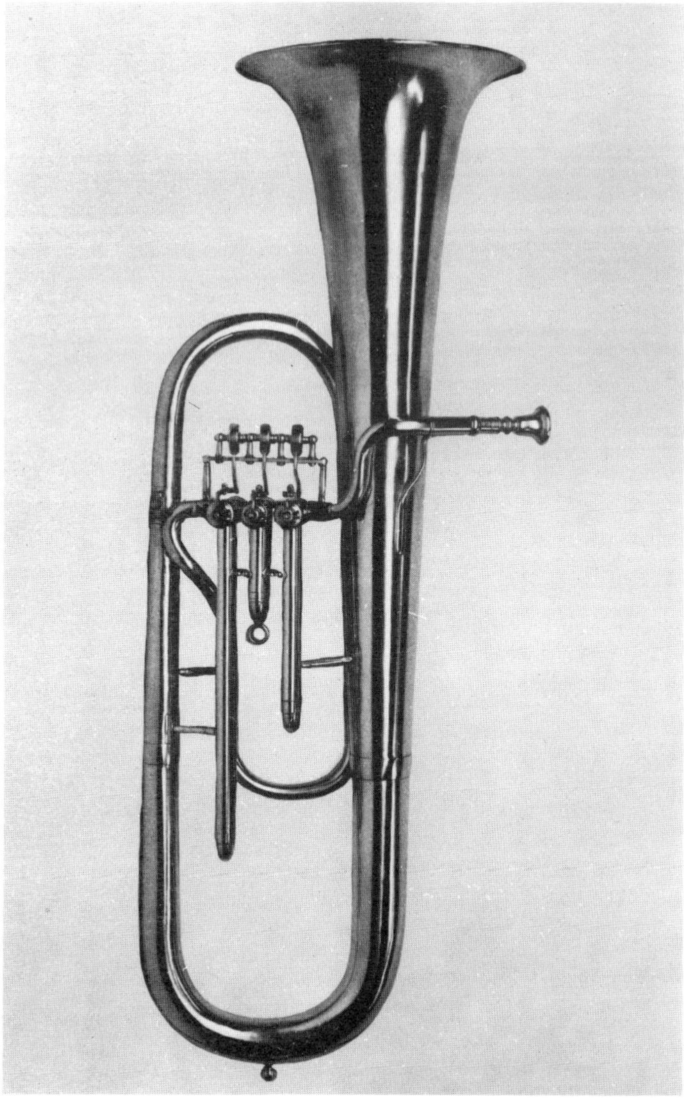

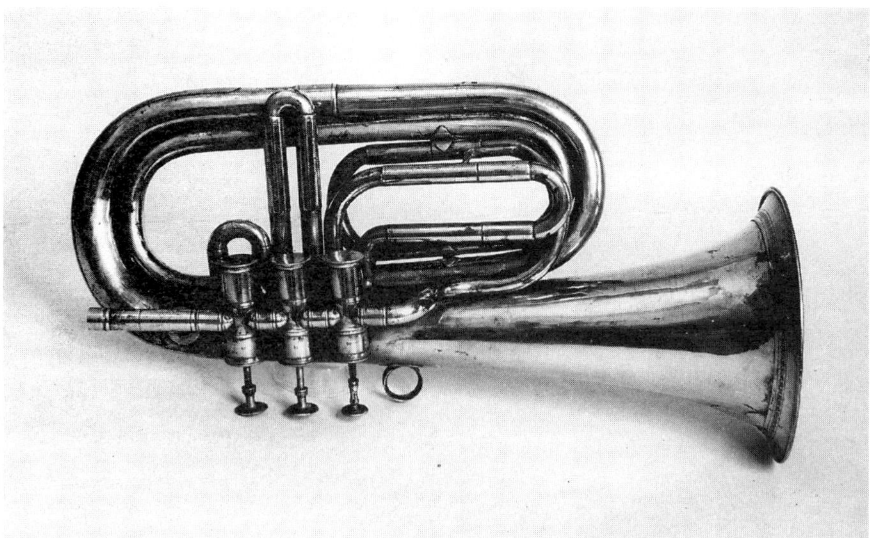

Clairon chromatique baryton in B von Charles Kretzschmann, Strasbourg. Ausgestattet mit den 1856 patentierten Pumpenventilen mit Druckwerk.
E. W. Buser

Euphonium in B, unsigniert. Graslitz um 1890. Traditionelle österreichisch-böhmische Anlage. Engster Durchmesser d im Mundrohr = 12,2 mm, Maschinenweite = 13,6 mm, Erweiterung bis D_3 auf d × 7. Stürzendurchmesser = 225 mm. Höhe = 620 mm. Enges Modell.
Leipzig Nr. 4707

Tenorhorn in C von Wenzel Schamal (Václav Šamal), Prag um 1855. Ein an die Baß-Klappentrompete anschließendes Modell mit Pumpenventilen für Vertiefung um 1, 2 oder 3 Halbtöne. Ein weites Modell, das mit der rechten Hand gespielt und gehalten werden kann.
Prag 91 E

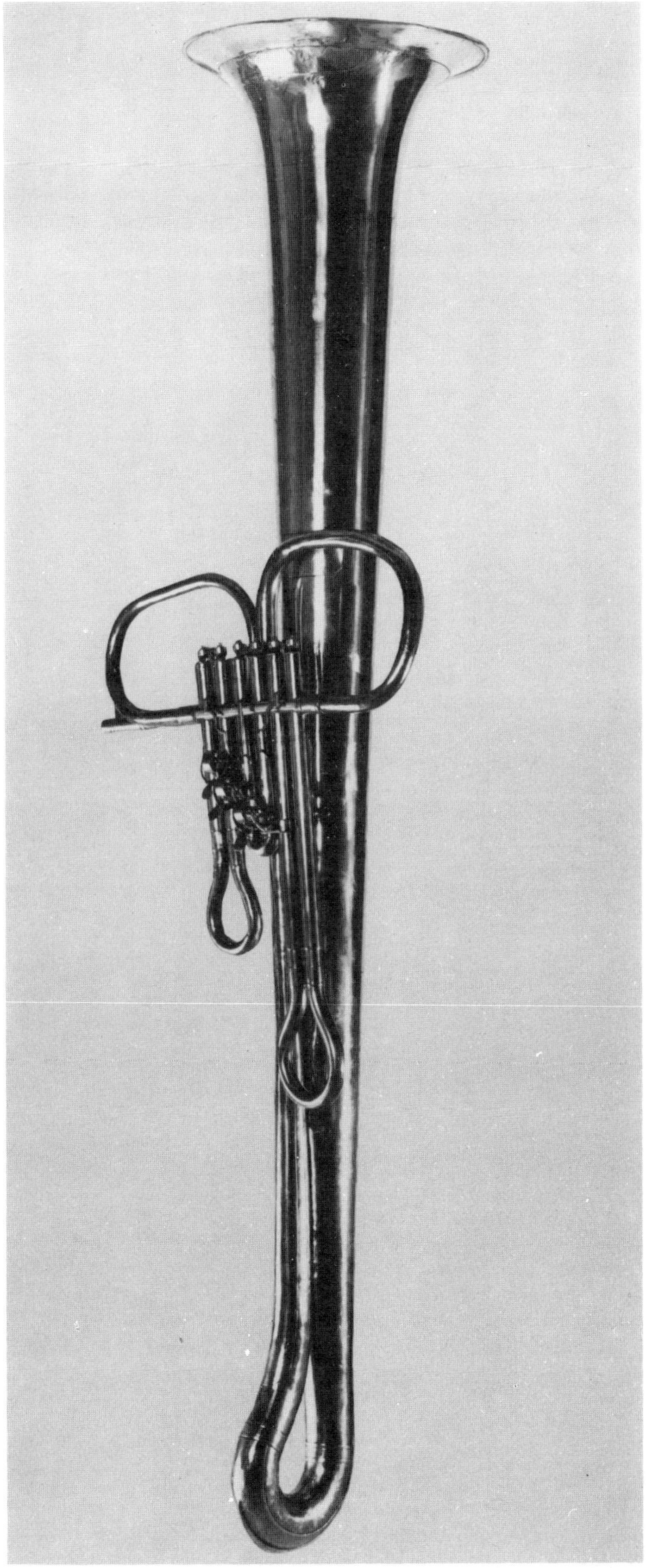

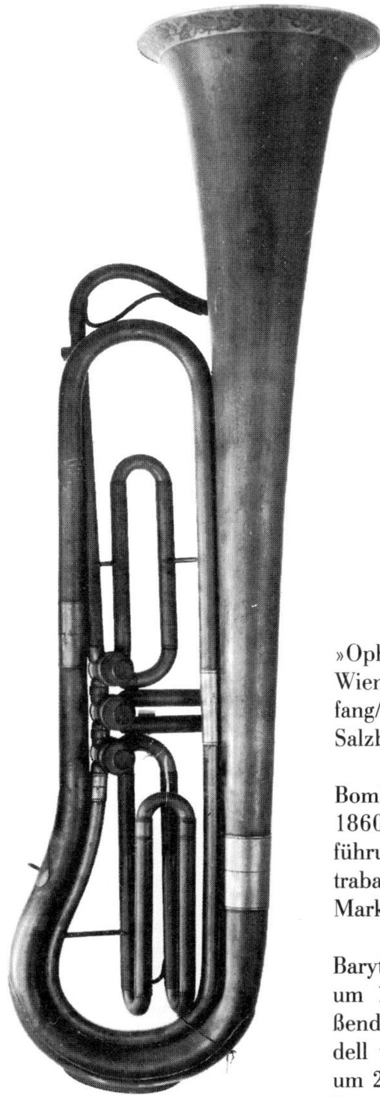

Fotos
125, 126
127

»Ophicléide mit Maschin« von Leopold Uhlmann, Wien 1839. Innendurchmesser = 13/15/290 mm (Anfang/Maschine/Stürze).
Salzburg Nr. 23/3

Bombardon in F, unsigniert, Markneukirchen um 1860. Červenýs Bombardon (um 1850) in einer Ausführung mit drei Pumpenventilen. Als Satz vom Kontrabaß bis Alt gebaut (B-Kontrabaß, B-Tenor, Es-Alt).
Markneukirchen Nr. 226

Baryton der Firma V. F. Červený & Söhne, Königgrätz um 1900. An das Kaiserbaryton von 1882 anschließend. Walzenventile mit Federspannern nach dem Modell von 1873 (Zeichnung 19). Die Ventile vertiefen um 2, 1, 3 und 5 Halbtöne.
Prag 988 E

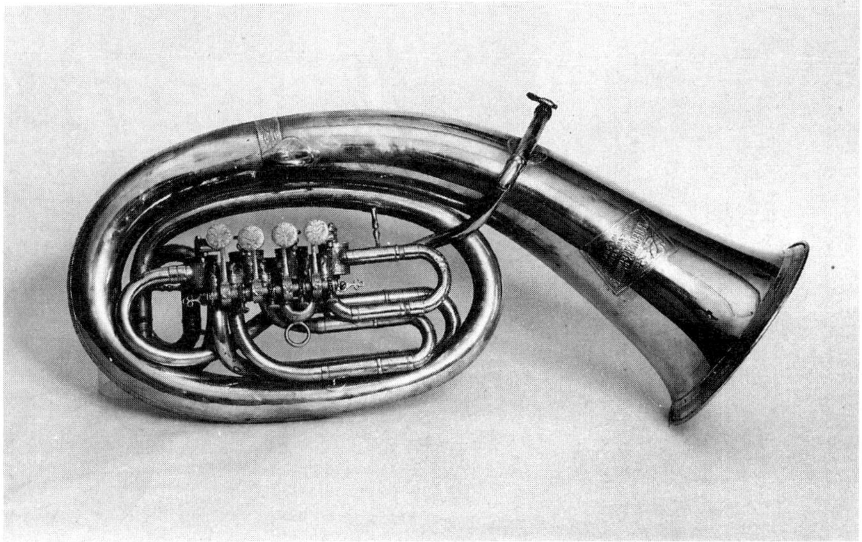

Fotos
128 a, 129
128 b

Fotos
130, 131, 132

Bombardon (Ventilbaßhorn) in F von Wilhelm Schuster, Karlsruhe um 1833–1838. Österreichisch-böhmisches Modell mit Drehventilen, bei denen der Anschlag in der Büchse erfolgt.
Detail: Ventile
Basel 1980.2 749

Kontrabaßbombardon in C, unsigniert, Bayern um 1865–1870. Vier Drehventile mit linksgriffigem Trommeldruckwerk. Bayrisches Modell mit beweglichem Mundrohr. Mensur = 14,2/15/276 mm.
München DM Nr. 12 672

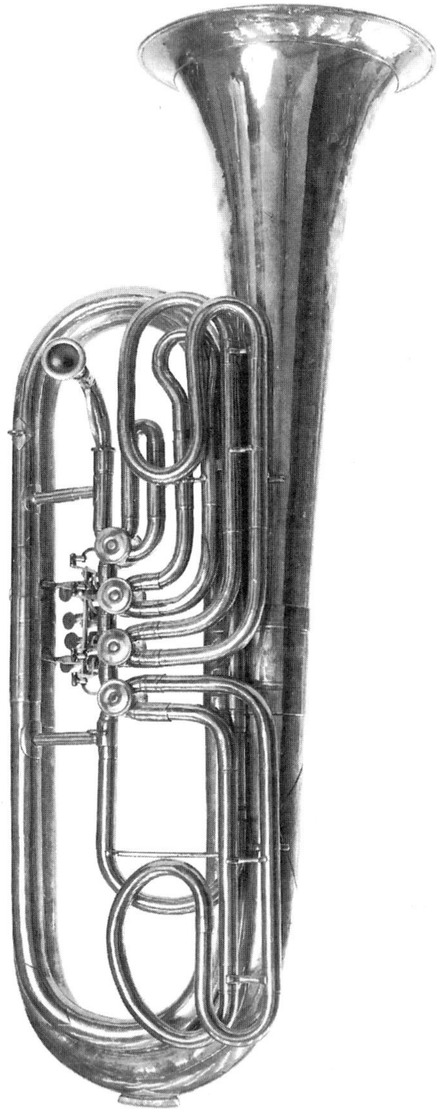

Bombardon in G, unsigniert. Vogtland um 1840.
Leipzig Nr. 3 600

Bombardon (»Baßtuba«) in F von Ignaz Lorenz, Linz um 1845.
Salzburg Nr. 23/4

Kontrabaßbombardon in C von Michael Saurle, München um 1845. Engster Durchmesser = 11,8 mm, Maschinenweite = 15 mm, Stürzendurchmesser = 306 mm, $D_3 = d \times 7\,1/5$. Ein enger Baß.
Leipzig Nr. 1 767

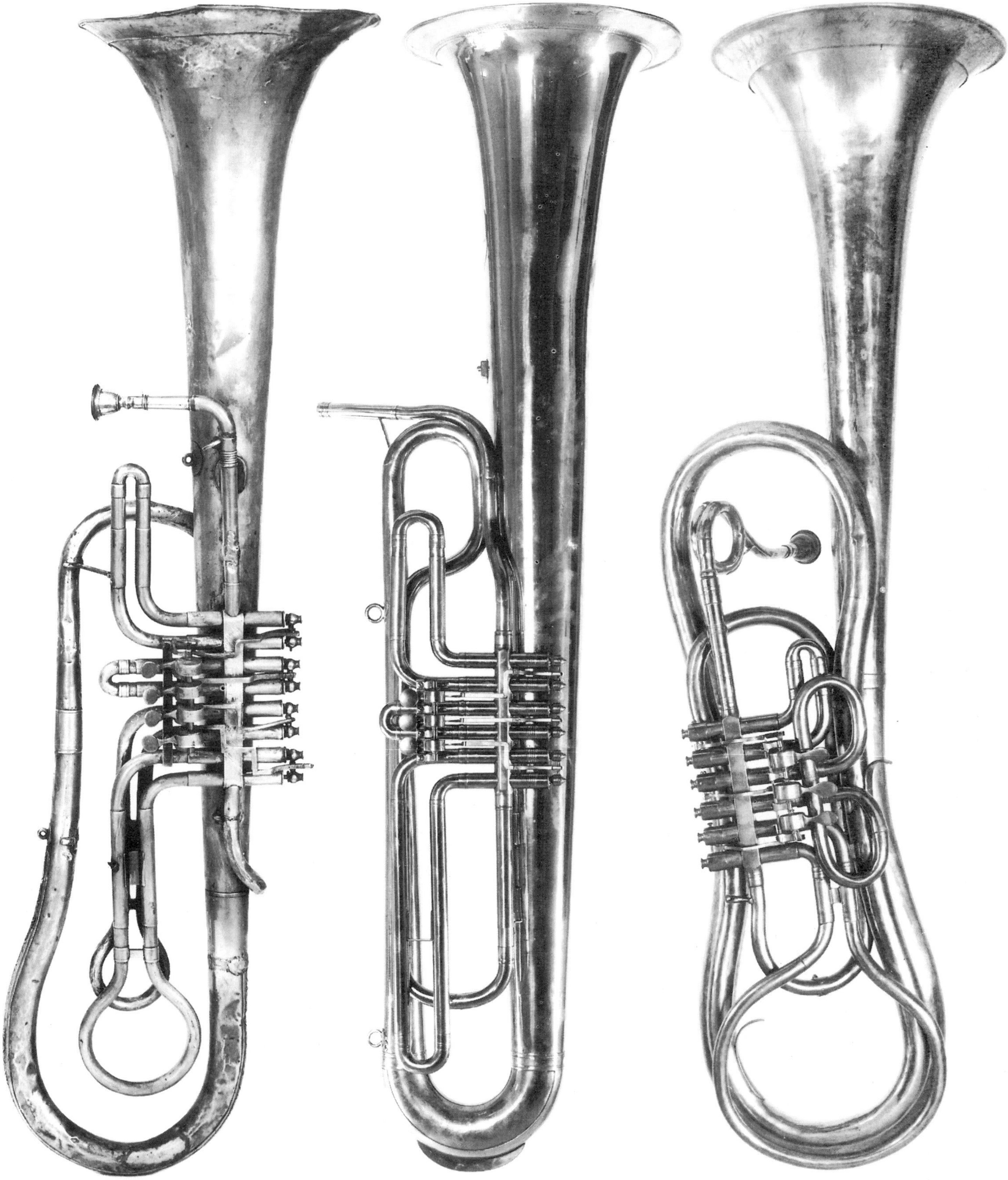

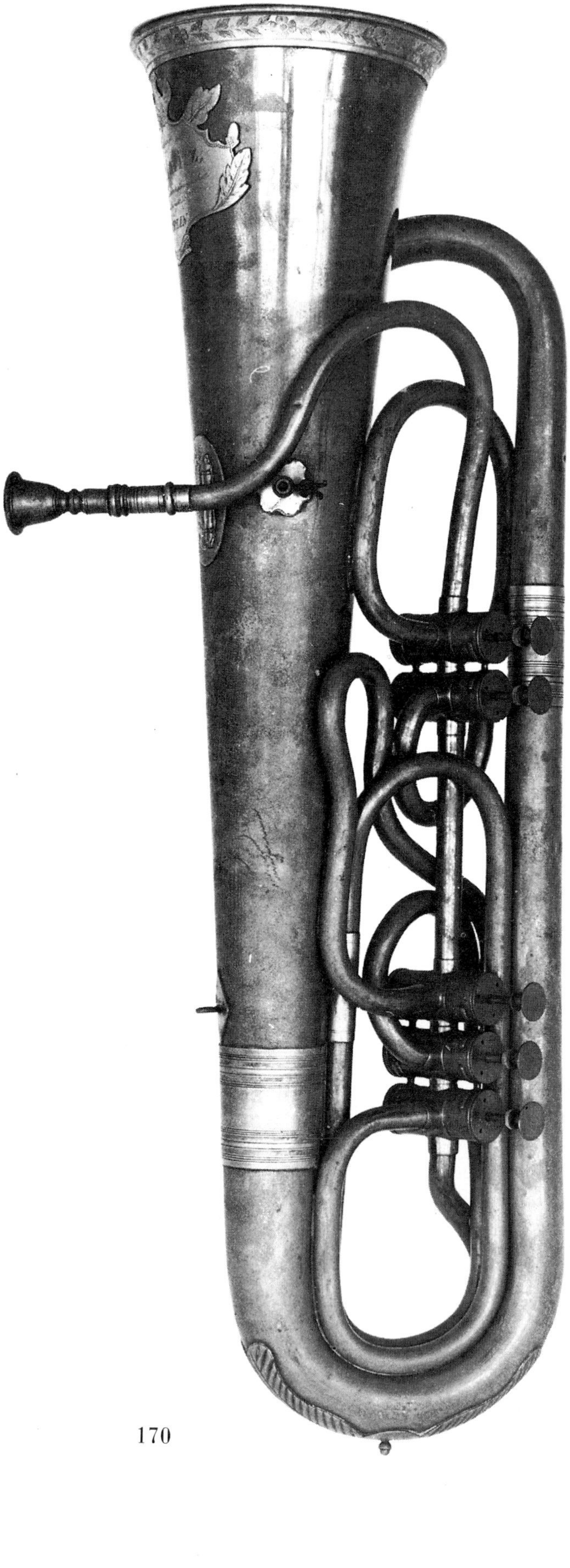

Tenortuba in B von C. W. Moritz, Berlin um 1850. 62 cm hoch. Im Prinzip die verkleinerte Baßtuba mit drei Pumpenventilen.
München SM Nr. 40/206

Tenortuba in C, Sachsen (Markneukirchen) 1849. Sächsisches Modell. Ventil 1 vertieft um 1 Halbton.
Gotha Nr. 4252

Baßtuba in F/C von C. W. Moritz, Berlin um 1845. 84 cm hoch. Gebaut weitgehend nach W. Wieprechts Patent von 1835. Abweichend davon vertiefen Ventil 1 und 2, 3 und 4 jeweils um 1 und ½ Ganzton (dagegen 1835 Ventil 1 und 2 um ½ und 1 Ganzton), dabei 1 und 2 von F- und 3 und 4 von C-Stimmung ausgehend. Ventil 5 schaltet zur C-Stimmung um (Foto 133).
Brüssel Nr. 1821

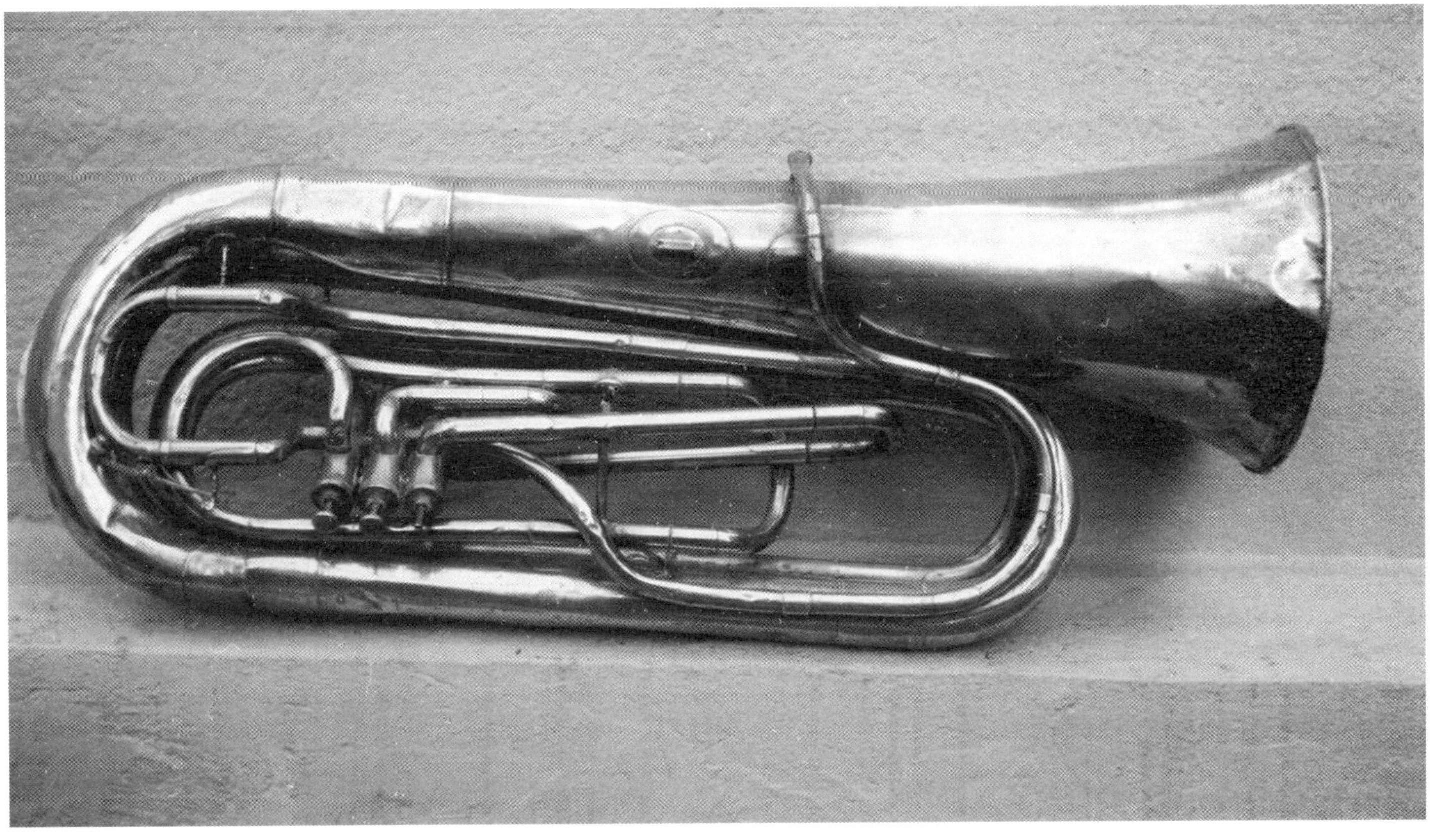

C-Tuba von Johann Riedel, Wien um 1855—1860. Österreichische Adaption der preußischen Tuba; von der Ursprungsform abweichend vor allem durch das konische Mundrohr. Maschine mit Périnetventilen (Modell von 1850). Das 3. Ventil vertieft um zwei Ganztöne. Gesamthöhe 78 cm.
Musikinstrumenten-Museum Goslar, Sammlung Walter Erdmann

Tenortuba in B (hohe Stimmung) von Ignaz Stowasser, Wien um 1850—1855. Eine Wiener Adaption der preußischen Tenortuba. Unter Verwendung von Drehventilen und der für viele österreichische und böhmische Tenöre und Bässe charakteristischen Windungsweise der Ventilzüge.
Prag 830 E

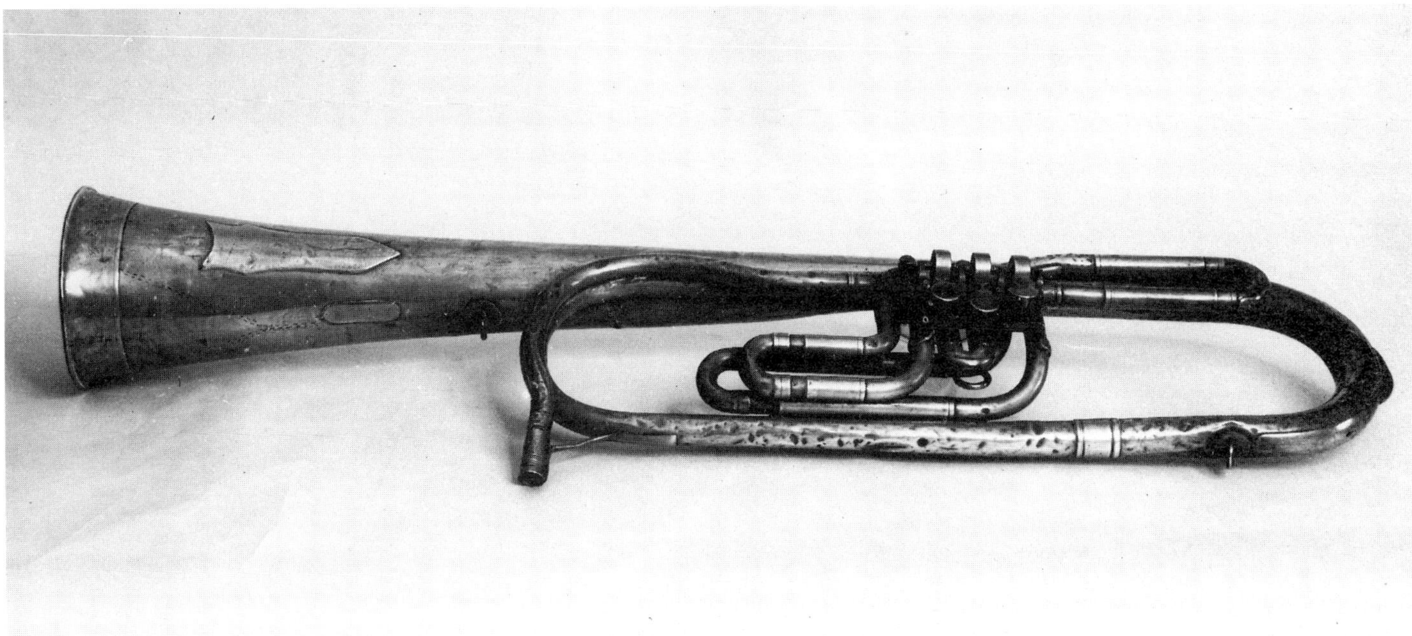

Fotos
133, 134, 135

Fotos
136
137

Fotos
138a, b

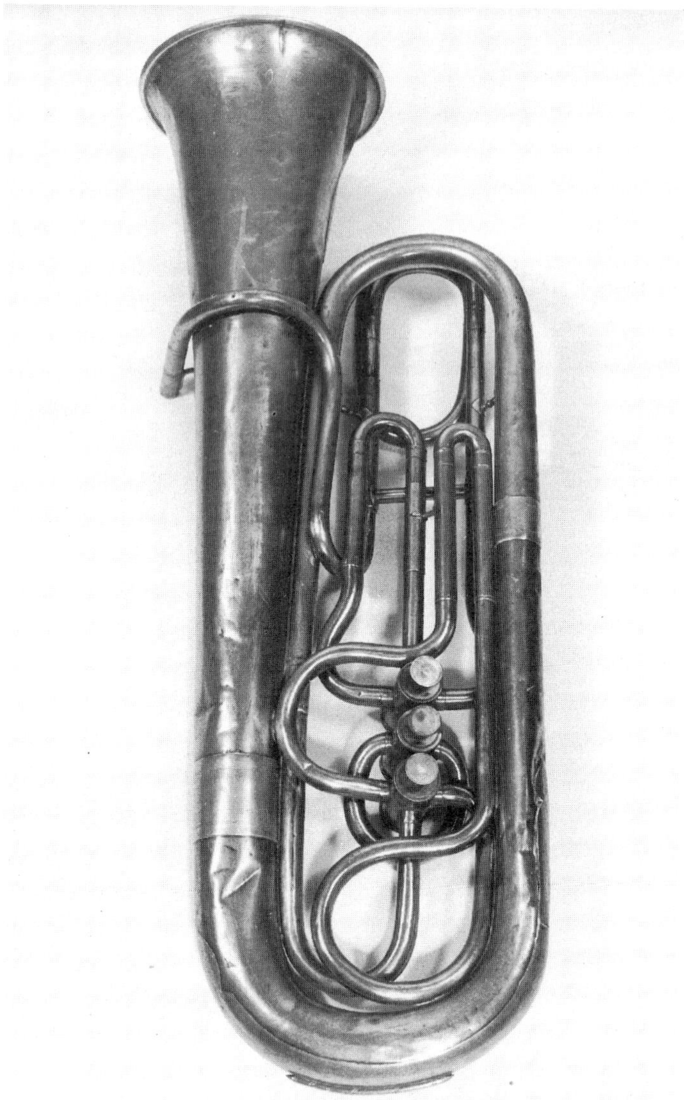

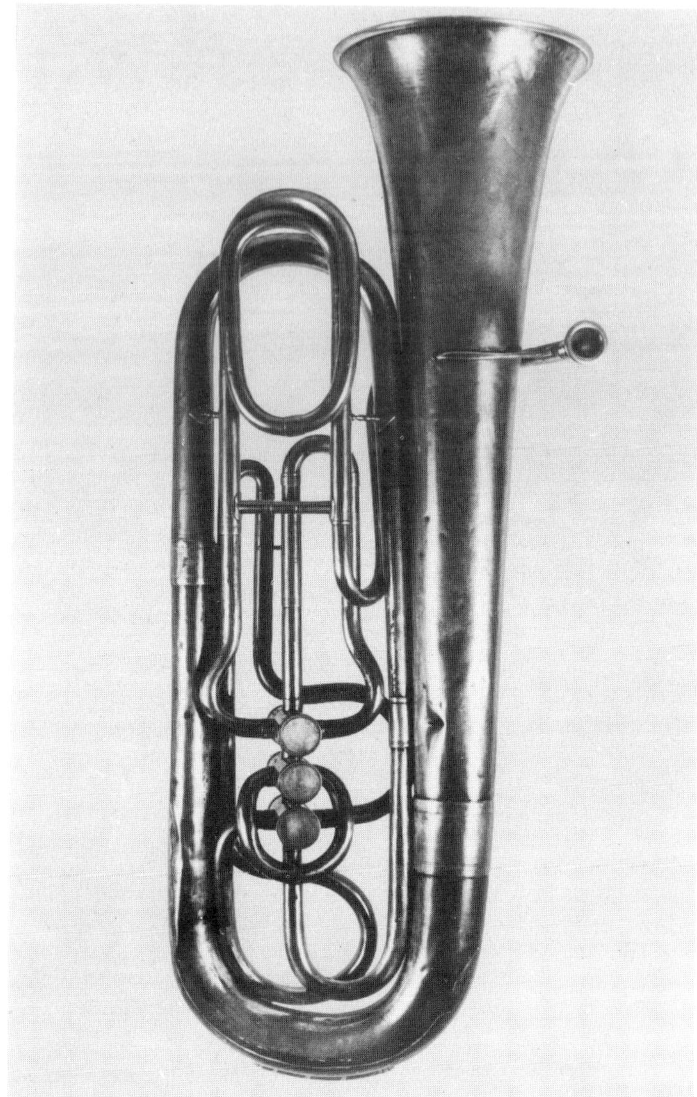

Baßtuba in Es (hohe Stimmung), Sachsen (Markneukirchen) 1850–1855. Mit hoch gelegenem Stimmzug; das 3. Pumpenventil vertieft um 2 Ganztöne. Links: Vorderseite, rechts: Rückseite.

Das Instrument wurde in der Schützenkompanie von Gotha, der Residenz des Herzogtums Sachsen-Gotha, geblasen. Mensuren s. S. 231.
Gotha Nr. 4257

Fotos
139, 140

Kontrabaßtuba in B, unsigniert, Markneukirchen um 1870. Windungsart vom Bombardon beeinflußt.
Leipzig Nr. 3603

Tuba in F der Firma Gebr. Alexander, Mainz 1981. Modell 157. Weite Mensur, vierventilige Tuba mit zwei Vorsatzventilen. (Die Ventilzuglängen auf Bestellung.)
Firma Gebr. Alexander

Fotos
141, 142
143

Bombardon (Tuba) in Es, ohne Herstellersignatur. Markneukirchener Arbeit, um 1890 für den Berliner Händler August Kessler hergestellt. Der Tuba angenäherte weite Mensur.
Leipzig Nr. 3604

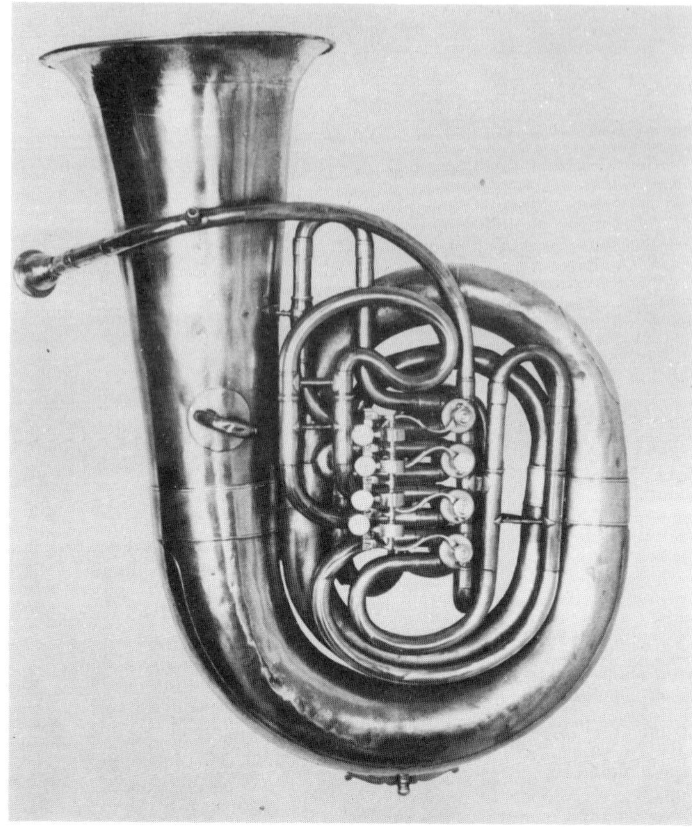

Gedrungen gebaute Tuba in Es von Julius Rudolph, Gotha 1869/70. Spätere Gravur: »Im Kriege 1870/71 geführt von Hoboist Unteroffiz. Julius Rudolph 6. Thüring. Inf. Reg. 95/Später Hof-Instr.Macher Gotha«.
Gotha Nr. 978

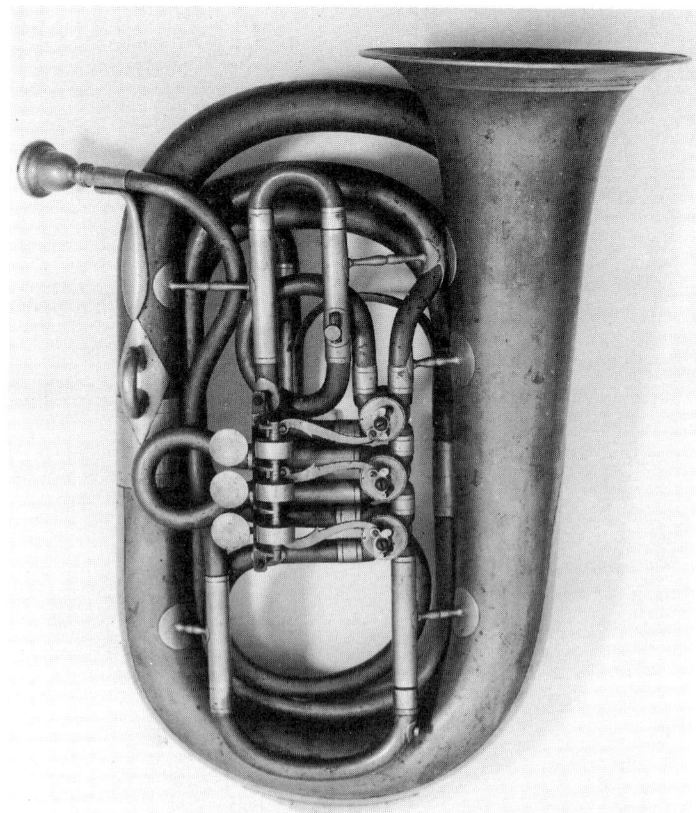

Tornistertuba der Firma V. F. Červený & Söhne, Königgrätz um 1910. Kontrabaß in B hoher Stimmung. Gesamthöhe 45,5 cm.
Frankfurt (Oder) Nr. 250

Baßtuba in F der Hofinstrumentenfabrik Julius Altrichter, Frankfurt (Oder) nach 1883. Pumpenventile für Vertiefung um 2, 1 und 3 Halbtöne. Die Windungsweise folgt der Berliner Tradition. Das Mundrohr ist bereits konisch und das Schallstück erweitert sich am Ende ziemlich stark, so daß die Mensur mehr der eines Bombardons als einer traditionellen Tuba entspricht. Engster Innendurchmesser d = 13,2 mm, Maschinenweite = 17,2 mm, Erweiterung bis D_3 auf d × 8, Stürzendurchmesser = 303 mm. Die analogen Werte einer Altrichter-Tuba in B von etwa 1920 sind: 14/21/337 mm, wobei D_3 = d × 10.
Frankfurt (Oder) Nr. 252

Kontrabaßtuba in B des VEB Blechblas- und Signalinstrumenten-Fabrik, Markneukirchen, Marke »Weltklang«. Das seit 1979 produzierte vierventilige Modell. Gegenüber dem Vorgängermodell in der Ausführung gedrungener, wobei außerdem die Ventilzüge und Anstöße in das Innere des Korpus verlegt sind, um diese vor Beschädigung zu schützen.
VEB Blechblas- und Signalinstrumenten-Fabrik, Markneukirchen

Fotos
146, 147

Kontrabaßtuba in C von Hirsbrunner & Co., Sumiswald. Es ist das seit 1972 entwickelte fünfventilige Modell. Das 5. Ventil wird anstelle der automatischen Kompensation verwendet. Dieses Zusatzventil kommt mit seiner Zwischenzuglänge (normalerweise $\frac{5}{4}$ Ton) vor allem in den tiefen Lagen zum Einsatz. Es ermöglicht dem Musiker bei Verwendung von drei, vier und fünf Ventilen von der Stimmung her »rein« zu musizieren.
Firma Hirsbrunner & Co.

Helikon von Eduard Johann Bauer, Prag 1866–1871. An das preußische Modell von C. W. Moritz mit weitem Tubaschallstück anschließend.
Basel Nr. 1980.2 633

Fotos
148, 149

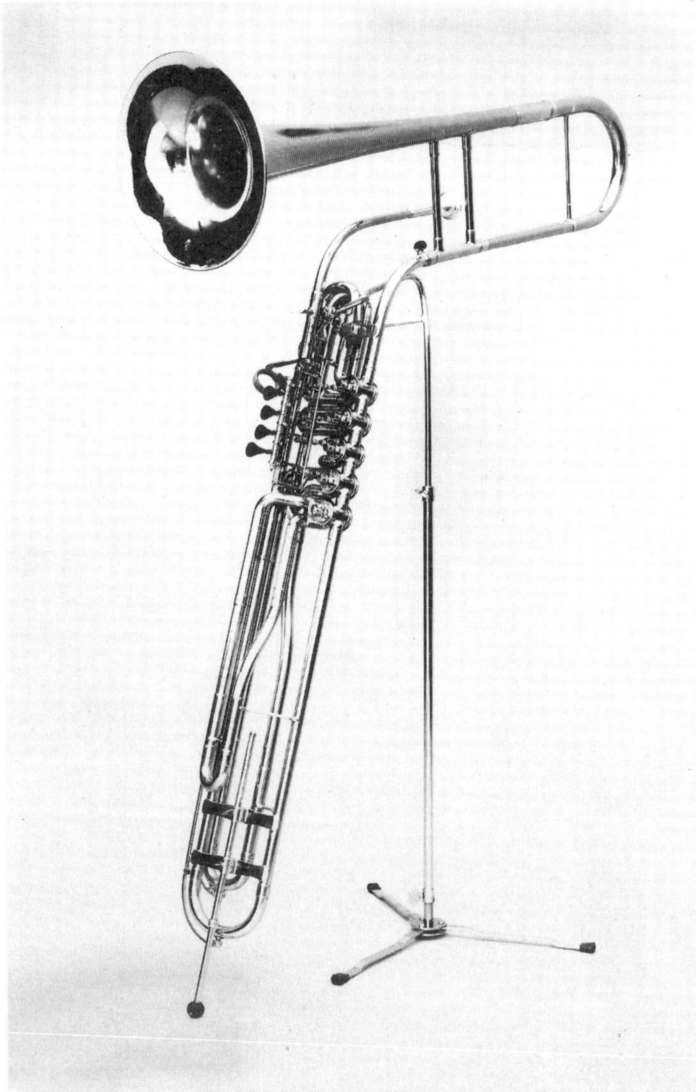

Cimbasso mit fünf Ventilen, Firma Max & Heinrich Thein, Bremen 1980/81. Die 1980 entwickelte gebogene Ausführung.
Firma Max & Heinrich Thein

Helikon von V. F. Červený, Königgrätz 1868–1872. Bombardonmensur. In der Windungsart zur österreichischen Traditionslinie gehörend.
Basel 1980.2646

Foto
150

Armeeposaune, Alt in Es, von V. F. Červený, Königgrätz 1870er–1880er Jahre. Nach dem Modell von 1867 und dem seit 1861 in der Firma gebauten Ventilmodell. Gut erkennbar auch die für Österreich und Böhmen charakteristische Stützenform. Mundrohr leicht konisch.
Prag 863 E

Maschine vogtländischer Stilrichtung, gebaut um 1850 in Markneukirchen, an die Kail/Riedlschen Ventile (1823) anschließend und mit Uhlmanns Trommeldruckwerk (1830) versehen. Im Vogtland zwischen etwa 1830 und 1865 gebaut und dort als »Alte Wiener Maschine« bezeichnet. Im Vergleich zu Kail/Riedl sind in vorliegender Ausführung die Wechselköpfe bereits »eingezogen« (Zeichnung 25b).
Markneukirchen Nr. 892

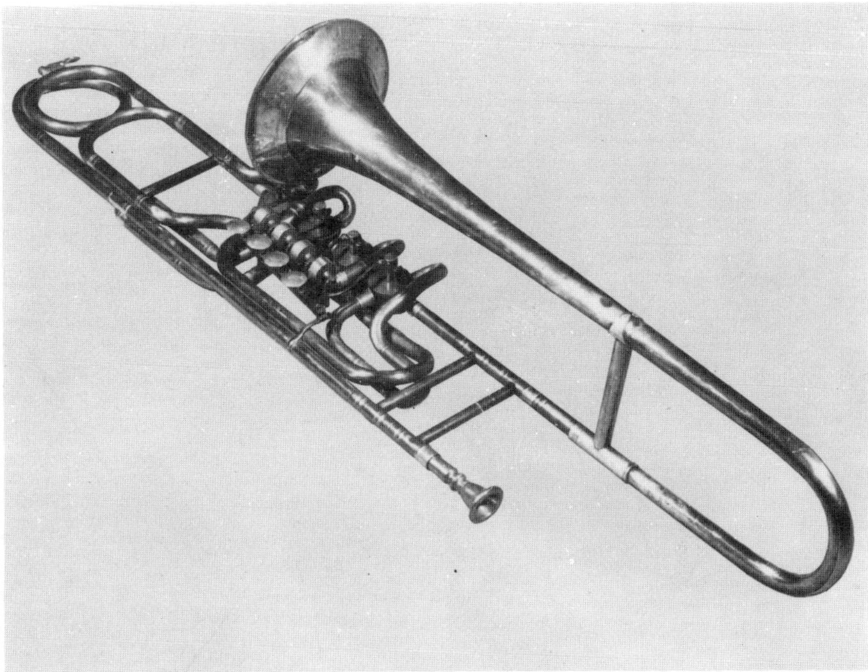

Ventilposaune von Anton Kleps, Wien nach 1843.
Wien Nr. 425 (Gesellschaft der Musikfreunde)

Drehventile (System Blühmel/Wolff) der Posaune von A. Kleps auf Foto 152. Wien nach 1843. Links: geöffnet.
Wien Nr. 425 (Gesellschaft der Musikfreunde)

Fotos
154, 155
156

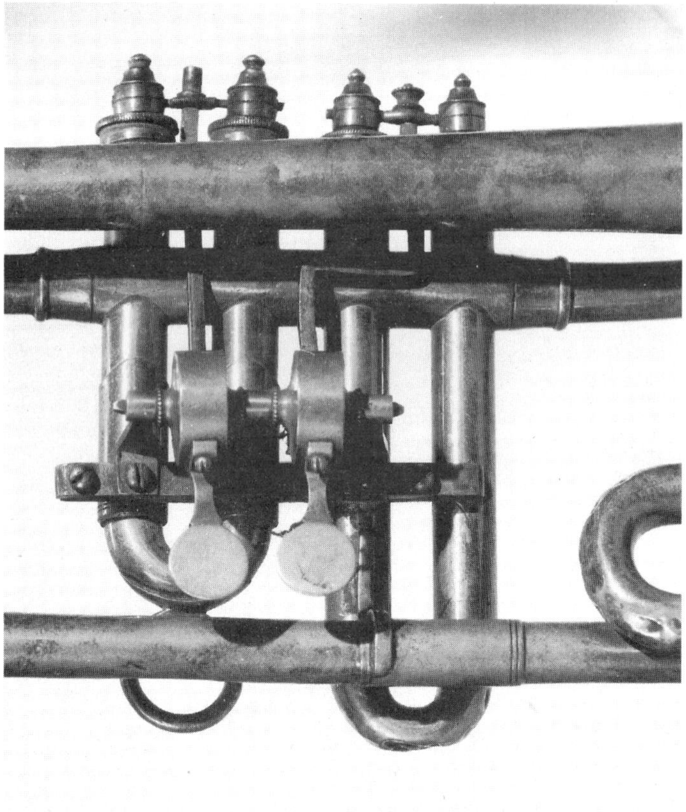

Wiener Maschine mit Trommeldruckwerk in Anlehnung an L. Uhlmanns Erfindung von 1830. Abweichend von Uhlmann: Aufschraubdeckel, angeschraubte Fingerdrücker, runde Fingerplättchen. Vogtländischer Stil. Die Maschine befindet sich an einer Trompete (Wiener Modell), Vogtland um 1835–1840.
Nürnberg MIR Nr. 133

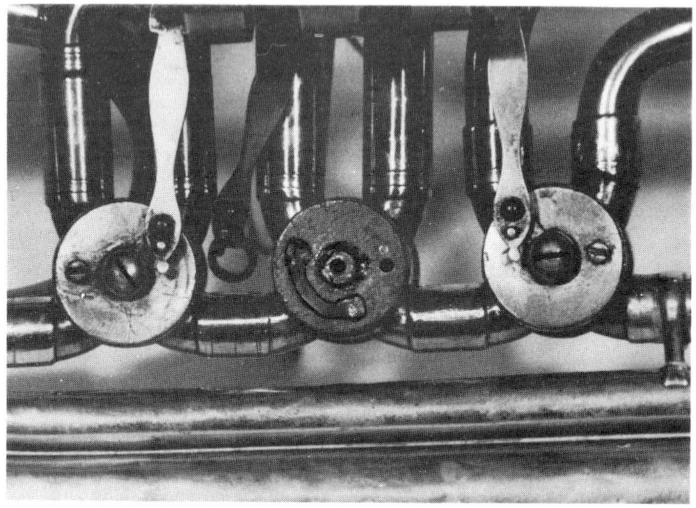

Drehventile mit Innenanschlag an einer Trompete in F von Joseph Saurle, München um 1850. Beim mittleren Ventil sind Flügel und Oberdeckel abgenommen, so daß die eingelegte Platte mit dem sichelförmigen Ausschnitt sichtbar wird. An den Rändern des Ausschnitts kleine Korkstückchen, an denen der Zapfen des Wechsels anschlägt.
München DM Nr. 35 712

Drehventile mit Neumainzer Druckwerk und einer modifizierten Form des Riedlschen Rädchenanschlags an einem Flügelhorn in C von Fritz Herold, Aschaffenburg um 1845–1850. Der Ventilhals ist zwischen Büchse und Dreharm mit Faden umwickelt, so daß der Anschlag gepolstert ist.
München DM Nr. 30 808

Mit dem Clarinhorn von Gillhaus/Streitwieser wird im Rahmen der Bach-Aufführungen eine alte Tradition in etwas anderem Gewande fortgesetzt, denn aus manchem Orchester-Leihmaterial geht noch heute hervor, daß man die extrem hohen Hornpartien in den Kantaten J. S. Bachs einst bisweilen auf dem in der Mensur verwandten Flügelhorn ausführte.

In den gleichen großen Traditionszusammenhang der Posthörner, Cornets und Flügelhörner in kreisförmiger Ausführung gehören auch jene Clarinhörner, die 1982 in den Werkstätten von Frank und Friedbert Syhre in Leipzig auf Anregung des Trompeters Ludwig Güttler entstanden. Sie stehen in hoch B und hoch D (Foto 50) und werden mit Trompetenmundstück angeblasen. Sie sind bis auf einen zylindrischen Kluppenzug und die Maschine konisch, besitzen ein Quart- bzw. Quintventil und werden rechts- oder linksgriffig ausgeführt. Die Mensuren des ursprünglichen B-Hörnchens, das also die gleiche Rohrlänge wie eine übliche B-Trompete hat, sind folgende: Anfangsdurchmesser 10,8 mm, Maschinenweite 11,2 mm, Stürzendurchmesser 155 mm. Beim noch kürzeren D-Horn sind die analogen Werte: 9,8 mm, 11,2 mm, 118 mm. Später wurden die Mensur weiterentwickelt und Versionen gebaut, die den Blasgewohnheiten der Hornisten entgegenkommen.

1976/77 baute Friedbert Syhre für den Hornisten Peter Damm ein Hörnchen in F alto nach einem Original der Firma Julius Rudolph, das nach 1872 in Gotha entstand. Es ist ein Instrument mit engem konischem Mundrohr und Waldhornmundstück und damit im engeren Sinne ein »Sopranhorn«, für das es bereits im 16. und 17. Jh. verwandte Typen gab. Die Mensuren der linksgriffigen Nachgestaltung sind: kleinster Durchmesser 8,2 mm, Maschinenweite 12 mm, Stürzendurchmesser 130 mm. Damm blies das Instrument zuerst 1977 im Erfurter Dom.

Eine echte Loslösung von den Mensuren des 19. Jh. erfolgte bei den bisher gebauten hohen Ventilhörnern kaum. Auch kaum anders als im 19. Jh. sind es Ausführungshilfen für die hohe Hornliteratur des 18. Jh. Zu den bisher besten Lösungen für die Aufführung von Musik zwischen 1710 und 1760 gehören die nachstehend genannten Hörner.

Gleichsam ein Bindeglied zwischen den nun schon traditionellen Diskanthörnern in F alto mit großem Schallstück und den kleinen, posthornförmigen »Sopranhörnern« bilden das *Bach-Diskanthorn* von Friedbert Syhre und das *Pikkolohorn* der Firma Max & Heinrich Thein. Diese Instrumente in F alto und B der Trompeten-Stimmung und einem Stürzendurchmesser von 20–24 cm schließen an die Hörner der 1. Hälfte des 18. Jh. mit mittelweitem Schallstück an. Hier ist vor allem Friedbert Syhre vorangegangen, der 1978/79 als erster Diskant-Doppelhörner in B altissimo und F alto mit Kompensationsventilen baute (Foto 51). Die Mensuren sind: Anfangsdurchmesser 8,2 mm, Maschinenweite 12 mm, Stürzendurchmesser 205 mm. Nach dem Urteil des Hornisten Peter Damm zeichnet sich das Horn in der Lage »zwischen g^1 (Klang c^1) und f^3 (Klang b^2) durch eine leichte, deutliche und sichere Ansprache der Töne aus« (Zitat nach einem Firmenprospekt). Syhre baut für den hohen Hornisten auch Ausführungen als einfaches Diskanthorn in B mit Quartventil. Bekannt wurden auch die den Spielgewohnheiten der Trompeter angepaßten Versionen, die wie andere kleine Hörner der Firmen Friedbert und Frank Syhre anfangs auch unter der Bezeichnung Corno da caccia vorgestellt worden sind. In diese Richtung gehört auch das 1981 von Max & Heinrich Thein entwickelte einfache hohe Pikkolohorn in B (Foto 48), das von der Firma auch als Diskanthorn bezeichnet wird.

Doppelhörner

Die Ära der Doppelhörner begann mit Gumbert/Kruspes Horn von 1897, bei dem auch zum ersten Male doppelte Drehventile zum Einsatz kamen. Die Grundmodelle aller jetzt gebräuchlichen Doppelhörner entstanden bis 1909. Sowohl der Typ des Kompensationshorns als auch der mit unabhängigen Stimmsträngen kamen zwischen 1897 und 1899 auf. Ein Kompensationswaldhorn liegt dann vor, wenn die Schleifen und Zuleitungslängen des längeren Strangs sich aus denen des kürzeren Strangs und dem Differenzbetrag zum Sollbetrag des längeren zusammensetzen. Die Schleifen des F-Kompensationshorns sind daher stets kürzer als die des eine Quarte höher stimmenden B-Strangs.

Während doppelte Pistons in Frankreich längst durch die Cornets à transposition instantanée von Lecomte & Cie. (französisches Patent von 1885) bekannt waren, wenn man von älteren Vorformen, etwa Bessons Registre (1856) bzw. Besson/Girardins Piston transpositeur (1858) absehen will, traten mehrstöckige Drehventile in Deutschland neu auf. Man erfand Doppelhörner, um die hohen Töne als niedrige Naturtöne leichter blasen zu können. Da auf dem F-Horn die Naturtöne klingend von a^1 an eng beieinander liegen, ist die Treffsicherheit ein Problem. Beim B-Horn, bei dem die Naturtöne in diesem Bereich weiter auseinander liegen, ist das Treffen der Töne dagegen leichter und sicherer. Dazu spricht ein kurzes Rohr in hoher Lage leichter an als ein langes. Die großen Anforderungen der Komponisten in der 2. Hälfte des 19. Jh. bildeten die musikalische Grundlage für die Erfindung der Doppelhörner.

Vor Besprechung der eigentlichen Doppelhörner mit zweistöckigen Ventilen soll auf das Doppelhorn des Leipziger Ventilerfinders Albert Pappé hingewiesen werden. Pappé konstruierte bis 1906 ein Horn in F/hoch F mit zwei getrennten

Maschinen (DRP 193161 vom 22. August 1906), er erweiterte und führte damit den Gedanken von Heidrichs Sopranhorn konsequent zu Ende. Pappé legte ein gewöhnliches F-Horn zugrunde und schaltete, um die hohen Töne leichter blasen zu können, durch ein Umschaltventil die Hälfte des Rohrs ab. Eine zweite Ventilgruppe »gestattet dann, das Instrument eine Oktave höher zu spielen, ohne daß die Reinheit der Töne, wie bisher, ganz besondere Geschicklichkeit des Bläsers erfordert«. Also nur bei den ganz hohen Tönen wird umgeschaltet und auf die zweite Ventilgruppe übergegriffen.

Die Maschinen sind demnach unabhängig voneinander. Es werden allerdings sieben einfache Ventile benötigt, und die B-Stimmung ist gewissermaßen übersprungen, die ab a^1 (geschrieben e^2) wichtig ist. Beim Umschalten vom F- ins Oktavhorn entsteht ein merklicher Klangfarbensprung. Dann besteht das unbequeme Übergreifen von einer Maschine zur anderen. Grund genug, daß dieses Doppelhorn in Vergessenheit geriet. Auch ein B-Cornet mit B-Pikkolo von Friedrich Butti (1899) hat keine Verbreitung erlangt. Pappés Erfindung muß man aus seiner Zeit heraus verstehen, als meist das einfache F-Horn geblasen und bei Doppelhörnern nur in den hohen Lagen umgeschaltet wurde.

Ein weiteres, eigentlich fälschlich Doppelhorn genanntes Instrument brachte 1906 die Firma Gebr. Alexander auf den Markt. Es war ein B-Waldhorn mit Daumenhebel, mit dem man eine Quartschleife einschalten und das B-Ventilhorn in ein F-Naturhorn umstimmen konnte (ZfI vom 11. November 1906, S. 124). Es wird übrigens noch jetzt gebaut (Abb. 33, Modell 97).

Das erste »echte« Doppelhorn mit zweistöckigen Ventilen baute 1897 die Firma Eduard Kruspe in Erfurt nach der Idee von Gumbert, dem Neffen des Hornvirtuosen F. A. Gumbert und 3. Hornist der Hofkapelle in Meiningen. Die Firma Kruspe, die bis um 1925 führend auf dem Gebiet der Doppelhörner war, meldete die Erfindung auf ihren Namen am 5. Oktober 1897 zum Gebrauchsmusterschutz an. Er wurde bald darauf erteilt für »ein Metall-Blechblasinstrument mit Doppelzylindermechanik und gelenkig verbundenen Stellventilen neben den Doppelzugventilen« (DRGM 84240 vom 13. November 1897). Das Horn besitzt kompensierende bzw. kombinierte Stimmstränge und zwei dreiwegige Umschaltventile, deren Flügel bzw. Dreharme über eine Stange miteinander gelenkig verbunden sind, so daß nur ein Daumenhebel zur Umschaltung erforderlich ist (Zeichnung 82 a). Es ist ein B-Horn, zu dem Ventilzüge und Rohre mit einer solchen Länge hinzugeschaltet werden können, daß sich die F-Stimmung ergibt. Die Umschaltventile sind so angeschlossen, daß sich bei Druck auf den Daumenhebel die B-Stimmung einstellt. (Zu H. Eichborns Beschreibung in ZfI 1899, S. 98 f. ist anscheinend wohl ein Doppelhorn nach F. Butti abgebildet). Von 1904

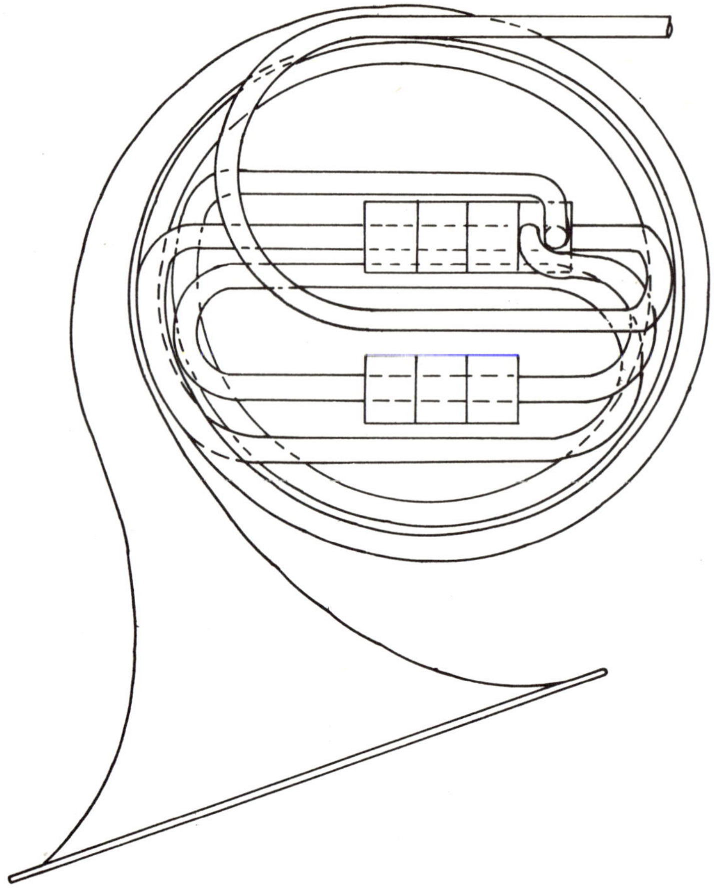

81. Doppelhorn F/hoch F nach Albert Pappé, Leipzig 1906. Ausgestattet mit Umschaltventil und zwei getrennten Maschinen.

datiert das Modell des Philadelphier Hornisten Anton Horner, das zuerst ebenfalls die Firma Kruspe in die Tat umsetzte und darauf einen Gebrauchsmusterschutz erhielt (DRGM 232038 vom 23. Juli 1904):

»Doppelzylindermechanik für Metallblasinstrumente mit neben und parallel zu den Zylinderdoppelventilen angeordneten, zu einem Zylinder in einem Gehäuse vereinigten Stellventilen.«

Anton Horner (geb. 1877), war Schüler von Friedrich Gumbert in Leipzig. Er setzte von 1899 an in den USA, in Pittsburgh und Philadelphia, Gumberts berühmte Hornspieltradition fort und blies bereits im Herbst 1899 in Pittsburgh Kruspes Doppelhorn. Zwischen Kruspe und Horner begann sich von 1900 an eine Kooperation zu entwickeln, die auch darin zum Ausdruck kam, daß Horner bis um 1940 Kruspe-Hörner in den USA vertrieb. Durch das Périnet-Umschaltventil von C. F. Schmidt angeregt, entwickelte Kruspe seit 1900 das zusammengelegte Stellventil. So entstand in den Folgejahren jenes neue Hornmodell, das Kruspe selbst als *Modell Horner* bezeichnete und 1904 als Gebrauchsmuster schützen ließ.

82. Windgang in Doppelhörnern (und Doppeltuben).

a: Gumpert/Kruspe, Erfurt 1897. Kompensationshorn mit drei Doppelventilen und zwei gekoppelten Dreiwegeventilen vor und nach den Spielventilen.

b: Gumpert/Kruspe, Erfurt um 1905. Anstelle der zwei einfachen Umschaltventile am Modell von 1897 ein Doppelumschaltventil.

c Doppelinstrument nach Friedrich Butti, Riga 1899. Die Umschaltventile sind durch eine Stange gelenkig gekoppelt. Die Stimmstränge sind unabhängig.

d: Helmut Finke, Vlotho-Exter 1975 und 1977. Im Prinzip wie Zeichnung 82c.

e: Albert Pappé, Leipzig 1906. Doppelhorn F/hoch F mit zwei einfachen und unabhängigen Mechaniken. Umschaltventil als Vierwegehahn.

f: Doppelhorn mit einfachen Spielventilen nach Otto Tiedt, Hagen 1909. Umschaltung durch achtstöckiges Drehventil.

g: Doppelhorn mit Sechswegehahn und Doppelventilen nach Gebr. Alexander, Mainz 1909. Die Stimmstränge sind unabhängig.

h: Kompensations-Doppelhorn F/B mit A- und kompensierendem E-Ventil nach Paul Geyer, Schwerin 1924.

i: Kompensations-Doppelhorn F/B mit vierstöckigem Umschaltventil (Querwechsel) nach Carl Lehmann und Erdmann Chemnitzer, Hamburg 1925.

k: Partielles Doppelhorn F/B nach Willi Aebi, Burgdorf 1964. Kompensationsprinzip.

l: Doppelhorn mit Périnet-Umschaltventil. Modell Schmidt, Berlin 1900.

m: Modell August Knopf, Markneukirchen 1929. Vereinfachte Version von Lehmann/Chemnitzers Doppelhorn von 1925.

n: Auf dem Modell von Paul Geyer beruhend.

o,p: Volldoppelhorn (o) und Kompensationshorn (p) von Hans Hoyer, Markneukirchen.

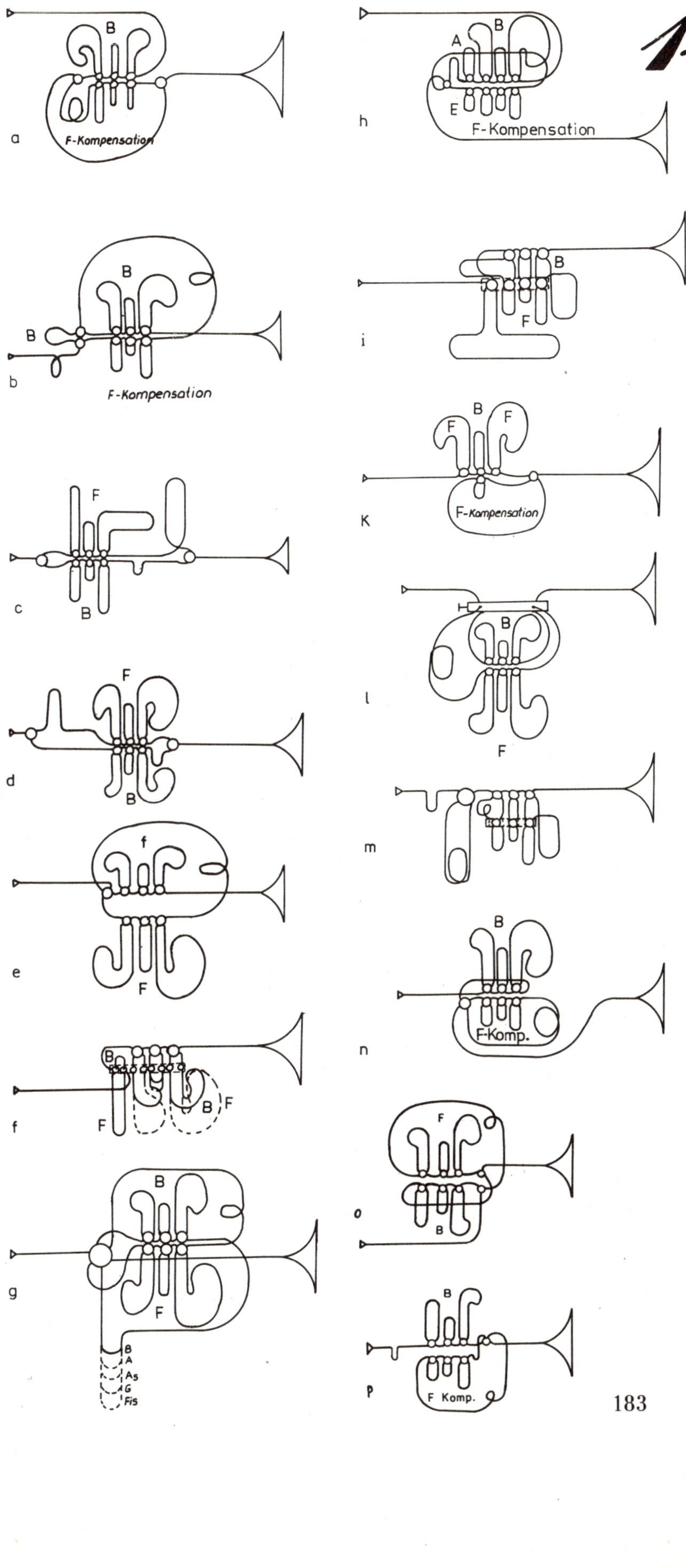

Auf Horners Vorschlag wurden die Hörner mit einem großen Schallstück mit schmalem Kranz und – einer Tradition in den USA entsprechend – mit einer Schnurmechanik ausgestattet.

Das Modell Horner (Abb. 32, Nr. 9) arbeitet mit unabhängigen Stimmsträngen und nur einem Umschaltventil. Gegenüber Buttis Doppelhorn besteht das Neue im zusammengelegten Umschaltventil. Der Windgang ist – von der Form des Umschaltventils abgesehen – der gleiche wie beim Modell Schmidt. Horners Instrument ist ein weitmensuriertes Horn, das in den USA und in England weite Verbreitung erlangt hat. Gegenüber der ursprünglichen Form hat es heute zwei Stimmzüge, um die F- und B-Seite unabhängig voneinander stimmen zu können. Um Bau und Verfeinerung des Modells Horner machten sich in den deutschen Ländern und Staaten neben Kruspe Firmen wie Walter Mönnig in Markneukirchen (jetzt innerhalb des VEB Sinfonia), die Graslitzer Musikinstrumenten-Erzeuger e. G. in Waldkraiburg (Bayern) u. a. verdient. 1928 entwickelte Walter Kruspe ein an das Modell Horner angelehntes Horn mit unabhängigen Stimmsträngen, dessen F- und B-Seite eigene Stimmzüge haben (Abb. 32, Nr. 10, DRGM

1 027 194 vom 13. März 1928). Das Modell Horner hatte damals noch keinen Stimmzug auf der B-Seite, erhielt ihn aber in den folgenden Jahren. Gegenüber dem Modell Horner ist Walter Kruspes Horn, das auch heute noch gebaut wird, z. B. von Dieter Otto in Neumarkt St. Veit (Bayern), in der Mensur enger, hat das Umschaltventil in gleicher Höhe wie die Spielventile und einen etwas anderen Rohrverlauf.

1906 gingen Gumbert und Kruspe, angeregt vom Modell Horner, dazu über, auch bei ihrem kombinierten Modell von 1897 die beiden Umschaltventile zu einem zusammenzulegen. Dieses Instrument ist allgemein als Modell Gumbert/Kruspe bekannt geworden (Abb. 32, Nr. 11). Die Firma Kruspe erhielt am 19. November 1906 auf dieses Horn einen Gebrauchsmusterschutz (DRGM 295 125):

»Doppelzylindermechanik für Metallblasinstrumente, mit doppelten, direkt an die Tonventile angereihten Dreiwegstellventil nach Gebrauchsmuster 232 038.«

Der Bostoner Hornist Georg Wendler, der in die Familie Kruspe eingeheiratet hatte, verbesserte dieses Modell 1924 in der Mensur und brachte kleine Veränderungen im Rohrverlauf an (Abb. 32, Nr. 12, DRGM 888 990 vom 17. Oktober 1924). Von Gumbert/Kruspes bzw. Wendlers kombiniertem Doppelhorn sind verschiedene Varianten abgeleitet worden, z. B. eine mit einem Stellventil als Vierwegehahn. Jede Werkstatt baut das Grundmodell — das gilt generell — etwas anders und entwickelt Eigenheiten. So zeigt Foto 44 das in der Firma August Knopf in Markneukirchen ausgebildete kombinierte Horn.

1899 legte Friedrich Butti in Riga ein »Blasinstrument mit doppelter Mensur« vor (DRP 117 592 vom 13. August 1899). Das Prinzip besteht wie bei Kruspe darin, daß ein Umschaltventil vor und nach der Maschine angebracht ist, dessen Flügel über eine Stange gekoppelt sind, so daß nur ein Umschaltgriff erforderlich ist. Zwischen den Umschaltventilen liegen Doppelventile. Der Unterschied zu Kruspes Doppelhorn besteht darin, daß ihre zwei Stimmungen (z. B. F und B) unabhängig voneinander sind. Gleichzeitig kam es Butti auf eine Ausdehnung des Prinzips auf Instrumente unterschiedlicher Mensur an. Butti beschreibt in der Patentschrift als Ausführungsbeispiel nur die Kombination B-Cornet + B-Pikkolo.

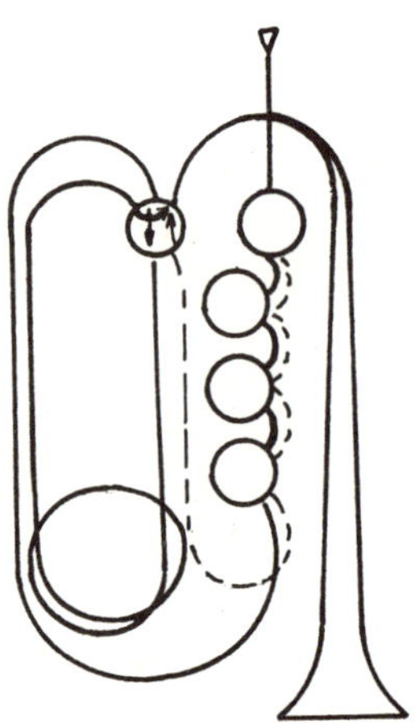

83. Doppelcornet in B + B-Pikkolo nach Friedrich Butti, Riga 1899. Ausgestattet mit zwei gekoppelten Umschaltventilen und doppelstöckigen Spielventilen, Gestrichelt: der Windgang des Pikkolokornets.

Bei der Ausführung als Doppelhorn (Foto 45), das spätestens im Herbst 1899 zum Verkauf vorlag, liegt der Stimmzug nach dem 1. Stellventil (was bei Zeichnung 82c zu beachten ist). Buttis Prinzip erweist sich bis in die Gegenwart als fruchtbar. Auf ihm beruhen die Modelle von Horner, C. F. Schmidt und Gebr. Alexander, auch deren Horn in B/hoch F (Modell 106 und 107, Abb. 33), schließlich das Modell von Herbert Fritz Knopf (Foto 43) und auch Helmut Finkes Doppel- und Tripelhorn. Ein Doppelhorn, bei dem die Umschaltung mit einem Périnet-Doppelventil erfolgt, wurde von C. F. Schmidt in Berlin 1899/1900 entwickelt. Dieses als *Modell Schmidt* bekannte Doppelhorn wurde bis um 1940 gebaut, hauptsächlich von der Firma C. F. Schmidt selbst, aber z. B auch von August Knopf in Markneukirchen, Rampone & Cazzani in Mailand u. a. produzieren es noch heute. Schmidts Doppelhörner, deren Drehventile unter anderem von Martin Peter in Markneukirchen zugeliefert wurden, vertrieb insbesondere C. A. Wunderlich in Siebenbrunn (Abb. 30). Das lange, querliegende Périnetventil war jedoch weniger bequem zu bedienen als ein Hebeldrücker für den Daumen, und so kam diese Variante des Modells Horner wieder außer Gebrauch.

1909 trat die Firma Alexander mit einem Doppelhorn F/B hervor, dessen B-Stimmung durch Auswechseln des Stimmbogens auch als A-, As-, G- und Fis-Stimmung eingerichtet werden konnte (DRP 220 741 vom 30. Mai 1909). Um den Weg zwischen Schleifen und Schallstück unabhängig zu erhalten, verwendet Alexander ein großes einstöckiges Drehventil mit sechs Rohranschlüssen in einer Ebene. Der Wechsel hat die üblichen zwei Durchgänge, dreht sich aber nur um 60°, also um $\frac{1}{6}$ Vollkreis. Wird das B-Horn z. B. zum G-Horn herabgestimmt, sind die unten liegenden B-Schleifen entsprechend auszuziehen. Alexanders Prinzip ist heute neben Kruspes Kompensationsdoppelhorn international eingeführt, wobei das Herabstimmen der B-Seite nach A, G und Fis, auf die in der Patentschrift Wert gelegt wurde, keine erste Rolle mehr spielt.

Im gleichen Jahr wie Alexander erhielt auch Otto Tiedt in Hagen ein Patent auf ein Doppelinstrument. Es hat ein achtstöckiges Umschaltventil bei drei einfachen Spielventilen (DRP 222 527 vom 29. April 1909).

Das Umschaltventil ist an die Ventilzüge angeschlossen und schaltet eine längere oder kürzere Endschleife ein. Es ist folglich ein Umschaltventil mit 2 × 3 Rohranschlüssen und einem Durchgang. Der Walzenwechsel muß sich somit um 120° drehen. Wegen dieser Anordnung sind für die Rohrum-

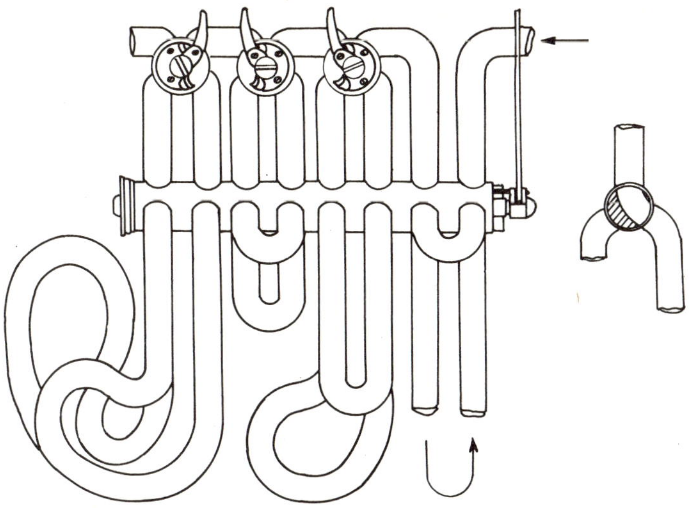

84. Maschinensatz für Doppelinstrumente (Horn, Tuba) nach Otto Tiedt, Hagen 1909. In Stimmzug und Ventilzüge des Ausgangsinstruments ist ein achtstöckiges Dreiwege-Umschaltventil für den Daumen eingebaut (an der Seite im Querschnitt herausgezeichnet). Beim Einschalten wird die Luft in die jeweiligen anderen Züge umgeleitet.

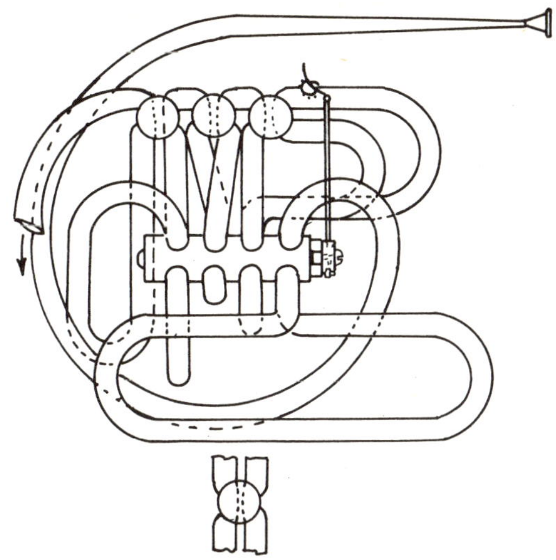

85. Maschinensatz für Kompensations-Doppelhorn nach Carl Lehmann und Erdmann Chemnitzer, Hamburg 1925. Das Umschaltventil ist als vierstöckiges Zweiwegeventil (herausgezeichnet) ausgebildet. Ist das Daumen-Umschaltventil gedrückt, geht die Luft durch den F-Stimmbogen. Wird außerdem z. B. das erste Spielventil betätigt, geht die Luft durch den ersten Ventilzug und durch die dazugehörige Ergänzungsschleife des Umschaltventils.

schaltungen der Bögen vor der Maschine zweistöckige Wechsel erforderlich, so daß der Wechsel bei drei Ventilen insgesamt acht »Stockwerke« haben muß. Eine gewisse äußere anlagemäßige Verwandtschaft besteht zum Piston transpositeur, das Besson und Girardin in Paris (1858) patentiert erhielten. Eine Weiterentwicklung oder Übernahme liegt aber nicht vor. Die Vorteile von Tiedts Horn sind die einstöckigen Hauptventile, der Nachteil das lange, vielstöckige Umschaltventil, das notwendigerweise nicht so leicht gehen kann wie ein einfaches Ventil. Tiedts Ventil wurde bei Waldhörnern, Trompeten und Tuben angewandt (Abb. 26b, 30). Da in C. A. Wunderlichs Handelskatalog von etwa 1935 ein entsprechendes Doppelhorn mit einfacher Maschine mit »mein Patent« apostrophiert ist, hat Wunderlich offenbar die Herstellungsrechte von Tiedt erworben. Das Horn ist bis auf Ausnahmen heute nicht mehr in Gebrauch, auch die als Kompensationshorn ausgebildete Form nicht, zumal die B-Halbtonschleife zum Stimmen nicht ausgezogen werden kann. Diese auch hinsichtlich des Umstellventils konsequenzenreiche Abart von Tiedts Prinzip geht auf Carl Lehmann (Instrumentenmacher) und Erdmann Chemnitzer in Hamburg zurück. Sie erhielten darauf am 24. November 1925 das Deutsche Reichspatent 440308. Der Vorteil gegenüber Tiedts Horn besteht darin, daß die Umschaltwalze (»Querwechsel«) nur vierstökkig ist und sich wie üblich um einen Viertelkreis dreht.

Die Erfinder gaben an, daß sich »die B-Stimmung der F-Stimmung tonlich mehr nähert«, Gewicht und Herstellungskosten geringer seien. Um die Weiterentwicklung dieses Doppelhorns machte sich die Firma August Knopf in Markneukirchen verdient, die 1893 durch Heinrich August Knopf (1865–1947) gegründet wurde und durch Kurt August Knopf (geb. 1900, gest. im zweiten Weltkrieg) und Edgar Knopf (geb. 1928) weitergeführt wird. Die Firma August Knopf stellte Lehmann/Chemnitzers Horn auf einen dreistöckigen Querwechsel um und verband die Flügel von Umschaltventil und Querwechsel gelenkig durch einen Hebel, der mittels Daumendrücker bedient wird. Dieses Modell erhielt Ende 1929 den Gebrauchsmusterschutz (DRGM 1099255) und war als *Modell August Knopf* bis um 1945 recht bekannt (Abb. 31). Da die Umschaltung auch bei diesem Modell etwas schwer geht, kam das Modell nach dem zweiten Weltkrieg allmählich außer Gebrauch. Der Instrumentenmacher August Dummuscheidt in Frankfurt (Main) ersetzte 1930 das vierstöckige Umschaltventil, um die F-Maschine abziehen zu können (DRP 518837 vom 11. Mai 1930). Die Ventile 4–7 koppelte er mit Stangen derart, daß sie vom Daumenhebel aus recht greiffreundlich bedient werden konnten.

Wurde die Schraube am großen Schwenkhebel gelöst, so konnten die gesamte Mechanik abgezogen und entsprechende Ventilzüge für einfaches Horn eingesetzt werden. Damit wurde die alte, besonders in Sachsen bis um 1900 und später gebaute abziehbare Mechanik auf das Doppelhorn übertragen. Der Windverlauf entspricht im Prinzip dem Schema von Lehmann und Chemnitzer von 1925.

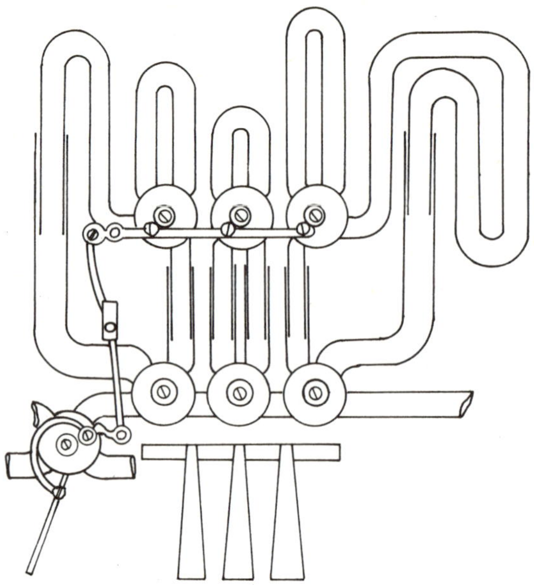

86. Maschinensatz für Doppelhorn nach August Dummuscheit, Frankfurt (Main) 1930. Durch das Daumenventil wird der obere Ventilsatz (F-Stimmung) kompensierend zum unteren Ventilsatz (B-Stimmung) hinzugeschaltet. Der obere Satz ist abziehbar, so daß das Horn als einfaches Ventilhorn einzurichten ist.

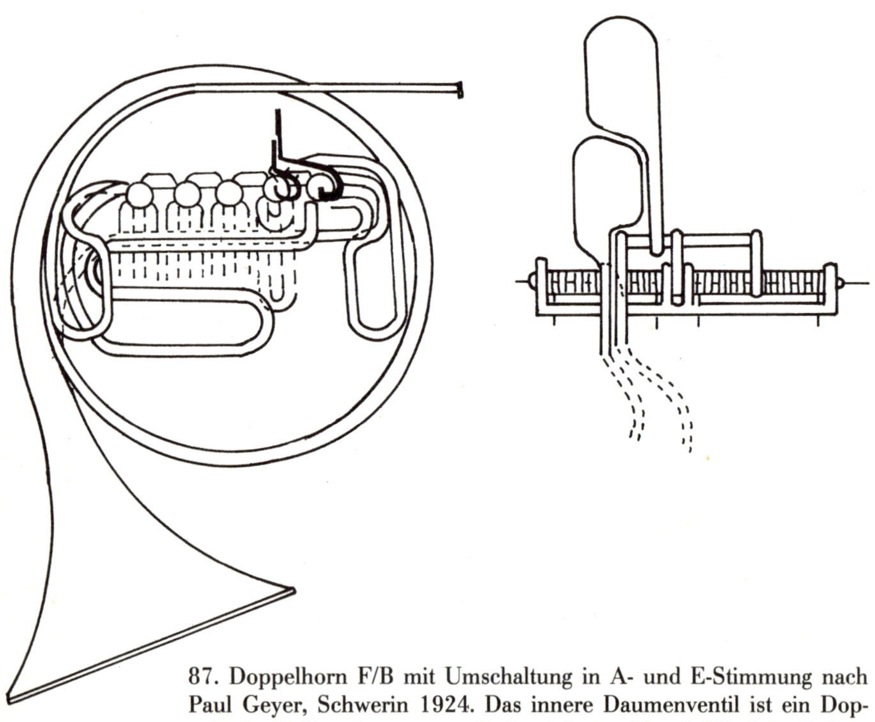

87. Doppelhorn F/B mit Umschaltung in A- und E-Stimmung nach Paul Geyer, Schwerin 1924. Das innere Daumenventil ist ein Doppel-, das äußere Daumenventil ein einfaches Ventil. Wird das äußere Daumenventil gedrückt, schaltet die Stimmung von F nach B um, wird das innere betätigt, dann ergibt sich die E-Stimmung. Werden beide Daumenhebel gleichzeitig gedrückt, so ergibt sich die A-Stimmung. Links: Frontalsicht, wobei die Ventilzüge der Doppelventile nicht ausgezeichnet sind. Rechts: Anordnung der Daumenhebel.

Da sich beim Stopfen die Tonhöhe um etwa 1 Halbton erhöht, ist der Hornist gezwungen, die Erhöhung zurückzutransponieren. Um das Transponieren zu vermeiden, gab der Schweriner Hornist Paul Geyer 1924 ein Doppelhorn F/B mit einem 5. Ventil zur Umschaltung in A- und E-Stimmung an (DRP 418320 vom 21. Mai 1924). Es handelt sich um ein Kompensations-Doppelhorn im Anschluß an Gumbert/Kruspe, bei dem die Daumenhebel des 4. und 5. Ventils eng beieinander liegen und gleichzeitig gegriffen werden können (bei A- bzw. E-Stimmung).

Der E-Bogen ist ebenfalls im Sinne des Kompensationssystems angelegt, also als Summe beider Bögen zu verstehen. Das Umschaltventil ist ein einfaches Ventil, die anderen vier Ventile sind zweistöckig. Auch wenn das spezielle Kompensationshorn Geyers kein Standardmodell wurde, so haben die Umschaltventile für A und E und vor allem das Stopfventil seither verbreitet Eingang gefunden. Bekanntlich erhöht der Stopfeffekt um etwas mehr als einen Halbton. Daher hat das eigentliche Stopfventil eine etwas längere Schleife als das Halbtonventil. Bei manchen Hörnern ist ein Unterschied insofern gemacht, als an der Halbtonschleife noch ein einfaches Stellventil mit einer sehr kleinen Schleife angekoppelt ist. Dieses eingeschaltet, fungiert das Halbtonventil als Stopfventil. Mit einer F-Schleife versehen, kann das B-Horn zum Natur-F-Horn umgeschaltet werden. Bereits bei Heidrichs Sopranhorn von 1882 wurde das Quartventil mit Gewinn in der tiefen Lage angewendet. Ein Doppelhorn mit Stopfventil und zusätzlichem Quartventil ist ein wohl 1980 von dem Hornisten Peter Damm in Dresden vorgeschlagenes Modell des VEB Sinfonia, Meisterbereich Walter Mönnig. Das Quartventil erschließt die tiefe Lage besser und ist z.B in Strauss' *Till Eulenspiegel* gut zu verwenden.

Das kombinierte Modell von Paul Geyer wurde von 1924 an in modifizierter Windungsart viel von Bohland & Fuchs in Kraslice gebaut. Hieran schließen die Hörner der Firmen Josef Glassl, Kraslice/Klingenthal, Ernst Hess Nachf. in Klingenthal und des VEB Blechblas- und Signalinstrumenten-Fabrik Markneukirchen (seit 1953) an. Gegenüber den Modellen von Geyer und Bohland & Fuchs mündet das Mundrohr unmittelbar in das 1. Ventil. Das von Hans Hoyer im Verband des VEB Blechblas- und Signalinstrumenten-Fabrik gebaute Horn hat seit Jahren internationale Spitzenqualität. Es wurde wesentlich von Werkmeister Herbert Fischbach und Hans Hoyer entwikkelt und 1961 eingeführt.

Schon seit Jahren machen die Doppel- und Tripelhörner von Helmut Finke in Vlotho-Exter von sich reden. Zunächst sei auf das Modell hingewiesen, welches er 1955 und in Erweiterung 1977 zum Patent anmeldete (DBP 2529931 vom 20. Januar 1979). Er baute ein Doppelhorn (»Quatro«) mit unabhängigem B- und F-Strang mit je einem Stimmzug. Auf diese Weise können beide Hornseiten unabhängig voneinander eingestimmt werden. Um dies zu erreichen, legte er unmittelbar nach dem Mundstück und nach der Maschine je ein Dreiwegeventil, jedoch so, daß auf der B-Seite noch ein kleiner Stimmzug untergebracht ist. Meist wird nur ein Hebel bedient, wobei zwischen beiden Ventilflügeln eine Verbindungsstange angebracht ist. Der Grund für diese Bauweise liegt nach Finke in der besseren Stimmung und Stimmbarkeit. Beim 1977 angemeldeten Patent ist das angegebene Prinzip auf das Tripelhorn ausgedehnt. Nach achtjähriger Entwicklungsarbeit brachte H. Finke 1982 Doppelhörner mit zwei Mundrohren heraus (Foto 52). Diese Hörner haben ein neu entwickeltes Umschaltventil, das sich durch keinerlei Querschnittsverengung im Luftweg auszeichnet. Die getrennten Mundrohre ermöglichen mensurelle Verhältnisse, die denen der einfachen Ventilhörner gleichen.

Das *Tripelhorn* wurde von dem Hornisten Richard Merewether vorgeschlagen, zuerst 1960 von der Firma Paxman in London gebaut, im deutschen Sprachraum zuerst von Helmut Finke. Um 1975 erprobte die Firma Hirsbrunner & Co. Ventilwechsel aus Kunststoff, bald darauf auch Finke, der mit seinen Fiberglasventilen eine Gewichtsverminderung der Instrumente bis zu 30% erzielte. In jüngster Zeit übertrug er das Prinzip der getrennten Mundrohre auch auf das Tripelhorn. Dabei haben der F- und B-Strang ein gemeinsames langes und der Hoch-F-Strang ein separates kurzes Mundrohr. Dieses Modell, in Neusilber ausgeführt, ist nach E-A-e umschaltbar und hat außerdem ein Stopfventil. Abb. 54 und Foto 46 zeigen das Prinzip und seine Ausführung eines 1979 konzipierten Tripelhorn der Firma Gebr. Alexander.

Den verschiedenen Verwendungszwecken gemäß werden unterschiedliche Mensuren gebaut. Dabei mensuriert man die B-Hörner nach wie vor etwas enger als die F-Hörner, um die für dieses Horn charakteristische helle Klangfarbe zu erhalten. F-Hörner, Doppel- und Tripelhörner werden z. B. von Finke in drei Weiten gebaut, mittelweit, weit und sehr weit, letztere für eine dunkle und starke Tongebung.

Der Münchner Hornist Engelbert Schmid entwickelte bis 1980 eine Serie von Waldhörnern mit enger, mittlerer und großer Schallstückweite. Sie zeichnen sich durch Verbesserung der Luftführung aus, und zwar

a) durch Erweiterung der Ventildurchgänge, so daß sie wie die anschließenden Röhren genau 11,9 mm (beim F/B-Horn) und 11 mm (Hoch-F-Horn) Innendurchmesser aufweisen,

b) durch schräggeführte (statt senkrechte) Einlaß- und Ausgangsbohrungen im Ventil, wodurch die Gesamtrichtungsänderung des Luftstroms je (betätigtes) Ventil von 360° auf 280° verringert wird (Abb. 53),

c) durch eine möglichst einfache Bauart, d. h. Vermeidung von überflüssigen Rohrbiegungen zugunsten eines fließenderen Luftstroms,

d) durch einen nach den Methoden der Physikalisch-Technischen Bundesanstalt Braunschweig berechneten Mensurverlauf, um den optimalen Stimmungskompromiß zu erzielen.

Schmids Verbesserung wurde am 8. September 1980 beim Patentamt München unter Nr. 2918247 registriert. Gebaut werden nach dem System Schmid bis jetzt vor allem ein Volldoppelhorn F/B (Stimmstränge also unabhängig) und ein Kompensationstripelhorn F/B/hoch F.

Schließlich ist noch das von der Firma Gebr. Alexander in Mainz gebaute Horn von Willi Aebi in Burgdorf (Schweiz) zu erwähnen, das am 26. Februar 1964 in der Schweiz patentiert wurde (DBP 1284269, ausgelegt am 28. November 1968). Es handelt sich um ein vereinfachtes, sich nur auf Ventil 2 beziehendes Doppelhorn. Aebis Gedanke: In den letzten drei Jahrzehnten machten die hohen Hornspieler immer mehr vom B-Horn Gebrauch bzw. schalteten schon in der mittleren Lage von F nach B um. Dadurch sei der weiche, dunkle F-Horn-Klang durch das rauher und heller klingende B-Horn verdrängt worden. »Es ist deshalb ein Bedürfnis des anspruchsvollen Musikfreundes, daß in den mittleren Lagen wiederum das gute, wohlklingende F-Horn zur Anwendung kommt.« Gewiß ist es richtig, daß z. B. in Wien bis in unsere Zeit aus klanglichen Gründen das einfache F-Horn beibehalten wurde, aber es ist einschränkend darauf hinzuweisen, daß auch Aebis Waldhorn ein modernes B/F-Horn und von dem Naturhorn des 18. Jh. klanglich weit entfernt ist. Aebi verweist darauf, daß das einfache F-Horn leichter zu handhaben sei, und es spräche »etwas besser an als das F-Horn des Doppelhorns«. Mit seiner Erfindung bezweckte er, »im Interesse eines guten Tonvolumens und eines vollen weichen Klanges, dem Hornisten ein Instrument zur Verfügung zu stellen, das möglichst wenig vom einfachen F-Horn abweicht und ihn veranlaßt, in mittleren Lagen in F-Stimmung zu blasen, das aber in den höheren Lagen zur Erleichterung des Spieles sich auf hoch B und hoch A umschalten läßt.« Das Ventil zur Umschaltung von F nach B ist als Daumenventil und die Halbtonschleife des F-Horns als Kompensationsschleife ausgebildet. Es sind also in B-Stimmung nur die Naturtöne und die Töne des 2. Ventils verfügbar. Diese genügen aber, um die hohen Töne klingend $a^1 - e^1$ rein blasen zu können. Alle tiefen Töne müssen auf dem F-Horn geblasen werden.

Hörner abweichender Art

Wie die romantische Musik durch unterschiedliche Kombination der Instrumentenklänge zu immer neuen Klangschattierungen vorstieß, strebte auch der Instrumentenbau seinerseits durch veränderte Bauweise und Mischung von Mensurtypen neue Grundklänge an. Von den mensurellen Mischungskonzepten spielte neben den Euphoniums und Barytons, die als Tenöre etwa zwischen Baßflügelhorn und Tuba stehen, die Mischung zwischen Waldhorn und Tenorhorn bzw. Tuba eine Rolle. Diese Richtung zieht sich von etwa 1840, als das Fagotthorn aufkam, bis zur Gegenwart hin, in der solche Instrumente in Gestalt der Wagnertuben noch in Gebrauch sind.

Das *Fagotthorn* wurde 1841 von dem Hofinstrumentenmacher Johann Heinrich Zetsche in Hannover erfunden, wie aus einem Werbeprospekt hervorgeht. Er baute es in Tubaform und nannte es »Chromatisches Ventil-Fagott-Horn« (s. Abb. 18, Nr. 36). Das Instrument steht in F_1 und war anstelle der Waldhörner teilweise in der hannoveranischen Armee eingeführt. Wie auf der Abbildung zu sehen, ist es nicht einfach ein Waldhorn in Tubaform; der Stürzendurchmesser ist viel enger als beim Waldhorn.

Nicht lange danach, 1844, trat Červený mit seinem *Cornon* auf den Plan, einem in G_1 stehenden, ähnlich gebauten und ebenfalls mit einem Waldhornmundstück geblasenen Instrument. Es ist undenkbar, daß der stets gut informierte Červený von Zetsches Fagotthorn nichts wußte, so daß man sein Cornon fast nur als ein mit einem neuen Namen versehenes besonderes Modell des Fagotthorns ansprechen kann. Nach der Erfindungsbeschreibung vergrößerte sich der Rohrdurchmesser von 6,6 mm vorn im Mundrohr auf 210,6 mm am Stürzenende. Am 30. Juli 1844 reichte Červený bei der K.K. allgemeinen Hofkammer in Wien folgende Beschreibung ein:

»Beschreibung!
des vom Gefertigten neu erfundenen Blechblasinstrument.
»Cornon«
Die äußere Gestalt und Statur ist aus der angeschlossenen Zeichnung zu ersehen. Dasselbe mißt von der Mündung des Corpus a bis zur äußersten Biegung b. — 1¾ n. ö. Ellen. Der äußerste Durchmesser des Corpus beträgt 8 Zoll, und verschmälert sich durch fünf Biegungen von b. c. d. e. f. bis zum Mundstück g. auf ¼ Zoll im Durchmesser, und wird in g. auf einen Hornmundstück geblasen. Der chromatiske Tonleiter alter und neuer Art ist wie bey jedem anderen Blasinstrument, und die neue Erfindung besteht einzig und allein in der Struktur des Instruments selbst. Die Vortheile welche dieses Instrument der Musik gewährt, sind in dem Gesuche enthalten.
Königgrätz am 30. Juli 1844.
Wenzl Czerweny«

Am 11. November 1844 erhielt Červený unter Nr. 4480 ein k. k. österreichisches Herstellungsprivilegium auf vier Jahre. Wenn O. Paul (1874, S. 92) und K. Schafhäutl (1882, S. 855f.) schreiben, daß das Cornon ursprünglich ein sehr weit mensuriertes F-Waldhorn war und erst 1846 in Tubaform gebaut worden sei, so widerspricht das dem Quellenbefund. Einerseits ist das Cornon kein weit mensuriertes Waldhorn, andererseits divergieren die Jahreszahlen. Aber es ist wohl möglich, daß Červený ursprünglich seine weiten Hörner als Cornone bezeichnete und daß er andererseits auch regelrechte Waldhörner in Tubaform baute. Von der üblichen Waldhornmensur weicht das Cornon durch die kleine Stürzenöffnung ab, wodurch der Klang heller und kräftiger und die Ansprache sicherer ist, alles Änderungen, die für die Freiluftmusik von großem Nutzen sind. Später wurde das Cornon übrigens auch in Helikonform gefertigt, um es bei der Militär- und Platzmusik besser bedienen zu können, wie Paul und Schafhäutl (s. o.) berichten. Dennoch waren Fagotthorn und Cornon schon für ihre Zeit für die Freiluftmusik zu eng mensuriert, und wenn dieser Typ lebensfähig bleiben sollte, mußte er, der Zeittendenz folgend, in der Mensur weiter werden. In etwas weiterer Mensur, teilweise mit vier Drehventilen und Tonwechsel-Maschine versehen, faßte das Cornon in der österreichischen Militärmusik als Ersatz für das Waldhorn Fuß und erfreute sich um 1870 auch in Rußland weiter Verbreitung. In einem Prospekt von 1872 offerierte Červený einen Cornonsatz in Es-Alt, B-Tenor, Es-Baß und B-Kontrabaß in weiter, vom Waldhorn schon recht weit entfernter Mensur, so daß die Cornone ihrem ursprünglichen Anliegen, Ersatz für das Waldhorn zu sein, entfremdet sind. Dennoch bezeichnete die Firma in ihrem um 1898 herausgegebenen Prospekt die Cornone als »Ausgiebige Waldhörner für Militärmusik«. Sie wurden in Tubaform, »Fagottform«, ovaler und auch Helikonform gebaut und mit Dreh- oder Périnetventilen ausgestattet. Der F-Baß mit Stellwechsel nach Es kam 1846 auf, während der gesamte Stimmsatz erst 1872 konzipiert wurde. Eine französische Version der Cornone — bei gleichzeitiger Annäherung an die Saxhörner — waren die *Cornophone* von Fontaine-Besson (Paris 1880, patentiert 1890).

Hier folgen nun andere Modelle, deren Dasein Episode war und die auf dem gleichen gedanklichen Hintergrund entstanden wie Fagotthorn und Cornon. Wenn die Waldhörner, wie noch heute, mit dem Schallstück nach hinten gehalten werden, dann geben sie — was bei der Freiluftmusik ins Gewicht fällt — den Klang in eine dem Hörer entgegengesetzte und damit keineswegs optimale Richtung ab. So ließ Abt Vogler (1749–1814), wie Schafhäutl berichtet (1882, Sp. 864), bei seinen Konzertaufführungen die Hörner stets mit nach oben gerichtetem Schalltrichter blasen. Aus dieser Situation heraus verwundert es nicht, wenn Instrumentenbauer immer wieder Hornmodelle in Tuba- oder Trompetenform konzipierten. Dazu gehört auch G. Michael Pfaff (1823–1893) in Kaiserslautern, der »ein Waldhorn nach Art des Barytons« baute und es 1855 in Paris ausstellte. Es hatte einen ungewöhnlich großen Schallbecher (Schebek 1858, S. 31). Seit etwa 1872 baute die Firma Wenzel Stowasser's Söhne in Graslitz auch ein Es-Waldhorn in Barytonform. Ein trompetenförmiges *Geradeaushorn* in B entstand 1964 auf Anregung der Dresdner Tanzsinfoniker, ausgehend von deren Mitglied Dieter Walter, im VEB Blechblas- und Signalinstrumentenfabrik Markneukirchen. Das Instrument, das man verschiedentlich in Blaskapellen der DDR antrifft, ist mit Drehventilen und Federstechern ausgestattet. Es wurde von Herbert Fischbach und Hans Hoyer entwickelt und wird von letzterem gebaut. Die Idee des Waldhorns in Trompetenform ist indessen viel älter.

Ein vierventiliges F-Waldhorn in Form eines Kornetts entwarf 1854 Johann Riedel in Preßburg und bezeichnete es als *Achromatisches oder englisches F-Horn* (richtiger wäre: chromatisches ... F-Horn). Riedel wollte die Waldhornform verbessern, nicht wissend, daß die analogen Versuche des 18. Jh. ohne Erfolg geblieben waren. Zu diesen Versuchen sind auch die Hörner mit nach vorn gerichteter Stürze zu zählen, die 1857 für das Garde-Jäger-Bataillon Potsdam angeschafft wurden (Rode 1860b, S. 43). Da sie mit Tenorhornmundstücken angeblasen wurden, sind es jedoch keine eigentlichen Waldhörner mehr.

Erst nach 1860 erkannten die Freiluftmusiker – auch in Preußen – den Eigenwert des Waldhornklangs vollständig und versuchten, ihn nicht mehr durch Kornette zu ersetzen oder die Mensur des Waldhorns zu verändern, um es im Klang kräftiger zu machen. Man hatte erkannt, daß das Waldhorn durch derartige Manipulationen klanglich nur verlor. Dabei gibt es keine andere instrumentale Klangfarbe, die mehr Inbegriff für das poetische Flair des 19. Jh. wäre als gerade die des Waldhorns. So ließ man das Waldhorn, wie es war, und gab dafür den Flügelhörnern aller Arten und den Tuben mehr klangliche Weichheit.

Am 15. September 1858 reichte der Berliner Kaufmann J. H. F. Prillwitz ein Patent »auf Verbesserungen an Waldhörnern und ähnlichen Blase-Instrumenten« ein. Es handelte sich nach dem Gutachten von Regierungsassessor Vettin bei der Neuerung darum, »daß das Mundstück und der Schalltrichter, deren Axen gewöhnlich in der Ebene der Windungen des Rohres liegen, senkrecht hierauf abgebogen sind und der Schalltrichter sowie die Ventile sich innerhalb dieser kreisförmig gebogenen Windungen befinden. Die vorgenommenen Abänderungen beschränken sich hiernach lediglich auf die äußere Form ...« Dieser Fakt war – mit Recht – Grund genug, um die Patentierung abzulehnen. Durch die beschriebene Verlegung des Mundrohrs war es möglich, das Waldhorn mit nach oben zeigender Stürze wie eine kleine Tuba vor der Brust zu halten.

Hinzuweisen ist hier noch auf die *Jäger-Helikon-Instrumente* von C. W. Moritz, die Waldhörner, Posaunen, Tenorhörner und Barytons in Helikonform umfaßten und noch vor dem ersten Weltkrieg in der preußischen Jägermusik eine Rolle spielten, wie aus dem Nachlaß von C. W. Moritz im Staatlichen Institut für Musikforschung Berlin (West) hervorgeht. Die verschiedensten Instrumentenarten der Tenor- und Baßlage in Helikonform zu bauen, damit begann gegen 1867 V. F. Červený in größerem Maßstab.

Eine sich mensurell recht weit von den Waldhörnern entfernende Abart sind die Soloalthörner, Stellahörner, Koenighörner, Mellophone oder die Altkornos, deren mensurelles Spektrum recht verschieden ist. Die französisch-englische Richtung ist durch das *Koenighorn*, das 1855 der Cornettist Koenig von Antoine Courtois bauen ließ, geprägt. Es ist ähnlich einem rund gewundenen Saxhorn. In diese Traditionslinie gehören die *Mellophone* und *Balladhörner*, die um 1880–1945 für den englischen und US-amerikanischen Export auch in Markneukirchen gebaut wurden und die nicht ohne Einfluß auf die Althörner in Waldhornform blieben, ferner die *Tenor-cors*, die der französische Militärkapellmeister Ligner um 1860 in die französische Militärmusik eingeführt haben soll (s. S. 215). Die deutsche Richtung dieser Formen verkörpern die meist als *Althörner in Waldhornform* bezeichneten Instrumente, die teils links-, teils rechtsgriffig angelegt sind. Sie besitzen Waldhornform und -schallstück, aber ein weites, meist zylindrisches Mundrohr und haben die Stimmung von Althörnern. Der gedankliche Hintergrund, der zur Entstehung dieser Instrumente führte, ist der gleiche wie bei den Parforcehörnern mit weitem zylindrischem Rohranfang und Trompeten- oder Kornettmundstück (C. W. Moritz, Berlin 1862): sicherer Ansatz, leichtere Ansprache, kräftigerer Klang. Verwendet wurden die Althörner in Waldhornform in der Freiluftmusik, in Adjuvanten- und Posaunenchören usw., in denen sie gern für die Althornsolos eingesetzt wurden und werden. Abb. 11, Nr. 2, ist ein solches Instrument bereits aus der Mitte des 19. Jh. Man bezeichnete sie nach Firmenprospekten der Zeit zwischen 1890 und 1960 auch als *Oktavwaldhörner* (Cors alto). Erfolgreich waren in Deutschland das unter der Bezeichnung *Stellahorn* 1898 von M. J. H. Kessels in Tilbourg auf den Markt gebrachte Modell und auch das *Altkorno* von Alexander (Abb. 33), das vom französischen *Cor alto* (Ligner, 1890er Jahre) mitbeeinflußt wurde und ein kurzes konisches Mundrohr besitzt. Historischer Ausgangspunkt vieler derartiger Formen sind die Naturhörner mit weitem Mundrohr und kleinem Schallstück, die als Freiluftinstrumente für das 1. Viertel des 19. Jh. belegt sind, aber wohl einer älteren Tradition angehören. Ein unsigniertes vogtländisches Inventions-Waldhorn der 1820er Jahre (Leipzig Nr. 1681) hat beispielsweise einen weiten Anfangsdurchmesser von 8,9 mm und einen engen Schallstückdurchmesser von nur 208 mm.

Die Proportionen der Rohrerweiterung sind bemerkenswerterweise die gleichen wie bei den Stellahörnern der 1930er Jahre, die von C. A. Wunderlich in Siebenbrunn gehandelt wurden (z. B. Leipzig Nr. 3579). Für beide vogtländische Instrumente gilt: $D_3 = d \times 2\frac{2}{3}$ und Stürzendurchmesser $= d \times 23\frac{1}{2}$. Unterschiedlich ist nur, daß der Anfangsdurchmesser des Stellahorns weiter (d = 11,8 mm), das Mundrohr teilweise oder ganz zylindrisch und die Grundstimmung eine Oktave höher ist. Beim letzten Instrument beträgt der zylindrische Rohranteil $\frac{2}{5}$ der Gesamtlänge.

Im übrigen wurde das beschriebene Althorn in Waldhornform auch *Altcornon* (Preisliste C. A. Wunderlich um 1933) genannt. Von Altcornon leitet sich die Bezeichnung »Altkorno« in den Preislisten der Firma Gebr. Alexander her.

So findet man, daß ein direkter Weg von der Hornmensur wegführt. Auch die Fagotthörner und Cornone profitierten von der Mensur der alten Freiluft-Waldhörner, indem sie den kleinen Stürzendurchmesser übernahmen.

Wagnertuben

Richard Wagner faßte die Idee einer gesonderten Blechbläsergruppe für den *Ring des Nibelungen* im Sommer 1853, und 1854 war in der Partitur der Oper *Rheingold* der Tubensatz (zwei Tenöre in B, zwei Bässe in F) bereits enthalten. Der Komponist war von Instrumenten ausgegangen, die er von der Militärmusik her kannte. Eine ältere Auffassung (ZfI vom 21. Juli 1911, S. 106) aufgreifend, meinte daher Hans Kunitz, die von Wagner intendierten Instrumente seien die Cornone gewesen. Kunitz untermauerte seine letzten Endes wohl doch nicht richtige Auffassung mit einer hier auszugsweise zitierten Briefstelle Wagners (ZfI 1964, S. 311 ff.). Am 17. (18.) Oktober 1862 schrieb Wagner an Wendelin Weißheimer nach Wien, der die Tubapartien umschreiben wollte: »Was fällt Ihnen ein ... die Tuben, wenn auch unter anderen Namen, find ich überall, namentlich in Wien beim Militär.« Als man aber die Cornone oder ähnliche Instrumente einsetzte, befriedigten sie nicht, und so hielt Wagner während seiner Aufenthalte in Mainz 1862 bei der Firma Gebr. Alexander selbst Nachfrage nach besser geeigneten Instrumenten (W. Altenburg 1911, S. 1106), zunächst jedoch ohne Erfolg. Am 27. September 1863 schrieb Wagner an H. Porges nach Prag: »4 Supplementarhörner brauchen wir zu den Nibelungenstücken, in Pest nahm man sie einfach vom Militär, und sie waren genügend.« Später verfiel man auch auf die Saxhörner, ohne damit voll befriedigende Instrumente gefunden zu haben. Es mußten erst Instrumente geschaffen werden, die den Bedingungen des großen Opernorchesters genügten. Wie wir im nachhinein feststellen können, waren die Cornone, wenigstens die Formen bis um 1870, im Schallstück zu eng und gaben damit nicht das für das Wagner-Orchester nötige Timbre, das die Partitur erfordert. Die Cornone haben zwar Tubaform, sind aber in der Mensur Hörner mit kleinem Schallstück und mußten daher besonders in den leisen, tragenden Stellen versagen. Erst um 1872–1880 brachte Červený weit mensurierte Modelle heraus (Abb. s. Schafhäutl 1882), die sich schon den Cornophonen (Besson 1880/1890) nähern.

An der Herausbildung der Wagnertuben im engeren Sinne war wesentlich die Firma C. W. Moritz beteiligt, aber ihr Weg zum Erfolg war nicht geradlinig. Für die *Rheingold*-Aufführung 1869 in München hatte diese Firma Instrumente mit D'amore-Schallstück gebaut, um einen möglichst milden Klang zu erzeugen (vgl. W. Altenburg 1907/08 und 1910/11, Näheres s. S. 221). Nachdem auch der Versuch mit diesem, zu gedeckt klingenden Instrument nicht befriedigt hatte, versah C. W. Moritz das Baryton mit einem Waldhornmundrohr. Ein Vergleich des Barytons Abb. 23, Nr. 31 (linkes Instrument) mit Moritz' Wagnertuben (Abb. 23 c) zeigt, daß der Unterschied zwischen beiden Instrumentengattungen lediglich im Mundrohr besteht. Moritz brachte an dem von Červený 1871/72 entwickelten »Euphonium B (Baryton)«, das Moritz seit 1875 als »Baryton« nachbaute, nur ein Mundrohr mit Waldhornmundstück an. Windungsart und – im großen und ganzen – Mensur des Korpus blieben. Erst diese Instrumentenart, die viel weniger Waldhorn als Tuba ist, war der Aufgabe eines so weihevollen und erhabenen Ausdrucks, wie er in den vier Teilen des *Rings des Nibelungen* verlangt wird, gewachsen. Nach Aussage der Festschrift *Zur Hundertjahrfeier der Musikinstrumenten-Fabrik C. W. Moritz 1908* wurden diese Wagnertuben 1877 für die *Ring*-Aufführung in Bayreuth ausgeliefert. Erst jetzt war ein Konzept geschaffen, auf dem aufgebaut werden konnte.

Rückblickend erhebt sich die Frage, welche österreichischen Militärinstrumente Wagner um 1850 nun wirklich in Auge und Ohr hatte? Gegen die Cornone spricht, daß sie keine Tuben sind und um 1850 wohl kaum oder wenig eingeführt waren, für die Euphoniums, Bombardons, Hellhörner, Barytonhörner und Bombardinos jedoch, daß sie den Tuben nahestehen, daß sie damals weit verbreitet waren und auch viel mehr in der Lage sind, die erforderliche Klangfülle zu erzeugen (vgl. die Besetzungsangaben der Wiener Militärmusik S. 79). So können beim jetzigen Überblick die Euphoniums, Bombardons und ihre Verwandten mit großer Wahrscheinlichkeit als nicht ganz befriedigende Ausgangspunkte für die sog. Wagnertuben gelten.

An Moritz' Modell von 1877 schließen die Wagnertuben der anderen Firmen an. 1884 baute C. A. Eschenbach für die Dresdner *Ring*-Aufführung einen vollständigen Satz. Dessen Ventile vertiefen – wie meistens noch heute – um 2, 1, 3, 4

(B), bzw. 2, 1, 4, 5 (F) Halbtöne (Franz in ZfI 5, 1884, S. 46). Von den seit etwa 1890 bekannten Modellen sind besonders das der Firma Ed. Kruspe in Erfurt, das sehr eng ist, und das der Firma Gebr. Alexander zu erwähnen, das mit seiner mittelweiten Mensur großen Erfolg hatte und hat. Nachdem die Firma Gebr. Alexander um 1890 ihr Modell entwikkelt hatte, lieferte sie Wagnertuben auch nach Bayreuth, wo diese die dumpfer klingenden Moritzschen Tuben verdrängten. 1910 versuchte die Firma Gebr. Alexander ihre Instrumente in die Militärmusik einzuführen. Anstelle der drei oder heute nur vier linksgriffigen Ventile — das 4. vertieft meistens um 4 oder 5, bei alten Modellen um 6 Halbtöne — sind die Militärtuben mit drei rechtsgriffigen Ventilen versehen. Dieses Bemühen blieb aber Episode. Während die B-Waldhörner die gleiche Schallstückweite wie die F-Hörner haben, sind bei den Wagnertuben die B-Größen nach der Maschine enger als die F-Größen. Das Modell einer F-Wagnertuba von 1956 von Horst Voigt in Markneukirchen hat folgende Weiten (Leipzig Nr. 3334): der kleinste Durchmesser beträgt = 8 mm, die Maschinenweite = 11,8 mm, $D_3 = d \times 7\frac{3}{4}$ und der Stürzendurchmesser = 200 mm.

In Analogie zu den Doppelhörnern werden teilweise auch Doppel-Wagnertuben gebaut, so von der Firma Gebr. Alexander (Foto 53).

Trompeten

15

Mittlere und hohe Stimmungen

Da die Naturtrompete hauptsächlich in den Stimmungen C bis G gebaut wurde, waren dies auch die Ausgangsstimmungen für die Ventiltrompete, aber schon 1828 verzeichnete Stölzel in seinem Preiscourant B-alto-Trompeten.

Was die verschiedenen Stimmungen betrifft, gilt seit etwa 1835 weitgehend das, was F. Schlotthauer bereits 1843 berichtete: »Die Ventiltrompete wird in C alto, B, A ... bis A basso gebaut.« Man kann im 19. Jh. drei Stimmgruppen unterscheiden: hohe Trompeten, auch Alttrompeten genannt, in den Stimmungen C alto, B, A, mittelhohe Trompeten in G, F, E, Es, D sowie Baßtrompeten in den Stimmungen Es, D, C, B und A. Oft wurde nur die obere Stimmgröße je Gruppe gebaut, während die übrigen Stimmungen durch Umrüsten mittels Aufsteckbogen gewonnen wurden. Da bei den alten Naturtrompeten die G-Stimmung die höchste war, ging diese zunächst auf die Ventiltrompeten über. Bis um 1860–1870 wurden meist nur in F oder benachbarten Tönen gestimmte Trompeten geblasen. Die hohen Stimmungen um B, die schon 1828 in die preußische Militärmusik eingeführt wurden, traten nach 1860–1870 in den Vordergrund und beherrschen seit 1900 die Szene. Erfahrene Praktiker wie der Militärkapellmeister Heinrich Saro, die den Klang von F- und B-Trompeten ständig zum Vergleich hatten, äußerten in der Übergangszeit wiederholt, daß die B-Trompete nicht das Charakteristische des Trompetenklangs habe und ähnlich wie ein Cornet à pistons klinge (H. Saro 1883, S. 15). In der Dresdner Hofkapelle spielte bereits zwischen 1850 und 1860 Albert Kühnert (gest. 1889) eine B-Trompete. Von etwa 1870 an blies man darauf schon meist die obere Stimme. Kühnert schreibt in seinen Erinnerungen (nach Eichborn 1889, S. 50):

»Bei Einführung der hohen B-Trompete ist wohl überall ein Kampf gewesen, und ist auch mir in Dresden, wo man mit besonderer Vorliebe am Alten hängt als dem ersten, der das Instrument als vortheilhaft anerkannt, arg mitgespielt worden. Hier, wo Reissiger [gest. 1859] und Lipinski an der Spitze standen, die nur von einer Natur-Trompete etwas wissen wollten, war schon eine Ventil-Trompete mißliebig. Reissiger meinte, daß es ihm sehr unangenehm sei, wenn der Bläser eine andere Stimmung, als vorgeschrieben, nehme. Lipinski behauptete sogar, daß eine Ventil-Trompete überhaupt nicht klingen könnte, weil sie nicht luftdicht sei. Gegen die Einführung der hohen Trompeten kam in Dresden noch besonders, daß ein alter Trompeter in der Kapelle alle Vorurtheile tapfer unterstützte, sodaß man gezwungen war, immer wieder, neben B-alto, F-Trompete zu blasen, bei welchem Wechsel aber niemals Sicherheit erreicht werden kann. Jetzt ist es freilich anders geworden, die Ansprüche haben sich immer mehr gesteigert, und die jüngeren Musiker spielen ausschließlich hohe B- (ja hohe C-) Trompete. Die tieferen Instrumente sind ganz bei Seite gelegt worden.«

In Österreich bürgerte sich die C-Stimmung ein, die der Trompeter Teste auch in der Pariser Oper einführte, während in Rußland die A- oder B-Stimmung bevorzugt wurde.

Sieht man von der B-Trompete ab, dominierte im 19. Jh. in der sinfonischen und Opernmusik die F-Trompete, die oft eine umgerüstete G-Trompete war. In der Militärmusik dagegen war mehr die Es-Trompete in Gebrauch, und sie ist es neben der B-Trompete noch heute. Von bestehenden Traditionen ausgehend, sanktionierte Wieprecht im *Normal-Instrumental-Tableau der Königlich-Preußischen-Armee-Musik* (1860) den Gebrauch von meist vier Es-Trompeten in der Infanteriemusik. Vier Trompeten verwendete man deshalb, um einen ganzen Akkord ausführen zu können, was gern in Form von begleitenden Akkordbrechungen geschah. Dieser Komplex von vier Es-Trompeten löste sich nach und nach auf, indem die B-Trompete eindrang. Um 1930 fand man meist nur noch zwei Es-Trompeten, manchmal überhaupt keine mehr besetzt. Andererseits ist nicht zu übersehen, daß schon um 1865 in der hannoverschen Kavalleriemusik B- und Es-Trompeten gleichberechtigt besetzt waren (s. S. 80).

In Preußen stand am Beginn der Entwicklung der Ventiltrompete die Trompete von Friedrich Blühmel, die er bis 1816 entwickelte und bei der die Drehventile in einer Langtrompete eingebaut waren. Sie blieb praktisch bedeutungslos, in Preußen auch die seit 1818 gebaute Ausführung mit Kastenventilen. An Trompeten mit Blühmels »conischen Drehventilen« existierte von 1819 bis 1828 wahrscheinlich nur das Probeexemplar des Erfinders.

Das erste Ventiltrompetenmodell mit größerer Verbreitung war das von Griesling & Schlott in Berlin, das zuerst wohl 1818 konzipiert und mit Stölzels Stopferventilen ausgestattet worden war. Es wurde auch außerhalb Preußens gebaut, in Sachsen bis um 1850, in Mainz begann Müller 1827 mit dessen Herstellung (Abb. 5), 1826 kam es nach Paris und wurde die Grundlage für die französischen Trompeten und Cornets à pistons (Abb. 4), auch in England faßte es Fuß. Die unsignierte zweiventilige Trompete auf Foto 58 ist ein solches sächsisches Instrument von etwa 1838. Der ventillose Ahne, die Berliner Signaltrompete, ist noch deutlich zu erkennen. Die Mensuren sind: Durchmesser d des Mundrohres innen = 11,3 mm, nach dem Stimmzug etwas weiter, Erweiterung bis $D_3 = d \times 3$, Stürzendurchmesser = 129 mm, Rohrgliederung = $^5/_8$ zylindrisches Rohr (Mundrohr, Stimmzug, Übergang, Maschine) + $^3/_8$ Schallstück. Maschine bei etwa $^5/_9$ der Gesamtlänge ohne Mundstück, die 1430 mm beträgt (G-Stimmung bei a^1 = 466 Hz). Schlaufenverhältnis = 1:2. Auf Abb. 8 und 11 sind Formen zu finden, die eng an das skizzierte Modell anschließen, das äußerlich dem Cornet à pistons ähnlich ist, aber keinen Aufsteckstift hat.

Von 1833 an entstanden in Berlin die Modelle mit Pumpenventilen, die ebenfalls an die Windungsart der Berliner Signaltrompete anknüpfen (Foto 57 und 59). Der zweite Typ mit der Maschine im Mundrohr wurde Ausgangspunkt für die jetzige Form der B-Trompete. Dieses Instrument (Foto 59) steht in B und ist eine Markneukirchener Arbeit von 1836/42 mit folgenden Hauptmaßen: innerer Durchmesser d des Mundrohrs = 10,8 mm, Maschine und Stimmzug aber 11,5 mm, die Erweiterung bis D_3 auf $d \times 2^1/_2$, der Stürzendurchmesser = 117–118 mm, die Rohranteile sind = $^3/_5$ zylindrisches Rohr + $^2/_5$ Schallstück, Schlaufenverhältnis = 3:8. Entsprechend der hohen Tonlage ist der eingebogene Stimmzug kurz.

Bei Gablers Es-Trompete auf Foto 57 liegt die eigentliche Form der Berliner Signaltrompete vor, in den Stimmzug ist nur die Maschine eingebaut. Als Wieprecht am 12. August 1833 zu seinem Patentantrag die Pumpenventile betreffend auch eine Trompete mit abziehbarer Maschine einreichte, handelte es sich offenbar um dieses Modell, denn Wieprecht schrieb, daß die Trompete durch Auswechseln der Bögen leicht in eine Signaltrompete verwandelt werden könne.

Gleiches ist auch bei den Trompeten von August Heiser in

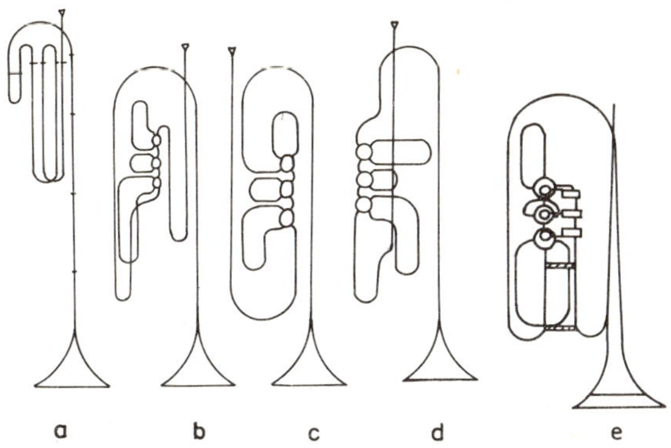

88. Windungsarten besonderer Trompentenmodelle.
a: Bachtrompete nach Paul Suchy mit Doppelzug und Teleskopmensur, Berlin 1920. Eine Modifikation der Zugtrompete von Gustav Gnädig. In D alto stehend.
b: Teleskopische Ventiltrompete nach Paul Suchy, Berlin 1920. Stimmung D alto, bis A herabstimmbar.
c, d: Windungsarten der Ventiltrompete von Josef Köhler, Hagen 1905 (s. S. 202).
e: F-Trompete von August Heiser, Potsdam um 1845–1850 (Leningrad Nr. 1359).

Potsdam der Fall, die denen von Gabler ähnlich sind und seinerzeit mit zu den besten gehörten. Eine Heiser-Trompete in F von 1845–1850 (Leningrad Nr. 1359, vgl. Zeichnung 88 e) hat diese Mensuren: d = 11,3 mm, Erweiterung bis D_3 auf $d \times 2^1/_2$, Stürzendurchmesser = 115 mm. Rohrgliederung = $^5/_8$ zylindrisches Rohr einschließlich Mundstück + $^3/_8$ Schallstück. Maschine bei $^2/_5$ der Gesamtlänge mit Mundstück. Schlaufenverhältnis = 2:5.

Das Instrument ist wie Gablers Trompete breit gewunden, hat weite zylindrische Rohre, ein enges Schallstück und ist mit einem kleinen Knauf und mit Eichenlaubgravuren am neusilbernen Kranz geschmückt. Foto 60 (Berlin Nr. 4436) stellt eine Weiterbildung der Modelle von Gabler und Heiser dar. Die Stimmzugschenkel laufen hier über Kreuz statt nebeneinander. Diese zwischen 1845 und 1860 viel zu beobachtende Rohrwindung liegt auch bei der Trompete auf Foto 83 vor. Geht man vom Modell der Trompete Berlin Nr. 4436 aus noch einen Wandlungsschritt weiter, gelangt man zu den Formen der Berliner und Potsdamer Tenorhörner. Seit etwa 1860 wird für die As- bis Es-Stimmung in Preußen die Windungsart üblich, die auf Foto 63 zu sehen ist. Sie findet sich auch bei Tenorhörnern und Cornets und war nach Aussage von Firmenprospekten noch in unserem Jahrhundert als *Berliner Modell* bekannt.

Im übrigen waren zweiventilige Es-Trompeten im Sinne des besprochenen Instruments von Gabler noch um 1850 speziell in der preußischen Kavalleriemusik häufiger als dreiventilige anzutreffen (Marx 1847, S. 98). Selbst um 1857 baute

C. W. Moritz noch zweiventilige Es-Trompeten. In Böhmen, Österreich und teilweise auch anderswo hatten die Es-Trompeten und Kornette der Reiterei das Schallstück auf der rechten Seite vom Spieler aus gesehen, während bei denen der Infanterie, wie bei den meisten übrigen Trompeten das Schallstück links angebracht war (nach Preislisten von V. F. Červený).

Nach der Mitte des 19. Jh. wurde die Ähnlichkeit mit der Signaltrompete zunehmend geringer. Charakteristisch wurde jetzt anstelle des herabgezogenen Mundrohrs eine Schlaufe unten rechts neben dem Schallstück. Damit folgten die Brandenburger Meister einer Wiener Gepflogenheit; allerdings sitzt in Österreich die Schlaufe unten links oder in der Mitte und meist nur bei Flügelhörnern unten rechts. Neu am Potsdamer Modell nach der Mitte des 19. Jh. ist die gebogene Einmündung des Mundrohrs in das 1. Ventil, ein Rohrverlauf, dessen Vorbild in den Preußischen Kornetten zu suchen ist. Das breite Schlaufenverhältnis von 2:5 wurde beibehalten. Bei der auf Foto 61 abgebildeten Trompete von Joseph Seiffert von etwa 1875 sind der engste und der Schallstückdurchmesser 11,3 und 120 mm. Als nach 1870 in Brandenburg die Drehventile üblich wurden, erfolgte beim Potsdamer Modell die Angleichung an die B-Trompetenform, denn wegen des Druckwerkes rücken die Ventile automatisch dem Schallstück näher.

Da Erfurt im 19. Jh. und bis 1918 zu Preußen gehörte, ist Eduard Kruspes Orientierung am Potsdamer Trompetenbau nicht überraschend. Die As-, G- und F-Größe baute Kruspe nach der Werkstattübernahme 1864 mit je vier Aufsteckbögen, deren längste die Stimmungen Es, D und C gaben (Abb. 20). Die weiter mensurierte zweiwindige Es-Trompete konnte bei Verwendung von Aufsteckbögen auch als Baßtrompete eingesetzt werden. Die quer liegende Ganztonschleife ist bis zur Gegenwart ein Charakteristikum von Kruspes B-Trompeten geblieben, ferner die »kantigen« Oberbügel, die auch die Trompeten von C. W. Moritz auszeichnen. In der Mensur wurden Kruspes Trompeten in den 1920er Jahren von Fritz Stegmann, einem Studienrat in Stuttgart, der bis 1945 Kruspes Fachberater war, modifiziert (Abb. 29).

In Wien baute 1823 J. F. Riedl die ersten Ventiltrompeten (Abb. 2). Sie schlossen an die Wiener Klappentrompete mit Aufsteckbogen und einer halben Windung in der oberen Hälfte an. Ein Stimmzug ist wie bei den meisten österreichischen und bayrischen Instrumenten bis zur Mitte des 19. Jh. noch nicht vorhanden. Gestimmt wurde in alter Weise mit Aufsteckstücken. Die obere halbe Windung kam nach 1830 bald außer Gebrauch und wurde in den Unterbügel verlegt. Die so entstandene Windungsart baute man besonders in Prag, so Meister wie August Rott und Franz Stöhr (Prag Nr. 676 E, 212 E), sie war fast bis zum Ende des 19. Jh. in Gebrauch, s. Foto 62. Bereits die spätestens 1829 in Prag entwickelte *Tasten-Trompete* hatte diese Schlaufe, dazu auch einen schräg stehenden Ganztonzug (Abb. 3a), der später bei Strasbourger Trompeten wieder auftritt.

Die Wiener Langtrompete, die oft schmal gewunden ist — bei G/F-Trompeten mit einem Schlaufenverhältnis von 1:6 bis 1:8 — erhielt schon in den 1820er Jahren Ventile. Dazu gehört auch die zweiventilige Trompete von Anton und Ignaz Kerner, Wien 1806, die sich im Museum von Tölz befindet (Foto 71). Sie wurde im Jahre 1909 irrtümlich als ein Beweisstück dafür angegeben, daß die Ventile schon 1806 erfunden worden seien (ZfI vom 11. Oktober 1909, S. 37). Vielmehr baute der Ventilhersteller einfach eine Maschine in eine alte Trompete von 1806 ein, ein Verfahren, das auch bei einer in den 1830er Jahren in Graslitz gebauten Ventiltrompete mit Wiener Ventilen und einem Schallstück von J. J. Schmied, Pfaffendorf 1783, begegnete. Ventile und Druckwerk der Trompete in Tölz gleichen vollständig denen der ältesten bayrischen Trompeten von Michael Saurle und Andreas Barth.

Das älteste bayrische Modell (Foto 70, 73), das auch von Hirsbrunner in Sumiswald (Schweiz) gebaut wurde (Foto 72, 74) und schon in einem Exemplar von 1829 überliefert ist (Foto 70), besaß die Ventile der österreichischen Trompete (1823), während das Druckwerk mit den starken Federn, das die aufrechte Haltung der Trompete nach sich zieht, ein Novum war. Hinter diesem schwerfälligen Klinkendruckwerk und seiner Anordnung standen zwei positive Gedanken: Einmal erreichte man damit, daß das Kondenswasser nicht in die Ventilzüge gelangte, das andere Mal konnte die Trompete mit der linken oder rechten Hand gegriffen werden. Dieses Grundmodell hatte viel für sich und wurde, mit anderen Druckwerken versehen, oft bis in die Mitte des 19. Jh. gebaut, u. a. in Mainz (Foto 80), Hannover (Foto 79), Sachsen (Foto 55) und naheliegenderweise in Württemberg (Foto 95). Aber so recht befriedigte die Anlage nicht, und so wurde sie um die Mitte des 19. Jh. von der mit ungefähr horizontal liegender Hauptwindung verdrängt. Diese war schon der Prag-Wiener Trompete der 1820er Jahre und spätestens seit etwa 1830 manchen Berliner Trompeten (Foto 57, 59) eigen.

Nochmals zu den Wiener Trompeten, die eigentlich die nachhaltigste Wirkung in Deutschland bis um 1880 ausübten, und, vermittelt durch Prager Modelle, besonders durch die Prager Drehbüchsenventile, selbst in Preußen die endgültige Prägung der B-Trompete mitbestimmten. Die Vorzüge der Wiener Instrumente bestanden hauptsächlich in der weichen und sanglichen Tongebung, die sich im 19. Jh. nordwärts ausbreitete. Die frühe Wiener Trompete stand normalerweise in G und wurde mit Aufsteckbögen für F, E, Es, D und C sowie zwei Sätzen Ventilzügen geliefert. Gegenstand einer 1846 patentierten Erfindung von Pelitti war es, das Umrüsten durch ein Umstimmventil und einen Stimmzug zu vermeiden

(Abb. 50). 1830 wurde die Wiener G-Trompete in L. Uhlmanns Patentantrag dargestellt und in dessen Preisliste von spätestens 1848 immer noch als alleiniges Modell abgebildet (Abb. 35). Das Schlaufenverhältnis betrug 1830 bei L. Uhlmann wie auch bei der erwähnten Kerner-Trompete in Tölz 1:6, wurde aber später größer. Das Mundrohr liegt direkt unterhalb des Schallstücks, die Ganztonschleife ist nach oben gebogen (bei J.F. Riedl gerade), und in der Schlaufenmitte befindet sich eine Rohrstütze zwischen Mund- und rücklaufendem Rohr, manchmal auch oben und unten (Riedl/Beyde/Uhlmann). Vor der Mitte des 19. Jh. erhielt das Modell im Unterbügel, seitlich oder in der Mitte, eine längliche Schleife für einen Stimmzug, vgl. Abb. 11 (Nr. 8), 18 (Nr. 5). Das Schlaufenverhältnis lag dann bei 2:9. Bei manchen Instrumenten nach der Mitte des 19. Jh., wie denen von Franz Horvorka in Wien, ist das Mundrohr vom Schallstück abgerückt, außerdem biegt das Rohr nach der Maschine zum Schallstück aus. Trompeten dieser Art sind wesentlich breiter gewunden und nähern sich den breitwindigen Wiener Modellen. Sie wurden bis zum Ende des 19. Jh. verwendet, teilweise noch in unserem Jahrhundert. Die Wiener Mensur ist am Anfang eng und erweitert sich bis zum konischen Teil oft in mehreren Stufen (steigende Zylindermensur). Kurz vor dem Schallstückende steigt der Durchmesser stark an. Folgende Mensuren einer unsignierten österreichischen Trompete der Jahre um 1860 können als typisch für eine engmensurierte Wiener G-Trompete gelten: Durchmesser d des Mundrohrs = 10 mm (innen, Maschine 10,2 mm), $D_3 = d \times 2\frac{3}{4}$, der Stürzendurchmesser = 121 mm. Rohrgliederung = $\frac{5}{8}$ zylindrisches Rohr + $\frac{3}{8}$ Schallstück. L. Uhlmann jun. baute gelegentlich stärker abweichende Windungsarten (Wien, Kunsthistorisches Museum Nr. 359). Die erwähnte Rohrstütze war übrigens ein Erbteil der Wiener Langtrompete des 18. Jh.

Die hohe Trompete bildete sich in Österreich höchstens einige Jahre später als in Preußen heraus, wo sie in der Kavalleriemusik schon 1828 eingeführt wurde. Foto 82 zeigt die vogtländische Version eines frühen Wiener Modells in C-Stimmung. Charakteristisch sind auch für dieses Modell die Mundrohrlage unterhalb des Schallstücks, die Rohrstütze in der Mitte, die auf- und nicht einzusteckenden Tonbögen sowie die Oberzwingenform. Die Mensuren sind: Innendurchmesser d des zylindrischen Rohres = 10,3 mm (Mundrohr), 10,5 mm (Maschine), 10,65 mm (Stimmzug), $D_3 = d$ (Anfangsdurchmesser) $\times 2\frac{1}{2}$, Stürzendurchmesser = 128—129 mm. Die Rohrgliederung = $\frac{4}{7}$ zylindrisches Rohr und Mundstück + $\frac{3}{7}$ Schallstück. Neben diesen breitgewundenen hohen Trompeten mit einem Schlaufenverhältnis von etwa 1:3 gab es auch schmale in Analogie zur G-Trompete.

1840 baute L. Uhlmann eine B-Trompete, die an die breitgewundene hohe C-Trompete anschloß. Unter L. Uhlmanns Sohn erreichte sie die auf Foto 77 sichtbare Ausprägung. An die alte Trompete (Foto 82) erinnert noch die gerade liegende obere Schleife, und die Rohrstütze lebt in unscheinbarer Form in der des Unterbügels weiter. Wie später näher beleuchtet, war die Wiener B-Trompete gegen Ende des 19. Jh. der Ausgangspunkt für das Dresdener Heckel-Modell. Zwischen Dresden und Wien bestand schon lange klangideelle Korrespondenz, ein gegenseitiges Befruchten, Geben und Nehmen besonders auf dem Gebiet der Oboen und Fagotte.

Blühmels Trompete mit Kastenventilen faßte zwar in Berlin nicht Fuß, wurde aber in Baden von Wilhelm Schuster in Karlsruhe wohl bald nach seiner Etablierung 1823 gebaut. Anscheinend hatte der in der badischen Hofkapelle als Hornist tätige Christoph Schuncke aus Berlin nicht nur ein Ventilhorn, sondern auch eine Trompete mit Kastenventilen mit nach Karlsruhe gebracht. Denn die Kastenventil-Trompete, die der Pariser Trompetenmacher Antoine für die Exposition universelle in Paris 1827 gebaut hatte (Revue musicale II, 1828), beruht offenbar genau wie das Ventilhorn von Labbaye auf einem Instrument von Schuster. Die zwei in den Museen von Nürnberg und Berlin (West) erhaltenen Trompeten von Schuster gehen von einer zweiwindigen Grundform aus, die von süddeutschen Klappentrompeten her bekannt ist. Könnte auch die Berliner Urform auf dieser Grundform beruht haben? Das Instrument auf Foto 93 ist ein spätes Exemplar, dazu eine Baßtrompete, bei der der zweiwindige Rohrverband ziemlich aufgelöst und die eigentlich stumpfe süddeutsche Schallstückmensur schon sehr ausgeprägt ist.

Das älteste hoch stimmende bayrische Modell ist auf Foto 70 und 73 zu sehen. Es schließt an die rechts- bzw. linksgriffige zweiwindige österreichisch-bayrische Klappentrompete und in der Mechanik an die Wiener Trompete an. Es war bis um 1840 in Gebrauch, mit waagerechter Ventillage bis um 1880, bei Baßtrompeten noch länger. Das früheste erhaltene bayrische Instrument überhaupt ist eine Trompete von M. Saurle aus dem Jahre 1829 (Foto 70). Um 1835—1840 entstand in Bayern und Süddeutschland ein gedrungen gebautes Modell mit Drehventilen (s. Foto 75, 76). Das Schallstück liegt rechts, man greift mit der Linken. Die Schleife im Unterbügel scheint vom Wiener oder Altmainzer Modell mit Stopfventilen übernommen, ist aber gedrungener angeordnet. Es gibt auch Windungsarten mit breiter, seitlich liegender Schleife in Anlehnung an die Inventionstrompete, die aber meist in Sachsen, so um 1860 von Johann Dürrschmidt in Markneukirchen, gebaut wurden (Markneukirchen Nr. 143). Bei süddeutschen und bayrischen Instrumenten ist der Mundrohrdurchmesser meist eng, bei C-Trompeten oft bei 10,5 mm (vgl. auch S. 85).

Am Rande sei auf Strasbourg verwiesen, wo spätestens in den 1840er Jahren ein eigenwilliges Trompetenmodell mit querliegendem Stimmzug entstand (Abb. 10, Nr. 6). Ausgestattet mit dem Drehventilmodell Zeichnung 13b (S. 35), ist ein Exemplar von J. Finck, Strasbourg 1844–1850, erhalten (Foto 81a b). Das Schallstück ist schlank, aber zum Ende hin stark ausladend. Vgl. das ähnliche Prager Modell auf Abb. 3a, das anscheinend das Vorbild war.

Altmainzer Modell. C.A. Müller begann 1827, vielleicht schon 1826, mit dem Bau von Ventilinstrumenten, darunter mit dem auf Abb. 5 dargestellten zweiventiligen Berliner Modell mit Stölzels Stopferventilen. Es ist im Prinzip die Windungsart der Trompete von Griesling & Schlott, wie sie auch in Paris gebaut wurde (Abb. 4). Urahn ist die Berliner Signaltrompete. Um die gleiche Zeit baute Müller das Modell mit Doppelrohrschubventilen und Klinkenhebel (s. Abb. 11, Nr. 8). Es wurde bis nach der Mitte des 19. Jh. gefertigt, kaum aber bis um 1860. Auch die Drehventile sind noch mit Altmainzer Druckwerk kombiniert worden (s. Foto 80). Der Ursprung des Altmainzer Modells dürfte in Adorf zu suchen sein (vgl. Foto 55).

Neumainzer Modell. Es wurde seit etwa 1833/34 bis um 1870–1880 gebaut und ist im wesentlichen durch die Neumainzer Maschine vom zuletzt genannten Modell unterschieden (s. Foto 78, vgl. ferner Abb. 18, Nr. 8 und 16). Nr. 7 dieser Abbildung zeigt eine vom Neumainzer Modell abgeleitete vogtländische Ausführung mit Drehventilen und schmalerer Gesamtwindung. Für das Neumainzer Modell charakteristisch im Rohrverlauf sind die Schlaufe und die breite Anlage. Das Mundrohr läuft unter dem Schallstück. Als ventilloser Ahne ist unschwer die besonders in Sachsen verbreitete Form der Inventionstrompete zu erkennen. Das Neumainzer Modell war um die Mitte des 19. Jh. in Deutschland weit verbreitet und wurde vielfach nachgebaut. Mensuren nach einem in G stehenden unsignierten Instrument von etwa 1845 (Bachhaus Eisenach I 186): Durchmesser der zylindrischen Rohre d = 10,1 mm, also sehr eng. Erweiterung bis D_3 auf d × 3, Stürzendurchmesser = 121 mm. Rohranteile = $\frac{1}{2}$ zylindrisches Rohr + $\frac{1}{2}$ Schallstück. Maschine bei $\frac{1}{8}$ der Gesamtlänge ohne Mundstück, Schlaufenverhältnis = 2:5. In abgewandelter Form mit Drehventilen wird die Neumainzer Trompete im Modell 14 der Firma Gebr. Alexander bis nach 1930 weiter, stärker angewandelt in Modell 16 (Es), 18 und 19 (tief C) bis in unsere Tage gebaut (vgl. Abb. 33).

Hannoversches Modell. Es wurde um 1835 von Hofinstrumentenmacher Johann Heinrich Zetsche (1787–1857) in Hannover entwickelt (s. Foto 79 und Preisliste C. G. Herold Abb. 18, Nr. 9). Die Identifizierung dieses Modells erfolgte auf Grund einer Beischrift zu einer Instrumentenzeichnung von 1850. Charakteristika sind: die Windung mit dem Schlaufenverhältnis 1:3 oder mit naheliegenden Werten, die Doppelrohrschubventile mit kurzen Federstechern, die Spielweise mit der Schlaufe nach oben, die große Rohrstütze (wie bei zeitgleichen Wiener Trompeten), die Windungsart der Ventilzüge. Die Mensuren nach einer unsignierten Sopran-Trompete in C von etwa 1844/45 (Markneukirchen Nr. 73) sind: Durchmesser d von Mundrohr und Schleifen = 10,8 mm, Erweiterung bis D_3 auf d × $2\frac{1}{2}$, Stürzendurchmesser = 110 mm. Rohrgliederung = $\frac{7}{15}$ zylindrisches Rohr mit Mundstück und Maschine + $\frac{8}{15}$ Schallstück. Ventillage bei $\frac{1}{9}$ der Gesamtlänge ohne Mundstück, die 1165 mm beträgt. Das Instrument auf Foto 79 hat dagegen folgende Mensuren: d = 10,7 mm, Stürzendurchmesser = 117 mm, Rohrgliederung = $\frac{1}{3}$ zylindrisches Rohr mit Mundstück und Maschine + $\frac{2}{3}$ konischer Stimmzug und Schallstück. Rechnet man den Stimmzug (konische Steigung um 1 mm) zum zylindrischen Rohr, liegt das gleiche Anteilverhältnis von $\frac{7}{15}$ + $\frac{8}{15}$ wie beim vorigen Instrument vor, das das ursprüngliche Modell darstellt. Schlaufenverhältnis = 1:3.

Altkölner Modell. Es wurde seit etwa 1850 von Friedrich Adolph Schmidt entwickelt und um 1895 nur noch selten gebaut (s. Foto 65). Im Äußeren ist es an der Altkölner Maschine, der charakteristischen Form und Lage der Stützen, am leicht kantigen Bug und am französischen Rand erkennbar. Die Ganztonschleife verläuft stets quer zur Längsachse des Instruments. Das Schallstück ist ausgesprochen hyperbolisch. Mensuren nach einem 1898 von Karl Weller in Markneukirchen gebauten Musterexemplar: Durchmesser d der zylindrischen Rohre = 11,45 mm, also sehr weit, Erweiterung bis D_3 auf d × $2\frac{1}{2}$, Stürzendurchmesser = 132 mm, Rohrgliederung = $\frac{1}{2}$ zylindrisches Rohr mit Mundstück + $\frac{1}{2}$ Schallstück, Ventillage bei $\frac{1}{6}$ der Gesamtlänge mit Mundstück, Schlaufenverhältnis 1:3. Der Klang ist herb, markant und großvolumig.

Neukölner Modell. Die Benennung korrespondiert mit den Formen der Neukölner Maschine. Es wird in den letzten Jahren meist mit Hufeisenanschlag und das Schallstück mit französischem Rand gebaut. Das Modell, das besonders mit den Namen L. A. Schmidt und Monke verbunden ist, war und ist eines der verbreitetsten deutschen Trompetenmodelle. Es ist stilmäßig schlichter als das Altkölner Modell. Die besondere Stimmzugstütze ist der üblichen Kölner oder profillosen, glatten Drahtstütze gewichen. Das zylindrische Rohr beträgt im Durchmesser außen 12 mm, innen 11,2 mm (vgl. Foto 67).

C. F. Sattlers zweiventilige Trompete von 1821 (S. 43; Zeichnung 24) begründete in Sachsen den hier bis nach der Mitte des 19. Jh. verbreiteten Bau von Instrumenten mit Doppelrohrschubventilen. Trompeten mit Stölzels Ventilen und Drückern in Längsrichtung wurden noch um 1855 in Markneukirchen gebaut, aber z. B. auch in London (J. Reynolds, Pace). Diese Modelle gehen vermutlich direkt auf Sattlers Trompete zurück. Auch bei Blühmels Trompete von 1818 lagen die Kastenventile in Längsrichtung.

Dresdner Modell des 19. Jh. für As-Es-Stimmung (Foto 87). Das Mundrohr verläuft wie beim belgischen Modell oberhalb des Schallstückoberbügels, die Maschine liegt entsprechend hoch. Im Unterbügel befindet sich eine große Schlaufe, der U-Stimmzug ist einzapfig, die Anderthalbtonschleife ist im weiten Bogen gekrümmt und nicht gekröpft. Die Stürze ist teilweise wie bei der Heckel-Trompete gestaucht. Das Modell wurde in den Werkstätten von Kersten, Heckel, Eschenbach und Moses, der 1856 Nachfolger in Kerstens Werkstatt wurde, gebaut. Der Zusammenhang mit dem Baßtrompetenmodell Heckels (Foto 94) ist offensichtlich, auch dieses hat das Mundrohr über dem Schallstück liegen. Hauptmensuren der F-Trompete der Firma Friedrich Moses, Dresden um 1895/96, auf Foto 87: Minimaldurchmesser d im Mundrohr = 10,3 mm. Durchmesser d in Schleifen und Stimmzug innen = 11,1 mm, Erweiterung bis D_3 auf d × etwa $2\frac{3}{8}$, Stürzendurchmesser = 122—124 mm. Rohrgliederung = $\frac{7}{11}$ zylindrisches Rohr ohne Mundstück + $\frac{4}{11}$ Schallstück (Näherungswerte). Schlaufenverhältnis annähernd 1:3. Kleines Klangvolumen (vgl. ferner Foto 8).

Als besondere Form des Dresdner Modells erlangte nach 1880 die B-Trompete von Friedrich Alwin Heckel in Dresden besondere Bedeutung. Heckel orientierte sich bei seiner B-Trompete in Anlage und Ausführung an der Wiener Trompete Uhlmanns, vgl. Foto 77 (Uhlmann) und 84 (Heckel). Eigenständig ist die Mensur, besonders die gestauchte Schallstückfasson. Die Heckel-Trompete wurde auch außerhalb der Heckel-Werkstatt gebaut (so von G. A. Wagner und R. Schopper) und gewinnt heute wieder stärkere Bedeutung (A. Windisch), s. Foto 85, 86, 88, 89. Die Heckel-Trompete kam der Wiener Klangauffassung so weit entgegen, daß sie allmählich in Wien sogar die Wiener Trompete verdrängte und dort noch heute meist das Modell Heckel geblasen wird. Merkmale: Ventile mit Hufeisenanschlag, Spiralfederdruckwerk oder Trommeldruckwerk eigener Prägung (S. 59 Zeichnung 45), Oberbügel als strenger Rundbogen, besondere Stützenformen (Spirale, Säulchen, Dresdner Stützen), stark gekröpfte Anderthalbtonschleife, breiter neusilberner Stürzenrand (sog. Heckel-Rand), »konisches« Mundrohr. Die Standardmensuren sind: zylindrischer Rohrdurchmesser d = 11 mm, auch 11,2 mm, Erweiterung bis D_3 auf etwa d × $2\frac{5}{8}$, Stürzendurchmesser um 126 mm, Rohrgliederung = $\frac{1}{2}$ zylindrisches Rohr einschließlich Mundrohr + $\frac{1}{2}$ Schallstück (ungefähr). Während beim Kölner Modell zwischen etwa 1880 und 1920 eine Verengung des zylindrischen Durchmessers zu beobachten ist, zeigen die Dresdner Trompeten die umgekehrte Tendenz. Ähnlich wie die Mainzer hatten die alten Dresdner Trompeten ein kleines Klangvolumen, so daß im stark besetzten Orchester nur mit Mühe die Balance mit dem Tutti gehalten werden konnte. Die Vorzüge der Heckel-Trompete liegen im edlen Klang.

Ein ähnliches, aber relativ eigenständiges Modell produzierte zwischen 1895 und 1938 auch Robert Schopper in Leipzig. Auf Anregung des Leipziger Gewandhaustrompeters Franz Herbst baute Schopper 1929 eine B-Trompete, deren Ventile im rücklaufenden Rohr eingesetzt waren, um diese wasserfrei zu halten. Derartige Trompeten baute um 1840—1845 bereits Raffaelo Camelli in Pistoia, um 1860 Franz Bock in Wien und sie wurden seit 1905 auch von Joseph Köhler propagiert (s. S. 202). Schoppers Trompete hatte außerdem ein konisches Mundrohr, konischen Stimmzug und eine Kurzdruckmaschine, d. h. ein Druckwerk, bei dem der senkrechte Hebel um einige Millimeter länger als üblich ist. Die letzten Exemplare von Schoppers Trompete wurden 1938 gebaut.

In den vogtländischen Werkstätten ging schon in den 1830er Jahren das Bestreben dahin, alle Modelle zu bauen, z. B. Berliner, österreichische, bayrische, Mainzer. Dabei traten häufig Stilmischungen in Gestalt und Mensur auf. Die F-Trompete auf Foto 83 (Leipzig Nr. 1857) ist eine Markneukirchener Arbeit von 1855—1860, in der vogtländische Besonderheiten (Schieber, Aufschraubdeckel, Kranzgravuren), österreichische (Maschine) und Berliner (Windungsart) Merkmale zusammengeflossen sind. In der Weitenmensur ist das sächsische Element — das schlanke Schallstück und der enge bis mittelweite innere Durchmesser der zylindrischen Rohre (d = 10,65 mm) — stark ausgeprägt. Mensuren: Erweiterung bis D_3 auf d × etwa $2\frac{1}{2}$, der Stürzendurchmesser = 127 mm, Rohrgliederung = $\frac{3}{5}$ zylindrisches Rohr ohne Mundstück + $\frac{2}{5}$ Schallstück, wie es wiederholt bei vogtländischen Klappentrompeten zu beobachten ist; Schlaufenverhältnis = 3:10.

Synkretistisch ist auch die Trompete von Oswald Meisel (Liegnitz) auf Foto 63. Nach der Windungsart ist es ein Berliner Modell, Detailausführung (Stützen, Stoßringe, Zwingen) und Mensur zeigen aber Wiener und sächsische Art. Obwohl zu Preußen gehörig, orientierte man sich in Schlesien im Instrumentenbau oft an Wien und Sachsen. Die Mensuren dieses Instruments sind die folgenden: Innendurchmesser des Mundrohrs d = 10,6 mm, in den folgenden zylindrischen Rohrteilen 10,8 mm, Erweiterung bis D_3 auf d × $2\frac{3}{4}$, Stürzendurchmesser = 119—120 mm, Rohrgliederung = $\frac{5}{8}$ zylindrisches Rohr ohne Mundstück + $\frac{3}{8}$ Schallstück, Maschine bei $\frac{1}{4}$ der Gesamtlänge ohne Mundstück, die 1514 mm beträgt, Schlaufenverhältnis etwa 4:9.

Ein eigenständiges, kurzlebiges, wohl sächsisches Modell ist auf Foto 4 wiedergegeben. Die in G stehende Trompete aus der Zeit um 1835 schließt an die breite sächsische Inventionstrompete an. Das Modell hat zwei Wiener Ventile mit je einer sog. Holmbank. Der Innendurchmesser ist 11,1 mm vor den Ventilen, 12,4 mm (!) in den Ventilzügen, 11,3—11,4 mm im

Stimmzug. Ferner: Erweiterung bis D_3 auf 11,1 × 3, Stürzendurchmesser = 131 mm, Rohrgliederung = $^{7}/_{15}$ zylindrisches Rohr ohne das Mundstück + $^{8}/_{15}$ Schallstück, die Gesamtlänge = 1 534 mm, Schlaufenverhältnis = 2:5.

Die insgesamt weite Mensur und die ungewöhnliche Weite der Maschine wurden vermutlich aus einer Überlegung heraus konzipiert, die viele Trompetenbauer in der Frühzeit der Ventilinstrumente anstellten. Schubert (1865, S. 115) umschreibt sie mit diesen Worten: »Leider aber hat die Ventiltrompete die glänzende Metallfarbe der Naturtrompete nicht, hat sogar bei manchen Bläsern etwas ›Näselndes‹ an sich. Verschiedene Instrumentenmacher suchen diesen Mangel dadurch zu entschädigen, dass sie der Trompete mit Ventilen eine etwas weitere Röhre geben, um durch einen etwas volleren Ton die Metallfarbe zu ersetzen.« Den Klang der Naturtrompete zum Maßstab nehmend, ist diese Charakteristik nicht vorurteilsfrei. Daß manche frühe Trompeten im 19. Jh. weit gebaut wurden (Foto 4, 5) und der Stürzendurchmesser sich insgesamt vergrößerte, geht nur zum Teil auf das Streben nach einer Angleichung an den Klang der Naturtrompete zurück, es ist mehr der Ausdruck der dem 19. Jh. eigenen Klangtendenzen. Dazu gehört die Neigung zum weichen und großvolumigen Klang, die schließlich wesentlich mit zu einem ungefähr konischen Mundrohr oder zu einem Stufenkonus führte.

Baßtrompeten

Die Baßtrompeten, stets in Trompetenform gebaut, liegen in der Weitenmensur zwischen weiten Es-Trompeten und engen Tenorhörnern. Eine scharfe Grenze kann für das 19. Jh. vorerst nicht gezogen werden. Die Baßtrompete nahm ihren Ausgang zunächst von den Natur-Baßtrompeten. In der sächsischen und österreichischen Blasmusik waren das in A gestimmte, doppelt gewundene Instrumente aus Kupfer. Sie erhielten Klappen und in den 1830er/1840er Jahren schließlich Ventile. Manche wurden von Mal zu Mal in der Mensur weiter gebaut und dadurch zu Tenorhörnern, wie es auch in Preußen der Fall war. Die zweiwindige Anlage ist bis in das 20. Jh. allgemein üblich geblieben. Die österreichisch-süddeutschen Baßtrompeten sind den sächsischen in mancher Hinsicht ähnlich (vgl. Foto 95). Die Baßtrompete Foto 93 von W. Schuster ist das typologisch älteste, hauptsächlich in den 1820er Jahren geprägte Modell der Baßtrompete. Der Innendurchmesser des zylindrischen Rohrs beträgt 11,6 mm, der Stürzendurchmesser = 163 mm. Stölzels analoges Instrument hat man sich in der Art des Tenorhorns mit Stopferventilen auf C. G. Herolds Prospekt (Abb. 7) vorzustellen. Stölzels Bezeichnung war Tenortrompete oder — wohl die weiter mensurierte Variante — Tenorhorn. Vgl. Foto 54. Im 19. und teilweise noch im 20. Jh. wurden die Bezeichnungen Tenorhorn, Tenortrompete und Baßtrompete verschiedentlich so gut wie deckungsgleich gebraucht. Enge Tenorhörner wurden als Baßtrompeten vor allem dann bezeichnet, wenn sie musikalisch als Baßtrompeten fungierten.

Eine zweite Gruppe der Baßtrompeten leitete ihre Anlage von den Ventiltrompeten in F, Es und D ab. Sie sind nur etwas weiter mensuriert und stimmen in Es, D (jeweils mit Aufsteckbogen), C, auch B. Ein Teil neigt in der Mensur zu Althörnern, andere zur schlanken Trompetenmensur. Eine dritte Gruppe sind Baßtrompeten in der Windungsart der Alt- und Tenorhörner, nur etwas enger mensuriert. Zu dieser Gruppe gehört die Baßtrompete von Ernst R. Voigt, Markneukirchen um 1880, auf Foto 13. Die Windungsart ist wie beim Tenorhorn von R. Schopper auf Foto 115, einem sächsischen Ableger des Berlin/Potsdamer Tenorhorns. Die Windungsart der 3. Ventilschleife entspricht hier derjenigen der Tenorhörner von C. W. Moritz. Welche Art Baßtrompete eingesetzt wurde, richtete sich u. a. nach lokalen Traditionen und der übrigen Besetzung. In Dresden trat man um die Jahrhundertwende bei der Aufführung von Richard Wagners *Ring des Nibelungen* für weit mensurierte, dunkel klingende Instrumente statt der etwa von Gebr. Alexander gebauten eng mensurierten Baßtrompeten ein: »Die Klangfarbe soll weich und dunkel sein. Aus diesem Grunde werden statt der Baßtrompeten meist althornähnliche Instrumente in gleicher Stimmung verwendet.« (O. Friedmann in: Teuchert/Haupt 1911, S. 65). Friedmann spricht hier offenbar von F. A. Heckels Baßtrompete in Es mit D- und C-Aufsteckbogen, die 1888 für die Dresdner Aufführung der Oper *Rheingold* angeschafft wurde und an Moritz' Instrument orientiert war, das eigens für die *Rheingold*-Aufführung 1869 in München gebaut worden war.

Manche Firmen, wie V. F. Červený bezeichneten die mittelweiten tiefen C-Trompeten als Tenortrompeten und nur die weit mensurierten als Baßtrompeten.

Ein anderer Komplex von Baßtrompeten sind die Stölzelschen engen Bässe in F oder in Es. Von Baßtrompeten in diesem Sinne sprach man hauptsächlich bei der Kavallerie, wo sie u. a. von Barytons verdrängt wurden. Immerhin sind noch Tuben, die diese alten Baßtrompeten ablösten, eine Zeitlang so benannt worden (vgl. F. L. Schubert 1883, S. 27). Auch Richard Wagner ging bei der Komposition des *Rheingold* wohl erst von diesen engen Bässen aus, schrieb dann aber für die hohe Baßtrompete (vgl. S. 76).

Wenn Adolf Bernhard Marx (1847, S. 102) von der »Basstuba, auch wohl Basstrompete genannt« sprach, so spiegelt sich darin der Sachverhalt, daß in der Kavallerie an die Stelle der alten engen trompetenförmigen Bässe (die Sundelin 1828 erwähnt) die Tuben traten, die nur gewohnheitsmäßig noch als Baßtrompeten bezeichnet wurden. Nannte man doch traditionsgemäß die Kavalleriemusiker auch Trompeter.

Bachtrompeten und die Hoch-B-Trompete

Bachtrompete ist zwar eine heute veraltete Bezeichnung, die jedoch notwendig ist, um bestimmte historische Ventilinstrumente zu benennen. In der 2. Hälfte des 19. Jh. führten bei den Bemühungen um die Aufführung Bachscher Werke die veränderte Blastechnik, die Anwendung der Ventile und die historische Gesinnung notgedrungen auf die Ventilinstrumente. Museumsinstrumente zu blasen, lehnte man — abgesehen von den immensen technischen Schwierigkeiten — im 19. Jh. ab. Noch als 1931 der Sammler Hoesch von der Firma Gebr. Alexander drei Trompeten von 1768 nachbauen ließ, fand er kein Echo. Anders ist es in neuerer Zeit, für die die Vergangenheit tatsächlich auch instrumentenbaulich einen Maßstab bedeutet, seit z.B. 1967 die Firma Meinl & Lauber in Geretsried mit dem Nachbau historischer Trompeten, Hörner usw. begann. Die 1959 aufgekommenen kreisförmigen *Clarinen* mit Grifflöchern (W. Holy, O. Steinkopf, H. Finke) gehören in die Gruppe der Jägertrompeten mit posthornartiger Mensur und sind eine gute aufführungspraktische Lösung für manches Werk der Barockzeit. Nach wie vor dominieren aber bei Aufführungen von Clarinpartien die Ventilinstrumente.

Während in England bereits um 1860 Spezialtrompeten für Clarinpartien gebaut wurden — *The Handelian Trumpet* von John Augustus Köhler & Son —, setzten analoge Bemühungen in Deutschland 1881 durch den Berliner Trompeter Julius Kosleck ein. Seit jenem Jahre blies er eine gerade zweiventilige A-Trompete (Halbton unter der üblichen B-Trompete) und hatte damit großen Erfolg. Wie viele Instrumentenbauer des 19. Jh. beim Bau ihrer Gitarren und Violen auf Formen des 15. und 16. Jh. zurückgriffen, so schloß auch Kosleck, inspiriert durch eine gerade Trompete, die er bei einem Heidelberger Antiquitätenhändler kaufte, an jene sog. altdeutsche Zeit an. Beim Bachfest 1884 in Eisenach entstand für diese neue Trompete die Bezeichnung »Bachtrompete«, und in Anbetracht der christlichen Ikonographie nannte man solche Instrumente später auch Engelstrompeten. Auf derartigen Instrumenten blies man aber z. B. auch am 16. Dezember 1881 in einer Matinee zum Empfang des Kaisers Wilhelm II. in der Berliner Lindenoper *Ein' feste Burg ist unser Gott.* Verehrung der Vergangenheit, christliche Gesinnung, Neuerschließung Bachscher Musik sowie die Nutzanwendung der zeitgemäßen Ventile flossen bei dieser historizistischen Bach- bzw. Engelstrompete in eins zusammen. In der Münchner Hofkapelle führte der Kammermusiker Meichelt 1885—1890 diese gerade Bachtrompete ein. 1885 hatte M. Fontaine-Besson in Paris eine dreiventilige Version in hoch G speziell für Bachs *Magnificat* herausgebracht, später auch tiefere Stimmlagen. In der Folgezeit fertigte auch L. A. Schröder in Köln für die Bach-Aufführungen u. a. in Duisburg derartige Instrumente (ZfI vom 11. Februar 1911, S. 499). Inzwischen machten die hohen D-Trompeten, die zuerst um 1890 in Brüssel und 1892 in England für Bach-Partien gebaut wurden, von sich reden. Die D-Stimmung auf Koslecks Trompete anwendend, konstruierte vor 1910 Gustav A. Wagner in Dresden nach O. Friedmann, Trompeter der sächsischen Hofkapelle, ein Instrument in D (herabstimmbar bis C) mit drei Zylinderventilen. Mensuren: zylindrischer Durchmesser = 11 mm, Stürzendurchmesser = 125 mm (115 mm), Rohrgliederung = $\frac{1}{3}$ zylindrisches Rohr + $\frac{2}{3}$ Schallstück. Nach dem ersten Weltkrieg kamen die Geradtrompeten außer Gebrauch, und die wie die B-Trompeten oder ähnlich gewundenen F- und D-Trompeten wurden als sog. Bachtrompeten üblich. Sächsische Firmen wie J. H. Zimmermann und Schuster & Co. griffen die Idee der Engelstrompete auf, bauten sie in B-Stimmung und propagierten sie als »Fanfarentrompete« für die Jugendverbände, wo sie kurz nach dem ersten Weltkrieg für vielleicht ein Jahrzehnt eine begrenzte Verbreitung hatten. 1894 baute die Firma Gebr. Alexander eine F-Trompete in Schlaufenform zur Aufführung von Bachs 2. Brandenburgischem Konzert, rekonstruierte sie 1904 und brachte um 1907 eine D-Trompete heraus. Andere Firmen schlossen sich an. Eine D-Trompete von O. Ullmann, Leipzig um 1910, die an der D-Trompete der Firma Gebr. Alexander orientiert ist, besitzt folgende Hauptmensuren: zylindrischer Durchmesser d = 10,8 mm, Erweiterung bis D_3 auf $d \times 2\frac{1}{2}$, Stürzendurchmesser = 130 mm, Rohrteilung = $\frac{2}{5}$ zylindrisches Rohr ohne das Mundstück + $\frac{3}{5}$ Schallstück (Leipzig Nr. 3055). Zusätzliche Quartventile zur Bereicherung der Tiefenlage und zur Verbesserung der Intonation finden sich fast nur bei hohen Bachtrompeten. So entwickelte Hermann Ganter in München die enge G-Trompete mit einem liegenden Daumen-Quartventil.

Die erste *Hoch-B-Trompete, Sopranino- oder Pikkolotrompete* konstruierte Mahillon 1905 in Brüssel für den Trompeter A. Goeyen, der darauf das 2. Brandenburgische Konzert spielte. Vorher, seit 1902, blies er auf einer hohen F-Trompete. Diese B-Stimmung fand aber erst in den 1960er Jahren als umstrittener Clarinersatz allgemein Eingang. Zur Einführung der Hoch-B-Trompete kam es um 1959 durch das Modell von Selmer in Paris, das in den deutschsprachigen Staaten zuerst von Adolph Scherbaum überzeugend propagiert wurde. Vom Ende des Jahres 1960 an entwickelte Johannes Scherzer in Markneukirchen seine Hoch-B-Trompete, die inzwischen internationale Anerkennung gefunden hat und Schule macht. Wie Scherzer brieflich mitteilte (1983), entwickelte er sie auf Anregung des Berliner Trompeters Willi Krug, der auch durch seinen Rat als Musiker half, das Modell zu vervollkommnen. »Dabei wurden mehrere verschiedene Varianten der Bauart, auch mit Périnet- und Drehventilen und besonders mehreren Mensuren ausprobiert.« Diese Trompeten hatten drei Ventile.

Nachdem Henri Selmer schon vor 1970 erfolgreich vierventilige Trompeten mit einem in das 4. Ventil einmündenden Mundrohr gebaut hatte, ging Scherzer 1971 zur vierventiligen Hoch-B-Trompete über, baute sie aber mit Drehventilen. Die Einmündung des Mundrohrs in das 4. Ventil ermöglicht den Einbau eines langen Stimmzuges in das Mundrohr. Das 4. Ventil gestattet, daß auf der Hoch-B-Trompete die D-Trompetenpartien der Barockzeit geblasen werden können, die viel häufiger sind als die in allen anderen Stimmungen. Scherzers erste vierventilige Trompete besaß einen schmalen, gerade verlaufenden 3. Ventilzug, später einen mit etwa quadratischem Umriß. Zur Ausrüstung dieser Hoch-B-Trompete gehören: drei in der Mensur verschiedene Mundrohre, eines davon für die A-Stimmung, ferner ein verlängerter Ventilbogen für Ventil 3, der für besondere Interpretationen verwendet werden kann. Manche Firmen bauen die Hoch-B-Trompete in der alten, in den 1960er Jahren üblichen Windungsart, die an die Form der B-Trompete anschließt, weiter, so auch J. Monke (Foto 68). Allerdings ist bei diesen Formen das Mundrohr sehr kurz. Außer in B/A werden in gleicher Windungsart auch Sopraninotrompeten in G-, F- und sogar in hoher C-Stimmung gebaut (Fotos 19 und 92).

Heutigentags ist die Hoch-B-Trompete in Stimmung und Klang soweit vervollkommnet, daß ihrer Einbürgerung weniger Vorbehalte entgegenstehen als ehedem. Wenn die höher als B/C der Normalgröße stehenden Trompeten vereinzelt noch als Bachtrompeten bezeichnet werden, so ist das nicht richtig, vielmehr ist diese Bezeichnung nur für spezielle, inzwischen historisch gewordene Formen berechtigt (Tarr 1972). Denn heute werden die hohen Stimmungen auch in der modernen Musik verwendet oder zur Ausführung mancher schwieriger Stellen bei Richard Strauss, Gustav Mahler, Igor Strawinsky u. a. Hier, wie in der Interpretationsgeschichte der Barockmusik, zeigt sich, daß die hohen D-, F- und Hoch-B-Trompeten als Mittel der Blaserleichterung in die Geschichte eintraten. Der Aspekt klanggetreuer Interpretation war sekundär. Die klangliche Diskrepanz zwischen Langtrompete und hoher Ventiltrompete besteht nach wie vor.

Eine gewisse Bedeutung hatten die Bachtrompeten in D und F nach Werner Menke, die nach 1927 von der Firma Gebr. Alexander gebaut wurden. Menke ließ sie zweiwindig in der Rohrlänge der Barocktrompeten herstellen. Die zwei Ventile dienten nur zum Ausgleich der unreinen Töne, wozu bei der Clarine von Finke/Steinkopf von 1959 die Grifflöcher gebraucht wurden. Menke stellte für die Mensuren Mittelwerte aus den Messungen von Langtrompeten zusammen (Menke 1934, S. 216–220), beim Stürzendurchmesser war es ein Mittelwert aus etwa 20 Einzelmessungen. Damit überging er das Prinzip der Klangtypen und den Zusammenhang zwischen musikalischer Funktion und Mensur bei Barocktrompeten.

Besondere Formen

Um die Mitte des 19. Jh. entstanden in Analogie zu den runden Post- und Flügelhörnern zirkuläre Ventiltrompeten (Abb. 52). So ungewöhnlich der Gedanke einer hornförmigen Ventiltrompete ist, so kann mit der »Jägertrompete« auf einen wenigstens bis zum Anfang des 17. Jh. zurückreichenden Stammbaum verwiesen werden.

Als Richard Wagner 1857–1859 seine Oper *Tristan und Isolde* komponierte, schrieb er in der 1. Szene des 3. Aufzugs ein Englischhorn vor, auf dem zunächst die »traurige Weise« des Hirten hinter der Bühne zu spielen ist. Wenn der Hirt am Horizont das Rettung bringende Schiff mit Isolde erblickt, hat er auf seiner Schalmei die »frohe Weise« anzustimmen. Wohl wissend, daß hier die Möglichkeiten des Englischhorns überfordert sind, schrieb Wagner in die Partitur: »Das englische Horn (auf dem Theater) soll hier die Wirkung eines sehr kräftigen Naturinstruments, (wie das Alpenhorn), hervorbringen; es ist daher zu raten, je nach Befund des akustischen Verhältnisses, es durch Hoboen und Klarinetten zu verstärken, falls man nicht, was das Zweckmäßigste wäre, ein besonderes Instrument (aus Holz), nach dem Modell der Schweizer Alpenhörner, hierfür anfertigen lassen wollte, welches seiner Einfachheit wegen (da es nur die Naturskala zu haben braucht) weder schwierig noch kostbar sein wird.« Für die Münchner Uraufführung von *Tristan und Isolde* am 10. Juni 1865 hatte man von der Firma Johann Adam Heckel in Biebrich ein Instrument in der äußeren Gestalt eines Alphorns bauen lassen, das mit einem Kornett- bzw. Trompetenmundstück anzublasen war. Das gerade Instrument aus acht Segmenten hat den im stumpfen Winkel abgebogenen D'amore-Schallbecher eines Englischhorns, und nach dem zweiten Rohrsegment ist ein Pumpenventil mit einer Ganztonschleife angebracht. Die Grundstimmung dieses leicht konisch mensurierten Instruments, das in der Münchner Staatsoper noch heute geblasen wird, ist D alto. Bei einem Instrument in tief D kommt man mit den Naturtönen aus. In Dresden schien man sich am Ende des vorigen Jahrhunderts eines regelrechten Alphorns und dann eines »Büchels« zu bedienen, einer Schweizer Holztrompete in D. Diese aus Holz gebauten Naturtrompeten, die kein Ventil benötigen, führten dann auch zu dem jetzt üblichen Namen *»Holztrompete«*. Auch Ventiltrompeten, deren Mundrohr und Schallstück aus Holz und deren Ventilmaschine aus Messing waren, kamen zum Einsatz. Man brauchte hier nur auf den *Pelittifero*, ein von Giuseppe Pelitti 1843 erfundenes Trompeteninstrument mit drei Drehventilen und mit Pergament bekleideten Holzröhren zurückzugreifen.

Für die 1870 komponierte Oper *Aida* bestellte Verdi selbst bei Pelitti in Mailand gerade Fanfarentrompeten für den »Triumphmarsch«, die in As und H gestimmt waren und nur ein Ventil hatten. Verdi hatte zu den zwei mal drei Trompeten in der Partitur vermerkt: »Diritte di forma egiziana« (gerade, in ägyptischer Form). Seit den ersten deutschen Aufführungen in Berlin und Wien wurden die italienischen Vorlagen übernommen, wobei Versionen mit drei Ventilen wichtig wurden, um diese Instrumente vielseitiger verwenden zu können. Teils baute man sie in B oder H (mit B-Zug), so daß Ventil 2 und 3 als Umschaltventile in die As-Stimmung verwendet werden konnten. Nach Firmenkatalogen von Julius Heinrich Zimmermann und Schuster & Co. wurden die *Aida-Trompeten* auch für die Fanfarenmusik der Jugendverbände, des Militärs und der Feuerwehr propagiert.

Die französischen Trompetenmodelle mit Périnetventilen konnten im 19. Jh., von den Cornets à pistons abgesehen, in Deutschland nicht Fuß fassen; erst mit der Jazztrompete dringen seit den 1920er Jahren die Périnetvenile ein. Natürlich lassen sich Ausnahmen finden, wie die Wiener Philharmoniker, die zu Anfang des 20. Jh. eine Zeitlang auf Périnetventiltrompeten in C von M. Fontaine-Besson bliesen. Oder: 1850 schaffte die Dresdner Hofoper zwei Trompeten aus Paris an, sie blieben neben einer »Pistontrompete« von 1854 in der 2. Hälfte des 19. Jh. die einzigen Trompeten ohne Wiener oder Drehventile. Einen interessanten Fall bilden die mit Périnetventilen ausgestatteten *Feldtrompeten*, die seit etwa 1870 bis zur Auflösung der Reiterregimenter im zweiten Weltkrieg in der sächsischen Kavallerie geblasen wurden (s. Abb. 27). Ausgangspunkt war die mit Cornets à pistons bzw. »Pistontrompeten« ausgerüstete sächsische Kavalleriebesetzung (vgl. S. 80). Man bediente sich dieser Instrumente deswegen, weil man sie zu Pferde, mit einer Hand haltend, blasen konnte. Die Feldtrompeten wurden in vier Größen gebaut:

Pikkolotrompete in Es,
1. Trompete in B,
2. Trompete in F mit Es-Bogen,
Baßtrompete in B.

Schwächste Besetzung: 2 erste in B, 2 zweite in F/Es, 2 Baßtrompeten in B. Meistens: 1 Pikkolo in Es, 3 erste in B, 2 zweite in F/Es, 2 Baßtrompeten in B. Haupthersteller waren Moritz Eschenbach in Dresden und J. H. Zimmermann in Leipzig. Die Instrumente wurden teilweise auch in langgestreckter Form gebaut und als Fanfarentrompeten bezeichnet.

C. W. Moritz produzierte um die Wende des 20. Jh. einen den Feldtrompeten verwandten Satz von Fanfaren in B und Es mit Pumpenventilen sowie einen Satz *Jäger-Instrumente* mit Périnetventilen (Nachlaß C. W. Moritz). Letztere waren oval gewundene trompetenförmige Instrumente, die als Es-Pikkolo, B-Trompete (Sopran) und Es-Trompete (Alt) bezeichnet wurden. Vorbild waren Červenýs Jägerhörner (1867).

Ein eigenes Feld bilden die Fanfarenzüge der Jugendverbände, in denen alte Praktiken der Naturtrompetenmusik fortleben. In der Fanfarenmusik unterscheidet man zwei Register, den Signal- oder Fanfarenbereich der tiefen und mittleren Lage sowie den Clarin- oder Melodiebereich der hohen Lage. Als am günstigsten erwies sich die D- oder Es-Stimmung. Wurden zu den Naturtrompeten Ventilinstrumente hinzugezogen, eignete sich am ehesten die Es-Fanfare mit Périnetventilen, die den sächsischen Feldtrompeten entlehnt war. Ein anderes Fanfarenmodell entwickelten 1940 die Wiener Helmut Wobisch und Franz Cižek, die für die Firma Brüder Stowasser in Kraslice arbeiteten (DRP 747090 vom 23. Mai 1941). Es besteht in einem in D gestimmten Instrument mit vier nicht kombinierbaren erhöhenden Halbtonventilen. Das Instrument verfügt somit über die zusätzlichen Naturtonstimmungen Es, E, F, Fis. Das Problem der Rohrverkürzung ist sehr sinnreich gelöst. Die Ventile (Périnetventile) fungieren als Brücken zwischen Mundrohr und rücklaufendem Rohr. Wenn das 1. Ventil gedrückt wird, geht die Luft über eine Schleife in das rücklaufende Rohr. Bei den anderen Ventilen ist es ebenso, nur sind die Schleifenlängen der jeweiligen Stimmung gemäß. Auch diesem Fanfarenmodell war kein bleibender Erfolg beschieden.

Den Ventilfanfaren der Jugendverbände und des Militärs stellte 1938 Herms Niel B/Es-Doppelfanfaren an die Seite. Es sind Instrumente in Analogie der Doppelhörner mit Umschaltventil und doppelten Périnetventilen. Die *Herms-Niel-Fanfaren* wurden von der Firma Ernst Hess Nachf. in Klingenthal produziert und 1938 in das Musikbrauchtum Hitler-Deutschlands eingeführt.

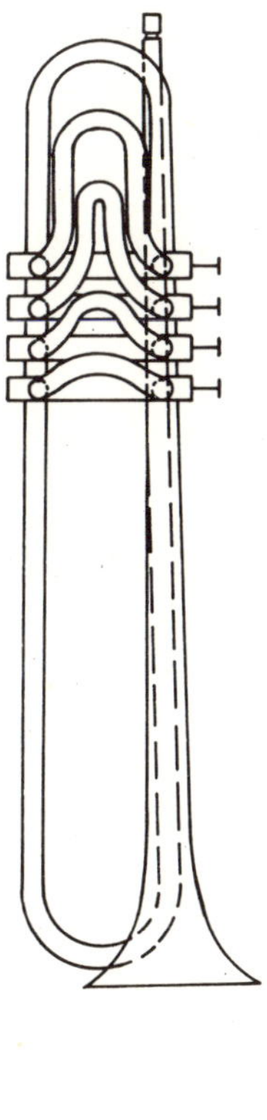

89. Fanfare nach Helmut Wobisch und Franz Cižek, Wien 1940. D-Stimmung mit vier erhöhenden Umschaltventilen für die Stimmungen Es, E, F und Fis.

Heute werden die Ventilfanfaren meistens in Es und als B-Baß (Tenorhornlänge) hergestellt.

Um die Périnetventile bei Jazztrompeten, die nach dem ersten Weltkrieg in Deutschland üblich wurden, zu umgehen, entwickelte 1929 die Firma F.X. Hüller & Co. in Klingenthal eine Jazztrompete mit Zylinderventilen (DRGM 1087753 vom 23. Juli 1929). Die Drehventile dieser Trompete, die einigen Erfolg hatte, arbeiteten mit Federstechern, so daß die Spielweise der der Jazztrompete sehr nahe kommt. Das Modell wird noch heute von Johannes Scherzer im VEB Sinfonia Markneukirchen gebaut.

Ein ungewöhnliches Trompetenmodell entwickelte 1905 Josef Köhler in Hagen (Westfalen). Er brachte das Mundrohr an der Stelle des rücklaufenden Rohres an und ließ es in das 3. Ventil einmünden, um das konische Mundrohr möglichst lang, 52–56 cm, ausführen zu können. Dadurch könne, wie er in der Patentschrift sagt, ein »besonders schöner Ton« erzielt werden. Obwohl das Instrument mehr ein Cornet als eine Trompete ist, behielt Köhler die letztere Bezeichnung bei. Der Stimmbogen sitzt im Oberbügel (DRP 181692 vom 28. März 1905, Zeichnung 88c). Ein Zusatzpatent vom gleichen Jahr, das eine Druckstange beinhaltet, mit der der Stimmzug verschoben werden kann, ist kaum nennenswert. Wenig bedeutend ist auch sein Zusatzpatent Nr. 192586 von 1907, das in der Windungsart Zeichnung 88d (S. 193) und in der Anordnung des Druckwerkes am Schallstück besteht, wodurch die Schleifen beim Blasen nach oben gehalten werden müssen. Dadurch sollte verhindert werden, daß sich Kondenswasser in den Ventilzügen absetzt. Das war aber längst nichts Neues mehr, sondern schon bei den frühen bayrischen Trompeten und beim Hannoverschen Modell üblich. Paul Suchy in Berlin gab 1920 der Ventilausführung seiner teleskopischen Zugtrompete die in Zeichnung 88b (S. 193) dargestellte Windungsart (DRP 337267 vom 28. Oktober 1920). – Randerscheinungen blieben die in die Traditionslinie der sächsischen Feldtrompeten gehörende Tenortrompete in B mit Périnetventilen von Alfons Ott, Leipzig um 1965, und die Kontrabaßtrompete von Wilhelm Monke in Köln.

Kombinationstrompeten, bei denen Rohrteile unterschiedlicher Mensur zum Zwecke der Klangveränderung ausgewechselt werden können, bauten 1880 C. F. Schmidt (s. S. 233), 1959 Carl Hermann Friedrich in Bad Hersfeld (DBP 1040888 vom 2. April 1959) und 1981 Max & Heinrich Thein in Bremen. Friedrich legte folgende Hauptteile fest, die nach Bedarf kombiniert werden können: 1. einfaches Mundrohr, 2. Mundrohr mit Périnetmaschine, 3. Fanfarenkorpus ohne Mundrohr, 4. Aida-Schallstück mit Schlaufe. Bei Theins Trompete dagegen kann ein Trompetenkorpus mit elf verschieden mensurierten und unterschiedlich bearbeiteten Schallstücken kombiniert werden. Dadurch können vom Spieler verschiedene Klangnuancen und Ansprachebedingungen erwogen und nach Bedarf verwendet werden. Die Stürzendurchmesser bewegen sich zwischen 95 und 135 mm (Brass Bulletin 1981, Heft 33).

Im 19. Jh. wurden Hörner und Trompeten oft mit mehreren Aufsteckbögen und Sätzen von Ventilzügen geliefert, so daß der Bläser sein Instrument von einer Stimmung in die andere umrüsten konnte. Dieses außer Gebrauch gekommene Prinzip griff 1982 Friedbert Syhre wieder auf und baute eine B/C-Trompete, bei der Mundrohr, Stimmzug und Ventile austauschbar sind. In diesem Zusammenhang sei auf die Instrumente mit aufzusteckender Maschine hingewiesen, über die S. 215, 233, 238 Näheres berichtet wird.

Eine nur beschränkte lokale Bedeutung hatten die *Engelstrompeten* und *Cheruskertrompeten*, die Robert Schopper seit 1894 für historische Konzerte, besonders für historische Umzüge, baute (DRGM 33769, vgl. ZfI 11, S. 205). Erstere waren mit den gleichnamigen geraden Bachtrompeten eng verwandt (S. 199), letztere lurenförmig gebogen. Die Firma Schopper hatte sich in den 1890er Jahren geradezu auf die Herstellung »historischer Fanfarentrompeten« (so in Prospekten), Cherusker- und Engelstrompeten sowie Posthörner spezialisiert. Zwischen 1893 und 1897 wurden etwa 100 Engelstrompeten und jährlich etwa 100 Posthörner hergestellt. Erst nach 1900 ging Schopper zur Fertigung von Ventilinstrumenten für höchste musikalische Ansprüche über.

1899 ließ der Berliner Trompeter Hermann Schulz zusammen mit dem Landbauinspektor und Architekten Edmund Völker ein sogenanntes *Antilopenhorn* patentieren, eine B-Trompete mit einem Antilopenhorn als Schallstück (DRP 117543 vom 20. Mai 1899). Die Ausführung mit Ventilen war als »Concertinstrument« gedacht, die ventillose als Signalinstrument und wurde wohl nur im Garde-Jäger-Bataillon Potsdam eingeführt. Schulz hatte den Klang des Antilopenhorns als sehr gut empfunden und das Instrument sogar in der Königlichen Oper im *Rienzi* geblasen (ZfI 16, 1895/96, S. 554, 974. Heyde 1982, S. 106f.). Gebaut wurden die Antilopenhörner, die aus der Atmosphäre des Wilhelminischen Preußens zu verstehen sind, von C. W. Moritz.

Das *Normaphon*, das Robert Schopper in Leipzig in den 1920er Jahren schuf, war ein vereinfachtes saxophonförmiges Jazzophon (S. 252) mit Périnetventilen und einer normalen Stürze (Enddurchmesser 110 mm, Maschinenweite 11,2 mm). Es wurde auch zum Stimmsatz ausgebaut.

Zur Trompete der Gegenwart

Der Vorteil der Périnetventiltrompete gegenüber der mit Drehventilen wird von den Bläsern etwa so bezeichnet, daß das Instrument mehr hergebe, der Ton prompter reagiere, die

Drehventiltrompete dagegen eine Idee schwerfälliger sei. Dennoch bleibt bei den Trompetern mit gut ausgebildetem Geschmack ein Unbehagen, wenn sie Wagner und Bruckner auf der Périnetventiltrompete blasen. Der Zweifel, der in dem Unbehagen steckt, ist real, denn der Trompetenklang des deutschsprachigen Raumes ist bis in die Zeit des zweiten Weltkrieges besonders aus dem Instrument mit Wiener oder Drehventilen heraus empfunden, auch aus seinem visuellen Gestus und seiner Tradition.

Nach dem zweiten Weltkrieg, verstärkt um 1960–1965, drang aus den USA die weitmensurierte Trompete (Bohrung bis 11,7 mm statt der üblichen 10,6–11,2 mm) mit ihrem starken, breiten und kraftvollen Klang ein, namentlich in Westeuropa, und nivellierte die heterogenen lokalen klangideellen Schattierungen. Seit den 70er Jahren mehren sich gegenüber dieser »Starktontrompete« die Vorbehalte und gleichzeitig die Wünsche nach einer differenzierteren Klangsprache, die auch die traditionellen Modelle wieder mehr ins Licht rücken.

Die moderne B-Trompete ist weder technisch noch in der Stimmgröße ein Idealinstrument. Daher überraschen Rückgriffe auf alte Baupraktiken und erneutes Probieren längst bekannter, aber inzwischen wieder ausgestorbener Neuerungen als Verbesserungsversuche nicht. So experimentiert man mit starkem Blech für das Schallstück oder verwendet Intonationsklappen (Uhlmann 1843), mit denen das h^2, c^3 und andere Töne in der Intonation verbessert werden.

Derartige Klappen sind seit einer Reihe von Jahren an Solisteninstrumenten üblich. Zur Verbesserung der Intonation werden in jüngster Zeit anstelle der konischen Mundrohre solche mit einem Stufenkonus erprobt, der mit der Lage der Stimmungsknoten abgestimmt ist. Trompeten und Hörner aus dünnem Blech sind intonationsmäßig flexibler und lassen sich klanglich besser beeinflussen. Auch dies ist bei der Wiedergabe deutscher Musik des 19. Jh., als man – besonders in Sachsen – Trompeten oft aus dünnem Blech baute, zu berücksichtigen. Schon in der Zeit zwischen den Weltkriegen wurden verschiedentlich Trompetenschallstücke mit weitem Enddurchmesser (135–145 mm) gebaut, es ist eine Eigenheit, die heute verstärkt wieder aufgegriffen wird und die den Klang um einige Nuancen dunkler färbt.

Mehr denn je empfindet man in unseren Tagen den Mangel an tiefen Trompeten in F, Es, D. Der Klang dieser Stimmungen ist eben anders als der der B-Trompete und kann bei einer Interpretation von Musik des 19. Jh., die höchsten Ansprüchen gerecht werden will, eigentlich nicht entbehrt werden. Die Balanceschwierigkeiten mit engen B-Trompeten, etwa vom Typ der Heckel-Trompete, können durch tiefere Trompeten ebenso ausgeglichen wie ein kontinuierliches Hell-Dunkel-Gefälle der Klangfarben erreicht werden. Einige Probleme gibt die Hoch-B- bzw. Sopraninotrompete auf. Um eine gewisse Schwere und Solidität des Tones zu erreichen, wird dieses Instrument in jüngster Zeit bisweilen auch massemäßig schwer gebaut mit starkwandigen Ventilen und dicken Deckeln (J. Scherzer, Markneukirchen 1981). Erprobt wird seit einiger Zeit auch ein viertes Ventil zur Umschaltung in höhere Stimmungen, wie es im Prinzip auch von den Doppelhörnern her bekannt ist. So wurde um 1980 die hohe F-Trompete mit verkürzendem Quartventil zum Umstimmen in die Sopranino-B-Stimmung (H. Ganter, München) bekannt, und 1983 entwarf Frank Syhre (Leipzig) eine C-Trompete mit Sekundventil für D-Stimmung. Über einige weitere Aspekte neuerer Tendenzen vgl. den Abschnitt über die Situation der Gegenwart (S. 253f.).

Zwischen Kornett und Baryton

16

Preußische Kornette

Um und nach 1800 wurde die Russische Hornmusik bekannt und erlangte nach den Freiheitskriegen bis zur Mitte des 19. Jh. eine modische Beliebtheit, war man doch hierzulande von dem überaus dunklen und großvolumigen Klang dieser Musik sehr angetan. In den Russischen Hörnern mit ihrem konsequent konischen Rohrverlauf steckt der Ansatzpunkt für das fast konische Schallstück, mit dem man die schlaufenförmig gewundenen Militärsignalhörner in Preußen, Hannover, England und Schweden ausgestattet hatte, nachdem man seit bzw. nach den Freiheitskriegen von der Halbmondform abgegangen war. Mag sein, daß auch der Gedanke an den Zink, der hie und da noch vom Kirchturm geblasen wurde und dessen Aussterben viele bedauerten, in manchen Köpfen zur Konsolidierung der konischen Schallstückmensur beitrug. Das Hauptmerkmal auch der Preußischen Kornette ist das konische Schallstück, ihr Ahne demnach das preußische Signalhorn. Wilhelm Wieprecht nahm für sich das Verdienst in Anspruch, der Erfinder der Kornette zu sein: »Im Jahre 1833 beseitigte ich [in der Kavalleriemusik — H.] wegen ihrer harten Klangfarbe die hohen B-Trompeten und bediente mich statt derer der durch mich neu geschaffenen Sopran-Cornetts« (Kalkbrenner 1882, S. 23). Nach Kenntnis von Wieprechts Charakter und Biographie verwundert es zunächst, warum er die Kornette nicht patentieren ließ, deren Name dem französischen Cornet und dem Zinken (Cornetto) entlehnt ist. Gewiß aber nicht deswegen, weil sie im Prinzip schon durch Stölzel erfunden worden waren, der dafür die Bezeichnung Signalhorn beibehielt (Abb. 1b). Wieprecht selbst faßte alle Instrumente mit konischem Schallstück, also Kornette und Tuben, unter der Benennung *Signalhorn* zusammen (Wieprecht 1885, S. 11) und bezeichnete damit sinnvoll den Stammbaum dieser neuen Ventilinstrumente. So heißt es bei Mendel/Reißmann (1870—1883, Bd. 10, S. 331) vollkommen richtig: »Die Tuben ... haben die Stürze der preußischen Signalhörner, also keinen Schallbecher, während die Instrumente der österreichischen Messingblasinstrumentenfamilie, ..., mit gebogenen, trompetenartigen Stürzen ausgestattet sind.« Solche hatten auch die Signalhörner in Bayern und Sachsen.

Wieprecht schuf in Verbindung mit der Firma Moritz einen vollständigen Kornettchor nach einheitlichem mensurellem Plan, bestehend aus Sopran- und Altkornett (1833), Baßtuba (1835), Tenortuba (1838), Pikkolokornett in Es (1842) und Pikkolokornett in hoch As (1875, s. Abb. 23). Nachhaltigen Erfolg hatte davon nur die Baßtuba. Die Zeitgenossen charakterisieren den Klang der Kornette fast immer negativ: »... ist zwar voll zu nennen ohne metallisch zu sein und hat bei vielen Bläsern etwas stumpfes« (Schubert 1865, S. 188), die Kornette haben »immer ein heiseres Kolorit behalten« (Schubert 1883, S. 12). »So stumpf und roh die Cornettneulinge klingen, so gesangvoll, angenehm und zart klingen die ... Flügelhörner« (Rode 1858, S. 18). Rechnet man bei Rodes Äußerung Aversion und Voreingenommenheit ab, so bleibt das übrig, was man auch heute noch empfindet, wenn man Preußische Kornette bläst: Der Klang ist dunkel, massig, weich, etwas röhrig und von wenig Glanz.

Die Kornette bestehen einheitlich aus Mundrohr, Maschine, konischem Anstoß und Schallstück. Der Stimmzug, wenn überhaupt einer vorhanden, befindet sich im Mundrohr und wird mit einer Schraube (Kluppe) arretiert und daher Kluppenzug genannt. Das auf Foto 97 dargestellte C-Kornett mit Pumpendruckwerk und schlankem Schallstück zeigt die charakteristische Windungsart und Stützenlage aller echten alten Preußischen Kornette. Untypisch ist dagegen die Trompetenform auf Foto 98. Die Mensurweite schwankt zwischen den Werten der folgenden zwei, als eng und weit einzustufenden Instrumente:

Pikkolokornett (Cornettino) in Es von August Heiser, Potsdam um 1850 (Bachhaus Eisenach I 188): Durchmesser d von Mundrohr und Ventilzügen = 10,7 mm, Erweiterung bis D_3 = d × etwa 4¾, Stürzendurchmesser = 75 mm. Rohranteile = ⅕ zylindrisches Rohr (Mundrohr und Maschine) ohne Mundstück + ⅘ konischer Anstoß und Schallstück. Maschinenmitte bei ⅛ der Gesamtlänge ohne Mundstück, die etwa 925 mm beträgt.

Soprankornett in D (hoch C) mit sehr weitem Schallstück, gebaut um 1845 in Markneukirchen (Markneukirchen Nr. 76): d = 11,25 mm, Erweiterung bis D_3 = d × 5, Stürzendurchmesser = 111–112 mm, also fast das Zehnfache des kleinen Durchmessers. Rohranteile = 2/9 zylindrisches Rohr (Mundrohr, Maschine) + 7/9 konischer Anstoß mit Schallstück. Ventillage bei ⅙ der Gesamtlänge ohne Mundstück, die 980 mm beträgt (vgl. Foto 17).

1833 wurden die Sopran- und Altkornette eingeführt, zunächst in die preußische Kavalleriemusik. Seit 1842 versuchte Wieprecht sogar, die Waldhörner durch Kornette zu ersetzen (so 1845 im 2. Garde-Regiment), nahm aber davon bald wieder Abstand. Er verkannte den Eigenwert der Waldhörner vollständig, als er 1845 in den *Briefen zur Militärmusik* schrieb: »Die Eigenschaften der vier Waldhörner sind durch die beiden Alt- (Es) Cornetts und Tenorhörner bedeutend erhöht« (nach Th. Rode 1858, S. 10). Von 1844/45 an wurden, zunächst in Berliner und Potsdamer Werkstätten, bei den Kornetten anstelle der Pumpenventile nur noch Drehventile verwendet, die sich nach Wieprechts Mitteilung für diese Instrumente besser eignen sollten. Die Kornette wurden nicht überall wohlwollend aufgenommen, aber durch Wieprechts Autorität – 1838 wurde er Direktor der Musikchöre des Gardecorps und 1843 des 10. Bundes-Armee-Corps – vielfach eingeführt. Es entbrannten harte Auseinandersetzungen zwischen den Befürwortern der Kornette und den Anhängern der Flügelhörner. Wieprechts entscheidende Gegner waren die Militärmusikdirektoren Gottfried und Theodor Rode, Vater und Sohn, sowie Gottfried Piefke. Sie traten konsequent für eine österreichisch orientierte Militärmusik in Preußen und gleichzeitig für eine Wahrung der Tradition ein. Hinsichtlich der Kornette trug die Bewegung um Theodor Rode weitgehend den Sieg davon. Der weiche und singende Klang der österreichischen Flügelhörner entsprach selbst in Preußen dem Zeitgeschmack um 1850–1860 weit mehr. Im Königreich Sachsen und in den sächsisch-thüringischen Herzogtümern waren in jenem Jahrzehnt die Kornette schon deutlich von den Flügelhörnern beeinflußt, wie das Instrument von Wilhelm Beck auf Foto 99 zeigt. Den Todesstoß versetzte dem Kornett alten Typs, wie Schubert (1883, S. 13) richtig erkannte, das Urteil des Prinzen Carl von Preußen. Als nämlich im Preußisch-Österreichischen Krieg gegen Dänemark 1864 vor der Einnahme der Düppeler Schanzen österreichische und preußische Truppen und Musikcorps zusammengezogen waren, war ein Klangvergleich zwischen österreichischer und preußischer Militärmusik gegeben. Prinz Carl von Preußen sprach sich entschieden für die österreichischen Flügelhörner und Baßflügelhörner aus und beauftragte den österreichischen Militärkapellmeister Lewengly, die entsprechenden Instrumente aus den preußischen Kapellen auszusondern und dafür österreichische zu beschaffen, die er sogleich aus Prag besorgte. Spätestens von diesem Ereignis an begannen die meisten norddeutschen Hersteller Preußischer Kornette sich an der Mensur der Flügelhörner zu orientieren. Gleichzeitig flossen Merkmale der Cornets à pistons und Trompetinas ein, ohne daß die Bezeichnung Kornett aufgegeben wurde. Für die Zeit um 1880 gibt die Preisliste der Firma C. W. Moritz (Abb. 23) einen Begriff für die Gestalt jener Mischinstrumente. Carl Albert Moritz hatte 1875 diese Kompromißformen neu geschaffen und das Kornettregister noch um das Pikkolo in hoch As bereichert. 1882 glich er das B-Kornett weiter dem Flügelhorn und dem Cornet à pistons an. Um 1890 ist der Angleichungsgrad noch stärker. In dieser Zeit kommt die Mensurangleichung fast zum Stillstand. Derartige in der Mensur dem Cornet à pistons nahestehende Formen sind noch jetzt in Gebrauch. Ein Pikkolokornett in Es der Zeit um 1895 hat im Unterschied zur Trompete oft nur einen kürzeren zylindrischen Rohranteil (etwa ⅕ bis 2/9 der Gesamtlänge). Wenn ein Stimmzug im Unterbügel eingebaut ist, sind bei den Pikkolos die Grenzen zur Trompetenmensur fast aufgehoben. Der neuen, sich vom alten Preußischen Kornett immer mehr entfernenden Richtung folgt auch das Pikkolokornett in hoch B von Kapellmeister H. Hoffmann (Wiesbaden 1897, Patent Nr. 95 924, vgl. ZfI 18, S. 811/824).

Die noch heute als Kornette (Cornets) oder sprachlich oft widersinnig als Pistons bezeichneten Instrumente (Abb. 28) gehen ihrem Stammbaum nach teils auf die Trompetinas, teils auf die Preußischen Kornette und teils auf die Cornets à cylindres (mit Stift) oder Cornet-Trompeten zurück, ja, sie werden diesen manchmal gleichgesetzt. Die Altkornette verschmolzen ebenfalls mit den Althörnern, so daß auch hier beide Bezeichnungen in Gebrauch waren. Červený nannte die Preußischen Kornette tschechisch *Roschok* und baute sie auch noch nach 1900 teils in der alten konischen Form, teils mit ausladendem Schallstück, bald in Kornett-, Flügelhorn- oder ovaler Form. 1885 erhielt Červený ein eigenes ovales Modell mit liegenden Ventilen patentiert.

Für den Export nach Schweden wurden die Kornette mit konischem Schallstück bis nach 1910 beibehalten und waren im Inland später als *Schwedische Modelle* bekannt. Eine Ausführung mit Wiener Ventilen und *Königgrätzer Schallstück* ist auf Foto 100 zu sehen. Derartige Instrumente wurden noch in den 1920er Jahren von Schuster & Co. in Markneukirchen in Anlehnung an entsprechende böhmische Modelle gehandelt. Das abgebildete Instrument in C-Stimmung hat folgende Hauptmensuren: Mundrohrdurchmesser d = 10,8 mm, Erweiterung bis $D_3 = d \times 3\frac{3}{4}$, Stürzendurchmesser = 80 mm. Rohrgliederung = $\frac{3}{8}$ zylindrisches Rohr + $\frac{5}{8}$ konisches Rohr und Schallstück. Ventillage bei $\frac{1}{6}$ der Gesamtlänge mit Mundstück (1115 + etwa 50 mm), Schlaufenverhältnis = 1:3.

Seit den 1840er Jahren wurde wiederholt behauptet, die Preußischen Kornette seien weiter nichts als österreichische Flügelhörner, die Saxhörner aber entlehnte Preußische Kornette (z. B. Rode 1858, S. 8; Wieprecht 1845, zitiert nach Kalkbrenner 1882, S. 93). Kalkbrenner sagt noch 1882 (S.56f.): »Cornetts, Tenorhörner sind identisch mit den vorgenannten österreichischen Flügelhörnern und Signalhörnern, Bariton und Baß-Tuben mit Euphoneons und Bombardons.« Ein Nachklang dieser Gleichsetzung findet sich noch bei Curt Sachs (*Handbuch* 1930, S. 269). Derartige Auffassungen unterscheiden nicht zwischen musikalischer Funktion und Stimmlage einerseits sowie Mensur und Klang andererseits; sie übersehen die relative regionale Eigenständigkeit der Entwicklung in Frankreich, Österreich und Preußen. Natürlich handelt es sich nicht um absolute Neuerfindungen. Davon kann nur bei Stölzel die Rede sein. Die Eigenständigkeit besteht in der Umsetzung eines regional geprägten Klangkonzepts in konkrete Mensuren. Nur bei oberflächlicher Betrachtung verwischen sich die mensurellen Unterschiede. Ein krasses Beispiel einer solchen Versimplifizierung ist Wieprechts Urteil: »Unser Cornetto in B nennt er [Sax] Saxhorn en si-b« (Wieprecht 1845, Nr. 29).

Eine eigene Richtung des Kornetts entwickelte Červený mit dem Kornettquartett 1876, das das alte konische Kornettschallstück weiter kultiviert. Vermutlich hatte Červený die Konstruktion dieser kreisförmigen Instrumente (Näheres S. 234) von Anfang an unter dem Gesichtspunkt ihrer Verwendung in der russischen Militärmusik vorgenommen.

Cornet à pistons

Dauverné berichtete 1837 (S. 11), daß Antoine-Halary am Berliner Trompetenmodell, das 1826 von Spontini aus Berlin nach Paris gesandt wurde, ein 3. Ventil anbrachte und diese ersten französischen Ventiltrompeten bereits 1829 in der Pariser Oper geblasen worden seien (richtig ist die Jahresangabe 1827, vgl. S. 76). In dieser Zeit sei durch Antoine-Halary auch das *Cornet à pistons* geschaffen worden, wobei ihm das Posthorn zum Vorbild gedient habe. Im gleichen Sinne äußerte sich um 1834 auch Dauprat in Forestiers *Méthode pour le Cornet à pistons*. In der Mensur war der Ausgangspunkt das »Post-Horn des Allemands« (Dauprat), das in verwandter Form als *Petit Cor* in der französischen Militärmusik bekannt war. Dieses Petit Cor wurde teilweise bereits mit einem konischen Aufsteckstift geblasen, da dieser ein Hauptkriterium des Cornet à pistons ist. Betrachtet man das frühe französische Cornet à pistons auf Abb. 4, so ist das Instrument wie die damalige französische Trompete gewunden, die auf dem Modell von Griesling & Schlott beruht. Nur in der Existenz des konischen Aufsteckstiftes und dem entsprechend engen Mundstück mit kurzem Trichter, das etwa eine Mittlerstellung zwischen Waldhorn- und Trompetenmundstück einnimmt, bestehen die prinzipiellen Unterschiede.

Das Cornet à pistons wurde nach 1835 in Deutschland heimisch und neben der französischen Originalbezeichnung auch *Pistoncornet* oder abgekürzt *Piston* genannt. Dabei ist zu bedenken, daß mit Piston auch die Nachfahren der Preußischen Kornette bezeichnet wurden. Vor 1860 dominierten noch die Stölzelschen Ventile, danach die Zylinderventile *(Cornets à cylindres)*. Wenn Périnetventile vorliegen, stammten im 19. Jh. die Instrumente oft aus Frankreich. Das französische Cornet blieb in Deutschland Maßstab. Das Urteil von F. Gleich (1860, S. 51), der Klang des Cornet à pistons sei »bei weitem nicht so schön ... als der der Trompete«, ist vom Standpunkt abhängig. Das Cornet wurde viel in der Salon- und Tanzmusik gebraucht und war in der Militärmusik »nur bei größeren Corps und zwar in der Regel zweistimmig besetzt. Die zweckmäßigste Stimmung für dasselbe ist hier die in B. Noch öfter als den Trompeten werden diesen Instrumenten bei der Militär-Musik Solo's anvertraut, auch ist eine häufigere Verwendung hier ganz berechtigt« (ebd., S. 83). Diese Einschätzung trifft ebenso für die späteren Jahrzehnte zu, in denen die Beliebtheit der Cornets à pistons noch größer wurde. Der für die Zeit zwischen 1870 und 1920 charakteristische Hang zu weichen und sentimentalen Klängen ließ das Cornet zu einem Modeinstrument werden, es hatte in der Salonmusik und unterhaltenden Freiluftmusik sein hauptsächliches Daseinsfeld. Bei hauptstädtischen Aufführungen französischer und italienischer Opern wurden die Cornetstimmen bereits in der Mitte des 19. Jh. mit Cornets à pistons geblasen. So lassen sich in den Anschaffungsunterlagen der Dresdner Oper seit 1861 mehrfach »Piston Cornets« nachweisen, und in Berlin baute 1862 Pinkert vier Cornets à pistons für die Königliche Kapelle. Am frühesten oder mit am frühesten wurden Cornets à pistons in Deutschland in Markneukirchen gebaut, die hier evtl. durch Franz Kämpffe im Anschluß an seinen Pariser Aufenthalt von 1836/37 eingeführt worden waren. Aufschlußreich für die allmähliche Einbürgerung ist folgende Briefstelle. Der Leipziger Trompeter Louis Weisenborn schrieb am 16. Januar 1841 an seinen Weimarer Kollegen Ernst Sachse: »Cornets à Piston werden hier, und in Dresden nicht gefertigt« (Staatsarchiv Weimar, Hofwesen A 9671).

Betrachtet man das um 1840 im Vogtland gebaute B-Cornet auf Foto 5, das eines der ältesten erhaltenen deutschen Cornets ist, stellt man fest, daß auch hier die Form der Trompete übernommen wurde. Leider sind Aufsteckstift und Mundstück nicht erhalten, so daß über entscheidende Mensureigenschaften nichts ausgesagt werden kann. Nach dem Aufsteckstift folgten das zylindrische Mundrohr mit Stimmzug (innen 11,3 mm) und die Maschine (11,5 mm). Das Schallstück mit einem Stürzendurchmesser von 128 mm nimmt etwa $\frac{3}{8}$ der Gesamtlänge ein. Ohne den Stift ist dies eine Trompetenmensur (s. Foto 58).

In der 2. Hälfte des 19. Jh. ging die Tendenz dahin, den zylindrischen Rohranteil zugunsten des konischen zu verringern. Seit den 1880er Jahren wurde das Cornet à pistons im Interesse eines weichen Klanges meist ohne zylindrischen Rohranteil gebaut, von Stimmzug und Maschine natürlich abgesehen.

Die Windungsarten folgen in Deutschland seit der 2. Hälfte des 19. Jh. teils den französischen Vorbildern (Abb. 18–20), teils den einheimischen Trompetenmodellen (Foto 101, Abb. 28). Eine wohl an das Néocor angelehnte Windungsart versuchte J. H. F. Prillwitz dem Cornet zu geben. Er reichte am 18. Oktober 1866 bei der preußischen Regierung in Berlin ein Patentgesuch ein, das »Verbesserungen in der Construction des Cornets oder Pistons und anderer denen ähnlicher musikalischer Instrumente« zum Gegenstand hatte. Die Verbesserung bestand darin, »daß dem Instrumente eine solche Form gegeben ist, vermöge deren der Schalltrichter auf der linken Schulter des Bläsers ruht, daß ferner anstelle der üblichen Pistons zum Niederdrücken Drehventile angebracht sind und daß endlich noch ein besonderes Drehventil zur Beseitigung des Speichels hinzugefügt ist« (Gutachten von Regierungsrat Vettin und dem Geheimen Oberbaurat Nottebohm vom 10. Dezember 1866). Vettin und Nottebohm ist gewiß Glauben zu schenken, wenn sie die Ablehnung der Patentierung damit begründen , »daß die angegebene Form bei Blech-Blasinstrumenten schon jetzt vielfach vorkommt, daß Drehventile nicht minder bei solchen angewendet werden … und daß endlich die Anbringung eines Ventils zum Ablassen von Speichel wohl nicht als eine neue Erfindung gelten kann«.

Ein bei Solisten beliebtes Modell war das 1859 von F. A. Schmidt in Köln erfundene *Echocornet* (vgl. S. 251, Foto 104). Ein Umschaltventil leitet den Luftstrom in einen Echobogen, der den Ton stark abdämpft. In Deutschland war in der 1. Hälfte unseres Jahrhunderts das *Cornet mit Kreuzventilen* (oder Dreiecksmaschine) besonders beliebt, das Franz Schediwy im Jahre 1900 in Ludwigsburg erfunden hatte (DRP 122540 vom 4. September 1900), s. Abb. 28. Durch die besondere Ventilanordnung, die in seiner böhmischen Heimat bei Hörnern schon üblich war, soll einerseits »eine gedrängte Form gegenüber den bisherigen Kornetts erhalten und andererseits das leicht zu versetzende Gestänge der im Dreieck gestellten Ventile vor der Einwirkung von Stößen u. s. w. geschützt werden. Gleichzeitig kann infolge dieser Anordnung der Anfang des Hauptstimmzuges unter die Tasten gelegt werden. … Der Hauptstimmzug selbst kann durch den A-Zug ersetzt werden, ohne den äußeren Umriß des Instruments zu verändern oder dem Bläser irgendwie hinderlich zu sein.«

Die Hauptmensuren eines derartigen Cornets von Schediwy (Frankfurt [Oder] Nr. 296) sind: Minimaldurchmesser d = 9,45 mm, Durchmesser von Stimmzug und Ventilzügen = 11,6 mm (innen), Erweiterung bis D_3 auf d × $2\frac{5}{6}$, Stürzendurchmesser = 129 mm. Bis auf Maschine und Stimmzug liegt eine konische Mensur vor. Ventillage bei $\frac{3}{5}$ der Gesamtlänge mit Mundstück.

Weit verbreitet war das *Ulmer-Münster-Piston* von Christian Reisser, Ulm 1896, das ohne Stift und mit Drehventilen gebaut und wie ein Courtois-Modell gewunden war.

Eigenständige Modelle stammen auch von F. C. Louis in St. Johann-Saarbrücken (DRGM 184500, s. ZfI 23 [1902/03], S. 323, 469) und Rudolf Sander in Wolfstein. Die Instrumente auf Abb. 28 sind bis auf das mit Kreuzventilen keine echten Cornets à cylindres mehr, sondern Mischformen aus Cornets, Preußischen Kornetten und Trompetinas (s. S. 209 f.). 1893 brachte Paul Pfretzschner in Markneukirchen die eine Zeitlang beliebten Miniatur- oder *Taschencornets* auf (DRGM 14730), vgl. Foto 105.

Vom Modell »Siegfried«, das die Firma Gebr. Alexander nach 1918 entwickelte, seien die Mensuren einer Ausführung mit Stift von Oskar Ullmann genannt: kleinster Durchmesser d = 10 mm, in der Maschine 11,4 mm, im Stimmzug 11,6 mm, D_3 = d × 3,1 und Stürzendurchmesser 125 mm.

Im zeitlichen Anschluß an die Preußischen Pikkolokornette (1842) kamen in der Kavalleriemusik Es-Cornets auf, die man in Bayern *Es-Pistons* (*Cornettini*, auch *Ottavini*), in Baden *Piston piccoli*, in Sachsen *Cornet-piccoli* oder einfach *Piccoli* nannte. Sie wurden gewöhnlich ohne Stift gefertigt (Foto 15). Wurden auch die Normalgrößen ohne Stift hergestellt, war die Grenze zur Trompetina so gut wie aufgehoben. Es sind dies weitverbreitete Modelle des deutschen Cornets oder Pistons (vgl. Foto 23).

Der Umschwung zum beliebten Modeinstrument erfolgte in Deutschland erst nach 1855–1860. In den folgenden Jahrzehnten entstand eine Flut von Unterhaltungsmusik, in der die Eignung des Cornets zum virtuosen Gebrauch zum Tragen kam. Die großen deutschen Komponisten schrieben nicht für das Cornet, anders die französischen, italienischen und russischen. Um 1920 war die Blütezeit des Cornets schon vorbei, es trat immer mehr in den Hintergrund, während es in Frankreich und England noch heute ein beliebtes Instrument ist.

Posthorn mit Ventilen

Das runde *Posthorn* mit seinem unverwechselbaren hellen und frischen Klang wurde zuerst nach 1823 von Josef Felix Riedl in Wien mit Ventilen versehen, wie Andreas Nemetz' Instrumentalschulen zu entnehmen ist. In Österreich und Süddeutschland erfreute es sich im 19. Jh. einer gewissen Beliebtheit und war als »Corno di posta chromatico« (Posthorn mit Hebel in C) auch in die zivile Blasmusik eingedrungen. F. Schlotthauer sagte (1843, S. 10) über den Gebrauch dieses Corno di posta chromatico in Bayern: »Auch dieses ist ein melodieführendes Instrument bei Blechmusiken …« Es wurde in C-Alto-Stimmung mit Aufsteckbögen für B-, A-, G- und F-Stimmung oder direkt in diesen Lagen gebaut. Die Pfannhausermusik in Hall (Tirol) war, um ein Beispiel zu nennen, 1840 in folgender Weise besetzt: 1 Posthorn in A, 3 Flügelhörner in A, 1 Baßflügelhorn in A, je 4 Tromben (Trompeten) in E und D, 1 Trompete in C, je 1 Horn (Naturhorn) in E und A, 1 Maschinenhorn (Ventilhorn) in E, 2 Posaunen in A, 1 Bombardino in A, 1 Bombardon in E (Egg/Pfaundler 1979, S. 86). Das Posthorn wurde seit 1850 zunehmend durch das Cornet à pistons und die Trompetina ersetzt. F. L. Schubert (1865, S. 192) apostrophiert es als »das meist verschollene Posthorn in runder Form mit Ventilen«. In Sachsen baute man noch bis nach 1855 das *Jubelhörnchen*, ein »Posthorn oder Oktavhorn in C« mit sechs Klappen, wie es in einem Bildprospekt genannt wird. Während beim preußischen Posthorn das Mundrohr im stumpfen Winkel zum Schallstück steht, so beim süddeutschen und sächsischen im spitzen bis fast rechten Winkel (Abb. 8, Nr. 676). Ein österreichisches Modell s. Abb. 11, Nr. 12.

1828 wurde auf Beschluß der königlich preußischen Postverwaltung für den preußischen Postdienst das traditionelle runde Posthorn durch die *Posttrompete* abgelöst, die ein dreiwindiges Instrument in Es war, das mit einem Trompetenmundstück angeblasen wurde. Erst am 31. März 1866 wurde die Fehlentscheidung von 1828 durch einen Erlaß des Generalpostmeisters Heinrich von Stephan rückgängig gemacht und das runde Posthorn wieder eingeführt. Bedauerlicherweise waren auch die Postverwaltungen in Sachsen, Mecklenburg, Braunschweig, Oldenburg und Dänemark in den Jahren nach 1828 dem preußischen Vorbild gefolgt, Hannover im Prinzip auch, dessen Trompeten aber bei gleicher Es-Stimmung vierwindig (also enger gewunden) waren und mit einem Cornetmundstück angeblasen wurden. Abb. 13 zeigt den Markneukirchener Modellentwurf einer Posttrompete mit Ventilen. Nachdem man schon 1828 in Preußen den Brauch eingeführt hatte, an verdienstvolle und gut musizierende Postillone Ehrenposttrompeten zu verleihen, versah man diese Instrumente spätestens 1863 mit zwei Pumpenventilen (erster Beleg: *Anleitung zum Blasen der Ehrentrompete für die Preußischen Postillone* von W. Wieprecht, Berlin 1863). Von 1866 an wurden die Ehreninstrumente rund gebaut, aber auch nur mit zwei Pumpenventilen ausgestattet.

Dreiventilige Posthörner starben nach 1850 nie ganz aus und gaben verschiedentlich das Formmodell für rundgewundene Cornets à pistons ab. Solche Instrumente wurden oft in B-Stimmung gebaut und auch als *Cornet* bezeichnet (Handelskatalog P. Stark 1893). Angeregt von einem derartigen Cornet/Posthorn in B, das wohl um 1880 in Markneukirchen für den Export nach den USA gebaut wurde *(The Galpin Society, 1. Anniversary Exhibition.* Edinburgh 1968, Nr. 344, Tafel 19), nahm 1970/71 durch Edward H. Tarr der Brauch wieder seinen Ausgang, manche sehr hohe Hornpartie bei J. S. Bach auf solchen oder ähnlichen hornartigen Instrumenten zu blasen. Wie Heidrich in der angeführten Patentschrift von 1882 zum Ausdruck brachte, wurde auch seinerzeit das Cornet zur Ausführung hoher Hornpartien verwendet (s. Diskanthorn, S. 112). Dem romantischen Klangideal und dem damaligen aufführungspraktischen Verständnis gemäß sonderte man Ende des 19. Jh. die Cornets bzw. Posthörner bei der Aufführung von Barockmusik aus und blies lieber auf tiefen Hörnern oder dem großvolumigen Diskanthorn im Sinne von Eichborn, Heidrich und Červený. Auch die F-Instrumente mit engem konischem Mundrohr (d = 8,2 mm), Maschinendurchmesser von 12 mm und Stürzendurchmesser von 130 mm gab es in der 2. Hälfte des 19. Jh. Sie wurden im 4. Viertel des 19. Jh. von J. Rudolph in Gotha gebaut und vielleicht sogar bei Aufführungen von Barockmusik gebraucht. Beim preußischen Ventilposthorn, dessen zylindrischer Rohranteil etwa 60 % der Gesamtlänge beträgt, ist der Rohranfang ziemlich weit (Foto 24), beim österreichisch-süddeutschen dagegen deutlich enger (9–10,3 mm).

Um den engen und teilweise nahtlosen Zusammenhang zwischen Posthorn, Jägertrompete, engwindigem kleinem Jagdhorn und Cornet à pistons näher zu beleuchten, sei noch etwas auf die ältere Geschichte eingegangen. Zunächst ist zu berücksichtigen, daß das Hauptverbreitungsgebiet des Posthorns die deutschen Staaten waren. Bis zum Anfang des 19. Jh., in Preußen sogar bis 1867, lag das Postwesen in den Händen derer von Thurn und Taxis; dieser Familie hatte Kaiser Maximilian 1491 das Postprivileg für das gesamte Deutsche Reich verliehen. Das Normalmodell des Thurn-und-Taxisschen Posthorns war ein kleines einwindiges Hörnchen in Zweifußlage (Stimmung etwa g), dessen konisches Rohr sich von 7,5 mm auf 95 mm erweiterte. Man benutzte Grundton und Oktave, so daß es verständlich ist, daß die Posthornpartien bei Bach *(Capriccio sopra lontananza)* und Händel *(Belsazar)* auf Oktavsprünge beschränkt sind. Spätestens um 1740 kam in Bayern ein zweiwindiger Typ in F-Stimmung hinzu, der in einem schönen, von Philipp Schöller 1742 in München gebauten Exemplar erhalten ist (Thurn und Taxissches Zentralarchiv Regensburg). Dieser Typ in F, rechtswindig mit etwa 50° Neigung zwischen Mundrohr und Schallstück, ist noch um 1930 als *Bayrisches Posthornmodell* gehandelt, wenn auch nicht mehr als Posthorn benutzt worden. Ein Instrument in F von Augustin Hönig, München 1786, versehen mit Quintloch, hat ein kurzes konisches Mundrohr und einen zylindrischen Rohranteil von über $^2/_5$ der Gesamtlänge; kleinster Durchmesser = 9 mm, Stürzendurchmesser = 118 mm (Frankfurt/Oder Nr. 217). Postsignale, die in Preußen und Sachsen zuerst 1828, bei der Thurn-und-Taxisschen Post in Württemberg, Hessen-Nassau, den thüringischen Herzogtümern usw. 1830, Hannover 1832, Bayern 1839, Baden 1842 und in der Schweiz 1849 aufgezeichnet und als amtlich erklärt wurden, hatten jedoch nur fünf Töne (*Posthornschule* von F. Gumbert, Leipzig 1903). Das ist also der damals traditionelle Umfang für die Signalpraxis, der auf den teilweise noch Anfang des 19. Jh. gebauten Posthörnchen in Zweifußlage jedoch nicht bewältigt werden konnte. In den Posthornschulen, die 1828 in Leipzig, 1832 in Hannover und Weißenfels, 1833 und 1863 in Berlin erschienen, finden sich darüber hinaus Stücke, die bis zum 12. Naturton reichen, aber wohl meist auf Instrumenten mit Loch, Klappen oder Ventilen geblasen wurden. Ähnliches gilt auch für die *Posthorn Klänge*, die Herzog Maximilian von Bayern 1869 in München erscheinen ließ, von den Salonstücken für Ventilposthorn, wie die *Post im Walde*, abgesehen. Das Posthornsolo in Gustav Mahlers 3. Sinfonie (1895/96) ist wie ein Schwanengesang des Posthorns, das im 19. und beginnenden 20. Jh. geradezu Inbegriff romantischen und historistischen Empfindens war. Dichter, wie Joseph von Eichendorff, Nikolaus Lenau, Heinrich Heine, Friedrich Rückert, Wilhelm Müller und Victor von Scheffel, haben den Zauber seines schönen Klanges besungen, seinen Symbolwert verlebendigt und das sinkende, blühende Natur und Beschaulichkeit atmende Zeitalter der Postkutsche wehmutsvoll verklärt. Obwohl das Posthorn trotz aller Bemühungen um seine Erhaltung dennoch ausstarb, baute man die Posthörner noch bis in die 1930er Jahre weiter, sowohl als Natur- als auch als Ventilinstrumente (Handelskatalog von H. Rölz 1933). Sie wurden jetzt als Andenken und als Jagdhörner verkauft.

Trompetina

Die *Trompetina*, hauptsächlich in Österreich, Süddeutschland und Bayern verbreitet, ist im Äußeren eine kleine Trompete in D-Alto-Stimmung und wurde mit Aufsteckbögen für die Stimmungen C, B, A, As und teilweise G geliefert. Wie auch aus ihrer italienischen Bezeichnung Cornetto a pistoni (Schlotthauer 1843) bzw. Cornetto (Preisliste L. Uhlmann 1848/49) hervorgeht, basiert sie auf dem Cornet à pistons und auf dem Posthorn. Historisch gesehen, ist sie geradezu eine österreichische Reaktion auf das französische Cornet à pistons, teilweise wohl ebenfalls auf die norddeutsche Posttrompete, und ist bald nach 1829 entstanden. Auch die mensurelle Nähe zum Posthorn ist geblieben, das letztlich der Stammvater all dieser Typen ist. Die Besetzungsangaben lauten in den österreichischen und süddeutschen Stimmbüchern und Partituren oft mehrdeutig Cornet oder Cornetto; ob man Trompetinas, Posthörner oder Cornets à pistons nahm, richtete sich nach lokalen Traditionen und Möglichkeiten. Die Trompetinas waren bereits vor 1843 in der österreichischen und bayrischen Militärmusik heimisch (Schlotthauer 1843) und dienten meist zur Komplettierung des Trompetenregisters. Um die Mitte des 19. Jh. glichen sich die Trompetinas den Cornets à pistons etwas an, wurden weiter, und man sprach oft nur noch von Cornets (Schafhäutl 1854, S. 176: »Diese Cornetti wurden früher Trompetinen genannt.«) Auf diese Weise entstanden auch die *Cornet-Trompeten* Červenýs (1854), und neben der linksgriffigen Trompetenform (L. Uhlmann) wurden auch andere Windungsarten gebaut. Die Stimmung ist jetzt teilweise auch hoch Es. Mit der österreichischen Militärmusik drang die Trompetina nach 1860 auch in Preußen ein. 1876 entwarf C. W. Moritz eine Trompetina in C bzw. B. In gleicher Tonlage bot er 1880 außerdem Trompeten, »Pistons« und Flügelhörner an. Eine Trompetina in B/A, Modell Friedrich Wagner, gebaut in gleicher Windungsart wie das 3. Cornet auf Abb. 28, wurde noch in den 1930er Jahren von der Markneukirchener Firma Gebr. Schuster gehandelt. Eine Ausführung der Firma F. A. Heckel, Dresden um 1910, hat diese Weiten: 10 (=d)/11,1/114 mm, wobei $D_3 = d \times 2\frac{1}{2}$. Es ist die Mensur eines engen Pistons. Trompetinas (Cornets, Pistons) wurden stets ohne Stift gebaut.

Flügelhörner

Flügelhorn war im 18. Jh. die Bezeichnung des Halbmondes bei Jagd und Militär. Als nach 1813, mit Preußen beginnend, die trompetenförmigen Signalhörner allmählich den Halbmond verdrängten, ging die Bezeichnung Flügelhorn auf diese über. Andere Bezeichnungen waren Signalhorn, Schützenhorn, Bügelhorn. Da die Kenthörner sich von den gleichgestaltigen Flügelhörnern im Prinzip nur durch die Klappen unterscheiden, wurden sie Flügelhörner mit Klappen oder Klappenflügelhörner genannt. So waren in der königlichen Kapelle in Berlin von 1815 an zwei der neun Waldhornisten (Brenske und Pfaffe) als »Klappenflügelhornisten« bestallt. Daß das in Stölzels Preiscourant von 1828 angeführte »Signalhorn« tatsächlich ein Ventilinstrument war, geht einmal aus einer 1855 entstandenen Markneukirchener Handzeichnung hervor, die im Prinzip ein Preußisches Kornett darstellt und die Beischrift »Signalhorn in F« trägt, ferner aus dem Preis von 16 Thalern in Stölzels Preisliste. Im gleichen Jahr kostete ein einfaches Signalhorn der Firma Wendelin Weise in Berlin nur 7 Taler (Preisliste in Privatbesitz). Es ist also in Preußen zu unterscheiden zwischen Flügelhorn (mit ausladender Stürze) und Signalhorn (mit konischer Stürze), eine Unterscheidung, die aber vielfach nicht beachtet wurde. Selbst bei A. Sundelin (1828, S. 35) bleibt es offen, ob Stölzels Ventilsignalhörner Flügel- oder Signalhörner mit konischer Stürze waren. Nach den preußischen Quellen blies man von 1815 an bei Jäger- und Infanterieeinheiten Klappenhörner und replazierte sie dann meist durch Kornette, so daß Ventil-Flügelhörner bis in die 1840er Jahre hier kaum eingesetzt wurden. Wo aber in Preußen Kornette nicht eingeführt waren, nahm man in dieser Zeit »Kent-, Flügel- oder Bügelhörner mit Ventilen« österreichischer oder süddeutscher Provenienz oder französische Cornets à pistons (Rode 1859, S. 85; Gleich 1860, S. 83, 88).

Die Flügelhörner faßten als verbesserte Klappenhörner noch vor 1840 in der österreichischen Blasmusik Fuß. In der Kavalleriebesetzung der 1840er Jahre waren hier vergleichsweise zwei Flügelhörner in A und ein engeres in A, zwei eine Oktave tiefer stehende Baßflügelhörner, ferner zwei Trompetinas in A und G beteiligt. Die *Altflügelhörner* traten seltener in Aktion. Nach 1850 erfolgte in Österreich der Übergang zur As-Es-Stimmung. 1847 erfand Červený die *Hochflügelhörner* in C mit Bogen für B- und A-Stimmung und vier Zylinderventilen. Die Hochflügelhörner sollten die Blechklarinetten ersetzen und fanden auch in Deutschland Eingang. Um 1850 kamen auch die *Ottavinos* in hoch Es in Analogie zu den Pikkolokornetten auf und wurden als *Es-Pistons* bekannt. Červenýs *Octavin* (Ottavino), die kleinste Form des Hochflügelhorns, stand gewöhnlich in der Oberoktave des B-Flügelhorns. Ein Exemplar in hoch As mit Wiener Ventilen hatte er 1851 auf der Londoner Industrieausstellung gezeigt. C. W. Moritz brachte erst 1875 mit dem Kornett in hoch As ein analoges preußisches Modell auf den Markt. Seltene, aber noch heute in der Bürgerkapelle zu Lana (Tirol) geblasene Glieder der Flügelhornfamilie sind die tubaförmigen *Kontraflügelhörner* und *Kontraaltflügelhörner*.

Wann genau in Österreich die Flügelhörner auftraten, liegt noch im dunkeln, vermutlich aber vor 1835–1837. Wohl von Österreich aus drangen diese geschmeidig und voll klingenden Instrumente, der Ausbreitungsrichtung der weichen und gesanglichen Klangauffassung folgend, nach Süddeutschland sowie nordwärts. In Bayern waren nach dem Musikmeister der Passauer Bürgerwehr, Ferdinand Schlotthauer, 1843 die hohen Ventilflügelhörner noch nicht üblich, sondern nur »Klappen-Flügelhörner« (Schlotthauer 1843). Er nannte aber mit Selbstverständlichkeit schon das »Corno Kent basso di pistoni (Baß-Flügelhorn mit Maschine in C und mit B-, A-, As-, G-Stimmungen)« und das »Cornetto à pistoni (Trompetin mit Maschine)«.

In Sachsen wurden die seit 1835–1840 heimisch werdenden Cornets à pistons auch Flügelhorn genannt (so Schubert 1865, S. 189). Man muß stets berücksichtigen, daß sich die Benennung in der Praxis meist aus der musikalischen Funktion ableitete. Wenn z. B. ein bayrischer Komponist 1860 ein Flügelhorn vorschrieb, so nahm man in Preußen zur Ausführung etwa ein Preußisches Kornett und in Sachsen ein Klappenhorn. In der sächsischen Militärmusik, aus der die Klappenhörner erst 1872 offiziell entfernt wurden, kam es seit 1867 zur allgemeinen Einbürgerung der Flügelhörner. Nach der Reichsgründung 1871 machte jedoch Preußen seinen Einfluß in Sachsen stärker geltend, und die Preußischen Kornette wurden in den Vordergrund gestellt, die damals jedoch schon stark den Flügelhörnern angeglichen waren. 1860–1865 verteidigte man in Sachsen die Klappenhörner gegenüber den Preußischen Kornetten, zu deren Einführung auch in Sachsen Bestrebungen im Gange waren, noch mit folgendem Argument: »... nach dem Urtheile von Männern vom Fach, bieten die Preußischen Cornets nicht hinlänglich Ersatz, da den Cornets die sogenannte Tonbindung fehlt, welche die Klappenhörner besitzen« (Schubert 1865, S. 194). Man bezweifelte ernsthaft, ob durch den Austausch der Klappenhörner gegen die Kornette die Jägermusik gewinnen würde. Nachdem die Klappenhörner ausgesondert waren, orientierte man sich an österreichischen und böhmischen Flügelhornmodellen. So wurden seit etwa 1875 in Markneukirchen Flügelhörner auch direkt nach Mensurschnitten von Daniel Fuchs in Wien hergestellt.

Wie in Preußen das Signalhorn zum Stammvater einer ganzen, die Kornette und Tuben umfassenden Familie wurde, gab es in Sachsen seit etwa 1830 gleiche Bemühungen. Da die eigentlich sächsischen Signal- und Klappenhörner – wohl auch die Signal- und Klappenhornbässe (*Caecilia* 3, 1825, Intelligenzblatt) – viel enger als die preußischen waren, wurden es auch die Nachfahren mit Ventilen, s. S. 89, Zeichnung 60 cd. Die sächsischen Signalhorn-Bässe schließen in Mensur und Mundrohrwindung an die englischen Baßhörner an und wurden anstelle der Baßhörner oder in der Kavalleriemusik anstatt der Baßposaune verwendet. Das »Signal-Horn in C« hat nach einer Grifftabelle mit Zeichnung von W. Petzold (um 1850) eine fast trompetenschlanke Mensur (Zeichnung 60 d). »Signalhorn« war eine mehr systematische und technische Bezeichnung, in Preußen genauso wie anderswo. Oftmals wurden die Instrumente nach ihrer musikalischen Funktion benannt, so daß es verständlich ist, daß Wilhelm Petzold um 1850 die Zeichnung 60 c (S. 89) eines Baß-Signalhorns in Es mit der Beischrift ergänzte: »Nach der natürlichen Stimmung des Instruments wenn dasselbe als Baßhorn oder Posaune benutzt wird.« So ist es zu erklären, daß solche auch in F oder G stehenden Signalhörner als Baßhörner oder Posaunen bezeichnet wurden.

Auch in Strasbourg lassen sich Bemühungen um einen Ventil-Signalhornchor feststellen. Charles Kretzschmann schloß in sein Ventilpatent von 1856 ein *Clairon chromatique en si ♭* ein, dessen Geschwister in Tenorlage auf Foto 122 abgebildet ist. Es handelt sich um einen Stimmsatz, der den Saxhörnern näher steht als den Preußischen Kornetten und Tuben. Bereits in den 1840er Jahren gab es in Böhmen einen Flügelhornsatz mit Périnetventilen, der an den trompetenförmigen Ventilposaunen und Bersaglierihörnern orientiert zu sein scheint. Derartige Instrumente bauten z. B. Wenzel Schamal und Eduard Johann Bauer in Prag, und sie sind in mehreren Exemplaren aus der Mitte des 19. Jh. im Prager Museum erhalten (Foto 124).

Neben Militärkapellen gab es im ganzen Lande Harmoniemusikkapellen, Bürgerkapellen, Musikbandas, Adjuvanten- und Posaunenchöre. Letztere breiteten sich im Zuge der religiösen Erweckungsbewegung nach 1843, von Westfalen ausgehend, aus. Der Begründer der Posaunenchöre, Eduard Kuhlo (1822–1891), bevorzugte für diese Chöre die ovale Form des Flügelhorns, das man später auch *Kuhlohorn* nannte. Es ist eine in den 1850er, vielleicht schon in den 1840er Jahren in Mode gekommene Flügelhornform, die nur eine der vielen Neubildungen mit ovaler oder runder Korpuswindung ist, die zwischen 1845 und 1860 recht zahlreich waren. Zeichnung 44 (S. 58) gibt ein in Strasbourg 1856 gebautes rundes *Signal- ou Flügelhorn* wieder, das auch in Baden bis zum Anfang unseres Jahrhunderts beliebt war und mit den Althörnern in Waldhornform verwandt ist.

Den Flügelhörnern im weiteren Sinne kann auch jenes kleine Jagdhorn zugerechnet werden, das seit etwa 1880 nach dem Oberjägermeister des Kaisers Wilhelm I., Fürst von Pless, benannt wurde, der sich um die Einführung dieses Instruments verdient gemacht hatte. Hervorgegangen sind diese *Fürst-Pless-Hörner* aus den kreisförmig gebogenen Flügelhörnern bzw. den weitmensurierten Posthörnern verschiedener deutscher Jäger- und Schützeneinheiten. Spätestens gegen Ende des 19. Jh. wurden manche von ihnen mit Ventilen nachgerüstet, um diese Naturinstrumente mit ihren nur fünf bis sechs Naturtönen musikalisch besser verwenden zu können.

Die Flügelhornmensur im engeren Sinne schließt an die der Klappenhörner an, deren Mundrohr konisch verläuft, wenn es nicht einen Stimmzug im Mundrohr besitzt. Die Maschinenweite ist wie bei der Trompete, nach der Maschine folgt ein konisches Rohr; wenn keinen Kluppenzug, dann hat es meist einen eingebauten U-Stimmzug. Die Durchmessererweiterung beträgt bis D_3 gewöhnlich d × 4 bis 4½, bis zum Schallstückende d × etwa 14. Der kleinste Durchmesser liegt oft um 10,7 mm, der Stürzendurchmesser bei 145–150 mm. Die Baßflügelhörner bis nach der Mitte des 19. Jh. haben vielfach ein zylindrisches Mundrohr.

Österreichisches Flügelhorn. Andreas Nemetz bildete 1844 in der *Allgemeinen Musikschule für Militär-Musik* ein »Flügelhorn in C, mit Maschin und mit B. A. As. und G. Bögen« ab, das in Windungsart und Mensur recht getreu einem Klappenhorn entspricht und das später auch noch Leopold Uhlmann baute (Abb. 35).

Bayrisches Flügelhorn: Analog zu den Trompeten ist es kurz und gedrungen gewunden (s. Foto 103), gewissermaßen das Gegenteil des bayrischen Tenorhorns von schmaler Windungsart.

Mainzer Flügelhorn (C. A. Müller um 1840–1880). Es ist breit gewunden mit einem Schlaufenverhältnis bei 4:9. Unterbügelabstand bei ⅙ der Standhöhe. Neumainzer Maschine, Kluppenzug. Nach der Maschine biegt das konische Rohr zum Schallstück aus (gleiche Ausbiegung beim Althorn von Dölling auf Foto 111), während das Mainzer Cornet oder Piston meist der Trompetenform folgt (vgl. Abb. 18, Nr. 25, Foto 16).

Ovales Flügelhorn (Kuhlohorn). Die ursprüngliche Variante (s. Abb. 20) bildete sich um 1845–1860 heraus. Bei der jüngeren, noch jetzt üblichen, läuft das Schallstück geradeaus.

Ein 1890/1900 wohl in Graslitz gebautes Kuhlohorn hat die Hauptweiten: 11 mm (d) in Mundrohr und Maschine, D_3 = d × 3⅞, Stürzendurchmesser 150 mm. Rohrgliederung: ⅜ zylindrisches Rohr + ⅝ konischer Anstoß und Schallstück.

Das ***Baßflügelhorn*** (Hauptstimmungen C, B, A) war bereits 1840 in der Salinenkapelle zu Hall (Tirol) besetzt (Ebenbichler 1921) und bildet noch heute einen wesentlichen Bestandteil österreichischer Blaskapellen. Im 19. Jh. spielte es auch in Süddeutschland neben der engeren Baßtrompete und dem Tenorhorn eine große Rolle, wobei die Grenzen zwischen den drei Gattungen fließend sind und der Namensgebrauch ineinander übergeht. Als Ergebnis der Überkreuzung stellte sich auch die Bezeichnung *Tenorflügelhorn* ein. Baßflügelhörner in Achtform waren zwischen 1840 und 1860, also schon recht früh, beliebt (s. Abb. 18, Nr. 49, und Foto 14, 117). Nach einer Bemerkung von Uhlmann in seinem Preiscourant von etwa 1848 (Abb. 35), wurden die Baßflügelhörner anstelle der Waldhörner verwendet. Vermutlich erklärt sich daraus mit die Achtform der Baßflügelhörner. Ansonsten wurden und werden sie meist in Tuba- oder ovaler, seltener in Kreisform gebaut. Von den Verhältnissen des 19. Jh. ausgehend, ist im Vergleich mit dem preußischen Tenorhorn das Mundrohr eng, die Stürze weit ausladend und die Maschine relativ nahe am Mundstück. Das sind weitverbreitete österreichische und süddeutsche Mensurmerkmale. Die Hauptmensuren des Instruments auf Foto 14, das wie die meisten bayrischen Instrumente der Mitte des 19. Jh. noch keinen Stimmzug besitzt und bei dem die Stimmung nur durch Aufsatzstücke vertieft werden kann, sind: zylindrischer Durchmesser d = 11 mm, Erweiterung bis $D_3 = d \times 4$, Stürzendurchmesser = 211 mm, Gesamtlänge ohne Mundstück = 2321 mm. Rohrgliederung = $\frac{1}{3}$ zylindrisches Rohr + $\frac{2}{3}$ konisches Rohr und Schallstück. Ventillage bei $\frac{1}{12}$ der Gesamtlänge mit Mundstück. Julius Rühlmann (1851, S. 51) machte in Ergänzung der regionalen Mensureigenart noch einen anderen Unterschied zwischen Baßflügelhorn und Tenorhorn geltend:

»Tenorhorn und Baßflügelhorn unterscheiden sich dadurch voneinander, daß das Tenorhorn einer Trompete sehr ähnlich gebaut ist und mit einem Tenorposaunenmundstück angeblasen wird, während hingegen das Baß- oder Tenorflügelhorn ganz ein vergrößertes, verlängertes Signalhorn ist und bald die Form einer 8 bildet, außerdem aber auch mit einem weiten konisch-kesselförmigen Mundstück angeblasen wird.«

Im Gegensatz zur Ventilposaune hatte das Mundstück der Zugposaune zu Rühlmanns Zeit ein abgerundetes Stengelloch. Das Mundstück des Baßflügelhorns ist also tiefer, becherförmig, was die weiche Tongebung fördert. Tenöre wie auf Foto 118–120 und Zeichnung 60a, die von Baßhorn und Bombardon abgeleitet sind, sind funktionsmäßig auch als Baßflügelhörner verwendet und teilweise auch so bezeichnet worden.

Althorn und Tenorhorn

In Stölzels Preisliste von 1828 (Abb. 1b) sind *Althorn* und F/Es-Trompete noch nicht getrennt. Offenbar handelte es sich, nach dem Gesamtverzeichnis der Preisliste geurteilt, bei der F/Es-Trompete de facto um eine sehr weit mensurierte Trompete. Das 1828 in die Jägermusik eingeführte *Althorn* (Rode 1858) war offenbar das gleiche Instrument. Ein derartiges Instrument läßt sich im 19. Jh. mehrfach nachweisen, z. B. gehört das auf Foto 12 dargestellte zu dieser alten, anscheinend ursprünglichen Richtung. Mensuren: Durchmesser d von Mundrohr und Zug = 11,3 mm innen, Erweiterung bis D_3 auf $d \times 3$, Stürzendurchmesser = 128–129 mm, Rohrgliederung = $\frac{2}{3}$ zylindrisches Rohr + $\frac{1}{3}$ Schallstück. Das Althorn mit Stopferventilen in Herolds Preisliste von etwa 1842 (Abb. 8) gehört ebenfalls noch zum engen Typ und hat im Prinzip die ursprüngliche Berliner Windungsart. Im allgemeinen hat sich eine deutliche Trennung zwischen F/Es-Trompeten und Althörnern vollzogen, die meist auch in F oder Es, seltener in G, D und C stehen. Bei den tiefen Formen besteht das Problem der Abgrenzung zum Tenorhorn und Baßflügelhorn. Terminologisch ist wichtig, daß in Süddeutschland die B/C-Tenöre oft als Altinstrumente klassifiziert wurden und teilweise noch werden (Foto 110).

Da seit 1833 in Preußen die Althörner von den Altkornetten verdrängt wurden, breiteten sich die Formen mit ausladender Stürze hauptsächlich im übrigen Deutschland aus. Terminologisch bemerkenswert ist, daß die preußische Bezeichnung Kornett in Sachsen auch für die eigentlichen Althörner gebraucht wurde. Das Vorgängermodell des Althorns auf Foto 111, das noch eine enge Mensur hatte, bezeichnete W. Petzold, der es um 1855 in Anlehnung an das Wiener bzw. Mainzer Althorn für den Trompetenmacher Heinrich Scherzer entworfen hatte, mit »Es Cornet«. Das auf Foto 111 dargestellte Instrument hat Flügelhornmensur, ist aber der Altstimmung entsprechend etwas weiter: kleinster Durchmesser = 11,3 mm, Stürzendurchmesser = 158 mm. In Sachsen waren außerdem an die Preußischen Kornette angelehnte Windungsarten, Mischformen zwischen österreichischen und preußischen Modellen sowie Tuba- und ovale Formen in Gebrauch. Ein sächsisches Althorn mit Pumpenventilen und einer vom österreichischen Flügelhorn und Preußischen Kornett geprägten Mensur ist auf Foto 109 wiedergegeben. Hauptmensuren: Minimaldurchmesser = 11,5 mm, in der Maschine 11,8 mm, Stürzendurchmesser = 158 mm. Das Mundrohr ist konisch mensuriert, der folgende zylindrische Rohrteil beträgt nur $\frac{1}{5}$ der Gesamtlänge (1750 mm).

Der Ausgangspunkt für die Althörner in Tubaform waren die Bombardons, Pelittone und Tuben, die man in den 1840er–1860er Jahren auch als einheitliche Stimmsätze baute (vgl. Prospekte von Herold und Kruspe, Abb. 18–20). Auch zum Bombardon Markneukirchen Nr. 226 (Foto 126) gab es einen Alt in gleicher Art, was eine Markneukirchener Handzeichnung von etwa 1860 mit der Unterschrift »Althorn in Es–C« bestätigt. Nach 1860 verfällt allmählich die Einheitlichkeit der Stimmsätze. Foto 112 zeigt ein Markneukirchener Instrument in Es der Zeit um 1855, das der Tubamensur noch nahesteht und wohl noch Glied eines Satzes war. Mundrohrdurchmesser d = 11,8 mm, Schleifen und Stimmzug etwas weiter. Erweiterung bis D_3 auf $d \times$ etwa 5, Stürzendurchmesser = 157 mm, Rohrgliederung = $\frac{3}{8}$ zylindrisches Rohr + $\frac{5}{8}$ konisches Rohr und Schallstück, Ventile bei etwa $\frac{1}{5}$ der Gesamtlänge.

1859 – nach Schafhäutl erst 1861 – brachte Červený das *Althorn Obligat* (auch Obligat-Althorn genannt) auf den Markt, ein weit mensuriertes, aufrechtes, ovales Althorn mit konischem Mundrohr (Abb. 24b). Es war von der Euphoniummensur beeinflußt und stand meist in Es oder F, auch in C und B-Tenor und wurde sogar trompeten- oder helikonförmig gewunden. Als »weites Althorn« ist es heute überall in Gebrauch. Ebenfalls weit und dem Euphonium nachempfunden baute Ed. Kruspe seine tubaförmigen Althörner (Abb. 20). C. W. Moritz konnte sich noch um 1870 nicht entschließen, Červenýs Modell ganz zu übernehmen, sondern konstruierte

1874 ein weites Altkornett in ovaler Form. Betrachtet man aber diese ovalen Altkornette der Zeit um 1890 in vogtländischer Ausführung (Firmenkatalog von Paul Stark, Markneukirchen), so unterscheiden sie sich von Červenýs Modell nur noch wenig, hauptsächlich durch das zylindrische Mundrohr. Da die Bezeichnung Kornett einmal eingeführt war, behielt man sie in Preußen und Sachsen weiterhin bei.

Ein Althorn Obligat Markneukirchener Faktur der Jahre um 1890 ist an der engsten Stelle 11,6 mm (d), in der Maschine 12 mm; $D_3 = d \times 4\frac{1}{2}$, Stürzendurchmesser 190 mm. Heute liegt der Stürzendurchmesser der ovalen oder tubaförmigen Althörner bei 200–210 mm, der der trompetenförmigen bei 185 mm.

1867 brachte Červený das *Jägerhorn* in F/Es heraus, ein kreisförmig gewundenes »Alt-Solo-Instrument« (Preisliste um 1898). Über Althörner in Waldhornform s. S. 189.

Wie schnell es geschehen kann, daß durch noch nicht oder nicht genügend erschlossene Quellen Irrtümer entstehen, zeigt folgendes Beispiel, das hier notwendigerweise eingeschoben werden muß. C. Bevan (1978, S. 116) interpretierte das *Contrahorn* von J. und A. Lampferhoff, das ein 1844 zum preußischen Patent eingereichtes, aber als nicht patentwürdig beurteiltes Baßhorn mit Klappen war, irrtümlicherweise als Althorn mit Ventilen, und die in Essen lebenden Instrumentenbauer erschienen bei ihm als ein Instrumentenmacher »Lamperhoff«, der in Berlin gelebt haben soll.

Weit mensurierte Alt- und Tenorhörner in Helikonform zu bauen, unternahm zuerst um 1860 V. F. Červený und hatte damit, zumal in Rußland, einigen Erfolg.

Am Beginn der Entwicklung des *Tenorhorns* standen der Tenortrompetenbaß und auch die engen, in den 1820er Jahren entstandenen Instrumente, wie sie im Prinzip in Herolds Preisliste von etwa 1842 mit Stopferventilen noch zu sehen sind (Abb. 8). Sie sind in Stölzels Preisliste von 1828 als »Tenorhorn oder Tenortrompete in B« bezeichnet. Wie S. 75 ausgeführt, wurde der Tenortrompetenbaß (1821) etwas später auch Tenorhorn genannt. Selbst wenn man annimmt, daß die Tenortrompete im Preiscourant von Stölzel etwas enger mensuriert war als das Tenorhorn, so dürfte der Unterschied wegen des gleichen Preises gering gewesen sein. Von Belang ist folgende Stelle bei Sundelin (1828, S. 42): »Man fängt jetzt an, bei der Kavallerie-Musik ein sogen. chromatisches Tenor-Horn mit der Tenor-Posaune zu vereinigen, oder an deren Stelle zu setzen.« Durch die Funktion des Ersatzes oder der Ergänzung der Posaune wurde nicht nur die Mensur beeinflußt, sondern es zweigten sich sogar die Ventilposaunen in Tenorhornform ab. Da man die Kavalleriemusik als Trompetenmusik bezeichnete, kann Stölzels Benennung »Tenortrompete« auch im Sinne einer Funktionsbezeichnung zu verstehen sein. Aus den frühen Ventiltenören in B (A, C) bildeten sich also drei Instrumente heraus: Baßtrompete, Tenorhorn und Ventilposaune in Tenorhornform. Aus den Angaben von Schlotthauer (1843, S. 11) ist zu schließen, daß die Berliner Versuche von 1828 erfolgreich waren und sich zu seiner Zeit das Tenorhorn in Süddeutschland schon eingebürgert hatte: »Corno Tenor di pistoni (Tenorhorn mit Maschine mit B-, A- und As-Stimmungen), unterstützt die Tenor-Posaune, wo solche bei Militärmusiken eingeführt ist, oder vertritt dieselbe ganz, indem es bei weitem nicht allein leichter als jene zu behandeln, sondern auch im Tone viel weicher und angenehmer ist.« Einen frühzeitigen Versuch, die übliche Trompetenmensur zu überwinden, zeigt Foto 54.

Die frühen Alt-, Tenor- und Baßhörner mit Stölzelschen Ventilen, die auf Abb. 8 zu sehen sind, besitzen wohl Trompetenmensur mit dem »klassischen« Anteil des zylindrischen Rohres von $\frac{5}{7}$ der Gesamtlänge. Die jüngeren Modelle mit Pumpenventilen (seit 1833) auf der gleichen Abbildung sind im mittleren Rohrbereich weiter, wobei der zylindrische Rohranteil etwa $\frac{2}{3}$ beträgt. Der charakteristische schmale Stimmzug an den Modellen mit Pumpenventilen ist ein Erbstück der Berliner Signaltrompete (Zeichnung 79b).

Zu den frühen eng mensurierten Modellen, die man sowohl als Tenortrompete oder Tenorhorn, ja auch als Baßtrompete ansprechen kann, gehört ein Instrument mit Kastenventilen aus der Zeit um 1830–1835 von Wilhelm Schuster (Foto 93). Der zylindrische Rohranteil beträgt hier nur noch $\frac{5}{9}$, wobei als Innendurchmesser des zylindrischen Rohres 11,6 mm und als Stürzendurchmesser 163 mm gemessen wurden. Eine gravierende mensurelle Differenzierung zwischen Baßtrompete und Tenorhorn setzte erst nach etwa 1835 ein. Der zylindrische Rohranteil ging im 19. Jh. über $\frac{1}{2}$ auf etwa $\frac{3}{8}$ bis $\frac{2}{5}$ der Gesamtlänge zurück, und die Mensuren wurden insgesamt weiter. Die alten engen Modelle findet man in vogtländischen Prospekten noch bis um 1855–1860 (Abb. 18, Nr. 30). Um 1840–1850 entstand in Berlin, wohl in der Firma C. W. Moritz, ein neues Modell mit nach oben gebogenem 3. Ventilzug. Die Ausformung dieses Modells in den Jahren um 1880 ist auf Abb. 23 zu sehen. Ähnlich wurde es auch von Edmund Paulus (Berlin) gebaut.

Potsdamer Tenorhorn. Es ist mit dem Berliner verwandt (Foto 116), entstand als Modell wohl erst nach 1850 und wurde zunächst mit Pumpenventilen gebaut. Die Ventilschleifenwindungen sind breit. Das abgebildete Modell, in verschiedenen Prospekten auch als Berliner Modell bezeichnet, wurde in den 1890er Jahren zum verbindlichen Militärmodell erklärt. Zylindrischer Rohrdurchmesser d = 12,5 mm innen, also sehr weit, aber üblich. Erweiterung bis $D_3 = d \times 4\frac{1}{2}$, Stürzendurchmesser = 214 mm, Rohrgliederung = $\frac{2}{5}$ zylindrisches Rohr + $\frac{3}{5}$ konisches Rohr mit Schallstück.

Im Gegensatz zu Preußen wurden die Tenorhörner und

Baßflügelhörner in Bayern — teilweise noch in unserem Jahrhundert — auch als Althörner bezeichnet, in Sachsen dagegen nur eine Zeitlang in der Mitte des 19. Jh. In Sachsen wurden spätestens um 1840—1845 die Baß-Naturtrompeten oder Baß-Klappentrompeten in A, die nach 1809 in die Schützen- und Jägermusik eingeführt wurden, durch Tenorhörner ersetzt, die man aber noch längere Zeit Baßtrompeten nannte. Es sind im Prinzip vergrößerte Trompeten im Sinne der Baßtrompete von Johann Adam Heckel auf Foto 94. Mit Quartbogen versehen, ist auch dieses Instrument als Baßtrompete in A bzw. Tenorhorn in A verwendet worden. Hauptmensuren des abgebildeten Instruments: zylindrischer Durchmesser d um 11,5 mm, Erweiterung bis D_3 auf $d \times$ etwa $3\frac{1}{2}$, Stürzendurchmesser = 182—184 mm. Anteilverhältnis etwa $\frac{1}{2}$ zylindrisches Rohr + $\frac{1}{2}$ konisches Rohr mit Schallstück. Das frühe sächsische Baßtrompeten-/Tenorhorn-Modell wurde auch von C. A. Müller in Mainz gebaut. Das Instrument Berlin Nr. 3 105 (Kriegsverlust) mit der Inschrift »Tenor H« (Tenor Horn) war sächsischen oder Mainzer Ursprungs und noch recht eng mensuriert (abgebildet in: *Sammelbände der Internationalen Musikgesellschaft* III, S. 594). Der Firmenprospekt von Gebr. Alexander in Mainz von 1928—1930 führt unter Nr. 144 nur noch das Potsdamer Militärmodell mit der Bezeichnung »Tenorhorn in C oder B, Trompetenform (Baßtrompete)« an. Unter den zahlreichen Modellen, die in Sachsen gebaut wurden, ragt ein sächsischer Ableger des Berliner Modells in Trompetenform heraus (Foto 115). Es war besonders von 1880 bis 1940 gebräuchlich. Auch in der Mensur besteht Verwandtschaft mit den preußischen Instrumenten. E. R. Voigts Instrument auf Foto 13 mit wenig ausladender Stürze und Stimmzugschlaufe vor der Maschine und 3. Ventilzug in der Art von Moritz ist dabei die ältere Variante. Sie steht dem Berliner Modell noch recht nahe.

Kruspe in Erfurt baute nach Abb. 20 in den 1860er/1870er Jahren eine mit der Berliner Windungsart (rechts) und eine mit der süddeutschen Baßtrompete verwandte Form (links). Das *bayrische Tenorhornmodell* der Zeit um 1840—1850 s. Foto 110. Es schließt eng an die süddeutsche und bayrische Baßtrompete mit doppelter schmaler Windung an und wurde trotz C-Stimmung auch Althorn genannt. Daher überrascht es nicht, wenn über einer handschriftlichen Markneukirchner Grifftabelle von etwa 1850—1860 für ein tubaförmiges C-Instrument steht: »Tabelle für Althorn oder Tenorhorn in C«. Und als der Instrumentenmacher Otto Pfretzschner in den 1890er Jahren das erwähnte Instrument (Foto 110) dem Markneukirchener Museum übergab, bezeichnete er es richtig als »Althorn in C«. Mensuren dieses Instruments: zylindrischer Rohrdurchmesser d = 12,1 mm, Erweiterung bis $D_3 = d \times 4$, Stürzendurchmesser = 182—185 mm, Anteilverhältnis mit Mundstück = $\frac{1}{2}$ zylindrisches Rohr + $\frac{1}{2}$ konisches Rohr mit Schallstück. Gegenüber dem Baßflügelhorn ist das Mundstück weiter, der zylindrische Rohranteil größer und die Stürze weniger weit ausladend. Dagegen ist die Baßtrompete enger mensuriert.

Während sich die ältesten Tenorhörner in der Windungsart von den Trompeten abspalteten, leitete sich eine jüngere Gruppe anlagemäßig von den italienischen, österreichischen, böhmischen und süddeutschen Bombardons und Ventilbaßhörnern ab, so daß auch bei den Tenören das Schallstück oftmals links vom Spieler steht. Diese seit etwa 1835 zu beobachtenden Neubildungen repräsentieren die seinerzeit am weitesten mensurierten Tenorhörner, vgl. Foto 121. Am Beginn stand der 1835 von Giuseppe Pelitti in Mailand entwikkelte *Bombardone tenore*, der meist *Bombardino* genannt wurde und der in der italienischen und österreichischen Militärmusik als weiter Tenor fungierte. Natürlich war der Bombardino von 1835 noch relativ eng, ebenso wie der Bombardone selbst auch, doch mit der Zeit wurden auch diese Instrumente weiter. Sonderbarerweise mußte in Preußen die Bezeichnung Bombardino wohl auch für eine enge Tuba dienen, denn C. W. Moritz konstruierte 1875 eine »kleine Tuba oder Bombardin in F oder Es mit 3 Ventilen« (Preisliste 1880). Andererseits bezeichnete man das Baroxyton in Baßlage als *Bombardyn*, so daß auch ein solches Instrument gemeint sein kann. Bald nach 1835 wurden selbst von den tubaförmigen Baßhörnern Tenöre abgeleitet (Süddeutschland, Österreich, Sachsen) und von Frankreich ausgehend auch Ventilophikleiden in Tenor- und Altlage. Preußen dagegen hielt noch lange am alten trompetenförmigen Tenorhorn und Tenorbaß fest, bildete aber wohl mit als Reaktion auf den Bombardone tenore 1838 die Tenortuba aus. Ein regelrechtes tubaförmiges oder ovales Tenorhorn gab es bis um 1870 in Brandenburg eigentlich nicht, und als 1875 C. W. Moritz sein weites ovales Tenorhorn konzipierte, war es ganz an die Tenöre von Červený angelehnt. So wie die Bombardons modelliert waren, waren es auch die Tenöre. Foto 121 und 118 sind sächsische und süddeutsche Varianten tubaförmiger Tenöre, und Foto 120 zeigt ein Strasbourger Modell nach österreichischer Orientierung.

Von Preußen ausgehend, entstanden ganze Stimmsätze von Tuben, vor allem in Sachsen, wo die südliche und nördliche Ausbreitungsrichtung zusammenstießen. Hier entstanden — s. Foto 121, 135 — weite Zwischenformen von Tenortuba, Tenorbaß und Bombardino. Derartige Typen waren in Sachsen sehr verbreitet. F. Gleich (1860, S. 84) kannte das sächsische Tenorhorn sogar nur in Tubaform. Schließlich wurde auch vom Contrabaß (Červený 1845) ein Tenor abgeleitet, der *Tenorbaß* oder *kleiner B-Baß* genannt wurde und auf den im nächsten Kapitel näher eingegangen werden soll. Vermutlich gehört auch die *Glycleide* hierher, die nach Sachs (*Reallexi-*

kon, S. 163) ein von Červený 1846 gebautes tubaförmiges Tenorhorn gewesen sein soll.

Der Formenreichtum an Tenorhornmodellen ging nach 1910 zurück. Die großen Werkstätten stellen seither meist ein enges Modell in Trompetenform, ein mittelweites, weites und ganz weites Tenorhorn in Tuba- oder ovaler Form her. Die weiten Modelle setzen funktionsmäßig die alten Tenorbässe, Bombardinos und teilweise Tenortuben fort.

Favoriten sind heute weite, an das 1885 von Červený entwickelte konische Kaisertenorhorn anschließende und dem engen Baryton verwandte Modelle mit einem Stürzendurchmesser von etwa 250–260 mm. Ein um 1970 im VEB Blechblas- und Signalinstrumentenfabrik Markneukirchen gebautes ovales Instrument dieses Ursprungs hat folgende Weiten: engster Durchmesser d = 12,5 mm, Maschinenweite = 13 mm, Stürzendurchmesser = 250 mm, wobei $D_3 = d \times 7$. Die Trompetenformen sind seit 20 Jahren stark im Rückgang begriffen.

Ergänzend sei hier noch des *Turnerhorns* (»Sokolovka«) gedacht, das Červeny 1867 auf den Markt brachte und das um 1873 bereits in mehr als 100 Turnvereinen in Deutschland, Böhmen und Mähren geblasen wurde (Paul 1874, S. 93). Es waren trompetenförmige Signalhörner in F und C (Baß), in die Ventilmaschinen eingebaut wurden oder aufgesteckt werden konnten, eine Praxis, die bis in die Ära der Tornisterinstrumente reicht. Bereits in den 1840er Jahren gab es in Böhmen einen Signalhornsatz mit Périnetventilen. Die Firma Amati in Hradec Králové setzt diese Traditionslinie bis heute fort. Ausgangspunkt für diese und alle ähnlichen Instrumente war die vor der Ventilära bestehende militärische Signalhornmusik. Mit Natur-Signalhörnern verschiedener Größe bzw. C-Hörnern mit unterschiedlich langen Aufsteckbögen, in Ausnahmefällen sogar mit Natur-Bombardons (-Tuben) ausgestattet, reicht diese Musikpraxis noch bis ins 20. Jh.

Wohl von den italienischen Bersaglierihörnern, speziell von einventiligen B-Modellen für die Voltigeurs (Füsiliere), ging J. H. Zimmermann bei seinen Signalhörnern mit einem Périnet-Ganztonventil aus (Abb. 27). Hornmusiken mit derartigen Instrumenten hatten im 1. Viertel unseres Jahrhunderts in Deutschland eine gewisse Verbreitung bei Feuerwehren, Jägercorps, Jugendwehren, Militärvereinen, Radfahrerklubs und Turnvereinen. Wie auch bei Červenýs Turnerhörnern war um 1930 ihre Blütezeit bereits vorbei. Die kleinste Besetzung war sechsstimmig:

Melodie:	Signalhorn in B
	Signalhorn in G I und II
Begleitung:	Signalhorn in F I und II
	Signalhorn in B basso

Geblasen wurden die Liedermärsche in der Bearbeitung von Heinrich Berger, der auch eine Signalhornschule im Verlag von J. H. Zimmermann herausgegeben hatte. Bei größerer Besetzung wurden die Instrumente verdoppelt oder verdreifacht und/oder durch Turnerpfeifen in B, kleine und große Trommel sowie Becken ergänzt.

Vom gleichen Geist getragen, in ihrer Geschichte jedoch noch nicht erforscht, sind die Marsch-Signalhörner (Marching Bugles), die heute die Schweizer Firma Kurat mit zwei Ventilen ausgestattet für die USA-Firma Donald E. Getzen vom Sopran bis zur Tuba in Trompetenform herstellt. – In ähnliche Aufgabenbereiche gehören auch die Feldtrompeten und ihre Verwandten (S. 201).

Obwohl sie in Deutschland niemals Fuß faßten, ist schließlich auf die *Saxhörner, Clavicors, Mellophone* und andere französische, englische und auch USA-Modelle hinzuweisen, weil sie im Vogtland für den Export produziert wurden. Im Kampf um ausländische Absatzmärkte waren die Markneukirchner und Klingenthaler Firmen gezwungen, alle Modelle zu bauen. Ihre größten Konkurrenten waren dabei die Instrumentenbauwerkstätten und Fabriken in Paris und Graslitz. Für den Bau der 1845 patentierten Saxhörner gibt es nach den Dokumenten im Besitz des Musikinstrumentenmuseums Markneukirchen seit 1848 feste Daten. Am 24. November 1848 lieferte Wilhelm Petzold an die Firma Gustav Kämpfe in Markneukirchen Modellskizzen u. a. für Saxhörner in F und Es mit vier Pumpenventilen (»Saxhorn in F. Es mit 4 Bomben«). Seither findet man die Saxhörner regelmäßig in den Katalogen der großen vogtländischen Handelshäuser wie C. G. Herold und Ferdinand Glier & Sohn. Auch die Firma Ed. Kruspe in Erfurt baute sie im letzten Drittel des 19. Jh. Um die Mitte des 19. Jh. wurden im Vogtland auch schon die Bell-over-shoulder-Instrumente, Balladhörner usw. hergestellt.

Die in C-Tenor stehenden englischen *Balladhörner* (Webb 1984) lassen sich in Deutschland erst gegen 1890 nachweisen (Handelskatalog Paul Stark, Markneukirchen 1893). Als »Mellophon« (Ballad- oder Konzerthorn) bot C. A. Wunderlich in der Preisliste Nr. 7 (um 1935) ähnliche Instrumente in F/Es-Alt und B-Tenor an; Hans Rölz verkaufte sie in der gleichen Zeit als Jazzinstrumente. Nur ausnahmsweise fanden solche Hörner ansonsten Verwendung (Foto 22).

Tenorbaß, Tenortuba, Euphonium und Baryton

Die Geschichte jener C- und B-Größen, die in der Weitenmensur zwischen Tenorhorn einerseits und Bombardon/Tuba andererseits stehen, ist vielschichtig und geht verschlungene Wege. Es sind eine ältere preußische Traditionsrichtung mit zylindrischem Mundrohr (Tenorbaß, Tenortuba) und eine jüngere österreichisch-böhmische mit konischem Mundrohr (Euphonium, Baryton) zu unterscheiden. Die zuletzt genannte, weicher klingende und dem Sanglichen mehr entgegenkommende Richtung setzte sich um 1855–1860 gegenüber der älteren durch.

Als 1828/29 W. Wieprecht die preußische Kavalleriemusik reorganisierte, besetzte er neben zwei Tenorhörnern auch ein Tenorbaßhorn in B. Das *Tenorbaßhorn* war ein weit mensuriertes Tenorhorn. »Tenorbaßhorn« ist eine Namensbildung, die bei der Tenorbaßposaune im Sinne der weit mensurierten, ventillosen Tenorposaune wiederkehrt. Der *Tenorbaß*, wie man abgekürzt für Tenorbaßhorn sagte, wurde noch beibehalten, als sich die preußische Kavallerie-Besetzung in den 1840er–1850er Jahren änderte. Um 1850–1855 wurde der Tenorbaß immer noch als trompetenförmiges Tenorhorn gebaut, hatte aber weitere Röhren (S. 89 Zeichnung 60b). In diesem Sinne baute ihn auch noch Kruspe bis wenigstens um 1870.

Wenn man Welcker von Gontershausen Glauben schenken darf (1855, S. 405), der das weite trompetenförmige Tenorhorn als Tenortuba bezeichnet, besteht hier eine starke Ausweitung des Begriffs Tenortuba. Wieprecht nahm 1860 den Tenorbaß nicht mehr mit in das *Normal-Instrumental-Tableau der Königlich preußischen Armee-Musik* auf. Er existierte als weites Tenorhorn weiter bzw. wurde vom Baryton oder dem Tenorbaß im Sinne des verkleinerten Contrabasses (s. S. 220) ersetzt. Julius Altrichter in Frankfurt (Oder) baute den alten Tenorbaß noch um 1890 und nach dem gleichen Mensurtyp auch ein weites Es-Althorn (Foto 106).

Die *Tenortuba*, die Tuba in Tenorlage, wurde zuerst 1838 von C. W. Moritz in Berlin gebaut *(Zur Hundertjahrfeier ... 1908)*, s. Foto 134, Abb. 18, Nr. 45. Den Anstoß dazu gaben vielleicht auch G. Pelittis Bombardone tenore (1835) bzw. die mittelweiten, auch in Österreich und Süddeutschland entstandenen Tenöre zu den Bombardons und Baßhörnern. Allerorten wirkte die Tendenz zur Schaffung homogener Stimmsätze, wobei die in einem Lande neu gebildeten Modelle als Anregung zur Bildung analoger Formen im anderen Lande dienten. Zusammen mit Sopran- und Altkornett sowie Baßtuba war bis 1838 in Preußen ein kompletter Stimmchor nach einheitlichem Mensurkonzept geschaffen, mit weitem, zylindrischem Mundrohr und stumpfem, wenig ausladendem, weitem Schallstück. Die Idee war schöner als die Wirklichkeit. Der Gesamtklang des Kornett- und Tubenstimmsatzes war zu massig und dick. In der Praxis bildeten sich daher als Klangfarbenregister etwas andere Gruppierungen heraus (nach H. Saro 1883):

Kornett-Register:	Sopran- und Altkornette, Tenorhorn, Baryton
Trompeten-Register:	Trompeten in F/Es, B
Waldhorn-Register:	Waldhörner in F/Es, B
Posaunen-Register:	Tenor- und Baßposaunen in B und F
Tuba:	oft zum Posaunenregister gestellt.

Die Tenortuba faßte in Süddeutschland kaum Fuß – hier hatte man die von den Bombardons abgeleiteten Tenöre (Foto 118) –, wohl aber in den 1840er Jahren in Sachsen, wobei nach 1850–1855 das stumpfe Schallstück eine stärker geschwungene Gestalt annahm. Der Dresdner Hofposaunist J. Rühlmann berichtete 1851 (S. 51) von einem dreiteiligen Tubensatz, bestehend aus Baß, Tenor in B und Alt in Es:

»Die Tenor- und Alttuba sind, wenn die Baßtuba besetzt ist, zwei sehr gute Mittelstimmen, die noch besser als die unter 2 genannten Instrumente (= Tenorhorn = Baßflügelhorn in Oesterreich, besser aber Tenorflügelhorn) sind, häufig auch zu Solos verwendet werden und die Klangmasse der Ophycleiden, Bombardons und Tubas mehr zu einer selbständigen Tonfarbe verbinden. ... Das Mundstück ist den Posaunenmundstücken und die äußere Form des Instruments der Baßtuba gleich, nur in kleinerem Maßstabe.«

Durch Übernahme von stärker ausladenden und in manchen Abschnitten enger mensurierten Schallstücken löste sich die sächsische Tubafamilie seit den 1850er Jahren nach und nach auf. Die Tenortuben auf Foto 134, 135, 137 zeigen den Grad der Schallstückerweiterung, wie er um 1845–1855 bei modernen Modellen Preußischer Kornette und Tuben üblich war; auch die entsprechenden Instrumente Nr. 43–47 auf Abb. 18 (um 1855) repräsentieren diesen Grad. Eine im Regionalmuseum Gotha erhaltene unsignierte sächsische Tenortuba in C, die 1849 die Herzoginwitwe Maria der Gothaer Schützenkompanie zum Geschenk machte, hat folgende Mensuren (vergleiche Foto 135): Innendurchmesser des Mundrohrs = 12,4 mm, die Maschinenweite = 13,1 mm, Stürzendurchmesser = 141 mm, Rohrgliederung = $\frac{1}{3}$ zylindrisches Rohr + $\frac{2}{3}$ konischer Anstoß und Schallstück, Lage der Maschine bei $\frac{1}{6}$ der Gesamtlänge. Bei dieser Tuba liegt übrigens der Halbton auf Ventil 1. In Ausläufern drang die Tenortuba bis nach Österreich (Foto 137).

Für die Tenortuba läßt sich in Sachsen schon am Ende der 1840er Jahre die Bezeichnung ***B-Baß*** nachweisen (vgl. auch S. 220). Am 24. November 1848 hatte Wilhelm Petzold für den Blasinstrumentenbauer Gustav Kämpfe in Markneukirchen Zeichnungen und Grifftabellen u. a. für eine »Tenortuba (B-Baß) in B mit 3 Vent., 3.ts Vent. 2tönig« fertiggestellt. Auch für die Firma Reichel »im Buschweg« entwarf er 1849 das Muster für eine »Tenortuba in B 3. (B-Baß)«. In den 1850er Jahren begegnet die Bezeichnung B-Baß schon in einer auch später kaum überbotenen begrifflichen Ausweitung, indem diese Benennung auf ein für den Export nach den USA bestimmtes Bell-over-shoulder-Modell (Abb. 15), auf eine kleine vierventilige Tuba in Tenorlage, auf Euphoniumvarianten und schließlich auf weite Tenöre angewendet wurde, die aus Červenýs Contrabaß abgeleitet worden waren. In diesem weiten Rahmen bewegte sich auch in unserem Jahrhundert der Gebrauch der Bezeichnung Tenortuba und »kleiner B-Baß« (»kleiner« in Abgrenzung zum »großen«, d. h. B-Kontrabaß).

Die 1940 in den Musikcorps der Luftwaffe der Hitlerwehrmacht eingeführten Tenor- und Baritontuben dagegen standen im Dienste eines »hellklingenden Blechregisters« und waren daher ziemlich eng mensuriert. An italienischen Vorbildern orientiert, waren diese Tenor- und Baritontuben oval gewunden, hatten schrägstehende Périnetventile und nach vorn gerichtete Stürzen, ähnlich wie beim *Jazz-Bariton* in B (Preisliste C. A. Wunderlich um 1935).

Als sich in den 1850er Jahren bzw. nach 1855 die sächsische Tubafamilie auflöste, bildeten sich individuelle Formen mit weit ausladendem Schallstück heraus. Aus der Alttuba wurde das weitmensurierte tubaförmige Althorn, aus der Tenortuba das weite, tubaförmige Tenorhorn. Foto 112 zeigt ein Althorn, das der Alttuba noch recht nahesteht, Foto 121 einen Nachkommen der Tenortuba. Als 1885 V.F.Červený sein sehr weites ovales bzw. tubaförmiges Tenorhorn unter der Bezeichnung *Kaisertenorhorn* oder *Kaisertenor* auf den Markt brachte, war ein Instrument geschaffen, in dem auch die alte weite Tenortuba aufgehoben ist, die um 1885 längst veraltet war. Inzwischen hatten sich auch die weicher klingenden Euphoniums und Barytons als Bindeglieder zwischen Tenorhorn und Baßtuba fest eingebürgert.

Das *Euphonium* entstand 1843 und ist eine österreichische Antwort auf die preußische Tenortuba. An die Stelle des weiten zylindrischen Mundrohrs und der stumpfen Stürze trat eine an Ventilophikleide und Bombardon orientierte, durchgehend konische Mensur mit ausladender Stürze. So entstand ein Instrument von weicher und sanglicher Klangart, das von vornherein in der Gunst der Zeit stand. Wenn man von seiner häufigen Verwendung als Soloinstrument absieht, hat es, wie auch das Baryton, im Orchester die Funktion der Tenortuba. Den zuverlässigsten und ausführlichsten Bericht über die Entstehung des Euphoniums gibt der Münchner Physiker Karl Schafhäutl (1854, S. 198):

»Es wurde als Octavophicleide mit Ventilen zuerst von dem Concertisten F. Sommer aus Preußisch Schlesien angegeben und 1843 von einem Blasinstrumentenmacher auf dem Lande, wenn auch ziemlich unvollkommen ausgeführt. Sommer ging mit dem Instrumente nach Wien. Er ließ sich ein neues vollkommeneres von dem schon erwähnten Franz Bock daselbst anfertigen und gab, da es besser gelungen war, in Wien zuerst Concerte darauf. Da sich noch immer Mängel an dem Instrumente fanden, trat Sommer mit dem gleichfalls oft genannten Blechblasinstrumentenmacher Franz Hell in Wien zusammen, und ließ sich hier ein anderes, verbessertes Instrument anfertigen, auf welche Verbesserung er ein Kaiserliches Privilegium nahm.

Nachdem Sommer auf diesem Instrumente in Wien noch einige Concerte gegeben hatte, ging er nach Prag, kam 1844 nach Königgrätz, besuchte unter anderen Städten Deutschlands auch München, und ließ sich endlich in London nieder, wo er eines seiner Instrumente zur Ausstellung brachte und dafür eine Ehrenerwähnung erhielt, obwohl er sicher mehr verdient hätte.

Sommer hielt die Construction und die Mensur seines Instruments sehr geheim; indessen wurden Instrumente dieser Art bald sehr häufig nachgemacht, und erhielten in Deutschland den Namen Baryton.«

Dem Bericht Schafhäutls ist Vertrauen zu schenken, nur handelt es sich nicht um Franz, sondern um Ferdinand Hell. Die bei C. Sachs im *Reallexikon* 1913 auftretende Bezeichnung *Sommerophon* spielte zu Lebzeiten Sommers wohl keine Rolle, worauf auch folgende Londoner Erwähnung von 1851 hinweist: »The Euphonic horn of Herr Sommer« (Grove, *Dictionary of Music and Musicians*, 1954, Bd. 7, S. 886). Die Bezeichnung »Euphonium« geht auf Sommer oder jenen ungenannten Instrumentenbauer auf dem Lande und wohl kaum auf Franz Bock zurück. Vergleicht man an Hand der Zeichnungen die Ausführungen von F. Bock und F. Hell, so stimmen sie hinsichtlich der Anlage mit vier verdeckten Drehventilen und im Rohrverlauf im Prinzip überein. Hells Instrument hat jedoch enger, wohl viel zu eng gezeichnete Rohre. Die Kongruenzen führen zu der Vermutung, daß die eigentliche Umsetzung von Sommers Idee dem unbekannten Instrumentenbauer auf dem Lande zuzuschreiben ist, während Bock und Hell nur verbesserte oder vermeintlich verbesserte Ausführungen lieferten, die sie sich sogleich geflissentlich patentieren ließen. Das auf diese Weise entstandene Euphonium breitete sich bald aus, es wurde von Kruspe genauso gebaut (Abb. 20) wie — etwas abgewandelt — in der Fabrik von Giuseppe Pelitti in Mailand. Im Vergleich zur Tenortuba hat das Euphonium ein zusätzliches Quartventil und eine durchgehende, weite, konische Mensur, die an Ophikleide und Bombardon orientiert ist.

Wenn man sich vor Augen hält, daß Franz Bock seinen Patentantrag am 1. April 1844 und Ferdinand Hell seine Beschreibung schon vier Tage danach, am 5. April 1844, einreichten, wird man an das Verhältnis Blühmel—Stölzel 26 Jahre früher erinnert. Auch bei Bock—Hell dürfte der Konkurrenzgedanke hinter den Patentanträgen gestanden haben. Die Wiener Patentkommission arbeitete anders als die äußerst kritisch und streng urteilende und oft die Anträge zurückweisende Technische Deputation in Berlin. Sie genehmigte so gut wie alle Anträge und tat damit für die Förderung des Gewerbes vielleicht noch mehr als die preußische Einrichtung. Es folgt zunächst der leider unvollständige Text der Beschreibung von Franz Bock nach dem Original der Technischen Universität Wien:

»Beschreibung

der vom Franz Bock Instrumentenmacher in Neulerchenfeld N°. 81 angeblich gemachten neuen Erfindung und Verbesserung welche im Wesentlichen darin besteht: ein neues Blas-Instrument »Euphonion genannt«, erfunden und verbessert zu haben, welches sich vom Bombardon dadurch unterscheidet, daß

1tens nicht wie der Bombardon in F. sondern eine Quarte höher in B steht,

2tens das es wie beim Waldhorn das a, as, und G Bogen besitzt,

3^{tens} das es vier hintereinanderlaufende Ventile hat, an welchem der 4te Griff länger — und das 4te Ventil F Dur ist,

4^{tens} durch das 4te Ventil ist der Tonumfang des Euphonions gegen den Bombardon um 1½ Octave vergrößert, und zwar sowohl in der höheren als tieferen Region, und ist zu jeder Musik als Gesang-Blas-Instrument zu verwenden,

5^{tens} durch die verhältnismäßig große und akustische Bauart — Construktion — des Euphonions ist das rauhe im Ton, welches sonst alle übrigen Blech-Blas-Instrumente in ...«

Der unvollständige Text kann etwas ergänzt werden durch das leider auch unkomplette Protokoll, das am 1. April 1844 bei Bocks Vorsprache aufgenommen wurde:

»... daß es seines großen Tonumfangs, — da der rauhe Ton, welchen alle übrigen Blech-Blas-Instrumente haben, beseitigt ist, — indem der Ton weich und angenehm, und seines so schönen und weichen Klanges wegen, auch als ein blasendes Violoncello genannt werden kann, ...«

Indem F. Bock die besondere Eignung des Euphoniums zum gesanglichen Vortrag herausstellt, nennt er den bis heute gültigen Hauptvorzug des Euphoniums und den Schlüssel zu seinem Erfolg.

Beim Modell von Ferdinand Hell, das auch unter der Bezeichnung *Hellhorn* bekannt war, benötigte die Patentkommission ein Jahr, um erst am 1. Mai 1845 ein einjähriges Patent »auf Verbesserung eines mit Namen Euphonium bezeichneten Blasinstruments« zu erteilen. Die Prüfung der Urheberschaft der »Erfindung« dauerte so lange, da die Drehventile mit Innenanschlag wie das Euphonium selbst auch den Gegenstand von Bocks Erfindung ausmachten. So wurde Hells eingereichtes Modell von der Privilegienkommission wohlweislich als Verbesserung deklariert. Hier der Wortlaut der Erfindungsbeschreibung vom 5. April 1844 nach der *Beschreibung der Erfindungen ...*, Bd. 5, 1847, S. 376:

»Dieses Instrument besitzt einen Umfang von 4½ Oktaven, stimmt natura B, und wird mit einem Bombardon- oder Ophikleiden-Mundstück geblasen. Die Stellung des Instruments ist bequem für den Bläser, indem es denselben nicht im Notenlesen hindert. Bei dem Mundstücke ist eine kleine, dem Musiker übrigens nicht unbequeme Vorrichtung, mittelst derer er sein Instrument, an dem noch ein Hauptstimmzug angebracht ist, nach jedem Orchester stimmen kann. Der Mechanismus am Instrumente ist so verbessert, daß er nicht in das Stocken gerathen kann; er besitzt einen sehr kurzen Druck, wodurch die Schnelligkeit der Töne ungemein gefördert wird. Auch geht er ohne Geräusch.

Die Bestandtheile dieses Mechanismus, in Fig. 421 rechts im Zusammenhange, links im Detail in größerem Maßstabe gezeichnet, sind folgende:

a) vier Ventile mit ganz geschlossenen Deckeln, welche das Eindringen des Staubes und anderer Unreinigkeiten hindern;

b) der Wechsel, welcher inwendig in einem doppelten Falze läuft und das Auswetzen des Kernes hindert;

c) die vier Klappenhebel, welche sich im Zentrum bewegen, wodurch die Sicherheit der Töne befördert wird;

d) jedes der 4 Ventile besitzt seinen eigenen Stimmzug. Das vierte Ventil bewirkt, daß das Instrument um eine ganze Oktave tiefer geht, als mit drei Ventilen, und gewährt überdieß den Vortheil, daß die Töne D und F, welche bei früheren ähnlichen Instrumenten nie stimmten, rein hervorgehen. Ueberhaupt ist dieses Ventil in der Skala selbst für alle Töne von wesentlichem Nutzen.«

Ophikleidenmundstück, Mundrohr- und Schallstückmensur mußten so aufeinander abgestimmt werden, daß der 1. Naturton und die 4½ Oktaven Umfang, klingend E_I—h^2, auch musikalisch brauchbar ansprachen, das Instrument demnach als »Ganzinstrument« mit der Tiefengrenze des dreiventiligen Kontrabaßbombardons in B funktionierte. Die besondere Ventilform und der Kluppenzug am Mundrohr, welcher in der Zeichnung nur angedeutet ist, sind Zutaten, die den Patentschutz des Gesamtinstruments mit rechtfertigen sollten. Stilcharakteristisch wichtig ist bei den Modellen von Bock und

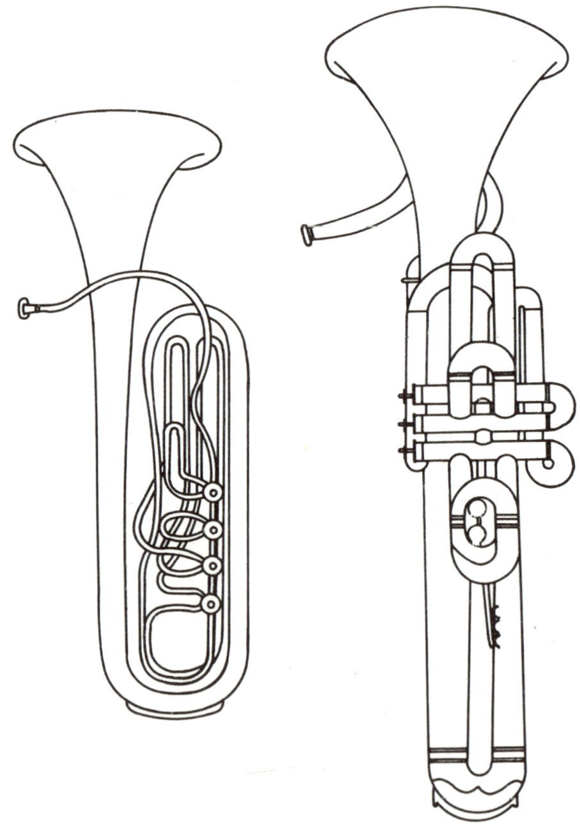

90. Links: Euphonium nach Ferdinand Hell, Wien 1844. Pause nach der Erfindungsbeschreibung (Abb. 421 der *Erfindungen und Verbesserungen*, Bd. 5, Wien 1847). Das Druckwerk ist der Deutlichkeit wegen weggelassen. (es ist in Zeichnung 10g dargestellt).
Rechts: Ophicléide à pistons nach A. G. Guichards Patentantrag, Paris 1835. Stölzel-Ventile mit Druckwerk.

Hell die Tubaform mit den nach oben laufenden langen Ventilzügen. Das Trommeldruckwerk ist am Schallstück befestigt. Auch wenn Hells Instrumentenzeichnung ungenau ist und das Schallstück zu eng geraten scheint, kann man als mensurelles Vorbild die österreichische »Ophikleide mit Maschine« und das Bombardon mit weit ausladender Stürze erkennen. Die Mensur muß weiter sein als beim Bombardon, damit der 1. Naturton leicht anspricht. Wenn Welcker von Gontershausen (1855, S. 405) sagte, daß die Klappenophikleide auch Euphonium genannt werde, so ist der enge mensurelle Zusammenhang von enger Klappenophikleide, Ophikleide mit Maschine, Bombardon und Euphonium auch terminologisch dokumentiert. Nach einer Quelle von 1865 vertrat das Euphonium, gebaut in C-, B- und A-Stimmung, teilweise das Tenorhorn und Baryton bzw. das preußische Bariton (S. 220). »Die Klangfarbe ist angenehm, voll und dem Horntone ähnlich« (Schubert 1865, S. 177). Die besondere Eignung zum Soloinstrument hatte bereits Sommer durch seine Auftritte unter Beweis gestellt. Sie ist bis heute der große Vorzug des Euphoniums. Abb. 18 zeigt unter Nr. 34 ein von Hells Modell grundlegend abweichendes Euphoniummodell mit Neumainzer Maschine der Zeit um 1850–1855. Nach 1900 verlor das Euphonium in Deutschland, besonders in Preußen (wo es ohnehin nur wenig eingeführt war) und Sachsen an Bedeutung, anders als z. B. in England und in den USA, wo es dasselbe darstellt wie das Baryton in den deutschen Staaten. In Österreich, in der Schweiz und in Süddeutschland, wo das preußische Besetzungsprinzip nicht voll eindringen konnte, wird es noch regelmäßig geblasen. Im Vogtland dagegen lief die Herstellung des Euphoniums nach dem zweiten Weltkrieg allmählich aus, und Armin Reichelt war wohl der letzte, der in Markneukirchen um 1950 noch Euphoniums baute.

1853 (nach einer anderen Quelle 1848) überbot Červený mit dem vier-, seltener dreiventiligen *Baroxyton* in B oder C (Tenor) erheblich die Weitenmensur des Euphoniums (Abb. 24). Das Baroxyton ist eine Art Contrabaß in Tenorlage. In der tiefen und mittleren Lage (Es_1–g) wurde ein Bombardonmundstück, in der hohen ein Euphoniummundstück bevorzugt. Das 3. Ventil vertieft um eine Großterz und das 4. Ventil um eine Quinte. Červený stattete es 1853 mit der um 1848 üblich werdenden Wasserklappe aus. Das Instrument hatte keinen durchschlagenden Erfolg, lebt aber im kleinen B-Baß und verwandten weiten Tenören noch bis in unser Jahrhundert fort und ist geradezu als Urahn der Tornisterbässe zu betrachten. Eine Markneukirchener Zeichnungsbeschriftung von etwa 1855 hat folgenden Zusatz: »Kann wegen der kurzen Bauart leicht auf die Seite oder [den] Rücken geschoben werden.« In der Tat war das Baroxyton mit seinen 74 cm Gesamthöhe auch für die Kavallerie ein gut brauchbarer Baß.

Erfolgreich war Červený 1871/72 mit einem abgewandelten, ovalen Euphoniummodell, das er *Baryton* nannte und das manchenorts allmählich das Euphonium verdrängte. War das Euphonium in der Mensur an der Ophikleide orientiert und wurde beim Baroxyton auf die Schallstücke der Preußischen Kornette und Tuben zurückgegriffen, so schloß Červený beim Baryton wenigstens teilweise an die Bombardonmensur an. Die Mensurunterschiede zwischen Euphonium, Baroxyton und Baryton änderten sich mit der Zeit, so daß man sich bei der Fülle der angebotenen Modelle hüten muß, vorschnell zu verallgemeinern, zumal Namen und Formen nicht immer streng korrelieren. So entsprachen, nach dem Sortiment der Schallstückfirma Ernst Dölling in Markneukirchen 1912, enges Baryton und weites Euphonium einander, während ganz weites Baryton dem kleinen B-Baß und Bombardino gleichkam. Die Maschinenweite des Barytons stimmte nach der gleichen Zulieferfirma mit der der Tenorventilposaune überein. Diejenige von Euphonium und kleinem B-Baß ist weiter (Werte s. S. 255). Baryton und Euphonium haben also verschiedene Anlagen, während der Bombardino teilweise dem Euphonium analog gesetzt wurde. In welchem Grade hier die Mensuren ähnlich sind, können erst Messungen ergeben. Der Katalog der Handelsfirma C. A. Wunderlich in Siebenbrunn gibt um 1935 einige weitere Kennzeichnungen:

»Nr. 782 B-Bariton, 4 Zylinder-Ventile, Ei- oder Tubaform, ganz weit

Nr. 7780 Euphonium (Bombardino), in C oder B (etwas weiter als Bariton), Tuba- oder Eiform, 3 Zylinder-Ventile

Nr. 7781 Euphonium (Bombardino) in C oder B (etwas weiter als Bariton), Tuba- oder Eiform, 4 Zylinder-Ventile.«

Die Überschneidung der Bezeichnungen ist schon früh zu beobachten. So stellte auf der Pariser Weltausstellung 1855 Franz Stöhr aus Prag ein »Concert-Euphonium in C (auch Baryton genannt) mit fünf Ventilen und B-Bogen« aus (Schebek 1858, S. 27). Červený selbst bezeichnete in der Preisliste 1872 sein neu entwickeltes Modell als »Euphonium B (Baryton)«. Als C. W. Moritz 1875 Červenýs Baryton aufgriff, näherte er es – in einer Zeit, in der die Weitenmensur stark zunahm – dem Baroxyton an und bezeichnete es als »Baryton (auch Baroxyton genannt)«, vgl. Abb. 23, Nr. 31 links. In der Tat hatte C. W. Moritz die Weite des Euphoniums erheblich überboten, übernahm aber im übrigen die Windungsart von Červenýs Baryton (vgl. auch Foto 127).

Die Bezeichnungen Euphonium und Baryton stammen aus einer Zeit, in der man es liebte, neuen Instrumente altgriechische Namen zu geben, z. B. Terpodeon, Ditanaklasis, Phonikon, Ophikleide. Euphonium ist aus eu (gut) und phonein (klingen) zusammengesetzt, Baryton aus barys (stark, tief) und tonein (klingen) und beim Baroxyton kommt als Bestandteil oxýs (hell) hinzu. Das Ophibaryton (ophis = Drache) war als Baßhorn mit Drachenkopfschallstück in den ersten Jahrzehn-

Zwischen Kornett und Baryton

ten des 19. Jh. verbreitet und gab einen Teil seines Namens für das Baryton her. Da es der Stimmlage nach ein Bariton ist, sprach man auch von Bariton. *Baritonhorn, Baritonbaß, Baritontuba* sind Bezeichnungen, die wenigstens teilweise verschiedene Barytonmodelle bezeichnen. Dazu gehört auch das *Moonium* (Abb. 18, Nr. 29), über das sich allerdings nichts Näheres nachweisen ließ. Der Name Baryton ist ferner in engem Zusammenhang mit der französischen Bezeichnungsweise zu verstehen. Die deutsche F/Es-Altstimmung gilt in Frankreich als Tenorlage und die deutsche C/B/A-Tenorstimmung als Baßlage. In letzterer werden die eng mensurierten Instrumente als *baryton* und die weiten als *basse* bezeichnet. In seiner Preisliste von 1850/55 benannte Adolphe Sax folgerichtig:

»Saxhorn baryton en Si ♭
Saxhorn basse en Si ♭
Saxhorn contrebasse en Mi ♭«.

Dies vor Augen, betrachtete Červený das Baroxyton als Baß und sein enges Euphoniummodell als Baryton. Auch als er 1845 den Contrabaß schuf, griff er auf die französische Bezeichnungsweise zurück. Selbst die deutschen B-Bässe und manche Tenorbässe gingen von französischen Benennungen aus, ohne das französische Mensurkonzept zu übernehmen, wohl aber Nutzen daraus ziehend.

In Preußen ersetzte das Baryton zunächst den alten Tenorbaß, dessen Klangvolumen nicht mehr ausreichte. Ob der Baritonbaß, den Th. Rode 1858 (S. 27) für die preußische Jägermusik der 1850er Jahre anführte, bereits ein Baryton oder ein weiter Tenorbaß in Trompetenform war, ist schwer zu beurteilen, aber das erstere ist wahrscheinlicher. Der Zeittendenz folgend, entschied sich 1860 Wieprecht im *Normal-Instrumental-Tableau der Königlich preußischen Armee-Musik*, das 1871 für das übrige Deutschland verbindlich wurde, für die Baritontuba als alleiniges Bindeglied zwischen Tenorhorn und Baßtuba.

Als 1875 C. W. Moritz das Sortiment überarbeitete, wobei die Mensurerweiterung eine große Rolle spielte, nahm er sich auch der *Baritontuba* an (Abb. 23, Nr. 31, rechtes Instrument). Das tubaförmige Instrument, das enger und im Zuschnitt anders ist als die preußische Tenortuba, nannte er jetzt nur noch *Bariton*. Červený, der die Produktion der preußischen Konkurrenz genau verfolgte, entwickelte nach Moritz' Aktivität einen gegenüber seinem Modell von 1871/72 weiter mensurierten Typ und brachte ihn 1882 unter der Bezeichnung *Kaiserbaryton* heraus. Damit war ein extrem weites und dennoch klanglich hervorragendes Instrument geschaffen, das den Anforderungen auch im Volumen gerecht wurde. Seinen Klang kennzeichnete C. Pierre (1890, S. 243) treffend als »überaus weich und sympathisch, er nähert sich dem Klang des Violoncellos«. Das Kaiserbaryton ist, wie schon angedeutet, bis heute in Gebrauch, und man bezeichnet damit meist das weiteste Baryton.

Eine bestimmte Art des Barytons ist in der Mensur eng dem Bombardon verwandt, ja geradezu ein Bombardon in Tenorlage. Dazu zählt das *Baßhorn* in B von Červený. Mit drei oder vier Ventilen in ovaler, Tuba- oder Helikonform gebaut, kennzeichnete es die Firma in ihrer Preisliste von etwa 1898 als »schwaches Baryton-Instrument«. In Böhmen wurden eine Zeitlang sogar Baß-Bombardons als Baryton bezeichnet. So bot 1874 die Firma A. H. Rott's Sohn in Prag an:

»Bariton oder sogenannter ¾ Bombardon in F oder Es mit 3 Cylindern«.

Da sich nach 1870 die Tubamensur allmählich der Bombardonmensur anglich und später »Tuba« Oberbegriff wurde, ist es verständlich, daß das Baryton — mit Einschränkung — als kleine, enge Tuba bezeichnet wurde und teilweise noch wird. In diesem Sinne leben die alten Bezeichnungen Tenortuba und Baritontuba auch in der Bedeutung des sehr und extraweiten Barytons weiter, so z. B. in den Firmenkatalogen von Paul Stark, Markneukirchen 1893, J. Schmidt, Stendal um 1920, Gebr. Alexander, Mainz 1967. Hinzu kommt, daß das Baryton, im Baßschlüssel notiert, »meist als Baßinstrument behandelt wird, indem es die Noten der Tuba eine Oktave höher verdoppelt, auch wohl die Melodie gleich dem Tenorhorn unterstützt, oder auch theilweise als Mittelstimme auftritt« (F. L. Schubert 1865, S. 176). Wie das Euphonium ist auch das Baryton ein bevorzugtes Soloinstrument.

Der *Bombardino*, ein »kleiner Bombardon«, ist italienischen Ursprungs, in den 1840er Jahren bereits üblich und oft vom Euphonium vertreten (Fahrbach 1846, S. 33 ff.). Er war dem Euphonium enger verwandt als dem Baryton und spielte in Österreich und Süddeutschland eine gewisse Rolle (s. S. 214).

In Analogie zum Contrabaß (Červený 1845) bildete sich, zumal in Sachsen, eine weite Tenorgröße bzw. eine bestimmte Baroxytonart unter der Bezeichnung *Tenorbaß* oder *kleiner B-Baß* heraus. Dieser Tenorbaß darf nicht mit dem alten preußischen Tenorbaß im Sinne des weiten trompetenförmigen Tenorhorns verwechselt werden. Der jüngere Tenorbaß hatte Tubaform, ein konisches Mundrohr und war vermutlich mit dem Baßhorn in Tenorlage von Červený verwandt. O. Franz schrieb 1884 (S. 56) über ihn:

»Der Tenorbaß … unterscheidet sich vom Bariton durch etwas weitere Röhren und eine größere Schallstürze, wodurch der Ton in der Tiefe voller klingt. Der Gebrauch des Tenorbasses beschränkte sich auf die tieferen Tonlagen, er vertrat besonders bei der Cavalleriemusik die Stelle der für diese Musikchöre unbequem zu handhabenden Posaunen.«

Der Tenorbaß in diesem, aus der französischen Terminologie verständlichen Sinne wurde bereits in den 1860er, vielleicht schon 1850er Jahren gebaut. Heute ist von ihm kaum noch die Rede. An seine Stelle ist meist ein sehr weit mensuriertes Baryton oder ein kleiner B-Baß getreten.

Im 20. Jh. wird der Bau der alten Barytonmodelle fortgesetzt, wobei die Mensuren weiterhin abgewandelt werden und man fast nur noch anonym von engem, weitem usw. Baryton spricht. So lieferte in den 1930er Jahren die Schallstückfabrik von William Voigt Barytonschallstücke in folgenden Weiten: »eng«, »mittel«, »weit«, »ganz weit (Kaiserbaryton)«. Ein nahezu enges Baryton von Louis Fischer, Potsdam um 1935, hat folgende Hauptmensuren (Leipzig Nr. 3605): engster Durchmesser d = 11,6 mm, Maschinenweite = 13,5 mm innen, $D_3 = d \times 6\frac{2}{3}$ wie oft bei alten Bombardons, Stürzendurchmesser = 237 mm. Bis auf die Maschine ist die Mensur konisch. Dagegen hat ein Kaiserbaryton (vgl. Foto 127) von Horst Voigt, Markneukirchen um 1970, diese analogen Weiten: 12/16/300 mm, wobei $D_3 = d \times 8\frac{1}{4}$.

Für extraweite Barytons tritt in neuerer Zeit die Bezeichnung Baritontuba wieder auf (Preisliste Gebr. Alexander in Mainz, 1967). Baritontuba bedeutet hier somit aber etwas anderes als in der Zeit um 1840—1870 und 1940 (S. 215ff.). Das Kaiserbaryton wird meist nur in ovaler Form gebaut, die anderen Baryton-Formen in Tuba- oder bei einem Mehrpreis von etwa 10 % in ovaler Form. Im allgemeinen haben Barytons und Euphoniums vier Ventile, wobei das 4. um eine Quarte vertieft, verschiedene Modelle, wie auch das Moonium, nur drei. A. H. Rott's Sohn in Prag bot 1874 ein »Euphonion in C, mit 5 Cylindern« an und, ebenfalls abweichend, ein kreisförmig gewundenes B-Euphonium.

Eines der merkwürdigsten Ventilblasinstrumente ist das *Phonikon*, das vollständig *Schallhorn-Phonikon* oder auf tschechisch *Zvukoroh-Phonikon* genannt wurde. Červený entwickelte es 1848 für die Kammermusik und für das Zusammenspiel mit Streichern. Schafhäutl bezeichnete es treffend als »eine Art von Euphonion für die Kammer« (1882, Sp. 860). Die technische Einrichtung selbst ist, wie Abb. 36a zeigt, jedoch anders als beim Euphonium. Hauptmerkmal des Phonikons ist der kugelige D'amore-Schallbecher, der dem des Englischhorns nachgebildet ist und den Klang mildert, ihm aber — leider — auch den Glanz nimmt. Das Phonikon steht in B (Tenor), hat einen Tonwechsel zur Umstimmung nach A, teilweise auch As, und drei Spielventile für die rechte Hand zur Vertiefung um 2, 1 und 3 Halbtöne, ferner ein Quartventil (Ventil 2) und schließlich ein Kompensationsventil (Ventil 1). Letzteres vertieft um 1 Halbton und wird hauptsächlich bei Kombinationen mit dem Quartventil benutzt, wie das auch bei Tuben der Brauch ist. Der tiefste brauchbare Ton ist C_1 (Ventil 1 2 3 5), während H_2 (Ventil 1 2 3 4 5) nach Schafhäutl nicht mehr anspricht.

Das Phonikon hatte Nachfolger. C. W. Moritz schloß 1877 ohne Erfolg bei seinen Wagnertuben daran an, und die Firma Fratelli Rossano in Bari produzierte bis um 1890 mehrere Modelle mit D'amore-Schallstücken. Darunter befindet sich ein *Clavicorno Fagotto*, bei dem in der Mensur auf das Fagotthorn zurückgegriffen wurde.

Am Ende dieses Kapitels sei schließlich noch eine Erfindung Červenýs aus dem Jahre 1846 genannt: das *Schwanenhorn*. Es soll ein kreisförmig gewundenes Instrument mit abwärts gerichtetem Schallstück gewesen sein (Sachs, *Reallexikon* 1913).

Ventilbässe

17

Bombardon

In der Frühperiode wurden die preußischen Ventilbässe in Trompetenform gebaut (s. S. 106f.), nicht nur die ursprünglichen Formen mit Stölzels Stopferventilen, sondern auch noch Modelle mit Pumpenventilen, also noch nach 1833 (vgl. Abb. 8). Während Tenortrompete und Tenortrompetenbaß teils im Tenorhorn und Tenorbaß fortleben, konnten die Baßtrompete in F oder Es basso bzw. das trompetenförmige Ventilbaßhorn, das um 1828 in der Kavalleriemusik als Ersatz für die Zug-Baßposaune erprobt wurde (Sundelin 1828, S. 42), hier nicht Fuß fassen. Nur hie und da schien es geblasen und dabei meist als Baßtrompete bezeichnet worden zu sein, sprach man doch bei der Kavallerie vom Trompetercorps und nannte die Musiker Trompeter, auch wenn sie Klappenhörner oder Posaunen bliesen. Wahrscheinlich hatte Stölzel die doppelten Instrumentenbenennungen in seinem Preiscourant (Abb. 1b) einfach den Bezeichnungsgewohnheiten bei der Kavalleriemusik (mit der Endung -trompete) bzw. Infanterie- und Jägermusik (mit der Endung -horn) angepaßt.

Bediente sich die Jägermusik bis 1829 als Baßfundament der Baßposaune, übernahm sie in jenem Jahr den Harmoniebaß und 1831 das Wiener Bombardon, also Bässe, die viel weiter waren als die Berliner Ventilbaßhörner und damit dem Zeitbedürfnis mehr entsprachen. Bei der Infanteriemusik setzte die Aufstockung durch weite, großvolumig klingende Bässe schon um 1805 ein. Damals hatte man den Serpent und das Kontrafagott und seit 1815 die hölzernen Klappen-Baßhörner mit Metallstürze. 1829 kam der Harmoniebaß dazu, der jedoch zu tonschwach war und drei Jahre später durch ein Wiener Bombardon ersetzt wurde. Dieser Besetzungswandel zeigt, daß die Berliner Ventilbaßhörner auch für die Infanteriemusik viel zu eng mensuriert waren und in der Tiefe zu hell klangen. Hätte man die Ventilbaßhörner von Stölzel dem Zeiterfordernis entsprechend weit gebaut, wären sie zum Halten viel zu schwer geworden. So zeigt sich, daß die trompetenförmigen Baßhörner der Weiterentwicklung nicht fähig waren.

Die *Bombardons* in aufrechter Gestalt, von denen letzten Endes 1835 auch der Formgestus der preußischen Baßtuba abgeleitet wurde, baute in Wien wohl zuerst Wenzel Riedl, ob er sie auch erfand, bleibt offen. Die älteste Quelle ist folgende Anzeige im *Allgemeinen Intelligenzblatt zur … Wiener Zeitung* vom 7. Mai 1829:

»Unterzeichneter verfertigt und verkauft um die billigsten Preise alle Gattungen der schon früher üblichen messignen Blas-Instrumente, als auch chromatische Klappentrompeten, Waldhörner und die neu erfundenen Baßbombardone mit 12 Klappen, oder auch mit der Maschine, welche ihrer kräftigen Töne und der angenehmen Tenorhöhe wegen, noch nie ein Instrument übertroffen hat …

Wenzel Riedl
Messing-Blas-Instrumentenmacher
in Wien, in der Stadt beym rothen
Thurm, in der Casematte nächst
dem Müllerischen Gebäude.«

Der vogtländische Prospekt Abb. 6 zeigt als Nr. 64 ein zwölfklappiges Bombardon, dessen Ursprung aus einem Klappenhornbaß, ähnlich Baßhorn und Ophikleide, noch zu erkennen ist. Ausführungen mit Maschine sind die Formen im Sinne von Foto 119 und 130 sowie der Abb. 18 (Nr. 27–29, 31–33, 40–42) und 19. Diese fanden außerhalb Österreichs in Sachsen bis nach 1860 eine feste Heimstatt. Von den Klappenbombardons wird die Rundung im Unterbügel mit der seitlichen Ausladung übernommen. Der Rohrverlauf ist insgesamt charakteristisch und anders als bei der späteren Tuba, das Schallstück befindet sich vom Spieler aus links. Aus Wenzel Riedls Werkstatt selbst ist bisher kein erhaltenes Bombardon bekannt geworden, so daß es ein offenes Problem ist, in welchem Maße die vogtländischen Instrumente anders sind. Riedls Bombardons waren bis 1833 zweiventilig und folglich auch das Wiener Bombardon, das 1832 in die Potsdamer Militärmusik eingeführt wurde. Am 4. September 1833 erhielt Wenzel Riedl in Wien ein zweijähriges österreichisches Patent für die Verbesserung der Bombardons durch ein 3. und 4. Ventil. Der Wortlaut der »Erfindung und Verbesserung des Baß-Bombardons« nach *Beschreibung der Erfindungen und Verbesserungen* (Bd. 1, Wien 1841, S. 282):

»An diesen Blasinstrumenten wurde die chromatische Maschine erweitert, mit 2 bis 4 Drückern und mit 3 bis 4 Zügen versehen, wodurch der Ton ungleich kraftvoller als bei den bisherigen Baß-Instrumenten werden soll.«

Der Ton wurde freilich nicht durch die zusätzlichen Ventile kraftvoller, sondern durch die weitere Mensur, und durch die zusätzlichen Baßtöne ist die Verwendungsmöglichkeit als Baßinstrument reichhaltiger. Eine vierventilige sächsische Ausführung von etwa 1840 ist auf Foto 130 abgebildet.

Die Hauptmensuren dieses Instruments sind: Innendurchmesser d des zylindrischen Mundrohrs = 12,8 mm, Erweiterung bis D_3 auf $d \times 6\frac{2}{3}$, Stürzendurchmesser = 280 mm. Rohrgliederung = $\frac{1}{5}$ zylindrisches Rohr ohne Mundstück + $\frac{4}{5}$ konisches Rohr mit Schallstück. Der zylindrische Rohranteil, falls das Riedlsche Modell überhaupt ein zylindrisches Mundrohr hatte, verschwand bei den Bombardons noch in den 1840er Jahren.

Von Riedls Bombardon gibt es zahlreiche Abzweigungen in Form und Größe (Tenöre, Altinstrumente, später Kontrabässe). Foto 119 zeigt einen eigenständigen Verwandten in Tenorlage. Bombardonmerkmale leben in zahlreichen Mischformen zwischen Tuben, Ventilophikleiden und Bombardons weiter, z. B. in János Haueis' Bombardon/Ophikleide (Bratislava Nr. 46). In Bayern traten in Formen wie Saurles *Kontrabaßbombardon* (Foto 132) Instrumente auf, bei denen man an Aufsteckbogen und Windungsart des Unterbügels die Abstammung von Riedls Bombardon erkennt. Hauptmensuren von M. Saurles Instrument aus den Jahren um 1845, dessen Mensur auch vor der Maschine konisch ist: Minimaldurchmesser d = 11,8 mm, Erweiterung bis D_3 auf $d \times 7\frac{1}{5}$, Stürzendurchmesser = 306 mm. Das Kontrabombardon, das in der Literatur fast immer in der irrtümlichen Schreibweise »Kontrastbombardon« erscheint, baute zuerst Andreas Barth 1840 in München. Bis in die 1850er Jahre war es üblich, die Bombardons mit Klappen oder mit Ventilen zu bauen. Auch wenn von Barth kein Kontrabombardon mit Ventilen erhalten zu sein scheint, so existiert eine Ausführung in F-Stimmung mit Klappen (München DM Nr. 46 304). Die Windungsart von Barths Klappenbombardon beruht auf der von Riedls Klappenbombardon, wie ein Vergleich beider Anlagen zeigt. Es ist zu vermuten, daß das Ventil-Kontrabombardon von Barth nicht viel anders war als das von M. Saurle, zumal auch ihre Klappenbombardons (München DM Nr. 36 304 und Leipzig Nr. 1 605) einander ähnlich sind. Nach Wieprechts fünfventiliger Tuba F/C (1835) ist Barths Kontrabombardon der zeitlich nächste Kontrabaß. Riedls Bombardon, seine Varianten und eng mensurierten Nachfahren starben nach 1860 aus und machten der tubaförmigen Variante, den inzwischen entstandenen weiten Bombardonmodellen und Tuben Platz.

Als Antwort auf die Berliner Tuba, die man in Österreich als preußische Übertreibung betrachten mochte, entstanden nach 1835 in Österreich (Wien) die Modelle in der Art von Foto 128 und 131. Es sind Überformungen der Riedlschen Bombardons durch die preußische Tuba. Angleichung besteht zunächst in Windungsart und Formgebung. So brachte man nach dem Vorbild der Baßtuba bei einigen Modellen das Schallstück rechts vom Spieler an. Später wurde auch die Mensur weiter. Einige übernahmen auch das Mensurkonzept des Ophikleiden- oder Tubaschallstücks (Foto 131). Grund genug, daß diese Bombardons auch Ophikleide oder Tuba genannt wurden. Die älteren Modelle der tubaförmigen Bombardons haben Wiener Ventile, die jüngeren — seit etwa 1844 — Drehventile. Durch erhaltene Instrumente sind folgende Herstellungsorte bekannt: Wien (L. Uhlmann, W. Tomaschek), Linz (I. Lorenz), Salzburg (F. Rehbock), Prag (E. J. Bauer), Karlsruhe (W. Schuster). Ein noch eng mensuriertes Modell in F hoher österreichischer Stimmung von Anton Tomaschek in Wien, das Schusters Bombardon auf Foto 128 ähnlich ist und etwa 1850 gebaut wurde, hat folgende Anlage (Markneukirchen Nr. 153): Das Mundrohr ist leicht konisch, nur die Stimmzugeinrichtung nach der Maschine ist zylindrisch und nimmt einschließlich der Maschine etwa $\frac{1}{5}$ der Gesamtlänge ein. Minimaldurchmesser d = 11,7 mm, Erweiterung bis D_3 auf 66—67 mm, entspricht $d \times 5\frac{2}{3}$, Stürzendurchmesser = 236—240 mm. Ventile bei $\frac{1}{6}$ der Gesamtlänge ohne Mundstück, die mit 3 455 mm gemessen wurde. Das Instrument hat drei Wiener Ventile mit Aufschraubdeckeln und Trommeldruckwerk. Es ist ein relativ enges Modell, das dem Mensurkonzept von Uhlmanns Ventilophikleide folgt (s. Foto 125). Ein süddeutscher Ableger derartiger Bässe ist W. Schusters Bombardon auf Foto 128. Hieran schließen die bayrischen Kontrabässe im Sinne von Saurles B-Baß (München BN, Mu 182) der Jahre um 1850 an. Die beiden erhaltenen Kontrabässe Saurles haben also verschiedene Stammbäume. Eine etwa 15 bis 20 Jahre später als Saurles B-Baß entstandene Ausführung mit zeitentsprechend weiter Mensur (Stürzendurchmesser 276 mm) zeigt Foto 129. Das schwenkbare Mundrohr ist ein Erbteil von Riedls Bombardon, das auch noch keinen U-Stimmzug, sondern nur einen einfachen Kluppenzug am Aufsteckbogen hatte. Nach 1875 setzten sich auch in Bayern die weit mensurierten Instrumente etwa im Sinne von Červenýs Bombardon durch.

Mit Wieprechts Baßtuba war 1835 ein Maßstab gesetzt und

ein Signal für den Bau weit mensurierter Bässe außerhalb Preußens gegeben. Die ersten Antworten waren die in Paris und Wien (1835) entwickelten Ventilophikleiden, erst etwa 10 Jahre später folgten die tiefen Saxhörner, Pelittone und Contrabässe. Die eigentlichen traditionellen Bombardons zogen Schritt für Schritt auch erst um diese Zeit nach. Einen Einschnitt stellte Červenýs Bombardon in F dar, das er, altem Brauch aus der Ära der Klappenbombardone folgend, auch als *Harmoniebaß* bezeichnete. Um 1844/45 begann Červený die Mensur zu erweitern. Während das Exemplar mit Tonwechsel-Maschine (1846) auf Abb. 12 noch relativ eng mensuriert ist, befand sich das Modell, das er zur Londoner Weltausstellung 1850 einsandte — nach einer Zeichnung (*Illustrierte Zeitung*, Leipzig 1851, S. 484) geurteilt —, auf gutem Wege zur Tubamensur. Foto 126 zeigt dieses Bombardon in einer Markneukirchener Ausführung mit drei Pumpenventilen, während das Instrument auf der Weltausstellung vier Wiener Ventile besaß. Das Instrument ist ein Glied eines vom Kontrabaß bis Alt gebauten Stimmsatzes. Die Hauptmensuren sind: Innendurchmesser des Aufsteckbogens d = 13,1 mm, im Mundrohr = 13,5 mm. Maschinenweite = 14,4 mm, Erweiterung bis D_3 auf $d \times 7$ (92 mm), Stürzendurchmesser = 223 mm, Rohrgliederung = $\frac{1}{6}$ zylindrisches Rohr ohne Mundstück + $\frac{5}{6}$ konisches Rohr mit Schallstück. Derartige Mischmodelle von Bombardon und Tuba gewannen schließlich die Oberhand. Die alten engen Bombardons dagegen rückten nach 1850 allmählich in den Hintergrund, wurden teilweise auch weit mensuriert gebaut (Abb. 19, Nr. 190—196), starben aber in den 1860er Jahren nach und nach aus. — Im Zuge der Weitmensurierung fertigte man auch das Baroxyton in Baßlage und bezeichnete es als *Bombardyn*, Ferdinand Stegmaier in Ingolstadt nannte dabei sein Modell *Baroxyton-Bombardon*.

Eine neue Ära leitete 1845 Václav František Červený mit seinem weitmensurierten *Contrabaß* in C- oder B-Stimmung ein, der, in Tubaform gebaut, auch Bombardon genannt wurde. Dieses Instrument, dessen geistiger Vater nach Schelle (1873, S. 70) der Kapellmeister Altscher war, ist eine Antwort auf das Saxhorn contrebasse (1843) — daher auch die Bezeichnung Contrabaß — und eine längst fällige böhmische Reaktion auf die preußische Tuba. Von Červenýs Modell, das vielfach nachgeahmt und auch für F-, Es- und Subkontra-F-Stimmung abgewandelt wurde, führt der Weg zur modernen tiefen Tuba. Während das fünf Jahre ältere Münchner Kontrabombardon dem Riedlschen Bombardonkonzept gemäß eng mensuriert war, kam es Červený auf einen weiten, großvolumigen Baß an.

Nachdem Carl Albrecht Moritz 1861 von seiner Wanderschaft im Ausland, die ihn bis nach St. Petersburg, London und Paris geführt hatte, zurückgekehrt war, um das väterliche Geschäft in Berlin fortzuführen, gestaltete er auch Červenýs Bässe bzw. Bombardons nach, nicht nur in Mensur, sondern auch in Windungsart, Ventilen und Detailausführung. Gegenüber der Tuba ist Červenýs Contrabaß im mittleren Rohrbereich wesentlich weiter, das Mundrohr ist konisch und das Schallstück ausladend. Das von Moritz 1866 überarbeitete F-Bombardon mit vier Zylinderventilen, konischem Mundrohr und querliegendem Stimmzug übertraf an Schallstückweite noch die herkömmliche Tuba und gab »einen wahren Orgelton in den Contratönen her«, wie es in einer Käufermitteilung an Moritz vom 2. Juli 1867 heißt (Preisliste 1880). Dieses Modell, von zahlreichen Firmen nachgeahmt, wurde 1875 nochmals überarbeitet und bis zum zweiten Weltkrieg gebaut (s. Abb. 25 a). Moritz' Modell von 1875 war noch etwas weiter als Červenýs.

Schließlich wartete Červený 1883 mit dem *Kaiserbaß* auf, dessen Stürzendurchmesser damals 36 cm betrug, heute aber 42—50 cm beträgt. Červený stattete den Kaiserbaß entweder mit einem stumpfen Tubaschallstück oder mit einem Bombardonschallstück aus, und man sprach dann von *Kaisertuba* (Abb. 25 b) bzw. *Kaiserbombardon*, später, trotz der Bombardonmensur, meist nur noch von Kaisertuba. Červenýs Tubaschallstücke sind zwar den preußischen ähnlich, aber mit diesen nicht identisch. Ihre guten musikalischen Eigenschaften führten dazu, daß man das Königgrätzer Schallstück bei Kornetten, Barytons und Tuben auch in Preußen und Sachsen nachahmte. Nach 1883 wurde der Kaiserbaß auch in den deutschen Ländern bald zu einem bis heute gültigen Standardmodell. Am Ende des 19. Jh. wurde »Tuba« Oberbegriff für alle Ventilbässe. Gleichzeitig näherte sich das Tubaschallstück dem Bombardonschallstück immer mehr. Die Maschinenweite des Bombardons ist stets weiter als bei der Tuba, der Rohranfang aber enger. Auch in diesen Eigenschaften trat bis um 1920—1940 eine Vereinheitlichung ein, wobei die Bombardonmerkmale dominieren.

Die Mischformen zwischen Červenýs Bombardon, Kaiserbaß, preußischer Tuba und anderen Ventilbässen sind überaus zahlreich. Foto 141 zeigt ein weites preußisch-sächsisches Bombardon der Zeit um 1890, das in Windungsart, Ausstattung und Schallstück der Tuba sehr nahesteht. Einige Mensuren: der Minimaldurchmesser d = 12,8 mm, die Maschinenweite = 15 mm, Erweiterung bis $D_3 = d \times 8\frac{1}{2}$, Stürzendurchmesser = 270 mm; konisches Mundrohr. Kruspes Schallstücke von Tuba, Bombardon und Contrabaß unterscheiden sich nach dem Prospekt von etwa 1870 (Abb. 20) schon nicht mehr wesentlich. Unterschiede treten hauptsächlich in Anlage und Windungsart zutage. Die Bezeichnung *Contrabaß* (Contre Basse), die in Deutschland zwischen etwa 1860 und 1910 verbreitet war, wurde einesteils für die Ventilbässe in Anschluß an Červenýs Contrabaß gebraucht, anderenteils für den französischen Contre Basse. Kruspes Prospekt zeigt, daß »Contrabass« keine systematisch streng abgegrenzte Gruppe war, denn der Contrabaß in B ist eine Art Tuba, der Contrabaß in C dagegen eine Art Bombardon. Besonders in Österreich spricht man oft abgekürzt vom F- oder (großen) B-Baß und meint damit neutral alle Ventilbässe.

Hinzuweisen ist noch auf die eine Oktave unter dem Kontrabaß stehenden Subkontrabässe. Den ersten 32füßigen C-*Subkontrabaß* stellte 1854 A. Barth auf der Münchener Industrieausstellung aus. 1873 bauten derartige Instrumente Bohland & Fuchs und Červený und um 1899 R. Sander in Wolfstein. A. Sax baute sein *Saxhorn bourdon* in Es_2 1851 und 1855 eines in B_3. Eine Zwischengröße war der von Červený schon 1845 (so O. Paul 1874) erfundene Subkontrabaß in F.

An dieser Stelle sei auch auf den *Pelittone* der Firma Giuseppe Pelitti in Mailand eingegangen, der einiges zur Erhellung der Geschichte der österreichischen Bombardons beiträgt. Der Pelittone (1846) ist das lombardische Gegenstück zu Červenýs Contrabass (1845). Daß Pelitti Červenýs Bestrebungen genau beobachtete — und sicher auch umgekehrt — zeigte sich im gleichen Jahr noch am Umstellventil (s. S. 63f.). Eingeleitet mit dem Euphonium (1843), über den Contrabaß (1845) und abgeschlossen mit Stowassers Helikon (1847), wurden in Österreich, Böhmen und in der Lombardei die unmittelbar bis in die Gegenwart wirkenden weit mensurierten Bässe (Tenöre) geschaffen. Es entfaltete sich hier eine Entwicklung, die zehn Jahre früher in Preußen begonnen hatte. Pelitti verwendete etwa die doppelte Rohrweite des traditionellen Bombardons, wie etwas später Stowasser bei seinem Helikon auch. Pelitti reichte am 30. Juli 1846 seine Erfindung bei der österreichischen Regierung ein und schrieb (Übersetzung nach Ms. der Technischen Universität Wien):

»Das Instrument wird hergestellt in Es, D und C, hat die Form eines Bombardons, ist aber fast doppelt so weit.

Die Maschine des Pelittone, die man sowohl stehend wie quer anbringen kann, ist doppelt so weit wie jene, die man für die bisher bekannten Bombardons verwendet.

Die Bauart dieses Instrumentes ist verschieden von der des Bombardons. Da die Pelittoni, je nach Wunsch der Auftraggeber sowohl lang wie kurz gebaut werden können, sind die Röhren ungleich gewunden, jedoch ohne daß dadurch die Tonstärke verändert oder beim kurzen Instrument herabgesetzt wird.

Zur weiteren Klarstellung sind beigelegt

1. Die Zeichnungen von zwei Bombardons, eins mit stehender und eins mit querliegender Maschine.

2. Die Zeichnungen eines langen und eines kurzen Pelittone, mit stehender und mit querliegender Maschine, wobei die genauen Maße für jedes Instrument innegehalten wurden.

Da jeder Blechblasinstrumentenmacher ein Bombardon bauen kann, so wird er, wenn er genau den Instruktionen folgt und sich an die vorliegenden Zeichnungen hält, leicht einen Baß wie den erfundenen Prototyp herstellen können; dreimal so stark [im Ton] wie ein Bombardon und von ihm [Pelitti] Pelittone genannt: deshalb gibt er sich der Hoffnung hin, daß das Instrument den Vorschriften von § 3 des Souveränen Patentes vom 21. März 1832 Genüge tun wird. Der Pelittone ist ein Klangkörper mit vollkommen runder, tiefer und sonorer Stimme, in der Klangstärke von fast drei Bombardons, dessen tiefe Töne mit grosser Leichtigkeit gespielt werden können, der geringe Blasstärke braucht und dabei den Magen nicht ermüdet; deshalb gelingt es auch, die tieferen Töne weicher und leichter zu spielen als auf dem Bombardon. Dieser Vorteil ist das Resultat vom genau erforschten Verhältnis zwischen Größe und Durchmesser [der Röhren], ausgeführt im hergestellten Prototyp.

Ehrerbietiger Bittsteller
Giuseppe Pelitti«

Der Pelittone wurde also in Tubaform verschiedener Rohrwindungen gebaut. Abb. 48 zeigt Pelittis Zeichnung, auf der allerdings das Bombardon mit stehender Maschine fehlt.

Ventilophikleide

Als *Ophikleide mit Maschine* (Ventilophikleide) bezeichnete man zunächst das von Leopold Uhlmann 1835 in Wien geschaffene Modell im Sinne von Foto 125. Als Eduard Schelle 1873 den Bericht über die Instrumente auf der Wiener Weltausstellung schrieb, hatte er Gelegenheit, den nun schon alten Leopold Uhlmann, dessen Firma mit Instrumenten vertreten war, zu sprechen. Schelle schrieb daraufhin in seinem Bericht (1873, S. 72):

»Uhlmann ersetzte auch die Klappen der im Jahre 1835 aus Paris nach Wien gebrachten Ophikleiden durch die Wiener Maschinen mit dem besten Erfolge.«

In einer bebilderten Preisliste Uhlmanns aus den 1840er Jahren ist das Modell Foto 125 als »Ophikleide mit Maschin« bezeichnet. In der Tat entspricht die Schallstückmensur der der österreichischen Ophikleide, und die Windungsart ist dieser ebenfalls nachempfunden. Wenn die von Schelle angegebene Jahreszahl richtig ist, so entstanden im gleichen Jahr in Berlin und Wien Ventilbässe mit Ophikleidenschallstück. Da deren Handhabung weniger bequem ist als die der Bombardons, starben diese Instrumente nach etwa 1865 wieder aus. Ihr Mensurkonzept war jedoch fruchtbar, und von Fall zu Fall nahmen Bombardons mit Ophikleidenschallstück die Bezeichnung Ophikleide an. Wenn Schelle in seinem Bericht fortfährt, daß aus Uhlmanns Ventilophikleide »dann die Euphoniums und Bombardons, welche jetzt noch im Gebrauch sind«, entstanden, so ist die Frage nach dem Wahrheitsgehalt dieser Aussage nicht leicht zu beantworten. Richtig ist, daß das Euphonium in der Mensur mit an Uhlmanns Ophikleide orientiert ist und daß die traditionelle Bombardonmensur von der Ventilophikleide nachhaltig geprägt wurde. Unrichtig ist, in Uhlmanns Instrument den Stammvater von Euphonium und Bombardon überhaupt zu sehen.

Fast um die gleiche Zeit entwickelte A. G. Guichard die *Ophicléide à pistons*. In Windungsart und vorderer Mensur ähnelt Guichards Instrument der Ophikleide, im Schallstück dagegen ist es viel enger und dem Baßhorn verwandt. An Guichards Ophicléide à pistons, in Es, D und C stehend, wird sichtbar, daß man in Frankreich auch relativ eng mensurierte Instrumente, wie etwa die *Ophicléide monstre*, als Ventilophikleiden bezeichnete. Guichard meldete am 29. Dezember 1835 sein Modell zum französischen Patent an und erhielt am 14. Juni 1836 die Bestätigung für fünf Jahre. Dem Antrag ist eine Zeichnung (S. 218) beigegeben. Die Ophicléide à pistons ist mit drei Stölzelschen Ventilen ausgestattet, die zur Erhöhung der Greifbequemlichkeit über drei Greifhebel von der unteren Instrumentenhälfte aus bedient werden. Guichard schrieb im Antrag: »Klappen, mit den Ventilen verbunden, setzen mittels Fingerdruck die Ventile in Funktion.« Angaben zur Mensur machte Guichard leider nicht. Er baute spätestens 1839 die Ophicléide à pistons auch in einer anderen Windungsart (Abb. bei Sachs 1913, S. 8), die auch in dem experimentierfreudigen und gegen die französische und böhmische Konkurrenz kämpfenden Markneukirchen — jedoch ohne Erfolg — aufgegriffen wurde (Foto 113, Abb. 11, Nr. 25 und 27). Die Hauptmaße des auf Foto 113 dargestellten Instruments sind: engster Innendurchmesser d = 11,8 mm, in dem nur 100 mm langen Mundrohr auf 12 mm ansteigend, $D_3 = d \times 5\frac{1}{2}$ mm, Stürzendurchmesser = 185 mm; Gesamtlänge ohne Mundrohr = 2 008 mm; Rohrgliederung = $\frac{1}{3}$ zylindrisches Rohr ohne Mundstück + $\frac{1}{3}$ konisches Rohr + $\frac{1}{3}$ Schallstück.

Aus dem Vergleich der französischen und der Uhlmannschen Form der Ventilophikleide ergibt sich für die Entstehungsreihenfolge folgende Vermutung: Guichard gab 1835 den ersten Anstoß, dann folgte unmittelbar Uhlmann und danach sogleich wieder Guichard mit dem Typ auf Foto 113.

In der Benennung der Bässe herrschte teilweise keine Einheitlichkeit, zumal in der Zeit zwischen 1840 und 1860. So wurden Riedls und das tubaförmige Bombardon bis um 1850 auch *Chromatisches Baßhorn* bzw. *Corno basso* (ein Teil der handschriftlichen Markneukirchener Grifftabellen) oder einfach *Baßhorn* (L. Uhlmanns Preisliste, Abb. 35, Wien, 1846—1848) genannt. Nach Schafhäutl (1854, S. 199) war dies die ursprüngliche Bezeichnung. Sie rührte von der musikalischen Funktion her, zu der die Instrumente gebraucht wurden, Ersatz für die Klappenbaßhörner oder die engen, trompetenförmigen Stölzelschen Ventilbaßhörner zu sein. Hauptbezeichnung für die Riedlschen wie die tubaförmigen Instrumente war aber Bombardon. Da sich der mensurelle Unterschied zwischen Bombardon und Ophikleide allmählich verwischte, bezeichnete man nach 1840 auch Uhlmanns Ophikleide mit Maschine als Bombardon, zumal Uhlmanns Windungsmodell auch in Bombardonmensur ausgeführt wurde (Kastner 1848, Tafel XVI, Nr. 8). So schrieb J. Rühlmann (1851, Bd. 35, S. 10): »Zwischen Ophycleide und Bombardon [mit Ventilen] macht man in neuester Zeit gar keinen Unterschied mehr ...« Um 1850 sprach man meist nur noch von Bombardon, so auch K. Schafhäutl im Bericht über die Münchner Industrieausstellung (1854, S. 199):

»Das Baßhorn besaß engere Mensur und hatte die Pistons rechtwinkelig auf der Achse des Instruments. Das Ophikleide mit Maschine, später Bombardon, hatte weitere Mensur und die Maschine aufrecht stehend nach Wiener Bauart. Gegenwärtig ist die Einrichtung des Bombardons ganz wie die des Baßhorns.«

Wenn Uhlmanns Ventilophikleiden von Kastner 1848 als Baßtuben bezeichnet wurden, ist das ein Mißverständnis, und zu bezweifeln ist auch Kastners gleiche Bezeichnung für das in seinem *Manuel général* (1848, Tafel XVI, Nr. 11) abgebildete Instrument, das nach Anlage und Mensur als Ventilophikleide eingestuft werden müßte. Wie wiederholt zu beobachten, wurden in ihrer Form gleiche Modelle weit oder eng gebaut, als Ophikleiden oder Bombardons/Baßhörner (z. B. Kastner 1848, Tafel XVI, Nr. 7 und 8). In diesem Sinne, als eng mensurierte bombardonartige Ausführung eines ursprünglich weit angelegten Instruments, ist auch die unter Nr. 9 abgebildete *Ophicléide monstre* zu verstehen. Für die ungewöhnliche Haltung der Ophicléide monstre mit dem Schallstück nach vorn war die weit mensurierte Ausführung offenbar unhandlich. Abb. 11, Nr. 26, ist eine kleine, weit mensurierte sächsische Version jener Ophicléide monstre, aber umgebildet in die leichter zu handhabende aufrechte Form. Ob beim Instrumentenmacher ein enger oder weiter Baß bestellt wurde, hing von den musikalischen Aufgaben, vom Empfinden des Kapellmeisters, des Bläsers und von lokalen Traditionen ab. In diesem Sinne ist auch zu verstehen, daß später der Kaiserbaß als Bombardon oder Tuba geliefert wurde.

Eine mensurelle Zwischenform war vermutlich die vierventilige *Bombardon-Ophicléide*, die Michael Pfaff (1823—1893) aus Kaiserslautern 1851 auf der Gewerbeausstellung in London gezeigt hatte.

Da die Klappenophikleide über Jahrzehnte der Konkurrenz der Ventilbässe standhalten konnte, ist es verständlich, daß man sich — besonders in den 1840er Jahren — immer wieder an der Mensur der Klappenophikleide orientierte. Vermutlich wurden auch Instrumente in der Art von Abb. 11, Nr. 26, als Ophikleiden bezeichnet, die mit der Ophicléide monstre (Kastner 1848, Tafel XVI, Nr. 9) verwandt sind. Im Prinzip ist es berechtigt, jeden Baß (auch Tenor und Alt) mit ophikleidenartiger Mensur als Ventilophikleide zu bezeichnen. Nach 1860 war bei den Ventilbässen das Entwicklungsstadium abgeschlossen, in welchem man die Ophikleide nachahmte. Mit dem weiten Bombardon wurde die Klappenophikleide entbehrlich. Daraufhin verschwand auch die Bezeichnung Ventilophikleide (Ophicléide à rotelle, Ophikleide mit Maschin usw.). In Böhmen und Italien hielt sie sich länger als in Deutschland. Sie findet sich noch in einer um 1880 gedruckten Preisliste von August Hinrich Rott's Sohn in Prag:

»Bombardon (Ophicleide) in F oder Es mit 4 Cylinders. Wasserklappe.«

Die Ophikleiden der sächsischen Hofkapelle hatten vier Ventile (Rühlmann 1851, S. 10); die bei Wagner, etwa im *Rienzi* (1842) und *Fliegenden Holländer* (1843) vorkommenden Stimmen für Ophikleide sind also auf Ventilbässen ausgeführt worden. Auch die Ophikleidenpartien bei Mendelssohn, z. B. im *Sommernachtstraum* (1843) und *Elias* (1846), oder bei Schumann sind offensichtlich nicht für Klappeninstrumente gedacht, die in Sachsen und Preußen ohnehin nur selten gebaut worden sind. Ähnliches gilt auch für die Baßhornpartien in den Partituren sächsischer und preußischer Provenienz von etwa 1835 an. Schon in Maximilian Eberweins (1775–1831) *Leise flehen meine Lieder*, Serenade für Blasorchester, sind die besetzten zwei »Tenorhörner« und das »Baßhorn« Ventilinstrumente. Demgegenüber hatten die Baßhörner mit Klappen in manchen sächsischen Militärkapellen ein langes Dasein (bis um etwa 1870).

Tuba

Mit der *Tuba* trat 1835 ein großvolumig, derb und massig, aber auch samtig klingender Baß auf, der ein tragendes Baßfundament bilden konnte. Er kam dem Zeitbedürfnis nach großvolumigen Klängen entgegen und entsprach ziemlich gut dem Klangempfinden im preußischen Norden. Die Baßhörner, Bombardons und Ophikleiden mit Ventilen waren zwar in der hohen Lage besser und kräftiger als die Tuben (so auch Schubert 1865, S. 198f.), aber in der Tiefe waren sie unterlegen. Hier klingt die Tuba tragend und voll, dabei in manchen Bereichen auch sonor, und mit fünf Ventilen ausgestattet, kann sie in tiefere Lagen hinabsteigen als Riedls Bombardon. Das sind die Vorteile, auf die sich ihr Erfolg gründet. Am 18. Juli 1835 beantragten W. Wieprecht und J. G. Moritz gemeinsam ein zehnjähriges preußisches Patent für eine von ihnen erfundene Baßtuba mit fünf Ventilen. Sie bekannten in dem Schreiben, »daß die von uns gemeinschaftlich erfundene chromatische Baß-Tuba als ein neu erfundenes, bisher noch nicht vorhandenes musikalisches Instrument, nach mehreren Prüfungen anerkannt worden ist, und die gedachte hohe Akademie die Ertheilung eines Patents zur Sicherung unserer Erfindung beantragt.« Ein Gutachten der Akademie der Künste vom 12. Juli 1835 ist unterzeichnet vom Direktor Gottfried Schadow, dem Sekretär Torsken und abgefaßt von den Mitgliedern der musikalischen Sektion. Die Akademiesektion hatte die Tuba im Berliner Akademiegebäude und in der Marienkirche einzeln und im Zusammenspiel mit anderen Blechblasinstrumenten ausprobieren lassen und für gut befunden. Man hob die »Gleichheit, Stärke und Fülle der Töne« hervor; an Wohlklang stehe die Tuba »weit über der Baß-Posaune, dem Englischen Baß-Horn und der Ophikleide«. Vom Bombardon ist keine Rede. Das Gutachten der Technischen Deputation vom 24. August 1835 durch Oberbergrat Schaffrinsky, das zu Händen des »Königlich Wirklichen Geheimen Rathes Excellenz Rother«, ging, stellte fest, daß die Schiebeventile bereits durch Stölzel und Blühmel angewendet worden seien. »Die Gestaltung und Anwendung der Einsatzröhren und das Schallstück-System bleiben ihrer Erfindung jedoch eigenthümlich.« Schaffrinsky befürwortete die Patentierung dahingehend, daß nur die genannten Eigentümlichkeiten patentrechtlichen Schutz erhalten sollten. Die Erfindungsbeschreibung reichte am 9. August 1835 Wieprecht als »Königl. Preuß. Kammermusicus und Akademischer Künstler« mit folgendem Wortlaut ein:

»Die chromatische Baß-Tuba

besitzt 1) die Eigenthümlichkeit, daß jedes, bis jetzt existierendes Blase-Instrument in seinem Umfange von derselben übertroffen wird, indem die sämtlichen Holz- und Blech-Instrumente nur einen Umfang von 2, 3 bis höchstens 3 und eine halbe, die Baß-Tuba hingegen 4 reine Octaven durch die chromatische Scala, und zwar vom eingestrichenen, bis zum Contra C, zurückrechnet.

2) Ersetzt vermöge ihres Umfanges die Baß-Tuba bei der Harmonie- und Militär-Musik den, bei der Streichinstrumental-Musik befindlichen Streich-Contrabaß, und zwar noch in vollkommenerer Art, weil die Baß-Tuba noch drei Töne tiefer zurückschreiten kann, als der Streich-Contrabaß, und so nun jetzt als das tiefste aller musikalischen Instrumente dasteht, die Orgel ausgenommen.

3) Zeichnet sich die Baß-Tuba, vermöge ihres eigenthümlichen Röhren- und Schallstück-Baues in der Stärke, Fülle und Schönheit des Tones vor allen übrigen Blech-Instrumenten aus, so wie auch anderseits auf derselben das größte Piano hervorgebracht werden kann.

Schon seit 10 Jahren arbeite ich in dem Gebiet der Militairmusik, und empfand daher wohl am schmerzlichsten das Bedürfnis eines wirklichen Contra-Baß-Blasinstruments. Alle Baß-Blasinstrumente als 1) das englische Baßhorn, 2) der Serpente, (beide in einem Umfange von höchstens 2½ Octaven brauchbar, und zwar vom kleinen G bis zum großen C zurück) und 3) die Baß-Posaune (in einem Umfange von 3 Octaven und zwar vom eingestrichenen c bis zum großen C zurück,) konnten den fehlenden Contra-Baß nicht ersetzen, welchen die Harmonie-Musik nöthig bedurfte.

Den Beweiß, daß dieses Bedürfnis in allen Ländern empfunden wurde, liefert die Erfindung der Ophikleide. Obgleich diese nur einen und einen halben Ton tiefer als das englische Baßhorn und der Serpente zurückschreiten kann, so wurde dennoch dieses Instrument in allen Ländern als ein erlangter Vortheil aufgenommen; hieraus ginge nun hervor, wie wichtig und vortheilhaft die Erfindung der chromatischen Baß-Tuba, welche eine 8^{ve} tiefer als der Serpente und das englische Baßhorn, und 6 Töne tiefer als die Ophikleide zurück steigen kann, und dennoch die hohen Töne dieser drei genannten Instrumente beibehalten worden sind, für die Tonkunst ist.

Der Wunsch und die Sehnsucht nach einem solchen Contrabaß-Instrumente beeiferte mich zu mancherlei Forschungen, und mein Nachdenken brachte mich endlich dahin, die natürlichen, ohne Kunstmittel in jedem Blasinstrumente befindlichen Töne, mit den Schwingtheilungen einer, auf jeden beliebigen Streichinstrumente, angespannten Darmsaite zu vergleichen.

Dies brachte mich dem Resultate nahe, und nur einzig und allein verdanke ich die Erfindung der Baß-Tuba dieser Idee, denn die ganze Einrichtung, sowohl in Betreff ihres Umfanges, als auch ihrer harmonischen Eintheilung gründet sich hierauf, und beziehe mich in meinen Erklärungen auf die beiliegende Tabelle.

Figur I. Stimmt man eine Darmsaite auf jeden beliebigen Streichinstrumente in einen bestimmten Ton, und theilt diese in zwei gleiche Theile, d.h. durch einen Flagiolettgriff (...) und streicht den zweiten Theil mit dem Bogen an, so klingt dieselbe um eine reine Octave höher. Theilt man diesen zweiten Theil wieder in zwei gleiche Theile, so steigt diese dann noch eine reine Octave höher, und es entsteht in der Mitte der zweiten Theilung ein neuer Ton, welchen man die Quinte, d.h. der 5te Ton vom Grundton hinauf gerechnet, nennt. Es bliebe nun also noch der vierte Theil der Saite zu theilen übrig; wird auch dieser in zwei Theile eingetheilt, so entstehen in der dritten Theilung wiederum zwei neue Töne, indem in der Mitte ebenfalls wieder die Quinte bringt, und auf beiden Seiten derselben noch die Terz und die Septime hinzutritt. Nun bliebe noch ein Achteltheil der Saite übrig; theilt man diesen wieder, so entsteht in der vierten Theilung schon eine diatonische Tonleiter mit der übermäßigen Quarte. Ginge man mit diesen Forschungen noch weiter, so würde sich in der Theilung der Sechzehnteltheil die chromatische Scala, und endlich in der Theilung der Zweiunddreißigstel-Saite lauter Viertels-Töne vorfinden. Bei nochmehr Theilungen würden die Töne so nahe aneinanderkommen, daß das Ohr diese nicht mehr zu unterscheiden vermögte.

Diese Forschungen leiteten mich zu der Ueberzeugung, daß alle bis jetzt existierenden Baß-Blasinstrumente um eine ganze Octave zu hoch stimmen und daher bildete ich mir zu meiner Idee ein Baß-Instrument, welches grade noch einmal so lang, als das englische Baßhorn und der Serpente war. Fig. IV bildet die Schwingtheilungen dieser beiden genannten Instrumente, und zu bemerken ist, daß dennoch dieselben nur bis zum eingestrichenen c, (den, mit dem ·X· bezeichneten Ton) hinaufsteigen können, weil die über diesen Ton noch liegenden, nur in der Zeichnung vorzufinden sind. Wollte man beim Blasen diese Töne durchaus benutzen, so bedürfte dieß eines kleinern Mundstücks; es würden dann die tieferen Töne dieser beiden Instrumente wieder verloren gehen. Nur durch eine immerwährende Wechselung mit den Mundstücken würden daher alle im Rohre liegenden natürlichen Töne benutzt werden können, wenn die Behandlung des Instruments wohl Hülfsmittel zuließe.

Vergleicht man daher Figur II [Naturtonreihe auf C_1, bis c″] und Fig. IV, so ist hieraus zu ersehen, daß, um die eigentlichen Contra-Töne zu erlangen, die Länge des englischen Baß-Hornes und die des Serpentes verdoppelt werden müßte; die Töne welche

1) bei Figur IV in der ersten Theilung liegen, erscheinen bei Figur II nun in der zweiten Theilung, und es tritt hier noch die, in der ersten Theilung bei Fig: 4 fehlende Quinte G dazwischen;

2) die Töne, welche bei Fig: 4 in der zweiten Theilung liegen, erscheinen bei Figur 2 nun in der dritten, und zwar mit dem Unterschiede, daß in der dritten Theilung der zweiten Figur noch die Terz e, und die Septime b, hinzutritt;

3) die Töne, welche nun bei Fig: 4 in der dritten Theilung liegen, erscheinen bei Fig. 2 in der Vierten mit Hinzutretung der Secunde, übermäßigen Quarte, großen Sexte und der kleinen Septime. Das bloße Rohr eines englischen Baßhornes und eines Serpentes giebt also nur acht, das tiefste Rohr der Tuba hingegen 15 natürliche und brauchbare Töne an.

Um nun in der ersten Theilung von Figur II noch die fehlende Quarte F zu gewinnen, berechnete ich ein zweites Rohr und stim̄te dieses nach F, also vier Töne höher als Contra C; (Figur II). Beide Röhren zusammen verbunden geben nun schon die in Figur III bemerkten Töne ohne Kunstmittel natürlich an, und es war endlich der Grund zu einem der umfangreichsten und tiefsten Blase-Instrumente gelegt.

Mit diesen gemachten Entdeckungen wandte ich mich an den Königl. Hof-Blasinstrumentenmacher J. G. Moritz, welcher nun auf meinen Antrag zuerst ein Rohr in F baute. Durch mehrfache, und sehr mühevoll angestellte Versuche gelang es dem pp Moritz, mir in der vorgeschriebenen Tonart ein Rohr herzustellen, welches trotz seiner ungewöhnlichen Länge, starken Röhren- u. Schallstück-Baues nicht allein sehr rein im Accorde, und sehr leicht ansprechend, sondern auch den überaus schönen Ton dieses Instruments begründete.

Nachdem ich nun bei der Prüfung dieses Rohres gefunden, daß wirklich alle die, in der Theilung einer Darmsaite berechneten Töne in diesem Rohre auch lagen, ließ ich auf dasselbe einen Aufsatz, welcher das F-Rohr, (Figur I) nach Contra C zurückstim̄te, anfertigen, und auch in dieser Stimmung zeigten sich die in Figur II berechneten Töne. So bildete sich nun also ein Contra-Baß-Instrument mit zwei verschiedenen Mutter-Tönen. Um das Instrument nun endlich für alle Tonarten brauchbar zu schaffen, suchte ich die verschiedenen Verlängerungen an den Muttertönen zu berechnen, daß in diesem Instrumente, alle, in der Tonkunst befindlichen Dur-Tonarten, deren 12 existieren, angegeben werden konnten. Ich legte daher in jeden Mutterton einen halben und einen ganzen Ton Verlängerung, beide Verlängerungen bildeten daher in Verbindung 1½ Ton Verlängerung. So bekam also jeder Mutter-Ton drei verschiedene Verlängerungen, und konnte daher mit dieser Einrichtung, wie Figur V bezeigt: von dem Mutter-Ton F, nach E,- Es,- und D-dur, vom Mutter-Ton C, nach H,- B,- und A dur gelangen. Die Tonarten Des,- As,- G,- und Ges-dur, welche noch fehlten, bildeten sich durch die Verbindung beider Mutter-Tön und ihren Verlängerungen, wie Figur VI andeutet.

Es sind nun also in der Folge dieser harmonischen Berechnungen die 12 in der Tonkunst befindlichen Dur-Tonarten als:

F	(erster Mutter-Ton)
E,	1ste Büchse,
Es,	2te Büchse,
D,	1ste und 2te Büchse,
Des,	1ste und 4te Büchse,
C,	5te Büchse (als 2ter Mutter-Ton)
H,	5te und 4te Büchse,
B,	5te und 3te Büchse,
A,	5te 4te und 3te Büchse,
As,	5te, 4te, 3te und 2te Büchse,
G,	5te, 4te, 3te und 1ste Büchse,
Ges,	5te 4te 3te 2te und 1ste Büchse,

und so auch die Vollkommenheit dieses Instruments, in allen Tonlagen, erlangt.

Da nun jede dieser genannten Tonarten nach den oben berechneten Schwingtheilungen auch ihre eigenen Töne angiebt, so hat dieses Instrument in seiner Behandlung auch dadurch einen Grad der Vollkommenheit erlangt, wie diese bei keinem anderen Blase-Instrumente vorzufinden ist, indem, wie Figur VII genau angiebt, ein und derselbe Ton öfters auf zwei- drei- vier- fünf- ja sechsfache Weise gegriffen werden kann. Außerdem deutet diese Figur noch an, in welchem Accord jeder Ton seinen Sitz hat, u. als welches Intervall dieser in seiner Harmonie erscheint. Die Vergleichung der Töne in Figur VII, mit denen, der Figuren V und VI sind durch Zahlen verdeutlicht, und ist hieraus zu ersehen, wie die Zahlen der 7ten Figur oft zwei- drei- vier- fünf und sechsmal in den Figuren 5 und 6 zu finden sind.

Nachdem ich alles berechnet, und die sämtlichen Verlängerungen in der Fabrik des pp Moritz selbst abgestimmt hatte, vertraute ich dieses Exempel der Geschicklichkeit, und in Betreff des äußeren Baues dieses Instruments dem fernern Nachdenken des Hof-Instrumentenmachers J. G. Moritz, welcher dem Instrumente eine gefällige Form, und höchst praktikable Spielart gab, endlich dasselbe nicht allein zu meiner eigenen, sondern auch zur Zufriedenheit der hochlöblichen musikalischen Section der Academie der Künste und Wissenschaften, und aller übrigen Kunstverständigen höchst geschmackvoll, und dem Zwecke entsprechend, herstellte.

Die Baß-Tuba hat aufrechtstehend 3 Fuß Höhe, und ein Gewicht von 7 bis 8 Pfund; die Spielart derselben geschieht, wie bei dem englischen Baßhorn oder Fagott, d. h. mit der linken Hand die oberen zwei, und mit der rechten Hand die unteren drei Büchsen.

Berlin den 9ten August 1835 — Friedrich Wilhelm Wieprecht
Köngl: Preuß: Kammermusikus
und Akademischer Künstler.«

Schließlich erhielten die Antragsteller am 12. September 1835 das preußische Patent Nr. 9121 auf zehn Jahre für jene von Schaffrinsky herausgearbeiteten Aspekte der Erfindung. Wieprecht beschreibt hier die F/C-Tuba, bei der Ventil 5 nach C umschaltet, Ventil 1 und 2 von F aus um 1 und 2 Halbtöne und 3 und 4 von C aus um 2 und 1 Halbton vertieft. Diese Einrichtung war ein wirkliches und sinnreich erfundenes Novum. Das Ventilbombardon, das nach Th. Rode zuerst 1832 im Potsdamer Jägerbataillon und etwas später in der Infanteriemusik eingeführt wurde, verschwieg Wieprecht. Es ist nicht denkbar, daß ausgerechnet er nichts vom Ventilbaßhorn bzw. Bombardon gewußt haben sollte. Auch von Stölzels Bässen kein Wort. Die Ophikleide, die 1829 von Gottfried Rode in das Garde-Jäger-Bataillon eingeführt und von A. Heiser gefertigt wurde, ist erhalten geblieben. Ihre Schallstückmensur ist der der Tuba ähnlich, ladet aber am Ende um etwa 4 cm weiter aus. Nach Wieprechts Darlegungen war das Konzept der Tuba mit ihrem Ventilsystem und seiner Berechnung nach der Monochordlehre sowie die weite Rohrmensur, die erst die tiefste Oktave zu erschließen vermochte, seine Idee. Gewiß war es bereits in der Frühzeit der Ventilinstrumente schon üblich, die Ventilzuglängen nach den monochordischen Zahlenverhältnissen 1:8 (Ganzton), etwa 1:15 (Halbton), 1:3 (Quarte) zu kalkulieren. Da schon 1830 im Klavierbau Berechnungen nach der gleichschwebenden Temperatur vorgenommen worden waren, wurde das damals vielleicht auch von einigen Blasinstrumentenbauern versucht. Belege dafür gibt es allerdings bis jetzt nicht. Sicher ist, daß Wieprecht, bevor er mit seinem Entwurf zu Moritz ging, von einer Saitenlänge = 1 oder einer Näherungslänge für die F-Stimmung ausgegangen war, denn die tatsächliche Länge ermittelte erst Moritz. Wieprecht berechnete die Ventilzuglänge für die F- und C-Rohrlänge getrennt und berücksichtigte die Kompensation nicht. Folglich klingen die Töne, die vom 2. Mutterton aus mit dem oberen Halb- und Ganztonventil gebildet werden, viel zu hoch. Bei Ges_1, bei dem alle Ventile gedrückt sind, macht die Abweichung 1 Halbton aus, so daß Ges_1 genaugenommen auf der Tuba gar nicht blasbar ist. Bei As_1, G_1 und Ges_1 konnte nur massive Ansatzkorrektur helfen oder — besser — ein 6. Ventil zur Kompensation.

Klammert man Ges_1 aus, kommt man durch geeignete Ventilkompensation zu einer sehr guten Stimmung der übrigen Töne. Das lag aber nicht in Wieprechts Plan. Daher kann dem Urteil von B. Holcomb (1983, S. 29), daß Wieprechts Tuba »bezüglich Reinheit der Stimmung« anderen Ventilbässen weit überlegen sei, nicht ohne weiteres zugestimmt werden. Geht man, wie Wieprecht selbst, vom gesamten Umfang aus, ist seine Tuba in der tiefen Lage schlecht; wird auf Ges_1 verzichtet, dann ist sie indessen sehr gut. In diesem Zusammenhang muß auch einer anderen Auffassung Holcombs widersprochen werden, daß nämlich die Instrumentenbauer im »Deutschen Reich« und in Österreich (Österreich gehörte bis 1867 zum Deutschen Bund) das Wieprecht-Moritzsche Patent umgangen und minderwertige Instrumente unter anderen Namen, wie Ventil-Ophikleide, Bombardon und Ventil-Baßhorn, herausgebracht hätten. Wie bereits früher betont, bezog sich der Patentschutz nur auf das jeweilige Land, für das es erteilt war, bei der Tuba also lediglich auf Preußen. Wie vorliegende Schrift zeigt, sind nicht alle von Holcomb apostrophierten Instrumente schlechte Nachahmungen der Tuba. Wieprechts Ernüchterung über die unsaubere Tubastimmung führte einerseits zur sechsventiligen Tuba und andererseits 1838 zur Erfindung des Piangendozuges bei der Trompete.

Moritz' Verdienst war es, eine musikalisch gut brauchbare Rohrmensur zu ermitteln, die auch zu jenem samtigen Klang im Piano führte, der die preußische Tuba u. a. auszeichnet. Er schuf die Proportionierung von Weiten- und Längenmensur, die Rohrgliederung und die Abstimmung mit der Mensur der Kornette. Ohne daß die Kornette im Patentantrag erwähnt wurden, ging es Wieprecht und Moritz um die Schaffung eines kompletten weit mensurierten (Kornett-) Stimmsatzes, der mit den Stimmungen C-Contra, F-Baß, B-Tenor, Es-Alt, B-Sopran und Es-Pikkolo bis 1842 auch zustande kam. Während Wieprecht in der Patentschrift das Halbtonventil als Büchse 1 und 3 und das Ganztonventil als Büchse 2 und 4 angab, ist die Reihenfolge bei der Zeichnung, die der Patentschrift beiliegt, gerade umgekehrt (Abb. 39).

Aus dem *Quittungs-Buch über die patentirte Bass-Tuba* — im Nachlaß von C. W. Moritz, Staatliches Institut für Musikforschung Berlin (West) — geht hervor, daß die erste Tuba bereits am 27. Februar 1835 an das königliche 2. Garde-Infanterie-Regiment in Berlin geliefert wurde (S. 256), so daß die hauptsächliche Entwicklungsarbeit an der Tuba 1834 erfolgt sein muß. Wieprecht erhielt für jede Tuba einen Anteil von 17, später (bis 1845) 10 Talern. Die zweite Tuba ging am 20. März an das 2. Ulanen-Regiment nach Gleiwitz und die dritte und vierte wurden im September an preußische Regimenter nach Lüben und Stettin geliefert. Wie S. 256 näher angeführt, gingen weitere Tuben nach Schweden, Rußland und Paris. In Berlin erklang eine Tuba 1836 im Oratorium *Das Gesetz des alten Bundes* von Neukomm (AMZ 1836, Sp. 44).

Spontini mochte kein rechtes Verhältnis zur Tuba gewinnen, denn als er im November 1844 in Dresden seine *Vestalin* (Uraufführung 1807) dirigierte, bat er während der Vorbereitungen Richard Wagner: »Ich habe in Ihrem Rienzi ein Instrument gehört, das Sie Baß-Tuba nennen; ich will dieses Instrument nicht aus dem Orchester vertreiben, machen Sie mir dazu eine Stimme für die Vestalin« (R. Wagner 1941, S. 88). Wagner kam seinem Wunsch nach. Bemerkenswert ist, daß nach einer Eintragung im Dresdner Kapellinventar (Staatsarchiv Dresden) zuerst 1844 eine Baßtuba angeschafft worden sei. Falls kein Irrtum vorliegt, handelt es sich nach dem erwähnten Auslieferungsverzeichnis der Firma Moritz, das alle 84 zwischen 1835 und 1845 gebauten Tuben und ihre Besteller verzeichnet, nicht um eine Moritzsche Tuba, sondern wohl um einen Dresdner Ventilbaß. Aus Wagners bekanntem Reorganisationsvorschlag von 1846 *Die Königliche Kapelle betreffend* geht hervor, daß »vor einiger Zeit ... für den Gehalt eines Accessisten ein Musiker in der Kapelle angestellt [wurde], welcher die Baßtuba zu blasen und zugleich auch aushülfsweise Kontrabaß zu spielen fähig ist.« Vorher war es Sitte, die Tuben- und Ophikleidenstimmen (s. S. 76, 227) von Militärmusikern ausführen zu lassen. Die Lösung der Doppelbesetzung Kontrabaß/Tuba wurde in Dresden bis 1861/62 beibehalten, in Provinzorchestern ist sie noch fast bis an die Gegenwart heran zu verfolgen. Aus einer im Staatsarchiv Dresden erhaltenen Akte (Ministerium für Volksbildung 14455, Vol. XXV, f. 53—54) geht hervor, daß erst am 13. Februar 1861 der erste Antrag auf die Genehmigung einer vollen Tubistenstelle in der Hofkapelle gestellt wurde. Bemerkenswerterweise führt der Antragsteller, der Wirkliche Geheime Rath und Generaldirektor der Hoftheater von Lüttichau, aus, daß die Tuba bisher von einem »bei einem hiesigen Militair-Musikchor angestellten Tubaist in allen den Fällen, wo ein solcher erforderlich, gegen eine bestimmte Entschädigung für jede einzelne Leistung« geblasen wurde. Hiernach schien man nach Wagners Reformbestrebungen wieder auf den alten Modus zurückgegangen zu sein.

An der Tuba wurde in der Firma Moritz nach 1835 unablässig weitergearbeitet. Das Modell der Patentschrift war anscheinend noch enger und etwas anders gewunden als die nach 1838 entstandenen Instrumente (vgl. Foto 133), wurde aber nach dem Markneukirchener Prospekt Abb. 11 noch um 1850 gebaut. Die Patenttuba, inzwischen geändert, bot Moritz noch im Preiscourant von 1880 an, sie erscheint hier als Rest aus alter Zeit in der Umgebung neuer Baßmodelle, die nach böhmischem und süddeutschem Vorbild alle gedrungener gewunden sind. 1845 existierte nach Wieprechts Aussage die Tuba in Ausführungen mit drei bis sechs Ventilen (Kalkbrenner 1882, S. 92). Die zwischen 1838 und 1840, vielleicht aber erst 1852 von C. W. Moritz hergestellte fünfventilige Tuba des Berliner Museums (Nr. 4456) hat folgende Mensuren: zylindrisches Mundrohr 14,7 mm, Schallstückdurchmesser am Beginn 33,4 mm, am Ende 193 mm, Gesamtlänge ohne Mundstück 3540 mm, zylindrisches Rohr bis Ventilende 910 mm, Schallstücklänge 1266 mm. Das Rohr besteht damit zu $\frac{1}{4}$ aus zylindrischer und zu $\frac{3}{4}$ aus konischer Mensur einschließlich Schallstück. Bis zum Schallstückbeginn erweitert sich das konische Rohr auf das $2\frac{1}{5}$fache des Anfangsdurchmessers, innerhalb des Schallstücks beträgt die Erweiterung das 6fache. Es liegt im Prinzip das Mensurkonzept der Kornette zugrunde. Vergleichsweise erweitert sich bei der modernen Tuba das Rohr bis zum Schallstück auf das 9- bis 10fache, aber im Schallstück nur auf das $3\frac{1}{2}$fache. Kaum später baute Johann Heinrich Zetsche in Hannover, nach der C/F-Tuba der Bate Collection Oxford zu urteilen, das Schallstück etwas weiter (210—215 mm) und nahm den zylindrischen Rohranteil etwas kürzer ($\frac{2}{9}$), behielt aber den weiten zylindrischen Durchmesser bei. Die Tuba breitete sich bis nach Österreich aus (Foto 136), konnte dort aber in der preußischen Form nicht Fuß fassen.

Den ersten Schritt zur stärkeren Modifikation der Wieprecht-Moritzschen Tuba unternahmen Eduard Thiele und August Heiser in Potsdam. Ihr Modell, das um die Mitte des 19. Jh. als *Potsdamer Modell* bekannt war (nach Beischriften in Zeichnungen festgestellt), war weiter mensuriert und die Anlage etwas breiter gehalten. Die vierventilige Tuba in Kruspes Prospekt von etwa 1870 entspricht nach Bildvergleichen dem Potsdamer Modell, vgl. Abb. 20.

In Sachsen liegen die frühesten sicheren Daten für die Tuba 1844 (die Hofkapelle schafft eine Tuba an) und 1845 (Einbeziehung in die Militärmusik) vor. Von dieser Zeit an trat hier eine ständige Assimilation der Tuba mit dem traditionellen Bombardon österreichisch-böhmischer Provenienz ein. Die frühen sächsischen Formen (Abb. 18, Nr. 45—47) schließen noch eng an die Moritzsche Tuba an, während Nr. 43/44 seinerzeit, also um 1850—1855, moderne Modelle waren, die sich durch einen Stimmzug im Mundrohr, tiefliegende Maschine und etwas weiter aufblühende Schallstückmensur auszeichnen. Eine in jenen Jahren wohl in Markneukirchen entstandene, mit drei Pumpenventilen ausgestattete Tuba in E- bzw. hoher Es-Stimmung, die diesem Konzept folgt, hat folgende Hauptmensuren (Foto 138): Durchmesser d im Mundrohr = 14 mm, Maschinenweite = 14,5 mm, Stürzendurchmesser = 206 mm, Maschine bei $\frac{1}{3}$ der Gesamtrohrlänge, die bis zur Maschine zylindrisch verläuft. An solche Typen scheinen auch die Baß- und Kontrabaßtuben von Eschenbach anzuschließen, die 1861 und 1884 an die Dresdner Hofoper geliefert wurden.

Als 1845 die Tuba in die sächsische Militärmusik Einzug hielt, in der man seinerzeit meist in Kreuztonarten spielte, wurde die erforderliche Stimmung E_1, D_1 und H_2 teilweise auch dadurch erreicht, daß man, wie bei den alten Bombardons, auf die F-, Es- oder C-Tuben Aufsteckbögen steckte. Eine Zeitlang wurde auch Červenýs Tonwechsel-Maschine (1846) eingebaut, um schnell von einer Stimmung in die andere umschalten zu können (vgl. Abb. 12).

Die für die frühe preußische Tuba charakteristische schmale Anlage verlor sich nach 1870 ganz, die mittlere Rohrmensur wurde weiter, das ophikleidenartige Schallstück ebenfalls, es lud am Ende stärker aus, und das Mundrohr wurde schließlich auch in Preußen und Sachsen konisch. Es ist ein sich über Jahrzehnte, bis um etwa 1930—1940 hinziehender Angleichungsprozeß an die Bombardons, die ihrerseits von den Tuben durch deren Weitmensuriertheit beeinflußt wurden. Der Angleichungsprozeß erfolgte nicht einheitlich, z. B. wurden noch um 1930 und vielleicht noch später, Tuben mit zylindrischem Mundrohr und bombardonartigem Schallstück gebaut. In den 1850er Jahren standen Tuba einerseits und Contrabaß/Bombardon andererseits noch relativ unvermischt nebeneinander. Die Kreuzung begann mit der Ventilart und ergriff rasch Windungsform und Mensur. Ed. Kruspe, der um 1870 *Contrabässe in B/C* (3 und 4 Ventile), *Bombardons und Tuben in F/Es* (4 und 5 Ventile) und einen *Baß in Es* baute, bot fast alle diese Instrumente mit Dreh- oder Pumpenventilen, einige sogar mit Périnetventilen, an. Foto 139 zeigt eine B-Tuba der Zeit um 1870 (Leipzig Nr. 3603), bei der bis auf die Windungsart noch keine wesentlichen Anleihen am Bombardon vorliegen. Hauptmensuren: der engste Durchmesser $d = 13{,}5$ mm, Maschine = 15 mm, $D_3 = d \times 10$, der Schallstückbeginn = 80 mm, Stürzendurchmesser = 252 mm, Rohrgliederung = $\frac{1}{3}$ zylindrisches Rohr + $\frac{2}{3}$ konisches Rohr und Schallstück. Eine von Friedrich Alwin Heckel in den 1890er Jahren gebaute B-Tuba zeigt im vorderen Rohrteil schon eine vollständige Angleichung an die Bombardonmensur, während das Schallstück noch ziemlich stumpf ist. Die Hauptmensuren sind: 12,8 (= d)/17,2/295 mm, wobei $D_3 = d \times 10$.

Als die Firma C. W. Moritz 1875 die Modelle ihres Tubensortiments revidierte, geschah dies unter dem Vorzeichen, der österreichisch-böhmischen Konkurrenz zu begegnen und deren Klangideal durch eigene Instrumente im Angebot vertreten zu haben. C. W. Moritz produzierte 1875 nur noch drei traditionelle preußische Modelle weiter: die Patenttuba mit fünf Ventilen, eine weite F/Es-Tuba mit vier Ventilen und eine enge Kontrabaß-B-Tuba mit drei Ventilen. Unter den Neuentwürfen schloß sich eine weite B-Tuba mit drei Ventilen der Tradition an, während sich der mittelweite »Solobass in F oder Es mit 3 Ventilen« und die »kleine Tuba oder Bombardin in F oder Es« der Bombardonmensur annäherten. Die Helikone ausgeklammert, bestand schon 1875 das Baßangebot etwa zur Hälfte aus Modellen, welche den böhmischen nahestanden. Um 1890—1900 ist das Mundrohr meist schon konisch und der Schallstückbeginn etwa $2\frac{1}{2}$mal weiter als 1840. In der Gegenwart ist der untere Schallstückdurchmesser etwa 9—12 cm, bei Kaiserbässen 14 cm, was einem Faktor von etwa $1\frac{1}{3}$ bis 2 gegenüber der Tuba von 1835 mit etwa 7 cm entspricht. Die Rohrerweiterung bis D_3 beträgt bei Tuben der Zeit um 1900 etwa das 9- bis 11fache des Anfangsdurchmessers, der meist bei 14—15 mm liegt. Bei zeitgleichen Bombardons ist er viel enger, etwa 12—13,5 mm. Um 1930 ist der Unterschied zwischen Bombardon und Tuba nur noch gering oder teilweise schon aufgehoben. Seit etwa 1940—1950 spricht man bis auf Ausnahmen bloß noch von Tuba. Zum Vergleich der Mensuren von 1912 s. S. 236 (Schallstücke) und S. 255f. (Maschinen). W. Voigt machte 1925—1930 schon keinen Unterschied mehr zwischen Bombardon und Tuba (s. S. 236), dagegen aber noch 1935 C. A. Wunderlich in seiner Preisliste. Die Entwicklung beider Typen verlief, aus verschiedenen Richtungen kommend, konvergierend und ging um 1920—1935 fast wie in einem Punkt zusammen. Die engen F-Tuben mit 16—17 mm innerer Maschinenweite und 25—30 cm Stürzendurchmesser wurden nach und nach abgestoßen. Heute werden im Prinzip nur noch weite und sehr weite Modelle produziert. Die Firma Gebr. Alexander baut die Tuben in diesen Weiten (Prospekt von 1967):

	Maschine innen	Stürzendurchmesser
F-Tuba	18,5 mm	360 mm
B-Tuba	20,5 mm	430 mm
Kaisertuba (Modell 164)	21,5 mm	470 mm

Sie stellt Tuben her mit geradem (Foto 140) und querliegendem Stimmzug in der Art des alten Bombardons. Gute Tuben bauen heute u. a. auch Werner Gronitz in Hamburg, Hirsbrunner & Co. in Sumiswald (Foto 146) und der VEB Blechblas- und Signalinstrumenten-Fabrik Markneukirchen. Die

Markneukirchener B-Tuba von 1981 (Foto 145) hat einen engsten Anfangsdurchmesser d von 13,5 mm, eine innere Maschinenweite von 19 mm und einen Schallstückdurchmesser gemessen mit 106—420 mm; $D_3 = d \times 11$. Bei Durchschnittsinstrumenten ist der Durchmesser der einzelnen Ventilzüge konstant, bei Solistenqualität sind der 3. und 4. Zug weiter, verschiedentlich besteht auch eine schrittweise Durchmesserzunahme zwischen Ventil 1 und 4. Die heutigen Hauptstimmungen sind F (Baß) und B, auch C (Kontrabaß). Die Es-Tuba ist nach Auflösung der Kavalleriemusik im zweiten Weltkrieg nur gelegentlich in der Blasmusik in Gebrauch.

Als Červený 1883 den *Kaiserbaß* auf den Markt brachte, lieferte er ihn als Bombardon mit engem Mundrohrbeginn und weit ausladendem Schallstück oder als Tuba mit weitem, stumpfem Schallstück (Abb. 25b). Die Tubamensuren waren: der Anfangsdurchmesser innen = 13 mm, die Maschinenweite = 21,2 mm, der Schallstückdurchmesser = 360 mm. Die Windungsart schließt an die seines Bombardons mit querliegendem Stimmzug an. Individuell — und nur eine Zeitlang gebaut — ist die Windung des oberen Ventilzugs. Der Gegensatz Tuba-Bombardon ist bei Červenýs Kaiserbaß nicht mehr fundamental; die Tuba hat im Klang mehr Stärke, aber weniger Farbe. Auch der Kaiserbaß gilt heute als Tuba, und zwar als deren weiteste Form. Der Kaiserbaß, der seit den 1920er Jahren eine Stürzenweite von 42—50 cm hat, wurde in Markneukirchen spätestens 1920 von einem *Riesen-Kaiserbaß* in B mit einer Weite von 60 cm überboten (Händler: C. A. Wunderlich), die der des Sousaphons entspricht. In die gleiche Gruppe der extrem weiten Bässe gehört die $\frac{6}{4}$-Kaisertuba von Rudolf Meinl in Diesbeck.

Doppeltuben wurden seit 1899 in Analogie zu den Doppelhörnern entwickelt. Mit ihrem Verwendungsschwerpunkt in der tiefen Lage sind bei Tuben Doppelinstrumente nicht in dem Maße geeignet wie bei Hörnern. Dazu kommt, daß das Intonationsproblem bei Tuben vorteilhaft auch durch Zusatzventile gelöst werden kann. Friedrich Butti schloß die Doppeltuben in sein Patent von 1899 ein (s. S. 184). Seit 1908 nahm die Firma Ed. Kruspe F/B-Doppeltuben in ihr Herstellungsprogramm auf (DRGM 340920 vom 8. Mai 1908), und seit 1910 produzierte auch die Firma Gebr. Alexander Doppeltuben in F/C oder F/B. Abb. 26b zeigt eine Doppeltuba von 1930—1935 nach Otto Tiedts Patent von 1909 (S. 185 Zeichnung 84). Wegen der mensurbedingten Größe der Doppel- und Umschaltventile gehen diese entsprechend schwer, und so haben trotz der einfacheren Applikatur gegenüber den fünf- und sechsventiligen Tuben die Doppelinstrumente kaum Eingang gefunden. Friedrich Butti selbst versuchte 1926 die Doppeltuba durch eine einfache Kontrabaß-B-Tuba mit Quartventil für die linke Hand und besonderer Mensur zu ersetzen (DRP 473282 vom 3. Oktober 1926).

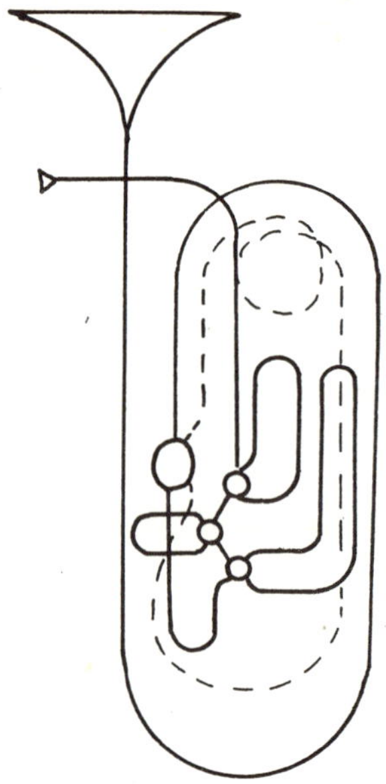

91. Kontrabaßtuba in B mit Quartventil (Zug gestrichelt) nach Friedrich Butti, Hof 1926. Mit extrem weit mensuriertem Quartventilzug, durch den der Umfang H_2—b^1 möglich wird.

Den bemerkenswerten Umfang von H_2—b^1 suchte er durch folgende Mensur zu erreichen: a) Die Schleife des Quartventils ist im Durchmesser doppelt so stark wie die Schleifen 1—3. b) Im Abschnitt zwischen Ventil 3 und Umschaltventil muß sich der Rohrquerschnitt um das Doppelte erweitern. c) Das Umschaltventil liegt bei $\frac{1}{3}$ der B-Gesamtlänge. Durch die erhebliche Weite des Quartbogens spricht das F_1 gut genug an, um mit den drei Spielventilen bis zum Subkontra-H herabgehen zu können. Buttis Instrument befriedigte jedoch in der Ansprache nicht.

Zur Erzeugung einer guten Stimmung in der tiefen Tonlage verwendet man in den deutschsprachigen Staaten Zusatzventile, während man sich in England und teilweise in Frankreich der Kompensationsventile bedient. Das hängt mit lokalen Traditionen zusammen, in deutschsprachigen Ländern mit der fünfventiligen preußischen Tuba und dem vierventiligen Bombardon. Das fünfventilige Griffsystem der preußischen Tuba kam mit dem Instrument selbst in den 1870er Jahren weitgehend außer Gebrauch. Es dominierten dann die drei- und vierventiligen Instrumente, wobei das 4. Ventil meist ein Quartventil war. Fünfventilige Instrumente kamen nach 1883, nachdem Červený den Kaiserbaß teilweise mit fünf Ventilen versehen hatte, in Deutschland wieder mehr in Gebrauch. Die Notwendigkeit des 4. und 5. und sogar 6. Ventils ergab sich bei der Tuba aus der größer werdenden Bedeutung der tiefsten Oktave, die mit vier Ventilen nie rein gespielt werden kann. Unter den fünfventiligen Tuben dominieren zwei Griffsysteme. a): Vertiefung um 2, 1, 4, 5 und $1\frac{1}{2}$ Halbtöne, wobei letzteres Ventil als Vorsatzventil für die linke Hand im Mundrohr eingebaut ist (Abb. 26a). Bei Quartstimmung (4. Ventil gedrückt) vertieft das Vorsatzventil nur um 1 Halbton. Um bei einer F-Tuba A_1 zu greifen, würde bei einer vierventiligen

Tuba der Griff 1 + 2 + 4 zu hoch klingen. Dagegen spricht beim Griff 1 + 4 + 5 A_1 »rein« an. In diesem Sinne ist Ventil 5 auch für B_1 und Ges_1 nützlich. b): Vertiefung um 2, 1, 3, 5 und 3 Halbtöne, und zwar, wenn Ventil 5 auf die Quartstimmung bezogen ist. So kann bei einer F-Tuba A_1 rein mit 4 + 5 gegriffen werden, während es mit 1 + 2 + 4 zu hoch klingt. Das 5. Ventil kommt im Prinzip nur in der untersten Quarte zwischen Naturton 1 und 2 zur Anwendung.

Bei sechsventiligen Tuben liegt das Quartventil meist auf dem 6. Ventil. Die Ventile sind entweder in Gruppen von 3 + 3 oder 4 + 2 Ventilen für die rechte und linke Hand angeordnet. Von Wieprecht/Moritz' Tuben abgesehen, baute sechsventilige Tuben um 1845 zuerst Franz Stöhr in Prag (Červený 1867) und Bombardons zuerst Ferdinand Hell in Wien. 1854 stellte er ein Exemplar auf der Industrieausstellung in München aus. Bis um 1930 blieben sechsventilige Tuben Episode, und selbst heute zieht man oft die vierventilige Tuba mit zusätzlichem Vorsatzventil vor. Kurz vor 1927 entwickelte Anton Schöpf in München ein Ventilsystem in vergleichbarer Art wie Wieprecht 1835. Ventil 1—3 vertiefen die F-Grundstimmung um 1, 2 und 3 Halbtöne. Ventil 6 ist Quartventil und schaltet nach C um, und von der C-Stimmung ausgehend vertiefen Ventil 4 und 5 um 2 und 1 Halbton. Die Tuben der Firma Gebr. Alexander sind ähnlich disponiert, nur liegt die übliche Griffweise mit dem Ganzton auf dem 1. Ventil zugrunde, während Schöpf noch von der traditionellen bayrischen Griffweise mit dem Halbton auf Ventil 1 ausgegangen war. So vertiefen bei Alexander (Foto 140) Ventil 1—3 und 6 die Grundstimmung um 2, 1, 3 und 5 Halbtöne. Ventil 4 vertieft um 3 Halbtöne der Grundstimmung oder 2 Halbtöne der Quartstimmung, Ventil 5 vertieft um 1 großen Halbton, so daß innerhalb der Grundstimmung mit Griff 4 + 5 die große Terz und mit 5 + 6 der Tritonus einen stimmungsmäßig gut brauchbaren Kompromiß ergeben. Man greift bei einer F-Tuba H_1 mit 5 + 6, B_1 mit 4 + 6, A_1 mit 4 + 5 + 6, aber Gis/gis/gis^1 und cis/cis^1 mit 4 + 5.

Eine interessante, aber wegen der Verwendung von erhöhenden Ventilen ungewohnte Griffweise veröffentlichte 1933 der Tubist F. Rudolph (ZfI 53, Nr. 9, S. 139f.). Er schlug vor, mit Ventil 1—4 wie üblich um 2, 1, 3 und 5 Halbtöne zu vertiefen, mit Ventil 5 und 6 aber um 2 und 1 Halbton erhöhen zu lassen. Der Hauptzweck dieser Disposition bestand darin, die Töne tief Des, D, Es (bei C-Stimmung) zu verbessern. Denn bei vierventiligen Tuben werden in der tiefsten Oktave die Töne nach unten zu immer unreiner. Verschiedentlich wurde bei vierventiligen Tuben das 4. Ventil auch als Quintventil eingerichtet. Kombiniert mit zwei Erhöhungsventilen, ergeben sich dann andere Kombinationsmöglichkeiten als bei Verwendung des 4. Ventils als Quartventil, die für bestimmte Zwecke vorteilhaft sein können.

Bässe sind durch Größe und Gewicht weniger haltungsfreundlich als kleine Ventilinstrumente, so daß daher Versuche, kleinwindige Formen, besonders für Marsch- und Kavalleriemusik, zu bauen, nahelagen. Eigentlich kann das Baroxyton (Böhmen 1853) als erstes Modell gelten, bei dem dieser Aspekt eine Rolle spielte. In den kreisförmig gewundenen Bässen (um 1865) und Tornisterbässen (Böhmen 1908) sind diese Versuche bis zu ihrer letzten Konsequenz geführt.

Vermutlich wurden auch die kreisförmigen Bässe mit Bombardonmensur (Royal Pavilian Museum Brighton und Leipzig Nr. 1768, vgl. Katalog Leipzig 1980, Tafel 37) zuerst in Böhmen gebaut, hatte sich doch auch Červený beim Kornettquartett (1876) dieser Windungsform bedient. Eine große Neigung zu kreisförmig gewundenen Instrumenten in Sopran- und Tenorlage bestand in der 2. Hälfte des 19. Jh. auch in Baden, während die Bässe dort oft gedrungen gebaut wurden (vgl. Suppan 1979, Foto 71, 76, 77, 85, 87).

Foto 142 zeigt eine 1869/70 von Julius Rudolph in Gotha gefertigte Tuba in E- bzw. hoher Es-Stimmung, die stilistisch an böhmisch-sächsische Vorbilder anschließt. Sie ist nur 65 cm hoch und befindet sich damit auf halbem Wege zu den Tornisterbässen, deren Höhe etwa 50 cm beträgt. Die Weitenmensur ist im Gegensatz zu den Tornisterbässen noch die einer zeitüblichen weiten Tuba mit zylindrischem Mundrohr: Durchmesser d in Mundrohr und Maschine = 15,5 mm, Stürzendurchmesser = 250 mm. Die Drehventile haben übrigens den in Zeichnung 10e (S. 32) dargestellten Anschlag. Den letzten Schritt in der Verkleinerung der äußeren Abmessungen ging 1908 die Firma Červený & Söhne in Königgrätz mit den *Tornisterbässen*, die von Anton Kucera initiiert wurden, der als Kapellmeister des 51. österreichischen Infanterieregiments, das in Wien stationiert war, fungierte. Sie wurden am 27. April bzw. 28. Juli 1908 in die österreichischen Landwehrregimenter eingeführt (ZfI 30, 1910, S. 670). Konform lief eine ebenfalls von Kucera eingeleitete Reformierung auch der Alt- und Tenorgrößen, die aus Signalhörnern und Aufsteckmaschinen kombiniert wurden. Bereits 1876 hatte S. Wurm, Musikdirektor des Petersburger Regiments Garde du Corps, Ventilmaschinen eingeführt, die auf die Mundrohre der traditionellen Naturinstrumente aufgesteckt werden konnten. Es waren vermutlich Varianten von Červenýs Turnerhörnern (s. S. 215). 1876 wurden diese Instrumente auf Vorschlag von V. F. Červený, den die russische Heeresleitung zum musikalischen Berater bestellt hatte und der im gleichen Jahr dem Zaren Alexander III. sein neu geschaffenes Kornettquartett vorstellte, replaziert. 1880 baute dann C. F. Schmidt in Berlin Instrumente, bei denen an die Maschine ein Trompeten-, Cornet- oder Flügelhornkorpus montiert werden konnte (DRP 12841 vom 28. Juli 1880). Kucera und die Firma Červený schlossen an die russische Variante an und stellten ein mit engen Bässen auch mensurell abgestimmtes Ensemble aus sogenannten »Tornister-Instrumenten« zusammen:

4 Kornette in B (Flügelhörner) zur Melodieführung.
4 Alttrompeten in Es, das sind Signalhörner mit auf das Mundrohr zu steckenden Maschinen.
4 Tenortrompeten in B in Trompeten- oder Euphoniumform. Im ersteren Falle waren es Signalhörner mit aufgesteckten Maschinen. Die Euphoniumformen waren weiter und wurden Tenöre genannt.
4 Bässe, davon 2 in Es und 2 in B (kontra).

Die Tornisterbässe sind nur etwa einen halben Meter hoch und entsprechen größenmäßig einem Militärtornister (Foto 143). Ihre enge Rohrwindung führte auf eine enge Mensur nach der Maschine, die beim Es-Baß bei $\frac{1}{5}$ der Gesamtlänge liegt. Zylindrisches Rohr gibt es nur bei der Maschine und den Stimmzugzapfen. Die Mensuren eines B-Kontrabasses sind folgende: engster Durchmesser d = 13 mm, Maschine innen 15,55 mm, $D_3 = d \times 6$, Stürzendurchmesser = 208 mm (Frankfurt/Oder Nr. 250). Dagegen beim Es-Tornisterbaß: d = 12,1 mm, Maschine innen 14,6 mm, $D_3 = d \times 5$, Stürzendurchmesser D = 184 mm (Frankfurt/Oder Nr. 251). Die klanglichen Nachteile des ganzen Typs sind erheblich, die Tiefe klingt gedeckt und dabei hell, hat wenig Kraft und ist in der Stimmung meist zu tief. Kein Wunder, daß die Tornisterbässe trotz ihres Vorteils der kleinen Größe letzten Endes eine Episode blieben.

Das erwähnte *Kornettquartett* bestand 1876 aus 2 Sopranen in B, 1 Alt in Es und 1 Tenor in B. Zar Alexander III. regte V. F. Červený an, den Stimmsatz bis zum Kornettkontrabaß in B zu vervollständigen (vgl. Abb. 24). Alle vier bzw. fünf Größen (B, Es, B_1, Es_1, B_2) sind kreisrund gewunden, haben ein Königgrätzer Schallstück und ausnahmslos drei Ventile. In der Mensur sind sie zwar an die Preußischen Kornette angelehnt, haben aber konische Mundrohre. Červenýs Kornettsatz ist klanglich entsprechend weich und dunkel. Der *Kornettbaß* ist etwas enger als die Tuba. Insgesamt schließen die Tornisterinstrumente mehr an jene russischen Kombinationsinstrumente an, die Červený 1876 ausrangierte, als an das Kornettquartett, das sich ebenfalls nicht einbürgern konnte. Es war »für kleinere Militär-Musik-Chöre« (Preisliste um 1898) gedacht und wurde in den 1880er Jahren durch ein Es-Pikkolo und B-Baryton ergänzt.

Nun folgen noch zwei Instrumentenarten, über deren Struktur und Mensur noch recht wenig bekannt ist. In einer Preisliste der Firma August Hinrich Rott's Sohn, Prag 1874, sind als eigene Erfindung unter der Bezeichnung *Glagol* drei weit mensurierte Instrumente in den Stimmungen B-Tenor, F-Baß und C-Kontrabaß angeführt. Den Glagol in B, ein zuerst 1867 auf der Weltausstellung in Paris gezeigtes Solo-Baryton mit drehbarem Schallstück (Červený 1867, S. 15), stellte Rott mit vier Zylinderventilen, die Glagole in F oder C mit drei Zylinder- oder Druckventilen her. Auf Rott gehen wohl auch die *Rottophone* »in Contra F, Es, D oder C mit vier Ventilen« zurück, die in einem Preisverzeichnis von 1885 der Musik-Instrumenten-Niederlage von Johann Groß in Innsbruck und Brixen genannt werden.

Helikon

1845 schrieb Wieprecht in seinem Aufsatz *Der Instrumentenbauer Sax in Paris* (*Berliner musikalische Zeitung* 1845, Nr. 29):

»Die Lage der Schallstücke über dem Kopf oder unter dem Arm ist von den Russen schon in mannigfaltiger Weise versucht worden. Dort hängt man sogar die Blase-Instrumente um den Leib, so daß das Schallstück derselben hinter dem linken Ohre auf der Schulter liegt.«

Nach Kalkbrenner empfahl W. Wieprecht 1849 dem Wiener Instrumentenmacher Ignaz Stowasser, ein Helikon zu bauen. Abgesehen davon, daß sich Kalkbrenner in der Jahreszahl irrte, ist dieser Vorgeschichte Vertrauen zu schenken. Denn schon am 14. Januar 1848 reichte Ignaz Stowasser bei der österreichischen Regierung eine Erfindungsbeschreibung mit Zeichnung ein (Abb. 49). Er umging geschickt die heikle Urheberfrage der Erfindung, indem er das Urteil von zwei Kapellmeistern anführte, das dahin geht, »daß etwas der Art noch nie da gewesen« sei. Stowassers eigene Leistung ist solange nicht einzuschätzen, wie die russische Erfindung noch im dunkeln liegt. (Wenn B. Štědroň in MGG 15, 1973, Sp. 1 410, schreibt, Červený habe 1845 das Helikon erfunden, so liegt hier einer der mehrfachen Irrtümer in jenem Artikel und offenbar eine Verwechslung mit dem Contrabaß vor.) Stowasser stellte heraus, daß das Helikon doppelt so weit sei wie das Bombardon und nach dem Urteil von Sachverständigen sogar vier Bombardone ersetzen könne. Der Ventilanschlag, den Stowasser als neu bezeichnete, entspricht dem von Riedls Radmaschine (1835), die wohl in der Zwischenzeit fast in Vergessenheit geraten bzw. nie recht eingeführt war. Stowasser schrieb:

»Beschreibung
des neu erfundenen Metall-Baßinstrumentes ›Helikon‹

Alle bisherigen Baß-Instrumente (wie Bombardon, Tuba, Tritonikon, selbst die preußisch Wieprechts-Tuba), verhalten sich in Bezug auf Stärke und Fülle des Tons zu dem ›Helikon‹ wie 1 zu 4. Der Ton hat Aehnlichkeit mit dem Bombard in einer großen Orgel; er ist voll, rund, kräftig und spricht sehr leicht an, und der Bläser braucht kaum soviel Kraft, wie zu einem gewöhnlichen Bombardon.

Der Tonumfang besteht aus 4 Oktaven, außer den künstlichen Tönen, die ein guter Ansatz hervorbringt.

Dieses neu erfundene Instrument ist von dem Erfinder den Herren Kapellmeistern Hauser und Slaba und anderen Sachverständigen zur Prüfung vorgelegt worden, und Alle behaupten, daß etwas der Art noch nie da gewesen, und daß ein Helikon vier Bombardon zu ersetzen im Stande sei.

Die Länge des Hauptstückes von A bis B. beträgt	1 Schuh	9½ Zoll.
Der inwendige Umfang unter dem Kranz von A bis C,	2 "	3½ "
Der inwendige Umfang von B bis D	1 "	4¼ "
Die Länge von B bis E	1 "	5½ "
Inwendiger Umfang von E		11½ "
Länge von E bis F und E	1 "	5¼ "
Inwendiger Umfang von F bis E		8⅙ "
Länge von F. E bis HG	2 "	2 "
Inwendiger Umfang von HG		4½ "
Länge von HG bis L	1 "	3½ "
Inwendiger Umfang von L		3½ "
Länge von L bis M		10½ "
Inwendiger Umfang von M		3 "
Länge von M bis N		11¾ "
Inwendiger Umfang von N		3 "

Die Mundstückröhren, angefangen von N bis zu Ende, wo man das Mundstück hineinsteckt, beträgt 2 Schuh 5½ Zoll. – Wo man das Mundstück 1. hineinsteckt, ist der Stimmzug angebracht; derselbe ist 4¾ Zoll lang; der inwendige Umfang ist 1¾ Zoll; vom Ende des Stim̄zuges mit 1¾ bis zu Ende N mit 3 Zoll verläuft sich die Mundstückröhre conisch in schwacher Abnahme, und alle diejenigen **Röhre**, welche mit der **Maschine** verbunden sind, haben einen inwendigen Umfang von 3 Zoll, bezeichnet mit KJ. Auch hat die Mundstückröhre eine **Wasserklappe** zum Ausgießen des Wassers, bezeichnet mit S.

Die mit Nº 4 bezeichneten Cylinder-Häuser haben einen inwendigen Umfang von 5½ Zoll.

Das ganze Instrument hat einen ganz eigenthümlichen neuen Bau, und ist in der **Mensur** gerade noch einmal so weit wie die bisherigen Baß-Bombardon. Es wird um den Leib gehängt, und ruht auf der Achsel mit der Querstange, welche mit Nr 5 bezeichnet ist. Das Instrument ist also sehr leicht zu spielen und zu tragen. Dann sind die **Maschinen** so gemacht, daß selbe nicht mehr stecken bleiben können, wie das Zugstangel Nº 2 zeigt. Dabei ist das Metall auswendig eingedreht, und in dem Eingedrehten ist ein Leder befestigt, so daß das Zugstangel in diese zwei Biegungen 3 und 4 beim Spielen anschlägt.

Früher hatte man unter den Schraubendeckeln, nähmlich bei den Cylinder-Häusern, mit Nº 4 bezeichnet, Körke angebracht, welche alle Augenblicke zusammen geschlagen waren und dann reparirt werden mußten. Bei meinem Instrumente ist dies gar nicht der Fall; denn das Leder dauert mehrere Jahre. Außerdem war bei den bisherigen Instrumenten unter dem Schraubendeckel eine Kurbel, welche an die Cylinder befestigt wurde und beim Spielen an die Körke anschlug. Das wurde sehr oft locker, hob sich dann in die Höhe und rieb an den Schraubendeckel. Die Folge davon war, daß die Maschine stecken blieb. – Alle diese Übelstände sind jetzt vermieden.

Ignaz Stowasser«

Bei Stowassers Helikon haben hinsichtlich der Mensur die Ophikleide und mehr noch das metallene Russische Horn Pate gestanden. Nach der Beschreibung ist es ein Kontrabaß-Helikon in B oder C mit Quartventil und Wasserklappe. Ein recht ähnliches Instrument aus Stowassers Fabrik ist im Nürnberger Germanischen Nationalmuseum unter Nr. MIR 71 erhalten. Abweichend ist eine etwas andere Führung von Mundrohr und Ventilzügen. Der Stürzendurchmesser ist vermutlich identisch (Stowasser: 231 mm, J.-H. v. d. Meer gibt für das Nürnberger Instrument 234 mm an). Die auf Abb. 49 deutlich sichtbare Ausladung am Stürzenende besitzt das um 1850–1855 entstandene Nürnberger Instrument nicht, und es hat Drehventile mit verdecktem Anschlag. Auf Innendurchmesser umgerechnet, mißt das Helikon von Stowasser 14,7 mm am Mundrohrbeginn und 25,1 mm in der Maschine, was bis heute einen Weitenrekord darstellt.

Die österreichischen Helikone haben einen zirkulären Formgestus und setzen Stowassers Modell fort (Foto 149). Nach einem Bildprospekt der Firma Giuseppe Pelitti, Mailand um 1865–1870, sind auch deren Helikone rund gewunden. Einige haben noch ein fast konisches Schallstück, andere ahmen in der Mensur Červenýs Contrabaß nach. Die konische Schallstückmensur wurde nach 1870 aufgegeben. Červenýs Helikon ist ein rund gewundener Contrabaß und wurde von ihm, nach einem Bildprospekt aus dem Jahre 1872 zu urteilen, folgerichtig als »Contrabass B. über die linke Schulter« bezeichnet. Abb. 22 zeigt ein vogtländisches Helikon in Anschluß an Červenýs *Kaiserhelikon* von 1883. Der Unterschied zum erwähnten Vorgänger besteht in der weiten Mensur. Der Stürzendurchmesser beträgt 50 cm.

Wieprecht konnte 1849 die Berliner Instrumentenmacher offenbar nicht für das russische konische Helikon begeistern. Der erste Nachweis des Helikons in Preußen ist eine Darstellung von 1861 in der Zeitschrift *Soldatenfreund* (Abb. 36 b). Dieses Helikon hat eine dem preußischen Halbmond nachempfundene Form. Stimmung und Mensur folgen der preußischen (Tenor-) Tuba. 1862 kam bei C. W. Moritz ein verbessertes Modell heraus und 1875 die Ausführung Abb. 21. Die Anlage dieser in F-, Es- und Kontrabaß-B-Stimmung gebauten Helikone ist gegenüber der von 1861 nicht wesentlich anders und wird heute nur noch wenig benutzt. Nach dem Katalog der Firma F. T. Merz, Markneukirchen 1915, wurde diese Anlage als »russische Form« bezeichnet. Man kann daher annehmen, daß von C. W. Moritz um 1860 auf die traditionellen russischen Helikone zurückgegriffen wurde. Das von Červený in den 1880er Jahren modifizierte Moritzsche Modell wird, weiter verändert, noch jetzt in Markneukirchen produziert. Das stumpfe preußische Schallstück hielt sich bei den Helikonen länger als bei den Tuben. Es wurde teilweise noch um 1940 gefertigt. In Sachsen orientierte man sich teils an den zirkulären österreichischen, teils an den kantigen oder halbrunden preußischen Formen. Zeichnung 61 (S. 89) zeigt ein frühes Markneukirchener Modell, das mehr preußische als österreichische Merkmale trägt. Es scheint schon um 1900 nicht mehr produziert worden zu sein. Um diese Zeit brachte J. H. Zimmermann ein eigenes, durch eine enge runde Rohrwindung ausgezeichnetes Helikonmodell auf den Markt. In Süddeutschland und Bayern schloß man sich den österreichischen Modellen an.

Helikons wurden und werden oft nur als anders gewundene Tuben aufgefaßt, so von Carl Ernst Eschenbach, der bei einem um 1890 in Bautzen entstandenen F-Helikon (Halle MS-280) Mensuren anwandte, wie sie bei damaligen sächsischen Tuben vorkommen: 12,5 (= d)/18,5/286 mm, wobei $D_3 = d \times 11$.

Das *Sousaphon* (Conn in Oakbrook, USA, 1898) ist eine Helikonart mit einer drehbaren, extrem weit ausladenden Stürze (38–66 cm). Das Instrument fand seit etwa 1918 in einer Reihe deutscher Kapellen Eingang.

Die Übersicht zeigt zuerst das Sortiment an Schallstücken für Tuben, Bombardons, Contrabässe und Helikons zweier wichtiger vogtländischer Zulieferbetriebe, die zahlreiche in- und ausländische Blechblasinstrumentenmacher und Fabrikanten belieferten. Ergänzend sei auf die Tabelle der Maschinenweiten S. 255f. hingewiesen.

Schallstücksortiment der Firma *Ernst Dölling*, Markneukirchen 1912 (4/4 bedeutet mittelweite, 3/4 enge und 5/4 weite Mensur):

Nr. des Zuschnitts		
75	F/Es Tuba, gewöhnlich, 28–29 cm Stürzendurchmesser	3/4 Weite für Tuba
77	F/Es Tuba, mittelweit, 29–33 cm Stürzendurchmesser	4/4 Weite für Tuba
80	C/B Tuba, weit, 34–35 cm Stürzendurchmesser, »auch für Es Tuba, weit«	4/4 Weite für Tuba
88	C/B Tuba, weit, 34½–38 cm Stürzendurchmesser, »auch für Es und B Helikon«	
84	»C/B Bombardon, weiter, 38–40 cm Durchmesser«	4/4 Weite Bombardon
157	C/B Bombardon, extra weit 38–42 cm Durchmesser (auch für Helikon weit)	5/4 Weite Bombardon
90	»C/B Kaiserbaß, weiter, ca. 40–45 cm Durchmesser«	4/4 Weite Kaiserbaß
95	»C/B Kaiserbaß, ganz weit 44–48 cm Durchmesser«	5/4 Weite Kaiserbaß

Die Schallstückfirma *William Voigt* in Markneukirchen hielt um 1930 sieben verschiedene Helikon- und 15 verschiedene Tubaschallstücke parat, die letzteren wörtlich zitiert:

Nr. des Zuschnitts		
13	F-Tuba, ganz eng	
115	F-Tuba, gewöhnlich	
78	F-Tuba, weit	
136	Es-Tuba, gewöhnlich	
141	Es-Tuba, weit	
48	B-Tuba, eng	33 × 8,5 cm Ø
99	B-Tuba, mittel	35 × 8,5 cm Ø
107	B-Tuba, weit	38 × 9 cm Ø
103	B-Tuba, weit	39 × 10,5 cm Ø
66	B-Tuba, weit	37 × 10 cm Ø
59	B-Tuba, weit	42 × 10,5 cm Ø
61	B-Tuba, weit	42 × 12 cm Ø
108	B-Tuba, Kaiserbaß	45 × 14 cm Ø
108	B-Tuba, Kaiserbaß	48 × 14 cm Ø
108	B-Tuba, Kaiserbaß,	50 × 14 cm Ø

Die Schallstückdurchmesser, die in der Preisliste Nr. 7 der Handelsfirma *C. A. Wunderlich*, Siebenbrunn um 1935, angeführt sind:

F/Es-Tuba	30, 33, 36 cm
C/B-Bombardon	35–36, 37–38, 40–42 cm
C/B-Kaiserbaß	45–52 cm
F/Es-Helikon	33, 36–37 cm
C/B-Helikon	37, 40 cm
Kaiserhelikon	50 cm
Es-Sousaphon	38, 45, 61 cm
B-Sousaphon	50, 57, 66 cm
Jazz-B-Baryton	24, 28 cm

Die drei zuletzt angeführten Instrumente wurden mit Périnetventilen geliefert, die übrigen mit Drehventilen.

Doppelinstrumente

18

Doppel- oder Duplexinstrumente mit gemeinsamem Mundrohr und zwei oder mehr Schallstücken spielten in Deutschland kaum eine Rolle, im Gegensatz etwa zu England (Clagget 1788, Gisborne 1851, Mac-Neill 1851, Nilassy 1855, Distin 1861) oder Frankreich/Belgien (Adolphe Sax 1862/1867, Besson 1864, Mahillon 1864, Fontaine-Besson 1884/1890, Lecomte & Cie. 1885), auch Italien (Pelitti: Gemelli von 1855) und später Rußland (Schediwa: Duetton von 1887). Anders die Doppelinstrumente im Sinne von Wieprechts Tuba und den Doppelhörnern. Bei den Duplexinstrumenten stand die Erzeugung verschiedener Klangfarben oder Stimmungen im Vordergrund, teils auch die reine Stimmung. Letzteres führte Adolphe Sax mit den *pistons indépendants à plusieurs pavillons* zur letzten Konsequenz (französische Patente von 1862 und 1867). Solche Instrumente mit sechs Umschaltventilen und sieben verschieden langen Schallstücken vereinten jeweils sieben Naturinstrumente in sich.

Den einzigen eigenständigen deutschen Beitrag zu den Doppelinstrumenten — außer der Doppelposaune (s.S.241) — lieferte 1873 Franz Hirschberg in Breslau mit seinem *Concerthorn*.

Er hatte es nach zweijähriger Arbeit für die Weltausstellung 1873 in Wien hergestellt. Das Concerthorn bestand aus einem Flügelhorn in C und einem gleich hoch gestimmten Piston, das, mit Schrauben befestigt, vom Stimmzug an abmontiert werden konnte. Die Einstufung von Hirschbergs Instrument als »B-C-Clairon«, die C. Sachs in seinem *Reallexikon der Musikinstrumente* (1913) vornahm, trifft nicht ins Schwarze. Franz Hirschbergs Gedanke war, beim solistischen Flügelhornspiel an geeigneten Stellen durch Druck auf das Umschaltventil das heller klingende Piston einzuschalten, um auf diese Weise ein abwechslungsreicheres Spiel zu ermöglichen. Es ist ein ähnlicher Gedanke wie bei Schmidts Echocornet (1859), das aber erfolgreicher war. Flügelhorn und Piston sind

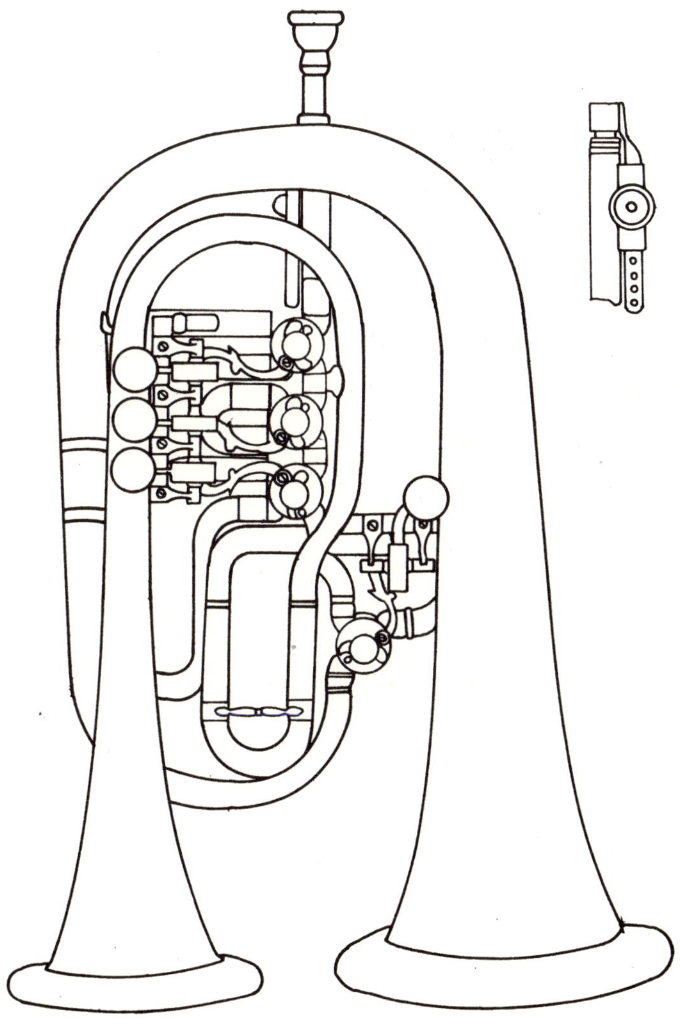

92. Concerthorn von Franz Hirschberg, Breslau 1873. Pause nach einem mangelhaften Foto von 1873 in der Patentschrift. Rechts vom Bläser das Piston, links das Flügelhorn. Drückt man auf das Umschaltventil, strömt die Luft ins Piston. Die Stimung ist C. Herausgezeichnet: der Stimmzug.

jedoch klanglich nicht so stark unterschieden, daß ein künstlerisch überzeugender Effekt zustande kommen kann. Das Patentinstrument hatte ein Umschaltventil für die linke Hand, ein Mundstückoberteil aus Elfenbein, einen Kluppenstimmzug und war außerdem schön mit Ornamenten graviert. Es konnte mit einem B-Aufsteckbogen versehen werden, war 40 cm hoch und 20 cm breit. Der Stürzendurchmesser des Flügelhorns betrug 15 cm, der des Pistons 11,5 cm. F. Hirschberg, der sich 1865 in Breslau etabliert hatte, reichte den Patentantrag am 2. April 1873 in Berlin ein. Da der Geheime Oberbaurat Nottebohm und der Baumeister Buße als Begutachter Doppelinstrumente nicht kannten und die Erfindung als neu bezeichneten (Gutachten vom 28. April 1873), kam es schon am 21. Mai 1873 zur Patenterteilung auf drei Jahre für Preußen (Nr. IV 5702/5866). Als am 12. Februar 1876 Hirschberg um eine Verlängerung des Patentschutzes um weitere drei Jahre bat und gleich die 15 Silbergroschen Gebühren als Postmarken beilegte, lehnte die preußische Technische Deputation, ob dieses Verhaltens leicht indigniert, zunächst ab. Erst nach einem längeren und höflicheren Antrag verlängerte sie den Schutz um zwei Jahre. F. Hirschberg glaubte an den Erfolg und die schließliche Einbürgerung seines Concerthorns, aber er irrte sich wie auch viele andere Erfinder. Julius Schaeffer, als königlicher Musikdirektor und Musiklehrer am Königlichen Akademischen Institut für Kirchenmusik in Breslau angestellt, bescheinigte immerhin unter dem 13. April 1874: Hirschbergs Concerthorn wurde am 26. November 1873 von dem Breslauer Trompeter Hubrich in einem Konzert der Kapelle von A. Kuschel in Breslau öffentlich vorgeführt. Nichts destoweniger scheinen nur wenige Concerthörner gebaut worden zu sein; eines ist im Musikhistoriska Museet in Stockholm erhalten. Auch das *Duetton* von Schediwa, Odessa 1887, und seine in Lyraform gebaute Variante (Abb. s. Pierre 1890, S. 245), das *Lyrophon*, das auch von der Firma Bohland & Fuchs hergestellt wurde, blieben ohne Erfolg.

Eine eigene Gruppe von Doppelinstrumenten bilden die Kombinationen von Natur- und Ventilinstrument. Auf diesem Gebiet gab es in Deutschland keine erfolgreichen Initiativen. Mag sein, daß hie und da französische oder böhmische Modelle nachgebaut wurden. Zu denken ist auch an die zuerst 1849 von A. Sax in Paris und 1855 von H. J. Distin in London gebauten Signalhörner mit abnehmbaren Maschinen. Relativ viel wurde auf diesem Gebiet in Böhmen probiert (vgl. S. 215, 233f.). Genannt sei hier das nach 1892 entstandene *Signalhorn in F* von Josef Lidl in Brünn. Es besitzt zwei Mundrohre, von denen das eine mit einer Ventilmaschine versehen ist. Will man vom Natur- zum Signalinstrument überwechseln, muß man das Mundstück umstecken und den Umschalthahn an der Mündung beider Mundrohre betätigen (erhaltenes Instrument: Deutsches Museum München 1974/196).

Ventilposaunen

19

Stölzel schrieb in seinem Patentgesuch vom Februar 1818, daß die Ventile nicht nur beim Horn, sondern bei allen Metallblasinstrumenten anwendbar seien. Blühmel hatte zwischen Februar und April 1818 bei J.C. Gabler bereits eine Ventilposaune mit drei Kastenventilen in Auftrag gegeben und die Ventilposaune auch in seinem Patentantrag mit angesprochen. Im gemeinsamen Patent für Blühmel und Stölzel war die Posaune inbegriffen. Durch den Bruch zwischen Gabler und Blühmel (s. S. 68) wurde die Posaune bei Gabler nicht fertiggestellt. Blühmel schien Gabler noch nicht einmal alle Einzelheiten über die Konstruktion der Ventilposaune mitgeteilt zu haben. 1820 berichtete Friedrich Schneider in seinem *Elementarbuch*, daß Sattler die Ventile auch auf die Posaune übertragen habe. 1823 bezogen auch Kail und Riedl in ihren Patentantrag die Posaune ein. Im Verlängerungsantrag von 1827 berücksichtigte Stölzel die Posaune ebenfalls und wies darauf hin, daß die mit seinen neuen Kasten-Schiebe-Ventilen versehenen Hörner, Trompeten und Posaunen von den dort erwähnten Mängeln völlig frei seien. Nach Ablauf des Privilegiums bemühten sich W. Wieprecht, J. W. Weise und Griesling & Schlott, Ventilposaunen zu konstruieren. Sowohl Wieprecht als auch Weise nahmen die Erfindung der Ventilposaune für sich in Anspruch, ein Zeichen dafür, daß in Berlin das Posaunenprojekt steckengeblieben war.

Am 4. März 1833 reichte Johann Wendelin Weise beim preußischen König einen Antrag auf Patentierung der dreiventiligen Posaune, die er *Tromba ferma* nannte, ein. J.W. Weise (1780–1864) etablierte sich 1814 in Berlin als Instrumentenmacher und baute ähnlich wie die Firma Griesling & Schlott Holz- wie Blechblasinstrumente. Seinem Antrag fügte er eine mit »Röhrenventilen« ausgestattete Posaune bei, wie sie bereits beim Regiment Garde du Corps in Anwendung sei. Der inzwischen zum »Fabriken-Commissions-Rath« avancierte Wedding von der Technischen Deputation lehnte die Erfindung unter Hinweis auf die Ventile von 1818 und Shaws »Röhrenventile« ab. Die Posaune von Weise war vermutlich mit Stölzels oder Wieprechts Pumpenventilen versehen. Die Geheime Registratur des Handelsministeriums vermerkte im Begleitschreiben an die Technische Deputation: »Was die Priorität der Erfindung betrifft, so dürfte auch Griesling u. Schlott dabei in Betracht kommen.« Dieser Hinweis der Geheimen Registratur zielte anscheinend auf die Bemühungen Wieprechts, seine Ventilposaunen von Griesling & Schlott herstellen zu lassen. Andererseits hatte Wieprecht schon einen Monat vorher in der *Vossischen Zeitung* Nr. 52 vom 2. März 1833 verkündet, daß die Erfindung der Ventilposaune von ihm sei und das Instrument von J.W. Weise nach seinen Angaben gebaut wurde. In seinem Artikel nahm Wieprecht Bezug auf eine Anzeige in der Berliner *Spenerschen Zeitung* vom 26. Februar 1833, in der Weises Ventilposaune »nach neuer Erfindung« sehr gelobt wurde, ohne auf Wieprecht hinzuweisen. Wieprecht fühlte sich übergangen und entgegnete in der *Vossischen Zeitung:*

»Irrthümern vorzubeugen, zeige ich hiermit an, daß die Einrichtung der in Rede stehenden Posaune von mir ausgegangen, nach meinen Angaben und Modellen von dem Herrn Weisse angefertigt worden ist; welches die auf dem von mir in Händen habenden Probe-Instrumente, von dem Hrn. Weisse selbst eingestochene Worte bezeugen.

Wenn nun die Anzeige gedachter Musikfreunde mich zum Danke verpflichtet; so muß ich doch recht sehr bedauern, daß dieselbe noch nicht an der Zeit ist, indem die Einrichtung dieser Posaune noch manchen Mängeln unterliegt, welche ich durch Hülfe des Königl. Hof-Instrumentenmachers Herrn Moritz beseitigen werde. – Uebrigens ist der Ausdruck ›Trompa Forma (wohlgestaltete Posaune)‹ mindestens ganz unverständlich; Beruhte es auf einem Druckfehler und sollte es Tromba ferma, also sichere Posaune, heißen, so wäre auch dieser Ausdruck nicht am Orte; denn der Königl. Kammermusicus Hr. Belke, dessen Talent als Posaunist die allgemeinste Verehrung und wahrhaft künstlerische Anerkennung gefunden hat, benutzt nur die Zug-Posaune. Aber nicht Jedem ist das Talent einer solchen Si-

cherheit gegeben, und darum ist meine Einrichtung der Posaune mit Ventilen von unverkennbarem Nutzen und gestattet Jedem – sobald die noch vorhandenen Mängel dieses Instruments gehoben sind, die sicherste Behandlung desselben. Was ich an dieser Einrichtung für Antheil habe, verdanke ich der gewiß sehr nützlichen Erfindung chromatischer Blechinstrumente. Berlin, den 27sten Februar 1833
W. Wieprecht, Königl. Kammermusikus«

Offensichtlich hatte Wieprecht mit Weise zusammengearbeitet, und es kam zu Auseinandersetzungen um die Priorität der Idee. Das führte schließlich dazu, daß beide getrennt einen Antrag auf Patentierung der Ventilposaune einreichten. Wieprecht bezog die Ventilposaune in seinen Patentantrag vom 12. August 1833 auf die »neue Erfindung der durch meine neue Art von Büchsen-Ventilen gänzlich neu vervollkommneten chromatischen Blechinstrumente« ein. Er gab zum Antrag eine Tenor-Ventilposaune »mit den, von mir vor 5 Jahren erfundenen Ventilen« ab. Die Posaune hatte noch die großen Pumpenventile. Das Gutachten der Technischen Deputation vom 10. September 1833 erkannte weder die Ventilneuerung noch die eingereichten drei Instrumente als patentwürdig an.

Der Prioritätsfrage, auf die die Geheime Registratur im Zusammenhang mit Weises Antrag hingewiesen hatte, ging die Technische Deputation nicht weiter nach. Vielleicht wäre sie bei dieser Gelegenheit darauf gestoßen, daß der Streit überhaupt gegenstandslos war, da die Ventilposaune doch schon im Patent von 1818 verankert, ja, daß die Idee dazu vermutlich schon 1814/15 geboren war. 1832 soll Gottfried Rode, der Musikdirektor des Potsdamer Garde-Jäger-Bataillons, eine Posaune mit Wiener Ventilen angeschafft haben (Rode 1858, S. 24f.). Vermutlich war es ein Wiener Instrument. Wie bereits ausgeführt, gelangten von etwa 1830 an viele österreichische Ventilinstrumente nach Preußen und Sachsen. Leopold Uhlmann in Wien hatte die Ventilposaune, wie zu erwarten, in das ihm am 12. Juli 1830 erteilte österreichische Patent »auf die Verbesserung der Waldhörner, Trompeten und Posaunen« einbezogen. Das in der Patentschrift abgebildete Instrument zeigt eine übliche Posaune mit drei Wiener Ventilen und Trommeldruckwerk. In dieser »klassischen« Windungsart wird sie noch heute gebaut, wobei sie die Entwicklung der Mensur der Zugposaune mitvollzog und an ihr alle Ventilarten erprobt wurden. Um bei der Marschmusik die Handhabung zu erleichtern, wurde das Oberstückende – manchmal zusätzlich auch das Unterstückende – in eine Schlaufe gelegt. Die Wiener Ventilposaune wurde in der österreichischen Blasmusik heimisch, drang nach Süddeutschland vor und findet sich teilweise auch in Sachsen (Foto 20). Hier verband sich bei manchen Modellen das Konzept der weitmensurierten Tenor-Baßposaune von Sattler mit den Wiener Ventilen. In Preußen vermochte sich die Ventilposaune nicht einzubürgern; nicht zuletzt durch den Einsatz Wieprechts, der selbst Posaunist war, hielt man hier an der Zugposaune fest. Am Rande sei vermerkt, daß die Ventilposaune um 1830/31 auch schon von Sumner Whitney in Boston (USA) hergestellt wurde, wie aus folgender Konzertanzeige der Boylston Hall in Boston vom 12. Februar 1831 hervorgeht: »Solo –– Tyrolese Air –– with variations by Kendall on a newly instrument called the valve tenor trombone made by Mr. Whitney of this city« (Mitteilung von Dr. R. E. Eliason, Greenfield Village, 1981). Bis nach der Mitte des 19. Jh. wurden bei Ventilposaunen Kesselmundstücke mit scharfkantigem Stengelübergang verwendet.

Eine besondere Rolle spielte Prag, wo Joseph Kail die Ventilposaune nach 1826 am Konservatorium eingeführt hatte und für sie eintrat. Auf der Industrieausstellung 1829 in Prag war neben einer Ventiltrompete eine »Inventions-Trompete (Posaune)« mit Ventilen ausgestellt (*Bericht* 1831, Čižek 1981), die nach Angaben Kails von Stöhr gebaut worden war (vgl. Abb. 7b, Zeichnung 69d). Trotz Kails Protest wurde 1860 am Prager Konservatorium die Zugposaune wieder eingeführt. In den Meinungsstreit griff Červený (1862) vermittelnd ein, der Ventil- und Zugposaune gleichermaßen Berechtigung zusprach. Auch wenn heute noch in Gebrauch, verlor nach 1860 in Böhmen und Österreich die Ventilposaune insgesamt an Bedeutung.

Eine neue Entwicklungsrichtung der Ventilposaune wurde um 1828 eingeleitet, als man in Berlin begann, in der Kavalleriemusik die Baß- und Tenorposaune durch das trompetenförmige chromatische Baß- und Tenorhorn zu ersetzen, wovon Sundelin (1828, S. 42) Nachricht gibt. Einbürgern konnte sich nur das Tenorhorn als Ersatz für die Tenorposaune, wobei sich eine Linie mit einem Modell abspaltete, das sich in der Mensur eng an die Posaune anlehnte. Wie S. 198 ausgeführt, war der Unterschied zwischen Tenortrompete (Tenortrompetenbaß) und Tenorhorn in den 1820er Jahren noch gering. Die neue Posaune wurde sogar in Rußland eingeführt und gebaut, um 1830 aber auch in Markneukirchen, hier offenbar in den Werkstätten von J. Kämpfens Söhne. Das mit Stopferventilen versehene Instrument auf Abb. 6 ist als »Chromatische Posaune« bezeichnet im Gegensatz zur »Posaune mit einfachen Zügen«. Die Chromatische Posaune ist in der Ausführung als Ventil-Tenor-Baß-Posaune noch bis um 1845–1850 in Markneukirchen produziert worden, gehandelt auch von C. G. Herold in Klingenthal. Ganz ähnliche Modelle wurden auch von Trantzschel um 1835 in St. Petersburg hergestellt (Leningrad Nr. 1539, 1544). In Österreich waren seit Anfang der 1830er Jahre ebenfalls *Tenor-Maschin-Posaunen* in Trompetenform gebräuchlich, während die Bässe Posaunenform hatten (Abb. 7a; Nemetz 1844, S. 88). Bei A. Sax' *Trombones à cylindres* (um 1850) und Červenýs späteren *Armee-*

posaunen (1867, Abb. 24c) lag der gleiche gedankliche Hintergrund für die Formveränderung vor: die Handhabung der Posaunen zu erleichtern, insbesondere bei Verwendung zur Kavalleriemusik. Die Armeeposaunen, die auch Ferdinand Stegmaier in Ingolstadt und Johann Groß in Innsbruck herstellten, faßten in Norddeutschland nicht Fuß, am ehesten findet man sie in Österreich und Süddeutschland. Sie wurden meist als F/Es-Alt, B-Tenor und F-Baß hergestellt (Foto 150).

Zu den ästhetisch schönen, aber unpraktischen Instrumentenformen gehörte die Ventilposaune Abb. 51, die noch um 1900 in Blaskapellen der Steiermark (Brixel/Suppan 1981, Abb. 80) zu belegen ist und auch in Markneukirchen gebaut oder zumindest gehandelt wurde. Es ist gut möglich, daß die Windungsform der des rätselhaften Schwanenhorns (Červený 1846) ähnelt. Das nach unten gerichtete Druckwerk war hauptsächlich in Italien und Österreich/Böhmen (vgl. Foto 114) üblich und wurde wohl erstmals 1835 von Leopold Uhlmann bei seiner Ophikleide mit Maschine verwendet. Auch der Pelittone (1846) und die *Trombone* in C oder B der *Strumenti alla Bersagliere di piccola dimensione*, wie sie G. Pelitti um 1865–1870 herstellte, haben eine ähnliche Maschine. Die Bersaglieri-Trombone, die Pelitti in Form eines Pelittone baute, vertrat in der C/B-Tenorlage die engste, der Bariton die mittlere und der Basso die weiteste Mensur (nach einem Bildprospekt).

Die Armeeposaunen in Helikonform zu bauen, unternahm Červený bald nach 1867. Armee-Helikonposaunen wurden bis um 1920 auch von C. W. Moritz und in Markneukirchen gefertigt und gehandelt. F. T. Merz in Markneukirchen bot nach einem Katalog von 1915 einen Satz in F- oder Es-Alt, C- oder B-Tenor und C- oder B-Bariton an, ausgestattet mit drei Drehventilen, die Baritonposaune auch mit vier. Letztere ist ein weiter Tenor und entspricht im Prinzip der Tenor-Baß-Posaune (vgl. auch ZfI 19, S. 381). Selbst in Lurenform wurden die Posaunen gebaut (s. S. 93).

Die im Vergleich zur Tenorposaune besseren Klangeigenschaften des Tenortrompetenbasses, die in der AMZ 1821, Sp. 122, herausgestellt wurden, bildeten vermutlich die Grundlage für die Erfindung der Tenor-Baß-Posaune durch C. F. Sattler in den 1830er Jahren. Ventile an Zugposaunen traten zuerst 1839 auf, als C. F. Sattler in Leipzig die erste *Tenor-Baß-Posaune mit F-Quartventil* baute (Bericht in AMZ 41, Leipzig 1839), vgl. Foto 25.

Das nicht kleine Problem der Alt-Tenor-Posaune ließ sich aus klanglichen Gründen nicht analog zu Sattlers Tenor-Baß-Posaune lösen. Dies versuchte 1906 Ed. Kruspe mit seiner »Kombinierten Tenor-Es-Altposaune mit in das Schallrohr eingeschaltetem Ventil« (DRGM 274174 vom 3. März 1906). 1920 gab der damals in Gautzsch bei Leipzig lebende Posaunist Josef Franz Serafin Alschausky die Konstruktion einer

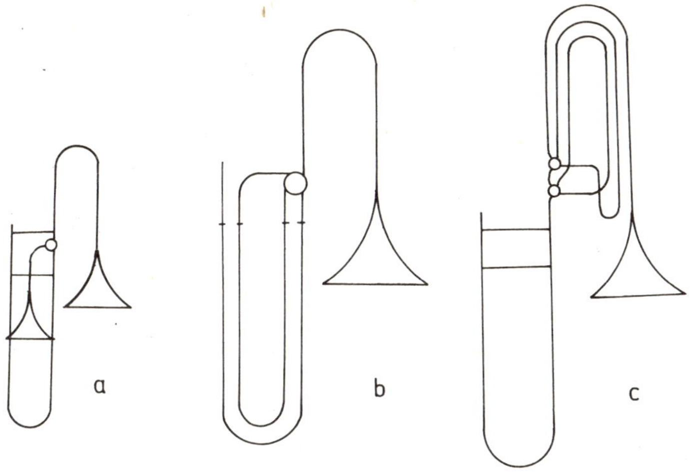

93. Anlagen von Posaunen mit Umschaltventil.
a: B-Tenor mit Umschaltventil zu einem Schallstück in F- oder Es-Altstimmung. Prinzip nach Paul Schmidtke und Oskar Dröse, Königsberg 1929.
b: Posaune nach J. F. S. Alschausky, Gautzsch 1920. B-Tenor mit Umschaltventil für F-Alt. Kruspe hatte schon 1897 eine B-Tenor/E-Baß-Posaune (Müller-Posaune) nach dieser Anlage gebaut.
c: Cimbasso nach Hans Kunitz, Wiesbaden 1959. F-Baß mit D- (Ventil 1) und C-Umschaltung (Ventil 2). Wenn Ventil 1 + 2 kombiniert, dann B-Kontrabaßstimmung.

Tenor-Alt-Posaune als Doppelzugposaune an (DRP 334411 vom 21. April 1920). Alschausky ging von der Feststellung aus, daß die B-Tenorposaune bei längstem Auszug anstrengend und die Spielbarkeit bei bestimmten Intervallen schwierig sei. Um die Spielbarkeit zu erhöhen und die Altposaune entbehrlich zu machen, brachte er ein Umschaltventil derart an, daß durch seine Betätigung der mittlere Zug ausgeschaltet wurde. Dadurch wird das Instrument von der Tenor- in die Altstimmung umgeschaltet (Umschaltventil s. S. 63, Zeichnung 55). Das Instrument war 76 cm lang und wurde zunächst von Bohland & Fuchs in Graslitz gebaut.

Die Ausführung des Druckwerkes war jedoch etwas anders, als das Patent angibt. Außerdem wurde teilweise auch noch ein F-Quartventil eingebaut, so daß das Instrument von Bohland & Fuchs als Tripelinstrument in den Stimmungen F-Baß, B-Tenor und F-Alt geblasen werden konnte. Den Umfang gab Alschausky 1920 mit Kontra E bzw. B bis es^2 bzw. b^2 chromatisch an.

Paul Schmidtke und Oskar Dröse in Königsberg schlugen 1929 eine Lösung des Alt-Tenor-Problems vor, bei der das Hell-Dunkel-Gefälle zwischen Alt- und Tenorlage gut zum Tragen kommt. Sie zweigten von der Tenorposaune über ein in der Nähe der oberen Rohrstütze befindliches Umschaltventil ein Altposaunenschallstück ab (DRP 471762 vom 31. Januar 1929).

Als *Kontrabaßposaune*, die in den Opern von Richard Wagner, Giuseppe Verdi und Giacomo Puccini verlangt wird, wurde in Deutschland bis um 1920 meist das Doppelzugmodell von C. W. Moritz in Berlin, das 1869 für die Aufführung des *Rheingold* in München hergestellt worden war, verwendet. Die Doppelzug-Kontrabaßposaune in Helikonform (in B_2), die Richard Weller 1898 in Markneukirchen zuerst baute (DRGM 103298), hatte nur gewisse Bedeutung. 1921 schlug der Berliner Posaunist Ernst Dehmel mit großem Erfolg die Übertragung von Sattlers Quartventilprinzip auf die Baßposaune vor. In Verbindung mit dem Instrumentenmacher August Sprinz in Berlin entstand die F-Baßposaune mit sechs Zugpositionen (bis C_1), Stellventil zur Umschaltung in die Es-Stimmung und Daumen-Quintventil zur Umschaltung in die Kontrabaß-B_2-Stimmung. Später wurden beide Ventile als Daumenventile ausgebildet, deren Druckplatten zum Gleiten eng beieinanderliegen. Dieses Modell ist heute allgemein verbreitet. Der wunde Punkt dieser Posaune sind die Übergänge zwischen ganz aus- und ganz eingezogenem Zug, also der mittlere Bereich der großen Oktave zur Kontraoktave. Die maximale Auszugslänge von etwa 65 cm läßt es nicht zu, in diesen Bereichen schnelle Passagen zu spielen, wie sie bei Verdi und Puccini vorkommen.

Um diesen Mangel abzustellen, konstruierte Hans Kunitz den *Cimbasso*. Kunitz war der Auffassung, daß die bei Verdi mit Cimbasso bezeichneten Partien und analoge Partien bei Puccini mit Ophikleiden oder Ventilposaunen ausgeführt wurden, was wohl richtig ist. Wie Kunitz in Gesprächen äußerte, seien die Ophikleiden und Ventilposaunen aber nur eine Notlösung für die Komponisten in Ermangelung einer entsprechenden Kontrabaßposaune gewesen. Ophikleiden oder gar Tuben, die man später als Ersatz nahm, wären klanglich viel zu dick und würden den intendierten homogenen Klang des Posaunenregisters zerstören. Aus diesen Gedanken resultiert seine F_1-Baßposaune mit $1\frac{1}{2}$-Tonventil (D_1) für den 3. oder 4. Finger der linken Hand und einem $2\frac{1}{2}$-Tonventil (C_1) für den Daumen der linken Hand. Bei Ventil 1 + 2 entsteht eine B_2-Stimmung (theoretisch A_2). Das oben liegende $2\frac{1}{2}$-Tonventil hat einen Zugstangenhebel, das $1\frac{1}{2}$-Tonventil einen Druckhebel. Die spieltechnische Geläufigkeit soll nach Kunitz einem reinen Ventilinstrument gleichkommen. Kunitz testete das Instrument mit Bläsern der Dresdner Staatskapelle und meldete es am 21. November 1959 zum Patent an (DBP 1225033, Auslegetag 15. September 1966). Gebaut wurde Kunitz' Cimbasso zunächst vom VEB Blechblas- und Signalinstrumenten-Fabrik Markneukirchen, seit 1965 von der Firma Gebr. Alexander in Mainz. Eine Ausführung als reine Ventilposaune mit fünf Ventilen (Vertiefung um 2, 1, 3, 5, $2\frac{1}{2}$ Töne) konstruierte 1979 die Firma Max & Heinrich Thein in Bremen (vgl. Foto 148). Die gleiche Firma entwickelte 1976–1978 nach Vorstellungen von Armin Rosin auch eine weit mensurierte Es-Altposaune mit zwei Sekundventilen zur Ausführung der Triller in Posaunenkonzerten des 18. Jh. (Corelli, Heinichen, Telemann, L. Mozart, M. Haydn, Albrechtsberger, Wagenseil), wobei das 2. Ventil demontiert und mit einer Quartschlaufe versehen werden kann, so daß die Tenorstimmung entsteht.

Mundstücke und Mundrohre

20

Die Mundstücke stellen ein eigenes Problem dar, für Instrumentenmacher wie für Bläser. Bei erhaltenen Instrumenten des 16.–18. Jh. mit original zugehörigen Mundstücken stellt man meist fest, daß die Hauptdurchmesser von Mundstück und Instrument zueinander einfachen Zahlenverhältnissen entsprechen. Diese proportionale Bezogenheit zwischen Mundstück und Instrument findet sich teilweise auch im 19. Jh., während sie in der Gegenwart kaum noch beachtet wird. Die Abgestimmtheit zwischen Instrument und Mundstück richtete sich auch schon in der Frühzeit der Ventilära nach der musikalischen Funktion des Instruments. So müsse nach Nemetz (1828) das Mundstück der Sekund-Trompete im Vergleich zur Prim-Trompete, wenn das klangliche Verhältnis der Stimmen zueinander bedacht sein soll, ein weiteres Stengelloch und einen etwas tieferen Kessel haben.

Max Kling äußerte in seiner *Posthorn- und Trompetenschule* von 1830 (S. 23) folgende Auffassung: Beim Horn und Posthorn müssen die Priminstrumente weich und dürfen niemals schreiend klingen. Die Terztrompete muß großvolumig (»ausfüllend«) klingen und »mit einem etwas weiter geöffnetem Mundstücke und mit einer inneren Mundstück-Oeffnung versehen« sein, die Terztrompete muß »etwas grellender behandelt werden ...«

Besonders von seiten der Musiker wird das Mundstück oft als selbständiges Objekt behandelt, meist zu ihrem Nachteil und oft ohne Rücksicht auf die Funktion im musikalischen Gefüge, wovon Nemetz und Kling sprachen. Diese Einstellung wird auch durch das Angebot von Mundstücken im Handel gefördert (zu belegen z. B. schon für 1826 durch Offerten der Verlags- und Instrumentenhandlung B. Schott's Söhne in Mainz, in: *Caecilia* 4, Intelligenzblatt, S. 15). Ein Mundstück muß sowohl den Bedingungen des Instruments als auch denen des Bläsers, seinen Lippen und Zähnen, gerecht werden. Vom Mundstück hängen sowohl Ansprache, Leichtbläsigkeit, Tonreinheit als auch Lautstärke, Klangfarbe und Intonation ab. Um diese musikalischen Eigenschaften zu verbessern und die Gebrauchseigenschaften der Mundstücke zu erhöhen, wurde mit allen Teilen des Mundstücks experimentiert, mit Rand, Kessel, Trichter, Stengelloch, Stengelbohrung.

Das Äußere des Mundstücks ist von der inneren Mensur ziemlich unabhängig, wobei sich im 19. Jh. charakteristische Fassons herausbildeten, wie *Kölner, Mainzer* und *Dresdner Fasson*.

Seit der Mitte des 19. Jh. spielen auch die französischen Fassons in Deutschland eine Rolle, z. B. die *Besson-* und *Courtois-Fasson*. Letztere war in Deutschland zeitweise so verbreitet, daß sie noch im Handelskatalog von Hans Rölz, Klingenthal/Graslitz 1933, als »gewöhnliche« Form bezeichnet wurde.

Als 1851 der Dresdner Kammermusikus Julius Rühlmann seinen Aufsatz über die Ventilinstrumente veröffentlichte, wurden die Naturtrompeten noch mit Mundstücken geblasen, deren Kessel flach und scharfkantig zum Loch zu waren, wäh-

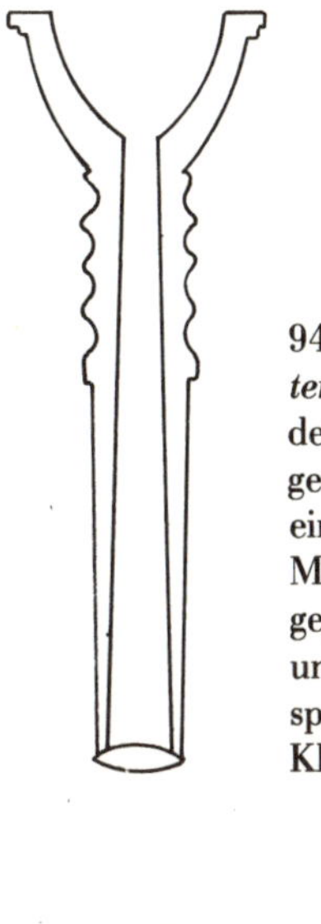

94. Trompetenmundstück nach Nemetz' *Trompetenschule*, Wien 1828 (Pause). Da die dort abgebildeten Trompeten die Aufschrift »Joseph Riedl« tragen, ist auch das Mundstück wahrscheinlich nach einer Vorlage von Riedl dargestellt worden. Das Mundstück für die zweite Trompete (Sekund) ist gegenüber der ersten (Prim) etwas tiefer im Kessel und hat ein weiteres oberes Stengelloch. Dadurch sprechen die tiefen Töne leichter an und sind im Klang geringfügig dunkler.

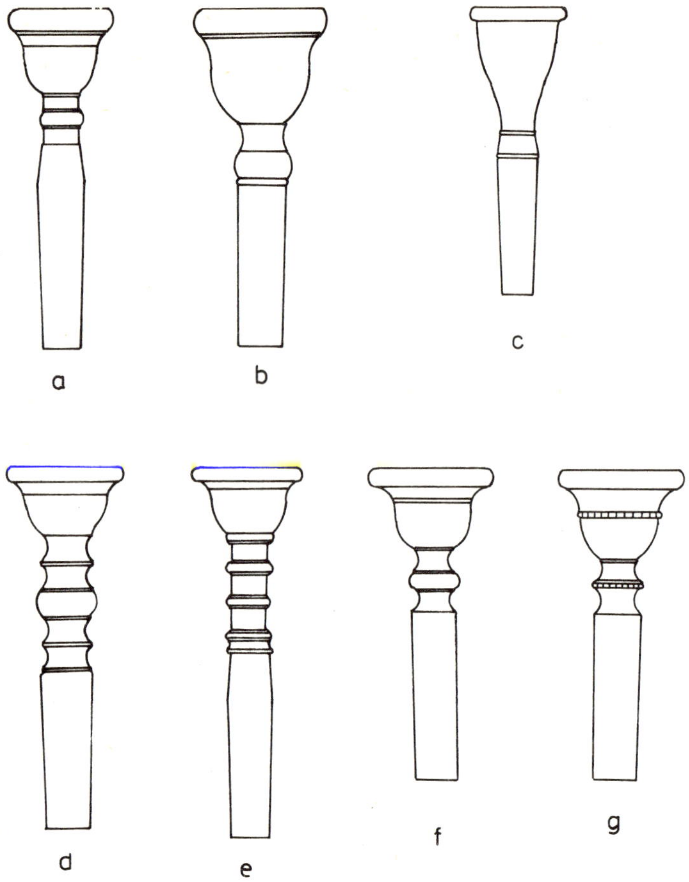

95. Mundstückfassons, besonders 19. und 1. Hälfte 20. Jh.
a—c: Kölner Fassons für Trompete (a), Alt- bis Baßinstrumente (b), Waldhorn (c).
d: Mainzer Fasson (Mitte 19. Jh.).
e: Dresdner Fasson, auch mit einem statt der zwei Rundstäbe.
f: In Deutschland und Österreich weit verbreitet, seit der 2. Hälfte des 19. Jh. in Deutschland auch als Courtois-Fasson bekannt; bei Antoine Courtois jedoch Mittelwulst zylindrisch und oft mit Lorbeerblattmustern.
g: Besson-Fasson.

rend »der Weichheit des Tones wegen bei Ventiltrompeten ein umgebrochenes oder abgerundetes Windloch in Anwendung war« (Rühlmann 1851, Bd. 34, S. 281). »Die Ventiltrompetenmundstücke haben die reine Kesselform« (Bd. 35, S. 10). Der scharfkantige Übergang zwischen Kessel und Stengel hat sich des signalhaften, strengen Klanges wegen am längsten bei Fanfaren und Signalhörnern gehalten, teilweise bis in die Mitte unseres Jahrhunderts. Die Waldhornmundstücke waren nach Rühlmann aus Blech gelötet und rein konisch (1851, Bd. 34, S. 272), wobei dies in erster Linie für Sachsen und auch da nicht generell gilt. Bei Alt-, Tenor- und Baßhörnern sowie Trompeten erfolgte der Übergang zum gerundeten Stengelloch wohl um 1835, während in dieser Zeit die Serpente, Baßhörner und Ophikleiden meist noch den kantigen Stengelübergang hatten. Die Alt- und Tenorhornmundstücke hatten um 1850 schon generell becherartige Mundstücke mit allmählichem Übergang zum Stengel. Nach Rühlmann entsprach um 1850 das Mundstück der Alttuba dem der Altposaune und das Tenorhornmundstück dem Tenorposaunenmundstück. Die süddeutsch-österreichischen Baß- und Tenorflügelhörner hatten eine tiefere Mundstückbohrung, so daß der Klang weicher wurde. Beim Preußischen Kornett hat die Bohrung eine tiefe Becherform (Schubert 1865, S. 187). Die Mundstückbohrungen, die 1855 F. Zamminer abbildete, sind zeittypisch (Abb. 34). Hiernach hatten Tenorhorn und Cornet à pistons (Pistons) kurze Trichter, deren Länge $\frac{2}{7}$ bzw. $\frac{1}{4}$ der Gesamtlänge des Mundstücks betrug, Posaune und Bombardon dagegen tiefe Kessel (Becher) von $\frac{2}{7}$ der Gesamtlänge. Wie auch beim Trompetenmundstück bestand noch ein kantiger Übergang zum Stengel.

Die sich nach etwa 1860 herausbildenden und Schule machenden *Kölner Mundstückmodelle* haben etwa folgende Merkmale: Beim Trompetenmundstück ist die Kesseltiefe (bis Minimaldurchmesser gerechnet) oft $\frac{1}{6}$ — oder etwas mehr — der Gesamtlänge, die meist um 89 mm liegt. Der Kesseldurchmesser entspricht vielfach der Kesseltiefe, manchmal ist er auch etwas enger. Der Lochdurchmesser beträgt ungefähr 4,5 mm und steigt bis zum Ende des im Prinzip konischen Stengels auf das 2- bis $2\frac{1}{4}$fache. Das Kesselvolumen ist insgesamt groß, größer als beim Mainzer Mundstück, und fördert damit einen großen und vollen Klang. Die Posaunenmundstücke der Kölner Fasson weichen in den Relativmaßen von den Trompetenmundstücken dadurch ab, daß die Kesseltiefe etwa doppelt so groß ist, also $\frac{1}{3}$ (auch $\frac{3}{10}$) der Gesamtlänge. »Echte« Kölner Waldhornmundstücke der Zeit um 1900 bis 1920 sind etwa 67,5 mm lang. Für die Trichterlänge gelten die Richtwerte $\frac{1}{2}$ Gesamtlänge = 2 × oberer Durchmesser. Die Erweiterung im Stengel beläuft sich meist auf das $1\frac{1}{2}$fache. Der *Wiener Kessel*, der beim Wiener F-Horn im letzten Viertel des 19. Jh. aufkam und in einer bauchigen Trichterbohrung besteht, wurde ebenfalls in Deutschland üblich, vor und nach dem zweiten Weltkrieg auch beim B-Horn. Er fördert den weichen, sanglichen und pastosen Hornton, außerdem ist die Ansprachesicherheit größer als beim konischen Mundstück französischer Prägung.

Mainzer Trompetenmundstück (um 1870). Die Bohrung steht mehr einem flachen Trichter als einem Kessel nahe, Kesseltiefe = $\frac{1}{6}$ bis $\frac{1}{8}$ der Gesamtlänge. Die Durchmessererweiterung des Stengels beläuft sich auf das $2\frac{1}{2}$ bis $2\frac{2}{3}$fache.

Dresdner Trompetenmundstück (um 1910). Es hat eine ausgeprägte Kesselform mit abgerundetem Loch, dessen Durchmesser 4,1 bis 4,5 mm beträgt. Der Durchmesser erweitert sich im Stengel auf das 2fache, auch $2\frac{1}{4}$fache.

Die feine Gestaltung des Stengels ist unterschiedlich, ein kurzer zylindrischer Abschnitt am Stengelbeginn findet sich bei Mundstücken des 19. Jh. noch selten, dagegen kommen leicht hyperbolische und parabolische Ausarbeitungen häufiger vor. Seit etwa den 1930er Jahren sind drei Gruppen von Mundstücken üblich. Die 1. Gruppe umfaßt die traditionellen, einfachen Formen, bei denen sich an den Kessel direkt die konische Bohrung anschließt. Die 2. Gruppe hat zwischen Kessel und Konus ein zylindrisches Zwischenstück, das etwas länger als der Kessel tief ist und Seele oder Kehle genannt wird. »Seele« ist ein Wort aus der Sprache der alten Geschützgießer und Artilleristen, die damit die lichte Weite des Geschützrohres bezeichneten. Die 3. Gruppe umfaßt Mundstücke mit Doppelkessel, wobei der Unterkessel konisch und etwas länger als der Oberkessel ist. Nach dem Unterkessel folgt ein zylindrischer Abschnitt von fast der Länge beider Kessel und schließlich der Konus. Dabei ist der obere Durchmesser des Unterkessels oft $\frac{1}{2}$ des Oberkessels, und die Durchmesserverringerung im Unterkessel geht auf $\frac{3}{8}$ des großen Wertes. Ausbuchtungen wie bei Winters Mundrohrgestaltung (S. 248) wurden auch in den Mundstückstengel verlegt, so 1914 von F. Busch in New York, und als entdecktes Geheimnis betrachtet.

Der Gedanke der parabolischen Luftführung im Stengel wurde 1924 von Josef Rubner in Nürnberg neu belebt (DRP 418561 vom 10. August 1924).

Rubner entwickelte eine zahlenmäßig abgestimmte parabolische Bohrung. Das obere $\frac{1}{8}$ ist zylindrisch, dann folgen $\frac{4}{8}$ strenger Konus, der Rest von $\frac{3}{8}$ der Stengellänge ist parabolisch im engeren Sinne, abgerechnet ein abschließender zylindrischer Stutzen, dessen Durchmesser gleich dem großen Durchmesser des konischen Segmentes ist. Die maximale Ausbuchtung befindet sich bei $\frac{1}{7}$ der Stengellänge, etwa an der Stelle, wo sich bei der B-Trompete der Schwingungsknoten des 8. Naturtons befindet. Dieses Mundstückmodell ist eine Verbesserung und Durchrationalisierung eines seinerzeit bekannten, aus mehreren gestanzten Blechteilen zusammengelöteten Mundstücks mit parabolischem Stengel. Solche Mundstücke waren umständlich herzustellen, und die Tonreinheit ließ zu wünschen übrig. Rubners gedrehtes Mundstück soll nach Aussage des Erfinders leichtbläsiger und kraftsparender sein, einen reinen, vollen, kräftig klingenden und weittragenden Ton ermöglichen sowie in der hohen Lage leicht ansprechen.

Der Aspekt der Luftführung wurde durch Gustav Giese in Berlin-Niederschönhausen zur gleichen Zeit in der Art behandelt, »daß der Kessel mit sternförmigen Einkerbungen versehen ist, die nach kurzer Unterbrechung durch den Zapfen weiter verlaufen, zu dem Zwecke, der Luft eine Führung zu geben« (DRP 422795 vom 18. Februar 1925).

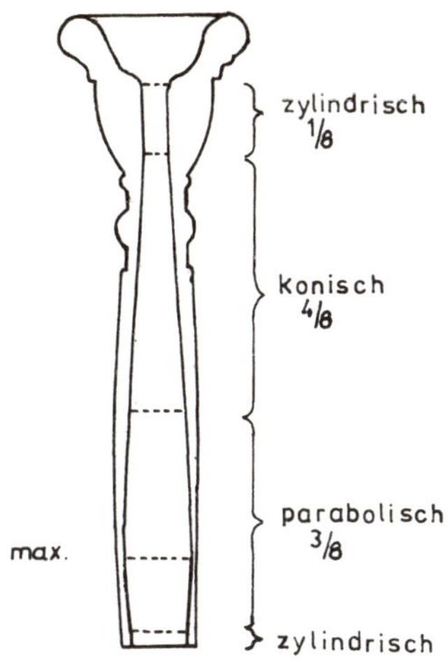

96. Mundstückbohrung nach Josef Rubner, Nürnberg 1924.

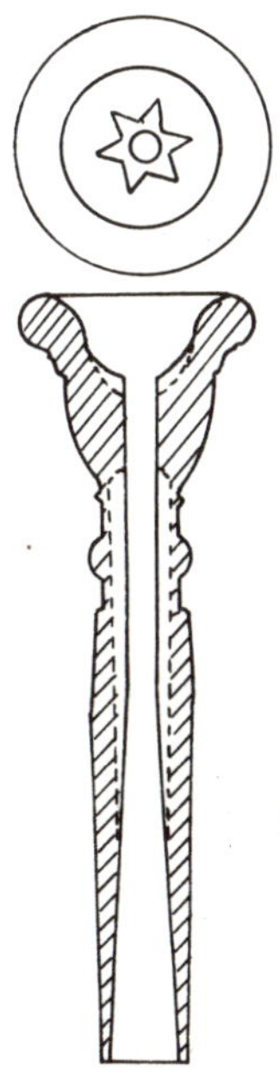

97. Mundstück mit Windführung nach Gustav Giese, Berlin 1925. Oben: Kessel von oben gesehen mit Kennzeichnung der sternförmigen Vertiefungen im Kesselboden. Unten: Querschnitt, die sternförmige Windführung wird im angegebenen Stengelbereich fortgesetzt.

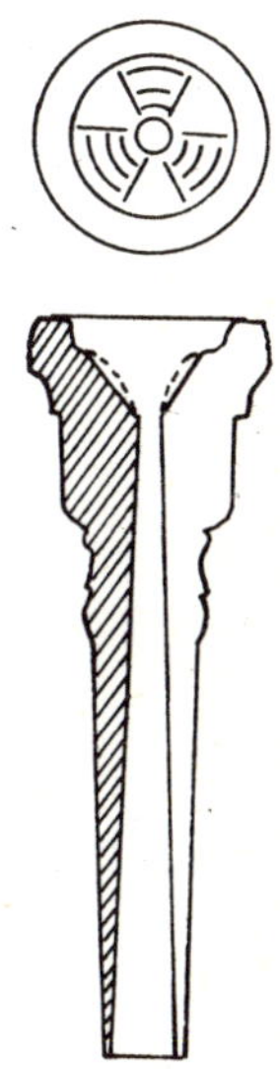

98. Mundstück mit Windführung nach Adolf Sahm, Frankfurt (Main) 1936. Die Windführung besteht in einer kleeblattförmigen Vertiefung im Kesselboden.

Die Zeichnung zeigt oben eine Sicht in den Kessel und darunter einen Schnitt, wobei die Strichelung die stehengebliebenen Teile der Luftführung andeutet. Die Wirbelbildung wird hier eingeschränkt, die Luft erhält eine bestimmte Führung. Nach dem Erfinder soll die Leichtbläsigkeit in der Höhe und Tiefe gefördert und der Klang besonders voll sein. In die gleiche Richtung geht die Mundstückverbesserung von Adolf Sahm in Frankfurt (Main) (DRP 652235 vom 21. Juni 1926). Anstelle der sternförmigen Einkerbung im Kesselboden befinden sich drei breite, keilförmige Einkerbungen. Die Anordnung ist am besten, wenn die drei zwischen ihnen befindlichen erhabenen Teile etwa die Form eines dreiblättrigen Kleeblattes haben. Nach dem Lippenauflagerand folgt ein kurzer zylindrischer Abschnitt.

Sahm versprach sich die gleichen Vorteile wie Giese, leichte und volle Ansprache, ausgeglichenen Ton. Piano und Forte sollen gleich gut sein. Ein Mundstück nach Analogie des Kehlkopfes mit am Loch ausgestülptem Kessel und zylindrischem Stengel erfand um 1950 der Trompeter Heinz Burum (*Das Orchester*, 4/1984, S. 318).

Karl Weiß in Heidelberg wollte ein Mundstück schaffen, das man universell, also auf allen Instrumenten einer Größenklasse verwenden kann, so z. B. auf B-Trompete, Jazztrompete und Flügelhorn (DBP 1024784, angemeldet am 24. Dezember 1953).

Oberkessel und zylindrisches Segment betragen je ½ der Unterkessellänge. Für die universelle Verwendung machte Weiß vor allem den becherförmigen Übergang von der zylindrischen zur konischen Bohrung verantwortlich. Gegenüber anderen Mundstücken sollen nach seiner Meinung besser oder größer sein: Tonreinheit, Klangfülle, Ansprache, Treffsicherheit und Stimmung. Außerdem soll der Tonbereich nach oben und unten erweitert werden können.

Eine andere Gruppe von Mundstückverbesserungen betrifft die Randgestaltung, um damit die Ermüdung der Lippen einzuschränken. 1910 erhielten Arnold Egli in Plauen (Sachsen) und Bernhard Grätz in Berlin ein Patent für ein Mundstück »mit einem der Form der Oberlippe entsprechenden Vorsprung, welch letzterer der Oberlippe einen Stützpunkt gewährt und die Oberlippenspitze, ohne diese in ihren Schwingungen zu behindern, vor Ermüdung schützt« (DRP 239373 vom 26. Juni 1910).

Die Erfindung ging von der Beobachtung aus, daß bei der Tonbildung auch die Oberlippe oszilliert. Eine Rinne in den Rand zu legen, in welche ein Gummischlauch eingelassen ist, schlug Felix Ellrich in Chemnitz vor (DRP 622098 vom 1. September 1934). Schließlich sah Walter Uhlemann in München-Pasing in einer breiten, ovalen Mundstückplatte aus Kunststoff, die der Mundform des Bläsers angepaßt ist, ein wesentliches Hilfsmittel, um die Ausdauer zu erhöhen (DBP 843051 vom 31. August 1950).

Die Platte ist abschraubbar und gegen einen gewöhnlichen Rand auszutauschen.

Das Mundstück, bei dem sich das Kesselvolumen in Abhängigkeit vom Blasdruck ändert, wurde 1843 von Leopold Uhlmann in Wien erfunden. Grundgedanke ist, daß in der hohen Lage die Ansprache durch einen kleinen Kessel erleichtert wird, in der tiefen Lage dagegen ein tiefer Kessel klanglich und ansprachemäßig günstiger ist. Uhlmann löste das Problem dadurch, daß er das Kesselvolumen vom Blasdruck abhängig machte und zur Regelung eine Feder verwendete, wie es im Prinzip noch heute üblich ist. In seinem schon besprochenen Patentantrag vom 26. Juli 1843 schrieb er:

»1^{tens} Um den Ansatz zu erleichtern, daher das Blasen mit weniger Anstrengung zu verbinden, ist das Mundstück derart in dem Kessel verschiebbar, daß es beym Druck durch das blassen den Kessel verkleinert, daher die höheren Tönen erleichtert, beym Nachlassen des Druckes aber vergrößert, wodurch die tiefen Töne leichter werden, diese Verschiebbarkeit ist der Art bewirkt, daß der conische Theil des Mundstückes mit einem cylindrischen Kern versehen, und mit Hülfe dessen in den Mundtheil des Mundstückes verschiebbar eingeschliffen ist, so daß nach durch Druck herbeygefürter Verengung und Verkürzung durch Federkraft der normale Zustand wieder hergestellt wird.

Neu ist die Beweglichkeit und Verschiebbarkeit des Mundstückes in sich, bewirkt durch die Zusammensetzung, während bisher die Mundstücke nur aus einem Metallstücke bestanden, und daher in sich unverschiebbar waren.«

Uhlmanns Erfindung wurde vier Jahre später von »Ingenieur Premier Lieutenant Ritter« vom Festungsbauhof in Köln nochmals gemacht, anscheinend ganz unabhängig von Uhlmann. Im Erläuterungsbericht für die »Prüfungs-Commission« der Technischen Deputation des preußischen Ministeriums für Handel und Gewerbe vom 6. November 1847 schrieb Ritter:

»Von dem Erfahrungs-Grundsatze ausgehend, daß auf Mundstücken mit großem Kessel die tiefen Töne, auf Mundstücken mit kleinem Kessel die hohen Töne sich leichter blasen lassen, suchte ich ein Mundstück hervorzubringen, welches beide Vortheile zu gleicher

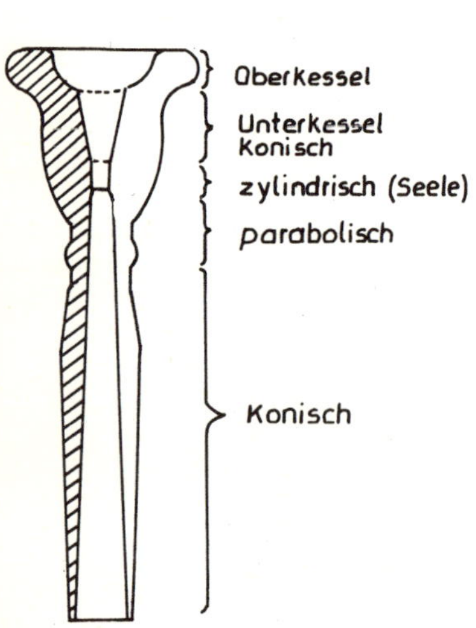

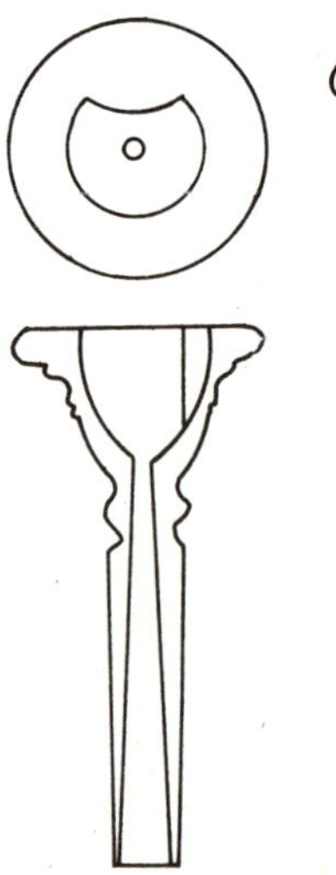

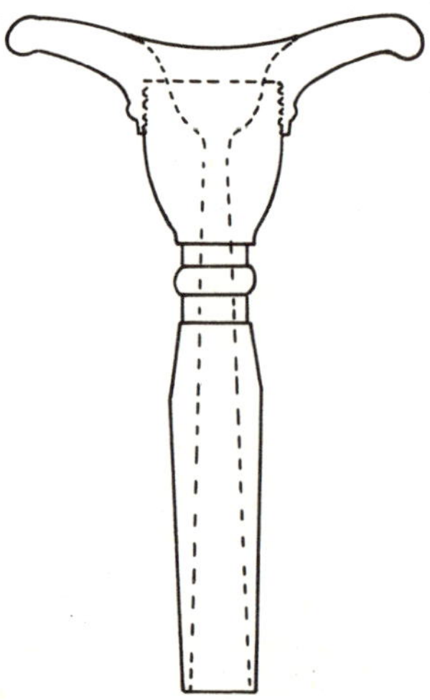

99. Mundstück mit Windführung nach Karl Weiß, Heidelberg 1953.

100. Mundstück mit teilweise verbreitertem Rand für die Oberlippe als Schutz gegen Ermüdung. Nach Arnold Egli (Plauen) und Bernhard Grätz (Berlin), 1910. Oben: Sicht von oben. Unten: Querschnitt.

101. Lippenschonendes Mundstück nach Walter Uhlemann, München 1950. Der breite Rand ist abschraubbar und kann gegen einen Rand üblicher Breite ausgetauscht werden.

Zeit verbände, d.h. bei welchem sich der Kessel nach Belieben während des Blasens und ohne dies im Geringsten zu geniren, verkleinern oder vergrößern ließe. Da nun bei der Absicht hohe Töne hervorzubringen das Mundstück fester an die Lippen gedrückt, bei tiefen Tönen dasselbe jedoch leiser angesetzt wird, so war nichts natürlicher, als eine Feder anzubringen, welche einen hohlen Cylinder in die Höhe drückt, wenn das Mundstück lose an die Lippen gesetzt wird. Durch das festere Andrücken, welches naturgemäß schon geschieht, wenn man höher blasen will, schiebt sich der Cylinder in sein Gehäuse und verkleinert auf diese Art den inneren Kessel des Mundstücks, wodurch das Hervorbringen der höchsten Töne mit großer Leichtigkeit möglich wird. Ein geübter Hornist ist im Stande noch eine Octave höher als das vorgenannte hohe C und in der Tiefe bis Contra G zu blasen.

Die Stärke der Feder muß jedem einzelnen angepaßt werden, indem dieselbe nach dem verschiedenen Ansatz gewickelt werden muß. Beiliegendes Mundstück kann für das Waldhorn, für das Klappenhorn und für das Cornet à pistons gebraucht werden. Für Trompeten, Posaunen, Tenor-Alt- und Baßhörner und für die Tuba können Mundstücke nach derselben Theorie jedoch mit den angemessenen Abmessungen construirt werden.

Für einen zweiten Hornisten würde der Kessel vertieft und der Cylinder im Durchmesser und in der Tiefe vergrößert werden. Beiliegendes Mundstück ist für einen ersten Hornisten bestimmt und hat sich seit 3 Monaten vortrefflich bewährt. Es ist tatsächlich während dieser Zeit gebraucht worden, zeigt indessen noch keine Spur von Abnutzung.

Cöln den 6ten November 1847

Ritter

Ingenieur Premier Lieutenant«

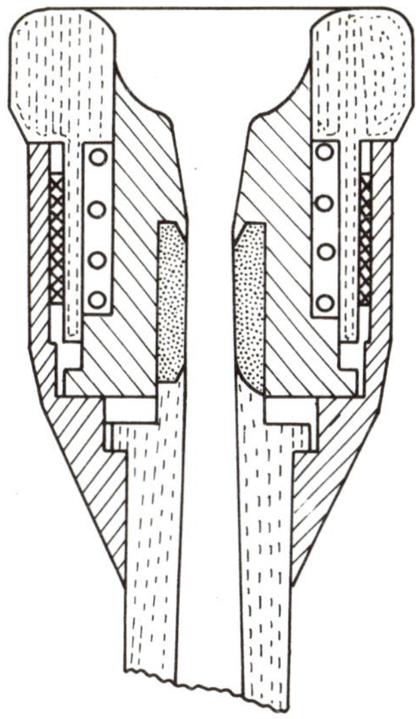

102. Mundstück nach Karl Eduard Schatz, Ludwigshafen 1950. Bei zunehmendem Blasdruck wird das Kesselvolumen kleiner, das »Seelenrohr«, das aus Gummi besteht, wird zusammengedrückt und dadurch enger. Kleine Kreise: Schraubenfeder.

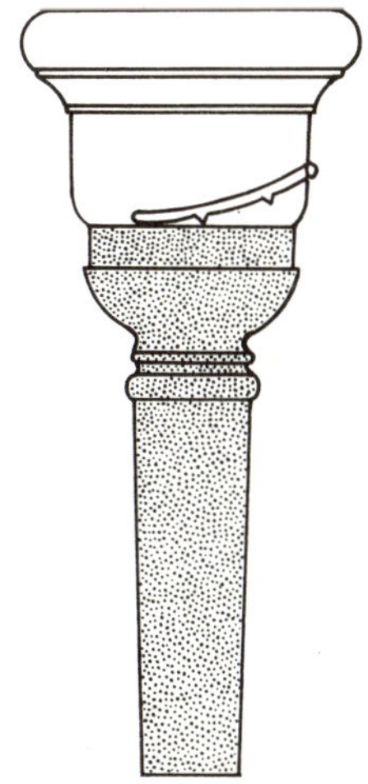

103. Mundstück nach Josef Hablowetz, Neustadt (Aisch) 1958, mit veränderbarem Kesselvolumen. Steigt der Lippendruck (hohe Lage), verschiebt sich der obere Mundstückteil entsprechend der gewindeförmigen Nut, so daß das Kesselvolumen kleiner wird. Dargestellt ist das Mundstück bei großem Kesselvolumen.

Ritter erhielt am 13. Februar 1848 ein Patent auf fünf Jahre für den preußischen Staat. Er übertrug die Herstellung dem 1. Hornisten am Kölner Städtischen Theater, Carl Stumpf, und zwar zu dessen Gunsten. Dem Aktenvorgang sind noch zwei Gutachten von Stabshornist Justus von der 7. Königlich Preußischen Artillerie-Brigade in Köln und von dem dortigen Hornisten Theophile Packenius beigefügt, die sich am 22. Juli 1848 positiv über das Mundstück äußerten. Dennoch geriet Ritters Erfindung in Vergessenheit. 1896 wurde sie von den Kanadiern Benjamin Witmer in Plattsville und Eri Whaley in Toronto ein drittes Mal und 1922 von Bohuslav Fulik in Jansovice (Tschechoslowakei) im Prinzip ein viertes Mal gemacht. Ernest Otto Roark in Springfield und Claude Ray Blue in Bolivar (USA) verlegten 1913 die Feder in den Stengel. Einen Schritt weiter ging 1950 Karl Eduard Schatz in Ludwigshafen. Er konstruierte ein Mundstück, bei dem mit erhöhtem Blasdruck nicht nur das Kesselvolumen, sondern auch der Querschnitt des Kessellochs kleiner wird (DBP 836592 vom 13. Januar 1950). Der Kehlbereich hat eine Gummieinlage, die, wenn die Mundstückteile zusammengeschoben werden, sich ausbuchtet und damit den Kehlquerschnitt verengt. 1958 verbesserte Schatz diese Erfindung weiter.

Nachrichten über verstellbare, aber federlose Mundstücke treten zuerst 1855 in das Feld der Überlieferung. In jenem Jahr stellte auf der Pariser Weltausstellung eine dänische Firma eine Trompete mit einem Mundstück aus, das »sich durch eine im Kessel angebrachte Schraube tiefer und seichter machen [ließ], um es nach Wunsch des Bläsers bald für das leichtere Blasen in der Höhe, bald für das Hervorbringen eines stärkeren Tones in der Tiefe regulieren zu können« (Schebek 1858, S. 32).

Eine USA-Erfindung aufgreifend, baute Josef Hablowetz in Neustadt (Aisch) ein Mundstück, bei dem das Kesselvolumen durch eine schräge Nut im Lippenstück auf einfache Weise verändert werden kann (DBP 1083106, angemeldet am 13. August 1958). Die Nut wird von einer Schraube im Unterstück geführt. Die Schraube rastet bei Verstellung des Mundstücks in zwei Einkerbungen der Nut ein. Der Kessel hat also vier Volumenstufen.

Um 1880 kamen Mundstücke mit verstellbarem Kessel und abschraubbarem Rand in den USA auf. Als Erfinder gilt dort Jacob J. F. Popp in Philadelphia (DRP 16547 vom 8. Juni 1881). Als Leopold August Schmidt in Köln auf der Gewerbeausstellung 1902 in Düsseldorf Mundstücke mit abschraubbarem Rand, der je nach Bläser durch einen stärkeren oder schwächeren ausgewechselt werden kann, ausstellte, waren diese in Deutschland unbekannt (ZfI 22 von 1901/02, S. 878).

Im Prinzip kann zu dieser Gruppe auch Janatkas Mundstück, Prag 1851, gerechnet werden. Bei diesem wurde der elfenbeinerne Kessel oder Trichter auf den messingnen Stengel geschraubt (Notiz in: *Neue Zeitschrift für Musik* 34, 1851, S. 138).

Außer Messing wurde für Mundstücke wegen des angeblich weicheren Klangs auch Elfenbein, Horn oder Holz verwendet, übrigens schon lange vor der Ventilära. Glasmundstücke wurden zuerst von J. D. Breton, Paris um 1862, hergestellt. Mundstücke aus Kunststoff begann man wohl in den 1920er Jahren herzustellen. 1969 wurde polymerisiertes Holz vorgeschlagen. Am 17. Mai 1876 wurde Alexander Jung in Erlbach ein sächsisches Patent unter der Nummer 4428 zuerkannt, das in der Ausfütterung von Mundstücken mit Gummi bestand. Die im Prinzip gleiche, unbedeutende Erfindung, die den Klang verbessern soll, wurde 1899 von Searle wiederholt, wobei die Einlage aus dem Stengel herausragt und nur bis zu ⅔ der Kesselhöhe geht (vgl. auch Foto 9).

Der erfahrene Mundstückdreher muß versuchen, eine den Lippen und Zähnen gemäße Randgestaltung zu finden. Es ist letzten Endes auch eine Sache von Erfahrung und Begabung, als Mundstückdreher das für den jeweiligen Bläser geeignete Mundstück herzustellen. In manchen Firmen, wie der von Werner Christian Schmidt in Markneukirchen, in der auch eine besondere Schaftbohrung entwickelt wurde, kommt dem eine über mehrere Generationen bestehende Familienerfahrung entgegen (Schmidt 1980). Ein Mundstück, das für einen Bläser gut geeignet ist, kann für den anderen ungeeignet sein. Ein Idealmundstück gibt es nicht.

Rohrverengungen nach dem Mundstück anzubringen war dem Instrumentenbau vor der Ventilära nicht unbekannt und gewann im Ventilinstrumenten-, zumal Trompetenbau große Bedeutung. Mit einiger Regelmäßigkeit begegnen wir konischen oder eingeschnürten Mundrohren bereits bei Ventiltrompeten vor der Mitte des 19. Jh. Der Grundgedanke besteht darin, durch eine bestimmte Windführung Intonation, Ansprache und Klang zu verbessern. Zur Beurteilung derartiger Abweichungen von der Grundmensur gehören auch die Mundstücke, bei denen die Luftführung im Stengel von der strengen konischen Mensur abweicht. Ferner kommt es auf die Länge des Instruments an, da z. B. bei der B-Trompete der Schwingungsknoten des 8. Naturtons etwa 8 cm vom Mundstückbeginn entfernt liegt und sich somit bei höheren Trompeten im Stengel des Mundstücks befindet, während er beim Tenorhorn schon im Mundrohr liegt. Bisweilen befindet er sich an der Übergangsstelle von Mundstück zu Mundrohr, einer denkbar ungünstigen Stelle. Daran ist ersichtlich, daß man die

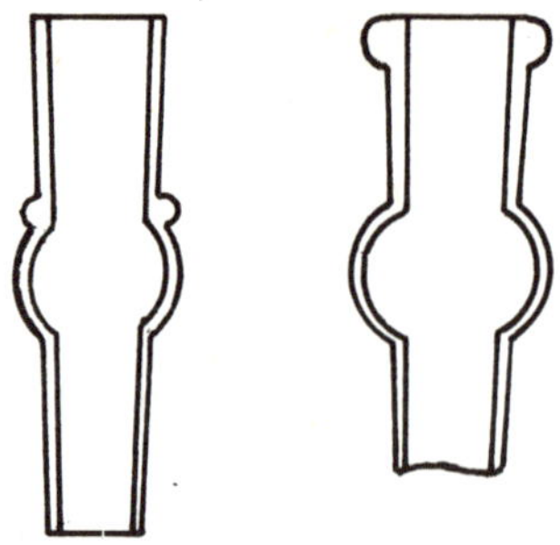

104. Vorrichtung zur Verbesserung der Ansprache in der hohen Lage und der Geläufigkeit nach Friedrich Ernst Winter, Hamburg 1926. Dargestellt sind zwei Ausführungsbeispiele. Links: Aufsteckstück zwischen Mundstück und Mundrohr. Rechts: Mundrohrbeginn mit kugelförmiger Erweiterung, die etwa dort beginnt, wo das Mundstück endet.

Modifikationen bzw. Verengung des Mundrohrs nur unter ganz konkreten mensurellen Bedingungen beurteilen kann.

1912 konkretisierte Jacob Löw in Münster die Verengung im Mundrohr dahingehend, »daß die innere Wandung des Mundrohres oder eines besonderen Einsatzstückes im ersten Schwingungsknoten der Luftsäule eine nach beiden Seiten konisch verlaufende Verengung hat« (DRP 252225 vom 29. Februar 1912). Anscheinend meinte er den erwähnten 8. Naturton. Die innere Mundrohrgestaltung bei Trompeten wechselt oft von Firma zu Firma. Löw kannte nur Verengungen »im oder unmittelbar am Mundstück«. Er versprach sich durch seine Entdeckung eine »Verstärkung des Tones« und hielt sie besonders für Trompeten geeignet. Seit etwa 1910–1920 ist bei den meisten Trompeten die Gestaltung des »inneren« Mundrohres so getroffen, daß sich vom Mundstück aus bis einige Zentimeter vor der Maschine ein Konus ergibt, wobei der Konus viele Gesichter haben kann, bis hin zum Stufenkonus, der heutigentags in genauer akustischer Kalkulation erwogen wird, nachdem mit der Teleskopmensur bereits nach 1908 ein Ansatz gemacht worden war (s. S. 87 f.).

Friedrich Ernst Winter in Hamburg glaubte, die hohen Töne um das c^3 sprächen auf der Trompete leichter und sicherer an und die Geläufigkeit in der hohen Lage würde gefördert, wenn eine hohlkugelige Erweiterung nach dem Mundstück folgte (DRP 448869 vom 6. März 1926).

Er schlug vor, entweder kleine Zwischenstücke zwischen Mundstück und Mundrohr auf letzteres aufzusetzen bzw. die Hohlkugel an das Mundstück anzufügen oder in das Mundrohr einzuarbeiten. Der Erfindung liegen keine akustischen Überlegungen zugrunde, sondern wohl eine Zufallserfahrung mit einer bestimmten Trompete.

Sonstige Erfindungen

21

In diesem Kapitel werden meist kleinere Erfindungen angeführt, die bestimmte Vorrichtungen und das Material betreffen. Den Anfang möge ein Stimmzug machen, den Albert Steiner in Ulm in sein Patent von 1878 (S. 250) einschloß.

Es ist eine Variante des Stimmzuges aus den USA, der bereits an Thomas D. Paines Patentinstrumenten von 1848 vorhanden war (Eliason 1979, S. 10) und 1905 von William George Porter in Tamworth (Großbritannien) verbessert und modifiziert wurde. Das verbindende Merkmal all dieser Formen ist die Gewindestange, die W. Wieprecht bereits 1838 erfunden hatte (Abb. 38, vgl. S. 95 f.) und die um diese Zeit auch schon Charles-Joseph Sax in Brüssel baute (Klappenhorn Brüssel P 3650). Eine Stimmzugvariante ohne Gewindestange konstruierte um 1873 F. Hirschberg (s. S. 237 Zeichnung 92).

Karl Thüre in Berlin wollte 1907 die Umschaltventile durch einen dreifach gebogenen U-Stimmzug ersetzen (DRP 200 583 vom 19. Juli 1907). Es handelt sich um ein G-Horn, das schnell bis zur D-Stimmung vertieft und bei dem der Auszug an einem Anzeiger kontrolliert werden konnte. An den schnellen Auszug der Ventilschleifen, der proportional erfolgen muß, hatte Thüre freilich nicht gedacht. Mit zweifachen Stimmzügen experimentierte man schon um 1853 (s. Abb. 14).

E. Schelle (1873, S. 68) berichtete, daß man 1849 in Österreich ein Altinstrument mit einem drehbaren Schallbecher konstruiert und es *Cornotragone* genannt habe. Auf der Pariser Weltausstellung 1867 waren zwei Instrumente mit drehbarem Schallstück zu sehen: das Glagol genannte Solo-Baryton von August Hinrich Rott und ein Instrument von Franz Bock (Červený 1867, S. 15; vgl. auch Abb. 13).

Eine technologische Neuerung der Schallstückherstellung mittels Druckwalze anstelle des Aufarbeitens der Tüte mit Hilfe des Hammers geht auf Leopold Uhlmann zurück. Im Patentantrag vom 26. Juli 1843 (vgl. S. 34 f., 96, 246) beschreibt er diese Erfindung wie folgt:

»4^{tens} Werden die Becher oder Schallstücke nicht mehr mit dem Hammer getrieben, sondern mit einer eigens dazu vorgerichteten Druckwalze erweitert, wodurch das Schallstück durch seine ganze Ausdehnung im Metalle gleich dick bleibt, die bey der früheren Methode häufigen Feuerrisse vermieden werden und eine gleichartigere Resonanz der Töne bewirkt wird.

Neu ist das Walzen der Schallstücke oder Becher statt dem früheren Hämmern.«

Hieran scheint das vorerst am frühesten um 1850 bei dem Prager Meister Eduard Johann Bauer vorzufindende Verfahren anzuschließen, nach dem das Schallstückende auf der Tiefziehpresse gezogen und danach an den Schallstückstumpf über eine Zackennaht angelötet worden ist (z. B. Waldhorn von E. J. Bauer, Händelhaus MS-288).

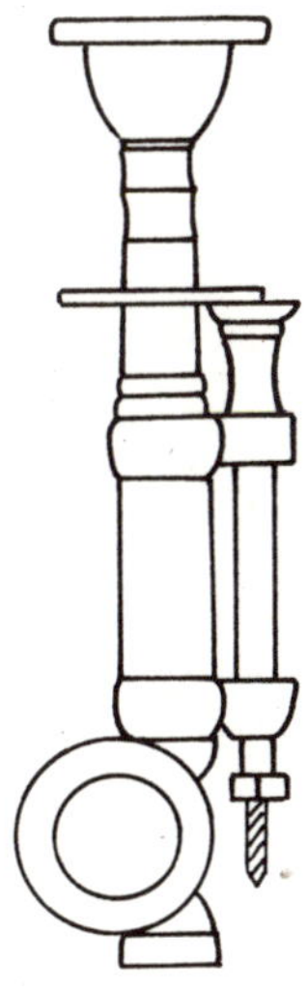

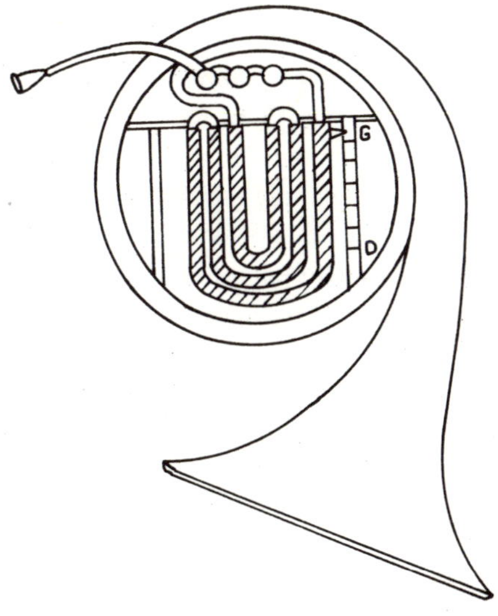

105. Stimmzug mit Gewindestange nach Albert Steiner, Ulm 1878.

106. Waldhorn mit dreifachem Stimmzug nach Karl Thüre, Berlin 1907. Am Zug ein Zeiger, der auf einer Skala die Stimmung angibt.

Sonstige Erfindungen

Eine besondere, jedoch nicht näher bekannt gewordene Messinglegierung schlug 1831 der Leipziger Gewandhaus-Trompeter F. Striegel vor (*Neue Zeitschrift für Musik*, Jg. 1, Leipzig 1834, S. 19). Um auf einer Trompete weiche Klänge hervorzubringen und Trompeten zusammen mit Streichinstrumenten verwenden zu können, baute Albert Steiner C-Trompeten mit Holz- und Metallrohren (DRP 3656 vom 29. Januar 1878). Die 12–15 cm lange Messingstürze steckt in einem Holzrohr; Mundrohr, Ventile und Schleifen sind aus Metall. Die Holzrohre haben die gleichen inneren Durchmesser wie bei Metallinstrumenten. 1927 schlug Wilhelm Ackermann in Seehof bei Teltow Trompeteninstrumente aus nichtrostendem Stahl vor, wobei die Wandstärke geringer sein konnte als bei Messing (DRP 514463 vom 4. Dezember 1927). Ackermann kam es hauptsächlich auf eine Gewichtsverminderung an. Nach einem neueren Prospekt der Firma M. Schilke in Chicago sollen stählerne Schallstücke aber extrem dumpf klingen. Letztere Firma setzt sich für Beryllium-Bronze ein, die den Klang ungewöhnlich gut abstrahlen soll. Kupfer und Goldmessing machen den Klang nach Meinung vieler Hersteller dunkler und weicher als helles Messing. Im übrigen divergieren die Meinungen über die Wirkung von Material, Beschichtung (z. B. Vernickelung) und Wandstärke erheblich (vgl. Bowsher und Watkinson in: *Brass Bulletin* 38, 1982, S. 25–30).

In technischen Nachschlagewerken findet man, daß die Herstellung nahtloser Rohre 1886 von den Walzwerkern Gebr. Mannesmann in Aachen erfunden worden sei. Aber bereits 1882 (Sp. 842) berichtet Schafhäutl, daß Červený die Kunst erfand, »konische Messingröhren in allen beliebigen Verhältnissen und Dimensionen aus einem Stücke zu ziehen«. Anscheinend machte man erst seit etwa 1900–1905 davon häufigeren Gebrauch. 1908 laborierte auch die Firma Gebr. Alexander mit nahtlosen konischen Rohren (ZfI 1908, S. 906, 979).

Beim winterlichen Turmblasen oder bei Eiskonzerten kam es vor, daß die Ventile einfroren. Richard Paul Krauß in Rodewisch (Sachsen) ließ sich zur Abhilfe 1907 eine auswechselbare Wärmequelle patentieren (DRP 197330 vom 5. Oktober 1907). In ein rechteckiges Kästchen, das mit einer Flügelmutter unter den Ventilen befestigt werden konnte, legte er glühende Kohlen, deren Verbrennung durch Luftlöcher im Kästchen ermöglicht wurde. Das Patent schloß auch elektrische Heizspiralen als Wärmequelle ein. 1966 erfand Siegfried Dattling in Salzstetten aus gleichen Erwägungen eine Variante, bei der die Maschine mit einem Wärmeschutzmantel aus Polystyrol-Schaumstoff umgeben wird. Auch diese Vorrichtung verhindert das Einfrieren. Als Neuerung kaum der Erwähnung wert ist eine Rohrschelle, mit der eine elektrische Lampe zur Beleuchtung der Noten am Instrument festgeklemmt wird: eine »Erfindung« von Wilhelm Tischer in Gelsenkirchen aus dem Jahre 1913. Im gleichen Jahr wurde auch eine ein- oder mehrteilige Einlage zwischen Lippen und Zähnen patentiert (DRP 271286 vom 7. Mai 1913). Jacob Engelhard in Elberfeld versicherte, daß hiernach durch den sich bildenden »Schwingungsraum« die hohen und tiefen Töne besser ansprechen würden.

So mancher Solovortrag sei durch Verklemmen der Ventile gestört worden, dessen Ursache in »von außen eindringenden Fremdkörpern und Unsauberkeiten« läge. Um dies zu verhindern, propagierte 1926 Eugen Domina in Bochum eine Spiralfeder, die in das Mundrohr eingesetzt und nach dem Spiel zum Säubern herausgenommen werden kann (DRP 437627 vom 16. Januar 1926). Während früher zum Reinigen der Instrumente heißes Sodawasser in die Rohre gegossen wurde, schlug 1959 Wilhelm Hamelan in Ribnitz-Damgarten einen Dampferzeuger mit einem Einsatz für desinfizierende Flüssigkeit vor (DBP 1051099 vom 13. August 1959). Durch ein Ventil kann über einen Schlauch entweder Wasserdampf oder Desinfektionsdampf in das Instrument geleitet werden.

Lange benutzte Waldhörner werden am Schallrohr, wo sie gehalten werden, dünn, und es entstehen unter Umständen Löcher im Rohr. Um dies zu vermeiden, empfahl Karl Rost in Bielefeld 1914, einen Schutzmantel darüberzugeben (DRP 281619 vom 25. Juli 1914). Der Blechmantel liegt nur mit den gebördelten seitlichen Enden auf dem Rohr auf.

Um das Kondenswasser zu sammeln, brachte Josef Köhler in Hagen (Westfalen) 1907 im Mundrohr eine Wassersammelrinne an (DRP 192586 vom 23. Februar 1907). Es ist eine umlaufende Rinne quer zur Rohrrichtung. Das so gesammelte Wasser wird von einer Wasserklappe abgelassen. Sammelbehälter für das Kondenswasser brachte um 1830 bereits Forveille an seinem geraden Serpentmodell an.

Tremolando, Echo und Dämpfung

22

Wilhelm Wieprecht erfand bereits 1838 mit Hilfe des Mechanikers Dörffel einen federnden Stimmzug zur Erzeugung des Piangendo, der klagenden Tongebung, und erhielt darauf am 27. Oktober 1838 ein preußisches Patent für fünf Jahre (Näheres S. 95f.). 1887 schlug Jacob Löw in Münster ein Tremoloventil mit einem einfachen Schiebeventil mit zwei schrägen Durchgängen vor (DRP 40744 vom 25. Januar 1887).

Die zitternde Luftbewegung, das Tremolando, wird hier durch einen Metallkegel erzielt, der als »Deckel« in den oberen Durchgang eingelassen ist. Wird das Tremoloventil, das bei einem Flügelhorn am besten nach dem 3. Ventil anzubringen ist, gedrückt, so muß die Luft den »Deckel« heben, der dann zu schwingen beginnt und das Tremolando erzeugt. Da ein Tremolo auch ohne ein derartiges und in seiner Funktionstüchtigkeit wohl beschränktes technisches Hilfsmittel hervorgebracht werden kann, ist es kein Wunder, daß sich Löws Ventil, dessen Prinzip im Orgelbau als Tremulant schon seit langem Verwendung fand, nicht einbürgerte. Während bei Löws Tremulant der Kegel Luftstöße verursacht, baute Franz Wikarski 1931, ähnlich wie Wieprecht fast 100 Jahre vorher, einen federnden U-Bogen (DRP 56095 vom 25. Juni 1931).

Durch einen Fingerdruck wird der Bogen leicht ein- und ausgeschoben, so daß ein Tonhöhentremolo entsteht.

Der Echobogen, der zwischen etwa 1880 und 1920 besonders bei Cornets à pistons beliebt war und für Echostücke wie *Die Post im Walde* mit großer Wirkung anzuwenden ist, wurde von Friedrich Adolf Schmidt in Köln erfunden. Schmidt erhielt darauf am 25. September 1859 das preußische Patent Nr. 9960. Durch ein Umschaltventil wird der Wind in ein Schallstück, an dessen hyperbolisches Ende ein spiegelbildlich geformter Aufsatz angelötet ist, umgeleitet (Abb. 42b, Foto 104). B-Trompeten mit Bögen für A, As und G, vier Zylinderventilen und Echobogen baute Schmidt spätestens von 1866 an (Lieferung von zwei Trompeten an die Hofkapelle Sondershausen). Joseph Kail in Prag und John Köhler in London hatten ebenfalls Echobogen erfunden. 1870 traten die Berliner Julius Kosleck und Johann Friedrich Wilhelm Wernecke (Wernicke) mit einem Echo- und Dämpfungsventil auf den Plan. J. Kosleck (1825–1905) war seinerzeit der populärste Trompeter in Deutschland, Kammermusiker der Königlichen Kapelle, Virtuose auf dem Kornett und wurde 1881 der erste historistische »Bachtrompeter«. Wernecke dagegen war Holzblasinstrumentenmacher und seit 1864 Betreuer der Holz- und Blechblasinstrumente der Königlichen Kapelle in Berlin, deren Instrumentenkammer sich im Königlichen Schauspielhaus befand. Als beide 1870 ihr Patentgesuch einreichten, begründeten sie ihren Antrag damit, daß bisher zwei

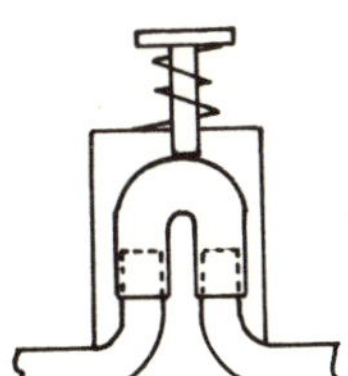

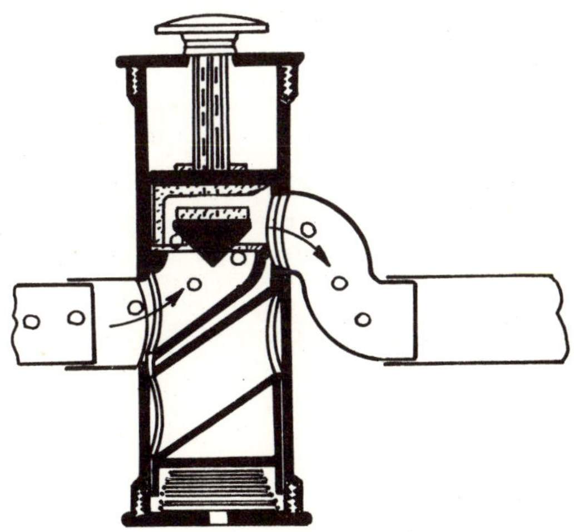

107. Tremoloventil nach Jacob Löw, Münster 1887. Ventil gedrückt: Der Wind bringt den Kegel, der lose auf dem Windloch liegt, in vertikaler Richtung zum Schwingen. Es entsteht ein Lautstärketremolo (rechte Zeichnung).

108. Vibratoventil nach Franz Wikarski, Berlin 1931. Bei entsprechender Bedienung des Drückers entsteht ein Tonhöhentremolo.

Dämpferarten bekannt seien, einmal der gewöhnliche Papptrichter, der um einen Ton erhöht. »Ein zweiter von Herrn Instrumentenmacher Schmidt in Cöln erfundener Dämpfer (: sogenannter Echo-Bogen :) stimmt das Instrument zwar nicht direkt um, machte aber die Töne, besonders die Lauteren, so unrein, daß er nur höchst selten Anwendung gefunden hat.« Wernecke und Kosleck stellten den Antrag auf »einen verbesserten Dämpfer zur Hervorbringung eines Echos resp. Pianissimo an Blechblasinstrumenten«. Die Erfindung besteht in einem in das Mundrohr oder in den Stimmzug einzusetzenden Schubventil (Pumpenventil) mit zwei parallelen, übereinander angeordneten Durchgängen. Der obere Durchgang ist im Durchmesser etwa viermal kleiner als der untere, dessen lichte Weite der der benachbarten Rohre entspricht (s. Abb. 42). Beschreibung, wenn Ventil eingeschaltet: »Die so bewirkte Verengerung bringt nur beim Blasen des Instrumentes das Echo resp. Pianissimo hervor, ohne auf die Reinheit und Stimmung des Tons irgendwelchen störenden Einfluß auszuüben.« Es »gibt einem ganzen Orchester Gelegenheit, in der überraschendsten Weise ein Echo hervorzubringen«. Schmidts Echobogen war aber lebensfähiger als diese wie eine Fessel um die Kehle wirkende Vorrichtung. Josef Köhler in Hagen ergänzte 1906 sein bereits besprochenes Trompetenmodell noch dadurch, daß er am Stimmzug ein Umstellventil anbrachte, an das ein üblicher Echobogen oder — auswechselbar — ein hölzerner Bogen mit D'amore-Schallstück angeschlossen werden konnte (DRP 181696 vom 2. März 1906). Hier geht es um das Aufspüren neuer Klangfarben, ein Gedanke, von dem auch François Sudre in Paris beseelt war. Sudre ließ zwar 1901 und 1907/08 seine *Sudrophone* auch in Deutschland patentrechtlich schützen, aber hier fand die näselnde Klangfärbung wenig Anklang. Er brachte an seinen Sudrophonen an bestimmten Stellen in der Rohrwandung unter Klappen Membranen an, die bei Öffnung der Klappen zu schwingen begannen.

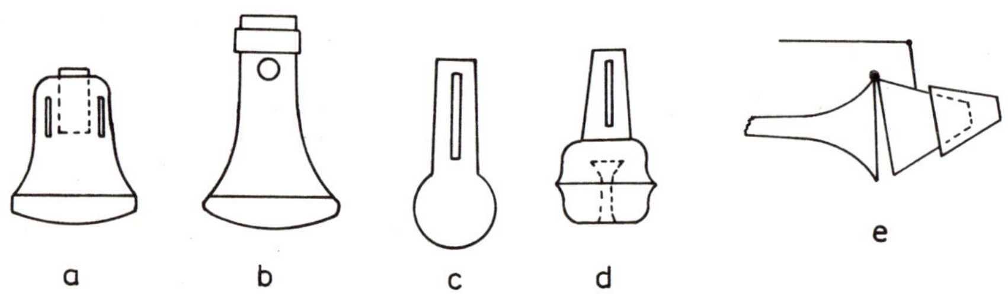

109. Dämpferformen nach:
a: Theodor Hoch, Berlin 1878.
b: Franz Meier, Breslau 1878.
c: Fritz Keller, Frankfurt (Main) 1909.
d: Hans Westermann, Hamburg 1926.
e: Richard Steinbruch, Coburg 1909. Der Dämpfer ist mittels Scharnier am Stürzenrand befestigt und wird durch einen Faden in seiner Stellung verändert.

Die *Jazzophone* wurden in den USA entwickelt und in geringem Umfang zwischen etwa 1925 und 1940 auch in Markneukirchen gebaut. Klappen mit ähnlichem Klangeffekt wie bei Jazzophonen traten an Dämpfern schon 1909 auf (s. Zeichnung 109e). Über die Dämpferformen läßt sich ein lückenloser Überblick erst seit etwa 1880 gewinnen. Zahlreiche neue Dämpferformen wurden in den USA entwickelt und auch in Deutschland verwendet. Auf diese wird hier nicht eingegangen.

1877 ließ Theodor Baumann in Berlin eine simple Vorrichtung zur Befestigung und Regelung eines Dämpfers patentieren (DRP 3145 vom 25. November 1877). Ein Jahr später schlug der Trompeter Theodor Hoch in Berlin einen Metalldämpfer mit Schallrohr und Griff vor (DRP 3555 vom 18. Januar 1878).

Franz Meier in Breslau erhielt 1895 ein Patent auf einen Dämpfer mit seitlichem Loch, dessen Durchmesser verstellbar ist (DRP 87035 vom 9. März 1895). Im Jahre 1893 brachte Robert Schopper in Leipzig Dämpfer aus Glas in den Handel (DRGM 14528). Einen kippbaren Dämpfer brachte Richard Steinbruch in Coburg an (DRP 213083 vom 30. Januar 1909). Der Dämpfer ist mit Filz ausgekleidet, besitzt einen 2. Dämpfer als Aufsatz und wird an einem Kippscharnier am Stürzenrand befestigt und mittels Fadenzug von der Stürze abgekippt. Im gleichen Jahr ließ sich Fritz Keller in Frankfurt (Main) den Kugeldämpfer patentieren (DRP 213760 vom 18. Februar 1909). 1926 baute Hans Westermann in Hamburg den »Westermann-Dämpfer« (DRP 453303 vom 14. September 1926), und Martin Pfau konstruierte 1932 eine Vorrichtung, bei der die Stellung des Dämpfers mit Blasebalg geregelt werden konnte.

Zur Situation der Gegenwart

23

Die vorangegangenen Kapitel führten zwar bis zur Gegenwart — und S.202f. wurde speziell über die Trompete der Gegenwart gesprochen — aber hier soll nun in wenigen Strichen zusammenfassend einiges über die gegenwärtige Situation gesagt werden.

Der Charakter einer Erfindung im Musikinstrumentenbau hängt von der Entwicklungsstufe in Gesellschaft, Kunst und Technik ab, auf der sie gemacht wird. Bis um 1830 ging es um Prinzipielles, um die Nutzbarmachung der Ventile bei Blechblasinstrumenten überhaupt, um den Ausbau einer Instrumentenfamilie vom Sopran bis zum Baß. Dann folgte eine Periode des Erprobens und Suchens nach gültigen, dem Zeitempfinden adäquaten Formen und Mensuren. Seit den 1880er Jahren kristallisiert sich das jetzige Instrumentarium im engeren Sinne heraus, und seither richtet sich das Augenmerk in zunehmendem Maße auf die qualitative Durchgestaltung, auf die Optimierung des Bewährten. Die Verbesserung von Intonation, Ansprache und Klangfarbe war zwar schon in den 1820er/1830er Jahren Gegenstand von Überlegungen, aber nicht so betont. Der Gradmesser des Fortschritts ist heute bei den »klassischen« Ventilinstrumenten schon vielfach nur noch die Nuance.

Auch auf klanglichem Gebiet hatte in der Vergangenheit immer eine solche Erfindung Erfolg, die die große, in bedeutendem Maße nicht allein aus dem musikalischen Gebiet stammende Zeittendenz verwirklichen half. Diese bestand im 19.Jh. in einem großvolumigen, weichen und gleichzeitig starken Klang. In diesem Sinne war für das mitteleuropäische Klanggefüge der Erfolg von Baßtuba (1835) und Contrabaß (1845) »gesetzmäßig«, ebenso der des groß und blühend klingenden Waldhorns. Zum Erfolg gehört aber nicht nur das Erfassen der Zeittendenz, sondern auch die Fähigkeit, diese in sich bewährende Formen umzusetzen. Die einst so wichtige Tendenz der Mensurerweiterung hat heute nicht mehr grundlegende Bedeutung. Dafür drängt sich mehr eine aufführungspraktisch differenzierende Tendenz in den Vordergrund, die danach strebt, jedes Werk mit dem ihm gemäßen Klang wiederzugeben. Daher tritt heute in stärkerem Maße Neues durch das Erfordernis der historischen Aufführungspraxis wie auch des zeitgenössischen musikalischen Experiments zutage. Auf ersterem Gebiet herrscht vergleichsweise fast eine Situation wie bis zur Mitte des 19.Jh. Auch wenn Musik des 18.Jh. auf dem Ventilhorn geblasen wird, so gehört nach dem Urteil des modernen Musikverständigen zu Mozart ein ganz anderer Hornklang als zu Bach, wie das später sinngemäß z. B. auch für Robert Schumann und Richard Strauss gilt. Die historische Aufführungspraxis fordert jetzt eine klangliche Differenziertheit im Instrumentenbestand, der der historischen Entwicklung der Klangstile gerecht wird, also eine stärkere mensurelle und klangliche Differenzierung als bisher. Damit sind gleichzeitig Instrumente gefordert, die optimal-leicht auf die Intentionen des Bläsers reagieren, die nicht nur spieltechnisch, sondern auch klanglich sehr gut steuerbar sind.

Im 19.Jh. waren die landschaftlichen und nationalen Klangdialekte zur vollen Ausprägung gelangt und hatten in bestimmten Instrumentenmodellen ihren Niederschlag gefunden. Nach dem ersten Weltkrieg kam es zu einem allmählichen Abbau des regionalen Kolorits zugunsten der Tendenz zu einer äqualeren internationalen Klangsprache. Etwa seit den 1970er Jahren ist eine junge, noch schwache gegenläufige Tendenz zu beobachten, die aus der empfundenen Notwendigkeit der stilgetreuen Wiedergabe der Blechbläserpartien in Werken z. B. von Beethoven, Weber, Schumann, Wagner, Brahms u. a., aus der Wertschätzung lokaler Klangstile resultiert. Ausdruck dieser Tendenz sind u.a. die betontere Pflege des Wiener Horns und die Neigung, die Heckel-Trompete wieder mehr zu verwenden; aber die Gegentendenz, die weitmensurierte Périnetventiltrompete aus den USA einzusetzen, ist vorerst noch stärker. Lokale Klangdialekte verdienen als wertvolle Resultate der älteren Entwicklung neben modernen Strömungen gepflegt zu werden, sie bringen mehr Farbigkeit und Reiz in das Kulturangebot. Damit klingt auch die Forderung nach den Trompeten in tiefen Stimmungen für bestimmte Zwecke an. Zum unumstrittenen Instrumentenbestand wurde in der letzten Zeit die Hoch-B-Trompete, deren eigenständiger Charakter allmählich hervortritt. Auf dem »Vormarsch« sind kaum noch die Tripelhörner, mehr aber die Diskant- und Clarinhörner, auch wenn letztere noch umstritten sind.

Das Streben nach blastechnischer Risikoverminderung trägt seit etwa 130 Jahren mit dazu bei, immer höhere Trompeten- und Hornstimmungen zu verwenden.

In den letzten sechs Jahrzehnten wurde die Durchmesserzunahme der Tubaschallstücke immer geringer, so daß sich deren Weite nach und nach der physiologisch bedingten, natürlichen Grenze zu nähern scheint. Die Klangfarbe des Waldhorns verschob sich in den letzten 20 bis 30 Jahren etwas mehr hin zur Helligkeit, indem die B- und Hoch-F-Stimmung zunehmend verwendet wurden und werden. Das einfache F/Es-Waldhorn trat noch stärker zurück. Weiterhin im Schwinden begriffen sind die Es-Trompete und das trompetenförmige Tenorhorn mit seinem der Posaune nahestehenden Klang. Das trompetenförmige Althorn tritt ebenfalls zugunsten des voller klingenden Althorns in Waldhornform zurück.

Bemühungen um die Verbesserung des Windgangs, die Beseitigung von Unstetigkeitsstellen und die bessere Abstimmung der Durchmessermensuren zur Optimierung von Ansprache, Intonation und Klangfarbe nehmen heute einen breiten Raum ein.

Die Tendenz, die Vierteltönigkeit auch bei Ventilinstrumenten einzuführen, ist in der Gegenwart zwar vorhanden, aber die entsprechenden Bemühungen blieben bisher Randerscheinungen (Foto 91, S. 105). Bei Neuerungen im Instrumentenbau sind die Klangqualität und die musikalischen Gebrauchseigenschaften am wichtigsten, und ob sie die Probe vor den Anforderungen der Zukunft bestehen, ist heute kaum vorauszusehen.

In den meisten Instrumentenbauwerkstätten wird wie zu allen Zeiten schöpferisch gearbeitet, werden Erfahrungen und Wünsche der Bläser diskutiert und ihre Umsetzung erwogen bzw. vorgenommen. Es ist die alte Methode des Künstlers und Handwerkers in einer Person, die hier zum Tragen kommt. Auch wenn diese Methode vor einigen Jahrzehnten von seiten mancher Naturwissenschaftler abschätzig beurteilt wurde, zeigt sich seither immer deutlicher der grundlegende Wert der mit dem Musiker »auf Tuchfühlung« betriebenen künstlerisch-handwerklichen Arbeitsweise im Instrumentenbau. In den letzten Jahrzehnten hat sich die Akustik zu einer solchen Höhe entwickelt, daß sie zu einem echten Partner des Instrumentenbauers geworden ist. Zwar sind Klang und Klangfarbe als solche akustische Phänomene, aber ihre qualitative Ausprägung ist schöpferisch-künstlerischer Natur, die sich in einem historisch konkreten Zusammenhang entfaltet. Damit sind der Einbeziehung der Akustik in den Instrumentenbau allerdings Grenzen gesetzt. Ihr hauptsächlicher und unschätzbarer Nutzen besteht heute in der Beurteilung und Optimierung einer künstlerisch-handwerklichen Problemlösung und, in jedem Fall darauf aufbauend, im Vorschlagen von Lösungsvarianten.

Überblickt man die Geschichte der Ventilinstrumente, gewinnt man den Eindruck, daß der Instrumentenbau derzeitig zwar nicht am Beginn einer gänzlich neuen Phase seiner Entwicklung steht, aber unübersehbar ist die starke Tendenz zu einer weiteren Verfeinerung und Differenzierung der musikalischen Ausdrucksmittel.

Übersichten

Hinweise zur Terminologie

Um Terminologie und Instrumentengebrauch in Preußen und Österreich im 19. Jh. zu verdeutlichen, sei die Gegenüberstellung im *Instrumental-Tableau der Königlich preußischen Armee-Musik* von Wilhelm Wieprecht, abgefaßt am 4. Oktober 1860, angeführt. In Klammern andere, synonyme Bezeichnungen.

Preußen	Österreich
Cornettino (Pikkolokornett in Es, Pikkolo)	Hoch Es-Flügelhorn (Ottavino)
Sopran-Cornet in B und A (Kornett)	Hoch B-Flügelhorn
Alt-Cornet in Es und D (Altkornett)	Tief Es-Flügelhorn
Corno Tenore in B und A (Tenorhorn)	Baß-Flügelhorn
Bariton-Tuba (Baryton)	Euphonium
Baß-Tuba	Bombardon
Waldhorn	Horn
Trompete	Trompete
Zug-Posaune	Ventil-Posaune

In Österreich verstand man unter Maschinentrompete die Ventiltrompete, in Sachsen die Inventionstrompete, analog war es mit dem Maschinenhorn. Mit »langer Maschine« bezeichnete man in Österreich die Doppelrohrschubventile.

Mensurweiten der Maschinen von 1912 und 1930

Die folgende Aufstellung enthält die Mensuren zweier Markneukirchener Spezialfirmen, die zahlreiche deutsche und ausländische Werkstätten belieferten. Die größere der beiden war die Firma Ernst Dölling.

1. Firma Ernst Dölling, Markneukirchen, nach Preisliste von 1912. Instrumentennamen nach der Liste.

Weiten-nummer	Außen-maße	Instrumentenart
1	11 mm	Es-Piston, Piccolo-Cornet
2	11,8 mm	C/B-Piston, Trompete, Flügelhorn (oder Kölner Weite)
3	12,6 mm	Althorn, Altposaune
3	12,6 mm	Waldhorn
4	13,4 mm	Tenorhorn, Posaune
5	14,3 mm	Bariton, Posaune
6	15,2 mm	Euphonium, B-Baß
7	16,2 mm	F/Es-Tuba
8	17,05 mm	Es-Tuba, 3. Zug weiter
9	18 mm	C/B-Tuba, Helikon
10	18,85 mm	B-Bombardon
11	19,7 mm	B-Helikon, weiter Bombardon
12	20,65 mm	Kaiserbaß
13	21,6 mm	Kaiserbaß weit
14	22,6 mm	Kaiserbaß extra weit

Im Prinzip gelten diese Weiten auch für die »Cölner Draht Cylinder-Maschinen«, die Périnet- und Pumpenmaschinen und andere Maschinentypen. Einschränkend gilt aber, daß z. B. die Kölner Maschine nicht in der Weite 14 (Kaiserbaß extra weit) hergestellt wurde und Pumpenmaschinen nur in den Weiten 2—10 gebaut wurden. Es gelten folgende Wandstärken: 0,4 mm (Nr. 1—10) und 0,5 mm (Nr. 11—14), ursprünglich $2\frac{1}{2}$ sächsische Punkte = 0,41 mm und 3 Punkte = 0,49 mm.

2. Firma William Voigt, Markneukirchen, um 1930. Maschinen und Tonbogen. Instrumentenbezeichnungen nach der Liste.

Weiten-nummer	Außen-maße	Instrumentenart
1, 2, 2½	11, 11,5, 11,8 mm	Taschenpiston, Piston, Trompete, Flügelhorn
3	12 mm	Althorn
3, 3½	12, 12,5 mm	Waldhorn
4	13 mm	Tenorhorn, Posaune
5	14 mm	Bariton
6	15 mm	Bariton weit
7	16 mm	Tuba eng
8	17 mm	Tuba mittel
9–13	17,5, 18,5, 19,5, 20, 21 mm	Tuba, 5 abgestufte Weiten

Zwischen Bombardon und Tuba ist hier kein Unterschied mehr gemacht. Die Wandstärken betragen bei Nr. 1 – 2½ = 0,4 mm, von Nr. 3 an = 0,5 mm.

Auslieferungsliste der Patenttuba 1835–1845

Die ersten Baßtuben der Firma J. G. und C. W. Moritz nach dem *Quittungs-Buch über die patentirte Bass-Tuba* [Musikinstrumentenmuseum Berlin (West)]. Die (ab Nr. 23) ausgelassenen Belege sind weitere Regimentskapellen. Mit Nr. 84 endet das Quittungsbuch. Die Abkürzungen wurden aufgelöst, der Wortlaut wurde beibehalten. Datum und Adressat der Auslieferung:

1.	27. 2. 1835	Königlich 2. Garde-Infanterie-Regiment in Berlin
2.	20. 3. 1835	Königlich 2. Ulanen-Regiment zu Gleiwitz
3.	22. 9. 1835	Königlich 4. Cuirassier-Regiment zu Lüben
4.	28. 9. 1835	Königlich 2. Infanterie-Regiment Stettin
5.	1. 6. 1836	Königlich 9. Husaren-Regiment Sarbrück
6.	26. 4. 1836	11. Infanterie-Regiment Breslau
7.	15. 4. 1836	für Generalmusikdirektor Spontini
8.	15. 4. 1836	Seine Majestät König zu Preußen
9.	15. 4. 1836	Seine Majestät König zu Preußen
10.	1. 6. 1836	an Herrn Schunke in Stockholm, Kapellmeister in Stockholm
11.	26. 6. 1836	4. Ulanen-Regiment Treptow a Rege
12.	15. 8. 1836	Garde-Dragoner-Regiment Berlin
13.	15. 9. 1836	22. Infanterie-Regiment in Neiße
14.	16. 9. 1836	Garde du Corps-Regiment
15.	11. 10. 1836	1. Garde-Ulanen-Regiment Potsdam
16.	1. 11. 1836	Musikdirektor Appelberg Stockholm
17.	13. 12. 1836	Nach Sondershausen zur Cappelle
18.	7. 1. 1837	Füsilier-Bataillon des 31. Infanterie-Regiments Weißenfels
19.	12. 3. 1837	5. Husaren-Regiment Stolpe
20.	20. 6. 1837	1. Leib-Husaren-Regiment Danzig
21.	23. 6. 1837	Königliche Hoheit Prinz Albrecht
22.	25. 6. 1837	Königliche Hoheit Prinz Albrecht
23.	2. 7. 1837	nach Helsingör zu Baron Stierncrona
33.	2. 5. 1838	Herzog von Sachsen Meiningen
34.	5. 6. 1838	Herzog von Braunschweig
35.	7. 6. 1838	Großfürst von Rußland
40.	1838	Großherzog Mecklenburg Strelitz
43.	17. 7. 1839	Großherzog Mecklenburg Schwerin
62.	18. 4. 1842	Musikdirektor Schunke Stockholm
64.	12. 5. 1842	Musikdirektor Schunke Stockholm
73.	18. 3. 1843	Paris
84.	4. 11. 1845	6. Jägerbataillon Görlitz

Literatur

Altenburg, Detlef, Musikinstrumentenbau in Köln, in: Beiträge zur rheinischen Musikgeschichte, Heft 112, Köln 1975, S. 89–99

Altenburg, Wilhelm, Die Wagnertuben und ihre Einführung in die Militärmusik, in: ZfI 31, Leipzig 1910/11, S. 1105

– Zur Jahrhundertfeier der Musikinstrumenten-Fabrik C. W. Moritz in Berlin, in: ZfI 28, Leipzig, 1907/08, S. 634

Bahnert, H., T. Herzberg und H. Schramm, Metallblasinstrumente, Leipzig 1958

Baines, Anthony, Brass Instruments. Their History and Development, London 1976

Bate, Philipp, The Trumpet and Trombone, London 1966, 1972

Bericht der Beurtheilungs-Commission über die im Jahre 1829 unter der Leitung des böhmischen k.k. Landesguberniums statt gefundene öffentliche Ausstellung der Industrie-Erzeugnisse Böhmens, Prag 1831

Beschreibung der Erfindungen und Verbesserungen, für welche in den kaiserlich-königlich österreichischen Staaten Patente erteilt wurden, und deren Privilegiums-Dauer nun erloschen ist. Erster Band, welcher die Privilegien vom Jahre 1821–1835 enthält. Herausgegeben auf Anordnung der kaiserlichen königlichen allgemeinen Hofkammer, Wien 1841, Bd. 5, Wien 1847

Bevan, Clifford, The Tuba Family, London 1978

Birsak, Kurt, und Manfred König, Das große Salzburger Blasmusikbuch, Wien 1983

Bowsher, J.-M., und P.-S. Watkinson, Manufacturers' Opinions about Brass Instruments, in: Brass Bulletin, Jg. 1982, Nr. 38, S. 25–30

Bracegirdle, Lee, Die New Yorker Schule – ihre Entwicklung und ihre Beziehung zum Wiener Stil, in: Horncall, Bd. 14, Nr. 2, o. J.

Brixel, Eugen, und Wolfgang Suppan, Das große Steirische Blasmusikbuch, Wien/München/Zürich/New York 1981

Červený, Václav František, Denkschrift über österreichische und französische Metall-Blas-Musikinstrumente, Königgrätz 1867 (1868)

– Vysvětlivky k pozounu snižcovému, dle jiných tažnému, in: Slavoi I, Prag 1862, S. 97–99

Čižek, Bohuslav, Nastrojové sbírky pražské konzervatoře, IV Zapomenutý zlepšovatel žesťových nástrojů Josef Kail, in: Hudební nástroje 6/1981, S. 209–215

Dahlquist, Reine, Some Notes on the Early Valve, in: Galpin Society Journal XXXIII. 1980, S. 111–124

Dauverné, Auguste, Nouvelle Méthode Complète de Cornet à Pistons, Paris 1837

Duttenhöfer, Eva-Maria, Gebrüder Alexander. 200 Jahre Musikinstrumentenbau in Mainz, Mainz 1982

Ebenbichler, F., Aus der Geschichte der Tiroler Laienmusikkapellen, in: Innsbrucker Nachrichten, Innsbruck 1921, Nr. 184, S. 5–7

Egg, Erich, und Wolfgang Pfaundler, Das große Tiroler Blasmusikbuch, Wien 1979

Eichborn, Hermann Ludwig, Die Trompete in alter und neuer Zeit, Leipzig 1881

– Ein neues Waldhorn, in: ZfI, Leipzig, April 1883

– Über das Octavirungs-Princip bei Blechinstrumenten, insbesondere bei Waldhörnern, Leipzig 1889

– Ein neues Doppelhorn, in: ZfI, Jg. 20, Leipzig 1899, Nr. 3, S. 63; Nr. 4, S. 97

Eliason, Robert E., Early American Valves for Brass Instruments, in: Galpin Society Journal XXIII, 1970, S. 86–96

– Brasses with Both Keys and Valves, in: Journal of the American Musical Instrument Society, Bd. 2, 1976, S. 69–85

– Early American Brass Makers, Nashville 1979

Fahrbach, Joseph, Organizzazione della musica militare, in: Gazzetta musicale V, Milano 1846, S. 33f.

Fétis, François-Joseph, Exposition des produits de l'industrie. Instruments de Cuivre. Cors à pistons, in: Revue musicale, Jg. 2, Paris 1828, S. 153–162

Franz, Oscar, Die Musik-Instrumente der Gegenwart, Dresden 1884

Gleich, Ferdinand, Handbuch der modernen Instrumentierung, Leipzig 1860

Gregory, Robin, The Horn, London 1961, 1969

Grove, George, Dictionary of Music and Musiciens, 5. Auflage London 1953ff.

Gumbert, Friedrich, Posthornschule, Leipzig 1903

Heyde, Herbert, Trompeten, Posaunen, Tuben, Katalog des Musikinstrumenten-Museums der Karl-Marx-Universität Leipzig, Bd. 3, Leipzig 1980

– Hörner und Zinken. Katalog des Musikinstrumenten-Museums der Karl-Marx-Universität Leipzig, Bd. 5, Leipzig 1982

– Die Blasinstrumentenbauer Jehring und Heckel, in: Beiträge zur Musikwissenschaft, Jg. 1977, Heft 2, S. 121–124

Holcomb, Bruce, Die Verbesserung der Stimmung von Ventilblechblasinstrumenten. Schriften der Hochschule »Mozarteum«, Nr. 6, München/Salzburg 1983

Kalkbrenner, A., Wilhelm Wieprecht. Director der sämmtlichen Musikchöre des Garde-Corps. Sein Leben und Wirken nebst einem Auszug seiner Schriften, Berlin 1882

– Die Organisation der Militärmusikchöre aller Länder, Hannover 1884

Kastner, George, Manuel général de Musique militaire, Paris 1848

Katalog des Gewerbemuseums zu Markneukirchen, Markneukirchen 1908

Kees, S. Ritter von, und W. C. W. Blumenbach, Systematische Darstellung der neuesten Fortschritte in den Gewerben und Manufakturen ... Mit besonderer Rücksicht auf den österreichischen Kaiserstaat, II, Wien 1830

Kleucker, Malinda, Das Finke-Tripel-Horn — eine Besprechung, in: Horncall, hg. von International Horn Society, Bd. 14, Nr. 2, S. 34—37 (o. J.)

Kling, Max, Theoretisch-Praktische Horn-Posthorn u: Trompeten-Schule, Schwäbisch Hall o. J. [1830]

Krickeberg, Dieter und Wolfgang Rauch, Katalog der Blechblasinstrumente. Staatliches Institut für Musikforschung, Berlin 1976

Ledebur, C. F. von, Tonkünstler Lexicon Berlin's, Berlin 1861

Mahillon, Victor-Charles, Catalogue descriptif et analytique du Musée Instrumental du Conservatoire Royal de Musique de Bruxelles, Gent 1880—1922

Marx, Adolf Bernhard, Die Lehre von der musikalischen Komposition, Bd. 4, Leipzig 1847

– Die Musik des 19. Jh. und ihre Pflege, Leipzig 1855

Mende, Emilie, Arbre généalogique illustré des cuivres européens/Stammbaum der europäischen Blechblasinstrumente in Bildern/Pictorial Family Tree of Brass Instruments, (Moudon) Bulle 1978

Mendel, Hermann, und A. Reißmann, Musikalisches Konversationslexikon, Berlin 1870—1883

Menke, Werner, History of the Trumpet of Bach and Handel, Nashville 1972 (Erstausgabe 1934)

Nefe, Konrad, Die historische Entwicklung der Königlich Sächsischen Infanterie- und Jägermusik im 19. Jahrhundert, in: Neue Zeitschrift für Musik, Jg. 63, Leipzig 1896, S. 357 ff.

Nemetz, Andreas, Allgemeine Musikschule für Militär-Musik, Wien o. J. [1844]

– Allgemeine Trompeten-Schule, Wien o. J. [1828]

– Hornschule für das einfache Maschin und Signal Horn, Wien o. J. [1829]

Nödl, Karl, Metallblasinstrumentenbau. Fach- und Lehrbuch über die Herstellung von Metallblasinstrumenten. Fachbuchreihe Das Musikinstrument, Bd. 23, Frankfurt (Main) 1970

Paul, Oscar, Musikalische Instrumente, in: Amtliche Berichte über die Wiener Weltausstellung im Jahre 1873, Bd. 2, Heft 5, Braunschweig 1874

Pierre, Constant, La Facture instrumentale à l'Exposition universelle de 1889, Paris 1890

– Les Facteurs des instruments de Musique. Les Luthiers et la Facture instrumentale, Paris 1893

Rode, Theodor, Zur Geschichte der Königlich Preußischen Infanterie- und Jäger-Musik. Ein Sendschreiben an den Kammermusikus und Director der Musik des Garde-Corps Herrn W. Wieprecht, Leipzig 1858

– Die russische Jagdmusik, in: Neue Zeitschrift für Musik, Bd. 50, Leipzig 1858, Nr. 22

– Zur Geschichte der königlich preußischen Infanterie-, Jäger- und Cavalleriemusik, in: Neue Zeitschrift für Musik, Bd. 51, Leipzig 1859, Nr. 9—11 und 24

– Eine neue Regiments-Hornisten-Infanteriemusik, oder Was Herr Musicdirector W. Wieprecht aus der alten traditionellen preußischen Infanterie- (Janitscharen-) Musik machen möchte, Leipzig 1860a

– Zur Geschichte der Königlich Preußischen Infanterie-Jäger- und Cavalleriemusik, in: Neue Berliner Musikzeitung, Jg. 14, 1860b, Nr. 6, 7, S. 41, 49

– Zur Geschichte des Hornes oder Waldhorns, in: Neue Berliner Musikzeitung, Jg. 14, 1860c, Nr. 31, 32, S. 241, 249

– Eine neu patentirte Carl Moritz'sche Ventilverbesserung an Messingblasinstrumenten, in: Allgemeine Deutsche Musik-Zeitung, Jg. 8, Berlin 1881, S. 228/229

Rühlmann, Julius, Über Messinginstrumente mit Venilen, in: Neue Zeitschrift für Musik, Bd. 34, Leipzig 1851, S. 248, 270, 280; Bd. 35, Leipzig 1851, S. 9, 49

– Das Waldhorn, in: Neue Zeitschrift für Musik, Berlin 1870

Sachs, Curt, Real-Lexikon der Musikinstrumente. Zugleich Polyglossar für das gesamte Instrumentengebiet, Berlin 1913

– Handbuch der Musikinstrumentenkunde, Leipzig 1920; 2. Auflage 1930

– Sammlung alter Musikinstrumente bei der Staatlichen Hochschule für Musik in Berlin, Berlin 1922

Salzburger Museum Carolino Augusteum, Jahresschrift 22/1976, Salzburg 1977, Berichte von K. Birsak, H. Fitzpatrick, B. Holcomb

Saro, J. H., Instrumentations-Lehre für Militär-Musik, Berlin/Leipzig o. J. [1883]

Schafhäutl, Karl, Bericht der Beurtheilungskommission bei der allgemeinen deutschen Industrieausstellung zu München 1854, IV: Über musikalische Instrumente, München 1854

– V. F. Červený in Königgrätz und sein Reich von Blechblasinstrumenten, in: AMZ 17, Leipzig/Winterthur 1882, Sp. 841 ff.

Schebek, Edmund, Bericht über die Orchester-Instrumente auf der Pariser Weltausstellung im Jahre 1855, 1858

Schelle, Eduard, Officieller Ausstellungs-Bericht, Weltausstellung Wien 1873. Musikalische Instrumente, Wien 1873

Schilling, Gustav, Encyclopädie der gesamten musikalischen Wissenschaften oder Universal-Lexikon der Tonkunst, Stuttgart 1835—1838

Schlotthauer, Ferdinand, Kurze Andeutungen die Instrumente des Orchesters und der Militärmusik mit Effekt zu verwenden, Passau 1843

Schmidt, Werner Christoph, Fünf Generationen Mundstück-Spezialisten, in: Brass Bulletin, Jg. 1980, Heft 29, S. 27—34

Schneider, Friedrich, Wichtige Verbesserungen des Waldhorns, in: AMZ 48, Leipzig 1817, S. 814—816

– Elementarbuch der Harmonie und Tonsetzkunst, Leipzig 1820

Schneider, Wilhelm, Historisch-technische Beschreibung der musicalischen Instrumente, Quedlinburg 1834

Schubert, F. L., Die Instrumentalmusik in ihrer Theorie und ihrer Praxis oder die Hauptformen der Tonwerkzeuge der Concert-, Kammer-, Militär- und Tanzmusik, Leipzig 1865

– Die Blechinstrumente der Musik, Leipzig 1866, 2. Auflage 1883

Sundelin, August, Die Instrumentirung für sämmtliche Militär-Musik-Chöre, Berlin 1828

Suppan, Wolfgang, Lexikon des Blasmusikwesens, Freiburg (Breisgau) 1973

– Blasmusik in Baden, Freiburg (Breisgau) 1983

Tarr, Edward H., Die Barocktrompete, die hohe Trompete und die sogenannte Bachtrompete, in: Brass Bulletin, Jg. 1972, Nr. 2, S. 30–42, Nr. 3, S. 48–57

– Die Trompete, Bern/Stuttgart 1977

Teuchert, Emil, und E. W. Haupt, Musikinstrumente in Wort und Bild, III. Teil: Messingblas- und Schlaginstrumente, Leipzig 1911

Vogel, Martin, Die Intonation der Blechbläser. Neue Wege im Metallblas-Instrumentenbau. Orpheus-Schriftenreihe zu Grundfragen der Musik, Bd. 1, Düsseldorf 1961

Wagner, Richard, Mein Leben, Leipzig 1941

Webb, John, Notes on the Ballad Horn, in: Galpin Society Journal, Bd. 36, 1984, S. 57–61

Weber, Gottfried, Über Ventilhorn und Ventiltrompete mit drei Ventilen, in: Caecilia, Bd. 17, Mainz 1835, S. 73 ff.

Welcker von Gontershausen, Heinrich, Neu eröffnetes Magazin musikalischer Tonwerkzeuge, dargestellt in technischen Zeichnungen aller Saiten- Blas- & Friktions-Instrumente, Frankfurt (Main) 1855

Wieprecht, Wilhelm, Der Instrumentenmacher Sax in Paris als Erfinder, in: Berliner Musikalische Zeitung, Jg. 1845, Nr. 29, abgedruckt bei A. Kalkbrenner (1882, S. 88–93)

– Briefe über die preußische Militär-Musik, in: Berliner Musikalische Zeitung, Jg. 2, Nr. 23–26, Berlin 1845, Teilabdruck s. Kalkbrenner 1882

– Anleitung zum Blasen der Ehrentrompete für die Preußischen Postillone, Berlin 1863

– Die Militair-Musik und die Militair-musikalische Organisation eines Kriegsheeres, Berlin 1885 (aus dem Nachlaß)

Zamminer, Friedrich, Die Musik und die musikalischen Instrumente in ihrer Beziehung zu den Gesetzen der Akustik, Gießen 1855

Zur Hundertjahrfeier der Musikinstrumenten-Fabrik C. W. Moritz, Hoflieferant Berlin W, Bülow-Straße 13, 1. April 1908

Verzeichnis

der Museen, Sammlungen und Firmen – Fotonachweis

Bad Säckingen	Trompetenmuseum Foto 69, 78, 79, 81 (H. Brell, R. Egger) Edward H. Tarr Foto 13
Bad Tölz	Heimatmuseum Foto 71
Basel	Historisches Museum Basel, Sammlung Bernoulli Foto 32, 33, 35, 42, 74, 75, 77, 80, 82–84, 96, 98, 128, 147, 149 (Emilie Mende)
Berlin	Staatsbibliothek Abb. 1 b, 9–11, 16, 34, 36
Berlin (West)	Staatliches Institut für Musikforschung, Musikinstrumenten-Museum Foto 27, 30, 93, 97
Binningen	Ernst W. Buser Foto 123 (Stephan Suter)
Bremen	Firma Max & Heinrich Thein Foto 48, 91, 92, 148 (Monika Thein)
Brüssel	Musée Instrumental du Conservatoire Royal de Musique Foto 56, 120, 133
Dresden	Haupt Foto 88 (Ursula Körner)
	Firma Arno Windisch Foto 85
Edinburgh	University Collection of Historic Musical Instruments Foto 28 (John K. Wilkie)
Frankfurt (Oder)	Bezirksmuseum »Viadrina) Foto 107 (Gertrud Huth), 66, 102, 104–106, 108, 143, 144 (Joachim Fritz)
Goslar	Musikinstrumenten-Museum Goslar, Sammlung Walter Erdmann Foto 136
Gotha	Museum für Regionalgeschichte Foto 99, 135, 138, 142
Halle	Händelhaus Foto 31, 100, 109, 112 (Walter Danz)
Hamburg	Museum für Hamburgische Geschichte Foto 119
Innsbruck	Museum Ferdinandeum Foto 117
Köln	Firma Josef Monke Foto 67, 68
Leipzig	Musikinstrumentenmuseum der Karl-Marx-Universität Foto 2, 3 (Volkmar Herre), 14, 22–25 (Werner Reinhold), 39, 40, 83, 86, 111, 114–116, 124, 130, 132, 139, 141 (V. Herre, K. Wieckhorst)
	Firmen Friedbert und Frank Syhre Foto 50, 51 (Günther Seidel)
Mainz	Firma Gebr. Alexander Foto 46, 53, 140. Abb. 53
Markneukirchen	Musikinstrumentenmuseum Foto 1, 4–12, 15–17, 20 (Werner Reinhold), 26, 58–61, 64, 65, 82, 87, 90, 94, 110, 113, 126, 151 (Foto Stephan). Abb. 6, 12–15, 18, 19 (Foto Stephan)
	VEB Blechblas- und Signalinstrumenten-Fabrik Foto 145 (Jobst)
	Firma August Knopf Foto 43, 44 (Foto Stephan)
	Firma Martin Peter Foto 89
Merseburg	Zentrales Staatsarchiv, Dienststelle Merseburg Abb. 1a, 38–43
München	Bayrisches Nationalmuseum Foto 55
	Deutsches Museum Foto 45, 47, 49, 154, 156
	Stadtmuseum Foto 134
	Hans Pizka Foto 34, 36–38, 41
	Engelbert Schmid Foto 18, 21. Abb. 54
New York	Metropolitan Museum Foto 70
Nürnberg	Germanisches Nationalmuseum Foto 57, 72, 73, 76, 95, 103, 118, 129, 155
Oxford	University of Oxford, Bate Collection Foto 101
Paris	Musée du Conservatoire National Supérieur de Musique Foto 54
Prag	Nárdoní muzeum Foto 62, 125, 127, 137, 150 (V. Dvořaková). Abb. 2, 3, 7
Salzburg	Museum Carolino Augusteum Foto 125, 131, Abb. 35
Stockholm	Musikhistoriska Museet Foto 29
Sumiswald	Firma Hirsbrunner & Co. Foto 146
Vlotho-Exter	Firma Helmut Finke Foto 19, 52
Wien	Kunsthistorisches Museum Foto 151, 152 (Gerhard Stradner)
Wien	Technische Universität Abb. 44–50
Privatbesitz	Foto 63, 121 (Karin Wieckhorst). Abb. 8, 17, 20–33, 51, 52 (Karin Wieckhorst)

Abb.
1a, 2
1b

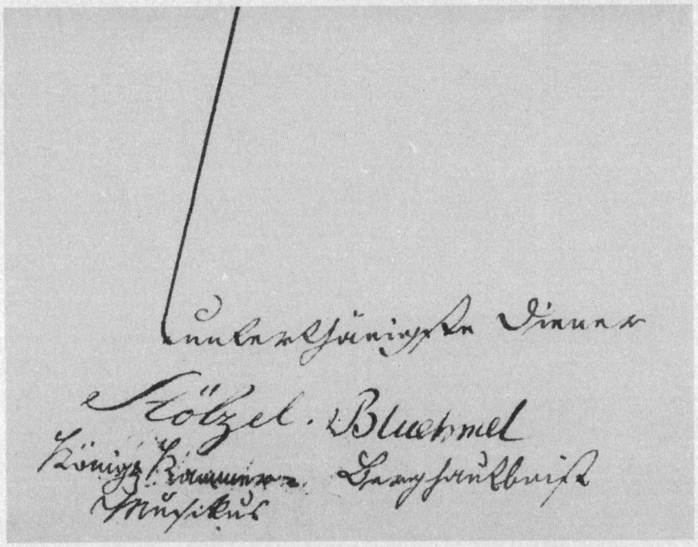

Preis-Courant sämmtlicher von mir erfundenen chromatischen Metall-Blase-Instrumente.

Ein chromatisches	Waldhorn	40	Rthlr.
Ein dito	Baßhorn oder Baßtrompete in F oder Es	45	—
Ein dito	Tenorhorn oder Tenortrompete in B	40	—
Eine dito	Trompete in F oder Es	25	—
Eine dito	dito in B alto	21	—
Ein dito	Signalhorn	16	—

Allen bisherigen Mißbräuchen und Irrthümern ein Ziel zu setzen, erlaube ich mir, folgendes zur öffentlichen Kenntniß zu bringen:

„Alle von mir verfertigten chromatischen Instrumente werden von jetzt an mit meinem Patentstempel versehen werden, wodurch ich mich zugleich für die Echtheit derselben verbürge. Der resp. Käufer eines Instrumentes wird eine kurze schriftliche Anweisung zur richtigen Behandlung desselben für den Bläser unentgeldlich beigefügt erhalten. Componisten, welche über die Behandlungsart derselben eine ausführliche Nachricht wünschen sollten, können diese vorfinden in: A. Sundelin's Instrumentirung für Militair-Musik, Preis 25 sgr. (Wagenführ's Buch- und Musik-Handlung in Berlin, Leipziger Straße № 50.)“

Noch bemerke ich, daß alle übrigen zur Horn- und Trompeten-Musik erforderlichen Instrumente, in bester Qualität und zu den billigsten Preisen bei mir zu haben sind.

Berlin, im März 1828.

Stölzel,
Königl. Kammermusikus und Mechanikus.
(wohnhaft Lindenstraße № 28.)

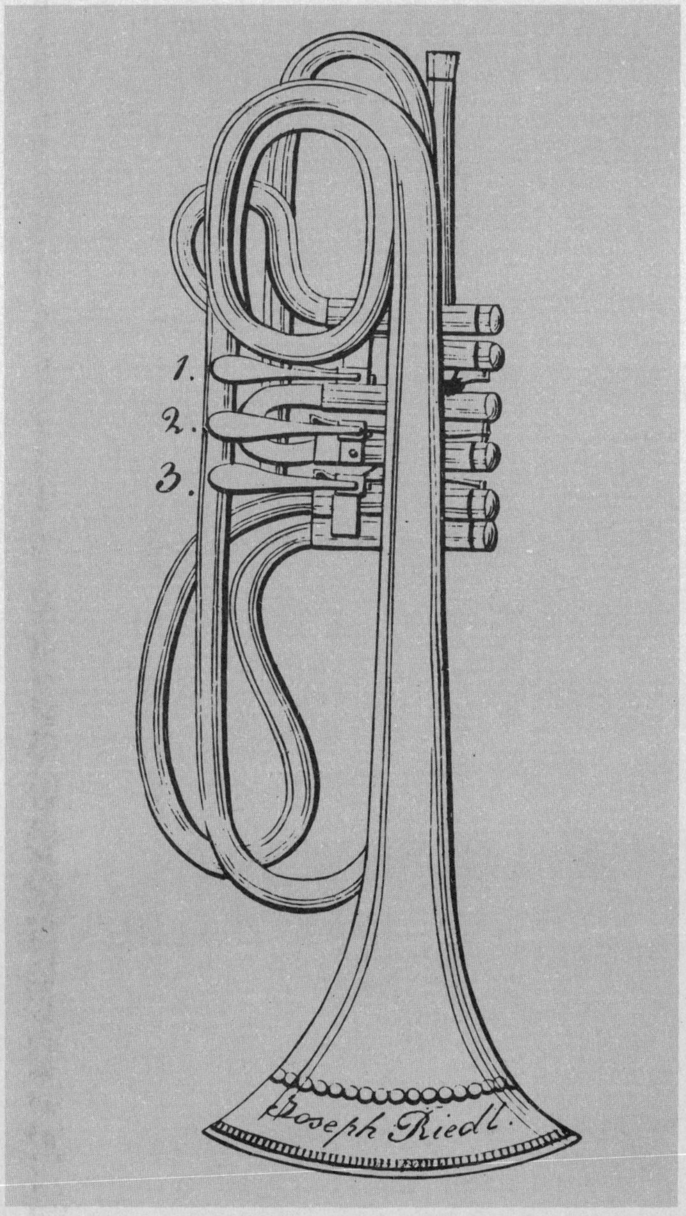

Unterschriften von H. Stölzel und F. Blühmel unter dem gemeinsamen Patentantrag vom 6. April 1818 (Zentrales Staatsarchiv, Dienststelle Merseburg. Rep. 120 D, Abt. XIV, Fach 2, Nr. 33, Bd. 1). Beide Erfinder gebrauchten mit gleicher Häufigkeit die Schreibung Stoelzel bzw. Bluehmel.

Preiscourant H. Stölzels von 1828 (abgedruckt bei Sundelin 1828).

Rechtsgriffige »Maschinentrompete« in G mit D-Aufsteckbogen, aus: A. Nemetz, *Allgemeine Trompeten-Schule*, Wien 1828. Modell Kail/Riedl. Im Vergleich zum ersten Modell (1823) hauptsächlich durch das zusätzliche 3. Ventil unterschieden.

Abb.
3a, b
4

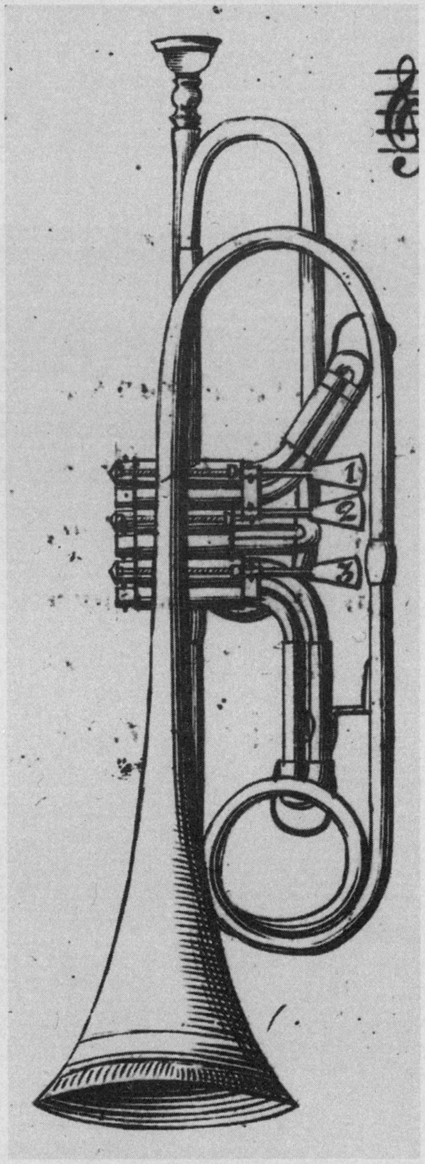

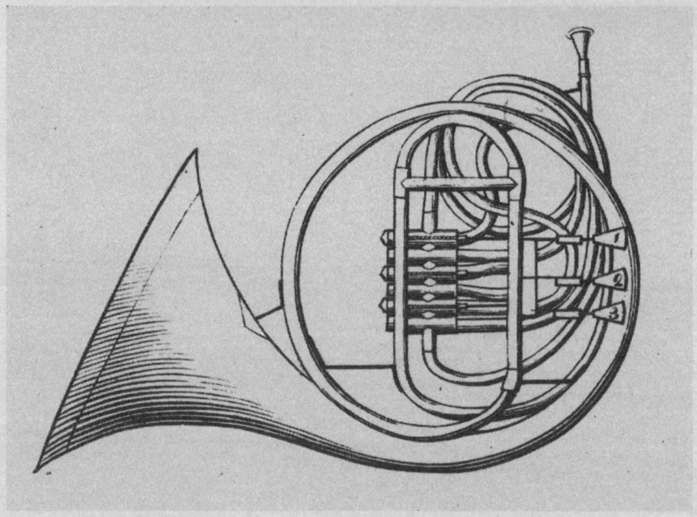

Frühe Prager Modelle.
a: Linksgriffige »Tasten-Trompete«, Prager Modell (gebaut vermutlich von Franz Stöhr) mit den Ventilen von Kail/Riedl. Nach *Scala für die chromatische Tasten-Trompete von der Erfindung des Joseph Kail*, gedruckt bei Marco Berra, Prag wohl 1831.
Národní muzeum Prag.
b: »Tasten-Waldhorn«, Prager Modell (gebaut vermutlich von Franz Stöhr) mit den Wiener Ventilen von Kail/Riedl. Charakteristisch auch die dreieckigen Fingerdrücker. Nach *Scala für das chromatische Tasten-Waldhorn in F und E. von der Erfindung des Joseph Kail Lehrer am Conservatorium der Musik zu Prag*, gedruckt bei Marco Berra, Prag wohl 1831.
Národní muzeum Prag

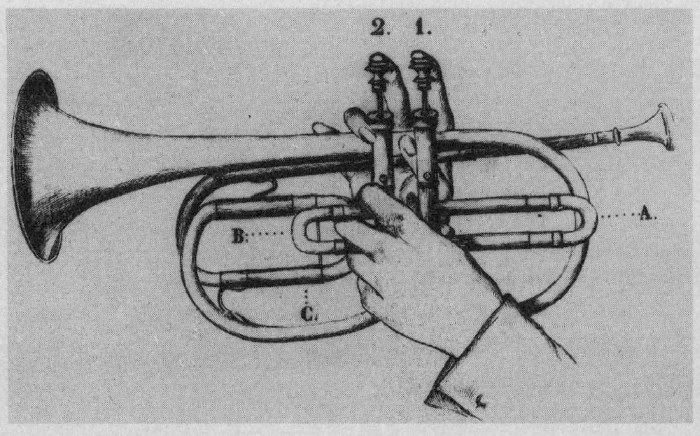

Cornet à pistons (nach A. Dauverné 1837). In der Windungsart mit der alten Pariser Trompete verwandt, die auf einem Instrument von Griesling & Schlott (Berlin um 1826) beruht.

Abb. 5

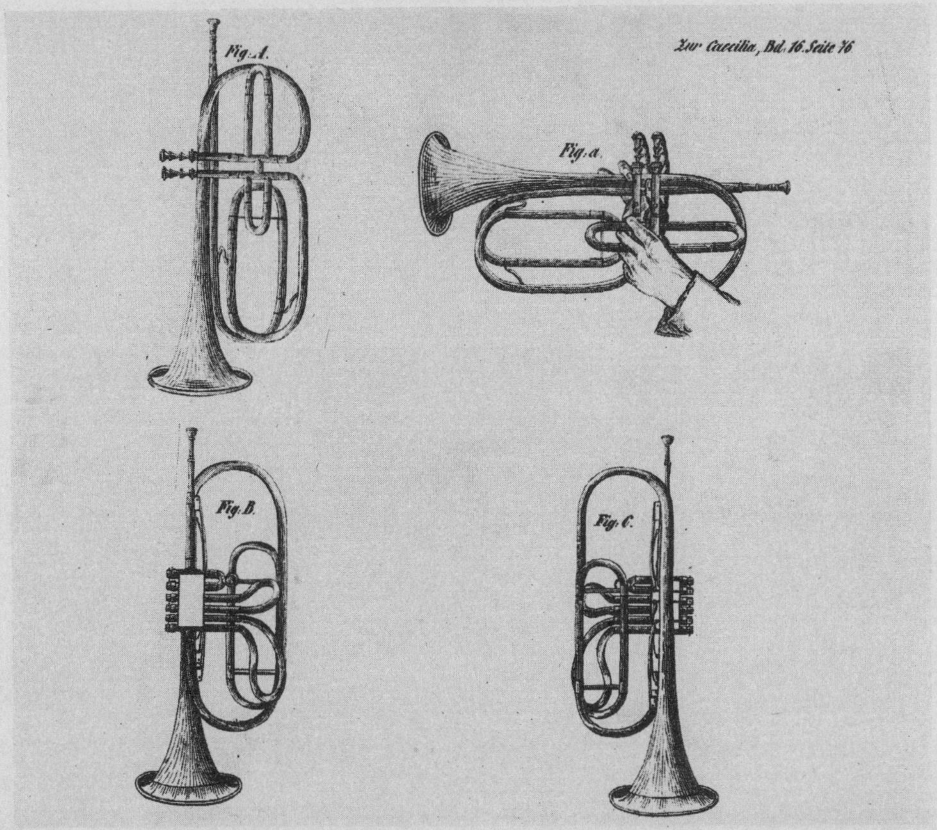

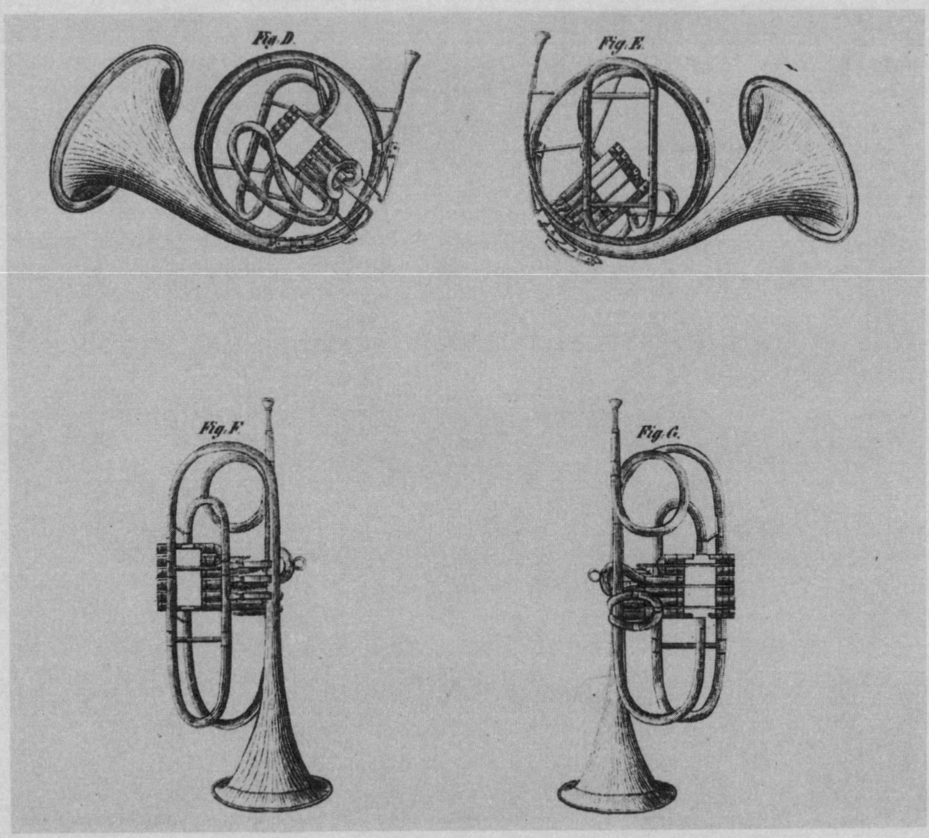

Frühe Modelle (1827–1835) der Firma C. A. Müller in Mainz. Nach G. Weber 1835.

A, a: An das Berliner Trompetenmodell anschließend.

B, C: Vogtländisches (Adorfer) Trompetenmodell.

D, E: Waldhorn, »Altmainzer Modell«, vorher vermutlich aber schon in Adorf gebaut.

F, G: Verbessertes vogtländisches (»Altmainzer«) Trompetenmodell für horizontale Haltung, seit etwa 1833 gebaut. Das Druckwerk arbeitet mit Blattfedern (»Neumainzer Druckwerk«).

Abb.
6a, b

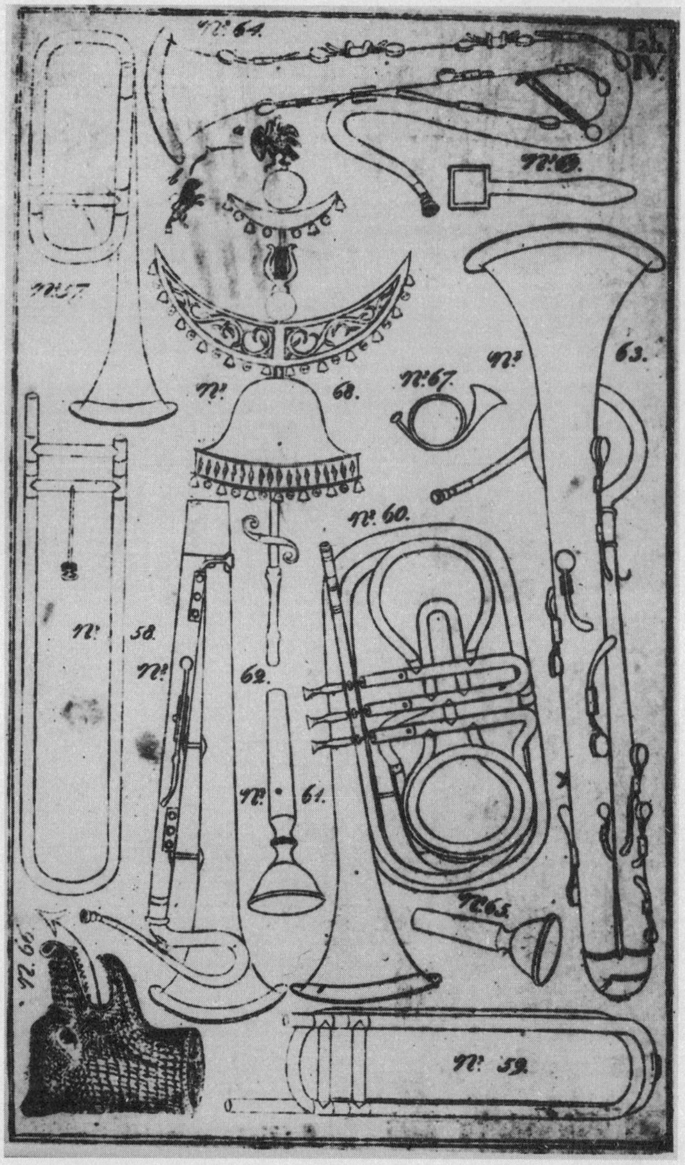

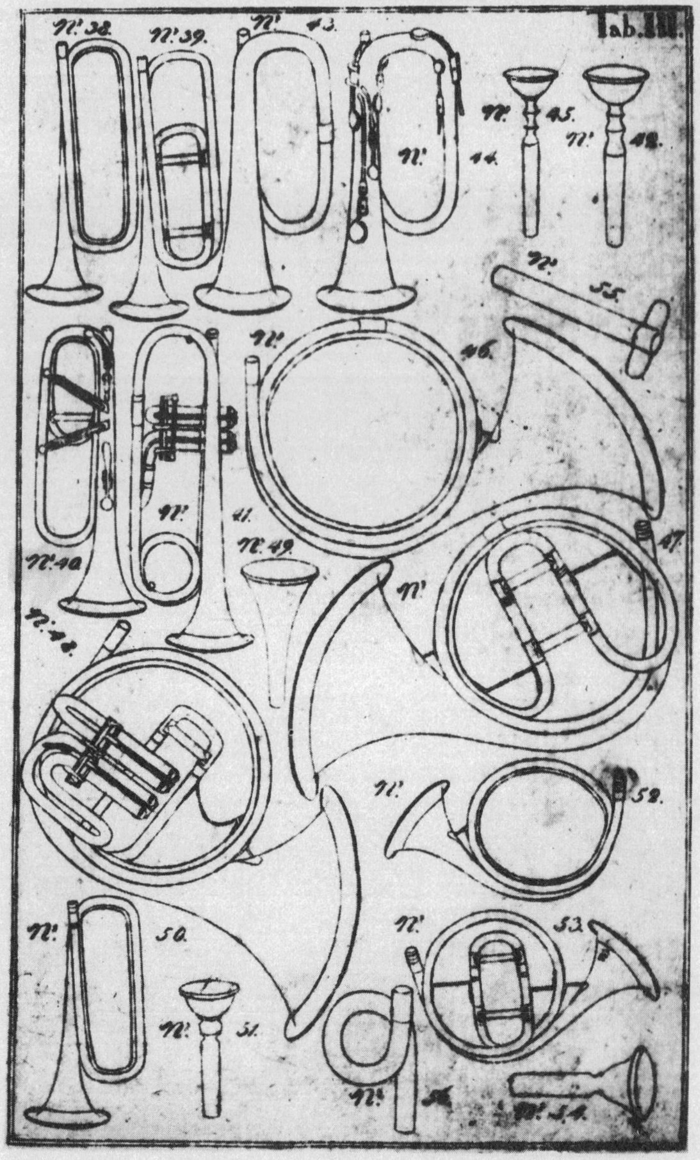

Markneukirchner Prospekt, zugeschrieben der Firma J. Kämpfens Söhne, Markneukirchen um 1833. Nach einer beschrifteten Preisliste der Firma Kämpfens Söhne mit im Prinzip gleichen Instrumentendarstellungen ist Nr. 60 eine »Chromatische Posaune«, d. h. eine Posaune in Trompetenform mit drei Stopferventilen. Dagegen ist Nr. 57 eine »Posaune mit einfachen Zügen« und Nr. 59 eine »Baß-Posaune mit doppelten Zügen«. Unter der gemeinsamen Überschrift »Baß-Horn« rangieren Nr. 63 als »Ophicleide oder Harmonie Baß mit 9 Klappen« und Nr. 64 als »Bombardone mit 12 Klappen mit Schallbecher«. Nr. 62 und 66 sind ähnliche Darstellungen wie auf einer gedruckten Grifftabelle von B. Schott's Söhne, Mainz um 1828–1829 für »Basson Russe« (Überschrift) bzw. »Russisches oder Englisches Baßhorn« (Begleittext).
Nr. 41 und Nr. 48 sind eine Trompete und ein Horn mit je zwei Wiener Ventilen alten Systems und Druckwerken, die im Prinzip denen in Zeichnung 42 a oder 42 c entsprechen.
Markneukirchen, Musikinstrumentenmuseum

Abb.
7a, b

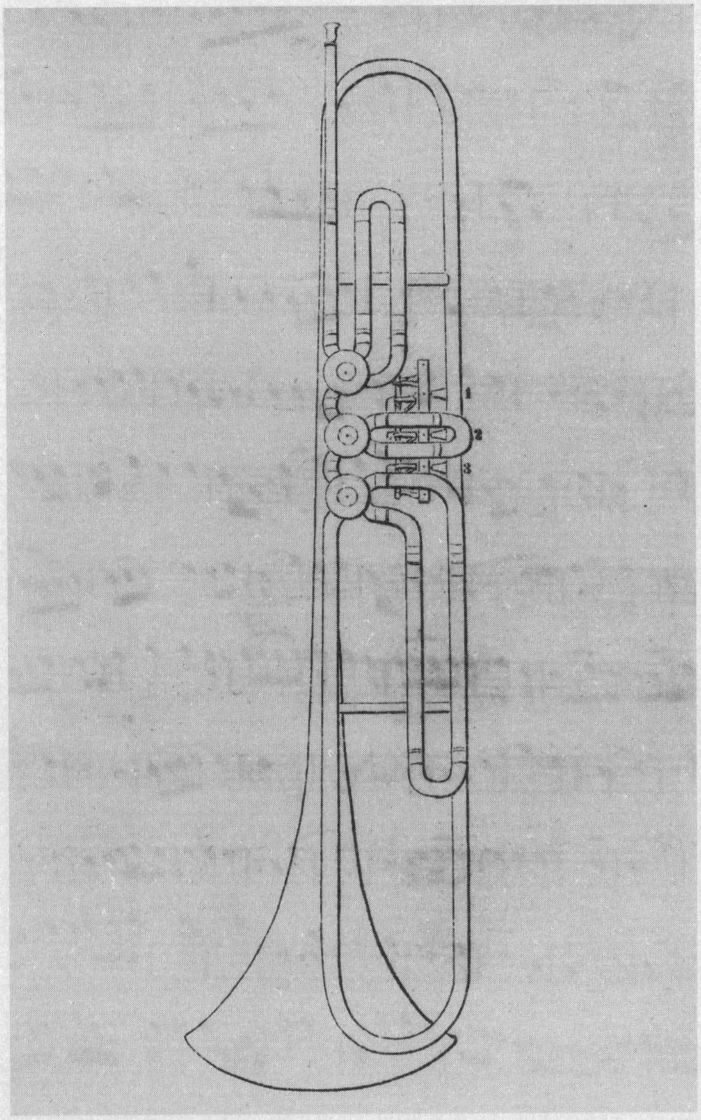

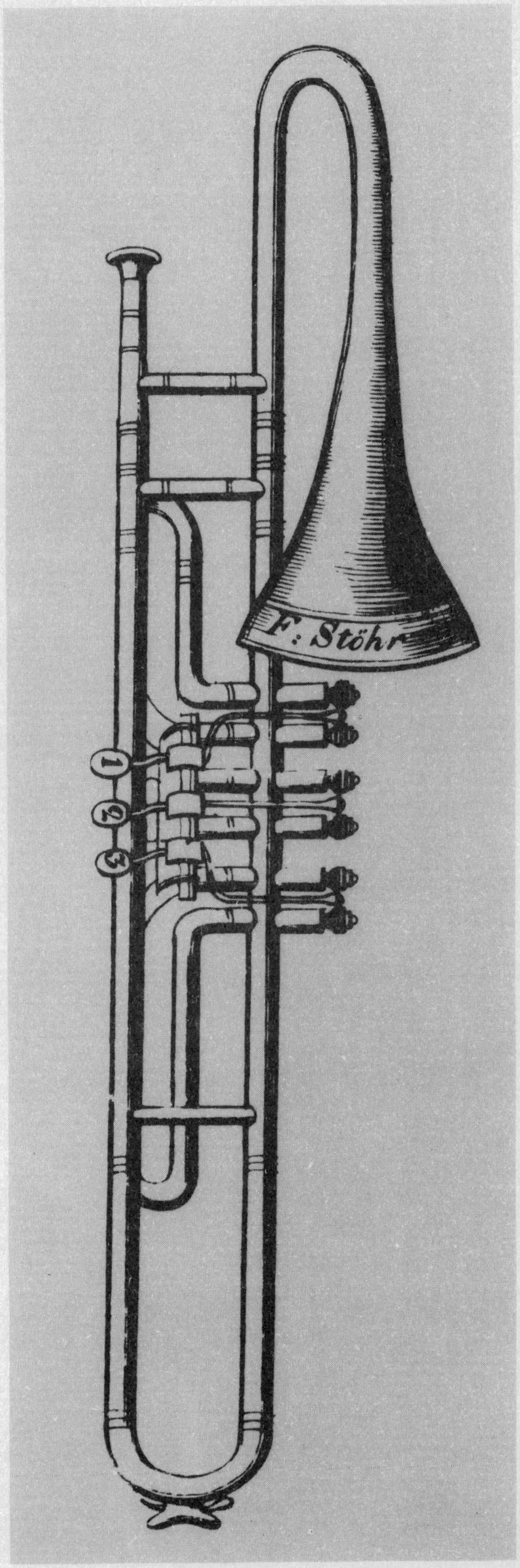

Wiener und Prager Ventilposaunen um 1840.
a: »Maschin-Posaune in B« mit drei Zylinderventilen. Nach A. Nemetz, *Allgemeine Musikschule*, Wien 1844.
b: Ventilposaune von Franz Stöhr, Prag um 1840. Entspricht weitgehend dem 1830 von Leopold Uhlmann in seinen Patentantrag einbezogenen Modell der Ventilposaune. Nach einer bei Marco Berra in Prag erschienenen Grifftabelle.
Národní muzeum Prag

Abb.
8a

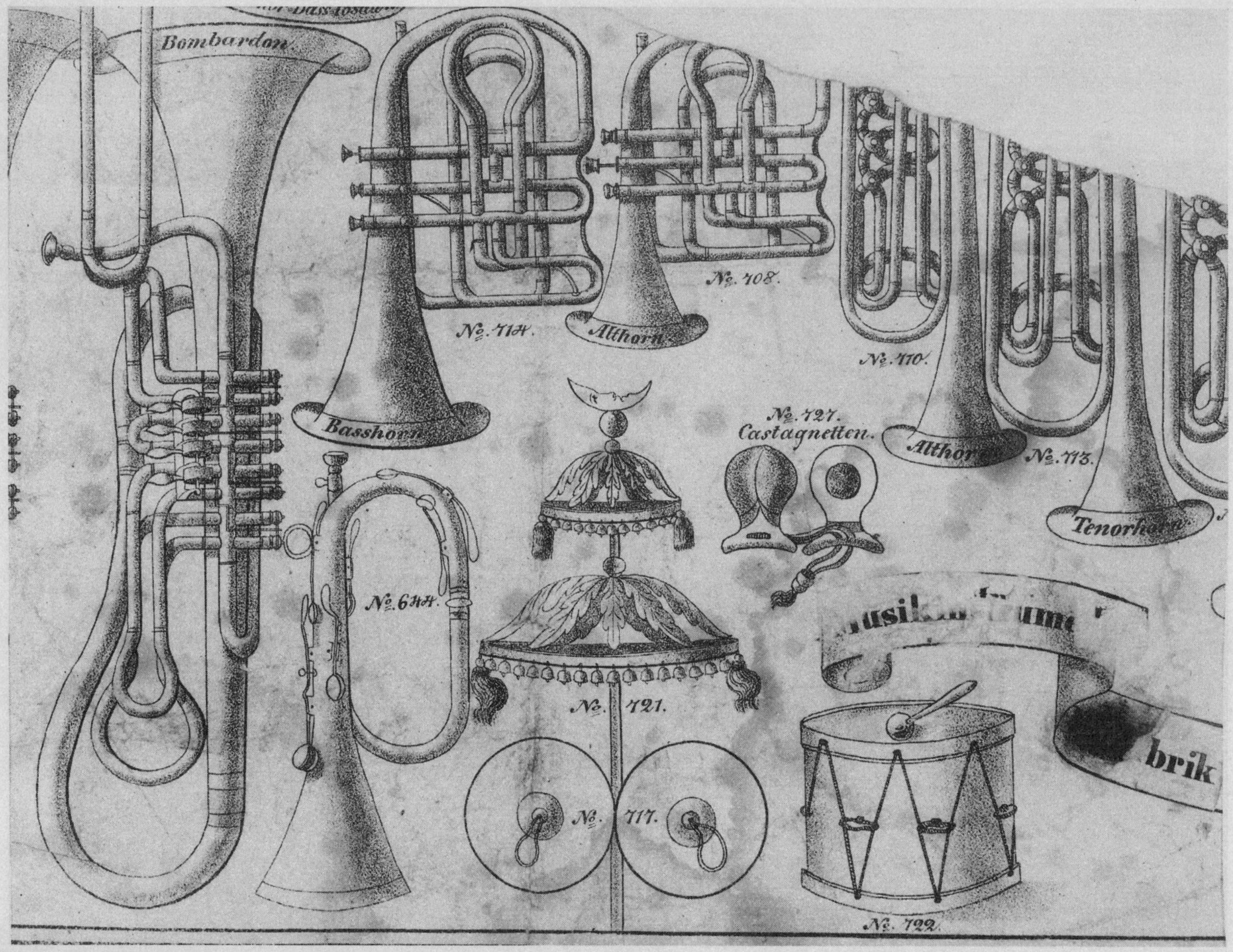

Prospekt der Verlagsfirma C. G. Herold in Klingenthal, um 1842. Zwei Fragmente. Originalwortlaut in Anführungsstrichen.
Links im Bild »Bombardon« mit vier Uhlmannschen Ventilen, vgl. Foto 130. Das 3. Ventil vertieft um 1½ und das 4. um 2 Ganztöne. Eine handschriftliche Grifftabelle für ein gleich aussehendes »Chromatisches Baßhorn in C« gibt folgerichtig für Cis keinen Griff an, denn Ventil 1 + 2 + 3 + 4 ergibt D. Unter der Note Cis steht in dieser Grifftabelle »schlecht«. Pedaltöne sind bis F_1 (= Ventil 1 + 2 + 4) angeführt.
Rechts darüber das Schallstück einer »Ventil-Tenor-Bass-Posaune« in Tenorhornform. 714 und 708 »Basshorn« und »Althorn« in Trompetenform mit Stopferventilen, auf den ältesten Berliner Modellen beruhend. 710, 713, 716 »Althorn«, »Tenorhorn« und »Basshorn« (nur zwei Ventile sichtbar) in Trompetenform mit Pumpenventilen.

Abb.
8b
9

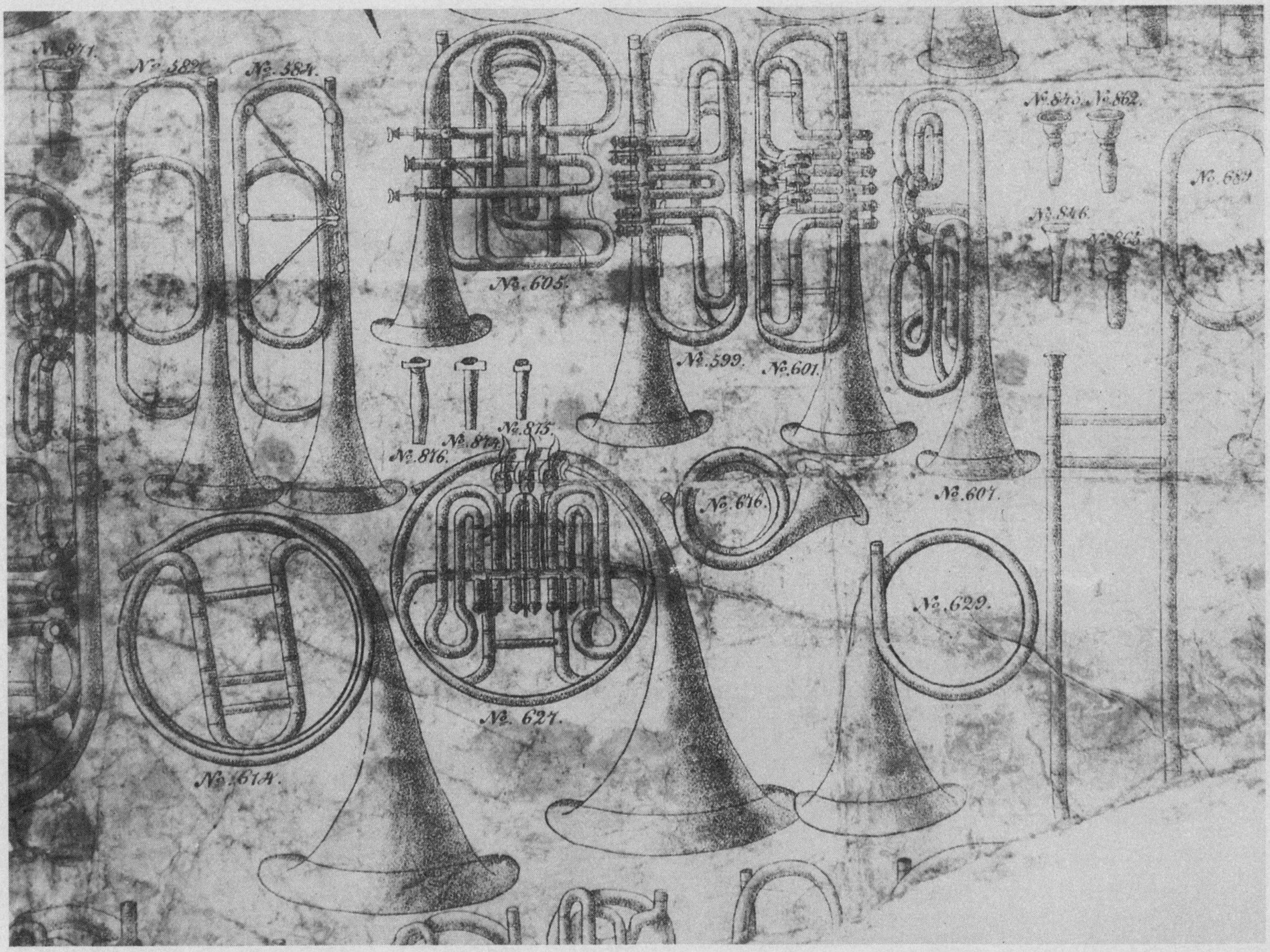

Prospekt der Firma C. G. Herold um 1842 (Fortsetzung).
Ganz links: Ein enger Baß, auf den das Ventilprinzip der Wieprechtschen Tuba mit fünf Ventilen übertragen ist.
582, 584 Signal- und Klappentrompete mit sechs Klappen.
605 Trompete zur gleichen Serie wie Alt- und Baßhorn Nr. 708 und 714 gehörend.
599 Trompete, sächsisches Grundmodell mit Klinkendruckwerk und Uhlmannschen Ventilen.
601 Trompete, Wiener Modell mit Trommeldruckwerk. 607 Trompete, preußisch-vogtländisches Modell mit Pumpenventilen.
627 Ventilwaldhorn, Prager oder Wiener Modell.
Ganz unten: u. a. ein Satz von Instrumenten mit Wiener Ventilen, vom Baß bis Alt gehend.
Privatbesitz

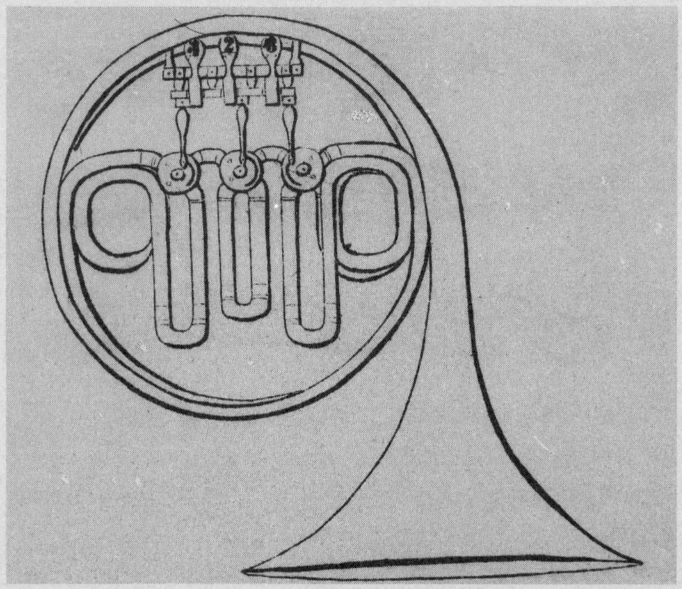

Wiener »Maschinenhorn« (nach A. Nemetz 1844). Windungsart von J. Riedls Horn.

Abb.
10a

INSTRUMENTS EMPLOYES DE NOS JOURS DANS LA MUSIQUE MILITAIRE PL. XV.
DES DIFFÉRENTS PEUPLES.

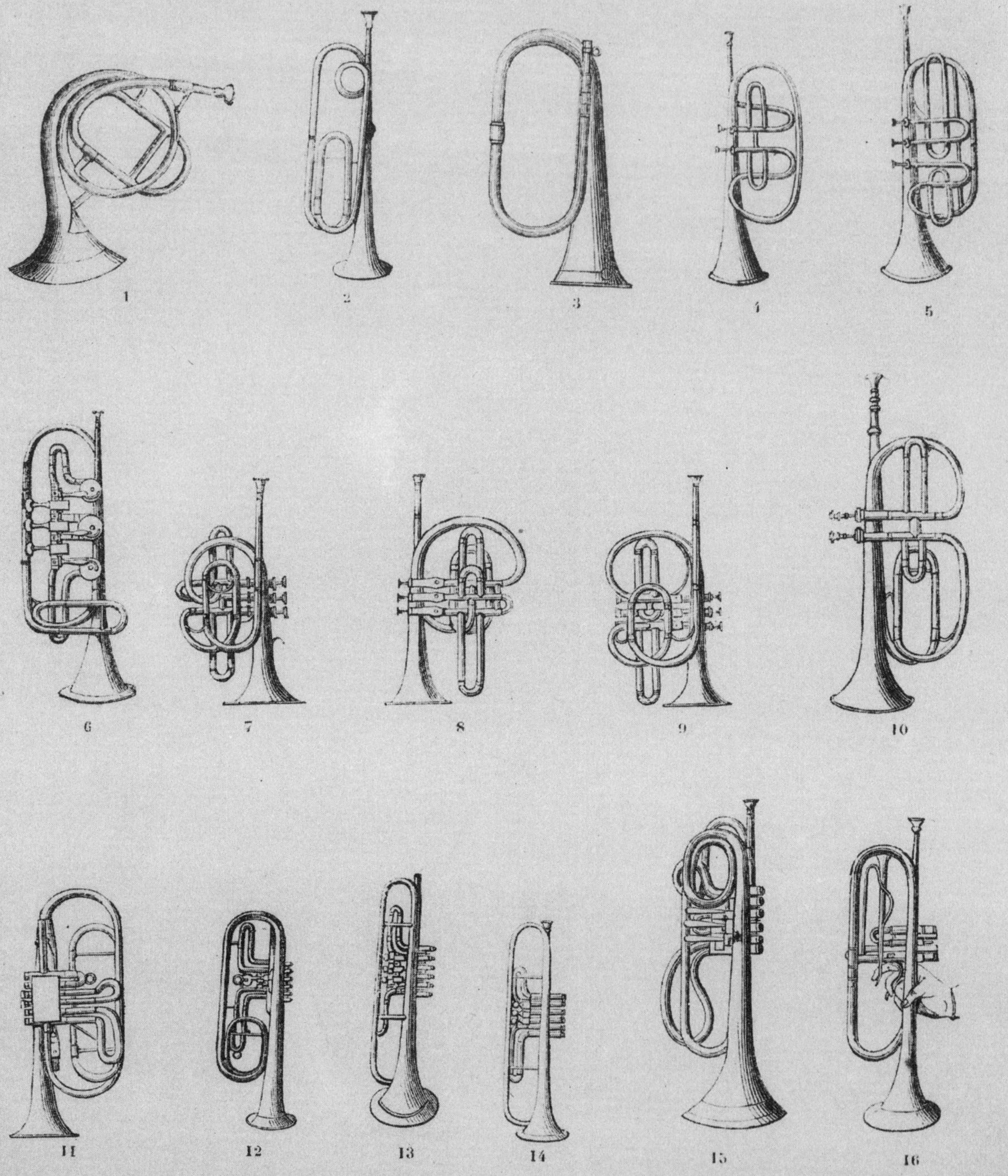

1 Cornet ordinaire.
2 Trompette.
3 Cor de signal allemand (cornet d'ordonnance.)
4 Cornet à deux pistons.
5 Cornet à trois pistons.
6 Cornet à trois pistons (autre espèce.)
7 Cornet à trois pistons (autre espèce.)
8 Cornet à trois pistons (autre espèce.)
9 Cornet à trois pistons (autre espèce, système Perinet.)
10 Trompette à deux pistons.
11 Trompette à machine et à clefs (système allemand.)
12 Trompette à trois pistons en fa (autrichienne.)
13 Trompette à trois pistons (autre espèce.)
14 Trompette à machine en sol (système autrichien.)
15 Trompette chromatique à trois pistons.
16 Trompette chromatique à deux pistons.

Tafel 15 aus G. Kastner 1848. 4—10 französische Modelle, dabei 6 Strasbourger (Prager) Modell, 11 Altmainzer Trompetenmodell, 12—15 österreichische Modelle, dabei 15 aus Nemetz 1828. 16 süddeutsch-bayrisches Modell.

Abb. 10b

INSTRUMENTS EMPLOYÉS DE NOS JOURS DANS LA MUSIQUE MILITAIRE DES DIFFÉRENTS PEUPLES. Pl. XVI.

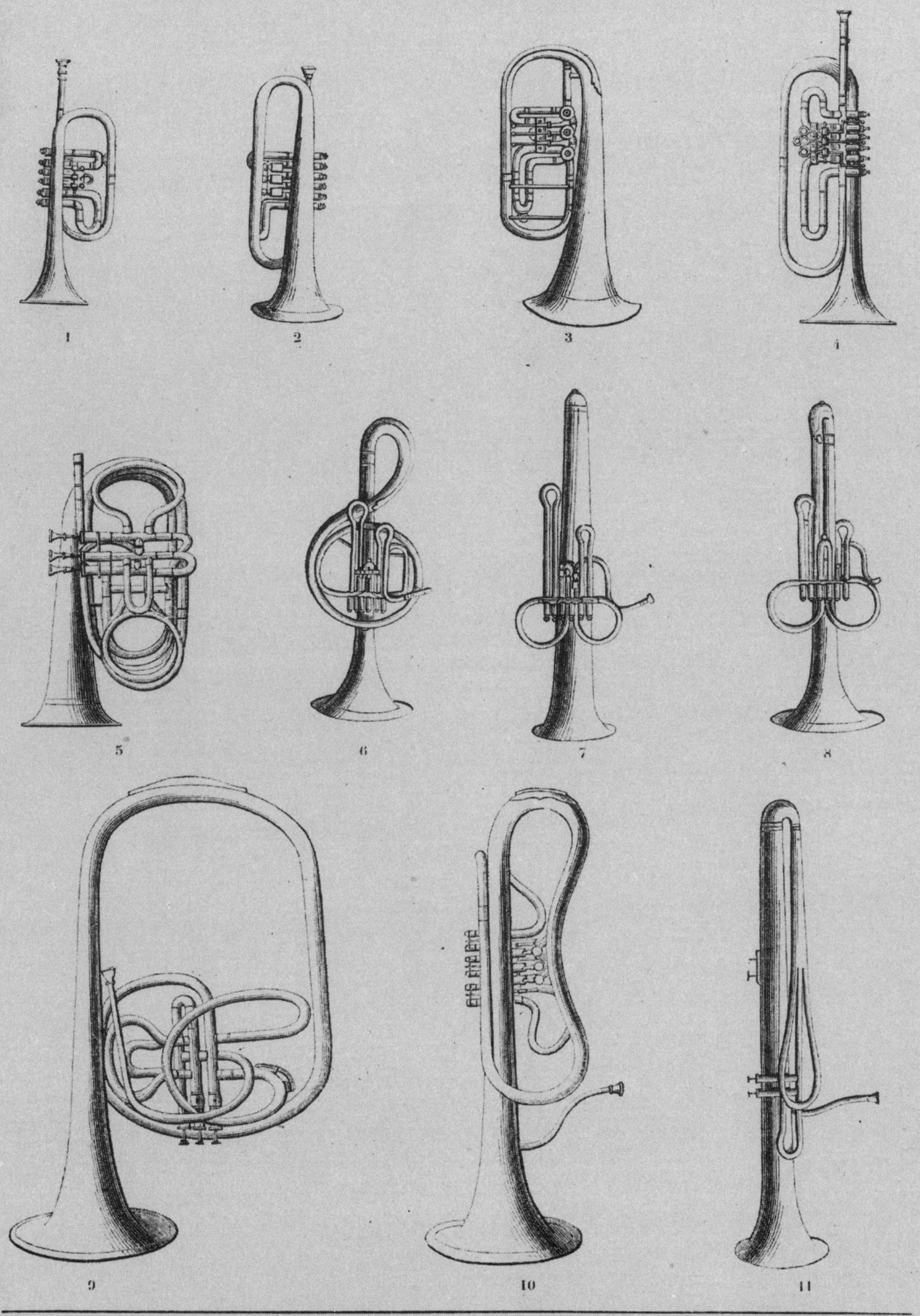

1 Bugle à trois pistons (Flugelhorn de Vienne en mi b.)
2 Bugle à trois pistons, en si b.-Vienne.
3 Bugle à trois pistons en ut (Flugelhorn autrichien.)
4 Bugle à trois pistons (Flugelhorn allemand et belge.)
5 Bugle ténor en sol à trois pistons (système Stalzel. Berlin.)
6 Bugle basse à trois pistons (Bass-Flugelhorn.)
7 Bombardon ou Bass-Tuba.
8 Bombardon ou Bass-Tuba (autre espèce.)
9 Bombardon à trois pistons (connu longtemps en France sous le nom d'Ophicléide monstre.) (Infanterie.)
10 Bombardon à trois pistons (autre espèce.) (Cavalerie)
11 Basse à quatre pistons (Bass-Tuba.)

Tafel 16 aus Kastner 1848. 1–3 österreichische Flügelhörner in hoch Es, B, C. 4 Flügelhorn (Trompete), belgisches bzw. Dresdner Modell. 5 Tenorhorn (Ventilposaune). 6 Baßflügelhorn. 7 Ventilophikleide (Bombardon). 8 Baßhorn (Bombardon) in der Windungsart von Uhlmanns Ventilophikleide. 9 »Ophicleide monstre« in enger Baßhornmensur. 10 österreichisches Bombardon. 11 Ventilophikleide (falsch gezeichnet).

Abb.
11a

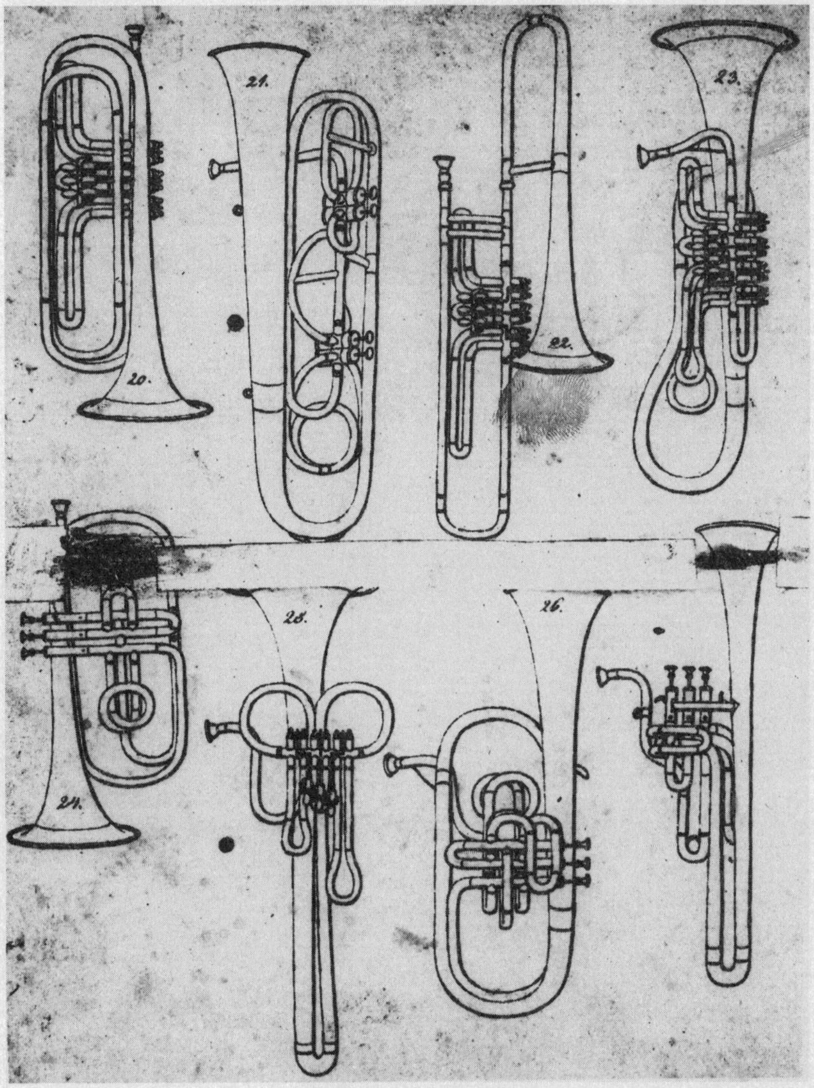

Abb. 11b, 12

Böhmisches Bombardon mit der von Červený 1846 erfundenen Tonwechsel-Maschine im Mundrohr, so daß z. B. bei F-Grundstimmung das Instrument nach E, Es und D herabgestimmt werden kann. Nach F. Zamminer (1855, S. 327).

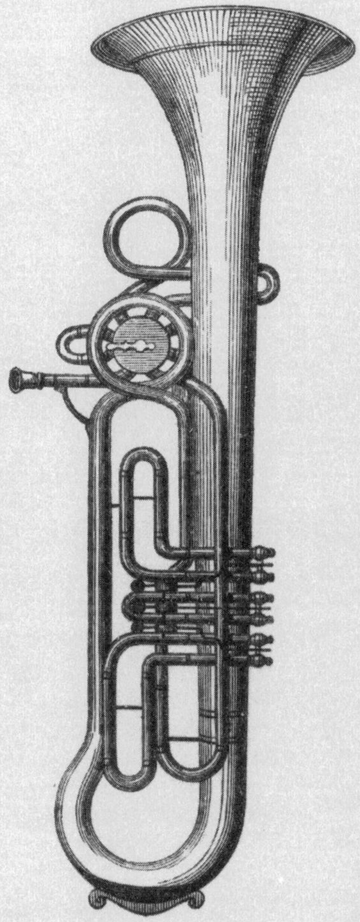

Prospektentwurf von Wilhelm Petzold in Markneukirchen für eine vogtländische Handels-, evtl. auch große Herstellerfirma, um 1850. Tuschezeichnungen. Instrumentarium ähnlich wie bei C. G. Herold (Abb. 18), aber teilweise mit älteren Modellen. Keine Beschriftungen überliefert.

1 Waldhorn, Wiener Modell. 2 Waldhorn (B) mit Althornmundstück, vogtländisches Modell. 3 Trompete oder Posaune mit drei Stölzelventilen, altes preußisch-sächsisches Modell (vgl. Abb. 6, Nr. 60). 4 Trompete gleicher Art mit alter Wiener Maschine und langen Spiralfederstechern. 5 Desgleichen mit Uhlmannschen Ventilen. 6 Trompete, Wiener Modell. 7 Trompete, Berliner Modell. 8 Trompete, Altmainzer Modell. 9 Trompete nach Stowasser (1845) mit drei Wiener Ventilen zur Umstimmung und drei Stopferventilen zum Spiel. 10 Cornet oder Cornopean. 11 Cornopean mit drei Stopferventilen und Trillerklappe (Uhlmann 1843). 12 Kleines Horn mit Ventilen, Wiener Modell. 13 Trompete in B, Wiener Modell mit drei Uhlmannschen Ventilen. 14 Flügelhorn, Wiener Modell. 15 Klappenhorn. 16 Klappentrompete. 17—18 Ophikleiden bayrisch-sächsischer (17) und Pariser Art (18). 19 Englisches Baßhorn.

Prospektentwurf von W. Petzold, um 1850 (Fortsetzung).

20 Baßtrompete. 21 Baßtuba mit vier Pumpenventilen, das ursprüngliche Wieprecht-Moritzsche Modell von 1835. 22 Ventilposaune, Wiener Modell. 23 Bombardon/Chromatisches Baßhorn. 24 Ventilposaune in Trompetenform (vgl. Prospekt Abb. 6, Nr. 60), evtl. Tenorhorn. 25, 26, wohl auch 27 Ventilophikleiden (Bombardons), 25 und 27 nach französischem Vorbild.

Markneukirchen, Musikinstrumentenmuseum

Abb.
13
14

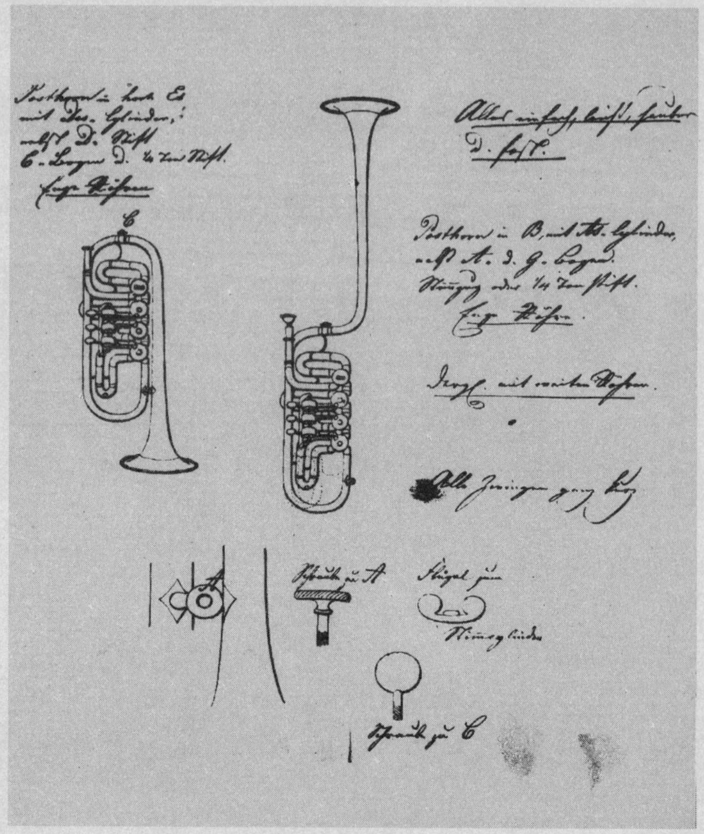

Entwurfszeichnung für ein trompetenförmiges Posthorn mit beweglichem Schallstück, ausgeführt von Wilhelm Petzold in Markneukirchen um 1860. An die Form der preußischen Posttrompete anschließend. Das Schallstück ist im Oberbügel drehbar und kann mittels Schrauben in den beiden dargestellten Formen arretiert werden. Die Ausführung ist vorgesehen für ein Hoch-Es-Instrument mit engen und ein B-Instrument mit engen und weiten Röhren.
Originale Beschriftung, linke Spalte: »Posthorn in hoch Es mit Des-Cylinder nebst D-Stift, C-Bogen und $\frac{1}{4}$ Ton Stift. Enge Röhren.«
Rechte Spalte: »Alles einfach, leicht, sauber und fest. Posthorn in B, mit As-Cylinder, nebst A- und G-Bogen. Stimmzug oder $\frac{1}{4}$ Tonstift. Enge Röhren. Desgl. mit weiten Röhren. Alle Zwingen ganz kurz. Schraube zu A. Flügel zum Stimmzylinder. Schraube zu C«.
Markneukirchen, Musikinstrumentenmuseum

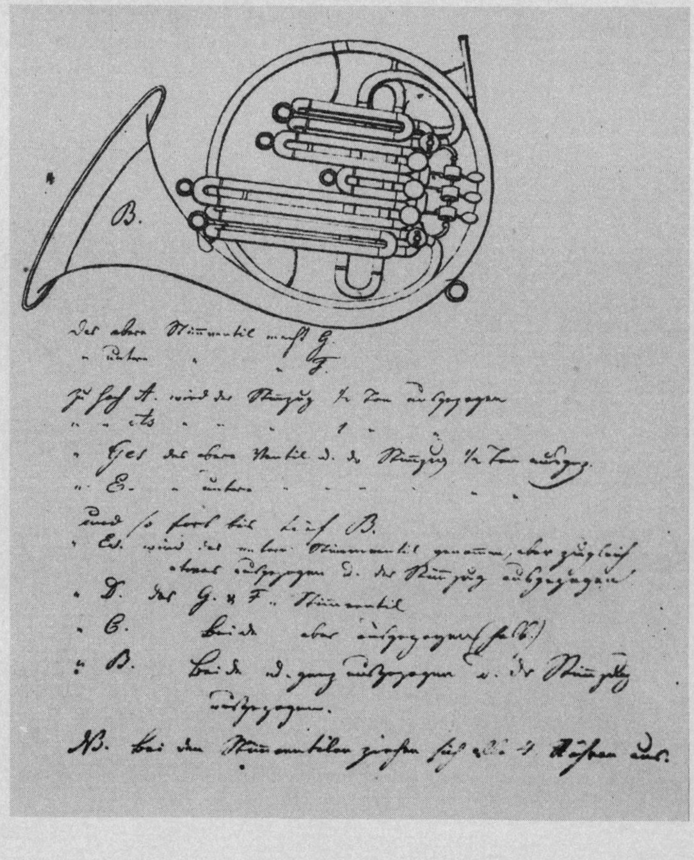

Entwurfszeichnung für ein Waldhorn in B mit zwei Umstimmventilen, Stimmzug und drei Drehventilen, ausgeführt von Wilhelm Petzold, Markneukirchen um 1850–1855. Durch Kombination von Umstimmventilen und Stimmzug sind alle Stimmungen bis B basso möglich, ohne daß Aufsteckbögen erforderlich sind. Die Züge der Umstimmventile sind als Doppelzüge angelegt, also im Prinzip wie bei der Doppelzugposaune. Originale Beschriftung:
»Das obere Stimmventil macht G.
Das untere Stimmventil macht F.
Zu hoch A wird der Stimmzug $\frac{1}{2}$ Ton ausgezogen.
Zu hoch As wird der Stimmzug 1 Ton ausgezogen.
Zu Ges das obere Ventil u. der Stimmzug $\frac{1}{2}$ Ton ausgez.
Zu E das untere Ventil und der Stimmzug $\frac{1}{2}$ Ton ausgez. und so fort bis tief B.
Zu Es wird das untere Stimmventil genommen, aber zugleich etwas ausgezogen u. der Stimmzug ausgezogen.
Zu D. das G. und F-Stimmventil.
Zu C. Beide aber ausgezogen (halb).
Zu B. Beide u. ganz ausgezogen u. der Stimmzug ausgezogen.
NB. Bei den Stimmventilen ziehen sich alle 4. Röhren aus.«
Markneukirchen, Musikinstrumentenmuseum

Abb.
15, 16
17

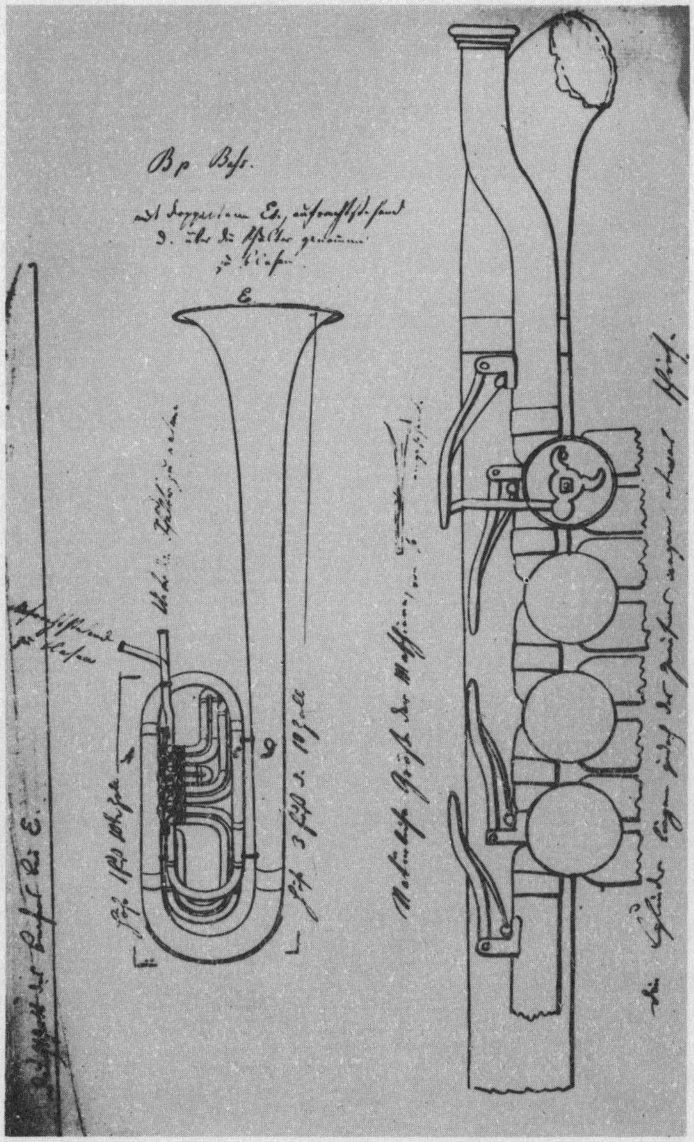

Entwurfszeichnung für einen B-Baß und dergleichen, ausgeführt von Wilhelm Petzold, Markneukirchen um 1855. Gegenüber den Modellen aus den USA von E. G. Wright (Boston), Isaac Fisce (Worchester) u. a., die als Vorbild dienten, nicht wesentlich abweichend. Mittels auswechselbarer Mundrohre in Bell-over-shoulder- oder in Tubahaltung zu blasen.
Originalbeschriftung, links: »Durchschnitt des Bechers bei E.« (Die vertikale Linie gibt den Stürzendurchmesser der E-Größe an.)
Mitte (p = perge ≙ usw.): »B p Bass. mit doppeltem Es., aufrechtstehend und über die Schulter genommen zu blasen. Ueber die Schulter zu nehmen/Aufrechtstehend zu blasen Höhe 1 Fuß $10\frac{1}{2}$ Zoll Höhe 3 Fuß u. 10 Zoll«.
Rechts (Maschine): »Natürliche Größe der Maschine, von so [Skizze] angesehen. Die Cylinder liegen jedoch des Greifens wegen etwas schief.«
Markneukirchen, Musikinstrumentenmuseum

Waldhorn mit zwei Pumpenventilen (nicht exakt gezeichnet), nach F. Zamminer (1855, Fig. 80). Es scheint, daß die vier Rohrstutzen nicht im rechten Winkel voneinander entfernt gemeint sind, so daß, ähnlich wie bei den Sax-Pumpen, die Kröpfungen der Windgänge gegenüber Wieprechts Modell verringert sind.

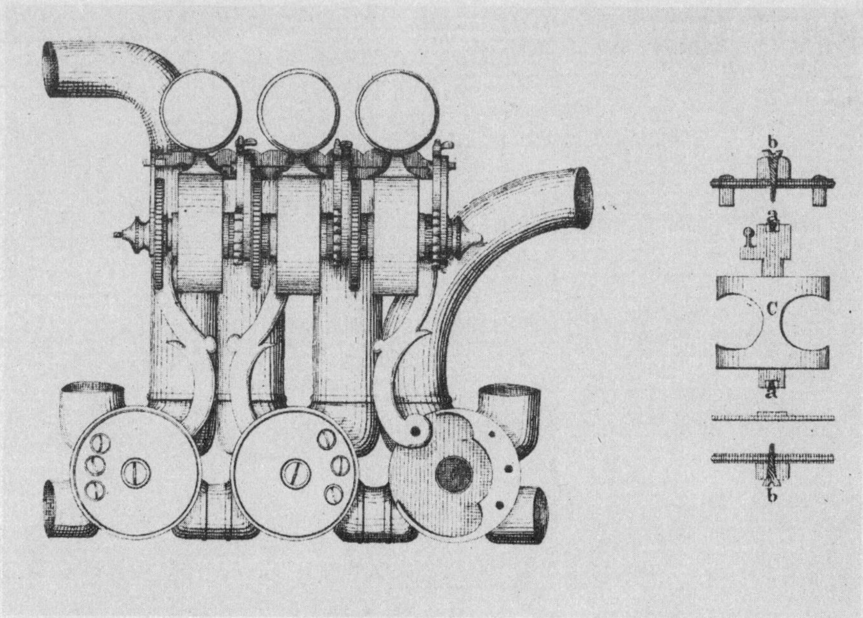

Abbildung aus einem Werbeprospekt von J. M. Bürger, Straßburg 1877, für seine »neuconstruirten patentirten Stein-Cylinder-Maschinen«. Um die Lebensdauer der Ventile zu erhöhen und das Undichtwerden zu verhindern, »habe ich nun … Rubine oder geschliffene Steine (a) in die Zapfen der Cylinder eingelegt, welche zu beiden Seiten durch Kirnerschrauben (b) festgehalten, den Cylinderkegel (c) nicht aus dem Centrum lassen und auf diese Weise für sich laufend, weder in den Zapfen noch Seitenwänden des Gehäuses anstreifen können und ein Ausleiern unmöglich wird« (Begleittext zum Prospekt).
Privatbesitz

Abb. 18

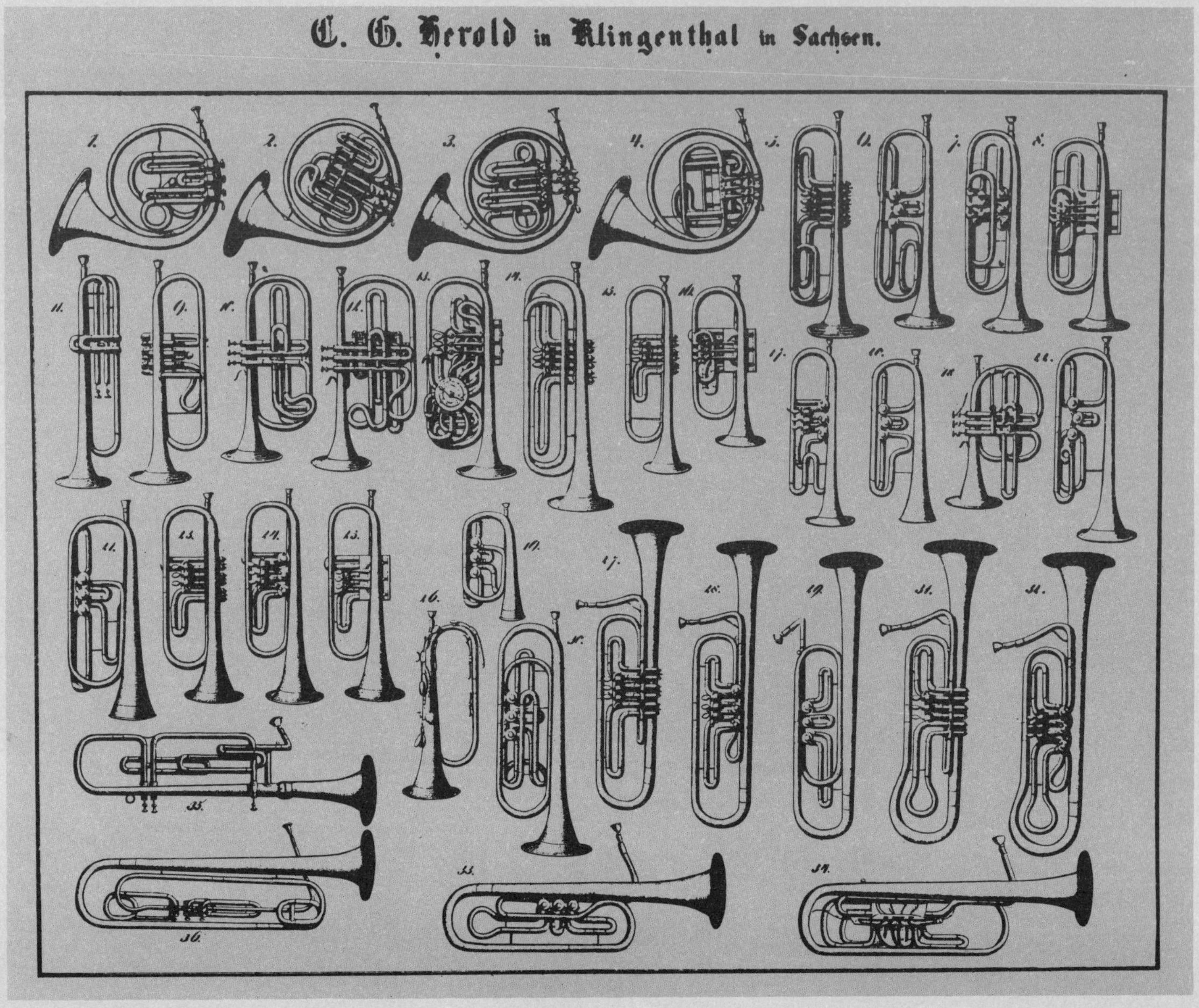

Bildprospekt der Handelsfirma C. G. Herold, Klingenthal um 1855. Nach Entwürfen von Wilhelm Petzold in Markneukirchen. In Anführungszeichen die Unterschriften von Entwurfszeichnungen gleicher oder im Prinzip gleicher Instrumente.

1.—4. Waldhörner, 1. mit Sax-Pumpenventilen in Anlehnung an französische Vorbilder, 2. böhmisch-österreichische Bauweise mit Uhlmanns Maschine, 3. Wiener Modell mit Drehventilen, 4. Mainzer Modell mit Neumainzer Maschine.

5.—8. Trompeten in Stimmungen um F/G. 5. Wiener Modell. 6. Potsdamer Modell mit Pumpenventilen. 7. vom Neumainzer Modell abgeleitete Version mit Drehventilen. 8. Neumainzer Modell (»Trompete neu Mainzer Modell«).

9. »Trompete in B. Hannoverisches Modell«. 11. auf C. F. Sattler zurückgehendes Modell. 12. Trompete nach Stowasser (1845) mit drei Wiener Ventilen zur Umstimmung und drei Stölzelschen Stopferventilen zum Spiel. 13. Trompete nach Červený (1846—1850). Ausführung in G (F) mit drei Neumainzer Ventilen und Tonwechsel-Maschine zur Umschaltung nach E, Es, D. 14. Baßtrompete.

15.—17. Trompeten in B. 15. Wiener Bauweise. 16. Neumainzer Modell. 17. sächsisches Modell. 18. »Cornopean, 3 Stopfer, 1 Klappe, Pariser Modell«.

Abb. 18

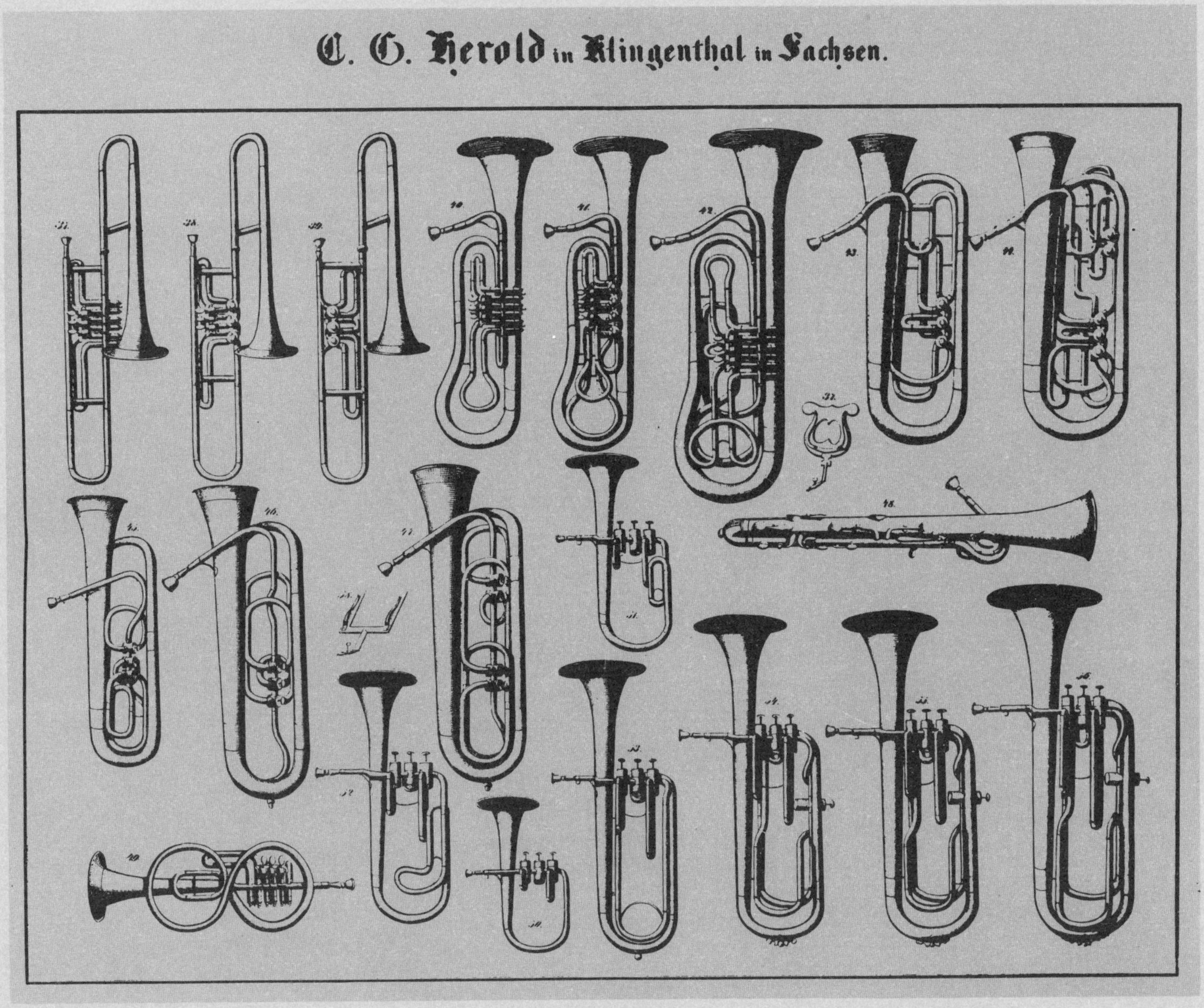

19.–21. Preußische Kornette. 20. »Cornet 3 Bomb« (= Kornett mit drei Pumpenventilen).
22. »Appello in C« (preußische Signaltrompete).
23.–25. Cornets (Flügelhörner). 25. »Pistons neu Mainzer Modell. 3 Ventile«.
26. Klappenhorn mit 7 Klappen.
27.–35. Instrumente in Tenor- und Altlage. 27.–28. an Wiener Vorbilder anschließend. 29. Windungsart nach dem »Moonium oder Bariton«, einem bestimmten Baritonmodell. 30. »Tenorhorn«, ein altes enges vogtländisches Modell (vgl. Abb. 8, Nr. 713).
31.–32. Modelle in der Art von Foto 130, teils mit Wiener Maschine, teils mit Drehventilen ausgestattet.
33. Bariton (?), 34. »Aphonium in B«, d. h. Euphonium mit Neumainzer Maschine. 35. Clavicor.
36. Fagotthorn (in vogtländischen Quellen verderbt zu »Fagelthorn« gefunden).
37.–39. Ventilposaunen mit Wiener, Dreh- und Pumpenventilen.
40.–41. Bombardons mit drei Wiener bzw. vier Drehventilen, auf Grifftabellen der 1840er Jahre auch als »Chromatisches Baßhorn« bezeichnet.
42. Kontrabaß-Bombardon.
43.–47. Tuben mit Pumpenventilen.
43.–44. Baß- und Kontrabaßtuba.
45.–46. Alt- und Tenortuba (Potsdamer Formen). 47. Tuba in F, Potsdamer Modell.
48. Ophikleide. 49. »Baßflügelhorn«. 50.–56. Saxhörner.
Markneukirchen, Musikinstrumentenmuseum

Abb.
19

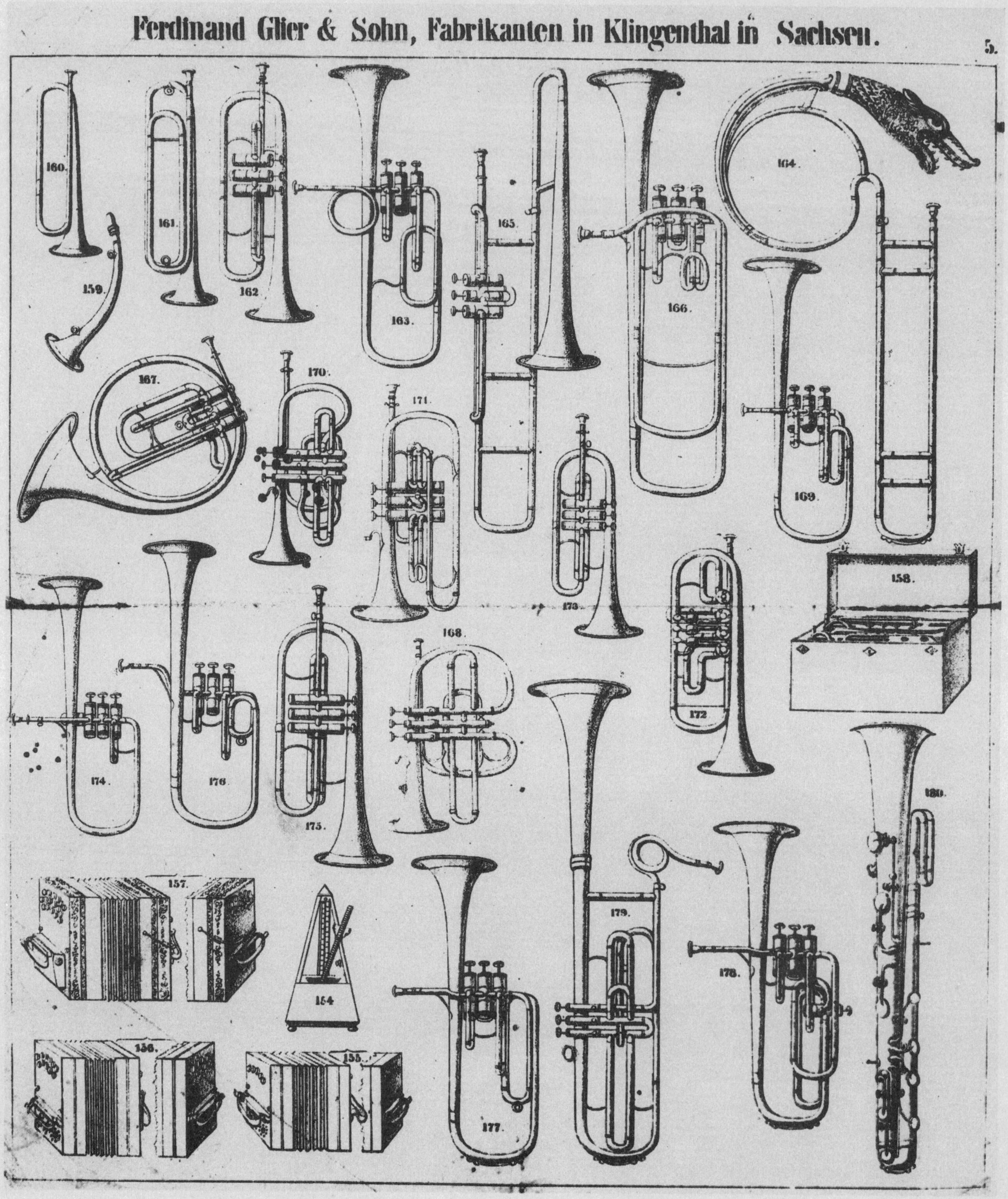
Ferdinand Glier & Sohn, Fabrikanten in Klingenthal in Sachsen.
5.
160.
161.
162
163.
164.
165.
166.
159.
167.
170.
171.
169.
158.
173.
168.
172
174.
176
175.
180.
157.
179.
178.
154
156.
155.
177.

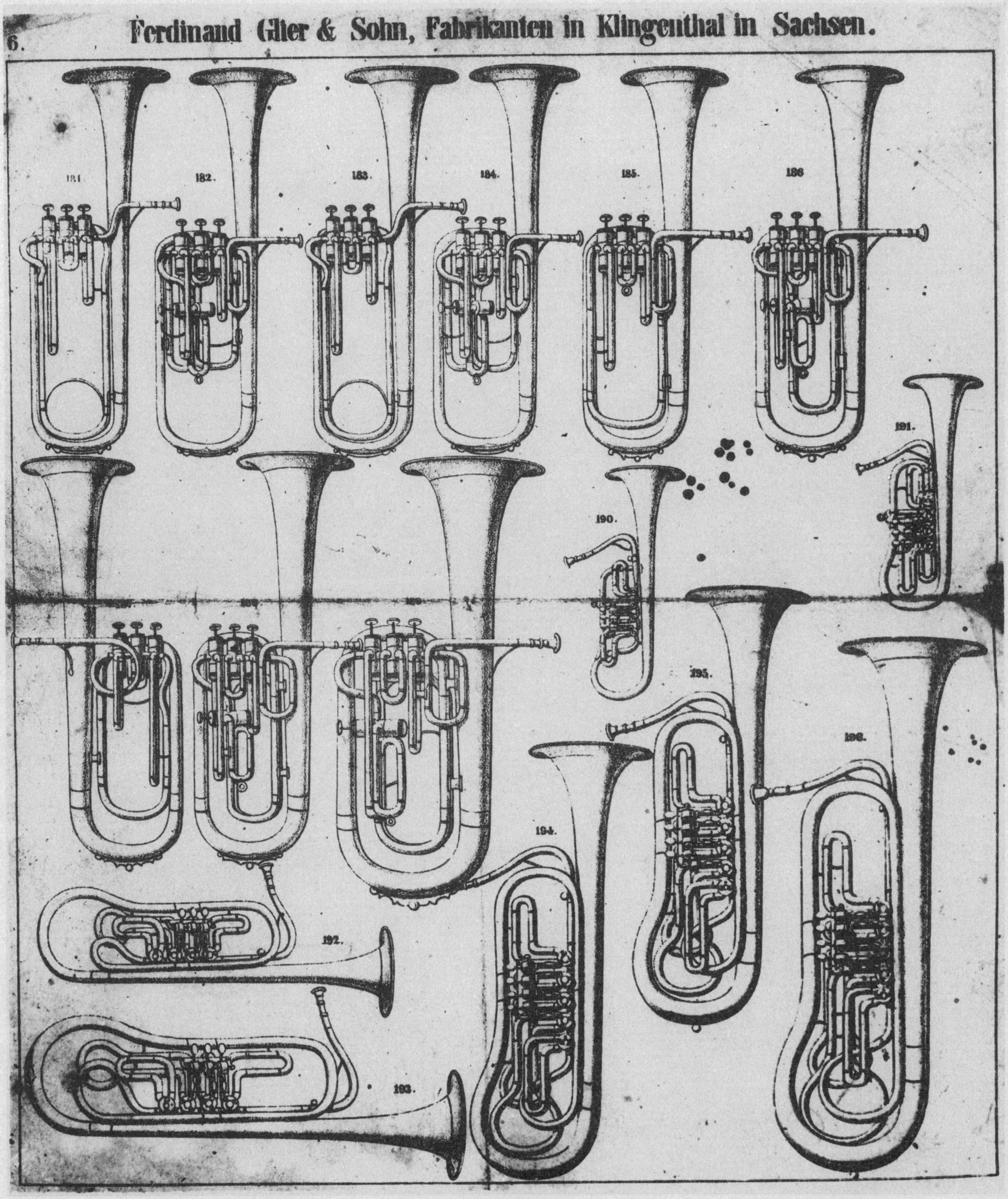
6.
Ferdinand Glier & Sohn, Fabrikanten in Klingenthal in Sachsen.
181.
182.
183.
184.
185.
186
191.
190.
195.
196.
194.
192.
193.

Abb. 19

Abb. 19: vorhergehende Seiten
Bildprospekt der Firma Ferdinand Glier & Sohn in Klingenthal, um 1867. F. Glier war Saitenfabrikant und handelte mit allen Instrumenten. Die Blechblasinstrumente ließ die Firma (hauptsächlich) in Markneukirchen herstellen. Im abgebildeten Sortiment nehmen die französischen Modelle, vorgesehen für den Export nach den USA, den größten Raum ein. Im Inland wurden z. B. die Saxhörner Nr. 181.—189. nicht oder kaum verkauft.

Der Satz Bombardons mit Drehventilen Nr. 190.—196. vom Alt bis Kontrabaß gehend, setzt die traditionellen vogtländischen Modelle fort (vgl. Prospekt Herold). Nach den drei oder vier Drehventilen folgt jeweils ein Ganzton-Umstellventil.

Markneukirchen, Musikinstrumentenmuseum

Abb. 20

Prospekt der Firma C. Kruspe, Erfurt um 1870. Der Prospekt enthält das Instrumentarium der Firmen Carl Kruspe (Holzblasinstrumente) und Eduard Kruspe (Blechblasinstrumente). Der originale Wortlaut in Anführungszeichen:

Obere Reihe (1—10): 1 »Contre Bass in B mit 4 Pump-Ventil.« 2 dergleichen in C mit drei Drehventilen. 3 »Tuba in F m. 5 Cylinder-Ventil.«. 4 »Bombardon in Es m. Cylind.-Vent.«. 5 »Euphoneon in B mit 4 Cylind.-Vent.« Windungsart an F. Hell anschließend, Mensur weiter. 6 »Althorn in Es mit Cylinder.«. 7 »Saxhorn in C od. B.« 8 »Saxhorn-Tenor in B m. Piston.«. 9 »Tuba in F m. 4 Pump.-Vent.«. 10 »Es Bass m. 3 Pump.-Vent.«.

Mitte (11—13). 11 »Tenor-Posaune in B«. 12 »Cornet à Piston in B.« mit drei Stopferventilen. 13 »Waldhorn in G. Cylind.-Vent.«.

Untere Reihe (14—26): 14 »Trompete in G m. Pump.-Vent.«, Potsdamer Modell. 15 »Cornet in B m. Pump.-Vent.«, Preußisches Kornett. 16 »Trompete in B m. Cylinder.«. 17 desgleichen in G, 18 desgleichen in Es. 19 »Alt-Cornet in Es m. Cylin.«, Preußisches Kornett. 20 »Cornet in C mit Cylin.-Ven.«, Preußisches Kornett. 21 »Picolo in Es m. 3 Cyl. Ven.«. Preußisches Kornett. 22 »Flügelhorn in C u. B m. 3 Cyl.-Vent.«. 23 »Cornet à Cylind. in C.«. 24 »Ovales Flügelhorn«. 25 »B Tenorhorn m. Cyl.-Vent.«, 26 »B Tenorhorn m. Pump.-Vent.«. Berliner Modell. Die Preußischen Kornette (15, 19—21) sind bereits den Cornets französischen Ursprungs angenähert.

Privatbesitz

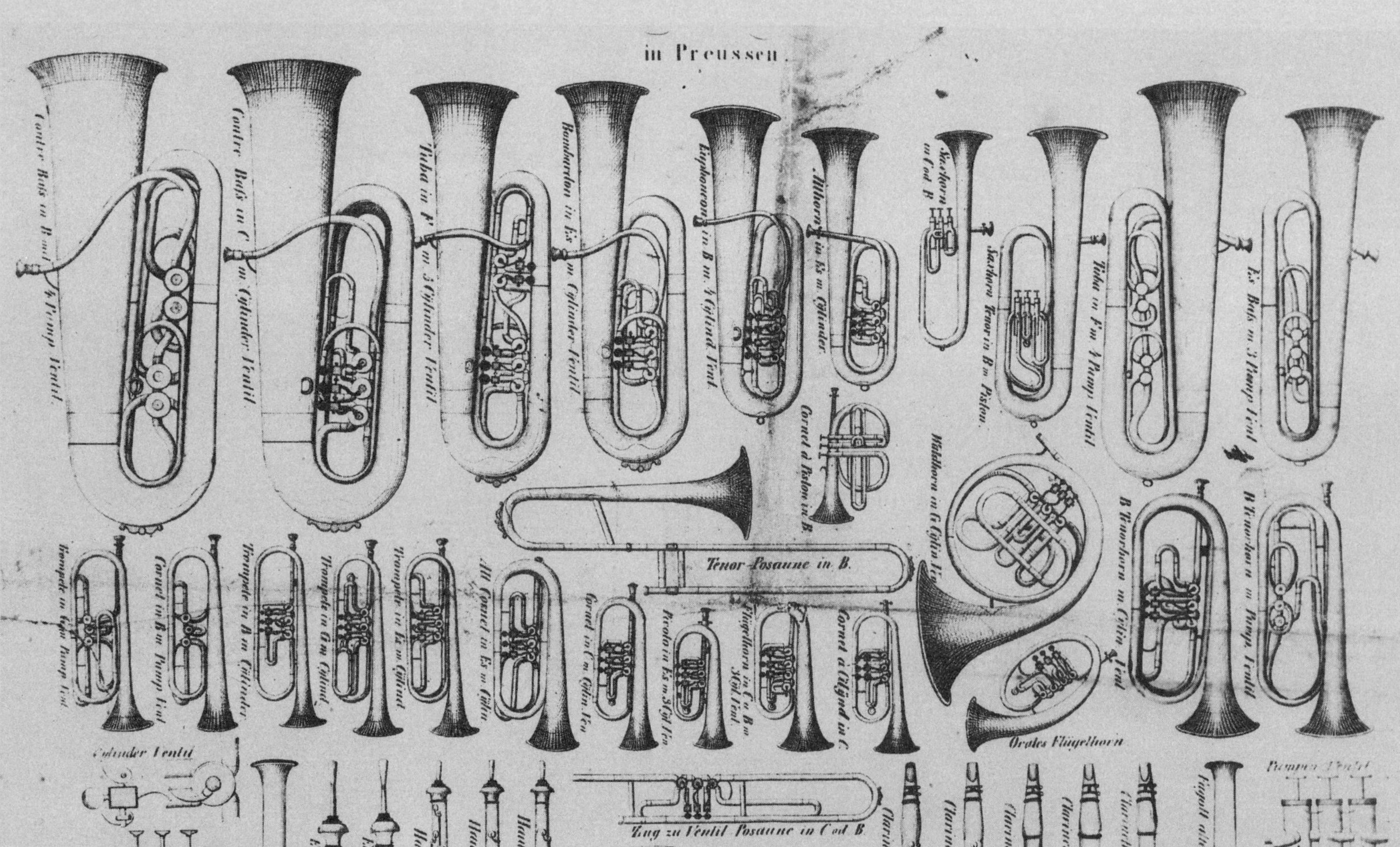

Abb. 21, 22

Helikon in B der Firma C. W. Moritz, Modell von 1875. Nach Preiscourant von 1880.

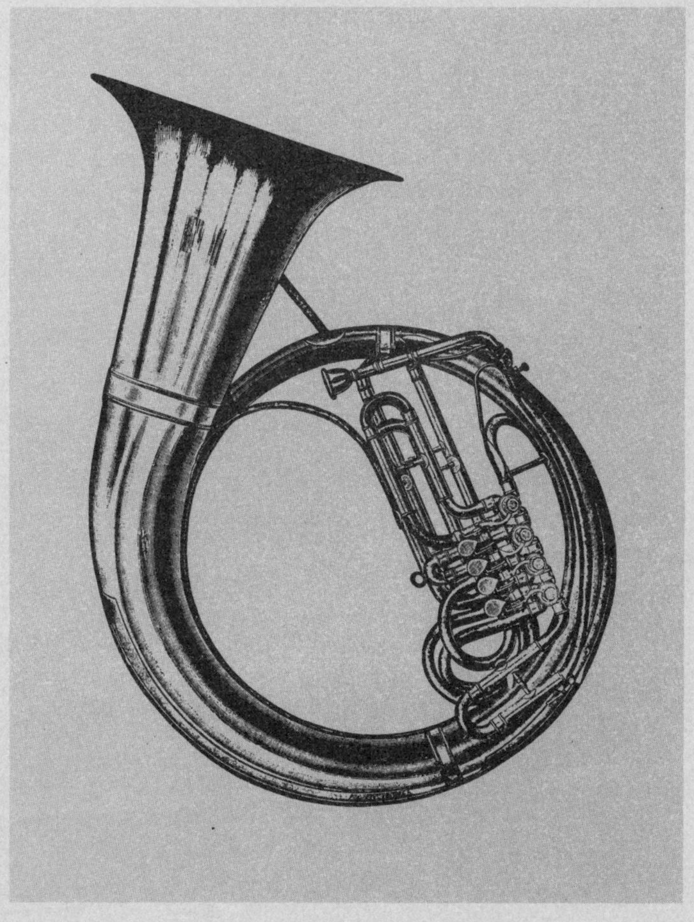

Kaiser-Helikon, Markneukirchen 1920er—1930er Jahre. Modell in Anlehnung an Červenýs Kaiser-Helikon von 1883. Nach dem Firmenkatalog von C. A. Wunderlich, Siebenbrunn um 1935. Modell 209014.

Abb.
23a

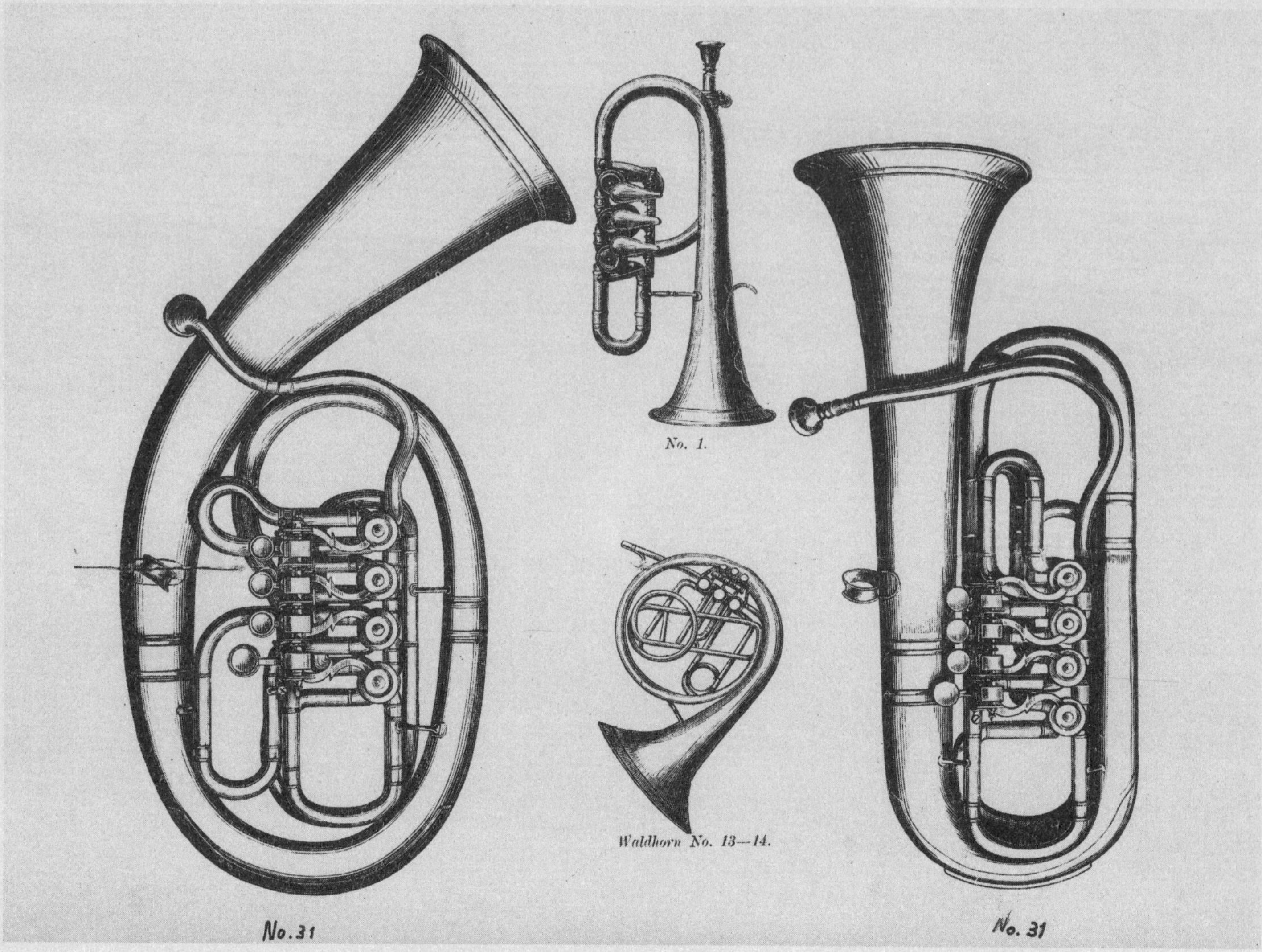

Aus dem Preiscourant der Firma C. W. Moritz, Berlin 1880. Originaltexte in Anführungszeichen:
1 »Ein Piccolo in hoch As mit Stimmzug«, Erfindung von 1875.
13—14 »Ein Waldhorn in hoch B mit 3 Ventilen und 7 Bogen bis D.« Ausführung 14 in G oder F mit 4 Bogen bis D. Modell von 1876.
31 rechts und links: »Ein Baryton (Solo) in C oder B mit 4 Ventilen (auch Baroxyton genannt) in hochstehender oder ovaler Form.« Modell von 1875.
Privatbesitz

Abb.
23b
23c

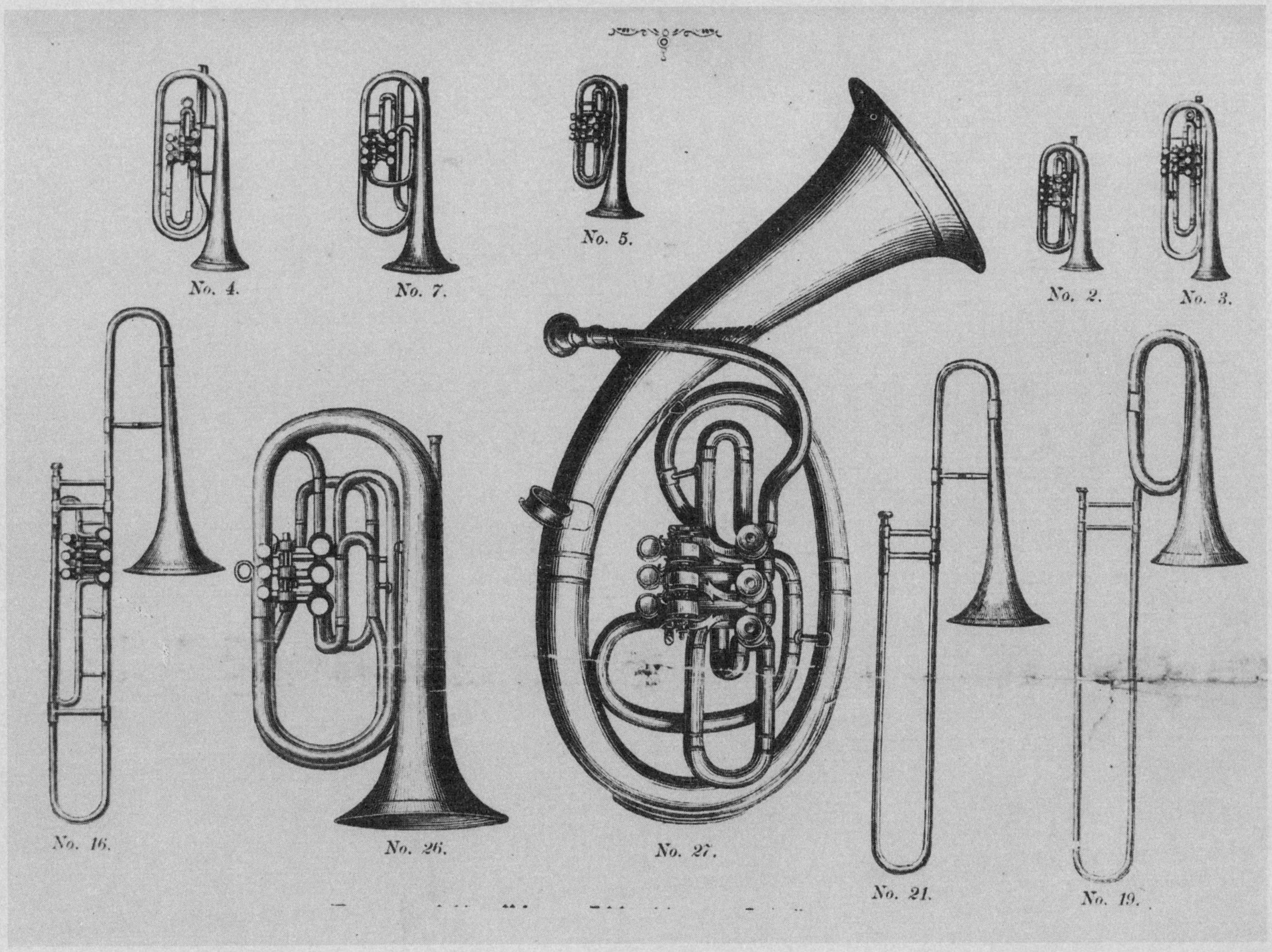

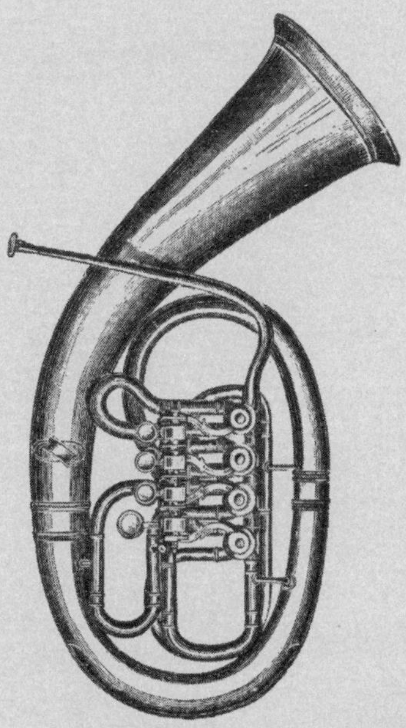

Preiscourant der Firma C. W. Moritz von 1880 (Fortsetzung). 2 »Ein Piccolo in hoch Es mit Stimmzug.« Neu konstruiert 1875. 3 »Ein Cornet in C oder B mit Stimmzug.« Neu konstruiert 1875. 4 »Ein Flügelhorn in C oder B (weite oder enge Mensur).« Modell von 1875. 5 »Ein Piston in C oder B (nach meinem eigenen Modell 1876).« 7 »Ein Alt-Cornet in F oder Es (enge Mensur).« Das preußische Grundmodell ist an das französische Cornet à pistons angenähert. 16, 21 Tenorposaunen (Modell 1877). 19 Baßposaune, Modell von 1877, mit weitem Schallstück. 26 »Ein Tenorhorn in C oder B.« 27 »Ein weites Tenorhorn in C oder B, auch als schwach Baryton verwendbar, in hochstehender oder ovaler Form.« Modell von 1875.

Links unten: Wagnertuba von C. W. Moritz, Berlin. Nach einem Prospekt von etwa 1900.

Abb.
24a, b, c
24d

Instrumente von V.F.Červený, Königgrätz. Nach einem Prospekt von 1880–1882. a: Baroxyton (1853), b: Althorn Obligat in Es (1859), c: Armeeposaune (1867, Baß in F), d: Kornettkontrabaß (Contrabaß-Cornett) in B (kurz nach 1876).

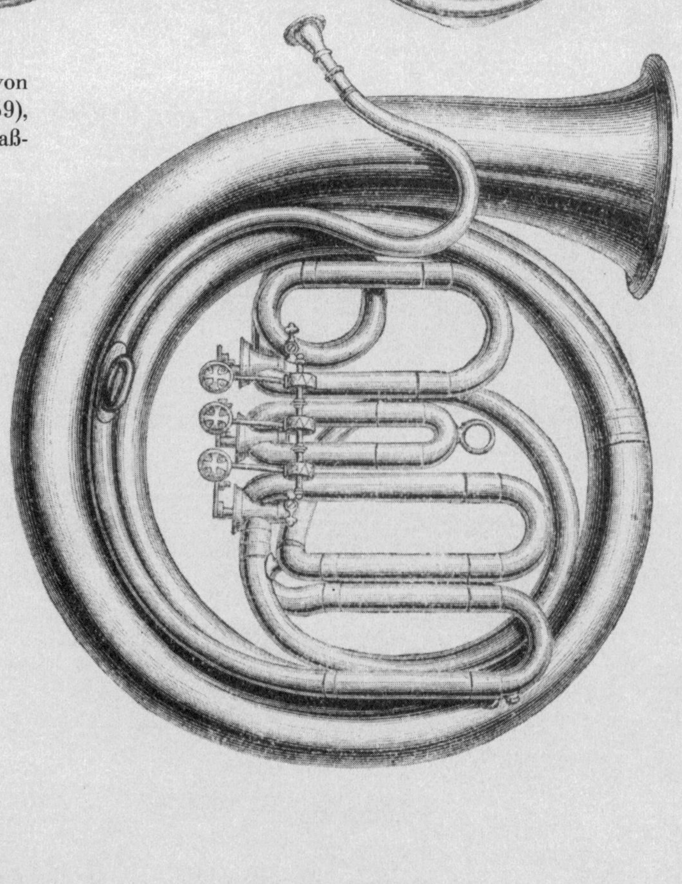

Abb.
25a, b, 26a, b

Ventilbässe um 1880.
a: Bombardon von C. W. Moritz, Berlin. Modell von 1875, eng an Červenýs Bombardon angelehnt, im Prinzip gleiche Windungsart. Nach Preiscourant von 1880.
b: Kaisertuba (Kaiserbaß mit stumpfem Tubaschallstück) von V. F. Červený, Königgrätz 1883. Nach Pierre 1890.

Tuben zwischen 1900 und 1940.
a: Tuba in F der Firma J. H. Zimmermann, Leipzig um 1910. Fünf Ventile, um 2, 1, 4, 5 und 1½ Halbtöne vertiefend. Nach Firmenkatalog von etwa 1915. Mit vier Zylinderventilen und einem Pumpenventil um 1900 auch von C. W. Moritz gebaut.
b: »Doppelbaß« in F/B der Handelsfirma C. A. Wunderlich, Siebenbrunn. Nach dem Katalog von etwa 1935. System nach Otto Tiedts Patent (1909). Das achtstöckige Umschaltventil wird mit der linken Hand betätigt.

Abb.
27

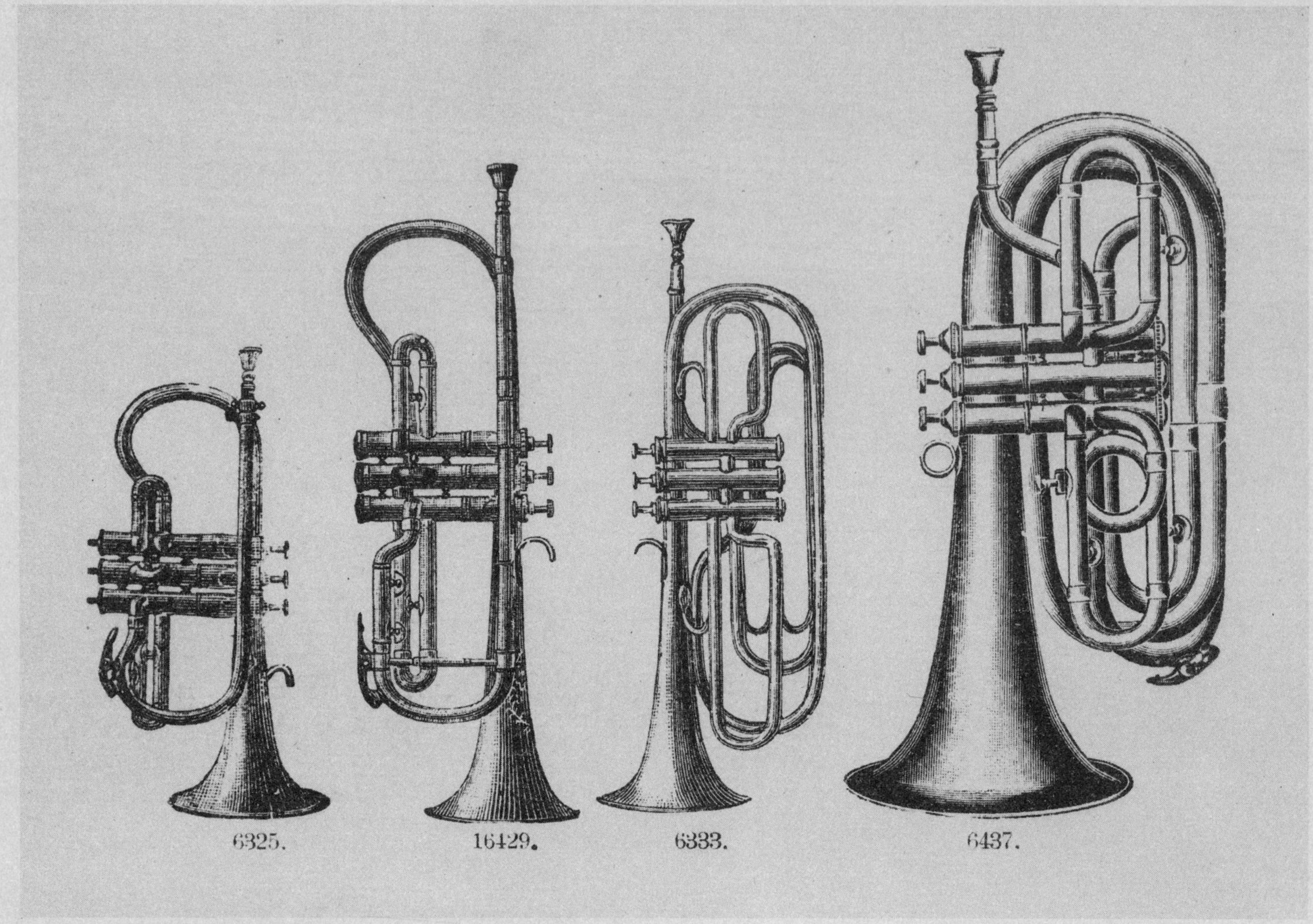

Feldtrompeten und Signalhörner von J. H. Zimmermann, Leipzig. Nach dem Firmenkatalog von etwa 1915.
Obere Reihe: Ein Satz Feld-Trompeten der königlich sächsischen Kavallerie. Originalbezeichnungen: »6325. Piccolo-Trompete in Es. 16429. Erste Trompete in B. 6333. Zweite Trompete in F mit Es-Bogen. 6437. Baß-Trompete in B«.
Untere Reihe: Signalhörner mit einem Ventil; für Feuerwehr, Jägerkorps, Jugendwehr, Militär- und Turnvereine, Radfahrerklubs usw. Abgebildet sind die Größen in G, F und B-Baß (Tenorhornlänge).

Abb.
28
29

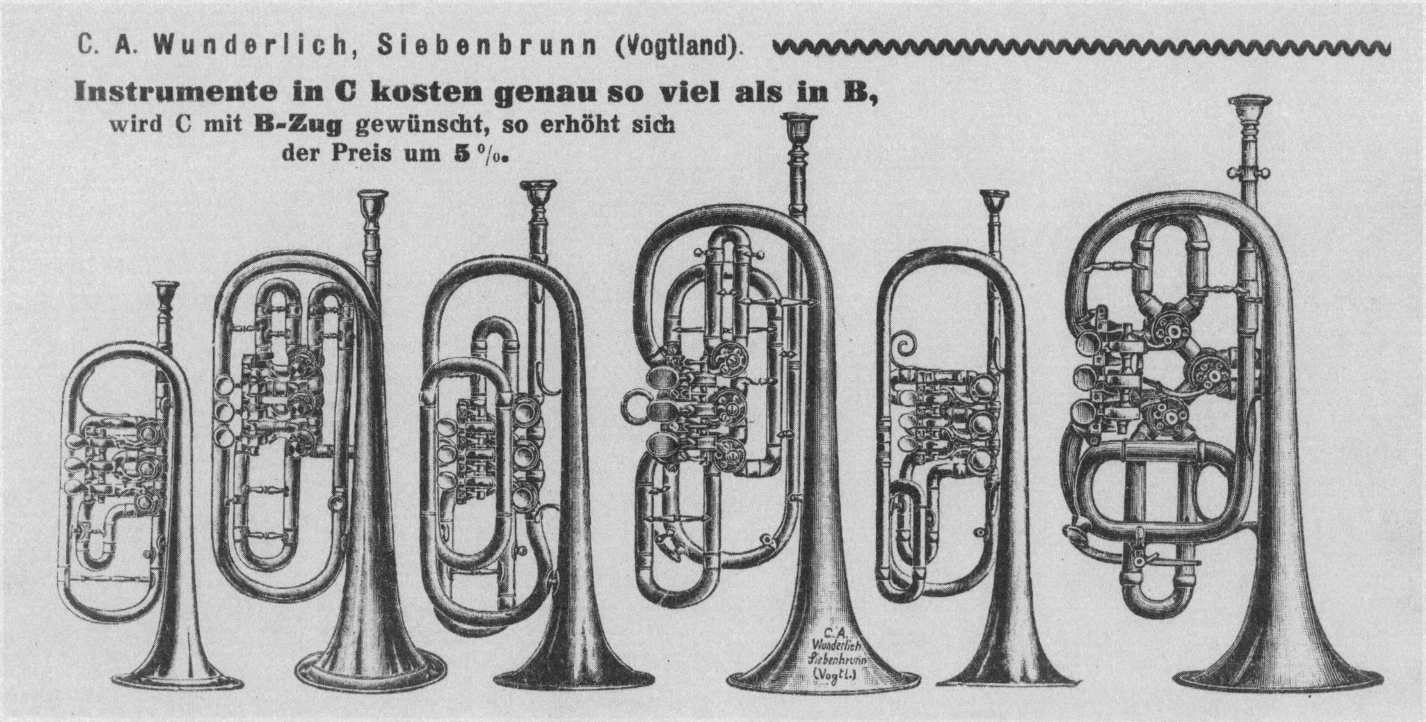

(Legende s. folgende Seite unten.)

Nr. 16.
Kruspe-Trompete in hoch D
mit Perinet- oder Zylinderventilen
Modell Studienrat Stegmann.

Nr. 17.
Kruspe-Trompete in C
mit Perinet- oder Zylinderventilen.
Modell Studienrat Stegmann.

Nr. 18.
Kruspe-Trompete in B
mit A-Zug.
Modell Studienrat Stegmann.

Prospekt der Firma Eduard Kruspe, Erfurt um 1933, Trompeten.

Abb.
30a, b, c
31

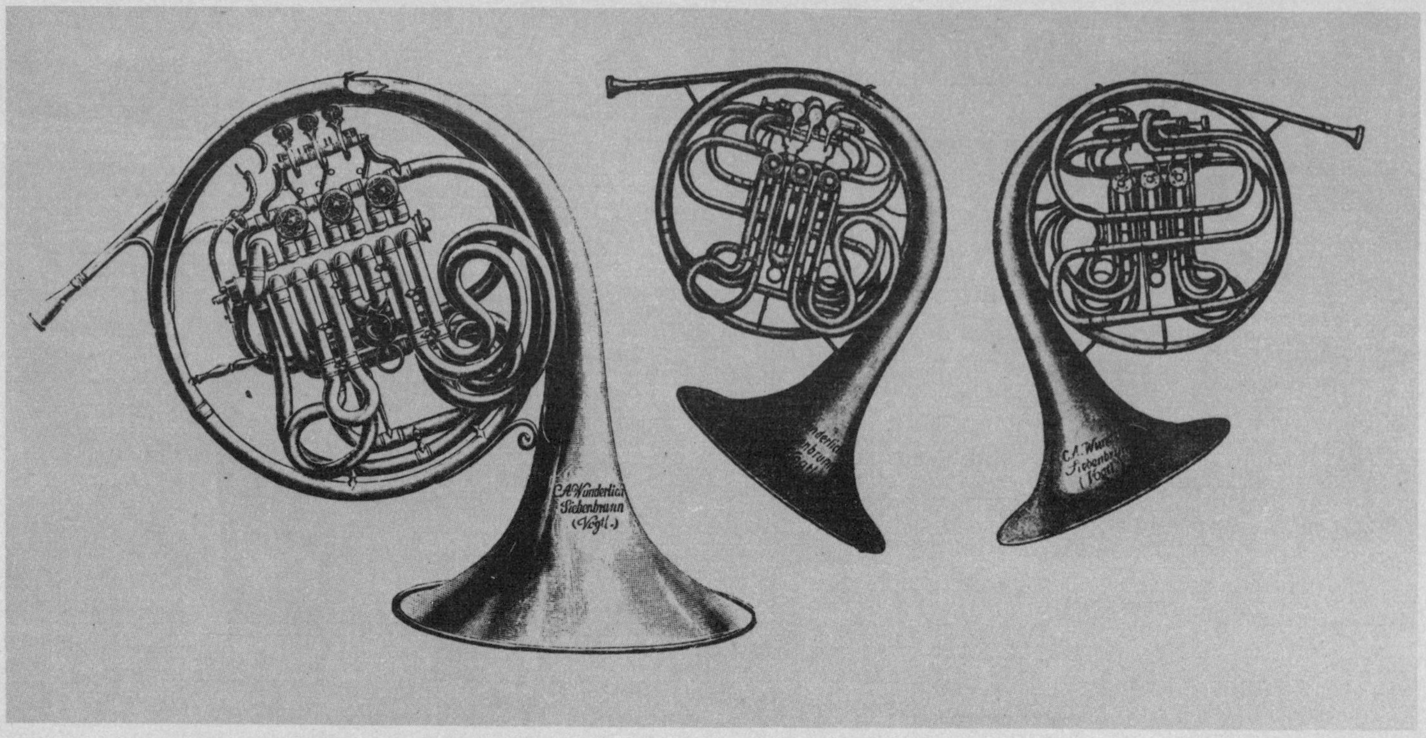

Doppelhörner F/B der Handelsfirma C. A. Wunderlich, Siebenbrunn. Nach Katalog von etwa 1935. a: nach dem Prinzip von Otto Tiedt (1909). b und c: Modell mit zweistöckigem Périnet-Umschaltventil der Firma C. F. Schmidt, Berlin.

Doppelhorn Modell August Knopf (Markneukirchen 1929), nach Katalog der Firma August Knopf, um 1934.

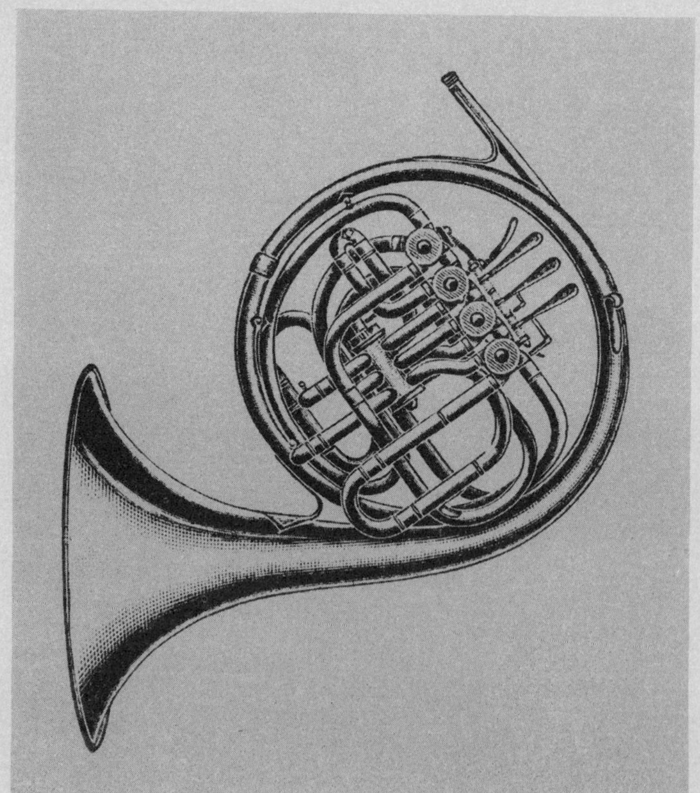

Abb. 28: vorhergehende Seite:
Cornets (Kornette), meist Pistons genannt. Nach dem Katalog der Firma C. A. Wunderlich, Siebenbrunn um 1935. Von links nach rechts (1—6): 1 Es-Cornet. 2—6 B-Cornets. 2 Berliner Form. 3 sächsisches Modell. 4 Modell »Siegfried« der Gebr. Alexander, Mainz (nicht zu verwechseln mit den zeitgleichen Instrumenten der Firma August Knopf in Markneukirchen, die das eingetragene Warenzeichen »Siegfried« tragen). 5 Kölner Bauart. 6 Cornet mit »Kreuzventilen« nach F. Schediwy, Ludwigsburg (1900). Bezeichnungen nach Preislisten.

Abb. 32

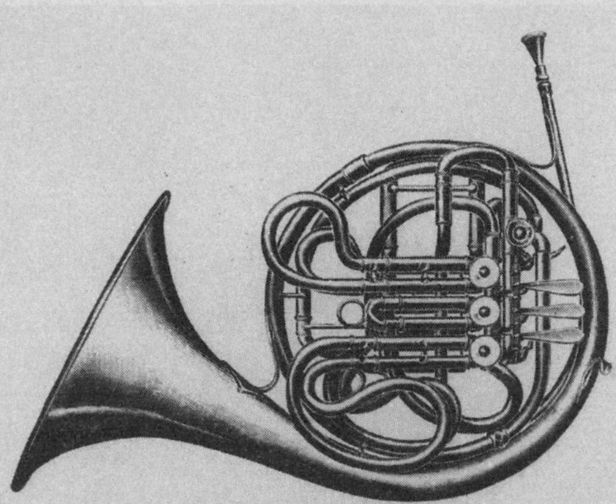

Nr. 9. Doppelhorn 232038 in F, B, E, A.
Modell Horner, Philadelphia
mit extra weitem Becher und Mundrohr.

Nr. 10. Doppelhorn 1027194 in F, B, E, A.
Modell Walter Kruspe.

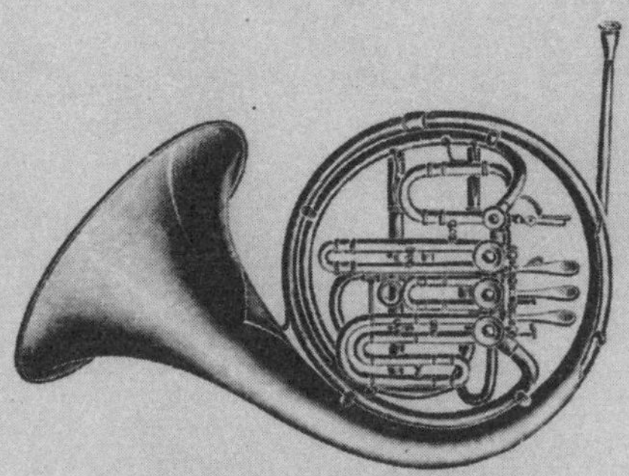

Nr. 11. Doppelhorn 295125 in F, B, E, A.
Modell Gumbert-Kruspe.

Nr. 12. Doppelhorn 888990 in F, B, E, A.
Modell Professor Wendler, Boston.

Prospekt der Firma Eduard Kruspe, Erfurt um 1933, Doppelhörner.

Abb.
33a

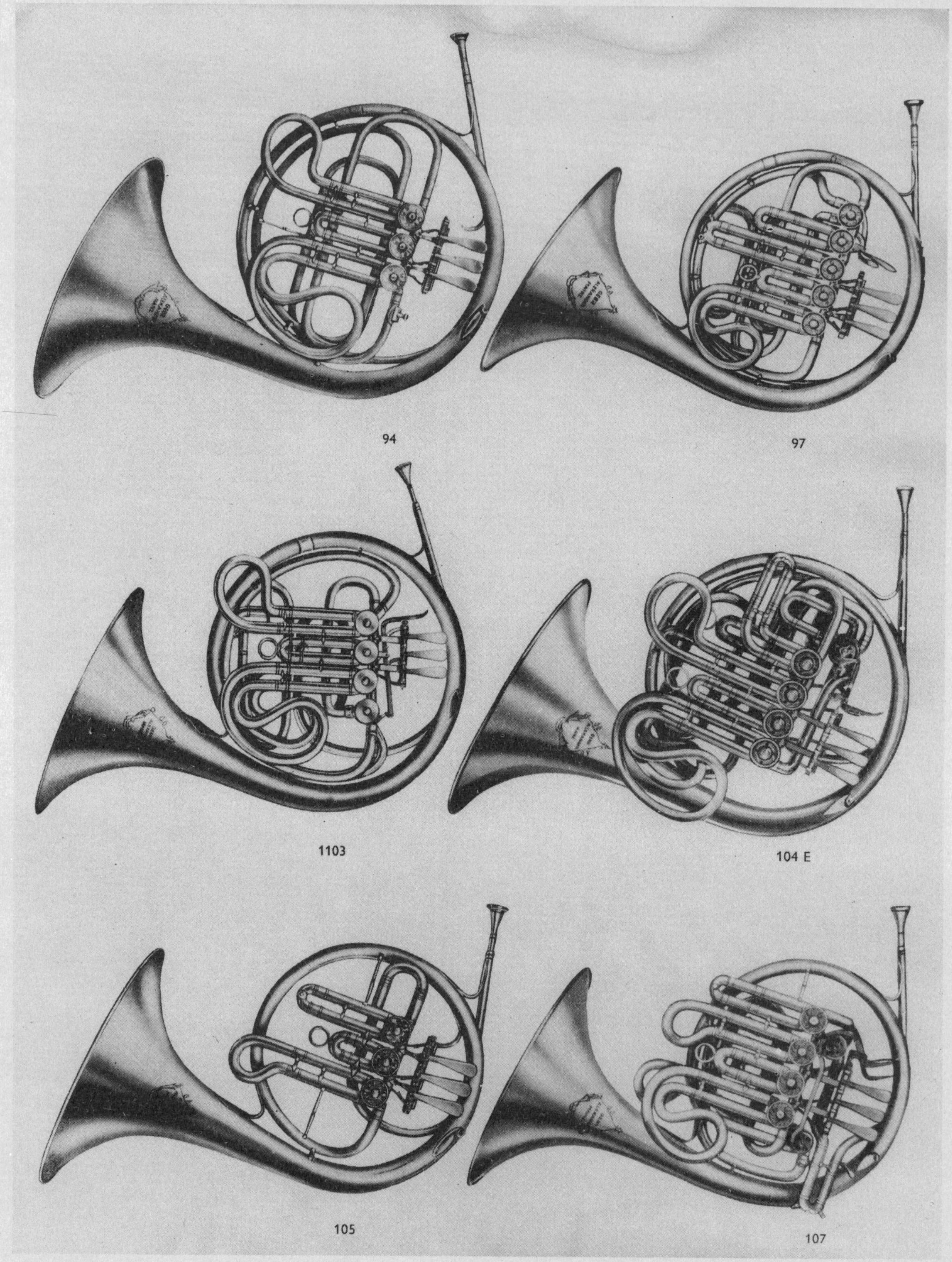

Prospekt der Firma Gebr. Alexander, Mainz 1967.
94 Waldhorn in F.
97 Waldhorn in B mit A-Daumenventil, Stopfbogen und 5. Ventil (Daumen) für Naturtöne des F-Horns.
1103 Doppelhorn F/B, Modell H. F. Knopf.
104 E Doppelhorn F/B System Gebr. Alexander, zusätzlich mit E- und A-Ventil und Stopfbogen für F- und B-Horn, zwei Daumenhebel. 105 Diskanthorn in hoch F. 107 Diskant-Doppelhorn in B/hoch F und A-Ventil als 2. Daumenventil.

Abb.
33b

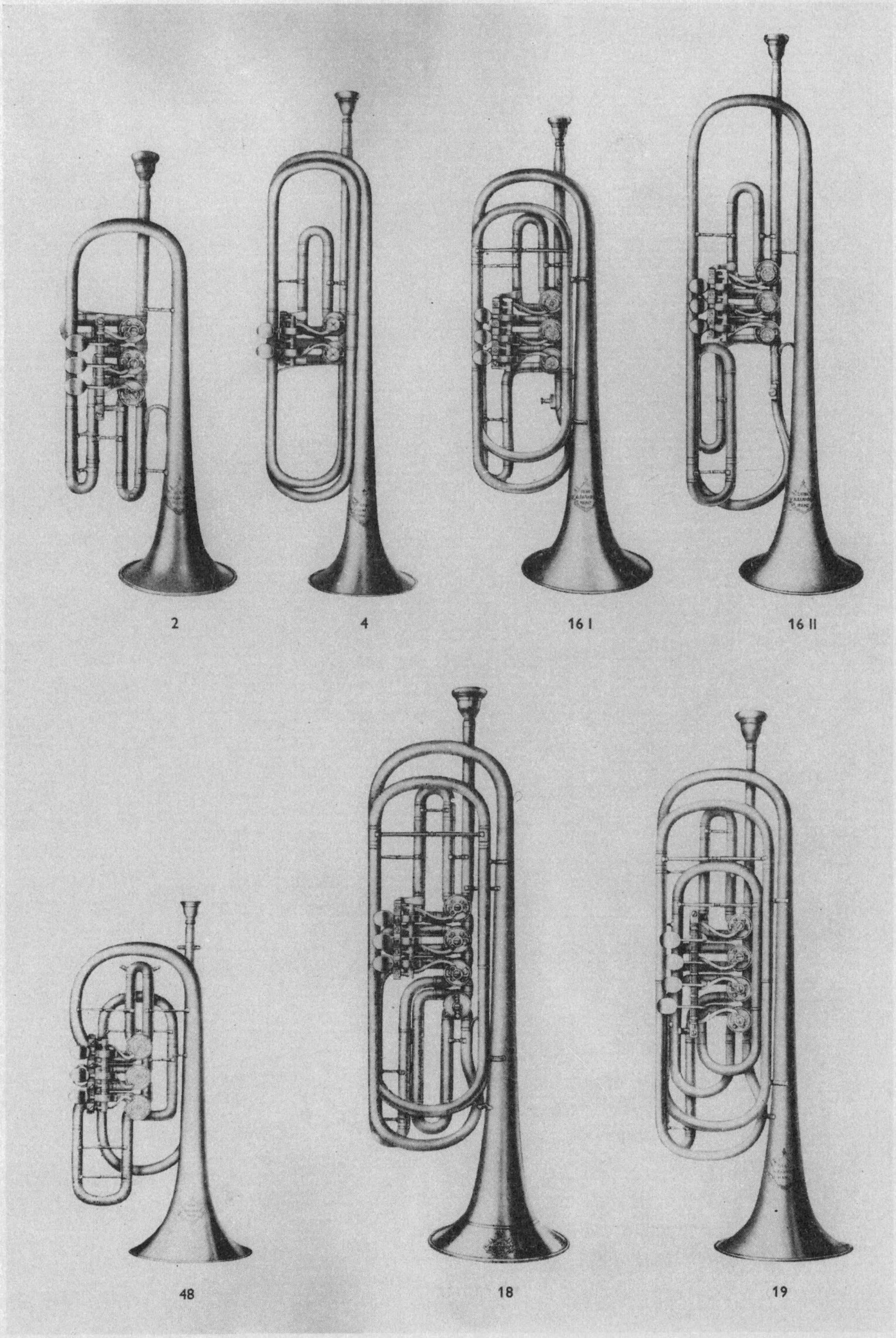

Prospekt der Firma Gebr. Alexander 1967 (Fortsetzung).
2 Trompete in hoch D. 4 Trompete in tief D, enge Mensur (Bachtrompete). 16 Trompete in Es, kurze (I) und lange Bauweise (II). 18 Baßtrompete in C mit B-Stellventil. 19 Baßtrompete in C mit vier Ventilen. 48 Cornet à cylindres in B (B-Kornett), Modell »Siegfried«.

Abb.
33c

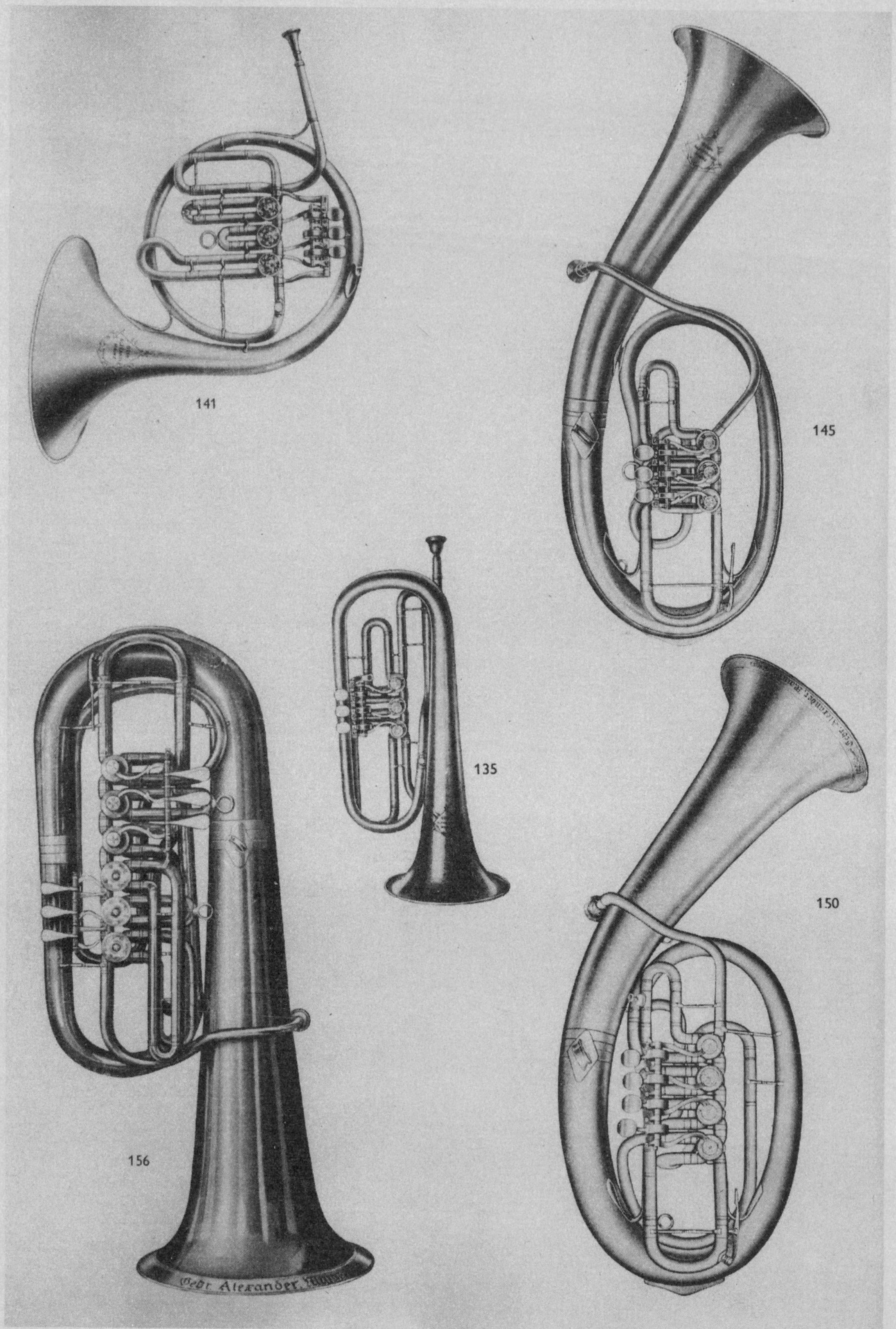

Prospekt der Firma Gebr. Alexander 1967 (Fortsetzung).
141 Altkorno. 145 Tenorhorn in B, sehr weite Bauart. 135 Althorn in Es, alte Potsdamer Form. 156 F-Tuba, weite Bauart mit sechs Ventilen.

Abb.
34, 35

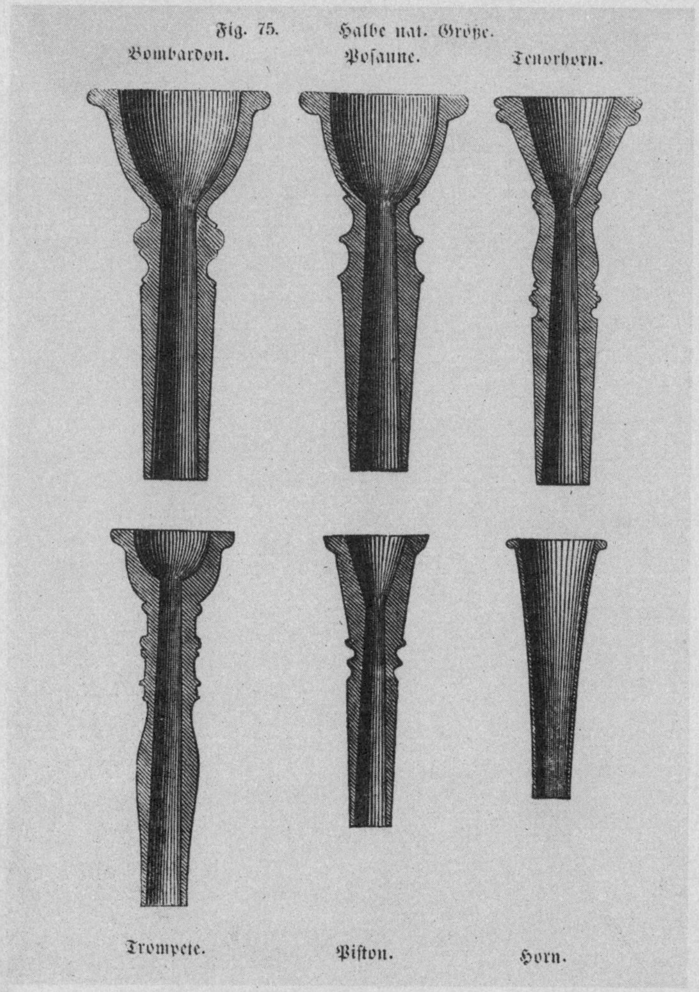

Mundstücke, nach F. Zamminer (1855, Fig. 75).

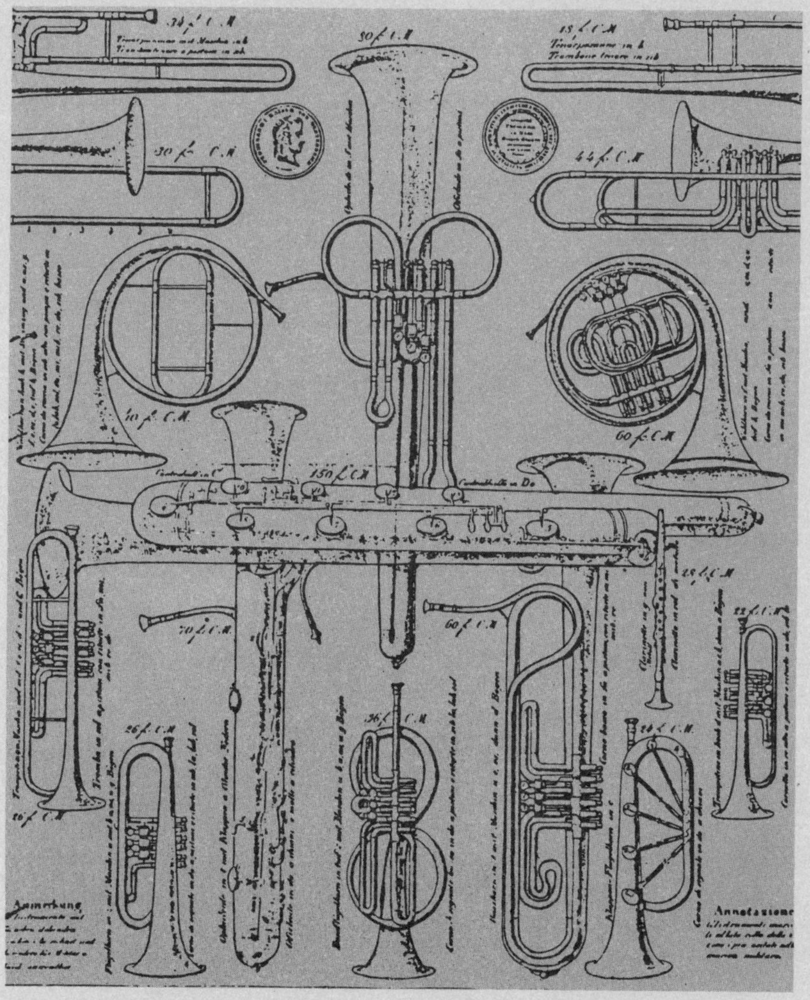

»Preiscourant für die verbesserten Metallblasinstrumente, welche bey Leopold Uhlmann in Wien verfertigt werden.« Wien, spätestens 1848 (Originaltexte in Anführungszeichen).
Die Ventilinstrumente sind: Trompetina (Cornetto) in hoch D mit drei Bögen für C, B und A (unten rechts). Trompete (Tromba) in G mit Bögen für F, E, Es, D, C und zwei Sätzen Ventilzüge; desgleichen Trompete in A mit drei Bögen für As, G, F (unten links). Baßtrompete in E mit zwei Bögen für Es und D. Flügelhorn in C mit vier Bögen für B, A, As, G. »Bassflügelhorn in tief c mit Maschin und b, a, as und g Bogen« (das achtförmige Instrument), dazu der Zusatz: »Anstatt des Waldhorns zu gebrauchen«. Waldhorn in C mit zehn Bogen, ferner »Waldhorn in f mit Maschin und e, es, d, c und tief b Bögen«. »Tenor oder Alt Posaune in b«, »Terz oder Bassposaune in g«, »Quart- oder Bassposaune in es«. – »Ophicleide (Harmoniebass oder Bombardon) in f es oder d 80 f/Ophicleide mit Garnirung und Maschine von Pakfong 100 f«. An der Zeichnung: »Ophicleide in F mit Maschin«. Am tubaförmigen Instrument: »Basshorn in f mit Maschin u. e, es, dann d Bögen«.
Salzburg, Museum Carolino Augusteum

Abb.
36a, b
37

Links: »Schallhorn-Phonikon aus der Fabrik von Wenzel Červený zu Königgrätz in Böhmen«, Anzeige aus: *Illustrierte Zeitung*, Leipzig 1851.
Rechts: Neues Helikon des preußischen Garde-Schützenbataillons, Darstellung in: *Der Soldatenfreund*, Berlin 1861.

Wilhelm Wieprecht (1802–1872). Nach einer Fotografie bei A. Kalkbrenner 1882.

Abb. 38: folgende Seite:
Wieprechts Erfindung von 1838. Zeichnungen in der Patentschrift (Zentrales Staatsarchiv, Dienststelle Merseburg, Rep. 120, Schriften, W 168).
Figur I: Gesamtansicht der Trompete mit Piangendozug und Gewindestangen zur Feinregulierung der Ventilzuglängen. Die Ventilzüge sind durch die Gewindestangen auf die Auszugslänge Nr. 2 eingestellt, die der E- oder F-Stimmung entspricht. Die zwei Spielventile sind aus Platzgründen als doppelte Pumpenventile eingerichtet. Die Trompete ist in G, F, E, Es, D, C und tief B einstimmbar.
Figur II: Der Piangendozug in ausgezogenem Zustand von unten gesehen. Das Trommeldruckwerk ist so eingerichtet, daß zwischen Ein- und Ausgang ein Übersetzungsverhältnis von 1:3 besteht.
Figur III: Ein Ganz- und ein Halbtonzug mit Federstecher als Ersatz für die Ventile. Es sind Fingerzüge, die eine reine Stimmung und außerdem eine Glissandospielweise ermöglichen.

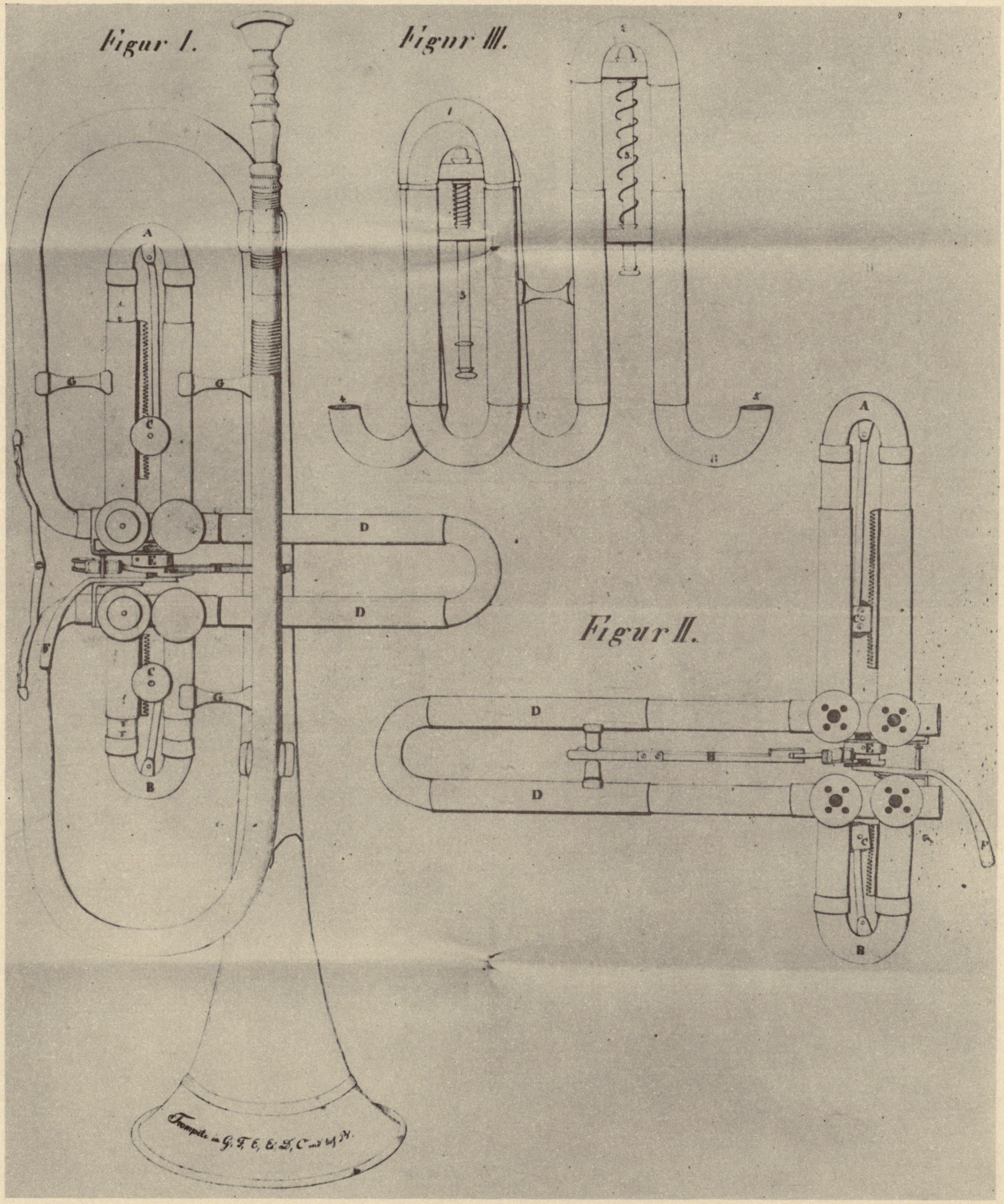

Abb.
38

Abb.
39a, b

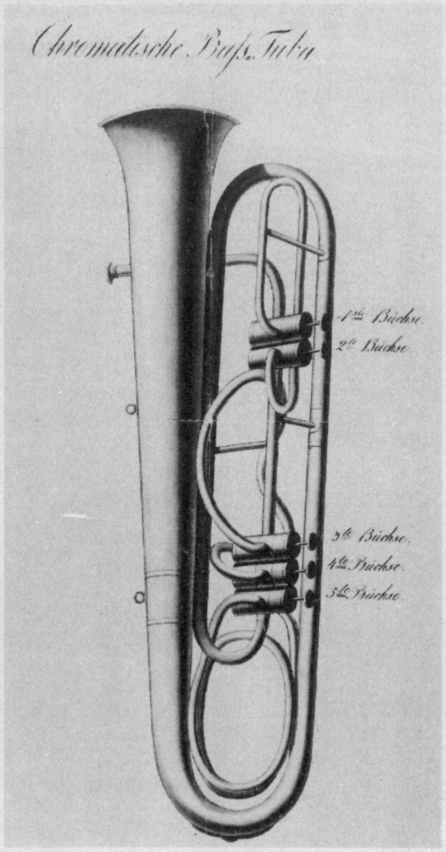

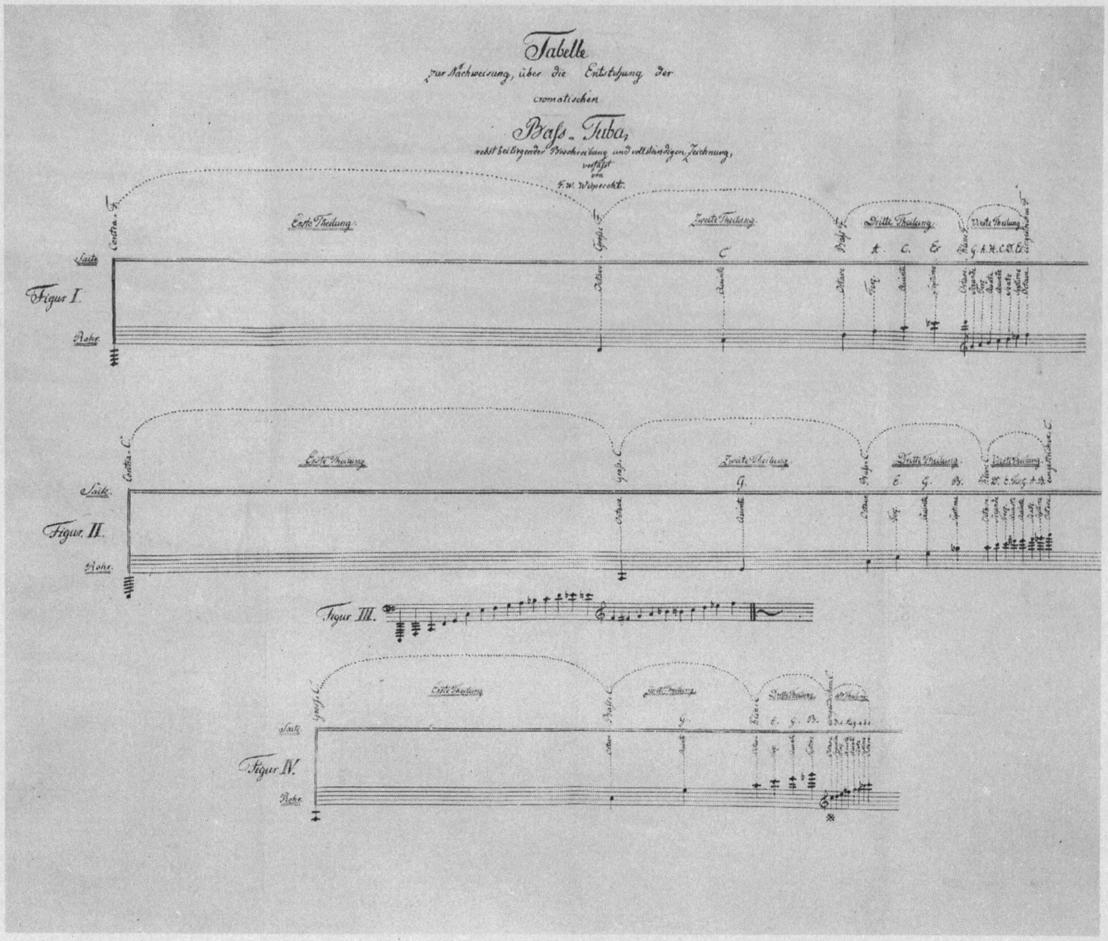

Die fünfventilige Tuba von W. Wieprecht und J. G. Moritz, Berlin 1835. Die Darstellung in der Patentschrift vom 9. August 1835 (Zentrales Staatsarchiv, Dienststelle Merseburg, Rep. 120 TD, Schriften W 167).

Dazu die »Tabelle zur Nachweisung, über die Entstehung der chromatischen Baß = Tuba«. Fig. I und II veranschaulichen die Monochordteilung einer auf F_1 bzw. C_1 gestimmten Saite zur Gewinnung von Naturton 1–15. In Fig. III sind Fig. I und II vereinigt. Fig. IV: Monochordteilung einer auf C gestimmten Saite zur Veranschaulichung der Bedingungen bei Serpenten und Ophikleiden. Die hohen Töne sind nur bei Verwendung eines kleinen Mundstücks zu blasen. Fig. V illustriert die Vertiefung der »Muttertöne« F_1 und C_1 um 1, 2 und 3 Halbtöne. Wieprecht numerierte den Umfang durch, also $1 \triangleq C_1$, $48 \triangleq c^2$. In Fig. VI sind die Ventilkombinationen zur Gewinnung von Des-, As-, G- und Ges-Dur dargestellt. Zu Des-Dur lautet z. B. die Erläuterung: »Der halbe und der ganze Ton des ersten Mutter-Tons, dazu noch der halbe des zweiten Mutter-Tons«. Fig. VII: Verzeichnis der Mehrfachgriffe (Fig. VI und VII s. 39c).

Abb.
39c
40, 41

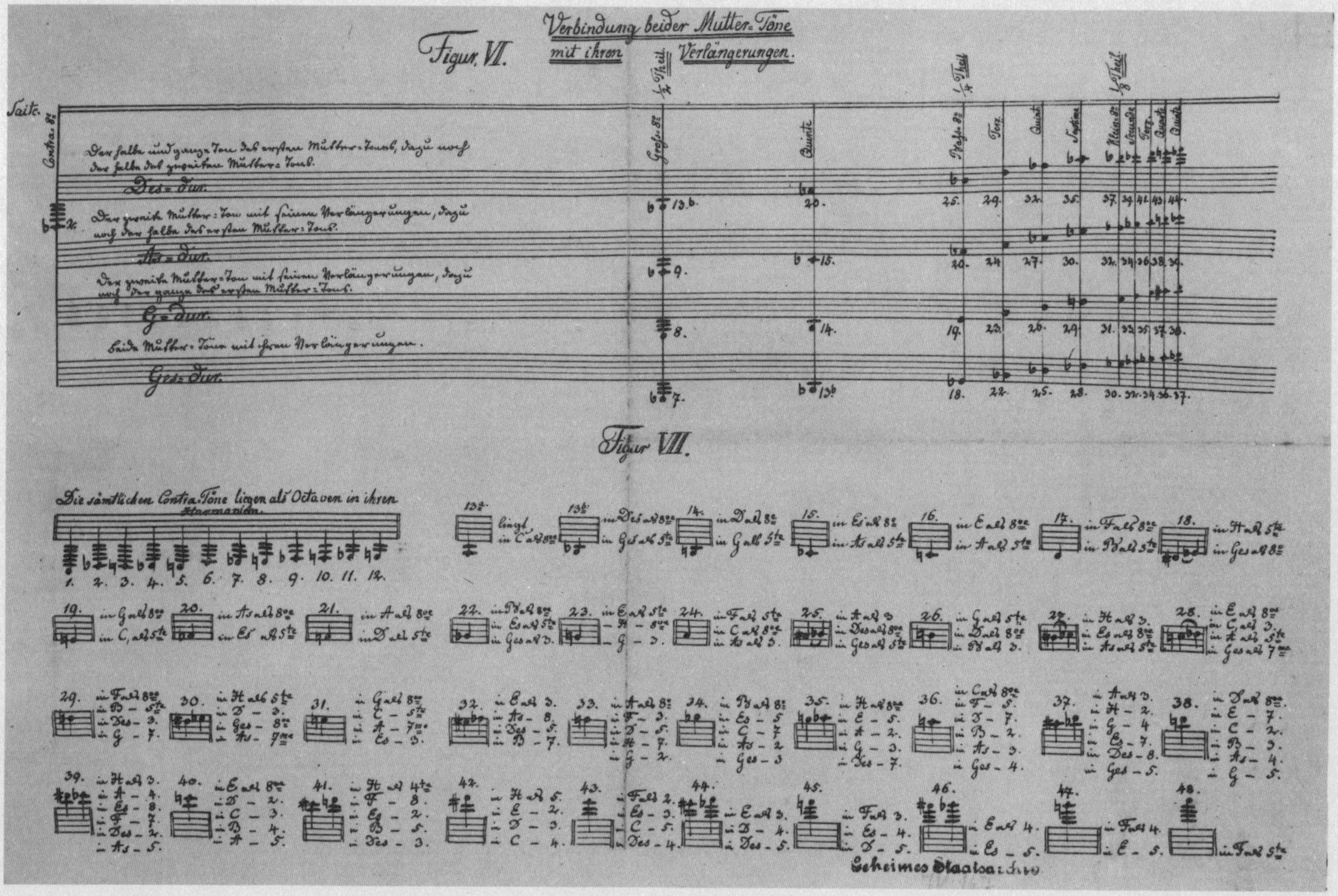

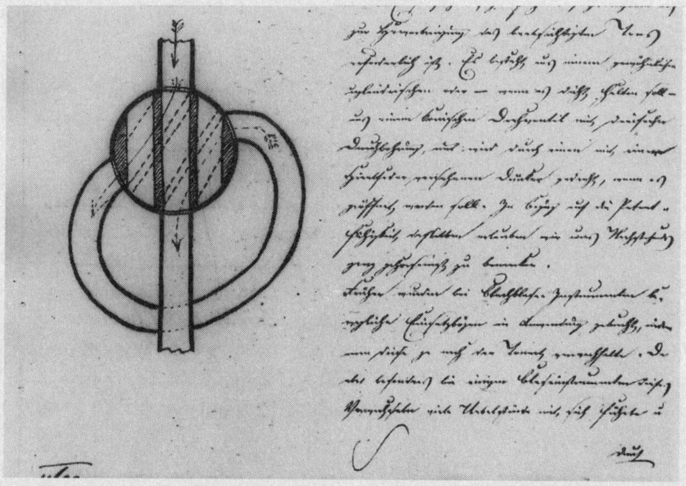

Drehventil nach F. A. Wolff, Cottbus 1843. Prinzipskizze im Gutachten der preußischen Technischen Deputation in Berlin vom 30. September 1843 (Zentrales Staatsarchiv Merseburg, Rep. 120 TD, Akten, B, Nr. 26, f. 31). Der Windgang entspricht im Prinzip dem in Blühmels Drehbüchsenventil.

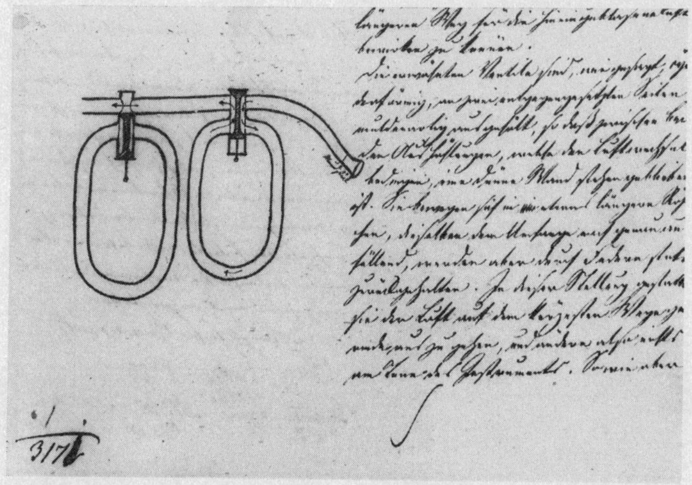

Ventil von L. A. Schröder, Köln 1847. Prinzipskizze von Fabrikenkommissionsrat Brix im Gutachten der preußischen Technischen Deputation vom 5. März 1847 an das Ministerium für Finanzen (gleiche Quelle, f. 38).

Abb.
42 a, b

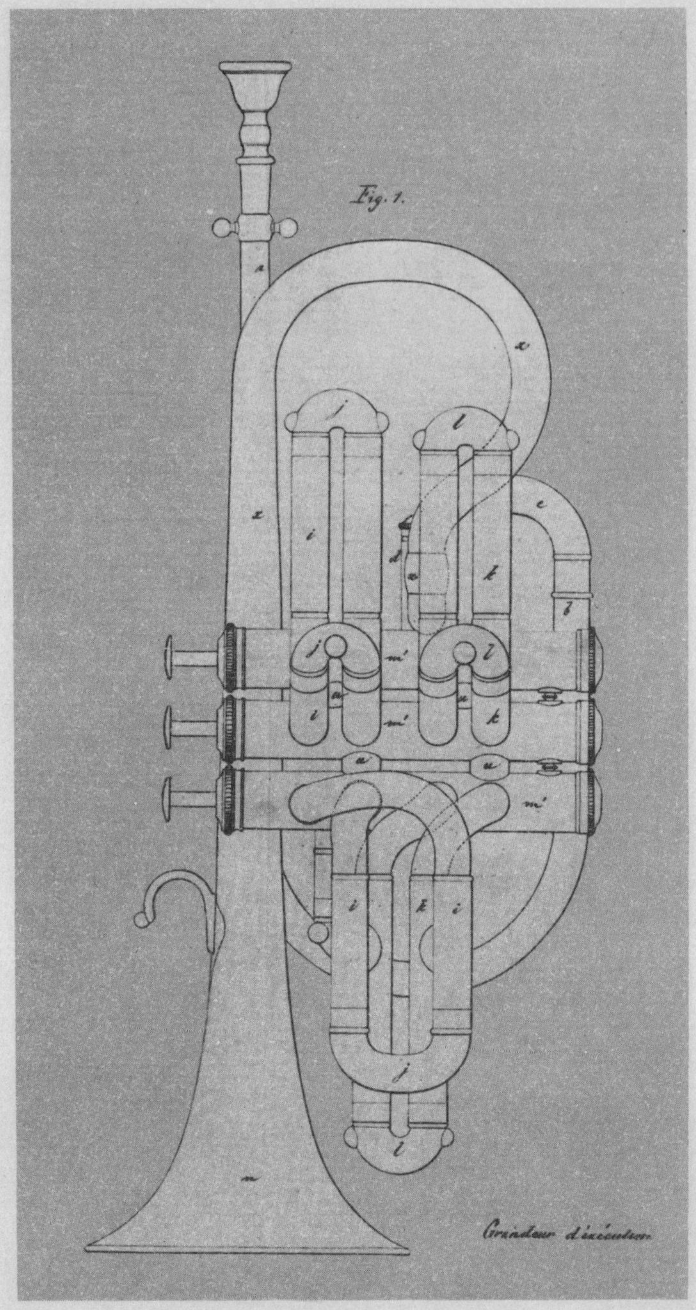

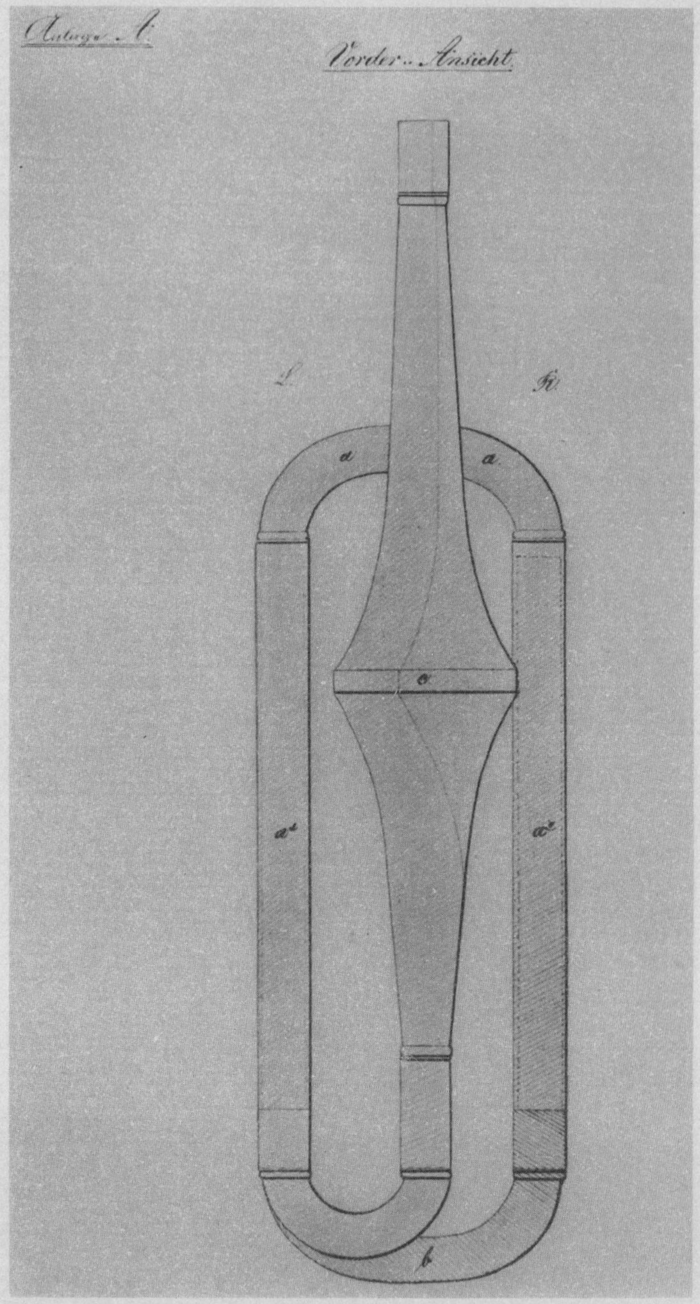

Neuerungen am Cornet um 1860.
a: Cornet à pistons mit Transponier-Register nach J. H. F. Prillwitz, Berlin 1860. Das Umschaltventil ist verdeckt. Darstellung in der Patentschrift (Zentrales Staatsarchiv, Dienststelle Merseburg, Rep. 120 TD, Schriften, P 217).

b: Echobogen nach F. A. Schmidt, Köln 1859, einzuschalten durch ein Ventil. Nach der Patentschrift (ebd., Schriften, S. 146).

Abb. 43

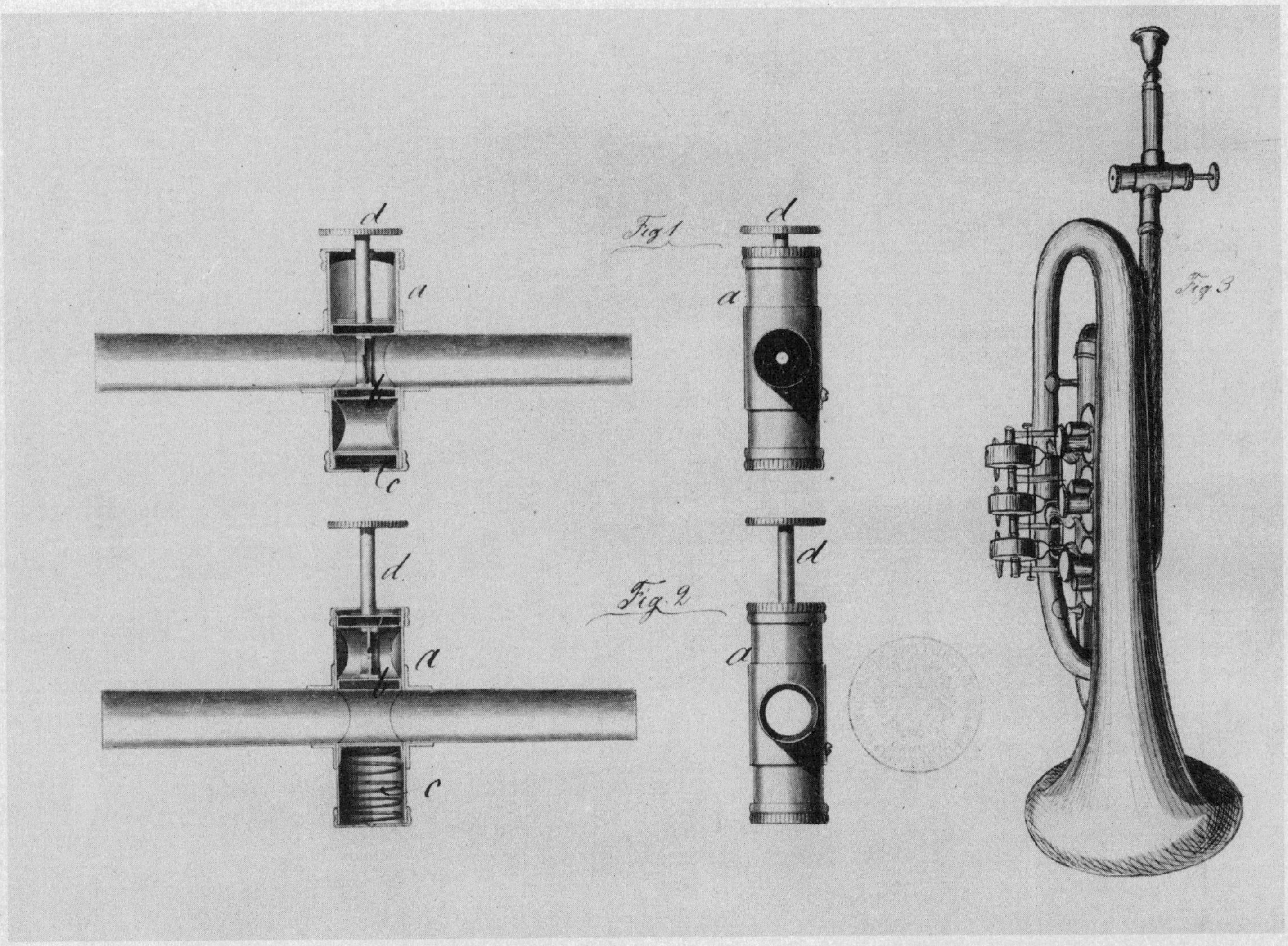

Echo- und Dämpfungsventil nach J. Kosleck und J. F. W. Wernecke, Berlin 1870. Durch Betätigung des aufgesteckten Ventils wird der Rohrquerschnitt verengt und damit ein Echo- und Dämpfungseffekt erzeugt (Zentrales Staatsarchiv, Dienststelle Merseburg, Rep. 120 TD, Schriften K 210).

Abb.
44, 45

Das privilegierte Waldhorn von Leopold Uhlmann, Wien 1830 (Technische Universität Wien).

Das privilegierte Euphonium von Franz Bock, Wien 1844 (Technische Universität Wien).

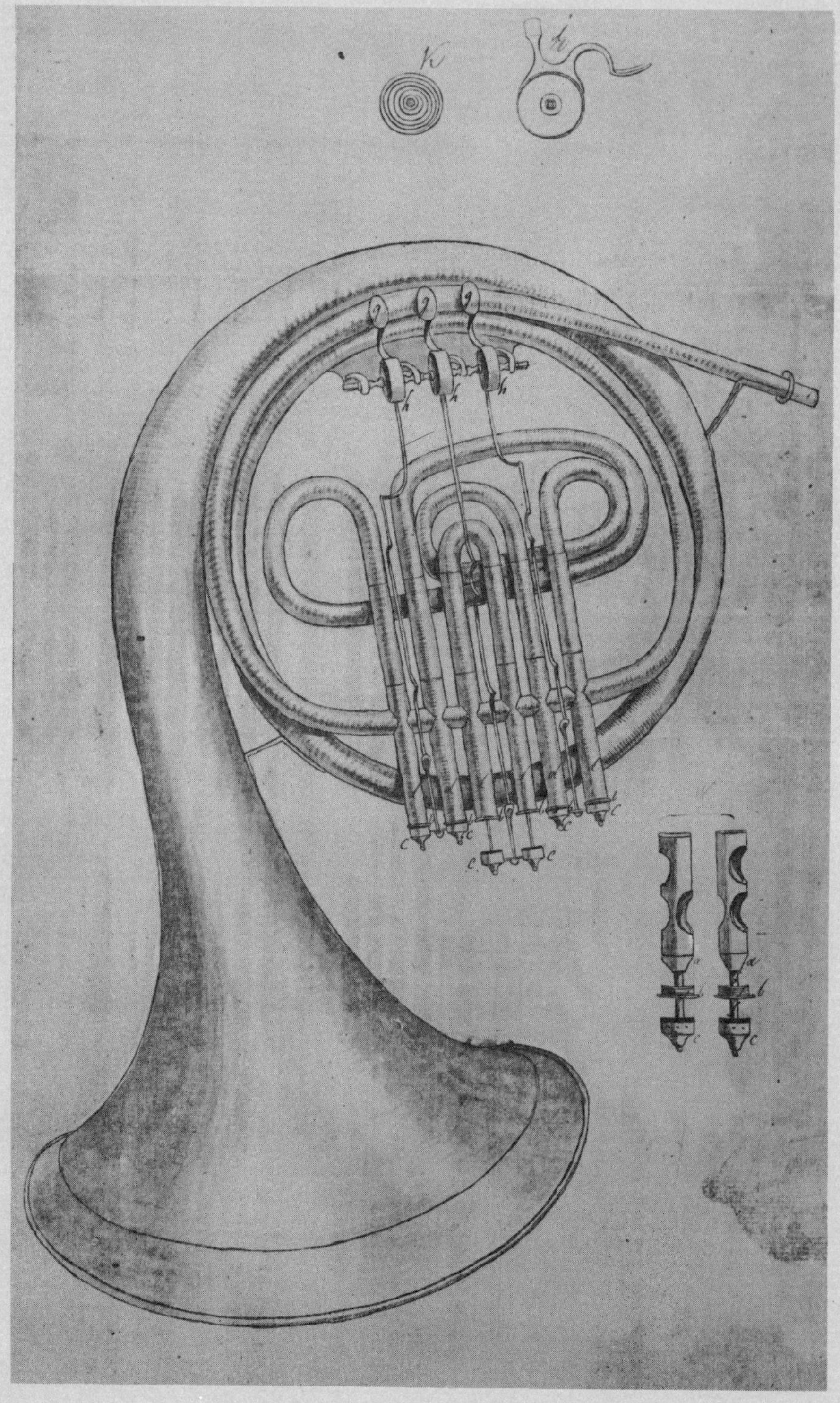

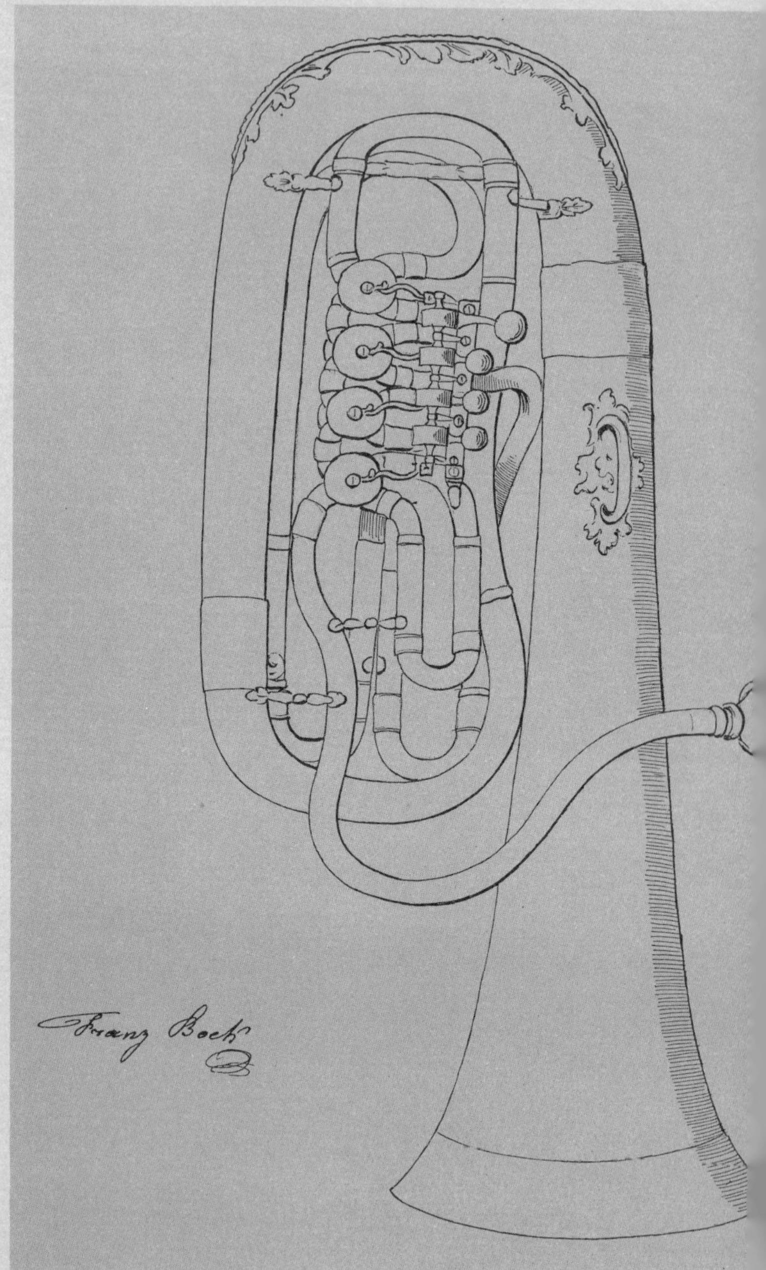

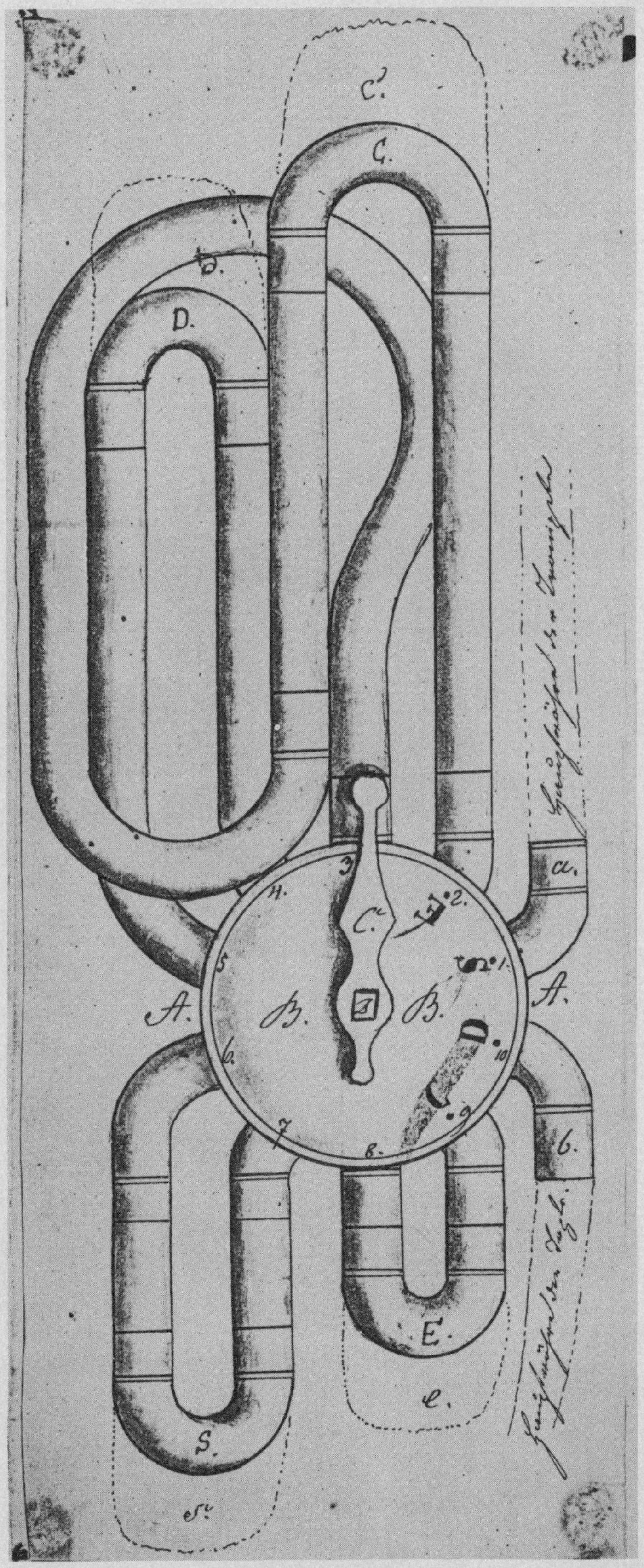

Das privilegierte Cornon von Václav F. Červený, Königgrätz 1844 (Technische Universität Wien). Abb. 46, 47

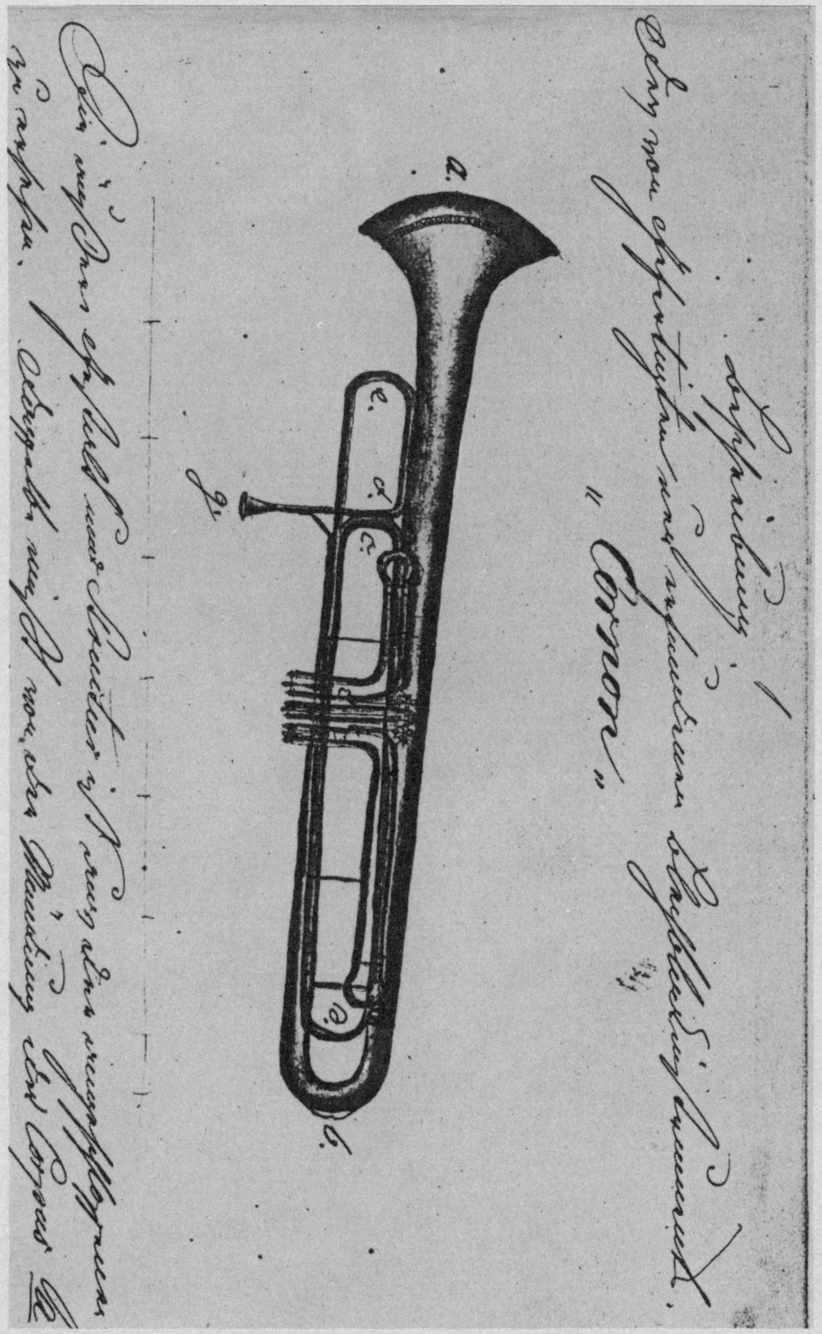

Die privilegierte Tonwechsel-Maschine von Václav F. Červený, Königgrätz 1846 (Technische Universität Wien). Es ist die F-Stimmung eingestellt. Die Stimmungen E, Es, D und C werden eingerichtet, indem der Zeiger entsprechend gedreht wird.

Abb.
48

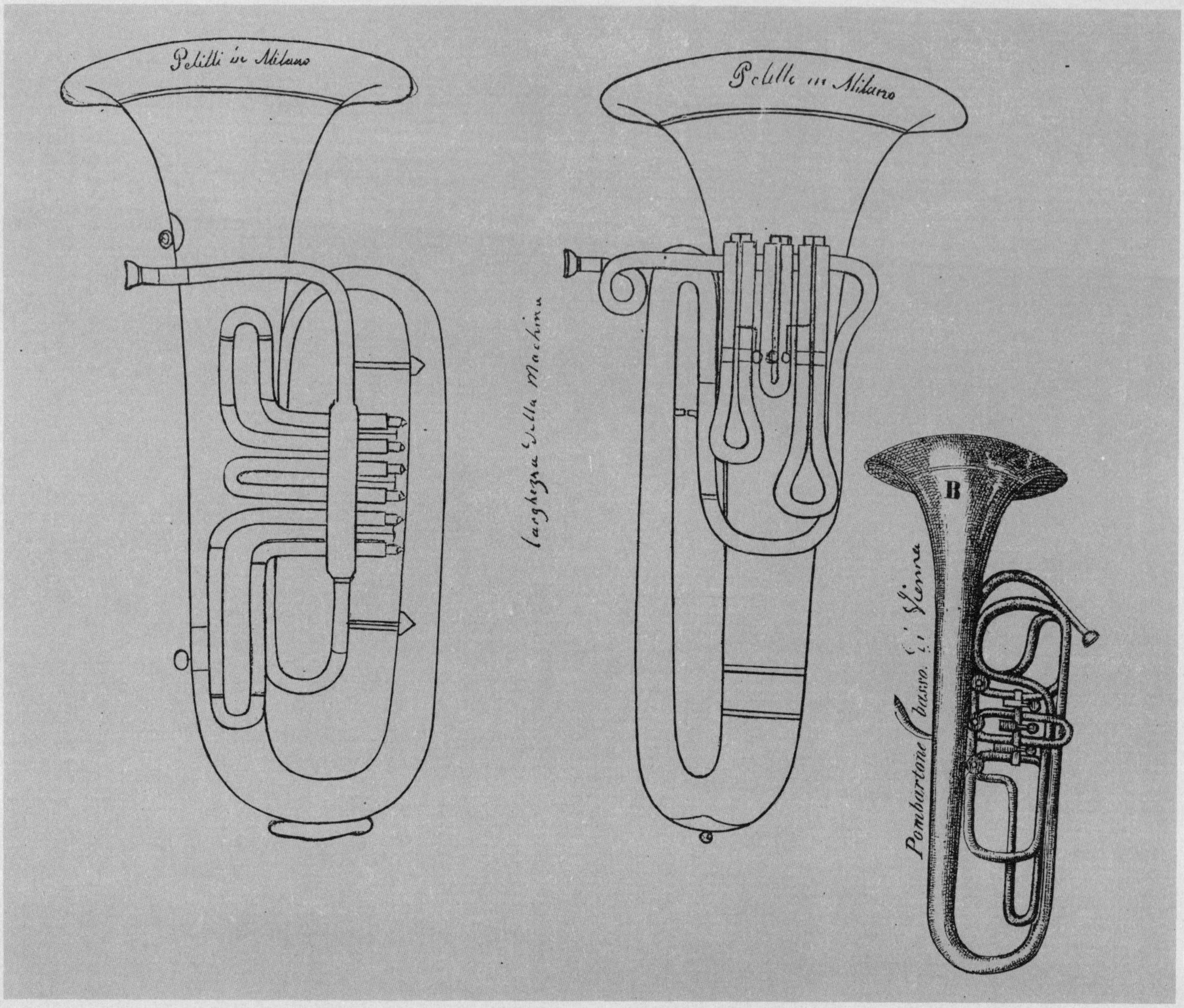

Links und Mitte zwei Pelittone, 1846 von Giuseppe Pelitti in Mailand erfunden. Nach der österreichischen Patentschrift von 1846 (Technische Universität Wien). Rechts im Bild zum Vergleich ein eng mensuriertes Wiener Baßbombardon (»Pompartone basso di Vienna«).

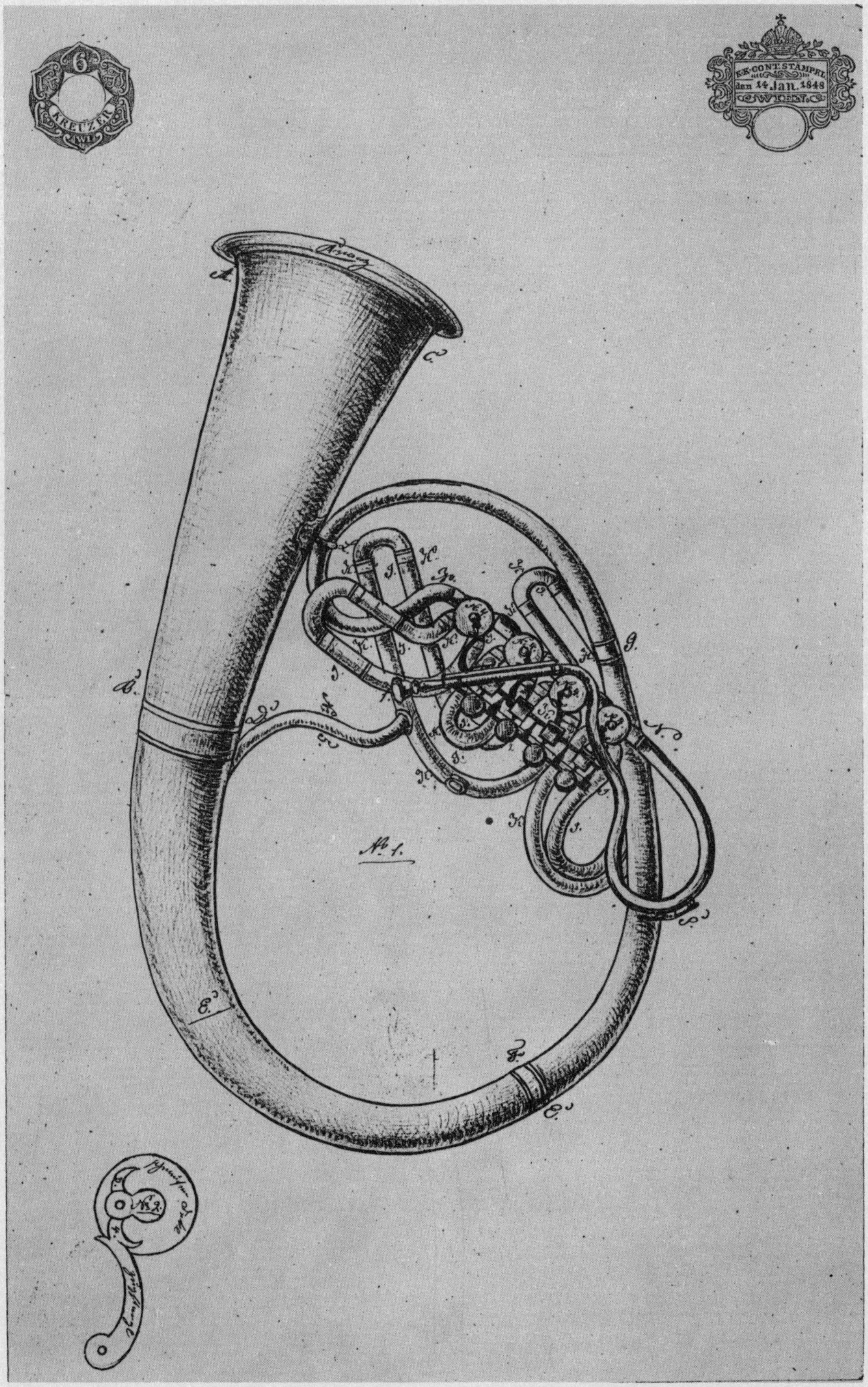

Abb.
49

Das privilegierte Helikon von Ignaz Stowasser, Wien 1847/48 (Technische Universität Wien).

Abb.
50

Abb.
52a
51, 52b

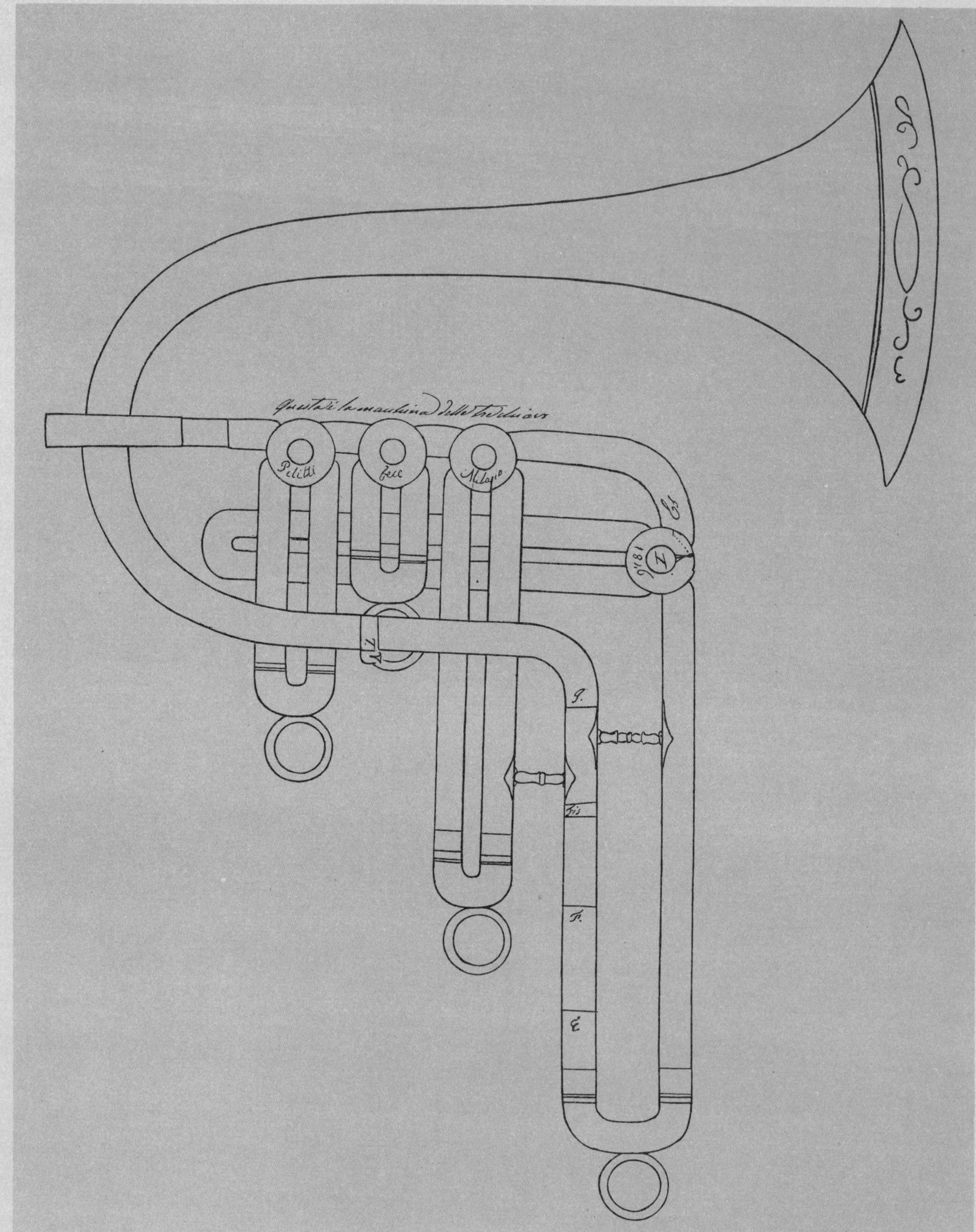

Ventiltrompete mit langem Stimmzug und Umstimmventil nach der Erfindung von Giuseppe Pelitti, Mailand 1846. Nach der österreichischen Patentschrift der Technischen Universität Wien. Die Trompete steht in G, das Umstimmventil schaltet nach Es um. Mit dem Stimmzug sind Fis, F, E bzw. D, Cis und C einstellbar.

Aus dem Angebot der Musik-Instrumenten-Fabrik Josef Glassl, Kraslice (Graslitz) und Klingenthal. Nach dem Katalog von etwa 1925. In der Stimmungsangabe verkürzte Originalbezeichnungen:
1 Es-Piston oder Cornet, Stellwechsel. 2 B-Piston oder Cornet, Taschen-Piston. 3 B-Flügelhorn, kurz. 4 B-Flügelhorn, lang, gangbarste Sorte. 5 B-Flügelhorn, rund. 6 B-Flügelhorn, oval. 13 B-Trompete oder Piston, rund. 41 F oder Es-Waldhorn, mit Dreiecksmaschine. 42 Doppelwaldhorn in B und F.

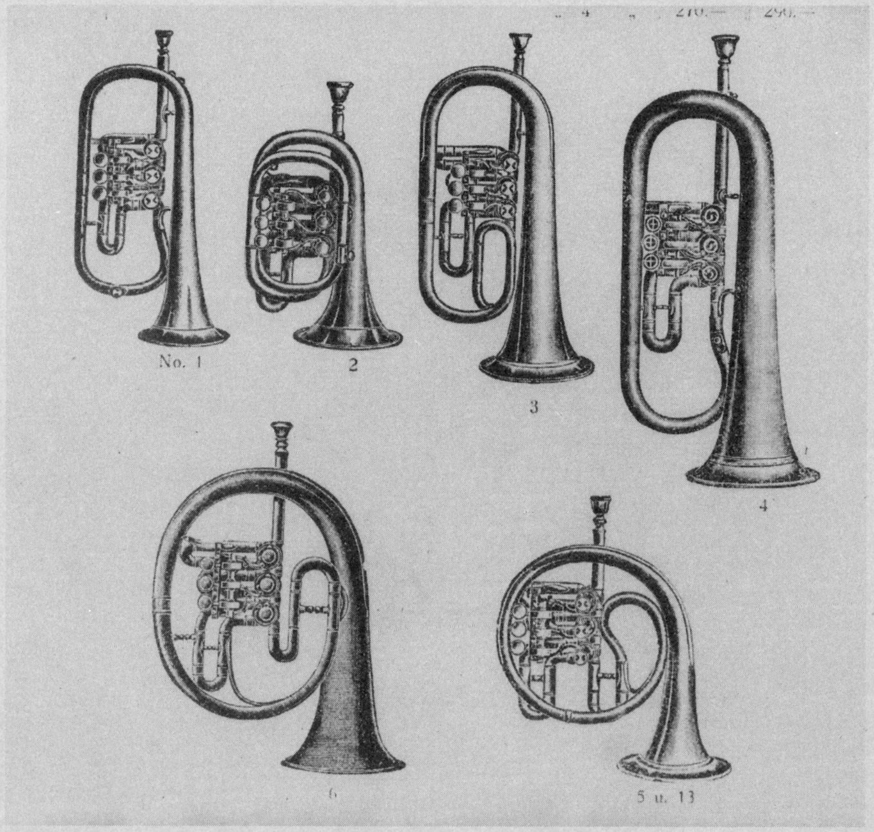

Tenorposaune mit Ventilen, nach einem böhmischen Vorbild im sächsischen Vogtland hergestellt, um 1900. Nach Klischee-Katalog der Druckerei J. Schmidt in Markneukirchen.

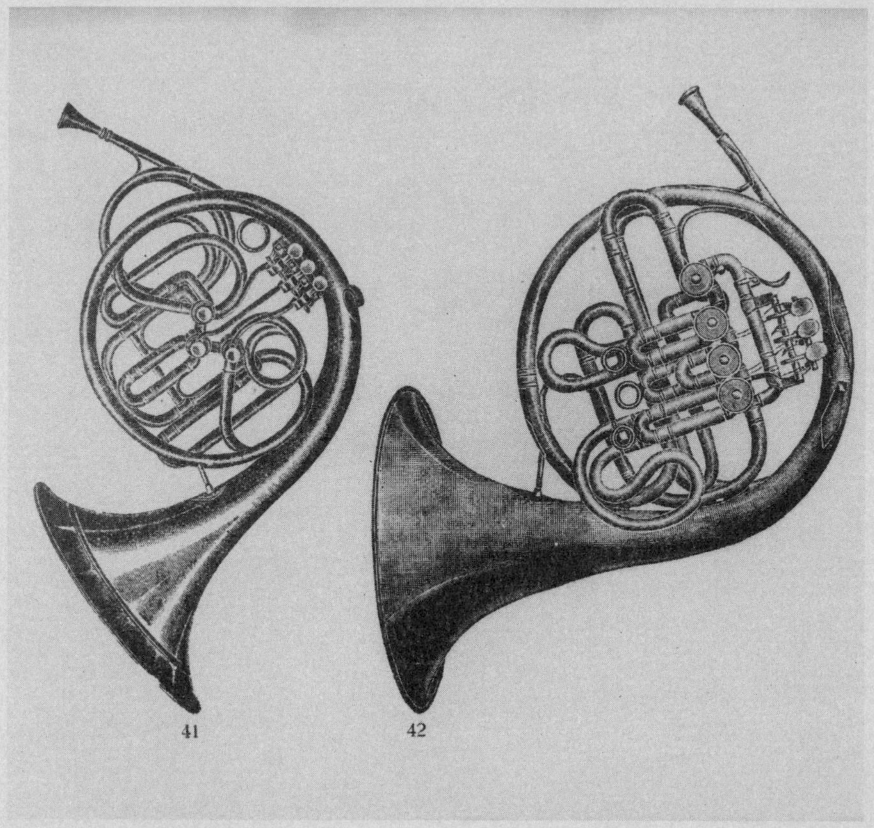

Abb.
53a, b
54

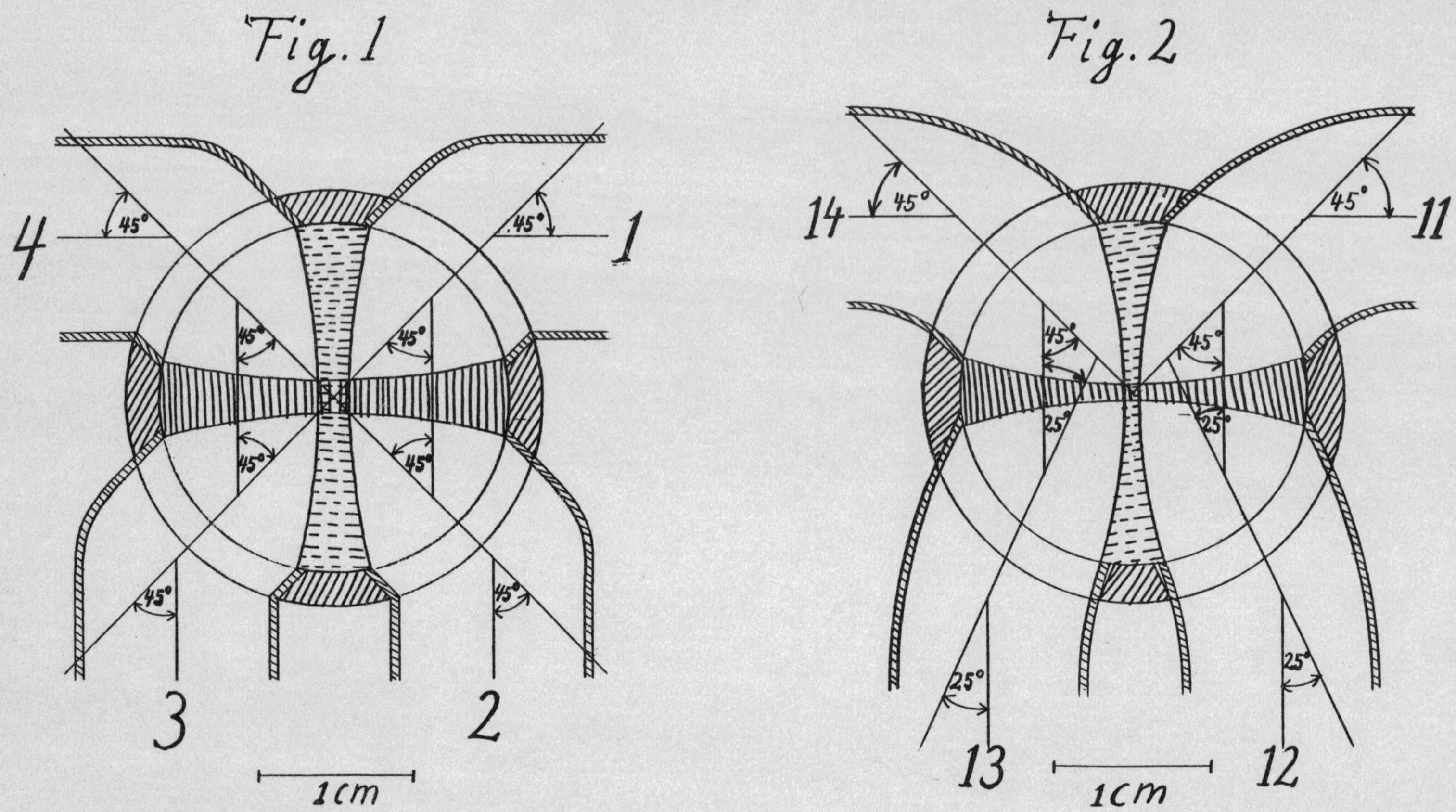

Ventilverbesserung von Engelbert Schmid, München 1980 (s. Foto 18 und 21). Fig. 1: Durchschnitt durch das traditionelle Ventil. Fig. 2: Das für Schmid patentierte Ventil, das sich durch schräg gestellte Einlaßbohrungen auszeichnet. Dadurch wurde die Stärke der Windrichtungsänderung verringert. Nach der Patentschrift.

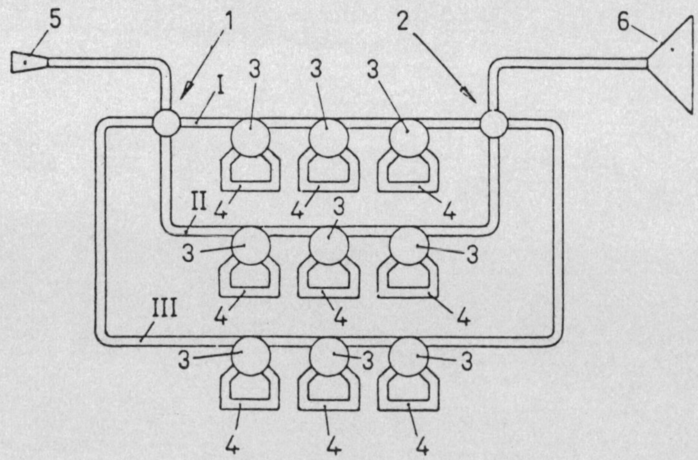

Tripelhorn der Firma Gebr. Alexander, Mainz 1979 (vgl. Foto 46), Windgang.

Index

Personen

Sachwörter